VOYAGE

AU BRÉSIL

10250 — IMPRIMERIE GÉNÉRALE DE CH. LAHURE
Rue de Fleurus, 9, à Paris

Mme ET M. LOUIS AGASSIZ

VOYAGE AU BRÉSIL

Traduit de l'anglais
AVEC L'AUTORISATION DES AUTEURS
PAR
FÉLIX VOGELI

OUVRAGE
ILLUSTRÉ DE 54 GRAVURES SUR BOIS
ET CONTENANT 5 CARTES

> And whenever the way seemed long,
> Or his heart began to fail,
> She would sing a more wonderful song,
> Or tell a more marvellous tale.
>
> LONGFELLOW.

PARIS
LIBRAIRIE DE L. HACHETTE ET Cie
BOULEVARD SAINT-GERMAIN, N° 77
1869
Tous droits réservés

A

M. NATHANIEL THAYER

A L'AMI DONT LA LIBÉRALITÉ A PERMIS

DE DONNER A CE VOYAGE

LE CARACTÈRE D'UNE EXPÉDITION SCIENTIFIQUE

NOTRE RECONNAISSANCE OFFRE CE VOLUME

PRÉFACE.

Dans le courant de l'hiver de 1864 à 1865, ma santé se trouva assez gravement altérée pour qu'on me prescrivît d'abandonner tout travail et de changer de climat. On agita, autour de moi, la proposition d'un voyage en Europe; mais l'attrait qu'il devait y avoir pour un naturaliste à se retrouver au sein de l'actif mouvement scientifique dont le vieux monde est le théâtre était justement un obstacle; ce n'était pas là qu'il fallait aller chercher le repos de l'esprit.

D'ailleurs, j'étais poussé vers le Brésil par un désir de presque toute ma vie. A l'âge de vingt ans, quand je n'étais encore qu'un étudiant, Spix étant mort, j'avais été chargé par Martius de décrire les poissons recueillis au Brésil par ces deux célèbres voyageurs. Depuis lors, la pensée d'aller étudier cette faune dans le pays même m'était bien des fois revenue à l'esprit; c'était un projet sans cesse ajourné, faute d'une occasion opportune, mais jamais abandonné. Une circonstance particulière ajoutait à l'attrait de ce voyage. L'empereur du Brésil.

qui s'intéresse profondément à toutes les entreprises scientifiques, avait témoigné une vive sympathie pour l'œuvre à laquelle je me suis consacré en fondant aux États-Unis un grand Musée zoologique; il y avait même coopéré par l'envoi de collections, réunies d'après son ordre dans ce but exprès. Je savais donc pouvoir compter sur la bienveillance du souverain de ce vaste empire, pour tout ce qui concernerait mes études.

C'étaient là des perspectives bien séduisantes. Mais, à cause de cela même, je reculais devant l'idée de ne faire au Brésil qu'une simple visite de touriste. Réduit à mes seules forces, quel parti pourrais-je tirer des mille occasions qui s'offriraient à moi? Un bien faible, sans doute. Je reviendrais de ce pays, riche de souvenirs agréables, mais sans un seul résultat scientifique important. Et, plus tard, je songerais sans cesse que, si les ressources nécessaires ne m'eussent pas manqué, j'aurais pu rapporter de ce voyage des collections nombreuses qui, installées dans l'édifice de notre Musée agrandi pour les recevoir, auraient, à elles seules, placé le Muséum de Cambridge de pair avec les premiers établissements de ce genre!

J'étais sous l'empire de ces préoccupations lorsque, par hasard, je me rencontrai avec M. Nathaniel Thayer, en qui j'avais constamment trouvé un bienfaiteur empressé des sciences. La pensée d'invoquer son appui pour la réalisation d'un projet aussi considérable ne me serait certes pas venue; mais il prit l'initiative. Après avoir écouté avec un vif intérêt l'exposé de mes plans de voyage: « Vous n'êtes pas, me dit-il, sans vouloir donner à une pareille excursion un caractère scientifique. Emmenez avec vous six jeunes hommes, je me chargerai de leurs dépenses et de celles de l'expédition. » Cela fut dit avec tant de simplicité, l'offre était si généreuse que, au premier moment, j'eus peine à croire que j'avais bien compris. L'événement m'a prouvé, depuis, dans quel sens large et libéral mon interlocuteur entendait se charger des frais de l'expédition. Comme il arrive toujours en pareil cas, celle-ci, sous le rapport pécuniaire comme sous tous les autres, nous entraîna beaucoup plus loin que nous n'avions prévu. Or, non-seulement M. Thayer pourvut avec la plus entière largesse à tous les besoins de mes aides; mais encore, jusqu'à ce que le dernier de nos spécimens fût installé au Muséum il ne cessa de fournir toutes les sommes nécessaires, et, à la clôture des comptes de l'expédition, il s'enquit instamment de moi s'il n'était pas resté quelque dépense additionnelle à solder. Ce sont là, ce me semble, des détails qu'il convient de porter à la connaissance du public. Il n'en saurait résulter que du bien. Je suis donc tout justifié d'enregistrer ici un pareil trait de munificence, accompli avec si peu d'ostentation qu'il aurait fort bien pu n'être jamais connu.

Tout obstacle se trouva ainsi écarté et je fis, aussi rapidement que possible, mes préparatifs de voyage, après avoir désigné pour m'accompagner les personnes suivantes : M. Jacques Burkhardt, dessinateur; M. John G. Anthony, conchyliologiste; MM. Frédéric C. Hartt et Orestes Saint-John, géologues; M. John A. Allen, ornithologiste, et M. George Sceva, préparateur. Notre petite société se grossit encore par l'adjonction de plusieurs volontaires, MM. Newton Dexter, William James, Edward Copeland, Thomas Ward, Walter Hunnewell et S. V. R. Thayer, dont le concours, pour être spontané, ne laissa pas d'être à la fois très-laborieux et très-efficace. Je ne dois pas non plus oublier de mentionner, au nombre de mes auxiliaires, M. Thomas G. Cary, mon beau-frère. Sans être attaché à l'expédition, il fit pour moi, à Montevideo, à Buenos-Ayres, ailleurs encore, des collections importantes.

Nous eûmes aussi la compagnie de nos amis M. et Mme Cotting. Le docteur Cotting avait comme moi besoin de repos et de distraction, et il avait l'intention de ne point se séparer de nous, aussi longtemps que les exigences de sa pratique professionnelle le lui permettraient. Par malheur, le climat ne lui fut pas favorable ; et, après avoir passé à Rio de Janeiro une couple de mois pendant lesquels il fut de toutes nos excursions, il dut partir avec Mme Cotting pour l'Europe où ils demeurèrent tout l'été. La présence du docteur nous fut précieuse à plus d'un titre, car justement pendant son séjour parmi nous se produisit le seul cas de maladie grave dont nous ayons eu à nous inquiéter, et ses soins et ses avis nous furent de grand secours. Je perdis aussi, peu après le début de nos travaux, l'assistance de MM. Anthony et Allen ; leur santé toujours délicate les contraignit de nous quitter. A ces exceptions près notre effectif demeura intact, et j'ai le bonheur de pouvoir constater que tous les membres de l'expédition revinrent sans encombre aux États-Unis[1].

A peine le projet de voyage au Brésil fut-il connu du public, que je reçus de M. Allen McLane, président de la « Pacific Mail Steamship Company, » l'offre, pour tous les membres de l'expédition, du passage à bord du magnifique paquebot *le Colorado*, alors en partance pour les côtes du Pacifique, et qui, avec un petit nombre de passagers, se rendait en Californie par le cap Horn.

Nous partîmes de New-York le 1ᵉʳ avril 1865 ; on trouvera dans ce livre le récit de notre heureuse et agréable traversée, mais je dois à M. McLane un témoignage public de reconnaissance pour la générosité dont il fit preuve envers l'expédition.

---

1. A l'histoire de ce voyage reste pourtant lié, pour moi, un bien douloureux souvenir. M. Burkhardt, un ami et un compagnon de vingt ans, mourut dix mois après notre retour, des suites d'une maladie que le climat brûlant du Brésil avait non pas causée, puisqu'elle datait déjà de plusieurs années, mais aggravée sans aucun doute. Mes conseils ne purent rien contre son désir opiniâtre de venir avec nous, quoique un tel voyage ne pût que lui être funeste. Il souffrit beaucoup durant notre séjour dans l'Amazône, mais je ne pus le décider à abandonner son travail. On verra, dans le cours de ce volume, combien pénible et importante fut la tâche qu'il accomplit.

Ce ne furent pas seulement les particuliers qui nous donnèrent de précieuses marques de sympathie. La veille du départ, M. Gideon Welles, ministre de la marine, me fit remettre un ordre général invitant tous les officiers de la marine des États-Unis à prêter à nos recherches scientifiques, partout où ils en seraient requis, le concours et l'assistance compatibles avec les exigences du service. J'appris à Rio de Janeiro que M. Seward nous avait chaudement recommandés au général Webb, alors représentant des États-Unis au Brésil. Enfin je dois remercier aussi MM. Allen et Garrison, qui, au retour de l'expédition, offrirent à mes compagnons et à moi libre passage à bord des paquebots du service postal entre New-York et Rio de Janeiro, établi pendant notre séjour au Brésil.

On verra dans ce volume quelles facilités me furent accordées, durant le voyage, par les Brésiliens eux-mêmes. Notre entreprise si chaleureusement accueillie à son début reçut une bienvenue non moins cordiale dans le pays qui en était le théâtre.

Un mot, maintenant, sur la manière dont ce livre a été fait. Il est le produit des circonstances plutôt que d'un dessein prémédité. Un peu pour la satisfaction de ses amis, un peu avec l'idée qu'il pourrait m'être utile de relier les unes aux autres mes observations scientifiques par un bout de récit, Mme Agassiz enregistra chaque jour nos aventures. Je pris bientôt l'habitude de lui donner une note quotidienne du résultat de mes travaux, bien sûr qu'elle ne laisserait rien perdre de ce qui mériterait d'être conservé. Par suite de cette manière de faire, nos mutuelles contributions au *Journal* se confondirent si bien qu'il nous est devenu à peu près impossible de faire la part de chacun. C'est tel qu'il a été ainsi écrit, et sauf quelques légères modifications, que nous publions ce récit. Les lecteurs n'y trouveront, sur l'œuvre scientifique que je poursuivais, que ce qui est nécessaire pour leur en faire connaître le but et leur rendre compte des résultats. J'espère pouvoir compléter un ouvrage déjà commencé sur l'histoire naturelle du Brésil et particulièrement les poissons. J'y mentionnerai non-seulement mes investigations et celles de mes aides, durant notre voyage, ainsi que les travaux indépendants de mes compagnons, mais encore les recherches que les immenses collections brésiliennes, emmagasinées au Muséum de Cambridge nous ont permis de poursuivre méthodiquement. Mais ce sera l'œuvre de plusieurs années, et de plusieurs volumes dont celui-ci n'est, pour ainsi dire, que l'avant-coureur. Tel qu'il est, il fournira, toutefois, j'ose l'espérer, la preuve que l'année passée par nous au Brésil n'a pas été seulement pleine d'impressions agréables, mais qu'elle a été aussi riche en acquisitions pour la science.

L. Agassiz.

VOYAGE AU BRÉSIL.

I

DE NEW-YORK A RIO DE JANEIRO.

Premier dimanche en mer. — Le Gulf-Stream. — Les algues du Golfe. — On propose des causeries scientifiques. — Premier entretien : « Sur le Gulf-Stream dans le Gulf-Stream. » — Un aquarium à bord. — Second entretien. — Grosse mer. — Teinte particulière de l'eau. — Troisième entretien : « Ce que l'expédition doit faire au Brésil; distribution des poissons dans les fleuves brésiliens; quelle lumière elle doit jeter sur l'origine des espèces; importance des collections d'embryons. » — Coucher de soleil sous le tropique. — Quatrième entretien : « Plan des recherches géologiques à faire au point de vue spécial des phénomènes glaciaires dans l'Amérique du Sud. » — Les poissons volants. — Cinquième entretien : « Encore les phénomènes glaciaires. » — Second dimanche. — Mauvaise mer. — Sixième entretien : « Les études embryologiques comme guide pour l'établissement d'une classification. » — Septième entretien. — Clair de lune. — Les vents alizés. — Huitième entretien : « Importance et nécessité de préciser bien l'origine locale des spécimens. » — La Croix du sud. — Neuvième entretien : « Les poissons d'eau douce au Brésil. » — Le dimanche de Pâques. — On aperçoit la côte de l'Amérique du Sud. — Olinda. — Pernambuco. — Les calimarons. — Dixième entretien : « Manière de faire des collections. » — Onzième entretien : « La classification des poissons éclairée par l'embryologie. » — Préparatifs pour l'arrivée. — Douzième entretien : « La théorie des transformations de l'espèce; indépendance intellectuelle et politique. » — Résolutions et discours. — Singulières taches rouges à la surface de l'Océan.

2 *avril* 1865. — Voici notre premier dimanche en mer. Il fait un temps délicieux; le navire bouge aussi peu que puisse faire une chose qui flotte sur l'eau, et les moins aguerris d'entre

nous n'ont pas sujet d'avoir le mal de mer. Nous avons assisté ce matin au service religieux célébré par l'évêque Potter et nous sommes ensuite remontés sur le pont; on lit, on se promène. Tout à coup un nuage extraordinaire attire l'attention générale; le capitaine croit que c'est un immense amas de fumée dans la direction de Pétersburg. La fumée d'une formidable bataille? — songeons-nous: — où peut-être se décide le sort de la guerre, tandis que notre navire passe paisiblement au large?... Qu'y a-t-il de vrai dans cette conjecture? Quelle a été l'issue du combat?... C'est ce que nous ne saurons pas avant deux mois peut-être [1]!...

Le nuage est loin. M. Agassiz passe la journée tout entière à prendre note, à intervalles réguliers, de la température de l'eau, aux approches du Gulf-Stream. Nous traverserons cette nuit le grand courant en le coupant à angle droit, et ces observations seront continuées jusqu'au jour.

3 avril. — Suivant son projet, M. Agassiz a passé toute la nuit sur le pont, en compagnie de deux ou trois de ses jeunes aides, et la veillée lui a paru fort intéressante. Nous avons croisé le Gulf-Stream à la hauteur du cap Hatteras, à une latitude où il est relativement étroit et n'a guère que quatre-vingt-seize kilomètres (soixante milles) de largeur. Nous entrions dans ses eaux vers six heures du soir et nous en sortions un peu après minuit. Le bord occidental, celui qui longe la côte, avait une température de 14° c. environ (57° Fah.). Dès que nous l'eûmes franchi, le mercure du thermomètre commença à s'élever et atteignit rapidement le point maximum de 23° à 24° c. (74° Fah.); il retombait parfois à 21° c. (68° Fah.) quand nous traversions une des bandes froides. Ces tranches, pour ainsi parler, s'enfoncent à une profondeur considérable. Chaudes ici, froides un peu plus loin, elles descendent ensemble, en contact immédiat, jusqu'à plus de cent brasses et sont dues, suivant le Dr Bache, à ce fait que le grand courant

---

1. Le 17 mai, un mois après notre arrivée à Rio, nous sûmes à quoi nous en tenir sur ce nuage singulier. C'était bien, en effet, la vie et la mort qu'il portait dans ses flancs. Ce jour-là même (2 avril), fut livré le dernier assaut aux murailles de Pétersburg, et la sombre nuée, qui, lorsque nous longions les côtes de la Virginie, vint obscurcir le ciel très-pur, provenait, à n'en pas douter, de la masse de fumée s'élevant au-dessus des deux lignes ennemies.

ne coule pas toujours au même endroit. Il se déplace parfois tout entier, tantôt se rapprochant un peu de la côte, tantôt, au contraire, s'en éloignant; par suite, les eaux plus fraîches du littoral y pénètrent et produisent, au sein de la masse, ces couches verticales. Le bord oriental est plus chaud que l'autre, car celui-ci est refroidi par les courants arctiques qui, tout le long des rives de l'océan, forment une zone dont la basse température se fait sentir jusqu'à la latitude de la Floride. Quand le navire sortit du Gulf-Stream, le thermomètre marquait 21° c. (68° Fah.); il s'y maintint jusqu'à une heure de là, moment où M. Agassiz cessa de l'observer.

Ce matin, un matelot a recueilli quelques-unes de ces algues auxquelles on donne le nom de *raisins des Tropiques*, et nous y avons découvert tout un petit monde. Des Hydroïdes en grand nombre s'y sont établies, entre autres une jolie

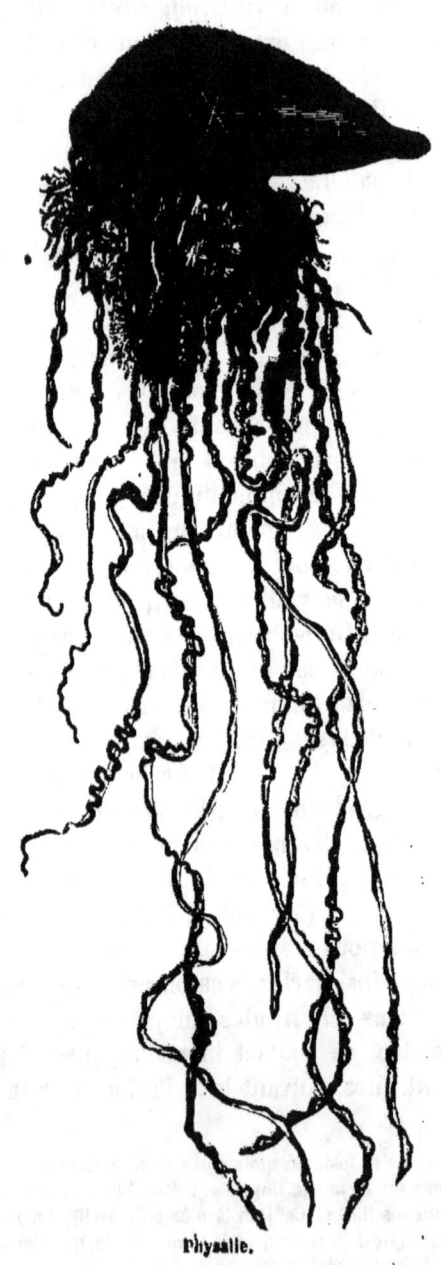

Physalie.

campanulaire ressemblant tout à fait à certaines espèces de la Nouvelle-Angleterre ; à côté, les bryozoaires fourmillent. La tige elle-même est incrustée de tout petits mollusques qui vivent en société, et les anatifes y foisonnent. Telles sont les merveilles que les profondeurs de l'Océan laissent échapper et venir jusqu'à nous, tandis que, près du bâtiment, mais hors de toute atteinte, flottent les galères élégantes des Physalies. Voilà les grands événements de la vie à bord ; quant au reste, quelques lignes à écrire sur notre journal, manger, boire, dormir, à cela se bornent nos occupations.

4 *avril*. — M. Agassiz a eu l'idée de faire aux jeunes gens qui l'accompagnent quelques conférences familières afin de les préparer à la tâche qu'ils vont remplir. Une initiation de ce genre est indispensable, car beaucoup d'entre eux devront agir seuls et en toute indépendance ; le personnel de l'expédition est trop nombreux pour pouvoir utilement ne former qu'une seule troupe. Il sera bien plus facile de donner des instructions dans une sorte de causerie faite chaque jour, pour tous et devant tous, que dans un entretien séparé avec chacun des excursionnistes. On accueille cette idée avec empressement. Le grand salon fait une salle de conférences excellente et, avec une toile cirée noire étirée sur deux allonges de table, on a bientôt improvisé un tableau. L'auditoire se compose, non pas de nos compagnons seulement, mais des quelques dames qui sont à bord, de l'évêque Potter, de M. Bradbury, commandant du paquebot, et de plusieurs autres officiers auxquels se joignent aussi un certain nombre de passagers. Tout ce monde a l'air de penser que voilà un excellent moyen de rompre la monotonie du voyage. Pour aujourd'hui, le sujet est tout indiqué par les plantes marines du Gulf-Stream, pêchées il y a quelques heures, et sur lesquelles la vie pullule. — « Une conférence sur le Gulf-Stream, dans le Gulf-Stream ! » suggère un des auditeurs. Quelques mots sur ce que présente d'exceptionnel la situation de la Commission scientifique embarquée sur le *Colorado* servent d'introduction :

« Il y a cinquante ans, pour que des naturalistes pussent porter leurs investigations dans les contrées lointaines, il fallait qu'un gouvernement se résolût en leur faveur à de dispendieux armements. En dehors de ce haut patronage, rarement et à contre cœur un passage leur était parcimonieusement accordé sur les navires ordinaires. Et même, en ce cas, leur présence à bord était regardée comme une gêne; le but qu'ils poursuivaient laissait presque toujours leurs compagnons indifférents. C'était beaucoup qu'on leur permit d'avoir, dans un coin du bâtiment, pour y déposer leurs spécimens, un baquet que le premier matelot venu, passant là par hasard, pouvait renverser du pied sans encourir une réprimande.... Sur le navire où nous sommes et grâce à l'esprit qui prévaut parmi ceux qui le commandent, une perspective s'ouvre à moi que je n'avais jamais rêvée jusqu'au jour où je m'y suis trouvé installé. Ici, au lieu des piteuses conditions que je rappelais tout à l'heure, de telles facilités nous sont offertes qu'elles ne pourraient pas être plus complètes si ce paquebot avait été construit pour devenir un laboratoire scientifique. Que jamais pareille occurrence se soit produite, que jamais naturaliste ait été traité avec autant de considération, ait trouvé, à bord d'un navire marchand armé dans un but exclusivement commercial, une appréciation aussi intelligente du but élevé qu'il poursuit, c'est ce dont je doute absolument. J'espère que la première traversée du *Colorado* restera en souvenir dans les annales de la science; quant à moi, je n'oublierai pas ceux à qui je suis redevable de cette chance unique. Ce voyage, grâce aux circonstances spéciales dans lesquelles il a lieu, me semble le présage d'une ère nouvelle où les hommes qui ont des intérêts différents s'aideront les uns les autres, où les naturalistes seront plus libéraux et les marins plus cultivés, où les sciences naturelles et la navigation travailleront la main dans la main. « Et maintenant, je commence notre conférence, ma première « lecture » à bord d'un vaisseau. »

L'entretien se poursuivit; les spécimens sous les yeux, cela va sans dire. Les divers habitants d'un fragment d'algue fournirent l'enseignement de leur propre structure et de leur mode de vie. A ces démonstrations sur le vif furent ajoutés des dessins au tableau, pour faire voir les transformations de ces petits êtres et éclairer l'histoire de leur développement embryonnaire, etc.[1]. Aussitôt après, le capitaine Bradbury a fait

1. On n'a pas encore décrit les espèces très-nombreuses d'Hydroïdes qui vivent

installer sur le pont un vaste réservoir, véritable aquarium, où tous les spécimens obtenus pendant la traversée pourront être conservés et étudiés. M. Agassiz est dans l'enchantement ; grâce à l'obligeance et aux égards dont on l'entoure, il met à profit, autant que cela est possible, toutes les heures du voyage.

6 *avril*. — Suivant en cela une habitude déjà ancienne, j'ai pris des notes à la causerie d'hier soir, mais je ne me sens pas l'audace de les reproduire dans mon journal. Le sujet traité a été le Gulf-Stream, le courant lui-même cette fois et non plus les animaux qu'il emporte avec lui. Bien que fort intéressantes pour M. Agassiz, car c'est toujours une satisfaction de pouvoir se former, sur la vérité de faits déjà connus, une conviction personnelle, ses dernières observations ne lui ont rien appris de neuf. Toutefois, l'histoire des faits qui se rattachent à la découverte du Gulf-Stream et celle de leur développement progressif ont nécessairement de l'attrait ; pour des Américains surtout, puisque c'est le résultat des recherches entreprises par ordre de notre gouvernement. M. Agassiz les a retracées à grands traits. « Les phénomènes particuliers au Gulf-Stream avaient été entrevus déjà, il y a fort longtemps, par les navigateurs, mais c'est Franklin qui, le premier, en a fait l'objet d'observations systématiques. Prenant note de la température des eaux, quand il quitta le continent américain pour se rendre en Europe, il observa qu'elles restaient froides jusqu'à une certaine distance, puis devenaient tout à coup de plus en plus chaudes, pour retomber ensuite à une température de plus en plus basse, mais cependant supérieure à celle qu'elles avaient d'abord. Avec cette puissance d'intuition et cette sûreté de jugement qui caractérisent tous ses résultats scientifiques, il alla au-devant des faits. Il conclut que le courant d'eaux chaudes qui se fraye une voie si nette à travers le vaste Atlantique et charrie les productions des tropiques vers les

---

sur les *raisins des tropiques*; elles formeraient une addition considérable à l'histoire naturelle des Acalèphes. Pour ce qui est des animaux de cette classe habitant les côtes de l'Amérique septentrionale, sur l'Atlantique, je puis renvoyer au troisième volume de mes *Contributions à l'Hist. nat. des États-Unis* et à la deuxième livraison du catalogue du musée de Zoologie comparée de Cambridge. (L. A.)

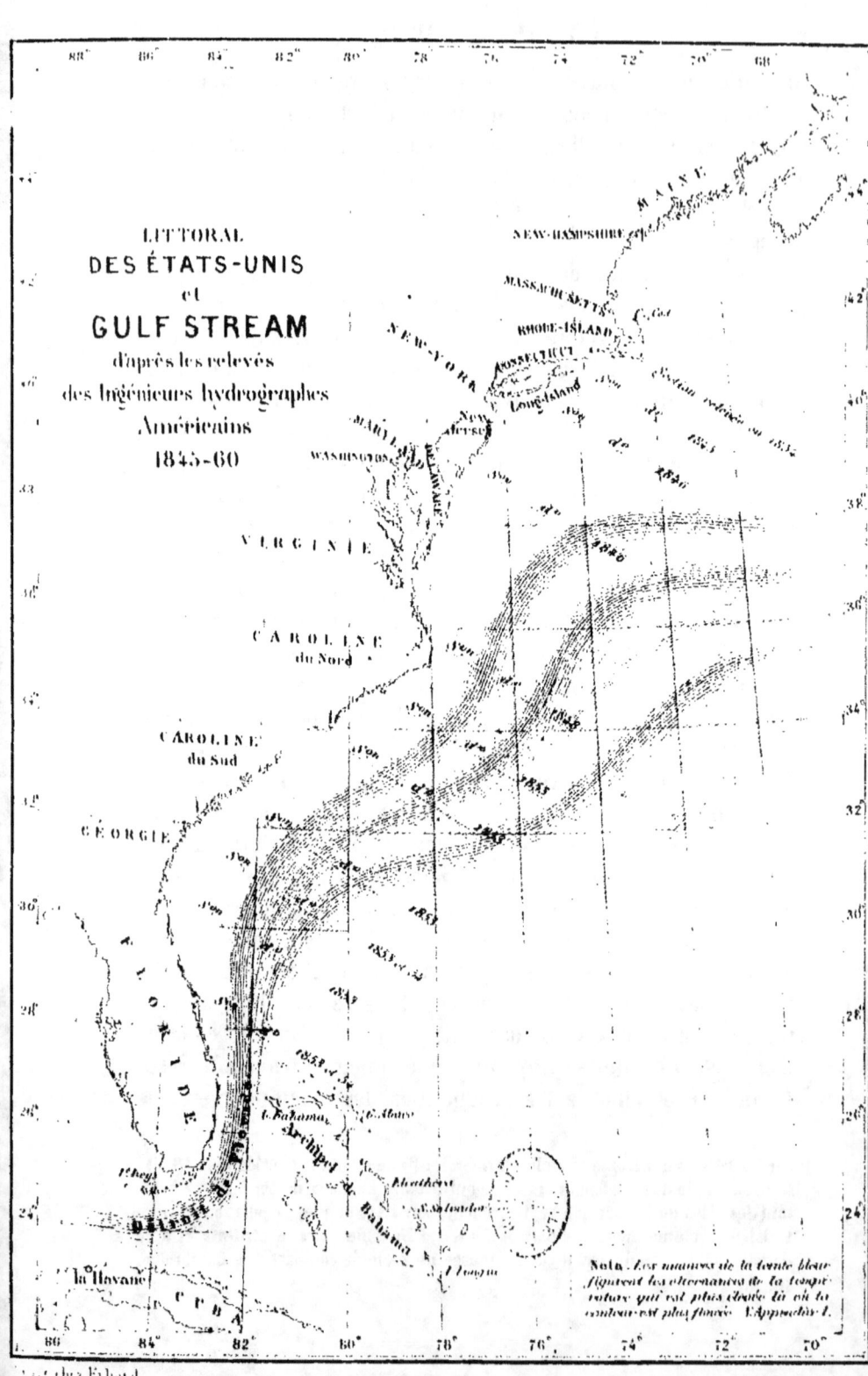

côtes septentrionales de l'Europe devait prendre naissance dans les régions tropicales, sous un soleil tropical[1]. Ce n'était qu'une simple induction. Il était réservé au *Coast-Survey* des États-Unis, sous la haute et habile direction du docteur Bache, d'aller plus loin et de déterminer d'une manière certaine l'origine et le cours du Gulf-Stream[2]. »

Nous sommes désormais dans la zone tropicale. Les vents alizés soufflent avec force, et la journée d'hier a été mauvaise pour tous ceux qui redoutent le mal de mer. Les vagues ont une teinte bleu magnifique, un reflet métallique particulier, dont la nuance est aussi remarquable, ce me semble, que celle des eaux du lac de Genève; mais c'est là une faible consolation pour les malheureux qui sont dans cet affreux état de prostration physique et morale appelé mal de mer. L'abattement est moindre aujourd'hui, tout ce qui nous entoure nous paraît plus aimable et plus riant; nous roulons toujours beaucoup, mais déjà nous sommes plus habitués au roulis.

L'entretien de cette matinée a, pour la première fois, porté directement sur la tâche de l'expédition. Le sujet traité a été celui-ci : *Comment on observe et quel est l'objet des explorations scientifiques dans les temps modernes.*

« Mes compagnons et moi, nous nous sommes si soudaine-

---

1. « Ce courant, » écrit-il, » est probablement le résultat de la grande accumulation des eaux entre les Tropiques, sur la côte orientale de l'Amérique, et de l'action constante des vents alizés. » Ces vues avaient bien été indiquées d'une manière vague par les anciens navigateurs espagnols; mais Franklin fut le premier qui les émit nettement et, ainsi qu'il est établi dans un récent rapport du *Coast-Survey*, « elles reçoivent leur confirmation de chaque découverte par laquelle le « progrès des recherches scientifiques vient en aide à la solution du grand pro-« blème de la circulation océanique. »

2. En lisant soit les comptes rendus des explorations du Gulf-Stream entreprises et continuées pendant de longues années par le *Coast-Survey*, soit les instructions données aux officiers chargés de ces travaux par le docteur A. D. Bache, surintendant du comité, il est impossible de ne pas reconnaître quelle intelligence large et pénétrante, quelle persévérance énergique furent celles de l'homme qui dirigeait cette partie de nos travaux publics. Il est résulté de ces explorations une étude minutieuse du courant, en particulier de la partie qui longe la côte des États-Unis. On a pu ainsi établir des *coupes* qui font connaître la température jusqu'à une grande profondeur, les rapports entre les eaux froides et les eaux chaudes, le relief du fond de l'Océan, certains faits relatifs à la direction et à la force du courant, la densité et la couleur des eaux, les productions animales et végétales qu'elles renferment, etc. — Voyez Appendice I. (L. A.)

ment et si inopinément réunis pour remplir notre mission actuelle, que nous n'avons guère eu le temps d'organiser notre travail. Un plan général d'opérations est, par conséquent, la première chose, sinon la plus importante, qui doive être agitée entre nous. Le temps des grandes découvertes est passé. Les curieux de la nature ne se mettent plus en route pour trouver un nouveau monde, pas plus qu'ils n'étudient le ciel pour chercher une nouvelle théorie du système solaire. La tâche du naturaliste de nos jours est d'explorer des mondes dont l'existence est déjà connue, d'approfondir et non de découvrir. Les premiers explorateurs, au sens moderne du mot, ont été Humboldt dans le monde physique, Cuvier en histoire naturelle, Lavoisier en chimie, La Place en astronomie. Ils ont été les pionniers de la voie nouvelle où le travail scientifique de ce siècle doit se maintenir. Nous avons choisi le Brésil comme champ d'études; nous devons nous appliquer à bien connaître sa configuration physique, ses montagnes, ses fleuves, ses animaux et ses plantes. Mais il y a une modification à introduire dans notre manière de travailler comparée à celle des premiers investigateurs. Quand on connaissait moins de choses sur les plantes et les animaux, la découverte d'une espèce nouvelle était un but important. On a poussé cette recherche si loin que, aujourd'hui, c'est presque la chose la moins utile qu'on puisse faire. Une telle nouveauté, en effet, ne peut plus désormais changer les traits généraux de l'histoire naturelle, de même que la découverte de nouveaux astéroïdes ne modifie pas le caractère des problèmes dont les astronomes ont à poursuivre la solution. Ce n'est qu'un objet de plus à énumérer. Nous devons nous attacher de préférence aux rapports fondamentaux qui existent entre les êtres; les espèces nouvelles trouvées par nous n'auront d'importance qu'à la condition de jeter un peu de lumière sur la distribution et la limitation des différents genres et familles, sur leurs rapports communs et sur leurs relations avec le monde ambiant.

« En dehors de ces recherches, vous entrevoyez une question bien plus considérable pour les hommes d'étude et dont la solution sera, dans les générations futures, le plus haut résultat qui puisse sortir de leurs travaux. L'origine de la vie est le grand problème du jour. Comment le monde organique est-il devenu ce qu'il est? Voilà sur quoi nous devons vouloir que notre voyage produise quelque clarté. Comment le Brésil est-il devenu habité par les animaux et les plantes qui y vivent actuellement? Quels êtres le peuplèrent aux âges passés? Quelles raisons a-t-on de croire que l'état de choses actuel dans ce pays dérive d'une façon quelconque d'un état de choses antérieur?... Notre premier pas dans cette recherche doit être de déterminer exactement la distribution géographique des plantes et des animaux actuels. Je suppose que nous commencions notre étude par le Rio San-Francisco. Le bassin de ce fleuve est entièrement isolé. Les êtres qui le peuplent sont-ils, comme les eaux, entièrement distincts de ceux des autres bassins? Y a-t-il des espèces particulières à ce fleuve et qui ne se retrouvent plus dans aucun autre cours d'eau du continent?... Si extraordinaire que puisse vous sembler un pareil résultat, je ne m'attends pas moins à le rencontrer. Le grand bassin voisin que nous aurons à explorer est celui de l'Amazône qui, par le Rio Negro, est en rapport avec l'Orénoque. On a souvent répété que les mêmes poissons existent dans les eaux du San-Francisco, dans celles des fleuves de la Guyane et dans celles de l'Amazône. Au moins, les ouvrages spéciaux indiquent constamment le Brésil et la Guyane comme l'habitat commun de beaucoup d'espèces. Mais c'est là un fait qui n'a jamais été observé avec assez de soin pour mériter confiance. Il y a cinquante ans, préciser exactement la localité d'où provenait un animal quelconque semblait chose tout à fait sans importance pour l'histoire scientifique de cet animal. On ne s'était pas encore aperçu de la liaison de ce fait avec le problème des origines. Dire qu'un spécimen provenait de l'Amérique du Sud était chose suffisante, et spécifier s'il venait du Brésil ou de la Plata, du San-Francisco ou de l'Amazône, paraissait un luxe à l'observateur. Au Muséum de Paris, par exemple, beaucoup de spécimens sont inscrits comme venant de New-York ou du Pará; mais tout ce qu'on peut affirmer, c'est qu'ils ont été apportés par un bâtiment sorti de l'un de ces ports. Personne ne peut dire exactement où ils ont été recueillis. De même, tels autres exemplaires sont désignés comme originaires du Rio San-Francisco, sans qu'on soit seulement certain qu'ils aient été pêchés dans le bassin de ce fleuve.

« De telles indications sont beaucoup trop vagues pour l'objet que nous poursuivons. Il faut nous astreindre à une précision rigoureuse, de manière à apprendre quelque chose de positif sur la distribution géographique des animaux au Brésil. Donc, jeunes amis qui m'accompagnez dans cette expédition, ayons soin qu'à chaque spécimen soit jointe une étiquette en état de parvenir sûrement à Cambridge, et rappelant le lieu et la date de la trouvaille. Que chaque exemplaire en porte même deux, afin que, s'il arrive malheur à l'une, l'autre au moins nous renseigne. Prenons garde de ne pas mêler les poissons de rivières différentes, même quand l'une serait affluent de l'autre, et de faire, pour chacune, des collections parfaitement distinctes. Vous comprenez aisément combien il importe de déterminer les limites occupées par l'espèce, et l'influence de ce dernier résultat sur le grand problème des origines ne saurait vous échapper.

« Déjà l'on sait quelque chose. Il est établi que les fleuves de l'Amérique du Sud possèdent des poissons qui leur sont propres. Ces poissons ont-ils été créés isolément dans le système fluvial particulier où ils existent de nos jours, ou bien y ont-ils été transportés d'un autre bassin ? Leurs espèces caractéristiques se retrouvent-elles ailleurs ? Y a-t-il actuellement, a-t-il jamais existé une communication possible entre les deux systèmes ?... Ainsi nous resserrerons les bornes de notre recherche et nous la conduirons, peu à peu, jusqu'au problème final. Le premier point à éclaircir est celui-ci : quelle étendue embrassent dans le monde les espèces distinctes et quelle en est la limite? Tant qu'un doute restera sur ce point, toutes les théories sur l'origine des espèces, sur leur souche, leurs transformations successives, leur migration hors de certains centres seront autant de paroles creuses. Je prends spécialement pour exemple, dans la question qui m'occupe, les poissons d'eau douce, parce qu'ils sont renfermés dans des limites précises. Partant du point de vue théorique, avant toute observation positive, je m'attends à ne pas rencontrer une seule des espèces de l'Amazône inférieur au-dessus de Tabatinga[1]. Je

---

1. Cette prévision fut plus que confirmée par les résultats du voyage. M. Agassiz, il est vrai, s'arrêta à la frontière péruvienne et ne put pas vérifier

me fonde, pour cela, sur mes propres études relatives à la distribution des espèces dans les fleuves d'Europe. D'après ce que j'ai vu, un certain nombre d'espèces se trouvent simultanément dans plusieurs des cours d'eau qui se réunissent pour former soit le Rhin, soit le Rhône, soit le Danube; mais beaucoup d'entre elles ne se montrent plus dans la région inférieure de ces fleuves. Il en est qu'on rencontre dans deux de ces bassins et pas dans le troisième, ou bien, à l'inverse, dans un des trois seulement et pas dans les deux autres. La truite commune (*Salmo-Fario*), par exemple, fréquente le cours supérieur et les hauts affluents des trois fleuves et manque absolument dans la partie inférieure. Il en est de même, et à un degré plus frappant, de l'ombre chevalier (*Salmo-Savelinus*). Le Huch (*Salmo-Hucho*) ne se pêche que dans le Danube. Mais la distribution dans ces fleuves de la famille des Perches est peut-être le plus remarquable. Le Cingle (*Aspro-Zingel*) et le *Schrœtz* (*Acerina Schrœtzer*) ne se voient que dans le Danube, tandis que l'*Acerina Cernua* habite le Danube aussi bien que le Rhin, mais ne se trouve pas dans le Rhône. L'*Aspro asper* hante le Danube et le Rhône, mais pas le Rhin; le Sandre (*Lucioperca Sandra*) vit dans les eaux du Danube et des autres fleuves de l'Europe orientale, mais ne se rencontre jamais dans celles du Rhône ou du Rhin. La perche commune, au contraire, *Perca fluviatilis*, abonde dans le Rhône et le Rhin et n'existe pas dans le Danube qui, cependant, possède une autre espèce de vraie perche déjà décrite par Schœffer, sous le nom de *Perca vulgaris*. Au contraire, le brochet (*Esox Lucius*) est commun aux trois fleuves, spécialement dans leur cours inférieur, aussi bien que la lotte (*Lota vulgaris*). La distribution de la famille des carpes me fournirait d'autres exemples frappants, mais ils sont trop nombreux et trop peu familiers pour servir en ce moment à ma démonstration.

sa prophétie dans la région annoncée, mais il trouva les espèces amazoniennes localisées d'une façon beaucoup plus étroite encore qu'il ne le supposait. Le grand fleuve, et comme lui ses tributaires, est divisé dans toute sa longueur en nombreuses faunes distinctes. Il n'est pas douteux que ce qui est vrai sur une étendue de quatre mille huit cents kilomètres, ne soit vrai aussi pour les premiers affluents de l'Amazone. De fait, d'autres explorateurs ont déjà décrit quelques espèces des tributaires supérieurs, entièrement différentes de celles recueillies par notre expédition.

« Ce sont là des indices très-remarquables de ce que j'appellerai le caractère arbitraire de la distribution géographique. Voilà des faits qu'aucune théorie de dispersion accidentelle ne saurait expliquer, car les petits ruisseaux descendant des montagnes, qui forment les sources de ces grands fleuves, n'ont aucune communication entre eux. Nulle circonstance locale ne peut davantage rendre compte de la présence simultanée de certaines espèces dans les trois bassins, puisque d'autres n'existent que dans un des trois ou manquent dans le troisième et se trouvent dans les deux autres. Rien ne peut faire comprendre non plus pourquoi celles qui vivent dans les affluents supérieurs, ou dans le haut du fleuve, ne se rencontrent plus dans le cours inférieur, quand la descente semble à la fois si naturelle et si facile. En l'absence d'une explication satisfaisante, nous sommes amenés à supposer que la répartition des animaux suit une loi primordiale aussi définie, aussi précise, qu'aucune de celles qui régissent toutes choses dans le système de l'univers.

« Voilà ce qu'il faut étudier, et, pour cela, il est désirable que notre expédition se divise. Nous pourrons explorer ainsi une plus large surface et comparer un plus grand nombre de bassins brésiliens. Nous opérerons de la même manière pour les autres classes de Vertébrés, pour les Mollusques, pour les Articulés, et pour les Rayonnés. Personne parmi nous n'est spécialement botaniste : nous nous contenterons donc de faire une collection méthodique des familles les plus caractéristiques, les palmiers, par exemple, et les fougères arborescentes. Mais elle contiendra jusqu'aux troncs de ces arbres et pourra ainsi nous servir à déterminer l'identité des bois fossiles. On connaît d'ailleurs beaucoup mieux la distribution géographique des plantes que celle des animaux ; il n'y a presque rien à faire dans cette direction.

« Nous nous attacherons encore, toujours dans le but d'éclairer la question des origines, à l'étude des jeunes et, partant, à la recherche des œufs et des embryons. C'est chose d'autant plus importante qu'en général les muséums ne font connaître que les animaux adultes. Le musée zoologique de Cambridge est le seul, à ma connaissance, qui contienne une volumineuse collection de spécimens embryonnaires de toutes les classes du règne animal. Un fait significatif est déjà connu. Aux premières phases de leur développement, les animaux d'une même classe ont entre eux bien plus de ressemblance qu'à l'état adulte. Ils se ressemblent parfois tellement qu'il n'est pas facile de les distinguer. Il y a sans contredit une période première où les différences sont très-peu tranchées. Jusqu'à quel point en est-il de même entre les représentants de classes diverses ? C'est ce qu'il reste à fixer nettement. Deux interprétations de ces faits sont possibles. Les animaux qui, au début de leur vie, sont ainsi presque identiques doivent leur origine à un seul et même germe ; ils ne sont que des modifications, des transformations sous diverses influences physiques d'une unité primitive. Ou bien, au contraire, en dépit de cette identité matérielle des premières heures, puisque aucun germe en se développant ne parvient à différer de ses parents, puisque aucun ne peut sortir du moule où il a été coulé à sa naissance, une cause autre que les causes matérielles préside à ce développement et le contrôle. Or, si cette seconde hypothèse est la vraie, il faut chercher en dehors des causes physiques l'explication des différences qui existent entre les animaux. Jusqu'ici l'une et l'autre de ces deux interprétations n'ont guère eu pour base que des convictions personnelles et des opinions plus ou moins fondées. La véritable solution du problème ne peut être fournie que par l'étude du développement des animaux eux-mêmes, et elle en est encore à ses premiers pas. Sans doute la science possède déjà d'une façon très-complète l'embryogénie de quelques animaux, mais les investigations ont porté sur un trop petit nombre de représentants des différentes classes du règne animal, pour qu'il y ait lieu aux larges généralisations. On ne sait rien des premières phases de la formation de milliers d'insectes dont les dernières métamorphoses ont été décrites avec un soin minutieux, depuis les changements que subit la larve déjà grande pour devenir chrysalide d'abord, insecte parfait ensuite. Il reste donc à connaître et à préciser jusqu'à quel point les chenilles des différentes espèces de papillons, par exemple, ressemblent l'une à l'autre pendant le temps de leur formation dans l'œuf. De ce côté, un champ immense est ouvert à l'observation.

« J'ai moi-même étudié une centaine d'embryons d'oiseaux, maintenant déposés au musée de Cambridge, et j'ai trouvé que, à un certain âge, ils avaient tous le bec, les ailes, les jambes, les pieds, etc., exactement pareils. Le jeune merle à poitrine rouge et la jeune corneille ont le pied palmé tout comme le canard. C'est seulement plus tard que les doigts deviennent distincts. Quel intérêt n'y a-t-il pas à continuer ces recherches sur les oiseaux des tropiques! A voir si, par exemple, à un certain moment, le bec gigantesque du toucan n'est pas le même que celui de tous les autres oiseaux, ou si, à cette même période, celui de l'ibis spatule est dépourvu de toute forme caractéristique. Pas un naturaliste au monde ne pourrait vous dire un mot de tout cela, ou vous donner un renseignement quelconque sur les faits correspondants du développement des poissons, des reptiles, ou des quadrupèdes du Brésil. Jamais les jeunes de ces animaux n'ont été comparés à l'adulte. Dans ces entretiens je n'ai qu'un but, celui de vous montrer quel champ immense, quel champ plein d'intérêt s'ouvre à nos recherches. Ayons seulement la chance d'en cultiver quelques parcelles, et nous aurons eu tout le succès que nous sommes en droit d'attendre. »

Le soir est venu. C'est toujours le moment le plus agréable de la journée; assis près des bastingages, nous contemplons pour la première fois le coucher du soleil sous les tropiques. L'astre s'abaisse sous un ciel de pourpre et d'or, et, quand il a disparu derrière l'horizon, il darde encore sur les nuages, presque jusqu'au zénith, de flamboyantes rougeurs qui s'éteignent peu à peu vers les bords en teintes pâles et rosées. Cependant de larges masses de vapeurs grisâtres, qui commencent à s'argenter sous les rayons de la lune, s'élèvent du sud et glissent rapidement.

7 *avril*. — La causerie d'aujourd'hui a eu pour sujet la configuration physique de l'Amérique du Sud. Elle a porté sur tout ce qui pouvait se rattacher aux travaux géologiques et géographiques, pour lesquels M. Agassiz attend de ses jeunes aides une assistance efficace. Une très-grande partie de l'entretien a été consacrée, les cartes géologiques à la main, à des explications qu'il serait difficile de reproduire. Le but principal était d'indiquer la voie à suivre pour accroître l'exactitude et l'étendue des notions générales relatives à la formation du continent. Ainsi « le bassin de l'Amazône est une plaine basse,

presque entièrement remplie de matériaux de transport. Il nous faudra examiner soigneusement le caractère de ces matériaux étrangers et essayer de remonter jusqu'à leur point de départ. Comme il y a en différents lieux de la plaine des roches très-caractéristiques, nous devons, au moins pour une partie de ces terrains rapportés, retrouver le fil qui conduit à leur origine. Mes études précédentes me font attribuer un intérêt spécial à certaines questions qui se rattachent à ces faits. Quelle puissance a déposé là ces matériaux hétérogènes? Sont-ils le résultat de la décomposition des roches par les agents atmosphériques ordinaires; sont-ils le produit de l'action de l'eau ou de celle des glaciers? Fut-il jamais un temps où, dans les Andes, des masses énormes de glace descendaient plus bas qu'aujourd'hui au-dessous de la limite actuelle des neiges? Seraient-ce ces masses qui, en glissant sur les terrains inférieurs, ont broyé, puis déposé ces matériaux? Nous savons qu'une puissance de ce genre a agi dans la moitié septentrionale de cet hémisphère; nous aurons à en rechercher les traces dans la moitié méridionale, sous les chaudes latitudes de laquelle jamais pareille investigation n'a été faite. Les précieux renseignements que la science doit à Darwin, sur les phénomènes glaciaires de l'Amérique du Sud, se rapportent en effet aux régions froides ou aux régions tempérées. A nous donc d'étudier les matériaux déposés sur les bords de chaque fleuve que nous remonterons, et d'examiner quels sont leurs rapports avec le terrain sec de la partie supérieure du bassin.

« La couleur de l'eau se rattache à la nature des rives; c'est encore un phénomène à noter. Les eaux du Rio Branco, par exemple, sont, à ce que l'on dit, blanches comme du lait, tandis que celles du Rio Negro sont noires. Dans ce dernier cas, la coloration est probablement le résultat de la décomposition des végétaux. J'invite les membres futurs de chacune de nos expéditions partielles à passer au filtre une grande quantité d'eau, et à examiner le dépôt au microscope. Vous déterminerez de cette manière s'il est de sable, de chaux, de granit, ou de vase produite par la décomposition des matières organiques. Les plus petits cours d'eau, les ruisseaux eux-mêmes doivent avoir leur caractère propre. Le plateau brésilien s'élève en forme de large croupe arrondie, et, courant de l'ouest à l'est, il détermine la direction des fleuves. On le représente généralement comme une chaîne de montagnes, mais de fait, ce n'est rien de plus qu'un large repli affaissé, tenant lieu de versant et transversalement coupé de fissures profondes dans lesquelles coulent les fleuves. Ces fissures sont larges dans les parties inférieures, mais on ne sait rien de leur écartement supérieur et, partout où nous pourrons en examiner les bords, nous rendrons un important service à la science. En effet, on a bien peu de notions exactes sur la géologie du Brésil. Dans les cartes spéciales, presque tout le pays est figuré comme étant constitué par le granit. S'il en est réellement ainsi, cela est bien peu en harmonie avec ce que nous connaissons du caractère géologique des autres continents, où les roches stratifiées se rencontrent en proportions beaucoup plus grandes. »

Il fut dit ensuite quelques mots sur les différentes formations des vallées et sur les *terrasses*. « Les anciennes terrasses qui dominent les fleuves de l'Amérique du Sud correspondent-elles aux terrasses de quelques-unes de nos rivières, celles du Connecticut, par exemple? Ce serait la preuve que les eaux ont eu là, jadis, une profondeur plus grande et un plus large lit. Il a nécessairement dû y avoir une cause à cette grande accumulation d'eau durant les périodes anciennes. Je l'attribue dans la moitié nord de l'hémisphère à la fonte des masses énormes de glace de la période glaciaire, produisant des inondations immenses.

« On n'a rien écrit qui mérite confiance sur les terrasses des fleuves brésiliens. Bates, cependant, décrit des collines à plat sommet situées entre Santarem et Pará, dans la partie la plus étroite de la vallée, près d'Almeyrim, et dont l'élévation est de 240 mètres environ (800 pieds)[1] au-dessus du niveau actuel de l'Amazône. Si cette partie de la vallée était submergée dans les temps antérieurs, des couches peuvent avoir été déposées dont ces collines seraient les débris. Mais de ce que cette théorie peut rendre compte des faits, il ne s'ensuit pas qu'elle soit vraie.

« Ce sera à nous d'examiner l'état des choses, de voir, entre autres, par quoi sont constituées ces collines, si c'est par des

---

1. Mesure anglaise, le pied évalué à 305 millimètres.

roches en place ou par des matériaux de transport. Personne n'a encore rien dit de leur formation géologique[1]. »

Aujourd'hui, du haut du pont, nous avons aperçu nombre de poissons volants. J'ai été étonné de leur beauté et de la grâce de leurs mouvements. J'avais toujours cru qu'ils sautaient plutôt qu'ils ne volaient. Véritablement, ils ne volent point; leur nageoire pectorale n'est pas une aile, mais une voile qui les porte sous le vent. Ils rasent l'eau de cette manière pendant fort longtemps ; le capitaine Bradbury m'a raconté en avoir suivi un avec sa lunette et l'avoir perdu de vue à une distance considérable, sans que, dans l'intervalle, le poisson se fût replongé dans la mer. Notre naturaliste a pris grand plaisir à les regarder[2]. Comme il n'a jamais navigué dans les mers tropicales, il a chaque jour quelque nouvelle et agréable surprise de ce genre.

9 *avril*. — M. Agassiz nous a parlé hier des traces que les glaciers d'autrefois ont laissées dans l'hémisphère nord, puis il a signalé les indices de même nature qu'il conviendrait de rechercher au Brésil. Après une revue rapide des investigations dont ces phénomènes ont été l'objet en Europe et aux États-Unis, et une indication de la grande étendue que la glace a autrefois recouverte dans ces régions, il a continué ainsi : « Quand la moitié polaire de chaque hémisphère était cachée sous pareille enveloppe, le climat du globe tout entier devait différer beaucoup de ce qu'il est aujourd'hui. Les limites atteintes par les anciens glaciers nous donnent une idée, mais une idée seulement approchée, de cette différence. Chaque degré Fahrenheit[3] de la température moyenne annuelle d'un lieu quelconque correspond à un degré en latitude; c'est-à-dire que, par chaque degré de latitude, la température moyenne perd un degré Fahrenheit quand on s'avance vers le nord, ou le gagne si l'on descend vers le sud. De nos jours, la ligne à

---

1. M. Agassiz visita plus tard ces collines, et on trouvera plus loin, dans le chapitre consacré à l'histoire physique de l'Amazone, ses conclusions sur leur structure et leur origine probable.
2. Voyez Appendice II.
3. Cinq neuvièmes de degré centigrade. Il faudrait remonter vers le nord de neuf degrés en latitude pour que la température moyenne annuelle se trouvât abaissée de cinq degrés centigrades. (N. du T.)

laquelle la moyenne thermométrique de l'année est à 32° Fah. (0° centig.), celle par conséquent à la hauteur de laquelle les glaciers peuvent se former, coïncide avec le 60ᵉ parallèle ou environ, c'est la latitude du Groënland. L'altitude à laquelle ils peuvent se produire, sous la latitude de 45°, est d'environ 6000 pieds (1800 mèt.). S'il y a apparence qu'ils aient eu jadis leur limite méridionale à la latitude de 36°, il faudra admettre que, à cette époque, le climat des régions situées sous cette ligne était le climat actuel du Groënland. A un tel changement dans le sens de la latitude devait en correspondre un autre équivalent, dans le sens de l'altitude. Trois degrés Fahrenheit de température correspondent à environ trois cents mètres (mille pieds) d'altitude[1]. Supposons qu'on retrouve les traces anciennes de l'action glaciaire, dans les Andes par exemple, jusqu'à deux mille cent mètres (ou sept mille pieds) au-dessus du niveau de la mer, et cela sous l'équateur; comme la limite actuelle des neiges éternelles s'y maintient à quatre mille cinq cents mètres (ou quinze mille pieds), on en conclura sûrement que le climat y était autrefois de 24° Fahrenheit (ou 13° à 14° centigr.), inférieur à la moyenne actuelle. Ainsi la température à laquelle se produisent aujourd'hui les neiges perpétuelles, sous l'équateur, se rencontrait alors à la hauteur de deux mille cent mètres au-dessus du niveau de la mer, de même que la moyenne thermométrique actuelle du Groënland aurait pu être observée dès le 36ᵉ degré de latitude. Je suis aussi certain de trouver les traces glaciaires vers la limite indiquée par moi tout à l'heure, que si je les avais déjà vues. Je m'aventure même à prédire que les premières moraines se rencontreront dans la vallée du Marañon, à l'endroit où cette vallée se courbe vers l'est, aux environs de Jaen [2]. »

[1]. C'est-à-dire que, pour la même latitude, si l'on s'élève à mille mètres au-dessus du niveau de la mer, la température moyenne sera, à cette élévation, de $5°\frac{5}{9}$ centigrades inférieure à ce qu'elle est au bord de l'Océan. (N. du T.)

[2]. J'eus plus tard la preuve qu'il n'est pas nécessaire, pour retrouver les phénomènes glaciaires des régions tropicales de l'Amérique du Sud, d'explorer les plus hautes montagnes. Dans quelques ramifications de la chaîne côtière du Brésil qui n'ont pas plus de cent cinquante mètres (cinq cents pieds) de hauteur, les moraines sont aussi distinctes et aussi bien conservées que dans n'importe quelle localité des contrées septentrionales du globe, où les phénomènes glaciaires aient

Quoique le temps soit beau, notre bâtiment roule tant et si bien que ceux des passagers qui n'ont pas, comme on dit, le pied marin ont fort à faire de garder l'équilibre. Pour ma part, je commence à me sentir de l'humeur contre les vents alizés. J'avais rêvé une douce et aimable brise nous poussant gentiment vers le sud ; au lieu de cela, c'est un furieux vent debout qui ne nous quitte pas et ne nous laisse, jour et nuit, ni repos ni trêve. Et pourtant nous aurions mauvaise grâce à nous plaindre, car jamais il n'a été pourvu au bien-être de voyageurs au long cours avec une entente aussi parfaite que sur ce magnifique navire. Les cabines y sont spacieuses et commodes, la salle à manger et le salon bien ventilés, frais et élégants, le pont assez large et assez étendu pour permettre une longue promenade à quiconque est capable de se tenir deux minutes sur les jambes ; le service est ponctuel et parfait sous tous les rapports ; en somme, il ne reste rien à désirer si ce n'est un peu plus de stabilité.

10 *avril*. — Grosse mer aujourd'hui. Nous n'en avons pas moins notre conférence habituelle, quoique, il faut le dire, grâce au roulis, l'orateur pique parfois du nez contre la table beaucoup plus qu'il ne convient à la majesté de la science. M. Agassiz revient sur l'embryologie. Il insiste auprès de ses compagnons sur la nécessité de recueillir des matériaux pour cette étude. C'est le moyen d'atteindre à une vue nette des rapports intimes qui existent entre les animaux.

« Jusqu'à présent la classification a été arbitraire ; elle varie au gré des observateurs et suivant comme ils interprètent les différences de la structure, dont rien de fixe n'établit la valeur et le caractère. Or, j'en suis convaincu, il y a en pareille matière un guide bien plus sûr que l'opinion ou l'appréciation individuelles, si pénétrantes que soient d'ailleurs les vues d'après lesquelles on se détermine. Le véritable principe de la classification existe dans la nature même et nous n'avons, pour l'y trouver, qu'à bien lire dans ce grand livre. Si cette conviction est fondée, la question à se poser est celle-ci : Comment pou-

---

été reconnus par les géologues. La ligne des neiges, même dans ces régions, a donc descendu si bas, que des masses de glace formées à cette altitude se sont frayé un chemin jusqu'au niveau de l'océan. (L. A.)

vous-nous faire de ce principe un guide pratique dans le laboratoire et, en même temps, un stimulant énergique des recherches? Ce principe est-il susceptible d'une démonstration positive par des faits matériels? Si nous renonçons à imaginer des systèmes pour nous borner à lire ce qui est réellement écrit dans la nature, y a-t-il une méthode que nous puissions adopter comme un critérium absolu?... Je réponds : « oui ! » Le critérium se trouvera dans les changements que les animaux subissent, depuis leur première formation dans l'œuf jusqu'à l'état adulte.

« Ce n'est pas ici que je puis vous décrire avec détails cette méthode d'investigation, mais je puis en dire assez pour éclairer ma thèse. Prenons un exemple familier, l'embranchement des Articulés, je suppose. Les naturalistes le divisent en trois classes : Insectes, Crustacés et Vers. La plupart d'entre eux vous diront que les Vers forment la classe inférieure, qu'audessus sont les Crustacés, au-dessus encore les Insectes; d'autres, au contraire, placent les Crustacés en tête du groupe. Et pourquoi? Pourquoi un insecte est-il supérieur à un crustacé et *vice versa?* Pourquoi un criquet ou un papillon sont-ils, de par leur structure, supérieurs à un homard ou à une crevette? La vérité est qu'il y aura divergence entre les opinions sur le rang à attribuer à ces groupes, aussi longtemps que la classification pourra rester quelque chose de purement arbitraire, sans autre base que l'interprétation des détails anatomiques. L'un regarde la structure des insectes comme plus parfaite et les met au premier rang; l'autre est d'avis que l'organisation des crustacés est supérieure et les place en tête. Dans les deux cas, tout dépend de la manière individuelle d'apprécier les faits. Mais, si l'on étudie à tous les degrés le développement d'un insecte, l'on découvre qu'au début il ressemble à un ver, qu'à une seconde époque, à l'état de chrysalide, il est semblable à un crustacé et qu'il ne revêt les caractères de l'insecte parfait qu'après l'achèvement final. Dès lors voilà une échelle simple et naturelle d'après laquelle nous pouvons mesurer le rang de ces animaux entre eux. A moins de supposer dans le développement de l'animal un mouvement rétrograde, nous devons croire que l'insecte est supérieur, et notre classification est, sur ce point, dictée par la nature elle-même. C'est là un exemple très-frappant. Il y en a d'autres qui ne le sont pas moins, mais qui sont moins vulgaires. Ainsi, la grenouille, aux phases diverses de son existence, fait connaître le rang à assigner aux ordres qui composent sa classe. Ces ordres sont diversement échelonnés par les naturalistes, suivant l'appréciation que chacun d'eux fait des traits de la structure. Mais le développement de la grenouille fournit, comme celui des insectes, l'échelle véritable de ce type[1]. Il y a peu de groupes dans lesquels cette comparaison ait été poussée aussi loin que chez les insectes et la grenouille, mais, partout où pareil examen a été fait, il a fourni un critérium infaillible. Plusieurs cas analogues, envisagés isolément et au hasard, ont beaucoup contribué à confirmer la théorie du développement progressif, aujourd'hui si en vogue sous une forme un peu rajeunie. Ceux qui la soutiennent ont vu qu'il y a une gradation entre les animaux et ils ont conclu de là à une liaison matérielle. Cependant suivons avec soin l'œuvre de formation jusqu'à son dernier terme, et nous observerons qu'elle est contenue dans des bornes étroites, si bien que pas un animal ne faut à sa fin et ne devient autre chose que ce qu'il devait être. Force nous est bien alors d'admettre que la gradation par laquelle tous les animaux sont incontestablement rattachés les uns aux autres est quelque chose de purement idéal et n'a rien de matériel. Elle existe dans l'Intelligence à laquelle ils doivent l'être. Comme les œuvres de la pensée humaine se relient entre elles par une affinité mentale, de même les pensées du Créateur ont un lien idéal.... Telles sont,

---

1. En copiant le journal où ces notes ont été conservées, je n'ai pas voulu surcharger le récit de détails anatomiques. J'ajouterai donc ici, pour ceux que cela intéresse, que la grenouille est d'abord, dans l'œuf, un simple corps oblong, sans appendices, s'atténuant peu à peu jusqu'à son extrémité postérieure ; elle ressemble alors à la *Cécilie*. Bientôt, sous forme de têtard, et quand l'extrémité s'est allongée en queue, quand les branchies sont complètement développées et le corps muni d'une paire de pattes imparfaites, l'animal ressemble à la *Sirène* aux membres rudimentaires. Aux périodes suivantes, muni de deux paires de pattes et la queue entourée d'une nageoire, il rappelle le *Protée* et le *Ménobranche*. En dernier lieu, les branchies disparaissent, la respiration se fait par des poumons, mais la queue persiste encore et la forme générale est, alors, celle des *Ménopomes* et des *Salamandres*. Enfin la queue diminue, puis disparaît, et la *Grenouille* est parachevée. Ces phases donnent le type de l'échelle d'après laquelle on doit déterminer la position relative des groupes principaux de la classe.

à mon jugement, les considérations qui doivent nous décider à recueillir, durant ce voyage, les jeunes du plus grand nombre possible d'espèces. Nous y puiserons l'autorité nécessaire pour changer les principes fondamentaux de la classification, et, en cela, nous aurons bien mérité de la science.

« Il y a d'ailleurs un choix à faire pour les recherches de ce genre. On peut consacrer sa vie entière à des études d'embryologie et n'apprendre que fort peu de chose sur le sujet qui nous occupe. L'embryon des vers, par exemple, n'enseignerait rien sur la hiérarchie des Articulés, car on n'aurait vu que le premier degré de la série et l'on n'en connaîtrait pas la suite. Ce serait comme si l'on relisait sans cesse le premier chapitre d'une histoire. Au contraire, l'embryologie des insectes donne immédiatement tous les degrés de l'échelle, au bas de laquelle s'arrêtent les vers. De même le développement de la grenouille indique la place de tous les animaux du groupe auquel elle appartient, tandis que celui de la cécilie, dernier ordre de ce groupe, ferait seulement connaître les rangs inférieurs. Ainsi encore, les naturalistes qui, pour étudier l'embryologie des reptiles, commenceraient par leurs représentants les plus bas, les serpents, commettraient une erreur grave. Ce qu'il faut prendre, c'est l'alligator, si abondant dans la contrée où nous allons. Aucun naturaliste n'a encore ouvert un œuf d'alligator à sa première phase. On a, par hasard, trouvé quelques jeunes dans l'œuf, peu avant le moment de l'éclosion, mais on ne sait absolument rien des modifications initiales. L'embryologie complète de cette espèce ne fournirait pas seulement la classification naturelle des reptiles actuellement existants, elle nous apprendrait encore l'histoire de cette classe depuis le jour de son apparition sur la terre jusqu'à l'heure présente. En effet, cette étude nous révèle à la fois les rapports des animaux actuels entre eux, et ceux qu'ils ont avec les types disparus. Un résultat considérable de cette science spéciale a été la découverte que les animaux de notre époque, aux phases premières de leur développement, ressemblent aux anciens représentants du même type qui ont vécu aux âges géologiques antérieurs. Les premiers reptiles parurent à la période carbonifère et différaient beaucoup de ceux qu'on rencontre de nos jours. Ils n'étaient pas nombreux alors;

mais plus tard il vint une époque qu'on a pu appeler justement l'*âge des reptiles*. Alors abondaient ces sauriens gigantesques, les plésiosaures et les ichthyosaures. Je crois, et je puise cette conviction dans mes précédentes études embryologiques, que les transformations de l'alligator dans l'œuf nous donneraient la clef des rapports de structure chez les reptiles depuis leur création jusqu'aujourd'hui, nous découvririons en d'autres termes la série dans le temps, aussi bien que la série dans l'individu. Vous le voyez donc, le type le plus instructif que nous puissions choisir dans cette classe, au point de vue des rapports de structure comme à celui de l'histoire ancienne de ces animaux, c'est bien l'alligator. Ne négligeons donc aucune occasion de nous procurer les œufs de cette espèce.

« Il y a au Brésil d'autres animaux, inférieurs dans leur propre classe, cela est certain, mais qu'il est néanmoins fort important d'étudier à l'état embryonnaire. Ce sont les paresseux et les tatous. De nos jours ces animaux ont de médiocres dimensions, mais le type était autrefois représenté, avec des proportions gigantesques, par ces mammifères prodigieux qu'on appelle le mégathérium, le mylodon, le mégalonyx. Les changements de l'embryon des paresseux et de celui des tatous expliqueraient, je le crois, les rapports de structure de ces Édentés énormes soit entre eux, soit avec ceux d'aujourd'hui. L'Amérique du Sud abonde en ossements fossiles de ces êtres qui, dans la moitié septentrionale de l'hémisphère, avaient pénétré jusqu'à la Géorgie et au Kentucky, où l'on en a retrouvé les restes. Les représentants modernes de la famille ne sont pas moins nombreux. Nous nous efforcerons d'en obtenir des exemplaires de tout âge, pour les étudier depuis l'œuf. Il est surtout essentiel de ne pas nous laisser distraire de notre tâche principale par la diversité des objets. Combien de jeunes naturalistes n'ai-je pas connus, auxquels les plus beaux succès ont échappé parce qu'ils ont voulu embrasser un trop vaste terrain, et se sont préoccupés de faire des collections plutôt que des recherches. Quand on se laisse prendre de la manie d'accumuler et le grand nombre et la grande variété des espèces, on ne peut plus revenir aux considérations générales et aux ensembles. Ayons toujours présentes certaines questions importantes; appliquons-nous résolûment à leur étude et n'hésitons pas à sacrifier les choses d'un intérêt moindre, plus faciles à atteindre.

« Un autre type extrêmement curieux au point de vue embryologique, c'est celui des singes. Puisque certains de nos confrères les considèrent comme nos ancêtres, il est à propos de réunir la plus grande masse de faits sur leur développement. Il vaudrait certainement mieux, pour cela, opérer sur le terrain où vivent les orangs, les chimpanzés, les gorilles, c'est-à-dire les singes auxquels on assigne le premier rang, ceux qui par la structure sont le plus voisins de l'homme. Mais l'embryogénie des petits singes de l'Amérique méridionale sera, elle aussi, fort instructive. Donnez à un mathématicien les premiers termes d'une série et il en déduira tous les autres. J'espère donc que, une fois les lois de l'évolution embryonnaire mieux approfondies, les naturalistes reconnaîtront où s'arrêtent ces cycles de développement et pourront, même avec des données incomplètes, en déterminer les limites naturelles.

« Les tapirs ne me paraissent guère moins dignes d'attention. C'est une des familles dont les antécédents géologiques ont le plus d'importance et d'intérêt. Les mastodontes, les paléothériums, les dinothériums et d'autres gros mammifères du tertiaire en sont les très-proches parents; à la même famille appartiennent le rhinocéros, l'éléphant, etc. L'embryologie du tapir, que sa structure place tout près de l'éléphant, classé lui-même en tête du groupe, nous fournirait une série complète. Les débris fossiles de tous ces animaux feraient croire à une parenté jadis plus étroite qu'aujourd'hui entre les pachydermes d'une part, les ruminants et les rongeurs de l'autre. Il y aurait donc utilité à comparer l'embryogénie du capivard, de la paca et du pécari à celle du tapir. Enfin, il n'est pas moins désirable d'apprendre quelque chose sur le mode de développement du lamantin ou vache marine de l'Amazône. Il y a dans ce cétacé comme l'ébauche d'un souffleur, et ce pourrait bien être le représentant moderne du dinothérium. »

12 avril. — Aujourd'hui, M. Agassiz s'est particulièrement adressé aux ornithologistes de l'expédition. Il voulait leur prouver que la même méthode — le critérium des classifications tiré des phases du développement dans des groupes différents — pouvait s'appliquer aux oiseaux avec autant de succès qu'aux autres types.

Nous avons bien marché depuis vingt-quatre heures, et nous allons enfin laisser derrière nous nos amis les vents alizés. Le capitaine nous annonce les calmes pour demain ou après-demain. Seulement, dès qu'aura cessé la brise, viendra la chaleur; jusqu'ici elle n'a rien eu d'excessif quoique, durant le jour, nous soyons obligés de nous renfermer à l'ombre; mais quand vient le soir, nous nous asseyons sur le pont et nous contemplons le coucher du soleil sur l'eau. Peu après, la lune se lève, et doucement le temps s'écoule. Enfin neuf heures ar-

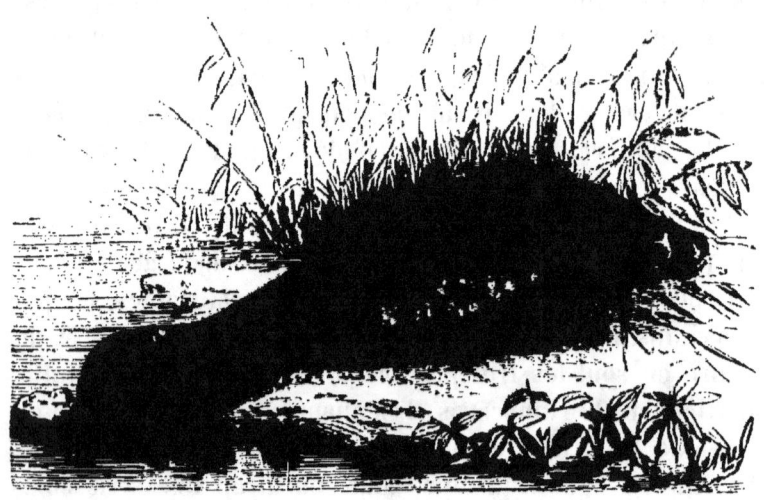

Lamantin.

rivent, parfois même la veillée se prolonge jusqu'à dix, et alors notre petite société se disperse. La mer a été si rude que nos tentatives de pêche ont été infructueuses; quand nous serons dans les eaux calmes, les naturalistes aux aguets feront bonne chasse aux méduses, aux argonautes et aux autres animaux de ce genre.

13 *avril*. — On s'est de nouveau occupé, aujourd'hui, de la distribution géographique des espèces et de la nécessité de préciser avec soin les localités en formant les collections.

« Puisque Rio de Janeiro est notre base d'opérations, nous ferons du bassin qui l'entoure notre laboratoire pendant la première semaine. Il ne nous sera pas aussi facile qu'il peut vous sembler de maintenir sûrement distinctes les collections de cette localité. Les sources de plusieurs fleuves coulant dans des directions opposées avoisinent Rio, et sont tellement rapprochées qu'il sera difficile de ne pas les confondre. Sur le versant extérieur de la chaîne de montagnes à laquelle les *Orgues* appartiennent, il y a quantité de petits torrents, de ruisseaux, pour ainsi dire, qui se jettent directement dans la mer. Les mêmes animaux se rencontrent-ils dans tous ces cours d'eau si bornés? C'est chose importante à vérifier. Je pense qu'il en doit être là comme dans les petits fleuves de la partie septentrionale de nos côtes. Il y a en effet aux États-Unis, tout le long du littoral, depuis le Maine jusqu'au New-Jersey, de très petits fleuves qui, bien que sans communication entre eux, contiennent tous la même faune. Il existe près de Rio de Janeiro, en dedans de celle qui suit la côte, une chaîne de montagnes, la Serra da Mantiqueira, qui s'abaisse doucement vers l'Océan, au sud du Rio Belmonte ou Jequitinhonha. Les fleuves qui en descendent sont plus complexes; ils ont de larges tributaires et leur cours supérieur est ordinairement interrompu par des chutes, tandis que leur cours inférieur n'a qu'une pente légère. Probablement, dans la partie inférieure, nous trouverons des poissons semblables à ceux des courts ruisseaux du littoral; au contraire, dans la partie supérieure nous rencontrerons des faunes distinctes. » La conférence fut terminée par quelques mots sur les excursions qu'il conviendrait de faire dans le voisinage de Rio de Janeiro et par des instructions pratiques sur la manière de collectionner, basées sur l'expérience personnelle du professeur[1].

---

[1]. Rio de Janeiro est le port vers lequel se sont dirigées de préférence la plupart des expéditions scientifiques, et, par cela même, le naturaliste y trouve un intérêt spécial. Au premier abord, il peut sembler que Français, Anglais, Allemands, Russes, Américains, s'étant succédé les uns aux autres dans cette localité, depuis un siècle, et tous ayant emporté une riche moisson de spécimens, le nombre des choses nouvelles a par conséquent diminué, et l'intérêt offert par cette province doit être plutôt amoindri qu'augmenté. C'est tout le contraire. Précisément parce que les spécimens décrits ou figurés dans la plupart des relations de voyage proviennent de Rio de Janeiro et des environs, il devient indispensable que tout muséum aspirant à être complet et exact possède des exemplaires originaux de ces localités, et puisse ainsi vérifier les descriptions des espèces in-

14 *avril*. — La soirée d'hier a été la plus belle que nous ayons eue depuis notre départ de Cambridge. Le ciel était pur et transparent, à peine voilé à l'horizon par quelques blanches masses vaporeuses dont la lune argentait doucement les contours. Nous jetons, pour quelques mois, un dernier regard sur l'Étoile du Nord et nous contemplons pour la première fois la « Croix du Sud ». Devant la réalité visible disparaît la constellation mille fois plus merveilleuse qui existait dans mon imagination. Elle s'est évanouie, et avec elle son auréole d'or et de clarté, ma vision céleste plus éclatante encore que celle qui convertit Constantin! A sa place il ne reste plus que la constellation véritable, quatre petits points lumineux....

L'entretien d'aujourd'hui a eu pour objet les poissons de l'Amérique du Sud. « Je vais rapidement passer en revue avec vous les poissons de l'Amérique du Sud, en les comparant à ceux du vieux monde et à ceux de l'Amérique du Nord. J'ignore encore comment les animaux sont distribués dans les eaux de la région que nous allons visiter, et c'est justement à le découvrir que vous m'aiderez, je l'espère; mais je connais les caractères qui les distinguent de ceux des autres continents. Souvenez-vous que le but essentiel de nos études dans cette direction, c'est la solution de ce problème : Y a-t-il là quelque faune distincte et cette faune a-t-elle pris origine au lieu même où elle existe? En conséquence, je dois vous faire connaître les animaux du Brésil, autant que la chose est

---

diquées. Sans cela les doutes qui, accidentellement, se produiraient sur l'identité absolue ou les différences spécifiques des spécimens provenant de la rive occidentale de l'Atlantique — Amérique du sud, du centre ou du nord, — pourraient bien, à un moment donné, réduire à néant les travaux de généralisation ayant pour objet la distribution des animaux dans cet océan. A ce point de vue, la baie de Rio de Janeiro forme un centre de comparaison du premier ordre, et c'est pour cela que nous n'avons pas craint de prolonger notre séjour dans cette ville. Je savais fort bien que les probabilités de découverte avaient été fort diminuées par les recherches de nos prédécesseurs, mais je pensais avec raison que tout ce que nous récolterions sur ce point augmenterait la valeur de nos autres collections. Je tenais du reste à déterminer jusqu'à quel degré les animaux marins qui vivent près du littoral brésilien, au sud du cap Frio, diffèrent de ceux qui vivent au nord, depuis le cap Frio jusqu'au cap San-Roque, et, d'autre part, quelles différences existent entre ces derniers et ceux de l'Amérique septentrionale ou du littoral des Antilles. J'aurai occasion de revenir sur ce sujet avec plus de détails dans les chapitres suivants. (L. A.)

possible dans le peu de temps dont nous disposerons avant de nous mettre à l'œuvre. C'est le moyen de vous préparer à bien saisir la loi de leur distribution géographique. Occupons-nous aujourd'hui des poissons d'eau douce spécialement.

« Il y a dans l'hémisphère nord un groupe remarquable de poissons connus sous le nom d'Esturgeons. On les trouve principalement dans les eaux qui coulent vers les mers polaires, la rivière Mackensie dans notre continent, la Lena et l'Ienisséi dans le vieux monde. On les rencontre aussi dans tous les lacs et dans tous les fleuves de la région tempérée qui sont en communication avec l'océan Atlantique. Ils sont bien moins nombreux dans les tributaires de la Méditerranée; ils sont communs au contraire dans le Volga et le Danube. Ils ne le sont pas moins dans le Mississipi et dans plusieurs fleuves de notre littoral du nord, soit du côté de l'Atlantique, soit du côté du Pacifique. Enfin on les trouve encore en Chine. Cette famille n'a de représentants ni en Afrique, ni dans l'Asie méridionale, ni en Australie, ni dans l'Amérique du Sud. Toutefois il y a dans ce dernier continent un groupe qui y correspond sous certains rapports, — celui des Goniodontes. En effet, bien que plusieurs ichthyologistes les placent, dans leurs classifications, très-loin les uns des autres, il y a en somme une ressemblance frappante entre les esturgeons et les goniodontes. Quand de tels groupes reproduisent l'un et l'autre certains traits communs, tout en différant par des modifications spéciales de la structure, on les appelle des *types représentatifs*, et cette dénomination leur convient d'autant plus qu'ils sont distribués dans des parties du globe différentes. La comparaison de l'un de ces types avec l'autre est pleine d'intérêt pour le naturaliste; elle touche à la question de l'origine des espèces. Car l'alternative est très-nette pour ceux qui croient que les animaux dérivent les uns des autres. Ou bien l'un de ces groupes provient du second, ou bien tous deux descendent d'ancêtres communs qui n'étaient ni des esturgeons ni des goniodontes, mais qui possédaient à la fois les traits distinctifs des uns et des autres et leur ont donné naissance.

« Une troisième famille, dite des Siluroïdes, semble, à raison de sa structure, occuper une position intermédiaire entre les Esturgeons et les Goniodontes. Il paraît donc y avoir, dans ces trois groupes, si semblables par certains traits, si différents par certains autres, les éléments d'une série. Mais, tandis que les rapports de la structure chez ces animaux font naître la pensée d'une communauté d'origine, leur distribution géographique semble l'exclure. Prenons pour exemple les Silures ; il y en a peu d'espèces dans l'hémisphère nord ; à peine en rencontre-t-on quelques-unes dans les fleuves où les esturgeons abondent ; et elles foisonnent au contraire dans l'hémisphère sud — Asie méridionale, Australie, Afrique, Sud-Amérique — où les esturgeons manquent d'ailleurs. Dans l'Amérique méridionale, partout où il y a des goniodontes il y a des siluroïdes ; dans les autres parties du monde on ne trouve plus que ces derniers, les goniodontes étant exclusivement propres à l'Amérique du Sud. Si donc, en Amérique, ceux-ci ont été les ancêtres des siluroïdes, ils n'ont pas pu l'être ailleurs. Si les esturgeons ont engendré les siluroïdes ou les goniodontes, il est étrange que leur progéniture ait formé deux familles dans le nouveau continent et une seule, celle des siluroïdes, dans l'ancien monde. Mais si tous les trois ont une origine commune, il est encore bien plus extraordinaire que cette descendance ait présenté à la surface du globe une distribution aussi spécifique. Les siluroïdes pondent de gros œufs, et, puisqu'ils abondent dans l'Amérique méridionale, l'occasion d'en recueillir ne nous manquera sans doute pas. On ne sait absolument rien sur la reproduction des goniodontes. Nécessairement l'embryologie de ces deux groupes jettera quelque jour sur le problème de leur origine.

« Une autre famille très-profusément répandue dans les diverses parties du globe est celle des perches. On en trouve partout dans l'Amérique du Nord, en Europe et dans l'Asie septentrionale, mais, à part l'Australie, il n'y en a pas une seule dans les eaux de l'hémisphère sud. Or, dans l'Amérique du Sud et en Afrique, elles sont représentées par un groupe similaire, celui des Chromides. Ces deux groupes sont, de par la structure, si voisins l'un de l'autre qu'il paraît tout naturel de penser que les chromides ont été transformés en perches, d'autant mieux que ces dernières s'étendent dans l'hémisphère occidental depuis l'extrême nord jusqu'au Texas, au sud duquel elles sont représentées par les chromides. Ici la transition d'une structure à l'autre semble aussi facile que la transition géographique. Mais voyons comment sont les choses dans l'hémisphère oriental. Les perches abondent en Asie, en Europe, en Australie; les chromides y manquent de tout point. Comment se fait-il que les perches aient en Amérique produit des chromides en si grande abondance, tandis que partout ailleurs, l'Afrique exceptée, elles ont été sous ce rapport absolument stériles? Renverserai-je la proposition? Supposerai-je que les perches proviennent des chromides? Pourquoi leurs ancêtres ont-ils si complétement disparu du côté asiatique du globe, tandis qu'il ne paraît pas qu'ils aient diminué de ce côté-ci? Que si l'on fait descendre perches et chromides d'un type commun disparu, je réponds que la paléontologie ne sait rien de ces prétendus ancêtres.

« Viennent maintenant les poissons blancs; dans la nomenclature scientifique, les Cyprinoïdes. Ces poissons qu'on appelle *meuniers, brêmes, chavennes, hablettes, carpes*, etc., pullulent dans les eaux douces de l'hémisphère nord. Ils sont aussi très-nombreux dans la partie orientale de l'hémisphère sud, tandis qu'il n'y en a pas un seul dans l'Amérique méridionale. De même que les goniodontes semblent devoir caractériser la portion occidentale de l'hémisphère austral, cet autre groupe-là paraît devoir en caractériser la moitié orientale. Mais si les cyprinoïdes manquent dans l'Amérique du Sud, il existe, dans cette même région, d'autres poissons d'une structure semblable qu'on nomme les Cyprinodontes. Ils sont tout petits; nos fondules font partie de leur groupe; du Maine au Texas, on les trouve tout le long du littoral, dans les petits fleuves et les petites rivières. Aussi je m'attends à les rencontrer à foison dans les cours d'eau peu étendus du littoral brésilien. Je me souviens d'en avoir découvert, dans les environs de Mobile, pas moins de six espèces nouvelles dans le cours d'une seule promenade. Ils sont presque tous vivipares, ou bien ne pondent leurs œufs que lorsque le développement du jaune est déjà très-avancé. Les sexes présentent, en apparence, des différences si profondes, qu'on les a quelquefois décrits comme des espèces distinctes, même comme des genres à part[1], et

---

[1] *Molinesia* et *Pœcilia*.

nous ferons bien de nous mettre en garde contre pareille erreur. Voilà donc deux groupes, les cyprinoïdes et les cyprinodontes, d'une structure tellement semblable que l'idée d'une filiation entre eux se présente naturellement à l'esprit. Mais dans l'Amérique du Sud il n'y a pas un cyprinoïde, tandis que les cyprinodontes y abondent; en Europe, en Asie, dans l'Amérique du Nord, au contraire, les cyprinoïdes sont très-communs et les cyprinodontes relativement très-rares. »

Les Characins furent ensuite rapidement examinés aux deux points de vue des affinités et de la distribution géographique. Quelques autres remarques furent aussi faites sur plusieurs petites familles que l'on sait avoir des représentants dans les eaux douces de l'Amérique du Sud, les érythrinoïdes, les gymnotins, etc.

« On me demande souvent quel est mon but principal en entreprenant cette expédition dans l'Amérique du Sud. Sans aucun doute, c'est, d'une manière générale, de faire des collections pour les études à venir. Mais la conviction qui m'entraîne irrésistiblement est que la combinaison des espèces, sur ce continent où les faunes sont si caractéristiques et si différentes de celles des autres parties du monde, me fournira les moyens de prouver que la théorie des transformations ne repose sur aucun fait. »

L'entretien se termina par quelques mots sur les Salmonides, qu'on rencontre dans toutes les contrées de l'hémisphère nord et que représentent, dans l'Amérique méridionale, les characins dont on s'attend à trouver des espèces distinctes dans les différents bassins brésiliens. Il fut aussi question de plusieurs autres familles importantes de l'Amérique du Sud, particulièrement de l'Ostréoglosse, du Sudis ou Vastrès, etc., intéressants à cause de leurs rapports avec un type fossile disparu, celui des Cœlacanthes[1].

17 avril. — C'était hier le jour de Pâques, et le temps a été

---

[1]. Ces indications furent complétées par des descriptions minutieuses et des dessins au tableau montrant les différences de structure de tous ces groupes. Mais ce sont là choses de peu d'intérêt pour la masse des lecteurs. En reproduisant ces causeries scientifiques, je me propose de faire connaître le but que poursuivaient M. Agassiz et les membres de l'expédition dirigée par lui. Or on peut facilement s'en rendre compte sans qu'il soit besoin de détails ardus.

magnifique. Nous avons eu dans la matinée les services religieux de l'évêque Potter et nous y avons pris d'autant plus d'intérêt qu'il nous a adressé ses souhaits d'heureux voyage et de bonne réussite. Si le vent et la mer le permettent, c'est le dernier dimanche que nous devions passer ensemble à bord. L'évêque a parlé avec beaucoup de chaleur et de sympathie de l'objet de l'expédition, et, s'adressant spécialement aux jeunes gens, il a rappelé les devoirs que leur imposent leur entre-

Catimaron (Jangada).

prise scientifique et plus encore leur qualité de citoyens des États-Unis, dans un pays étranger et à une époque de guerre civile et de mauvais vouloir général contre leur pays[1].

Nous avons ce matin une distraction très-grande. Nous rencontrons plusieurs de ces radeaux qu'on appelle des *catimarons*, frêles et folles embarcations montées par les pêcheurs

---

1. On n'a pas oublié l'attitude prise à cette époque vis-à-vis des États-Unis par certains gouvernements.

qui semblent, sur cette côte, de véritables amphibies. Leur bateau consiste en quelques légers troncs d'arbres attachés ensemble, et sur lesquels la vague passe à tout moment sans que ces hommes paraissent autrement s'en inquiéter. Ils pêchent, marchent, s'asseyent, se couchent, se relèvent, boivent, mangent, dorment sur ces quatre ou cinq poutrelles mal jointes, aussi insouciants et aussi à l'aise, en apparence, que nous le sommes au milieu du luxe de notre puissant navire. Habituellement ils rentrent au port à la chute du jour ; mais on en a vu qui, emportés au large par le vent, s'écartaient jusqu'à deux cents milles et plus. Nous saluons aujourd'hui les rivages de l'Amérique du Sud. Déjà hier nous apercevions, de temps à autre, quelques plages de sable très-basses, et, ce matin, nous passons fort près de la jolie petite ville d'Olinda que domine un couvent sur la colline. Nous voyons aussi très-bien la ville beaucoup plus grande de Pernambuco, dont les maisons blanches descendent jusqu'au bord de la mer. Vis-à-vis est le Récif qui court au sud, tout le long de la côte, pendant une centaine de milles et même davantage, resserrant entre lui et la plage une bande d'eaux tranquilles, excellent mouillage pour les petits bâtiments. Devant Pernambuco le canal est assez profond ; et, bien en face de la ville, une brèche dans ce rempart d'écueils, comme une porte laissée ouverte par la nature, livre passage même à de grands navires. Nous ne tardons pas à laisser tout cela derrière nous, mais nous ne perdons pas de vue la côte, une terre basse et plate, parsemée çà et là de villages ou de cabanes de pêcheurs, et qui se relève, au second plan, en petites collines.

La causerie de samedi a porté sur les choses pratiques, sur la manière de faire les collections et de les conserver, sur les instruments nécessaires, etc. Aujourd'hui, il s'agit de la classification des poissons, telle que l'éclairent désormais les découvertes de l'embryologie. C'est la même méthode exposée déjà, mais dans son application spéciale à cette classe d'animaux. « Tous les poissons, au moment où l'embryon devient distinct sur le jaune, ont le long du dos une nageoire continue, qui entoure aussi la queue et revient sous l'abdomen. Les reptiles nus, ceux qui n'ont point d'écailles, comme les grenouilles, les crapauds, les salamandres, présentent cette même particularité, et cette identité dans le mode de développement me porte à les regarder comme plus voisins des poissons, sous le rapport de la structure, que ne le sont les reptiles écailleux. Les Vertébrés, sans en excepter les plus nobles, ont, à cette période primitive de l'existence, des fentes sur les côtés du cou. C'est la première indication des branchies, organes dont les rudiments existent chez tous les animaux de ce type, à une certaine époque de la vie, mais qui ne se développent pleinement et ne fonctionnent avec activité que chez ses représentants inférieurs. Là seulement elles acquièrent à la fin une structure spéciale, tandis que, dans les autres classes, elles sont remplacées par des poumons avant que l'animal parvienne à l'état adulte. Dès ce moment-là, non-seulement les caractères de la classe, mais ceux de la famille commencent à être distincts, et je vais vous montrer comment nous pouvons mettre l'embryologie à profit pour la classification des poissons. Prenons, par exemple, la famille des morues (gadoïdes) dans sa plus large étendue. Elle se compose de plusieurs genres : les morues proprement dites, les brosmes et les brotules. Les naturalistes peuvent différer dans leur appréciation du rang à assigner à chacun de ces genres, et même ne pas s'entendre sur leurs affinités, mais l'embryologie de la morue me semble faire connaître l'échelle naturelle. Ce poisson a d'abord la nageoire continue de la brotule; puis, la dorsale et la caudale deviennent distinctes comme dans les brosmes; enfin toutes les nageoires sont parfaitement séparées, et l'on voit les trois dorsales et les deux anales de la morue. Ainsi la brotule représente l'enfance de ce poisson et doit, par conséquent, être placée au degré le plus bas, tandis que le brosme se range naturellement au degré intermédiaire. La même famille renferme d'autres genres, la lote des eaux douces et les phycis, dont le rang pourra être déterminé à l'aide d'études embryologiques. J'ai eu occasion de faire sur le mode de développement du phycis quelques observations qui semblent devoir rapprocher de la famille des morues les donzelles (ophidium), jusqu'à présent associées aux anguilles. Le petit phycis embryonnaire sur lequel j'ai fait mes recherches avait environ un pouce et demi de long; il était beaucoup plus svelte et beaucoup plus allongé, en proportion de son épaisseur, qu'aucune autre espèce de la famille des morues à l'état adulte, et il avait autour du corps une nageoire continue. On n'a pas encore suffisamment étudié les rapports de structure des anguilles avec les autres poissons. On sait cependant que certaines d'entre elles, réunies de nos jours en famille distincte sous le nom d'Ophidies, se rattachent étroitement aux morues, et les particularités du jeune phycis me paraissent indiquer que ce type d'anguille est une sorte de forme embryonnaire des gadoïdes.

« Une autre famille bien connue est celle des Lophioïdes. A ce groupe appartient la baudroie (Lophius) à laquelle il faut réunir les Cottoïdes ou chaboisseaux, appelés encore scorpions de mer, ainsi que les Blennioïdes, y compris les zoarcès et les anarrhiques ou soi-disant loups de mer, chats marins, etc. Ma bonne étoile m'a fourni l'occasion d'étudier le développement de la baudroie, et, à ma grande surprise, j'ai découvert que les phases de l'embryon embrassent toute la série des animaux que je viens de désigner. Voilà de nouveau, par conséquent, cette échelle naturelle sur laquelle nos classifications se modèleront, je l'espère, quand on aura de l'embryologie une connaissance plus étendue. La baudroie, dans son tout jeune âge, rappelle les poissons en ruban (Tœnioïdes); elle est longue et comprimée. Bientôt après, elle ressemble aux Blennioïdes. En croissant, elle devient plus massive et semblable au chaboisseau. Enfin, elle affecte la forme déprimée qui lui est propre. Dans la famille des Cyprinodontes, j'ai pu observer le jeune des fondules; il n'a point de nageoire ventrale, ce qui indique que le genre Orestie doit être placé au degré inférieur dans la famille. Je vous signalerai encore une observation analogue du professeur Wyman. Les naturalistes ne savaient pas quel rang fixer aux raies et aux requins. En me basant sur des données géologiques, j'avais mis les premières au-dessus des seconds, parce que les requins ont précédé les raies dans l'ordre chronologique, mais le témoignage de l'embryologie n'avait point encore confirmé l'exactitude de ce groupement. Le professeur Wyman a suivi le développement de la raie à travers toutes ses phases. Il a vu qu'elle a tout d'abord les formes élancées et l'apparence d'un petit requin; c'est plus tard qu'elle prend cet aspect si caractéristique et si connu d'un large bouclier que termine une queue effilée. Ainsi, ne dussent-elles servir qu'à nous mettre à même de rejeter toutes les décisions arbitraires et de baser nos classifications sur les enseignements de la nature, les recherches auxquelles je vous convie auraient encore une haute valeur. Mais leur importance s'accroît davantage, si vous considérez qu'elles seules nous feront reconnaître les véritables affinités qui relient tous les êtres organisés en un grand système. »

20 *Avril* — Après-demain, s'il plaît à Dieu, nous entrerons dans la baie de Rio de Janeiro. On commence déjà à sentir dans la régularité de la vie du bord ce trouble qui précède l'arrivée. Chacun fait sa correspondance ou prépare ses malles. Un léger désordre se glisse dans notre petite troupe et rompt un peu l'uniformité de la vie monotone que nous avons menée durant les trois semaines dernières. Nous avons fait un délicieux voyage; mais, cependant, quelque charmantes qu'en soient les conditions, c'est un pauvre échange à faire que celui de la maison pour le navire; aussi n'est-il pas un de nous qui ne soit heureux de se savoir près du port.

La conférence de mardi a eu pour sujet la formation et le développement de l'œuf. Ç'a été une sorte de leçon d'embryologie pratique. Hier, on s'est demandé comment on pourrait savoir quelle est, chez les animaux du Brésil, la saison des amours. « Les habitants eux-mêmes ne pourront guère nous renseigner; c'est une matière sur laquelle la masse est en général fort ignorante. Mais si nous ne pouvons rien apprendre des hommes, à cet égard, les animaux ne seront pas sans nous fournir quelques indices. En faisant mes recherches sur le développement des tortues, j'ai ouvert quelques milliers d'œufs, et je me suis aperçu que, chez ces animaux tout au moins, l'état des ovaires est un assez bon guide. Ils contiennent toujours des œufs de plusieurs dimensions. Ceux qui doivent être pondus dans l'année sont les plus gros; ceux destinés à la ponte suivante ont un peu moins de volume; ceux qui ne seront émis que dans deux ans sont plus petits, et ainsi de suite jusqu'à ce qu'on arrive à des œufs entre lesquels il est impossible d'apercevoir la moindre différence. Mais on peut déjà reconnaître s'il en est d'assez mûrs pour devoir être pondus prochainement et l'on distingue sans peine le frai de l'année actuelle d'avec celui de l'année à venir. Quand un œuf est sur le point de se détacher de l'ovaire, toute sa surface est couverte de vaisseaux ramifiés et le jaune est d'une nuance vive et franche. Au moment de la séparation, ce réseau vasculaire se rompt, se contracte et forme sur le côté de l'organe une petite cicatrice. Trouve-t-on sur une tortue ces cicatrices encore fraîches, la ponte a eu lieu peu de temps auparavant. Voit-on des œufs beaucoup plus gros que ceux qui les entourent et presque mûrs, la ponte va bientôt commencer. Jusqu'à quel point devons-nous nous fier à ces indices chez les alligators et les autres animaux? Je n'en sais rien; j'ai appris à reconnaître ces signes chez les tortues dans mes longues études sur leur embryogénie. Chez les poissons, il est presque impossible de distinguer les différentes catégories d'œufs tant il y en a une quantité énorme et tant ils sont petits. Mais si nous ne pouvons pas discerner ceux d'une année de ceux de l'autre, il y a quelque chose à apprendre sur le nombre, variable suivant les familles, que la femelle en abandonne à chaque ponte. »

Quelques détails ont suivi sur la manière d'observer et de noter les métamorphoses des insectes. « Bien qu'on ait beaucoup écrit sur les sociétés de fourmis propres au Brésil et sur les autres associations de ce genre, les récits des naturalistes ne s'accordent pas. Il faudrait se procurer les larves d'un grand nombre d'insectes et tâcher de les élever, mais ce n'est pas chose commode; c'est même souvent chose impossible en voyage. Ne manquez donc pas de recueillir les nids de guêpes, d'abeilles, de fourmis, etc., de manière que l'on puisse déterminer tout ce qui a trait à ces communautés. Quand ces nids sont peu volumineux, il est facile de s'en emparer en les couvrant d'un sac; on fait ainsi prisonnière toute la république. On les conserve aisément en les plongeant dans l'alcool, et plus tard on les examine à loisir. C'est le moyen de découvrir le nombre et la nature des individus qui les habitent et d'apprendre quelque chose sur leurs mœurs. Ne négligez pas non plus l'établissement domestique de l'araignée. Il y a dans l'Amérique du Sud une variété immense de ces insectes et une grande différence dans leurs toiles; il sera très-utile de conserver ces frêles tissus entre deux feuilles de papier, d'en faire des dessins et de les examiner au microscope. »

21 *avril.* — L'entretien d'hier a été le dernier. Aujourd'hui,

en effet, tout le monde est occupé et se prépare pour le débarquement. M. Agassiz a rapidement retracé l'histoire des travaux de Steenstrup et de Sars, faisant ressortir l'influence que les recherches de ces savants ont exercée sur la réforme de la classification. Elles n'ont pas moins d'importance au point de vue de la question des origines. C'est à ces deux observateurs que la science doit la découverte de ce qu'on nomme les « générations alternantes. » On appelle ainsi un phénomène singulier observé chez les Hydroïdes. Le corps de ces animaux, tantôt par des bourgeons qui s'en détachent, tantôt en se scindant en plusieurs fragments, produit de nombreuses méduses ; celles-ci pondent des œufs; de ces œufs sortent des hydroïdes, et, à leur tour, ces hydroïdes refont des méduses par les mêmes procédés[1].

« La connaissance de ces faits récemment acquis à la science n'est pas encore très-répandue. Quand ce singulier phénomène aura été plus approfondi, il est impossible que les principes fondamentaux de la Zoologie n'en soient pas affectés. J'ai été surpris de voir combien peu Darwin lui-même insiste sur cette série de transformations. Il en parle à peine, et pourtant rien ne touche de plus près à sa théorie, puisque c'est la preuve évidente que toujours le développement aboutit à une même fin normale, si éloigné que soit le point de départ, si indirecte la marche suivie. Le cercle peut bien s'élargir, les bornes en demeurent tout aussi infranchissables que s'il était plus étroit. Quelque simples ou complexes que soient les procédés de développement, jamais, en effet, ils n'ont pour résultat final autre chose qu'un être identique au premier géniteur, alors même que, pour en venir là, certaines phases ont été nécessaires pendant lesquelles le producteur et le produit ne se ressemblaient nullement.

« Et tandis que votre attention est fixée sur ce point, remarquez combien les différences spécifiques, origine de tant de controverses, sont peu de chose en comparaison des chan-

---

1. Ces recherches ayant été publiées avec quelque détail (Steenstrup, *Génération alternante*; — *Fauna norwegica*, — L. Agassiz, *Contributions to Nat. History of U.-S.*), il n'est pas nécessaire de reproduire ici cette partie de l'entretien. — Consultez d'ailleurs : Agassiz, *Methods of Study in Nat. History*, Boston, 1866, in-12, p. 233 et suiv.

Plage d'Itapuca — Rio de Janeiro

gements que peut subir un individu avant de s'arrêter à une forme définitive. De nombreux genres renferment des espèces extrêmement voisines où les différences sont insignifiantes, dirait-on volontiers, n'était leur invariabilité, leur immuable persistance à travers les siècles. Tels sont par exemple les divers coraux trouvés dans les marais-prairies de la Floride. Ils ont vécu et ils sont morts il y a des milliers d'années et, cependant, leurs différences spécifiques sont identiquement les mêmes que celles qui distinguent leurs successeurs actuels sur les récifs modernes de la Floride. La science zoologique tout entière, telle qu'elle est aujourd'hui constituée, repose sur le fait que ces différences légères persistent de génération en génération. Or pour parvenir à l'état adulte, pour revêtir ces caractères permanents distinctifs de son espèce et que personne n'a jamais vus varier, chaque individu de ces polypiers corallaires a dû passer, dans un laps de temps relativement très-court, par une transformation extraordinaire. Il a traversé des phases successives dont chacune diffère plus des phases immédiates que l'adulte d'une espèce ne diffère de l'adulte d'une espèce voisine. En d'autres termes, cet individu, à des époques diverses de son développement, se ressemble moins à lui-même qu'il ne ressemblera, l'âge adulte venu, à un autre individu d'espèce différente, mais proche alliée et du même genre. Et ce que je viens de dire s'applique à n'importe quel individu de n'importe quelle classe : Rayonné ou Mollusque, Articulé ou Vertébré. Comment échapper aux conséquences d'un pareil fait? Si les différences légères qui séparent deux espèces ne leur sont pas inhérentes, si les phases traversées par chaque individu ne sont pas simplement des moyens d'atteindre un but : la permanence des caractères spécifiques, le type normal donnera incessamment naissance à des déviations récurrentes. Quel naturaliste ignore que cela n'arrive jamais? Toutes les déviations connues sont des monstruosités, et je ne puis, pour mon compte, voir dans leur production accidentelle, sous des influences perturbatrices, qu'une preuve de plus de la fixité de l'espèce. Les déviations extrêmes obtenues chez les animaux domestiques ne se conservent, chacun le sait, qu'aux dépens des caractères typiques, et elles finissent ordinairement par amener la stérilité des individus. Ces faits ne démontrent-ils pas que ce qu'on appelle *variétés*, *races*, loin d'indiquer le commencement de types nouveaux ou le début d'espèces initiales, témoigne simplement d'une certaine flexibilité chez des types dont l'essence est d'être invariables.

« Quand on discute aujourd'hui la théorie du développement sous sa forme moderne, on parle beaucoup de l'imperfection de nos connaissances géologiques. Nos notions sur la géologie sont incomplètes, c'est chose sûre; mais il ne s'ensuit pas, ce me semble, que les points ignorés doivent invalider notre confiance en certains résultats importants bien vérifiés. On sait fort bien que l'écorce de la terre est divisée en un grand nombre de feuillets qui, tous, renferment les restes d'une population distincte. Ces faunes diverses qui se sont succédé dans la possession de la terre ont chacune leur caractère propre. La théorie des transformations soutient qu'elles doivent leur origine à des modifications graduelles et ne sont pas, par conséquent, le résultat de créations distinctes. Elle ne nie pas toutefois qu'on arrive nécessairement à une couche inférieure où ne se rencontre plus trace de vie. Qu'on place cette couche où l'on voudra. Supposons, si l'on y tient, qu'on s'est trompé lorsqu'on a cru trouver dans le dépôt cambrien inférieur le premier support des êtres vivants. Supposons que les premiers animaux aient précédé cette époque, qu'ils aient apparu à un âge antérieur du globe, dans ce qu'on appelle le système Laurentin, et même à des étages plus anciens encore; il n'en est pas moins vrai que la géologie nous fait descendre à un niveau où les conditions de la croûte terrestre rendent la vie impossible. A ce point, où qu'on le place, l'origine des animaux par développement successif et graduel est impossible parce qu'il n'y a pas d'ancêtres. Voilà le vrai point de départ, et jusqu'à ce que les faits aient prouvé que la puissance, quelle qu'elle soit, qui a donné l'existence aux premiers êtres a cessé d'agir, je ne vois pas de raison pour rapporter à une autre qu'à elle l'origine de la vie. Nous n'avons pas, je l'avoue, de l'action d'une puissance créatrice une démonstration comme celles que la science exige pour l'évidence positive de ses lois; nous sommes incapables d'apprécier les moyens par lesquels la vie a été introduite sur la terre. Mais si, de notre côté, les faits sont insuffisants, ils manquent absolument du côté de nos adversaires. Nous ne pouvons pas considérer la théorie du développement comme prouvée parce qu'elle semble plausible à plusieurs naturalistes; elle semble plausible à quelques-uns, mais elle n'est démontrée pour personne. Si je porte aujourd'hui ces questions devant vous, ce n'est pas que je veuille vous rallier à une théorie ou à l'autre, si fortes que soient d'ailleurs mes propres convictions. Je veux simplement vous mettre en garde, non pas contre la théorie du développement elle-même, mais contre la méthode vague et relâchée qu'elle emploie. Quelle que soit l'opinion à laquelle vous vous arrêterez, tenez-vous-en aux faits et laissez de côté les autres arguments. Ce qu'il faut pour résoudre ce problème, ce ne sont pas des raisonnements, ce sont des observations et des recherches....

« A mesure que nos entretiens se sont multipliés, je me suis senti moins rassuré; c'est-à-dire que j'ai de plus en plus éprouvé la difficulté de préparer notre travail sans nous familiariser avec la pratique même des choses. Mais c'est là ce qui attend inévitablement quiconque se met à la recherche du vrai. J'ai la certitude d'avoir, dans ces causeries, touché à beaucoup plus d'objets que nous n'en pourrons embrasser, encore bien que chacun de nous fasse de son mieux. Si nous accomplissions seulement la dixième partie de l'œuvre dont j'ai esquissé le plan, j'aurais lieu d'être plus que satisfait des résultats de l'expédition. Pour conclure, il me serait difficile d'ajouter quelque chose aux touchantes paroles que l'évêque Potter vous a adressées dimanche, avec ses souhaits d'heureux voyage, et dont je le remercie en votre nom et au mien. Je vous rappellerai toutefois que si nous avons conquis l'indépendance politique, si nous avons tous dans les institutions nationales une confiance d'où naît notre sécurité, s'il est exact que, tant que nous nous y conformons, tant que nous agissons suivant notre conscience et avec l'entier sentiment de notre responsabilité, nous savons que nous sommes dans le droit chemin, si, dis-je, tout cela est vrai, il ne l'est pas moins qu'il manque quelque chose à notre affranchissement intellectuel. Il y a parmi nos compatriotes une tendance à soumettre tout ce qui est œuvre scientifique ou littéraire au jugement de l'Europe, à n'accepter un homme que s'il a obtenu le suffrage des sociétés savantes d'outre-mer. Un auteur américain trouve souvent plus de satisfaction à publier ses travaux en Angleterre qu'à le faire en Amérique. Dans mon opinion, quiconque adresse son œuvre au public de l'étranger dérobe à sa patrie un capital intellectuel sur lequel elle a des droits. Publiez vos résultats aux États-Unis et laissez à l'Europe le soin de les découvrir s'ils méritent d'être connus. C'est à la condition d'être fidèles à votre pays dans la vie intellectuelle comme dans la vie politique que vous serez des esprits vrais, droits, et dignes de comprendre la nature. »

Ces observations terminées, une série de résolutions fut proposée par l'évêque Potter[1]. Des allocutions simples et amicales, inspirées par une cordialité sincère, furent enfin prononcées par plusieurs des assistants, et la série des causeries scientifiques à bord du *Colorado* se trouva close.

Plus tard, dans le courant de la journée, nous avons observé à la surface de l'eau de brillantes taches rouges. Quelques-unes, de forme un peu oblongue, n'avaient pas moins de deux mètres à deux mètres et demi, et toutes étaient d'une couleur de sang. Parfois, elles semblaient nager tout à fait à fleur d'eau, parfois elles apparaissaient un peu au-dessous du niveau des vagues, comme pour nuancer seulement la surface des flots. Un matelot réussit à puiser dans un seau une portion d'une de ces taches, et nous vîmes qu'elle était produite par l'agglomération compacte d'innombrables petits crustacés d'un rouge vif. Ils étaient pleins de vie et s'agitaient rapidement, d'un mouvement continuel. M. Agassiz les examina au microscope et découvrit que c'étaient les jeunes d'une espèce de crabe. Il ne doute pas que chacune de ces bandes colorées ne soit le produit de la ponte d'une seule femelle, flottant ainsi aggloméré comme du frai.

1. Voyez Appendice III.

II

RIO DE JANEIRO ET SES ENVIRONS.
JUIZ DE FÓRA.

Arrivée. — Aspect de la baie et de la ville. — La douane. — Premier coup d'œil sur un intérieur brésilien. — Danse des nègres. — Conséquences de l'émancipation des noirs aux États-Unis — La première impression en débarquant à Rio de Janeiro. — Groupes pittoresques de la rue. — Éclipse de soleil. — Notre intérieur à Rio. — Larangeiras. — Le « Passeio publico. » — Excursion sur le chemin de fer D. Pedro II. — Visite de l'Empereur au « Colorado. » — Sympathie cordiale témoignée par le gouvernement à l'expédition. — Le laboratoire. — Jardin botanique. — Allée de palmiers. — Promenade au Corcovado. — La route de Juiz de Fóra. — Pétropolis. — Végétation tropicale. — De Pétropolis à Juiz de Fóra. — Visite à M. Lage. — Promenade à la forêt de l'Impératrice. — Visite à M. Halfeld. — Retour à Rio. — Nouvelles des États-Unis ; les victoires du Nord et l'assassinat du Président.

23 avril. — Hier, au premier point du jour, on reconnut le cap Frio, et vers sept heures nous eûmes, au réveil, l'agréable nouvelle que les montagnes des Orgues étaient en vue. La chaîne côtière, bien que peu élevée (les plus hauts sommets ne dépassent pas six à neuf cents mètres, deux ou trois mille pieds anglais), est roide et escarpée. Les pics sont tout à fait coniques et les versants descendent en pente rapide jusqu'au bord de la mer. En quelques endroits pourtant, une large plage sablonneuse les en sépare. Le paysage devenait de plus en plus grandiose à mesure que nous approchions de l'entrée de la baie, gardée de chaque côté par de hauts rochers en sentinelle. A peine a-t-on franchi l'étroit portail formé par ces sommets, l'immense baie se déploie, s'enfonçant vers le nord jusqu'à plus de vingt milles, semblable à un vaste lac enfermé par les montagnes plutôt qu'à un repli de l'Océan. D'un côté s'étend la haute muraille qui la sépare de la pleine mer, et dont la crête brisée se hérisse de pics, au Corcovado et à la Tijuca, ou s'aplatit en large table, à la Gavia. De l'autre côté, plus loin dans les terres, apparaissent les *Orgues* avec leurs singulières aiguilles, tandis qu'à la *berre*, tout à fait à l'entrée, veille le rocher morne et pelé, si connu sous le nom de Pain de sucre (Pao de Assucar). N'étaient, derrière nous, cette étroite porte par laquelle nous entrevoyons la haute mer, les bâtiments à l'ancre et le mouvement des navires qui entrent ou sortent, nous croirions naviguer sur quelque nappe immense et tranquille d'eaux intérieures.

Il est déjà onze heures quand on arrive au mouillage, mais nous n'avons nulle hâte de quitter ce palais flottant, où nous venons de passer si heureusement trois semaines au sein de tout le bien-être désirable. Le capitaine a eu la courtoisie de nous inviter à demeurer à son bord jusqu'à ce que nous ayons à terre une installation convenable; nous restons donc sur le pont, nous amusant beaucoup du tumulte et de la confusion qui suivent l'arrivée. Quelques-uns de nos jeunes gens se jettent dans un des nombreux canots qui fourmillent autour du *Colorado* et se dirigent en hâte vers la ville. Pour nous, les émotions de la journée nous suffisent et nous sommes heureux de pouvoir les savourer dans le calme.

Un fonctionnaire de la douane est venu annoncer officiellement que tout notre bagage est dispensé de la visite. Une embarcation sera envoyée au jour et à l'heure qu'il nous plaira pour transporter nos colis à terre. C'est une grande satisfaction pour nous; car le matériel de l'expédition augmenté des effets d'une caravane aussi nombreuse ne forme pas un médiocre train de caisses, de malles, de boîtes, etc. Ce n'eût pas été petite affaire que de soumettre tout cela aux incommodes formalités d'une visite douanière. Cette après-midi, M. Agassiz s'est rendu à Saint-Christophe[1], pour présenter ses hommages à l'Empereur et le remercier de cette courtoise et bienveillante attention. Pour nous, nous sommes allés flâner à l'aven-

---

1. « San-Christovão, » résidence d'hiver de l'Empereur.

ture dans une petite île, *Ilha das Enxadas*, auprès de laquelle notre bâtiment a jeté l'ancre pour faire du charbon avant de poursuivre son voyage. A côté des charbonnières est la maison du propriétaire de l'île, coquette habitation entourée d'un jardin et adossée à une petite chapelle. Ce fut là que je jetai mon premier coup d'œil sur la végétation tropicale et sur la vie brésilienne, et ce premier coup d'œil eut tout le charme de la nouveauté. Un groupe d'esclaves, noirs comme l'ébène, étaient en train de chanter et de danser un fandango. Autant que je pus comprendre, un coryphée ouvrait la danse en chantant une sorte de couplet adressé à tous les assistants l'un après l'autre, chaque fois qu'il faisait le tour du cercle, puis tous reprenaient en chœur, à de réguliers intervalles. A la longue, l'excitation s'accrut; cela devint une sorte d'emportement sauvage accompagné de cris et d'éclats de voix perçants. Les mouvements du corps tenaient, par une combinaison singulière, de la danse des nègres et de celle des Espagnols. Des pieds à la ceinture, c'était ce jeu court, saccadé des membres et cette torsion des hanches ordinaires aux noirs de nos plantations, tandis que le torse et les bras oscillaient en cadence avec le rhythme si caractéristique du fandango espagnol. Quand nous eûmes bien regardé, nous entrâmes dans le jardin : les cocotiers et les bananiers étaient chargés de fruits et les passiflores grimpantes s'accrochaient au mur de la maison, laissant passer çà et là, entre leurs feuilles, une belle fleur cramoisie aux teintes foncées. C'était d'un effet charmant et il me semblait avoir sous les yeux une scène à la fois du Midi et de l'Orient... Le soleil se couchait, la baie tout entière et les montagnes brillaient d'une riche couleur de pourpre; nous nous retirâmes et il était presque nuit quand nous rentrâmes à bord.

Sous cette latitude, les lueurs du crépuscule s'éteignent rapidement; aussi, à peine l'obscurité est-elle descendue sur la ville, d'innombrables petites lumières s'allument tout le long du rivage et sur les flancs des collines. Rio de Janeiro se déploie en forme de croissant, sur la rive occidentale de la baie, et sa banlieue s'allonge à une distance considérable, sur le bord de la mer, ou bien serpente plus en arrière sur le versant des coteaux. Par suite de cette disposition des maisons, qui

4

s'éparpillent sur une large surface et se disséminent le long des plages, au lieu de se concentrer en une agglomération compacte. L'aspect de la ville vue de la baie pendant la nuit est extraordinairement joli. C'est une sorte d'effet scénique. Les lumières montent tout le long des hauteurs, couronnent çà et là les sommets d'un faisceau plus fourni ou bien s'éloignent en mourant, sur les contours de la plage, de chaque côté de la ville marchande située au centre.

Cependant les nègres continuaient leur danse aux clartés d'un grand feu. De temps en temps, quand leur excitation atteignait au plus haut degré, ils attisaient ce foyer qui projetait d'étranges et vives clartés sur le groupe sauvage. On ne peut voir ces corps robustes à demi nus, ces faces inintelligentes, sans s'adresser une question, la même qu'on se fait inévitablement toutes les fois qu'on se trouve en présence de la race noire : « Que feront ces gens du don précieux de la liberté? » La seule manière de couper court aux perplexités qui vous assaillent alors, c'est de songer aux effets du contact des nègres avec les blancs. Qu'on pense ce qu'on voudra des noirs et de l'esclavage, leur pernicieuse influence sur les maîtres ne peut faire doute pour personne. Le capitaine Bradbury demanda au propriétaire de l'île si ces noirs étaient à lui ou s'il en louait les services.

« Ils sont à moi, j'en ai plus de cent, répondit-il dans son anglais, mais cela finira bientôt.

— Finira bientôt, que voulez-vous dire?

— C'est fini chez vous, et une fois fini chez vous, c'est fini partout, fini au Brésil. »

Il dit cela, non pas du ton de la plainte ou du regret, mais comme on parle d'un fait inévitable. Le coup porté à l'esclavage, aux États-Unis, l'a frappé à mort partout où il existe; voilà qui nous semble significatif et consolant.

24 avril. — Aujourd'hui, quelques dames et moi nous sommes allées à terre, et, après avoir arrêté nos logements, nous avons fait en voiture un petit tour par la ville. Ce qui frappe tout d'abord à Rio de Janeiro, c'est la négligence et l'incurie. Quel contraste quand on songe à l'ordre, à la propreté, à la régularité de nos grandes villes! Des rues étroites inévitablement creusées, au milieu, d'une rigole où s'accumulent les impuretés de toute espèce ; point d'égouts[1] d'aucune sorte ; un aspect de délabrement général résultant en partie, sans aucun doute, de l'extrême humidité du climat ; une expression uniforme d'indolence chez les passants : voilà pour faire une impression singulière à qui vient de quitter notre population active et énergique. Et cependant l'effet pittoresque est tel, du moins aux yeux d'un voyageur, que tous ces défauts disparaissent. Tous ceux qui ont visité une de ces vieilles villes espagnoles ou portugaises des tropiques se rappellent les rues étroites, les maisons multicolores garnies de lourds balcons, les façades peintes ou plaquées de faïences criardes et, pour toute variété, tachées çà et là par la chute d'une de ces briquettes. Ceux-là savent quelle fascination et quel charme eux-mêmes ont ressentis en dépit de la malpropreté et du manque des choses les plus nécessaires. Et puis les groupes de la rue ! Ici, les noirs portefaix à moitié nus, rigides et fermes comme des statues de bronze, sous les lourds fardeaux qui chargent leurs têtes et semblent rivés à leur crâne ; là, les prêtres en longue robe et en bonnet carré ; plus loin, les mules ballottant deux paniers remplis de fruits ou de légumes : n'est-ce pas là un tableau bigarré bien fait pour absorber l'intérêt d'un nouveau venu ? Quant à moi, jamais les nègres ne m'ont apparu sous un aspect aussi artistique. Tantôt, nous avons croisé dans la rue une négresse toute vêtue de blanc, le col et les bras nus, les manches relevées et prises dans une sorte de bracelet ; elle est coiffée d'un énorme turban de mousseline blanche et sur son épaule est passé en écharpe un long châle aux couleurs éclatantes, pendant presque jusqu'à ses pieds. Sans doute elle fait partie de l'aristocratie noire, car, de l'autre côté de la rue, une autre négresse presque sans vêtements assise sur les dalles du trottoir, son enfant nu endormi sur ses genoux, laisse luire au soleil sa peau brune et polie. Autre tableau encore : sur une vieille muraille, basse, large de plusieurs pieds, courent les plantes grimpantes en lais-

---

[1]. Dès cette époque, il faut le dire, on s'occupait de doter la ville d'un vaste système d'égouts charriant toutes les immondices et toutes les impuretés vers la mer, où elles sont reprises par de puissantes pompes à vapeur et transformées en engrais. Cette œuvre considérable et d'une importance hygiénique extrême est aujourd'hui achevée. (N. du T.)

sant retomber jusqu'à terre leurs masses de feuillage épais ; on dirait un long éventaire, garni de légumes et de fruits pour la vente. Derrière, un nègre aux formes robustes regarde dans la rue ; ses bras de jais croisés sur une corbeille remplie de fleurs rouges, d'oranges et de bananes, il sommeille à demi, trop indolent pour faire seulement un signe à l'acheteur.

Tantôt nous avons croisé dans la rue une négresse...

25 avril. — Il semble que la nature ait tenu en réserve, pour notre bienvenue, ses fêtes non pas seulement les plus joyeuses, mais les plus exceptionnelles. Il y a eu aujourd'hui une éclipse de soleil, totale au Cap-Frio, à soixante milles d'ici, et presque totale à Rio. Nous l'avons vue du pont du navire où nous habitons encore. L'effet a été aussi étrange qu'admirable. Une pâleur glacée envahit la terre de son ombre, et il y eut comme un frisson de la nature entière. Ce n'était pas un crépuscule ordinaire, on eût dit un lugubre panorama du pays des fantômes. M. Agassiz a passé la matinée au palais, où l'Empereur l'avait invité à venir voir l'éclipse dans son observatoire. Les nuages sont de pauvres courtisans; il s'en glissa un au-dessus de Saint-Christophe, si malencontreusement qu'il intercepta la vue du phénomène au moment où l'intérêt était le plus grand. Notre poste d'observation fut meilleur, en cette occasion-là, que l'observatoire impérial. Si le spectacle de cette scène étrange fut d'un effet plus saisissant, vu de la baie que vu de terre, M. Agassiz a toutefois pu faire quelques remarques intéressantes sur les impressions ressenties par les animaux dans cette circonstance extraordinaire. Je copie ses notes : « L'effet de l'affaiblissement de la lumière sur les animaux a été frappant. La baie de Rio est, pendant le jour, fréquentée par de nombreux oiseaux, espèces de frégates et de fous de Bassan, qui tous les soirs regagnent les îles du littoral. Chaque matin aussi une sorte de vautours noirs (*urubús*) s'abattent par milliers sur la banlieue de la ville, principalement sur le *matadouro*[1], et, le soir venu, se retirent dans les montagnes du voisinage, leur vol passant au-dessus de Saint-Christophe. Dès que la lumière commença à diminuer, ces oiseaux devinrent inquiets; évidemment ils avaient conscience que la journée avait été singulièrement écourtée; ils eurent donc sur ce qu'ils devaient faire un moment d'incertitude. Tout à coup, cependant, les ténèbres ne faisant que croître, ils partirent pour leurs retraites nocturnes, les oiseaux aquatiques se dirigeant vers le sud, les vautours filant dans la direction opposée, et tous avaient quitté le lieu où ils cherchent habituellement leur nourriture avant que l'obscurité fût le plus intense. Ils semblaient avoir une hâte extrême de regagner leurs demeures, mais ils n'étaient pas à moitié chemin que le jour commença à reparaître. Il augmenta, la lumière s'accrut rapidement, et la confusion des oiseaux fut alors au comble. Quelques-uns continuèrent leur vol vers les montagnes ou

---

1. Abattoirs.

vers la baie, d'autres rebroussèrent chemin, tandis qu'un certain nombre tournoyaient indécis dans l'espace. Bientôt le soleil resplendit au méridien; son éclat parut alors les décider à recommencer une nouvelle journée et la troupe tout entière reprit à tire-d'aile la direction de la ville. »

L'intérêt et la bienveillance que l'Empereur témoigne pour tout ce qui concerne l'expédition est pour notre chef un nouvel encouragement. Un esprit si libéral chez le souverain rendra comparativement facile la tâche que M. Agassiz a entreprise. D'ailleurs il a déjà vu plusieurs personnages officiels pour les affaires qui se rattachent à ses projets. Partout il est accueilli avec les plus chaudes démonstrations de sympathie et il a l'assurance que l'administration lui prêtera le concours le plus entier.

Nous prenons ce soir possession de nos appartements à la ville. Notre vie brésilienne va commencer, avec quel succès, c'est ce qu'il faudra voir. Tant que nous avons été à bord du « *Colorado* » il nous semblait que nous avions encore un pied sur le sol des États-Unis.

26 avril. — M⁰ C... et moi nous avons consacré cette matinée à nos petits arrangements domestiques; nous avons déballé nos livres, nos pupitres et tous nos « *knickknacks*[1] », et nous avons travaillé à faire un « chez nous » de l'appartement étranger où nous pensons bien avoir à passer plusieurs semaines. L'après-midi, nous avons fait à *Larangeiras*, ou l'Orangerie, une promenade en voiture. Notre première course à travers Rio n'avait laissé dans mon esprit qu'une impression, celle d'un délabrement pittoresque; toutes choses me semblaient tomber en ruine, non sans revêtir à leur déclin un charme, une étrangeté de l'effet le plus artistique. Cette impression a été fort modifiée aujourd'hui. Dans toute ville il existe un certain quartier qui est le moins propre à flatter la vue de l'étranger; vraisemblablement nous avions choisi pour notre première excursion la direction la moins favorable. Le chemin de Larangeiras passe entre deux rangs de maisons de campagne un peu basses, presque toujours bordées d'une large verandah, et entourées de jardins magnifiques où res-

---

1. Bagatelles, bibelots.

Arbre enlacé par les lianes.

plendissent en cette saison les feuilles écarlates de l'*Estrella do Norte* (Poinsettia), les bignonias bleues ou jaunes, les plantes grimpantes et une foule d'autres arbustes dont nous ne savons pas encore les noms. De temps en temps un large portail, ouvert sur une avenue de palmiers, nous livre au passage une échappée de vue sur la vie brésilienne et nous laisse apercevoir un groupe assis dans le jardin ou des enfants qui, sous la garde de leurs nourrices noires, jouent sur le sable des allées. A mesure qu'on s'éloigne de la ville, les « *chacaras*[1] » sont de plus en plus rares, mais le paysage prend plus de caractère. La route gravit la montagne en serpentant jusqu'au pied du Corcovado. Là, il faut descendre de voiture et achever l'ascension à cheval ou à mulet. Mais il est trop tard pour nous : le sommet du Corcovado baigne déjà dans les dernières lueurs du soleil couchant. Nous nous engageons au hasard dans un petit sentier tout poétique, nous y cueillons quelques fleurs et nous reprenons en voiture le chemin de la ville, ne nous arrêtant que pour faire un tour au « *Passeio publico.* » C'est un jardin fort joli qui donne sur la baie; il n'est pas grand, mais il est dessiné avec beaucoup de goût. Rien d'admirable comme la large terrasse qui s'élève au fond, et contre laquelle viennent se briser les vagues apportant avec elles une fraîcheur bienfaisante.

Demain nous sommes les hôtes du major Ellison, ingénieur en chef du chemin de fer D. Pedro II. Il nous emmène jusqu'à l'extrémité de cette ligne, à une centaine de milles de Rio, en pleine Serra do Mar.

27 avril. — Peut-être dans toutes nos courses à travers le Brésil aucun de nous ne retrouvera-t-il une journée aussi pleine d'impressions que celle-ci. Nous verrons, sans doute, un paysage plus sauvage; mais la première fois qu'on contemple la nature sous un aspect entièrement nouveau, on éprouve une sensation de charme qui ne peut plus que difficilement se reproduire; la première fois qu'on découvre les hautes montagnes, qu'on contemple l'Océan, qu'on aperçoit la végétation des tropiques dans toute sa vigueur, fait époque dans la vie.

---

1. C'est le nom que les Brésiliens donnent à leurs maisons de campagne. (N. du T.)

Ces forêts merveilleuses de l'Amérique du Sud sont tellement denses et tellement emmêlées de parasites gigantesques qu'elles forment une masse solide et compacte de verdure. Ce n'est pas ce rideau de feuillage, transparent au soleil et vibrant sous la brise, qui représente la forêt dans la zone tempérée. Quelques arbres des cantons que nous avons traversés aujourd'hui semblaient être sous l'étreinte d'immenses serpents, tant était grosse la tige des parasites qui s'enroulaient autour d'eux; des orchidées de toute espèce aux larges dimensions s'accrochent à leur tronc, à leurs branches, et de folles plantes grimpent jusqu'à leur sommet pour retomber en guirlandes ondulées jusque sur le sol. Sur les talus eux-mêmes entre lesquels est posée la voie, rampe et s'entrelace une végétation capricieuse qu'on dirait vouloir jeter un voile de verdure sur la brèche laide et nue creusée par la route. Bien loin de gâter ce paysage enchanteur, le chemin de fer, je n'hésite pas à le dire, le fait au contraire valoir, les tranchées qu'il s'est ouvertes découvrant de magnifiques perspectives au cœur de la *Serra*. La voiture que nous occupions, placée en tête de la locomotive, faisait face à la route, et rien ne gênait la vue, ni la fumée, ni les cendres. En sortant d'un tunnel où l'obscurité semblait tangible, nous vîmes se dérouler devant nous un ravissant tableau tout resplendissant de lumière. Une exclamation générale sortie de toutes les bouches témoigna de notre étonnement et de notre admiration.

Vers la fin du trajet nous pénétrâmes dans la région des plus riches plantations de café. C'est par ces caféries qu'est entretenu le trafic sur cette ligne et il s'y transporte d'énormes quantités de la précieuse graine, recueillies sur le parcours ou venues de plus loin. Près de la dernière station est une grande exploitation rurale ou *fazenda*, qui produit, nous dit-on, de cinq à six mille quintaux de café dans les bonnes années. Ces fazendas sont des édifices d'un aspect singulier, bas (d'un seul étage à l'ordinaire, et très-étendus; les plus grandes couvrent un espace considérable. Comme elles sont tout à fait isolées et loin des autres habitations, il faut que ceux qui y résident fassent provision de tout ce qui est nécessaire à leurs besoins. Cela entretient chez les propriétaires des coutumes tout à fait primitives. Le major Ellison me raconta qu'un jour, il n'y a pas

Chemin de fer D. Pedro II.

longtemps, une opulente marquise demeurant à une certaine distance dans l'intérieur, et se rendant à la ville pour un séjour de quelques semaines, s'arrêta chez lui pour s'y reposer. Elle était suivie d'une troupe de trente et un mulets de charge portant tout le bagage imaginable, sans compter des provisions de toute espèce, volailles, jambons, etc., et vingt-cinq serviteurs l'accompagnaient. L'hospitalité des Brésiliens ne connaît point de limites, assure-t-on; il suffit de se présenter à leur porte à la fin d'une journée de voyage et, pour peu que le passant n'ait pas trop mauvaise mine, il est sûr d'un accueil cordial, d'un souper et d'un gîte. La recommandation d'un ami, une lettre d'introduction vous ouvrent toutes les portes de la maison, et vous pouvez demeurer autant qu'il vous plaît.

Nous fîmes les trois derniers milles du voyage sur ce qu'on appelle « la voie provisoire » qui doit être abandonnée dès que le grand tunnel sera achevé. Il faut avouer que, pour le voyageur inexpérimenté, cette route doit paraître excessivement dangereuse, surtout dans la partie de la voie qui est assise, avec une pente de 4 pour 100, sur un pont de bois de vingt mètres de hauteur, décrivant une courbe très-brève. Quand nous vîmes la machine gravir ce plan incliné, et que, nous penchant un peu, nous aperçûmes l'horreur du précipice, puis, presque en face de nous, la dernière voiture du train qui s'arrondissait sur la courbe, il fut difficile de résister au sentiment du péril. Si quelque chose peut faire comprendre la confiance méritée par l'administration de ce chemin de fer, c'est le fait qu'aucun accident n'a jamais eu lieu dans ces circonstances, où la moindre précaution négligée amènerait une inévitable catastrophe [1].

On se fera une idée du travail qu'a nécessité la construction de ce railway, quand on saura que pour perforer le grand

---

[1]. Quelques semaines plus tard, j'eus l'occasion de demander à une charmante jeune femme, récemment mariée, si elle avait visité la voie provisoire pour y jouir de ce paysage pittoresque : « Non, me répondit-elle d'un ton très-sérieux, je suis jeune et heureuse, je n'ai pas encore envie de mourir. » Ce fut un plaisant commentaire de l'idée que se font les Brésiliens du danger inhérent à ce voyage. — La voie provisoire est depuis longtemps abandonnée; on passe maintenant sous le grand tunnel. (N. du T.)

tunnel seulement (et il y a quatorze tunnels), un corps de trois cents ouvriers, divisé en deux brigades qui se relevaient l'une l'autre, a été à l'œuvre jour et nuit, les dimanches exceptés, pendant sept ans. Le bruit du pic et du hoyau a été à peine interrompu pendant ce long espace de temps, et la roche à travers laquelle est percée la galerie est si dure que souvent les chocs les plus rudes du foret ne produisaient qu'un peu de poussière, le volume d'une prise[1].

Au retour, nous nous arrêtâmes une demi-heure à la station située sur le bord du Rio-Parahyba. Cette première visite à un des fleuves importants du Brésil ne se passa pas sans un incident mémorable. Un de nos amis du *Colorado*, qui nous quitte et poursuit sa route jusqu'à San-Francisco (Californie), déclara qu'il était bien déterminé à ne pas se séparer de l'expédition sans avoir fait quelque chose pour elle. Avec sa canne, une ficelle et une épingle pliée en deux, il improvisa une ligne et, en un instant, ramena deux poissons, notre pre-

---

[1]. Ce chemin, commencement de la grande voie dont l'objectif est le Rio San-Francisco, ouvre une riche perspective aux études scientifiques. Dorénavant la difficulté d'amener les collections de l'intérieur jusqu'au bord de la mer se trouve diminuée. Au lieu de quelques petits spécimens de la végétation tropicale aujourd'hui conservés dans nos musées, chaque école ouverte à l'enseignement de la géologie et de la paléontologie possédera bientôt, je l'espère, de gros troncs et des portions d'arbres qui permettront de bien voir la structure des palmiers, des fougères arborescentes et des plantes analogues, représentants actuels des forêts primitives. Le moment est venu où nos manuels de botanique et de zoologie doivent perdre leur caractère local et limité, pour présenter de vastes et grands tableaux de la nature dans toutes ses phases. Alors seulement, il sera possible de faire des comparaisons exactes et significatives entre les conditions de la terre aux époques primordiales et son aspect actuel, sous des zones et des climats différents. Jusqu'à ce jour, le principe fondamental dont on s'inspire pour déterminer l'identité des formations géologiques à différentes périodes repose sur l'hypothèse que chaque période a eu partout le même caractère. Cependant les progrès de la géologie rendent chaque jour plus évidente et plus impérieuse la preuve que les latitudes différentes et les continents différents ont eu, à toutes les époques, leurs plantes spéciales et leurs animaux propres; la variété était sans doute moins grande que de notre temps, mais il y en avait assez pour exclure toute idée d'uniformité. Le perfectionnement des voies de communication au Brésil promet donc d'enrichir nos collections; j'ai même bon espoir que les voyages scientifiques sous les tropiques cesseront d'être des événements accidentels faisant époque dans l'histoire du progrès. Ils deviendront à la portée de tous ceux qui étudient la nature, et aussi faciles que les excursions dans les régions de la zone tempérée. — Pour plus de détails sur la construction de ce chemin de fer, voyez Appendice, IV. (L. A.)

Pont de Paraiso. (Chemin de fer D. Pedro II.)

mière pêche dans les eaux douces du Brésil. Hasard singulier ! l'un de ces poissons était entièrement nouveau pour M. Agassiz et il ne connaissait l'autre que par des descriptions.

28 avril. — Nous sommes retournés ce matin à bord du *Colorado* qui est encore dans le port, et que l'Empereur a manifesté l'intention de visiter. Nous prenons tous à cette visite un intérêt personnel; notre amour-propre est lié aux succès de ce magnifique bateau à vapeur dont le premier voyage a été pour nous la source de tant d'impressions agréables. Le yacht impérial arriva ponctuellement à midi; le capitaine l'accueillit par un salut à toute volée de ses gros canons Parrott, manœuvrés avec une promptitude et un ordre que D. Pedro ne put s'empêcher de remarquer. Sa Majesté voulut voir jusqu'aux moindres recoins. Ce fut une véritable exploration de ce petit monde en miniature. Tout y passa, soutes, boulangerie, blanchisserie, étables à bœufs et l'infinité des services et des installations destinées aux passagers ou aux marchandises, sans parler des ponts et des gigantesques fournaises de la machine placées à fond de cale; sous ce soleil tropical une telle matinée n'était pas sans fatigue. Les dispositions du vaste bâtiment semblèrent exciter à la fois l'intérêt et l'admiration de l'Empereur et de sa suite. Le commandant Bradbury pria Sa Majesté de lui faire l'honneur de prendre le *lunch* à bord. L'invitation fut acceptée avec beaucoup de simplicité, et l'Empereur demeura encore quelques instants, s'entretenant de sujets scientifiques et en particulier des choses qui se rattachaient à l'expédition. D. Pedro II est un homme jeune encore; quoiqu'il ait quarante ans à peine, il en a déjà régné plus de vingt sur le Brésil; aussi sa figure paraît-elle soucieuse et un peu vieillie. Il a la physionomie mâle et pleine de noblesse; l'expression de ses traits, un peu sévère au repos, s'anime et s'adoucit quand il cause, et ses manières courtoises ont une affabilité séductrice.

1ᵉʳ mai. — Nous avons fêté le *jour de mai*, dans cet étrange pays où mai arrive en hiver, par une course au Jardin botanique. Nous, sous ma plume, signifie habituellement les membres amateurs de l'expédition. Le corps scientifique a beaucoup trop à faire pour se mêler à nos parties de plaisir. M. Agassiz lui-même a tout son temps pris par les visites aux personnages officiels dont l'influence peut être utile à son œuvre. Il est très-impatient de terminer tous ces préliminaires indispensables et de mettre en route pour l'intérieur ceux de ses aides qui doivent se séparer de lui; il ne l'est pas moins de commencer ses recherches personnelles. Mais on lui recommande de ne pas perdre patience et de ne pas s'effrayer des délais, car avec la meilleure volonté du monde on ne peut pas changer, en un jour, l'habitude nationale de tout

Jardin botanique.

remettre au lendemain. En attendant, il a improvisé un laboratoire dans une grande salle vide, au-dessus d'un magasin de la rue *Direita*, au centre des affaires et du commerce. Là, dans un coin, les ornithologistes, MM. Dexter et Allen, ont leur installation : une planche grossière posée sur deux tonneaux en guise de table et, pour siége, un baquet renversé; dans un autre coin, M. Anthony, tout aussi somptueusement meublé, étudie les coquilles; une table à dissection qui ressemble à un établi de menuisier fait le plus bel ornement de la pièce. Au milieu de tout cela, M. Agassiz classe ou examine des spécimens, assis sur un baril vide, car il n'y a pas une chaise, ou bien il va de l'un à l'autre inspectant la besogne. Dans ce beau désordre, M. Burkhardt est parvenu à s'arranger une petite table où il peint à l'aquarelle les poissons qu'on apporte, au fur et à mesure de leur arrivée. Enfin, dans un cabinet adjacent, M. Sceva prépare les squelettes qu'on montera plus tard. Bref, chacun a sa tâche spéciale et se donne tout à son affaire. Un parfum d'un charme douteux, une franche odeur de poisson fortement imprégné d'alcool, guide les visiteurs vers ce tabernacle de la science. En dépit de l'aspect peu attrayant, M. Agassiz y reçoit chaque jour beaucoup de personnes curieuses de voir en plein fonctionnement un laboratoire moderne d'histoire naturelle. Toutes témoignent d'un grand intérêt pour son œuvre. A chaque moment et de partout affluent les spécimens, contributions volontaires qui journellement enrichissent les collections[1]. Ceux des jeunes gens qui ne travaillent pas là sont occupés au dehors. M. Hartt et M. St. John parcourent la ligne du chemin de fer, faisant des coupes géologiques; plusieurs de nos volontaires courent la campagne en quête de tout ce qui peut intéresser, et M. Hunnewell se perfectionne dans l'art du photographe, afin d'être en état de rendre service à l'expédition quand nous n'aurons plus d'artistes avec nous.

Notre course d'aujourd'hui a été charmante; nous avons traversé les faubourgs de la ville, tantôt longeant la baie et ses nombreux replis, tantôt côtoyant les montagnes sur une

---

[1]. Parmi les plus assidus de ces visiteurs, il en est un auquel M. Agassiz a été redevable de l'assistance la plus efficace pour sa collection des poissons de la baie de Rio. C'est notre ami le docteur Pacheco da Silva, qui ne laissa jamais passer une occasion de nous entourer des attentions les plus amicales. Le laboratoire fut, par ses soins, meublé avec tout le luxe que comporte un établissement de ce genre. Un autre de nos amis, dont ces messieurs avaient souvent la visite, est M. le docteur Naegeli. Malgré les exigences nombreuses de sa clientèle, il trouva le temps de faire pour M. Agassiz non-seulement des collections, mais encore des dessins de plusieurs spécimens. Comme il est lui-même un naturaliste habile, sa coopération fut très-précieuse. Les collections s'augmentèrent encore d'exemplaires provenant de sources si nombreuses qu'il serait impossible de les énumérer toutes. Dans les comptes rendus scientifiques de l'expédition, tous ces dons seront mentionnés avec les noms des personnes dont ils proviennent.

route constamment bordée de jolies *chacaras* et de beaux parterres. Le Jardin botanique est situé à environ huit milles du centre de Rio. C'est un vaste et splendide parc dont la situation est admirablement choisie. D'ailleurs tout ce qui porte le nom de jardin peut-il manquer d'être de toute beauté, sous un climat où la végétation a une telle vigueur et une telle variété! Malheureusement celui-ci est mal tenu; au reste, la rapidité et la force avec laquelle poussent ici les plantes, pour si peu qu'on les cultive, rendent bien difficile de maintenir le sol dans cet état de propreté correcte qui nous paraît essentiellement nécessaire. Mais ce qui donne à ce jardin une physionomie peut-être unique au monde, c'est sa longue et féerique allée de palmiers dont les arbres ont plus de quatre-vingts pieds de hauteur. Je renonce à donner par la parole une idée, même lointaine, de la beauté architecturale de cette avenue de palmiers aux verts chapiteaux se rejoignant en voûte. Droits, roides, polis comme des fûts de granit gigantesques, ils semblent, dans l'éblouissement d'une vision, la colonnade sans fin d'un temple de la vieille Égypte[1].

6 *mai*. — Nous avons cédé à l'invitation de notre ami B.... et nous avons fait hier l'ascension du fameux pic du Corcovado. On laisse les voitures au bout de la route de Larangeiras et l'on gravit à cheval le reste de la montagne, par un petit sentier sinueux, excellent quand il fait sec, mais rendu fort glissant par les pluies récentes. La promenade est délicieuse; la forêt parfumée s'entr'ouvre çà et là, et nous offre de ravissantes échappées de vue, présages de ce qui nous attend plus haut. De temps en temps un ruisseau, une petite cascade font un gai tapage, et quand nous arrêtons nos chevaux pour les laisser reposer quelques minutes, nous entendons au-dessus de nos têtes le vent vibrer sourdement sur les stipes roides des palmiers. La beauté de la végétation est rehaussée encore par le singulier aspect du sol. Le terrain des environs de Rio a une couleur particulière; c'est un chaud et riche ton rouge qui luit sous la masse des plantes aux larges feuilles ou des herbes rampantes, et parfois, s'étalant au grand jour, forme avec la verdure environnante un contraste vif et tranché. Le petit

---

[1]. Ce palmier est le magnifique *Oreodoxa oleracea*.

Allée de palmiers

chemin passe souvent au pied d'une de ces taches dénudées dont l'ocre et le vermillon trop crus s'adoucissent, grâce à leur cadre de verdure. Parmi les grands arbres, le *candélabre* (cecropia) attire surtout l'attention. La disposition étrangement régulière de ses branches et les teintes argentées de ses feuilles le font ressortir avec vigueur au milieu du feuillage et des arbres plus sombres. Il est le trait saillant des forêts de ce voisinage.

Tout vaste panorama, contemplé de haut, échappe à la description, et il en est peu qui réunissent d'aussi rares éléments de beauté que celui dont on jouit du sommet du Corcovado. L'immense baie de toutes parts refoulée par les terres, avec sa porte grande ouverte sur l'Océan; la mer fuyant sous le regard; le noir archipel des îles intérieures; le cercle des montagnes aux pics desquelles s'accrochent les flocons laineux des nuages : tout cela forme un merveilleux tableau. Mais le grand charme du paysage c'est que, malgré son étendue, il n'est pas assez lointain pour que les objets perdent leur individualité. Qu'est-ce après tout qu'un panorama à grande distance, sinon un inventaire? Tant de taches d'un vert noirâtre, autant de forêts; tant de bandes d'un vert plus clair, autant de prairies; tant de flaques blanches, autant de lacs; tant de filets d'argent, autant de rivières, etc. Ici, au contraire, nul effet partiel n'est perdu dans la grandeur du tout.

La pointe du pic est entourée d'une muraille, car, sauf d'un côté, la paroi est presque verticale et le moindre faux pas vous précipiterait à une mort certaine. C'est là que nous mîmes pied à terre, et longtemps nous regardâmes, ne voulant pas quitter ce magnifique spectacle avant le coucher du soleil. Le retour, après la nuit tombée, nous inspirait cependant quelque inquiétude, et je confesse que pour ma part, écuyère timorée et novice, je ne songeais pas sans anxiété à la descente, car la dernière partie du sentier glissant n'avait été gravie que par pure escalade. Toutefois, prenant mon parti en brave, je me rassis et j'essayai de regarder, tout comme si grimper à cheval au sommet des hautes montagnes et me laisser glisser ensuite jusqu'au fond des abîmes m'eût été chose familière. Notre descente pendant les dix premières minutes ne fut réellement pas autre chose; mais, enfin, nous reprîmes à la station appelée les « *Painciras* » le petit chemin en pente douce. Nous sûmes le lendemain qu'on laisse d'habitude les chevaux à cet endroit et qu'on fait à pied le reste de l'ascension, l'escarpement devenant si roide qu'il est périlleux de la continuer à cheval. En fin de compte nous atteignîmes la plaine sans accident, et je ne me rappelle pas la promenade d'hier sans quelque complaisance, pour la manière dont j'ai pris ma première leçon de voyage dans les montagnes[1].

20 mai. — Le vendredi 19 mai, nous avons quitté Rio pour faire notre première excursion lointaine. Un jour ou deux après notre arrivée, M. Agassiz avait reçu du Président de la Compagnie « Union et Industrie » l'invitation de venir, avec quelques-uns de nos compagnons, visiter la route de Pétropolis à Juiz de Fóra, dans la province de Minas Geraes. Cette route est célèbre par sa beauté autant que par sa parfaite exécution. Un mot sur les circonstances dans lesquelles elle a été construite ne sera pas de trop. Si, comme on le prétend, le progrès ne marche, au Brésil, qu'avec une extrême lenteur, il faut avouer que les Brésiliens poussent à la perfection les choses qu'ils entreprennent. Il est vrai que la construction de ce chemin a été confiée à des ingénieurs français, mais l'homme à qui revient l'honneur de l'avoir projetée et de l'avoir finie est un *Mineiro*, M. Marianno Procopio Ferreira Lage. Minas Geraes se fait remarquer, dit-on, par l'intelligence et l'énergie de ses habitants; peut-être est-ce l'effet d'un climat moins brûlant, les petites cités de cette province étant presque toutes situées sur les hauts plateaux des serras et jouissant d'un air plus frais, plus stimulant que celui qu'on respire au bord de la mer. Avant d'entreprendre ce grand travail, M. Lage voyagea en Europe et aux États-Unis afin d'étudier tous les perfectionnements modernes introduits dans les œuvres de cette nature. Le résultat témoigne de l'énergie et de la patience avec lesquelles il poursuivit l'exécution de son projet[2]. Il y a douze

1. Les belles vues photographiques de Leuzinger, prises du sommet du Corcovado, aussi bien que celles de Pétropolis, de la chaîne des Orgues et de tous les environs de Rio, sont aujourd'hui en vente chez les marchands des grandes villes. Je suis heureux de pouvoir faire connaître ce fait, car j'ai reçu de M. Leuzinger l'assistance la plus empressée pour l'illustration de mes recherches scientifiques. (L. A.)

2. Une plaque commémorative incrustée dans les rochers qui marquent la fron-

ans, le seul moyen de se rendre dans l'intérieur, en partant de Pétropolis, était un étroit sentier à mulets, rompu, dangereux et sur lequel un voyage d'une centaine de milles exigeait une chevauchée de deux ou trois jours. Maintenant, on va de Pétropolis à Juiz de Fóra en voiture, du lever au coucher du soleil, sur une bonne route de poste qui ne le cède à aucune autre au monde. Tous les dix ou douze milles, on trouve un relais de mules fraîches à quelque jolie station bâtie le plus souvent en forme de chalet suisse. Ces établissements sont presque tous tenus par des colons allemands, embauchés autrefois dans leur pays pour la construction du chemin, et dont l'émigration est en elle-même un grand avantage pour la province : partout où les petits villages allemands se sont groupés au bas des collines, on aperçoit de frais jardins pleins de légumes et de fleurs et des maisons proprettes où tout annonce l'épargne et l'amour du bien-être intérieur, vertus qui caractérisent en tout lieu le bon paysan d'Allemagne. En droit, aucun esclave ne peut être employé par la Compagnie ; les ouvriers sont des Allemands ou des Portugais. Ainsi le veut un règlement général qui s'applique à tous les travaux publics un peu considérables. Les contrats passés par le gouvernement prohibent expressément l'emploi d'esclaves. Malheureusement la règle n'est pas toujours strictement observée, attendu que, dans les travaux d'un certain genre, on n'a pas encore trouvé le moyen de remplacer ces pauvres gens. Mais pour l'entretien de la route, pour les réparations, par exemple, qui exigent une brigade d'ouvriers constamment à l'œuvre, exploitant les carrières, cassant des cailloux pour le macadam, comblant les ornières, rectifiant les talus, etc., on n'admet que des travailleurs libres.

Cette attention d'exclure les esclaves des travaux publics dénote une tendance à l'émancipation. Elle est inspirée par la pensée de borner peu à peu le travail servile aux occupations de l'agriculture, en écartant les esclaves des grandes villes et de leur voisinage. Le problème de l'émancipation n'est pas au Brésil, comme il l'a été chez nous, un épouvantail politique.

titre des deux provinces de Minas et de Rio, reproduit le discours prononcé par l'Empereur, lors de l'inauguration de cette route, et témoigne de l'importance que le gouvernement brésilien attachait à cette entreprise.

Il est discuté librement et avec calme dans toutes les classes de la société; on peut, sans trop s'avancer, prédire que de nombreuses années ne s'écouleront point avant que l'institution disparaisse, tant le sentiment général lui est contraire. Durant la session dernière un ou deux projets ont été présentés dans ce but à l'Assemblée législative. Dès aujourd'hui, un nègre qui en a la ferme résolution peut conquérir sa liberté, et, une fois qu'il l'a obtenue, il n'y a plus d'obstacle à ce qu'il élève sa condition sociale ou politique. Mais si, de ce côté, l'esclavage est beaucoup moins absolu qu'il ne le fut aux États-Unis, il a, sous d'autres rapports, quelque chose de plus attristant. Les esclaves, au moins dans les villes, sont de véritables bêtes de somme. Meubles volumineux, pianos, buffets, lourdes malles, barriques empilées l'une sur l'autre, tout, jusqu'aux caisses de sucre et aux balles de café du poids de plus de cent livres, est transporté dans les rues sur la tête des nègres. Aussi les malheureux deviennent-ils souvent perclus des jambes; il n'est pas rare de voir des noirs, dans la force de l'âge, courbés en deux ou estropiés et pouvant à peine marcher un bâton à la main. En bonne justice, il faut ajouter que cette pratique, si choquante pour l'étranger, va en s'affaiblissant. Il y a quelques années, nous dit-on, on n'aurait pas trouvé une voiture pour faire un déménagement : la chose s'exécutait à tête d'homme. Aujourd'hui l'habitude d'y employer les noirs s'est déjà perdue. Sur cette question de l'esclavage comme sur toutes les autres, l'opinion de l'Empereur est celle d'un homme éclairé et humain. Si sa puissance égalait sa volonté, l'esclavage disparaîtrait d'un seul coup de l'empire; mais s'il est trop sage pour ne pas reconnaître que tous les grands changements sociaux doivent être progressifs, il ne cache point son horreur pour ce système[1].

---

[1]. Depuis que ces lignes ont été écrites, l'Empereur, sacrifiant généreusement ses revenus, a donné la liberté à tous les esclaves faisant partie du domaine de la couronne, et un plan général d'émancipation a été annoncé par le gouvernement brésilien, à la sagesse, à la prévoyance, à la bonne volonté duquel on ne peut trop applaudir. Si ce plan est adopté, l'esclavage disparaîtra avant la fin du siècle, d'une façon progressive, sans convulsion violente et sans danger pour l'avenir de l'esclave et pour la prospérité du maître. — Cet exemple donné par l'Empereur a été suivi par plusieurs corporations religieuses et un grand nombre de particuliers. (N. du T.)

Cette digression ne doit pas nous faire perdre de vue la route de la Compagnie « Union et Industrie. » Elle est maintenant terminée jusqu'à Juiz de Fóra, et offre toutes les facilités de transport désirables aux riches récoltes de café qui, de toutes les fazendas de la région, descendent incessamment vers Rio. Comme ce district possède de magnifiques caféries, le perfectionnement des moyens de communication est d'une importance capitale pour le commerce de la contrée, et M. Lage est en train d'établir des chemins qui conduisent aux petits établissements du voisinage. Il n'a pas cependant échappé aux ennuis qui attendent tous ceux dont les idées sont en avance sur la routine de leurs voisins. Le mécontentement vient, sans aucun doute, de ce que la route n'est pas d'un aussi grand rapport qu'on l'avait espéré: les progrès du chemin de fer D. Pedro II, qui s'en rapproche toujours, en ont compromis le succès. Mais cela n'en atteste pas moins le zèle et l'énergie des hommes qui ont entrepris cette œuvre difficile. Pour ne pas interrompre le cours de mon récit, j'ai voulu donner, comme préface au récit de notre voyage, ces détails sur la route *Union et Industrie* dont la construction est un fait significatif dans l'histoire actuelle du Brésil. Je reprends maintenant le fil de nos aventures personnelles.

Nous nous embarquâmes à Rio, vers deux heures de l'après-midi, dans un petit bateau à vapeur qui nous transporta de l'autre côté de la baie, à quinze milles de distance. Grâce à la brise, la chaleur, bien qu'intense, n'était pas accablante. Nous passâmes devant la grande île du Governador, la coquette petite île de Paquetá, et devant quelques autres encore, vrais bouquets de palmiers, de bananiers et d'acacias, qui parsèment la baie et ajoutent à sa beauté une grâce nouvelle. Au bout d'une heure un quart de navigation, nous mettions pied à terre au village de Mauá[1]. Là nous montâmes en wagon et une nouvelle course d'une heure, au milieu de terrains bas et marécageux, nous mena au pied de la montagne (*Raiz da Serra*). Il fallut alors quitter le railway et prendre la malle-poste qui

---

[1]. La route facile qui mène à Pétropolis, résidence favorite, pendant l'été, des habitants de Rio, est l'œuvre du baron de Mauá, un des hommes qui ont le plus contribué aux progrès que le Brésil est en voie d'accomplir.

part régulièrement de cette station. La montée fut charmante, nous étions dans un excellent coupé ouvert et nos quatre mules galopaient à toutes jambes, sur une route unie comme un parquet. Le chemin décrit de nombreux lacets sur le flanc des montagnes, il s'élève et s'abaisse sur les vertes collines qui semblent une mer houleuse. A nos pieds s'étend la vallée; devant nous la chaîne côtière, et au loin la baie est comme doucement fondue sous le soleil. Pour compléter ce tableau, jetez sur tout le terrain un manteau de palmiers, d'acacias et de fougères arborescentes, capricieusement brodé de parasites et nuancé à profusion de fleurs pourpres de *quaresma* (fleurs de carême[1]), de bignonias jaunes et bleues, ou de thunbergias rampantes accrochant leurs petites fleurs jaune paille à toutes les pierres et à tous les buissons. A chaque instant nous nous étonnions de la grande variété des palmiers. Un arbre de cette espèce est une rareté si grande dans nos serres que nous ne soupçonnons pas combien ces plantes sont nombreuses et diverses dans leurs forêts natales. N'avons-nous pas le chêne vert, le chêne blanc, le chêne nain, le chêne-châtaignier, le chêne des marais et bien d'autres encore? De même dans les forêts tropicales : il y a le palmier à noix de coco, au tronc renflé en oignon dans sa jeunesse, droit et élancé quand il est vieux, avec sa grappe de fruits lourds et ses longues fleurs qui retombent en forme de plumes[2]; le *cocociro*, plus svelte, dont les branches pendantes portent de petits fruits de la grosseur d'une cerise; le *palmito* qui élève à son sommet un gros bourgeon tendre et succulent, employé dans le pays comme légume et remplaçant le chou; l'*icari* ou *cari* épineux aux palmes en éventail et découpées en rubans; et une foule d'autres, qui tous ont un port et un feuillage caractéristiques[3].

1. Espèce de *Mélastome* aux grandes fleurs très-remarquables. (L. A.)
2. Celui-là n'est pas indigène au Brésil.
3. Leur variété est bien plus grande que celle de nos chênes, et il faudrait une comparaison très-étendue avec la plupart des arbres de nos forêts pour trouver l'équivalent des différences que les palmiers présentent entre eux. Leurs noms indigènes, beaucoup plus euphoniques que les noms savants dont on les a affublés dans nos livres, sont aussi familiers aux Indiens que ceux des hêtres, des bouleaux, des châtaigniers, des coudriers, des peupliers aux paysans de notre pays. Il y a chez les palmiers quatre formes essentielles : les uns sont hauts, ont le tronc droit et élancé, et se couronnent de longues feuilles en forme de plume, ou largement étalées en éventail; les autres sont touffus et leurs feuilles partent

Cocoeiro

Les montagnes que longe la route, comme toutes celles des environs de Rio, ont une forme tout à fait particulière ; elles sont escarpées et coniques et font, à première vue, songer à une origine volcanique. Ce sont ces lignes abruptes qui donnent à la chaîne que nous avons sous les yeux tant de grandeur, car la hauteur moyenne des sommets ne dépasse pas six à neuf cents mètres (deux à trois mille pieds). Un examen plus attentif de leur structure fait voir que ces formes sauvages, fantastiques résultent d'une lente décomposition de la roche et n'ont pas été produites par quelque convulsion soudaine. De fait, le caractère extérieur des roches est ici tellement différent de ce qu'on connaît dans l'hémisphère nord que le géologue européen s'arrête d'abord tout désorienté devant elles, et pense avoir à recommencer l'étude de toute sa vie. Il faut un certain temps avant qu'il découvre la clef des faits et les trouve en harmonie avec ses connaissances. Jusqu'ici, M. Agassiz était lui-même perplexe et très-embarrassé par l'aspect tout à fait nouveau de phénomènes qui lui sont bien familiers dans d'autres régions, mais qui, dans ces montagnes, le déroutaient complétement. Il a devant lui, par exemple, un rocher, ou une sommité arrondie qu'à sa forme il croit être une *roche moutonnée*[1] ; mais, en s'approchant de plus près, il trouve une croûte décomposée au lieu d'une surface polie. Même chose lui arrive avec les terrains de

---

de très-bas, en bouquets qui cachent l'arbre ; une troisième catégorie a le tronc petit, des feuilles peu nombreuses et assez grosses ; enfin il y a les espèces grimpantes, rampantes, à tige mince. Les fleurs et les fruits ne sont pas moins variés. Quelques-uns de ces derniers peuvent être comparés à de grosses noix ligneuses, avec une masse charnue à l'intérieur ; d'autres ont une enveloppe écailleuse, d'autres encore ressemblent à des pêches ou à des abricots ; enfin il en est qui ont la forme de prunes, ou celle du raisin. La plupart sont comestibles et assez agréables au goût. Il est pitoyable d'avoir dépouillé ces arbres majestueux des noms harmonieux qu'ils doivent aux Indiens, pour les enregistrer dans les annales de la science, sous les noms obscurs de princes que la flatterie seule pouvait vouloir sauver de l'oubli. L'*Inajá* est devenu le Maximiliana ; le *Jará* un Leopoldinia ; le *Pupunha* un Guilielma ; le *Pariuba* un Iriartea ; le *Carand* un Mauritia. Les changements des noms indiens en noms grecs n'ont pas été plus heureux. Je préfère certainement *Jacitará* à Desmonchus ; *Mucajá* à Acrocomia ; *Bacabá* à Œnocarpus ; *Tucuma* à Astrocaryum ; Euterpe même, en dépit de la Muse, me paraît un progrès médiocre sur *Assahy*. (L. A.)

1. C'est le nom que les montagnards savoisiens donnent aux blocs arrondis déposés dans la plaine par le glacier du Mont-Blanc. (N. du T.)

transport qui correspondent au *drift* de l'hémisphère septentrional, et avec les blocs ou les fragments de rochers détachés de la masse. En raison de leur décomposition profonde sur tous les points où ils sont exposés aux actions atmosphériques, il est impossible de rien conclure de leur aspect extérieur. Il n'y a pas une seule roche, à moins qu'elle n'ait été tout récemment brisée, dont la surface soit dans l'état naturel.

Le soleil était déjà couché quand nous entrâmes dans la jolie petite ville de Pétropolis. C'est le paradis d'été de tous les Fluminenses[1], assez heureux pour pouvoir fuir la chaleur, la poussière et les odeurs de la ville; ils viennent chercher ici l'air pur et le ravissant panorama de la Serra. Le palais d'été de l'Empereur, édifice plus élégant et moins sombre que celui de Saint-Christophe, se trouve dans une situation centrale; D. Pedro y passe six mois de l'année. Au milieu de la ville coule la coquette Piabanha, petite rivière basse, qui fait à cette heure gaiement ricocher ses eaux sur les cailloux de son lit, profondément encaissé entre deux talus verdoyants. Vienne une nuit d'orage, dans la saison chaude, et le mince ruisseau se change en un torrent furieux qui déborde et se répand par les rues. Je ne peux m'empêcher de songer, depuis qu'une ligne de paquebots relie directement New-York et Rio de Janeiro, combien il serait facile à qui voudrait jouir de l'admirable nature des tropiques de venir passer un été à Pétropolis, au lieu d'aller à Newport ou à Nahant. On a ici les plus beaux paysages de tous les environs de Rio et des promenades à lasser le cavalier le plus infatigable. De mai à octobre, la saison est délicieuse, juste assez fraîche pour qu'un petit feu de bois le matin et le soir ne soit pas de trop, et cependant les orangers sont couverts de fruits d'or; il y a des fleurs partout.

Nous eûmes à peine le temps de donner un coup d'œil aux beautés de Pétropolis, que nous espérons bien contempler plus à loisir une autre fois. Le lendemain matin, au petit jour, nous nous remîmes en route. Les nuages légers suspendus à la cime des monts commençaient à se teindre des

---

[1]. Fluminenses (de *flumen*, *fluminis*, fleuve), les habitants de Rio de Janeiro. (N. du T.)

La Pintade et Pitangalus.

premières rougeurs du soleil, quand nous sortîmes de la ville au grand galop des mules. Le conducteur sonnait une joyeuse fanfare de réveil. En un instant nous eûmes franchi le petit pont et laissé derrière nous les jolies maisonnettes dont les volets clos témoignaient que les habitants reposaient encore.

La première partie de la route suit la ravissante vallée de la Piabanha, cette rivière avec laquelle nous avons déjà fait connaissance à Pétropolis. Pendant quarante ou cinquante milles, on longe le cours du capricieux ruisseau, qui parfois bouillonne d'impatience et saute de chute en chute, puis, aussitôt après, s'étale en large et placide nappe. Toujours il reste enfermé entre les montagnes dont la hauteur atteint en quelques endroits un ou deux milliers de pieds (de trois cents à six cents mètres). Çà et là un morne dresse au soleil sa face pelée, rongée par le temps et que les bromélias et les orchidées égratignent par place. Le plus souvent, les splendeurs de la forêt méridionale voilent de leur manteau les cicatrices du rocher, ou bien il est, de la base au sommet, couvert de caféiers. C'est un fort joli coup d'œil que celui d'une plantation de ce genre. Les lignes régulières de ces arbustes taillés en ballons donnent aux flancs des coteaux sur lesquels ils sont plantés un aspect touffu, et leur feuillage luisant fait, dans cette saison, un contraste singulier avec la couleur brillante de leurs cerises rouges. Plusieurs de ces caféries ont toutefois un air de misère et de souffrance; dans ce cas, c'est que la feuille est attaquée par un insecte particulier (une espèce de Tinéide), ou que l'arbre se meurt d'épuisement.

En galopant ainsi sur la route, nous assistons souvent à des scènes aussi amusantes que pittoresques. Tantôt c'est une troupe de mulets de charge, *tropeiro* (muletier) en tête, par bandes de huit menée chacune par un homme. Le conducteur de la diligence sonne du cor pour prévenir le convoi de notre arrivée; le désordre se met dans la troupe, et jurons, coups de fouet, ruades de s'ensuivre jusqu'à ce qu'enfin les mules se soient rangées pour faire place à la voiture. Ces convois de mulets commencent à devenir rares; près de la côte, les chemins de fer et les routes s'allongent et se multiplient, rendant ainsi les transports plus faciles; mais, jusque dans ces derniers temps, c'était la seule manière d'apporter à la ville les produits de l'intérieur. Ailleurs nous tombons au milieu d'une suite de chariots campagnards faits de bambous entrelacés. Le bambou sert ici à mille usages; on en fait les haies, aussi bien que les plafonds, les toitures aussi bien que les charrettes. Enfin, à chaque instant, sur le bord de la route un groupe d'ouvriers ayant suspendu le travail prépare son dîner; les marmites pendent au-dessus du feu, la cafetière chante sur les tisons, et les hommes au repos, dans toutes les attitudes, font songer à un campement de bohémiens.

A Posse, troisième relais, nous avions fait trente milles, et l'on s'arrêta pour déjeuner. Véritablement ces trois heures de route nous avaient mis en appétit. L'habitude presque constante des Brésiliens en voyage est de prendre en se levant une tasse de café noir qui leur suffit jusqu'à dix ou onze heures; ils déjeunent alors un peu plus solidement. J'ignore ce qu'en penseront mes lecteurs; mais, pour mon compte, je ne lis jamais un récit de voyage sans me trouver désappointée lorsque, après avoir accompagné fidèlement le voyageur et partagé toutes ses fatigues, il me quitte pour rassasier sa faim, sans me convier aux plaisirs de sa table. Je ferai donc comme je voudrais qu'on fît; j'inscrirai notre menu et je saisirai cette occasion de dire un mot des mœurs gastronomiques des Brésiliens. On nous servit d'abord des haricots noirs (*feijoës*) préparés avec la *carne secca* (viande séchée au soleil et salée). C'est le plat de fondation dans tous les repas brésiliens. Il n'y a pas de maison si pauvre qu'elle n'ait sa *feijoada*; il n'y en a pas de si riche qu'elle exclue de sa table ce mets par excellence, pour lequel les gens de toute classe montrent un goût également prononcé. Venaient ensuite les patates, le riz à l'eau, les fricassées de poulet à longue sauce, aliments presque aussi caractéristiques de la cuisine brésilienne que les feijoës eux-mêmes, puis des œufs accommodés de toute façon, des viandes froides, du vin, du café et du pain. Les légumes sont d'une rareté absolue, quoiqu'il soit facile d'en produire, sous ce climat, une très-riche variété[1]. A Posse,

---

1. Un voyage d'une année n'a fait que confirmer cette observation. Les Brésiliens apprécient peu la variété dans la culture maraîchère et ne prennent aucun soin de l'obtenir. Les légumes qu'ils consomment sont pour la plupart importés d'Europe en conserve.

M. Agassiz trouva un collaborateur dévoué dans la personne de M. Taylor, qui montra l'intérêt le plus vif pour ses recherches scientifiques et se chargea de collectionner les poissons des rivières et des cours d'eau voisins[1].

Notre excellent ami, M. João Baptista da Fonseca, s'était constitué dans ce voyage notre guide et notre hôte. Il ne négligea rien de ce qui pouvait accroître le succès et le plaisir de cette excursion, et il avait si bien préparé toutes choses que, sur plusieurs points de la route, nous trouvâmes des collections de poissons et d'autres animaux dont les porteurs attendaient notre venue. Une ou deux fois, au moment où nous passions près d'une fazenda, un nègre portant un grand panier sur la tête fit à la diligence signe d'arrêter et, enlevant les feuilles fraîches qui les recouvraient, nous mit sous les yeux un monceau de poissons de toute forme et de toute couleur, récemment pêchés. Nous approchions du terme de notre long voyage; l'idée du dîner commençait à revenir fréquemment, chaque fois plus impérieuse, et ce n'était pas sans regret que je voyais ces beaux poissons disparaître dans l'alcool des bocaux[2].

---

[1]. A notre retour de l'Amazône, un an plus tard, nous eûmes le chagrin d'apprendre la mort de M. Taylor. Il avait pris, durant plusieurs mois, une part active aux travaux de l'expédition. C'était un fort bon naturaliste; non-seulement il procura à M. Agassiz de précieuses collections, mais il fit encore pour lui d'admirables dessins à l'aquarelle, d'après les poissons et les insectes. Il est à espérer que ces dessins pourront être publiés un jour, avec les autres résultats scientifiques du voyage.

[2]. Ce qui m'arriva ce jour-là est à rendre jaloux tous les naturalistes. Si je fus bien reconnaissant, je fus plus surpris encore des résultats scientifiques de cette excursion. Non-seulement M. Lage avait mis à notre disposition particulière la meilleure et la plus commode des voitures; mais des courriers nous précédant sur la route avaient été envoyés à tous les planteurs dans le voisinage desquels nous devions passer, pour les prier de faire pêcher toutes les espèces de poissons vivant dans les rivières et les ruisseaux environnants. Les agents des stations situées près des cours d'eaux avaient eux-mêmes reçu l'ordre de faire en hâte de semblables collections, et, en deux endroits, je trouvai de grands bassins où s'agitaient les spécimens de toutes les espèces des alentours. Le petit nombre des espèces nouvelles que nous nous procurâmes, par la suite, dans le bassin de la Parahyba, me prouva que, grâce aux bontés de notre hôte et de ses amis, j'avais eu l'occasion d'en examiner presque toute la faune ichthyologique. Je doute qu'aucun des grands musées de l'Europe renferme, en poissons d'un fleuve quelconque de l'ancien continent, une collection aussi complète que celle-là. (L. A.)

Vers le milieu du jour, nous dîmes adieu à la jolie rivière dont nous avions suivi les bords et, à la station d'Entre-Rios (entre les rivières), nous traversâmes le beau pont jeté sur la Parahyba. La Parahyba du Sud est un beau fleuve qui coule, sur une grande partie de son cours, entre la *Serra do Mar* et la *Serra da Mantiqueira*. Elle se jette dans l'Atlantique, à San-João da Barra, à une distance assez considérable et au nord-est de Rio de Janeiro. On est d'abord dérouté au Brésil par le grand nombre et la diversité des *serras*; ce mot s'employant pour désigner les chaînes de montagnes aussi bien que leurs éperons, toute élévation en forme de montagne est une serra. Au milieu du nombre infini qu'on en rencontre entre la Serra do Mar et la Serra da Mantiqueira, ces deux dernières seules sont des chaînes importantes; elles courent toutes deux parallèlement à la côte, circonscrivant le bassin de la Parahyba et de ses nombreuses ramifications. Il est indispensable de faire des collections dans cette localité. Le caractère spécial de ce fleuve, dont les nombreux tributaires drainent le versant méridional de la Mantiqueira et le versant opposé de la Serra do Mar, le rend d'un intérêt considérable pour le naturaliste. En raison de la proximité de la mer, il n'est pas moins désirable d'en comparer la faune avec celles des petits fleuves isolés du littoral, qui portent directement à l'Atlantique les eaux du versant extérieur de la Serra do Mar. En effet, cette étude permettra de résoudre ces problèmes de la distribution géographique des êtres vivants, sur lesquels M. Agassiz a tant insisté auprès de ses aides, pendant notre traversée, à cause de leur liaison avec la question des origines.

Aussitôt après avoir passé la Parahyba, la route côtoie la Parahybuna, affluent de la rive septentrionale, qui se jette dans le fleuve presque en face de la Piabanha. Vers la fin du voyage le paysage devient moins sévère; les montagnes s'abaissent en pentes moins rudes et ne resserrent pas la route entre des précipices aussi affreux que dans la vallée de la Piabanha. Mais, quoique moins pittoresque, le spectacle dont on jouit en approchant de Juiz de Fóra[1] est encore, tout le long du chemin, assez remarquable pour satisfaire les plus difficiles et tenir

---

1. Parahybuna, sur quelques cartes.

l'attention constamment éveillée. Il était six heures quand nous atteignîmes notre but; nous trouvâmes les appartements les plus confortables préparés pour nous dans une sorte de charmant petit chalet que la Compagnie réserve pour y recevoir ses hôtes ou ses directeurs en voyage. Dans un hôtel situé en face et dont la porte est ombragée par deux magnifiques palmiers, un excellent dîner nous attendait; après que nous y eûmes fait honneur, un tour de promenade dans les parterres de M. Lage, puis un concert donné par un orchestre de musiciens allemands, presque tous employés à la route, mirent fin à cette journée si bien remplie.

Le matin suivant, notre hôte nous fit faire, à travers ses jardins et ses orangeries, une promenade aussi agréable qu'instructive. Non-seulement il a distribué sa propriété avec un goût exquis, mais il s'est appliqué à y réunir tous les arbres et tous les arbustes les plus caractéristiques de la contrée; si bien qu'une tournée avec lui dans son parc est une leçon des meilleures pour un botaniste, qui peut apprendre l'histoire et le nom de chaque arbre ou de chaque fleur devant lesquels il passe. Un tel guide est des plus précieux; car, en général, les Brésiliens semblent vouloir rester dans une bienheureuse ignorance de toute nomenclature systématique; pour eux toute fleur est « uma flôr », comme tout animal, depuis la mouche jusqu'au mulet ou à l'éléphant, est un « bixo[1]. » Une des choses les plus admirables qu'on puisse voir dans les jardins de M. Lage c'est une collection des végétaux parasites des forêts brésiliennes. Deux haies rustiques, bordant une longue allée, supportent un grand nombre des plus singulières plantes de ce genre. Au milieu de l'allée se trouve la grotte des Princesses, ainsi nommée pour rappeler que, lors d'une visite faite par la famille impériale à Juiz de Fóra pour l'inauguration de la route, les filles de l'Empereur se montrèrent ravies de la beauté de cette retraite, où une source s'échappe de la roche tout enguirlandée de parasites grimpantes et d'orchidées. Cette source est artificielle, elle fait partie de l'admirable système d'irrigation qui s'étend à toute la propriété. On demeure stupéfait de la rapidité avec laquelle tout pousse et se

1. *Bixo* (pron. biche), une bête.

développe en ce pays, quand on apprend que ce domaine date seulement de cinq ou six ans; encore quelques années sous la même direction, il sera devenu le paradis des tropiques.

On avait formé pour le lendemain force projets où la science et le plaisir trouveraient chacun leur part. C'était, en premier lieu, une promenade, moitié à cheval et moitié en voiture, à la « Forêt de l'Impératrice. » Tous les alentours rappellent la visite de la famille impériale, lors de l'ouverture du chemin. Il n'est pas de loyal habitant de Juiz de Fóra pour qui cet événement n'ait fait époque, et la forêt vierge que nous allions visiter est consacrée par ce fait que l'Empereur, sa famille et sa suite y déjeunèrent en plein air, au milieu d'une foule affectueuse et empressée. Assurément plus splendide salle de banquet serait difficile à trouver : le siége impérial avait été taillé dans l un des arcs-boutants d'un colossal figuier; la table rustique, formée de planches rugueuses, reposait à l'ombre des hauts palmiers; et, tout autour, les lianes entrelacées formaient une riche tapisserie brodée par les orchis. Tel était l'ameublement royal. Tout le reste fut d'une simplicité en harmonie avec le cadre de la scène. Ni or, ni argent, ni cristal ne vinrent faire tache sur les splendeurs de la nature. Les tiges creuses des gros bambous fournirent les coupes, et tout le service fut à l'avenant. Les tables, les siéges, etc., sont encore là tels qu'au jour mémorable; on n'a rien dérangé, et, naturellement, ce gracieux petit coin du bois est devenu le lieu traditionnel des pique-niques que font, de temps à autre, de plus humbles compagnies.

Nous jouîmes pendant quelques heures de l'ombre et de la fraîcheur du bois; nous fîmes à notre tour un léger goûter sous les palmiers que caressait la brise; puis nous reprîmes le chemin de la maison, non sans nous être arrêtés quelque temps dans une maisonnette construite toujours à la même occasion, charmant pavillon de repos, sur le bord de la rivière dont les légères cascades sautillent de cailloux en cailloux. Après cette promenade, nous ne fûmes pas fâchés qu'une grosse pluie vînt mettre à néant les projets de la veille, en nous retenant prisonniers à la maison le reste du jour. Nous étions menacés de trop de plaisirs, et une après-midi de repos fut la bienvenue.

Fazenda de M. Lage.

Une bonne partie de notre dernière journée à Juiz de Fóra fut passée dans la maison hospitalière de M. Halfeld, ingénieur allemand, auquel ses explorations de l'intérieur ont valu une notoriété honorable. Son ouvrage sur le Rio San-Francisco était bien connu de M. Agassiz, en sorte qu'ils se rencontraient tous deux sur un terrain familier. M. Halfeld put mieux que personne lui fournir des informations très-précieuses pour les plans de l'expédition, principalement sur ce qui intéressait les jeunes gens appelés à se rendre sur les bords de l'Amazône en passant par le San-Francisco et le Tocantins. Il possédait aussi une intéressante collection d'objets d'histoire naturelle et offrit cordialement ses services pour nous procurer celle des poissons du district. Les collections en effet marchèrent grand train pendant notre séjour. Nous n'étions pas à Juiz de Fóra depuis vingt-quatre heures, qu'une douzaine de chercheurs étaient déjà à la besogne. Tous les gamins du voisinage et plusieurs des Allemands employés à la route furent mis en réquisition. Les dames même voulurent se mettre de la partie, et M. Agassiz dut à notre amie Mme K.... quelques-uns des plus intéressants spécimens de cette localité. Sans doute que, après une telle pourchasse, les *bixos* de Juiz de Fóra durent, le lendemain, se féliciter de notre départ.

Le retour eut lieu en effet le jour suivant par la même route et fut comme la venue rempli d'impressions agréables; toutefois à la dernière partie du trajet une émotion plus sérieuse et plus intime nous attendait. A Posse, où nous avions déjeuné en venant, M. Taylor vint nous saluer d'une bonne nouvelle et nous faire lire dans les feuilles portugaises le bulletin des grandes victoires du Nord : Petersburg et Richmond prises; — Lee en pleine retraite; — la guerre virtuellement finie. C'était là la substance de la communication que nous reçûmes avec bonheur, avec acclamation, et même avec quelques larmes de gratitude ! Nous reprîmes notre chemin tout joyeux. La nuit était tombée et l'obscurité déjà complète, quand la voiture s'arrêta devant l'Hôtel Anglais, à Pétropolis. Nous avions hâte de lire dans un journal américain la confirmation d'événements aussi heureux, ou tout au moins de la recevoir du ministre des États-Unis, le général Webb, qui habite à Pétropolis. Ce que nous trouvâmes ce fut l'annonce du double assassinat de Lincoln et de Seward, car ce dernier avait d'abord passé pour mort!... Au premier moment cela nous sembla absolument incroyable; les moins épouvantés d'entre nous persistèrent à regarder l'horrible nouvelle comme une rumeur monstrueuse, propagée sans doute par les amis de la sécession. Mais le matin suivant, à notre arrivée à Rio, il fallut bien croire; le paquebot français venait justement d'entrer dans le port et confirmait tous les récits. Que les jours nous semblèrent longs jusqu'à l'arrivée du plus prochain courrier! Il nous rassura un peu toutefois; il y avait probabilité que M. Seward recouvrât la santé, et lettres et journaux ne nous disaient rien qui ne dût fortifier encore notre foi robuste dans la stabilité des institutions américaines. Notre patrie était en deuil, mais l'ordre et le fonctionnement régulier de toutes choses n'avaient point été altérés.

III

SÉJOUR A RIO (SUITE). LA VIE DE FAZENDA.

Botafogo. — L'hospice des fous. — La Tijuca. — Le drift erratique. — Végétation. — Un anniversaire. — Dispositions prises pour les voyages à l'intérieur. — Conférences à Rio. — Procession de Saint-Georges. — Excursion à Fortaleza de Santa-Anna. — Localités où s'observe le drift erratique, entre Rio et Pétropolis. — Départ de Juiz de Fóra. — Arrivée à la Fazenda. — Promenade sous bois. — La Saint-Jean. — Les nids de Cupins. — Visite à la Fazenda supérieure. — Grande chasse. — Dîner sur l'herbe. — Une plantation de café. — Retour à Rio. — Effet de neige. — La chenille du café et son cocon. — Visite à la Fazenda du *Commendador* Breves. — Promenade botanique à la Tijuca. — Préparatifs de départ. — Le major Coutinho. — Le collége D. Pedro II.

22 mai. — Cette après-midi, Mme C..., son mari et moi nous sommes sortis pour faire une promenade dans la campagne; un peu à l'aventure, il est vrai, mais bien assurés que, avec cette admirable nature des environs de Rio, nous pouvions nous en fier au hasard pour nous conduire à quelque beau point de vue. Nous avons donc pris passage sur un des nombreux petits vapeurs dont les embarcadères avoisinent notre hôtel, et quelques minutes après nous étions en route pour Botafogo. Presque tous les faubourgs de Rio de Janeiro sont bâtis le long des plages. Il y a la *praia* ou plage de Botafogo, la praia de San-Christovao, la praia de San-Domingos et une douzaine d'autres encore. Tout cela n'est que la banlieue de Rio, située au bord de la mer et faisant face aux rivages de la baie; et comme il est de bon ton pour une certaine classe de la société de vivre hors la ville, les maisons et les jardins de ces faubourgs sont presque toujours ravissants.

Notre courte traversée fut charmante. Le petit vapeur passe pour ainsi dire au pied des montagnes, et nulle description ne peut donner une idée de leurs formes pittoresques ou du coloris merveilleux qui en adoucit les aspérités et fond harmonieusement tout le paysage. On nous fit débarquer sur une jetée, au bord d'une route de l'aspect le plus enchanteur, et comme nous ne trouvions point de voiture près de la station, comme d'ailleurs le bateau ne repartait pas avant deux heures, nous nous sommes vite décidés à suivre le grand chemin et à voir où il nous conduirait. N'eussions-nous fait que nous promener le long du croissant de la baie, sur les sables de la plage que le flot ride et festonne, ayant devant nous les montagnes de la rive opposée teintées de violet par le soleil du soir, nous n'aurions pas mal employé notre après-midi. Mais la route mène au magnifique hospice Pedro II, que nous avions déjà admiré du pont du paquebot le jour de notre arrivée. C'est la maison des fous. Nous franchissons les grilles, et comme la grande porte du bâtiment est ouverte, que le concierge ne paraît pas s'y opposer, nous montons les degrés et nous allons devant nous. Il est difficile d'imaginer un édifice mieux approprié à sa destination. Nous n'avons vu, il est vrai, que les salles publiques et les corridors, car une permission est nécessaire pour visiter l'intérieur; mais un plan suspendu à la muraille du vestibule permet de se rendre compte des aménagements, et l'aspect général témoigne de la propreté, du soin extrême, de l'ordre qui règnent partout. Quelques-unes des salles publiques sont vraiment fort belles; une surtout à l'extrémité de laquelle se trouve une statue de l'Empereur enfant, à l'époque de son couronnement sans doute. On retrouve bien aujourd'hui dans l'homme de quarante ans la physionomie franche, intelligente et noble de l'adolescent sur lequel pesait, dès la quinzième année, une responsabilité si lourde. Arrivés à l'étage supérieur, le son de la musique nous guide vers la porte de la chapelle où l'on est en train de célébrer le service du soir. Les malades et leurs gardiennes sont tous agenouillés; un chœur de voix de femmes s'élève, doux, calme, paisible : c'est ce chant un peu monotone et sans passion, au mouvement régulier, qu'on entend dans les églises catholiques. Les cierges brûlent devant l'autel, mais, par une grande fenêtre ouverte qui fait face à la porte, on voit

Baie de Port:fo_o.

le coucher du soleil, et je vais, appuyée au balcon, contempler les montagnes en écoutant les hymnes. Oh! sans doute, la raison qui s'est égarée peut retrouver sa voie et reprendre sa place, sous de telles influences et en de semblables conditions!

Négresse Mina

Si la nature a le pouvoir de guérir, c'est ici qu'elle doit faire sentir sa puissance!... Notre oreille et nos yeux ne se lassaient point, mais le service finit; il fallut nous retirer. Nous sommes arrivés juste à temps pour reprendre passage sur le petit vapeur.

25 mai. — Dans tous les ports de mer, le marché aux poissons est la station favorite de M. Agassiz; il y a là pour lui un intérêt tout spécial, en raison de la variété et de la beauté des animaux qu'on y apporte chaque matin. Je l'accompagne souvent pour le plaisir de voir les frais éventaires couverts

Négresse Mina et son enfant.

d'oranges, de fleurs, de légumes, et pour regarder les groupes pittoresques des noirs vendant leurs denrées ou racontant leurs commérages. Nous savons maintenant que ces nègres athlétiques, à la physionomie distinguée et d'un type plus noble que celui des noirs des États-Unis, sont des *Minas*, originaires de la province de Mina dans l'Afrique occidentale. C'est une race puissante, et les femmes en particulier ont des formes très-belles et un port presque noble. Je trouve toujours un plaisir aussi grand à les regarder soit dans la rue, soit au marché, où elles sont en grand nombre, car on les emploie comme mar-

Négresse Mina.

chandes de fruits ou de légumes plutôt que comme servantes. On dit qu'il y a, dans le caractère de cette tribu, un élément d'indépendance farouche qui ne permet pas de l'employer aux fonctions domestiques. Les femmes sont toujours coiffées d'un haut turban de mousseline et portent un long châle aux couleurs éclatantes, tantôt croisé sur la poitrine, tantôt négligemment jeté sur une épaule, ou encore, si le temps est frais, étroitement enroulé autour du buste, les bras cachés dans les plis. La diversité d'expressions qu'elles empruntent, pour ainsi dire, à la manière de porter cette écharpe est vraiment surprenante. Je regardais tantôt, dans la rue, une grande et belle négresse admirablement prise qui était dans un état d'agitation extrême. Avec des gestes violents elle écartait son châle et rejetait les deux bras en arrière; puis le ramenant brusquement à elle, elle le drapait autour de son corps et de nouveau l'étirait de toute sa longueur; un rapide mouvement le rapprochait encore de son corsage et, tout de suite, sans lâcher l'étoffe, elle lançait son poing au visage de son interlocuteur; enfin, jetant sur son épaule la longue draperie, elle s'en allait fièrement et de l'air d'une reine tragique. A l'occasion, ce châle est encore un berceau; lâchement noué autour des reins, il reçoit dans ses plis le petit enfant qui, à cheval sur le dos de sa mère, s'endort balancé doucement par le bercement très-prononcé des hanches. La négresse mina est presque toujours remarquable par la beauté de ses bras et l'élégance de ses mains. Il paraît bien qu'elle en a conscience, car elle porte généralement au poignet des bracelets étroitement serrés, en verroterie, dont les riches couleurs font ressortir la finesse de sa main et se marient admirablement à la nuance bronzée et luisante de sa peau. Les hommes de cette race sont mahométans et conservent, dit-on, leur croyance au prophète, au sein des pratiques de l'Église catholique. Ils ne me paraissent pas aussi affables et aussi communicatifs que les noirs *Congós*, ils sont au contraire assez fiers. Un matin, j'en rencontrai, au marché, une bande qui déjeunaient après le travail fait; je m'arrêtai pour causer avec eux et j'essayai différentes manières d'entrer en conversation. Ils me jetèrent un regard froid et soupçonneux, répondirent sèchement à mes questions et furent évidemment soulagés quand je les eus quittés.

26 *mai. La Tijuca.* — De tous les environs pittoresques de Rio, il n'est pas de lieu plus fréquenté que l'établissement de M. Bennett à la Tijuca. Aussi n'avons-nous pas été fâchés avant-hier de quitter, avec quelques bons amis, la ville brûlante et remplie de poussière, pour nous réfugier dans ces

montagnes, à six cents mètres au-dessus du niveau de la mer et à huit milles (treize kilomètres) de Rio ; le lieu où nous sommes doit son nom au pic de Tijuca, un des plus remarquables de la chaîne côtière. Notre hôte est venu lui-même et de la plus cordiale façon nous recevoir ; il n'est pas tout à fait un étranger pour M. Agassiz qui lui doit déjà de précieuses collections. M. Bennett a pour la nature cet amour que lui portent les Anglais ; il habite ce pays depuis longues années, et la botanique, la zoologie de la contrée lui sont familières. Sous sa direction, nous avons déjà fait quelques promenades fort agréables et plusieurs courses à cheval ; nous regrettons beaucoup de ne pas pouvoir mettre plus longtemps à profit sa connaissance profonde de la localité et de ses productions. J'ai déjà signalé le caractère indécis de la géologie dans cette région et dit combien la décomposition presque générale de la surface des roches en rend la détermination difficile. On a nié la présence, au Brésil, des phénomènes du *drift* si universellement répandus dans l'hémisphère nord. Pourtant, dans une longue promenade faite aujourd'hui, M. Agassiz a eu l'occasion d'observer une grande quantité de blocs erratiques sans connexion aucune avec les roches en place, ainsi qu'une couche de drift mélangée de cailloux et reposant immédiatement sur la roche métamorphique incomplétement stratifiée. J'insère ici une lettre adressée par lui, sous l'impression des études du jour, à un de ses amis, le professeur Peirce de l'Université de Harvard. Elle fera mieux connaître ses idées sur ce point.

La Tijuca, 27 mai 1865.

« Mon cher Peirce,

« Hier a été un des jours heureux de ma vie et j'en veux partager la joie avec vous.

Je suis à la Tijuca ; c'est, à sept ou huit milles de Rio de Janeiro, un groupe de montagnes, hautes d'environ dix-huit cents pieds (cinq cent cinquante mètres). J'habite un joli hôtel, vrai *cottage*, et de sa terrasse j'aperçois une colline de drift, avec d'innombrables blocs erratiques, aussi caractéristiques qu'aucun de ceux que j'aie jamais vus dans la Nouvelle-Angleterre. Plusieurs fois déjà j'avais rencontré des traces fort reconnaissables de drift ; mais il était partout en connexion avec une telle masse de roches diverses décomposées, que, si la grande habitude me permettait de distinguer cette sorte de dépôts des roches primaires en place, tout autre eût probablement refusé d'y voir l'équivalent du drift du Nord. Fort heureusement j'ai découvert hier, près de l'hôtel Bennett, à la Tijuca, la superposition la plus visible et la moins contestable du drift sur les roches décomposées. La ligne de démarcation entre les deux terrains est tout à fait nette, et j'en veux faire faire une bonne photographie.

« Cette localité m'a, du même coup, permis de bien apprécier la différence qu'il y a, d'une part, entre les roches décomposées qui forment le trait saillant de toute la contrée (aussi loin que je l'aie visitée), et le drift superposé, d'autre part. J'ai pu me familiariser complétement avec les particularités de ces deux dépôts, et je me crois désormais capable de les distinguer l'un de l'autre, qu'ils soient en contact ou bien séparés.

« Ces roches décomposées sont un caractère, tout à fait nouveau pour moi, de la structure du pays.

« Imaginez-vous le granit, le gneiss, les schistes micacés, les schistes argileux et, en somme, toutes les roches habituelles des formations métamorphiques, réduites en une pâte fine qui laisse voir tous leurs éléments minéralogiques tels qu'ils ont pu être avant la décomposition, mais complétement désagrégés et reposant les uns à côté des autres. On les dirait rassemblés artificiellement, comme ces petits cylindres de verre remplis d'argiles ou de sables diversement colorés que vous avez vu réunir pour imiter l'aspect des couches de Gay-Head. Au sein de ces masses désintégrées courent des veines plus ou moins larges de roches quartzeuses, de granit ou d'autres espèces, également sans cohésion; mais l'arrangement des matériaux y demeure tel qu'on voit bien que ce sont là des veines désagrégées, comme les grandes masses qu'elles traversent. Tout cela se continue d'une manière évidente avec des roches de même espèce où la décomposition n'est que partielle et quelquefois même n'est pas du tout visible; l'ensemble a alors l'apparence d'un massif ordinaire de roches métamorphiques.

« De pareilles masses, formant partout la surface du sol, sont nécessairement un grand obstacle à l'étude des phénomènes erratiques. Aussi je ne m'étonne point que des personnes auxquelles la structure géologique de ce pays semble être bien connue, gardent cette opinion que la surface des roches est partout décomposée et qu'il n'y a point ici de drift ni de formation erratique. Pourtant, après mûr examen, il est facile de se convaincre que les roches décomposées résultent de l'agglomération de petites particules, identiques à celles contenues dans le massif primitif qu'elles représentent actuellement avec les veines et les autres traits caractéristiques; elles ne contiennent pas trace de cailloux petits ou gros. Par contre, le drift qui les recouvre, bien que formé d'une pâte semblable, ne montre pas un seul indice de cette stratification indistincte qui caractérise les terrains métamorphiques désintégrés sur lesquels il repose. On n'y voit pas non plus les veines décomposées, mais il est plein de cailloux de toute espèce et de toute dimension.

« Ces cailloux, je n'ai pas encore pu les suivre jusqu'à leur origine, mais la plupart d'entre eux sont formés d'une sorte de *greenstone*, composé par parties égales de hornblende gris noirâtre et de feldspath. A Entre-Rios, sur la Parahyba, j'ai entendu dire par un ingénieur de la route que, dans la province de Minas Geraes, le minerai de fer s'exploite au sein de roches tout à fait semblables à ces blocs. Je me propose d'explorer cette semaine la Serra da Mantiqueira[1], qui sépare la province de Rio de celle de Minas, et de faire faire ainsi un pas à la question. Mais, vous le voyez, je n'ai pas besoin d'aller aux Andes pour découvrir les phénomènes erratiques, quoique cela puisse être nécessaire pour retrouver les preuves que l'accumulation du drift est bien le fait de l'action des glaces. Remarquez-le, en effet, je vous ai simplement démontré qu'il y a ici, répandue sur une vaste échelle, une couche plus ou moins épaisse d'un drift tout à fait semblable, par ses caractères, à celui du Nord. Je n'ai pas encore découvert les traces de l'action des glaces à proprement parler, s'il faut spécialement considérer comme telles les surfaces polies, les rainures et les stries.

« La décomposition superficielle des roches, sur l'étendue où elle a lieu ici, est un phénomène des plus remarquables. Elle révèle, puissamment accusé, un agent géologique dont il n'a pas encore été tenu compte dans nos théories. Il est bien évident (et tandis que je vous écris la pluie violente qui me retient au logis en est une preuve suffisante) que les pluies chaudes qui tombent sur ce sol brûlant doivent concourir puissamment à accélérer la désintégration des roches. Des torrents d'eaux chaudes, tombant depuis des siècles sur des pierres calcinées par le soleil; songez à cela! Et, au lieu de vous étonner d'une décomposition si générale et si étendue, vous serez bien plus surpris qu'une roche quelconque ait pu conserver son état primitif. De fait, toutes les roches visibles sont incrustées, pour ainsi dire, sous le revêtement que forme la partie décomposée de leur surface; elles sont recouvertes d'une croûte de leur propre substance altérée.

« Votre, etc.

« L. A. »

Parmi les objets curieux que nous avons vus ici pour la première fois, je note le fruit colossal du Sapucaia, espèce de Lecythis qui appartient à la même famille que les noix du Brésil. Il y en a plusieurs variétés dont la grosseur diffère depuis le volume de la pomme jusqu'à celui du melon; la forme est celle d'une urne munie d'un couvercle et l'intérieur renferme environ cinquante graines grosses comme des amandes. Les bois qui couvrent les collines de la Tijuca sont très-beaux et d'une vé-

---

1. M. Agassiz ne put pas donner suite à ce projet.

gétation luxuriante, mais je manque de noms pour indiquer les différents arbres. Nous ne sommes pas encore assez familiarisés avec l'aspect de la forêt pour distinguer facilement les diverses formes de la végétation, et il est en outre extrêmement difficile de savoir au juste le nom vulgaire des plantes. Les Brésiliens me semblent indifférents aux détails de la nature; en tout cas je n'obtiens jamais une réponse satisfaisante à la question que je répète constamment : « Comment appelez-vous cet arbre, ou cette fleur? » Si je m'adresse à un botaniste, il me donne invariablement le nom scientifique, jamais le nom populaire; il ne paraît même pas se douter qu'un pareil nom puisse exister. J'ai pour la nomenclature tout le respect qui lui est dû; mais quand je demande le nom d'un arbre élégant ou d'une gracieuse fleur, j'aimerais à recevoir une réponse honnête, quelque chose qu'on puisse décemment introduire dans la simplicité du langage ordinaire, et non pas une majestueuse et officielle appellation latine. Nous sommes frappés de la variété des Mélastomées, en pleine fleur en cette saison, et vraiment fort remarquables avec leurs larges corolles pourprées; nous admirons aussi plusieurs espèces de Bombacées dont le feuillage particulier et les gros fruits cotonneux sont si faciles à reconnaître. Le candélabre (Cecropia) abonde ici comme dans tous les environs de Rio, et il est couvert, en cette saison, de fruits qui ressemblent un peu à ceux de l'arbre à pain, mais qui sont plus minces et de forme cylindrique. D'énormes Euphorbiacées, de la dimension d'un arbre forestier, attirent aussi notre attention, car les plus grosses que nous eussions vues jusqu'ici n'étaient que des arbustes, comme l'*Estrella do Norte* (Poinsettia); il y a devant la maison Bennett un très-gros noyer « *Nogueira* » qui appartient à cette famille. Les palmiers sont nombreux. Voici d'abord le cari (Astrocaryum) à la tige épineuse et dont les feuilles défendent l'approche ; il est très-commun. Les grappes de ses fruits bruns, luisants comme la châtaigne, pendent entre les feuilles qui forment sa couronne, et chacune d'elles, longue d'un pied, massive et serrée, paraît être un gros amas de raisins noirs. Le palmier Syagrus n'est pas moins fréquent; son fruit grisâtre rappelle l'olive et pend en grosses grappes au-dessous des feuilles. La masse du feuillage est comme tissue par l'entrela-

Arbre renversé et chargé de plantes parasites.

cement des lianes parasites, et il n'est pas une branche morte ou un tronc abattu qui ne serve de support et d'aliment à quelque plante nouvelle. Certains arbres exotiques, mais de la région tropicale, sont partout cultivés autour des maisons : — l'arbre à pain, les ameixas (espèce de prunier de la famille de l'aubépine), le bananier, etc. Le bambou des Indes orientales est aussi très-employé pour faire des avenues, à Rio de Janeiro et aux environs. Les allées de bambous du parc de Saint-Christophe en sont la décoration la plus remarquable.

M. Agassiz a été surpris de trouver en abondance dans tous les ruisseaux, et même dans les plus hautes nappes d'eau de la Tijuca, une espèce de crevette ; il semble en effet étrange de trouver dans les sources, au milieu des montagnes, un crustacé aux formes marines.

Aujourd'hui nous gardons la maison ; une pluie torrentielle nous y force, mais nous avons de quoi passer le temps à regarder les spécimens, à prendre nos notes, à écrire des lettres, etc. Demain nous retournons à la ville.

28 mai. — Rio. C'est aujourd'hui le jour de naissance de M. Agassiz, et il a été si affectueusement célébré qu'il nous est bien difficile de nous croire en pays étranger. Les Suisses ont voulu fêter cet anniversaire et ont offert hier à leur ancien compatriote un grand dîner, où tout lui rappelait la terre natale sans que la terre d'adoption fût exclue. La salle était tapissée des pavillons de tous les cantons, et le plafond disparaissait sous deux grandes bannières fédérales réunies au milieu, juste au-dessus du siége de M. Agassiz, par le drapeau américain ; ainsi se trouvaient constatés la nationalité suisse et le droit de cité en Amérique[1]. Le pavillon brésilien, à qui tous étaient redevables de l'hospitalité et de la protection, avait la place d'honneur. Le banquet fut gai et cordial ; il se termina par de vieilles chansons d'étudiants répétées à la ronde, et une sérénade eut ensuite lieu sous nos fenêtres. Aujourd'hui notre chambre a un air de fête ; elle est toute parée de fleurs ;

---

1. Quoique M. Agassiz réside aux États-Unis depuis plus de vingt ans, ce n'est qu'en 1863 qu'il se fit naturaliser. Au moment où l'opinion générale en Europe semblait pronostiquer la chute prochaine des institutions américaines, ce fut une satisfaction pour lui que de témoigner, par un acte public et solennel, de sa confiance en elles.

et d'amicales félicitations venues de tous côtés nous font sentir vivement que, bien que nous soyons loin de notre pays, nous ne sommes pas chez des étrangers.

14 *juin*. — Depuis notre retour de la Tijuca, nous avons été constamment en ville. Du matin au soir, M. Agassiz n'a pas un instant de repos, tant il est absorbé soit par les soins à donner aux spécimens qui affluent de tous côtés, soit à prendre les dispositions finales pour la mise en route des deux expéditions séparées qui doivent parcourir l'intérieur. La plus importante, et pour laquelle il est le plus difficile de se procurer toutes les choses nécessaires, est celle qui doit explorer le cours supérieur du San-Francisco. En effet, ce fleuve atteint, un ou deux des explorateurs devront traverser la contrée et gagner le Tocantins pour le descendre jusqu'à l'Amazône, tandis que les autres ne sortiront du même bassin que pour entrer dans la vallée du Piauhy et rejoindre la côte. C'est un long et difficile voyage; mais, nous en avons l'assurance, il est sans danger pour des hommes jeunes et vigoureux. Pour aller au-devant de tout ce qui pourrait leur arriver, M. Agassiz met le plus grand soin à prendre, sur la nature de la route, des renseignements aussi certains qu'il soit possible de se les procurer et il sollicite des lettres pour les personnages les plus influents de chaque étape. Dans un pays où il n'y a pas de voies intérieures de communication, où il faut se pourvoir à l'avance de mules, de guides, de *camaradas* et d'escortes (car une escorte armée peut être nécessaire), les préparatifs d'un voyage à l'intérieur exigent une très-grande prévoyance. Qu'on ajoute à cela l'habitude nationale de tout et toujours ajourner, les Brésiliens étant persuadés que demain vaut mieux qu'aujourd'hui, et chacun pourra comprendre comment il se fait que le départ de l'expédition du Tocantins ait été différé jusqu'à ce jour, bien que ce soit le premier objet et l'objet essentiel dont on s'est occupé depuis l'arrivée.

Qu'on n'aille pas croire, toutefois, que les Brésiliens ou le gouvernement lui-même ne mettent pas tout l'empressement nécessaire à rendre faciles les explorations projetées. Laisser mon lecteur sous une pareille impression serait le comble de l'ingratitude. Loin de là, non-seulement chacun témoigne le plus chaud intérêt, mais encore c'est à qui prêtera aux explorateurs, avec la générosité la plus large et la plus prévenante, toute l'assistance matérielle qui est en son pouvoir. Même en ce moment, où la guerre cause de si sérieuses préoccupations et où une crise ministérielle vient d'amener un changement de cabinet, plusieurs des principaux membres du ministère, du sénat, de la chambre des députés, trouvent le temps non-seulement de préparer les lettres d'introduction nécessaires aux diverses expéditions qui, par des voies différentes, doivent se rendre de Rio à l'Amazône, mais encore de tracer leur itinéraire et d'écrire les indications et les renseignements les plus précieux sur les trajets à parcourir[1]. Malheureusement, avec la meilleure volonté du monde, les Brésiliens connaissent relativement peu l'intérieur de leur propre pays. Il faut rassembler toutes les notions éparses et puiser à une infinité de sources, puis combiner toutes les informations de manière à organiser ensuite un plan. Même ainsi, beaucoup de choses doivent être laissées à l'arbitraire individuel et dépendent des circonstances dans lesquelles chacun se trouvera. On se donne tout le mal imaginable pour prévoir toutes les difficultés probables et pour y pourvoir dès maintenant, autant que cela est humainement possible. A coup sûr ce voyage, que plusieurs personnes ont déjà fait, n'aura jamais été entrepris sous de meilleurs auspices. Une première troupe explorera le cours supérieur du Rio Doce, le Rio das Velhas et le Rio San-Francisco, ainsi que la partie inférieure du Tocantins et de ses tributaires, sur une étendue aussi considérable que possible. Elle fera, dans certaines localités qui sont sur sa route, des collections de fossiles. Une autre, qui partira à peu près en même temps, parcourra le cours inférieur du Rio Doce et du San-Francisco. M. Agassiz espère ainsi parvenir à une étude au moins partielle de ces grands systèmes hydrographiques, tandis que lui-même visitera l'Amazône et ses tributaires[2].

Au reste les trois semaines qu'il vient de passer à Rio, à or-

[1]. Je suis particulièrement redevable à MM. les sénateurs Ottoni, Pompeo, Paranaguá, au baron de Prados, à M. J. B. da Fonseca, et à feu le conseiller Paula-Souza, de renseignements, de cartes et d'une foule de documents relatifs aux régions que mes jeunes amis ou moi nous nous proposions de traverser. (L. A.)

[2]. On trouvera, à la fin de ce volume, un court récit de ces explorations. (L. A.)

ganiser toutes choses, n'ont pas été sans résultats pour les collections. Elles s'accroissent considérablement et donneront une idée plus que passable de la faune de cette province et d'une partie de celle de Minas Geraes. Une description générale des terrains que traverse le chemin de fer D. Pedro II a été faite, sous sa direction, par ses deux jeunes amis MM. Hartt et Saint-John et forme un excellent commencement pour la partie géologique de l'œuvre générale. Ses propres observations sur les phénomènes du drift ont une importance incontestable pour les grandes questions sur lesquelles il espérait, en venant au Brésil, pouvoir jeter un jour nouveau. Les quelques mots qui terminaient une conférence faite hier soir par lui, au collége D. Pedro II, feront mieux connaître comment, dans sa pensée, ces phénomènes se rattachent à ceux que l'on connaît dans d'autres contrées de la terre. Après avoir successivement décrit les blocs erratiques et le drift observés à la Tijuca et dont la lettre à M. Peirce donne une idée, il a ajouté : « Je dois faire ici une distinction délicate et sur laquelle on ne se méprendra pas. *J'affirme* que les phénomènes erratiques, c'est-à-dire le drift erratique immédiatement superposé à des roches stratifiées qui se trouvent en état de décomposition partielle, existent ici, dans le voisinage immédiat de Rio. *Je crois* que ces phénomènes se rattachent, ici comme ailleurs, à l'action des glaces. Il est néanmoins possible qu'une étude profonde de la question, dans ces régions tropicales, révèle quelque phase encore inobservée des phénomènes glaciaires. C'est ainsi que les investigations faites aux États-Unis ont démontré que d'immenses masses de glace pouvaient se mouvoir sur une plaine aussi bien que sur le versant des montagnes. Qu'il me soit donc permis de recommander spécialement aux jeunes géologues de Rio l'étude particulière de ces faits; ils n'ont jamais été l'objet de recherches au Brésil, où l'on nie qu'ils se soient produits. Que si l'on me demande : « A quoi bon? A quoi peut mener une telle vérification? » je réponds qu'il n'est donné à aucun homme de prédire quel sera le résultat d'une découverte faite dans le domaine de la nature. Quand l'étincelle électrique fut découverte, qu'était-ce? Une curiosité. Quand on inventa la première machine électrique, à quoi servit-elle? A faire danser des pantins pour amuser les enfants. Et maintenant l'électricité est la force la plus puissante dont la civilisation dispose. Mais d'ailleurs quand une pareille étude n'aurait d'autres résultats que celui-ci : savoir que certains faits dans la nature se passent ainsi, et non autrement ; qu'ils ont telles causes et non d'autres, le résultat serait en lui-même assez bon, il serait assez grand, car la fin de l'homme, son but, sa gloire, c'est la VÉRITÉ !... »

Un mot sur ces conférences ; car si nous en croyons les Brésiliens eux-mêmes, c'est pour eux une nouveauté inconnue et, jusqu'à un certain point, une révolution dans leurs habitudes. Si quelque travail scientifique ou littéraire est présenté au public de Rio, c'est dans des conditions spéciales et devant un auditoire d'élite, en présence de l'Empereur, que l'auteur en fait solennellement lecture. L'enseignement populaire, qui consiste à admettre librement tous ceux qui veulent écouter et apprendre, a été jusqu'ici chose inconnue. L'idée fut suggérée par le Dʳ Pacheco, directeur du collège D. Pedro II, homme d'une culture d'esprit vraiment libérale et d'une grande intelligence, auquel l'instruction publique à Rio doit plus d'un progrès. Elle trouva faveur auprès de l'Empereur, toujours bien disposé pour ce qui peut stimuler le goût de l'étude parmi son peuple. A sa demande, M. Agassiz fit, en français, une série de leçons familières sur divers sujets scientifiques. Il s'estima très-heureux de pouvoir ainsi introduire dans ce pays un moyen d'éducation populaire dont il croit que l'influence a été des plus salutaires pour nous. Tout d'abord la présence des dames fut jugée impossible, comme une innovation trop grande dans les mœurs nationales ; mais ce préjugé fut bientôt vaincu et les portes furent ouvertes à tous, à la vraie mode de la Nouvelle-Angleterre. Si l'attention la plus soutenue est de la part d'un auditoire une preuve d'intelligence, il est vrai de dire qu'aucun orateur n'en peut souhaiter un plus intelligent ou mieux doué que celui auquel M. Agassiz a eu le plaisir de s'adresser à Rio de Janeiro. Ce fut d'ailleurs une jouissance pour lui, après un enseignement de plus de vingt années dans la langue anglaise, de se débarrasser des entraves d'un idiome étranger et de parler de nouveau le français. Après tout, sauf de rares exceptions, la langue maternelle d'un homme reste toujours pour lui l'idiome préférable ;

comme l'air à l'oiseau, l'eau au poisson, c'est l'élément dans lequel il se meut à l'aise. L'Empereur et la famille impériale ont assisté à ces réunions, et, chose digne de remarque et qui témoigne bien de la simplicité de ses habitudes, au lieu d'occuper l'estrade qui avait été préparée pour Lui, l'Impératrice et les Princesses, D. Pedro fit placer leurs fauteuils au même niveau que tous les autres, comme s'il eût voulu montrer que, devant la science au moins, tous les rangs s'effacent [1].

11 *juin*. — C'est grande fête aujourd'hui, une fête dont nous avons quelque peine à comprendre la signification, tant l'élément religieux s'y trouve singulièrement mêlé au grotesque et au bizarre. C'est la Fête-Dieu. Mais comme elle tombe à la même date qu'une antique cérémonie en l'honneur de saint Georges, célébrée ici avec toutes sortes de solennités du bon vieux temps, les deux se confondent. J'ai assisté ce matin avec notre jeune ami M. T...., à la grand'messe chantée dans la chapelle impériale à cette double intention, et, le service fini, nous n'avons pas sans peine regagné l'hôtel, devant lequel la procession va passer, tant les rues, partout ornées de riches draperies aux vives couleurs, étaient encombrées d'une foule compacte. Vient d'abord la partie religieuse du cortége : une longue file de prêtres et de gens d'église portant des cierges allumés, des pyramides de fleurs, des bannières, etc., puis le saint sacrement, sous une draperie de satin blanc broché d'or que soutiennent des bâtons massifs ; ces bâtons sont portés par les plus hauts dignitaires du pays, par l'Empereur lui-même et par son gendre, le duc de Saxe. Suit à cheval, par le plus étrange contraste, un mannequin de grandeur naturelle représentant saint Georges. La roide, gauche et grossière image est accompagnée d'écuyers à cheval, presque aussi grotesques et aussi ridicules. Enfin, la marche est close par un certain nombre de confréries laïques, analogues aux francs-maçons ou aux Compagnons du Devoir. Les classes éclairées de la société brésilienne parlent de cette procession bizarre comme d'un vieux legs des Portugais, dont

---

[1]. Quelques journaux ont rapporté que le produit de ces conférences avait été versé dans la caisse de l'expédition. Puisque l'occasion se présente, j'en profite pour déclarer qu'elles étaient libres, gratuites, et avaient été données à la demande de l'Empereur.

la signification s'est perdue pour eux-mêmes et qu'ils verraient volontiers disparaître de leurs usages; comme d'une chose, enfin, qui n'est plus de ce temps.

M. Agassiz donne ce soir sa dernière conférence. M. le Dr Capanema, le géologue brésilien, en fera une la semaine prochaine, et on essaye d'en organiser, pour la suite, une série d'autres sur le même plan. Notre petite société diminue de jour en jour. La semaine dernière, MM. Saint-John, Allen, Ward et Sceva sont partis pour l'intérieur, et MM. Hartt et Copeland nous quittent demain ou après-demain, pour entreprendre l'exploration du littoral dans la partie comprise entre la Parahyba du Sud et Bahia.

30 juin. — Nous avons quitté Rio, le 21, pour nous rendre dans la province de Minas Geraes. Nous allons passer une semaine à la fazenda de M. Lage, le même qui nous a fait une si courtoise réception lors de notre récente visite à Juiz de Fóra, et à l'influence duquel sont dus le projet et l'exécution de la route « Union et Industrie ». Le voyage jusqu'à Juiz de Fóra, bien que nous l'ayons déjà fait une fois, n'a rien perdu de sa beauté; il a même un intérêt nouveau. L'étude du drift erratique de la Tijuca a désormais fourni à M. Agassiz la clef des phénomènes géologiques auxquels est due la constitution des terrains que nous traversons; ce qui lui paraissait inexplicable, lors de son premier examen, est aujourd'hui parfaitement intelligible. Il est intéressant de suivre les progrès d'une recherche de ce genre, et de voir par quel travail de l'esprit ce qui était tout à fait obscur s'éclaircit peu à peu. A force de se tendre sur le même sujet, la perception s'aiguise et l'esprit finit par s'adapter aux difficultés du problème, comme les yeux parviennent à s'adapter aux ténèbres et à y distinguer les objets. Ce qui était d'abord confus devient clair pour la vision mentale de l'observateur, après que, dans une méditation constante, il a attendu que la lumière se fît. Dans les roches de cette contrée, ce qui trompe à première vue et égare le géologue, c'est l'effet de ces actions atmosphériques dont j'ai déjà parlé. Partout où le drift a été entr'ouvert, à moins que la solution de continuité ne soit récente, sa surface est calcinée à un tel point que l'aspect s'en distingue avec une difficulté très-grande de celui des roches décomposées qui sont à leur place primitive. Il faut un examen minutieux pour s'en convaincre. Cette circonstance, jointe à la disparition superficielle des feuillets de la roche en maint endroit, rend très-difficile d'apercevoir, au premier coup d'œil, la ligne de contact qui forme la limite entre le drift et les terrains stratifiés sur lesquels il repose. Mais on se familiarise vite avec ces apparences trompeuses et on arrive bientôt à lire, ici aussi facilement qu'ailleurs, dans les pages du livre où la nature a écrit son histoire. Maintenant, M. Agassiz n'éprouve pas plus d'embarras à suivre ces phénomènes erratiques des régions méridionales qu'il n'en aurait à retrouver ceux de l'hémisphère nord. Ce qui manque désormais pour pouvoir affirmer que la glace a recouvert autrefois ce pays, ce sont les inscriptions lapidaires de la glace elle-même : les stries, les rainures et les surfaces polies par lesquelles elle a marqué son passage dans la zone tempérée. Ces inscriptions si périssables, on ne peut guère espérer de les retrouver, là où la désintégration des roches s'opère si rapidement. Mais une chose demeure certaine : — toute la contrée est recouverte d'une couche de drift, c'est-à-dire d'une pâte homogène, sans traces de stratification, et renfermant des matériaux de toute sorte et de toute dimension, mélangés sans aucun égard à leur poids, gros blocs, petites pierres, cailloux, etc. Ce drift est très-inégalement distribué ; il s'élève quelquefois en hautes collines par l'effet des dénudations qui ont eu lieu tout autour ; ailleurs, il recouvre la surface comme d'une mince enveloppe ; là, sur les escarpements entre autres, il a été complétement nettoyé et a laissé à nu la superficie de la roche sous-jacente ; plus loin, il a été profondément raviné, si bien qu'il en résulte une série de creux et de reliefs qui alternent entre eux. C'est à ce dernier phénomène qu'est dû, en très-grande partie, le caractère ondulé, houleux, dirait-on, des vallées. Ce qui concourt encore à rendre difficile la recherche de ces phénomènes erratiques, c'est le grand nombre de blocs qui se sont détachés des hauteurs et sont tombés dans le voisinage. Il n'est pas toujours aisé de les distinguer des blocs erratiques. Mais sur nombre de points, cependant, où des blocs et des cailloux sortent de la masse du drift reposant sur la roche stratifiée, la ligne de contact est nettement distincte. C'est un fait curieux que, partout où il y a des plantations de café prospères, on est sûr de retrouver le drift. Ici, comme ailleurs, la glace a été le grand fertilisateur La charrue gigantesque a passé, broyant les roches, les réduisant en poussière, et faisant un sol homogène avec des matériaux apportés de distances énormes et d'une composition chimique extrêmement variée. Aussi loin que nous ayons suivi ces phénomènes dans la province de Rio et dans celle de Minas Geraes, les caféries belles et luxuriantes reposaient sur le drift, les plantations chétives avaient leurs racines dans les roches décomposées en place. En en faisant tout haut la remarque, nous apprîmes des gens du pays que les *fazendeiros* qui connaissent le sol ont bien soin de choisir celui dans lequel ils trouvent ces matériaux de transport, car ils savent que c'est le plus fertile. Sans en avoir conscience, ils cherchent le drift, la *terra roxa* comme ils l'appellent. Il n'est pas hors de propos d'indiquer quelques-unes des localités où ces phénomènes géologiques peuvent être le plus aisément étudiés; elles bordent le grand chemin et sont d'un facile accès. Le drift est très en évidence dans les marais situés sur la route de Pétropolis, entre Mauá et la Raiz da Serra. En montant la Serra, à la maison qu'on rencontre à moitié chemin, le terrain se prête fort bien à l'étude de ce dépôt et des blocs; à partir de là, on peut les suivre jusqu'au haut de la route. Tout le trajet entre Villa Thereza et Pétropolis en est rempli. En sortant de Pétropolis, la Piabanha a creusé son lit dans ce terrain de transport que les pluies ont raviné sur les rives du petit ruisseau. A la station de Correio, en face des bâtiments, on a encore une excellente occasion d'étudier les phénomènes erratiques; le drift, avec de gros blocs éparpillés dans sa masse, y recouvre la roche en place A quelques pas au nord de la station de Pedro do Rio, il y a aussi une accumulation considérable de gros blocs dans le drift. Voilà un certain nombre de localités où ces faits peuvent être observés.

Nous sommes arrivés à Juiz de Fóra dans la soirée du 22 et nous sommes repartis le lendemain, au point du jour, pour la fazenda de M. Lage, qui est située à environ trente milles plus loin (quarante-huit kilomètres). Nous formions une joyeuse troupe composée de la famille de M. Lage, de celle de son beau-frère, M. Machado, auxquelles s'étaient joints un ou deux amis, et de nous. Les enfants n'en pouvaient plus de joie ; une visite à la fazenda est pour eux un événement rare, et par conséquent une grande fête. Pour nous transporter tous avec notre bagage, deux larges coches et plusieurs mulets de selle ou de bât avaient été mis en réquisition. Une petite voiture conduisant les appareils de M. Machado, qui est un excellent photographe, formait l'arrière-garde[1]. La journée était admirable, le chemin serpentait le long de la Serra, dominant les magnifiques perspectives de l'intérieur et les caféries qui couvrent le flanc des collines, où la hache a fait disparaître la forêt primitive. Cette route est un nouveau témoignage de l'énergie et de l'intelligence du propriétaire. Les anciens chemins étaient des sentiers à mulets, grimpant l'un au-dessus de l'autre, ravagés par les pluies torrentielles et presque toujours impraticables. M. Lage a montré à ses voisins combien plus commode peut devenir la vie des champs, si l'on abandonne les vieilles routines ; il a ouvert, au flanc des montagnes, une route en pente douce d'un parcours facile en toute circonstance. Il ne fallut à nos voitures que quatre heures pour aller de Juiz de Fóra à la fazenda, tandis que, jusqu'à l'année dernière, c'était un voyage à cheval d'un jour et même de deux par le mauvais temps. Il est fort à souhaiter que cet exemple soit suivi, car le manque de voies de communication rend les voyages dans l'intérieur presque impossibles, et c'est l'obstacle le plus sérieux au progrès et à la prospérité générale. Il est bien extraordinaire que les gouvernements des différentes provinces, au moins de celles qui, comme Rio de Janeiro et Minas Geraes, sont le plus peuplées, n'aient pas organisé un système de bonnes routes de montagne pour la plus grande facilité du commerce. Le mode actuel de transport, à dos de mulet, est lent et incommode au suprême degré ; et il semble que, là où les produits de l'intérieur ont une si grande valeur, de bons chemins seraient vite payés.

Vers onze heures, nous arrivions à la fazenda. Un bâtiment long, bas, peint à la chaux, enferme incomplétement un

---

[1]. M. Agassiz doit à l'obligeance de M. Machado une série de photographies et de vues stéréoscopiques de ce canton, qui furent commencées lors de cette excursion et complétées pendant notre voyage dans le Nord.

Fazenda da Fortaleza de Santa Anna

espace oblong où, sur de vastes aires carrées, est répandue la graine de café. Une partie seulement de l'étendue de ce bâtiment est occupée par les appartements de la famille; le reste est consacré aux différents services que comporte la préparation du café, l'approvisionnement des noirs, etc.

Quand notre caravane s'arrêta pour mettre pied à terre, tous les hôtes attendus n'étaient point encore arrivés. Le prétexte de notre réunion était la Saint-Jean qui se célèbre à grand tapage en ce pays. Toute la semaine devait être employée à la chasse et M. Lage avait invité les meilleurs chasseurs du voisinage à se réunir chez lui. Il devait arriver, en fin de compte, que tous ces nemrods formeraient pour M. Agassiz un précieux escadron de collectionneurs. Un excellent déjeuner fut servi, après quoi nous montâmes à cheval et nous partîmes pour la forêt, tous tant que nous étions. La promenade à travers le bois sombre, dense, calme, fut délicieuse; l'arrêt subit pendant quelques secondes, quand parfois quelqu'un pensait avoir entendu le gibier, les chut! proférés à voix basse, l'attente anxieuse, le souffle suspendu lors du coup de feu — triomphe ou déception, ajoutaient à la scène un charme inexprimable.

On a, en ce pays, une singulière manière de chasser. Comme la forêt est complétement impénétrable, on répand dans une clairière les aliments préférés par le gibier; ensuite, les chasseurs construisent de petites huttes de feuillage avec des jours assez larges pour qu'on puisse voir au dehors et ils s'y enferment, épiant et attendant en silence, pendant des heures entières, que la paca, le pécari ou le capivard aux allures cauteleuses et rapides sortent du fourré pour venir manger l'appât. Les dames, ayant mis pied à terre, vont s'asseoir au frais dans une de ces logettes et y demeurent immobiles, aux écoutes. — Maigre chasse aujourd'hui! quelques oiseaux tout au plus qui serviront de spécimens.

Nous rentrâmes vers la nuit. Il y eut un grand dîner, puis un énorme feu de joie en l'honneur de saint Jean fut allumé en face de la maison. C'était un tableau des plus pittoresques. Les grandes flammes jetaient sur la muraille blanche, sur les cases des nègres, sur la forêt lointaine des clartés changeantes. Dans les lueurs du foyer passait la ronde des noirs, avec des gestes sauvages et des chants cadencés qu'accompagnait le tambourin ; puis, tout à coup, à grand fracas, les fusées éclataient en traînées lumineuses et resplendissantes.

Le jour suivant, le 24, il y eut une longue promenade à cheval avant le déjeuner. J'accompagnai ensuite M. Agassiz dans une sorte d'exploration des nids de *cupims* (termites), sorte de monticules qui ont un mètre et plus de diamètre sur un à deux de hauteur. Ces constructions sont d'une solidité extraordinaire et dures comme le roc; aussi M. Lage avait-il mis à notre disposition plusieurs nègres armés de pioches pour les ouvrir ou les briser. Malgré la force des noirs, ce ne fut pas chose aisée. En général ces nids sont bâtis autour d'un vieux tronc d'arbre ou d'une grosse souche qui en fait les fondations. L'intérieur fait songer aux circonvolutions d'une méandrine ; ce ne sont que couloirs en interminable serpentin, dont les parois semblent avoir été construites avec de la terre mâchée et pétrie, pour ainsi dire, de manière à leur donner la consistance du papier. Tout cela est très-léger et fragile, si bien que, à peine a-t-on démoli le rempart extérieur épais de quinze centimètres environ, tout l'édifice tombe en pièces. Il n'y a pas d'ouverture au dehors, mais nous découvrîmes, en déracinant un de ces monticules, que la base tout entière était criblée de trous conduisant à des galeries souterraines. Le dedans fourmille d'habitants de différentes sortes : les uns sont petits et blanchâtres ; les autres plus gros, sont noirs, à tête brune armée de pinces puissantes ; et dans tous les nids nous trouvâmes un ou deux individus de couleur blanche, renflés, très-gros, de dimension et d'aspect fort différents des autres, les reines probablement. Aidé par les noirs, M. Agassiz fit, pour un examen ultérieur, une ample provision de toutes les variétés d'individus qui composent, dans des proportions numériques fort variées, ces petites républiques. Il eut même volontiers emporté un nid entier, mais ils étaient trop volumineux et d'un transport trop difficile. Les habitations des cupims diffèrent beaucoup de celles des fourmis *saùvas*. Ces dernières pratiquent de larges ouvertures extérieures et font leurs demeures en minant le terrain. Leur longues galeries souterraines s'étendent parfois très-loin; quand on allume du feu à une des issues pour exterminer les habitants, la fumée qui sor par de nombreux orifices, distants parfois d'un quart de mille (quatre cents mètres) l'un de l'autre, indique de combien de couloirs divergents la colline a été creusée et fournit la preuve que tous ces tunnels microscopiques sont en communication. Tant de voyageurs ont décrit ces fourmilières et parlé de l'activité avec laquelle les *saúvas*, après avoir dépouillé les arbres de leurs feuilles, transportent leur butin chez elles, qu'il me paraît inutile de répéter cette histoire. Mais il est impossible de ne pas dire quel étonnement l'on ressent en voyant ces légions de fourmis voyager sur la route qu'elles-mêmes ont tracée si nettement, en usant, pour ainsi dire, le sol. Celles qui viennent disparaissent presque entièrement sous les fragments de feuilles qu'elles portent, tandis que celles qui ont déjà déposé leur moisson retournent précipitamment au travail. Il paraît y avoir une certaine catégorie d'individus qui courent çà et là et dont la fonction n'est pas très-facile à deviner, à moins que ce ne soit une sorte de prévôts faisant la police de l'atelier. Cette supposition est confirmée par une anecdote que m'a racontée un Américain résidant ici. Il vit, une fois, un de ces individus singuliers arrêter une fourmi qui revenait à vide à l'habitation, la châtier sévèrement et la renvoyer à l'arbre, probablement pour y accomplir la tâche qui lui avait été assignée. Les fourmis saúvas sont la plaie des caféries, et il est très-difficile de les détruire[1].

Les chasseurs du voisinage commencent à arriver, et notre bande joyeuse s'est considérablement accrue. Cette vie de fazenda, au moins dans les parties de plaisir comme celle-ci, a quelque chose des mœurs séductrices de la vie de château au moyen âge. Je me reporte toujours à cette époque lointaine quand, le soir, nous nous asseyons pour dîner dans une immense salle imparfaitement éclairée, autour d'une longue table chargée de menu gibier et d'énormes pièces de venaison. La compagnie, assez mêlée, s'augmente tous les jours. La famille et les hôtes prennent place au haut bout de la table, tandis qu'à l'extrémité opposée vient s'asseoir la famille de l'« *Administrador*, » personnage qui correspond, je pense, à l'« *Overseer* » (surveillant-régisseur) de nos plantations du Sud. Notre admi-

---

[1]. On trouvera dans le livre de Bates « *Un naturaliste dans l'Amazône*, » une description très-complète de ces animaux.

nistrador est un gros homme à la physionomie originale, presque toujours affublé d'une blouse grise serrée au corps par une large ceinture de cuir noir, dans laquelle sont passés sa poudrière et son couteau; un petit cor en bandoulière, un chapeau rabattu, de hautes bottes à chaudron complètent son costume. Pendant le repas arrivent plusieurs cavaliers, convives du hasard, qui sans la moindre cérémonie s'asseyent à nos côtés; ils sont en costume de chasse et reviennent de la forêt. Soir et matin (car l'habitude brésilienne est de se coucher et de se lever tôt de façon à éviter la chaleur) éclatent mille bruits singuliers : joyeux refrains, appels du cor sonnés bien avant l'aube, plaintes monotones de la viole, sifflements bizarres des appeaux. Tout cela nous transporte dans un monde étrange. C'est d'ailleurs pour nous l'assemblage le plus nouveau et le plus intéressant d'éléments sociaux de tout ordre, confondus dans une sorte de pêle-mêle et de sans-façon familiers. Nous sentons chaque fois davantage quelle obligation nous avons à notre hôte, pour nous avoir admis dans une réunion de ce genre, où tout ce qui est purement national et caractéristique ressort si visiblement.

Le jour suivant nous allâmes déjeuner dans une fazenda plus petite, appartenant aussi à M. Lage et située plus haut dans la Serra da Babylone. On part avant l'aube et l'on gravit lentement la montagne dont le sommet est à environ mille mètres au-dessus du niveau de la mer. Nous sommes précédés par la « liteira, » espèce de voiture sans roues suspendue entre deux mulets à la file, qui porte la grand'maman et le baby. Quand les chemins sont inaccessibles aux voitures, ce mode de transport devient nécessaire pour les personnes auxquelles l'âge ne permet plus, ou ne permet pas encore, de voyager à cheval. La vue est ravissante, la matinée fraîche et le temps magnifique. Après deux heures de marche, notre cavalcade arrive à la fazenda supérieure. Nous descendons alors de cheval et nous nous dirigeons vers la forêt, où les dames et les enfants se promènent, cueillant des fleurs ou explorant les sentiers, tandis que les hommes pêchent ou chassent. A midi nous rentrons à l'habitation pour déjeuner. Le produit de la chasse est un singe, deux caitilús (porcs sauvages) et une grande variété d'oiseaux, qui tous vont rejoindre les collections scientifiques[1]. Nous redescendons à la plantation d'en bas pour dîner, après quoi chacun se retire dans son appartement, car le lendemain est le jour fixé pour la grande chasse de la semaine : il faut être sur pied de bonne heure.

Au petit jour, les chevaux tout sellés nous attendent à la porte et nous avons déjà gravi la Serra quand le soleil se lève. Le rendez-vous est à une habitation située dans la Serra da Babylone, à deux lieues de la fazenda principale, sur des terres trop élevées pour qu'on y puisse cultiver le café. C'est là que M. Lage a ses haras et ses élèves. La montée, tout le long des lacets, est quelque chose de délicieux à cette heure matinale; les nuages se teignent des rougeurs de l'aurore, les collines lointaines et les forêts s'éparpillent à l'infini sous nos pieds et s'embrasent sous les premiers rayons du soleil. La dernière partie du chemin s'enfonce presque toujours sous bois. Après deux heures de marche, à l'extrémité de la route nous débouchons sur le sommet d'une colline, au-dessus d'un petit lac, enfoncé, comme au fond d'une coupe, dans une dépression de la montagne, juste en face de la fazenda. Ce fut un coup de théâtre ravissant. Sur les bords du lac s'élevait en maint endroit le pavillon américain, et sur ses eaux flottait une miniature de bateau à vapeur surmonté à une extrémité du drapeau brésilien et à l'autre de celui des États-Unis. À la porte du domaine, notre hôte nous engagea à prendre les devants sur le reste de la cavalcade. Nous nous rendîmes à son invitation sans trop en comprendre le motif. Mais nous l'eûmes bien vite trouvé, car à peine franchissions-nous l'entrée, la jolie embarcation s'approcha de terre, envoya un salut en notre honneur et nous laissa voir son nom écrit en grosses lettres : AGASSIZ. Ce fut une charmante surprise ménagée avec infiniment de succès. La petite émotion causée par cet incident s'étant calmée, nous entrâmes dans la maison pour quitter nos habits de cheval et nous préparer à une longue course dans la forêt.

[1]. Je me laissai presque absorber dans l'examen des productions végétales d'un petit lac, à peine grand comme le réservoir d'un moulin, au voisinage de cette fazenda. Il était étrange de voir le Potamogeton et le Myriophyllum, plantes qui, dans notre esprit, s'associent à l'idée des eaux douces de la zone tempérée, en pleine végétation à la lisière des forêts tropicales où vivent les singes. De telles combinaisons ne sont pas sans embarrasser celui qui cherche les lois de la distribution géographique. (L. A.)

D'abord nous prenons passage sur le petit bateau nouvellement baptisé; en un instant nous traversons le lac et nous sommes sur la rive opposée. Là, des tables et des siéges rustiques ont été disposés sous l'abri d'une tente pour un déjeuner champêtre; déjà les serviteurs sont à l'œuvre; on allume le feu pour faire le café, cuire les poulets, le riz et tout le menu du festin. En attendant nous allons flâner, au gré de notre caprice, dans la forêt vierge. Ce sont les plus splendides, les plus sauvages, les plus primitives beautés de la nature tropicale que nous ayons encore vues. Je ne crois pas qu'aucune description puisse préparer au contraste qu'il y a entre la forêt du Brésil et celle de notre pays, bien que cette dernière aussi ait droit au nom de « primévale. » Ce n'est pas seulement une végétation entièrement différente, c'est l'impénétrabilité de la masse, la densité, l'obscurité, la solennité de ces bois qui rendent l'impression si profonde. Il semble que le mode de développement des arbres, la plupart élancés à une hauteur extraordinaire et ne laissant croître de rameaux que très-près de leur sommet, soit une précaution de la nature pour faire place à la légion de parasites, de *sipós*, de lianes, de plantes grimpantes de toute espèce qui comblent les espaces intermédiaires. Puis il y a ici un fait qui rend l'étude de la flore tropicale aussi intéressante pour le géologue que pour le botaniste; c'est le rapport de ce monde végétal avec celui des époques antérieures enseveli au sein des roches.

Les fougères arborescentes, les chamœrops, les pandanus, les araucarias sont tous les représentants actuels des types disparus. Aussi cette promenade fut-elle pour M. Agassiz extrêmement attachante : il avait devant lui l'expression d'une de ces lois de développement qui relient l'âge présent aux âges passés. Le palmier chamœrops appartient à un monde végétal dès longtemps disparu, mais qui a encore de nos jours des représentants. Le chamœrops moderne avec ses feuilles en éventail étalées sur un même niveau est, par sa structure, inférieur aux palmiers, presque exclusivement propres à la période actuelle, dont les feuilles pennées ont de nombreuses folioles placées de chaque côté d'un axe central. Les jeunes arbres de cette famille étaient en abondance; à chaque pas que nous faisions dans le sentier, nous en voyions quelqu'un

sortant de terre; plusieurs n'avaient pas plus de deux pouces
de haut, tandis que les plus vieux s'élevaient à cinquante
pieds au-dessus de nos têtes. M. Agassiz en réunit et en examina un très-grand nombre, et il observa que ces jeunes
plants, à quelque genre qu'ils appartiennent, ressemblent invariablement au chamœrops et ont, comme lui, des feuilles
en éventail qui s'étendent sur un seul et même plan, au lieu
d'être disséminées le long d'un axe central comme on le voit
dans l'arbre adulte. Le palmier enfant est, en fait, la miniature d'un chamœrops en pleine maturité. Ainsi, parmi les
plantes comme parmi les animaux, se retrouve, dans quelques cas du moins, cette correspondance entre les phases primordiales du développement des jeunes, d'une espèce supérieure appartenant à un type donné, et les représentants primitifs de ce type lors de son introduction sur la terre[1].

À la fin de la promenade, notre naturaliste ressemblait
assez bien à une petite forêt tropicale ambulante; il disparaissait sous les branches de palmier, sous les troncs de fougères
et les rameaux de plantes analogues. Ce fut dans cet état qu'il
regagna le déjeuner. Nous fûmes peu nombreux à table; les
chasseurs avaient déjà pris leurs postes au bord de l'eau. L'animal chassé était un *Anta* (Tapir), singulier quadrupède qui
abonde dans les bois de cette région et présente un intérêt
spécial au naturaliste. Il ressemble en effet à certains mammifères qui n'existent plus et qu'on connaît seulement à l'état
fossile, juste comme les chamœrops et les grandes fougères
ressemblent aux types végétaux d'autrefois. M. Agassiz qui ne
l'a jamais vu qu'en captivité avait le plus grand désir de l'observer dans toute la liberté de ses allures, au milieu de ce paysage tropical aussi caractéristique des âges qui ont précédé le
nôtre que le tapir lui-même. C'était principalement pour lui
donner ce plaisir que M. Lage avait organisé cette partie de
chasse. Mais l'homme propose et Dieu dispose! Comme on le
verra tout à l'heure, il était écrit que l'Ante ne se montrerait
pas ce jour-là.

---

1. On pourrait dire de la même manière que le développement initial des Dicotylédonées reproduit, par la structure des feuilles germinatives, les traits caractéristiques des plantes monocotylédonées. (L. A.)

La forêt, je l'ai déjà dit, est impénétrable aux chasseurs, excepté là où de petits sentiers ont été ouverts à la serpe. Il faut donc lancer l'animal en envoyant les chiens dans les bois, tandis que les tireurs stationnent à l'affût, un peu en dehors. L'Ante se tient dans le voisinage des lacs ou des rivières. Quand il se voit poursuivi et harcelé par les chiens, il se décide à sortir du bois et à gagner l'eau. Dès qu'il s'y est jeté et mis à la nage, on le tire pendant qu'il s'efforce d'atteindre l'autre bord. Nous causions gaiement autour de la table, quand le cri : *Anta! Anta!* retentit soudain. En un instant chacun sauta sur son fusil et courut vers le lac, tandis que nous demeurions dans l'attente, écoutant l'aboiement des chiens qui donnaient à pleine voix et espérant à chaque instant voir le débucher de l'animal et sa mise à l'eau. Mais ce n'était qu'une fausse alerte, les aboiements s'éteignirent en s'éloignant. Le jour était plus frais que de coutume, l'Ante tourna le dos au lac et, laissant se démener ceux qui le poursuivaient, se perdit au plus profond du bois. Les chiens finirent par revenir à nous, fatigués et découragés. Si le tapir s'était dérobé, nous en avions assez vu, toutefois, pour comprendre le plaisir que peut trouver le chasseur à rester ainsi à l'affût, durant de longues heures, au risque de s'en retourner bien souvent les mains vides. S'il n'a pas le gibier, il a l'émotion ; à chaque instant il croit que la bête va passer, il éprouve un moment d'agitation qu'augmentent encore le bruit des chiens chassant de gueule et les cris d'appel de ses compagnons, qui s'excitent et s'animent eux-mêmes au bruit de leurs propres exclamations. L'animal se réfugie-t-il au plus profond des halliers, tout son meurt peu à peu, et, à un véritable pandémonium de voix de toute sorte, succèdent le calme et le silence. Tout cela a sa séduction et fait comprendre aux non initiés ce qui leur semble d'abord inconcevable : comment, pendant de longues heures, des hommes peuvent demeurer immobiles et se trouver assez payés de leurs peines, ainsi que l'un d'eux le disait devant moi, s'ils entendent seulement le vacarme des chiens et s'aperçoivent qu'ils ont fait lever la bête, n'y eût-il pas d'autre résultat. Dans cette occasion, du reste, le butin ne nous manqua pas. L'Ante disparu, les chasseurs, qui jusque-là avaient évité de faire feu, ne craignirent plus de faire retentir les bois de leurs détonations; ils s'en prirent à un moindre gibier et nous retournâmes à la fazenda sans tapir, il est vrai, mais riches de dépouilles.

Nous partîmes le lendemain; mais nous ne quittâmes pas les domaines de M. Lage sans faire une tournée dans sa plantation, ce qui nous donna l'occasion d'apprendre comment se cultive le café dans cette contrée. Je n'ose pas affirmer qu'une description de cette caférie modèle puisse donner une idée exacte de ce que sont les fazendas en général. Le propriétaire apporte dans tout ce qu'il entreprend la même largeur de vues, la même énergie et la même ténacité. Il a donc introduit dans son exploitation de très-grandes réformes. La fazenda da Fortaleza de Santa-Anna est située au pied de la Serra da Babylone. La maison d'habitation fait, comme je l'ai dit, partie de la série de constructions basses, aux façades blanches, qui forment le périmètre de la cour. C'est dans ce long parallélogramme que sèche, sur des aires, le café divisé en plusieurs lots.

Ces séchoirs, placés, comme c'est généralement l'usage, près de la maison, doivent avoir un grand inconvénient. Les graines reposent sur un ciment d'une blancheur éblouissante dont l'éclat, sous ce ciel brûlant, est insoutenable et vous oblige bien vite à reposer vos yeux sur quelque coin de verdure.

Tout à fait derrière la maison, sur la pente de la colline, se trouve l'orangerie. Je ne me lassais pas de contempler ce petit bosquet d'arbustes aux fruits d'or, qui était véritablement d'une beauté surprenante. Les petites *tangerinas* à la nuance foncée, réunies par groupes de trente et de quarante; les grosses *selectas* (de choix) s'accumulant par douzaine sur une seule branche que leur poids fait plier jusqu'à terre; le pâle limon doux, presque insipide, mais si apprécié à cause de sa fraîcheur, tous ces fruits et bien d'autres encore de même espèce (car la variété des oranges est bien plus grande que nous ne nous l'imaginons, nous autres gens des pays froids) forment une masse colorée dans laquelle l'or, l'orangé sombre, le jaune pâle se marient merveilleusement aux tons foncés de la verdure. Devant la grille de la maison et de l'autre côté de la route, sont les jardins, avec une volière et des viviers au centre. A cela près, tout ce qui n'est pas forêt est consacré à la culture du café, et les plantations couvrent le flanc des collines à plusieurs milles à la ronde.

On sème d'abord une pépinière où le jeune plant se développe pendant une année. Ce laps de temps écoulé, on l'arrache avec précaution et on le transplante à l'endroit qu'il doit occuper définitivement. A trois ans, le nouveau caféier commence à donner des fruits, mais la première récolte est minime. Dès lors, s'il est bien soigné et dans un sol favorable, il continue à rapporter, donnant parfois deux cueillettes l'an, et même plus, pendant une trentaine d'années. Au bout de ce temps, l'arbuste et le sol sont également épuisés. L'habitude est alors pour le fazendeiro d'abandonner complétement la vieille caférie, sans s'inquiéter autrement de rendre au terrain sa valeur et sa fertilité. On abat un nouveau quartier de forêt et on refait une plantation nouvelle. Une des prévoyantes réformes entreprises par notre hôte est le fumage des anciennes plantations abandonnées qui font partie de sa propriété. Il a déjà réussi à rendre la vigueur et la jeunesse à quelques-unes, qui lui promettent des récoltes aussi abondantes que s'il avait sacrifié une forêt vierge pour les produire. Il veut non-seulement conserver les bois de sa fazenda et montrer que la culture n'a pas besoin de sacrifier le goût et la beauté, mais encore rappeler à ses compatriotes que, si immenses soient-elles, les forêts ont cependant une fin, et que, à continuer comme ils font, il faudra un jour émigrer pour trouver de nouvelles terres à café si l'on considère les vieilles comme complétement improductives. Une autre réforme, c'est la construction des routes sur laquelle j'ai insisté. Les chemins dans les caféries sont ordinairement, comme les sentiers à mulet dans les montagnes, tracés droit au milieu du coteau, entre les allées de caféiers. Chaque pluie les change en ruisseaux et la pente en est si roide que huit ou dix bœufs ne parviennent pas à faire remonter la grossière et primitive charrette encore en usage. Les nègres sont donc obligés de porter sur leur tête la plus grande partie de la lourde récolte. Un Américain, qui a longtemps vécu dans les fazendas de cette région, me racontait avoir vu des nègres, portant sur leur crâne d'énormes fardeaux de ce genre, descendre des pentes presque verticales. Chez M. Lage tous ces vieux chemins ont été abandonnés, à l'excep-

Cueillette du café.

tion de quelques-uns plantés d'une double file d'orangers et qui forment le verger des noirs. Pour les remplacer il a fait des routes qui serpentent autour de la montagne et montent doucement, si bien que des chars légers, traînés par un seul mulet, transportent toute la récolte du sommet des collines aux séchoirs.

C'était le temps de la cueillette et le spectacle que nous avions sous les yeux était vraiment pittoresque. Les nègres, hommes et femmes, étaient disséminés dans la plantation, portant sur leur dos et attachées à leurs vêtements des espèces de hottes faites de roseaux ou de bambous. C'est là dedans qu'ils amassaient les graines de café, les unes rouges et brillantes comme de fraîches cerises, les autres déjà noires et à demi desséchées, et, par-ci par-là, quelques-unes encore vertes, pas tout à fait mûres, mais ne devant pas tarder à mûrir sur le sol embrasé des aires. De petits négrillons, assis par terre au pied des arbrisseaux, ramassent les cerises tombées, tout en chantant un refrain monotone qui a son harmonie et son charme ; l'un d'eux fait le dessus et les autres soutiennent le chant. Les corbeilles ou les hottes emplies, ils vont les présenter à l'administrador qui leur donne un jeton en métal sur lequel est marquée la valeur de la tâche accomplie. Chacun doit une certaine quantité de travail : tant pour un homme, tant pour une femme, tant pour un enfant, et chacun est payé du surplus qu'il a fait ; ce qu'on exige d'eux est vraiment modéré, et ceux qui ne sont pas paresseux peuvent facilement amasser un petit pécule. Tous les soirs ils remettent les jetons reçus dans le courant du jour et touchent le prix de l'excédant de travail librement effectué par eux. Du terrain où se faisait la cueillette, nous suivîmes les chariots jusqu'à l'endroit où leur contenu est vidé. Là, les nègres divisent en lots la récolte du jour et l'arrangent en petits tas sur les séchoirs. Quand le café est bien et également sec, on l'étale en couches minces sur toute l'étendue de la cour où il reçoit encore pendant quelque temps les rayons du soleil ; la graine est ensuite décortiquée à l'aide de machines fort simples qui sont en usage dans toutes les fazendas, et la manipulation est complète.

A midi, nous fîmes nos adieux à nos excellents hôtes et

nous partîmes pour Juiz de Fóra. Notre voiture n'était pas une trop mauvaise imitation de l'arche de Noé ; car, nous aussi, nous emportions les bêtes des champs, les oiseaux de l'air et les poissons des eaux[1], sans parler des arbres de la forêt. L'aimable société avec laquelle nous venions de passer des jours si agréables se réunit pour nous souhaiter bon voyage et nous salua, quand nous franchîmes la grande porte, de hourras répétés, en agitant chapeaux et mouchoirs.

Nous eûmes le bonheur d'avoir le lendemain un temps frais et un ciel un peu couvert, si bien que les dix heures de voyage entre Juiz de Fóra et Pétropolis, sur l'impériale d'une malle-poste, nous parurent délicieuses. Le matin suivant, en descendant la Serra jusqu'à Mauá, nous fûmes témoins d'un phénomène étrange bien qu'assez commun, je suppose, et familier à ceux qui vivent dans les hautes régions. Quand nous tournâmes l'angle de la route d'où l'on commence à découvrir le magnifique panorama du bas de la Serra, ce fut un cri général de surprise et d'admiration. Toute la vallée et toute la baie, jusqu'à l'Océan, étaient transformées en un immense champ de neige, douce et floconneuse comme si elle fût tombée pendant la nuit. L'illusion était parfaite; et bien qu'il fût facile de reconnaître immédiatement que c'était là un simple effet des brouillards épais du matin, nous avions presque peine à croire que cela dût se dissiper à notre approche et que la réalité ne répondît pas à l'apparence. Çà et là, quelque haut sommet, perçant comme un îlot la blanche masse, concourait encore à tromper le regard. Cet incident avait pour nous un intérêt particulier; il nous reportait à de récentes discussions sur la possibilité que des glaciers eussent existé jadis à cette même place. Quelques soirées auparavant, M. Agassiz, dans une de ses conférences, indiquait l'immense étendue que la glace avait autrefois recouverte, quand d'énormes glaciers emplissaient toute la plaine suisse entre les Alpes et le Jura. Il disait à ce propos : « On observe en Suisse, à l'automne, un phénomène assez commun qui permet de revoir encore ce paysage

---

[1]. Par les soins de M. Lage une abondante collection de poissons fut formée dans les eaux du Rio Novo, et cette excursion ne contribua pas peu à étendre considérablement la surface sur laquelle porta mon étude du bassin de la Parahyba. (L. A.)

extraordinaire. Souvent, en septembre, au lever du soleil, toute la vaste plaine est remplie de vapeurs dont la surface ondulée et du blanc le plus éclatant semble, vue des hauteurs du Jura, une « *mer de glace* » couverte de neige, qui descend des Alpes et comble toutes les vallées voisines. » La vallée et la baie de Rio-Janeiro nous offraient, à cette heure, ce même tableau étrange des temps qui ne sont plus et dont l'image hantait nos esprits depuis plusieurs jours, incessamment ravivée par la vue des phénomènes glaciaires que nous retrouvions sur notre route.

6 juillet. — Notre départ pour l'Amazône avait été fixé à demain, mais l'intérêt particulier passe après l'intérêt public. On vient de nous prévenir que le steamer à bord duquel nous devions prendre passage est mis en réquisition par le gouvernement, pour transporter des troupes sur le théâtre de la guerre. Les événements acquièrent de jour en jour plus de gravité, et l'Empereur lui-même part pour Rio-Grande-do-Sul, accompagné par son gendre le duc de Saxe. Le comte d'Eu, attendu le 18, par le paquebot français, doit aussi les rejoindre. Dans ces circonstances, non-seulement notre départ ne peut plus avoir lieu au jour fixé, mais encore un nouveau retard paraît assez probable, car d'autres bateaux à vapeur doivent être retenus pour les besoins de l'armée.

Un grand banquet d'adieux a été hier offert à M. Agassiz par MM. Fleiuss et Linde. Américains, Allemands, Suisses, Français, Brésiliens s'y étaient réunis, et de ce mélange de nationalités est résultée la meilleure harmonie.

9 juillet. — M. Agassiz cherche depuis quelque temps à se procurer vivants quelques spécimens de l'insecte qui fait de si grands ravages dans les caféries; c'est la larve d'une très-petite teigne analogue à celle qui détruit les vignes en Europe. Hier, il a réussi à en trouver un certain nombre, dont une était en train de jeter son cocon à la surface de la feuille. Nous avons longtemps examiné à la loupe comment elle construit sa délicate demeure. Elle dispose ses fils en arcs sur le centre, de manière à se ménager un tout petit espace qui lui servira de retraite. La mince et fragile voûte semblait terminée au moment où nous observions; la petite chenille était alors occupée à tirer sa soie en avant et à la fixer à une courte distance pour attacher, en quelque sorte, son nid à la feuille. La délicatesse extrême de ce travail était surprenante. La larve file avec la bouche, et renverse son corps en arrière pour implanter au même niveau l'extrémité de chaque nouveau brin; elle répète l'opération en avant, alignant sa toile avec une précision et une rapidité qu'une machine atteindrait difficilement.

Il est intéressant de remarquer à quel point la perfection des œuvres de la plupart des animaux inférieurs est un simple résultat de leur organisation et doit, par conséquent, être attribuée moins à l'instinct qu'à une fonction dont les actes sont aussi inévitables que ceux de la fonction digestive ou du travail respiratoire. Dans le cas présent le corps de la bestiole était sa mesure; il était curieux de la voir mener ses fils avec un soin si précis qu'on voyait bien qu'elle ne pouvait les faire ni plus longs ni plus courts. En effet, du centre de sa demeure, étirant son corps de toute sa longueur, elle devait toujours atteindre au même point. La même chose est vraie des soi-disant mathématiques de l'abeille. Ces insectes se tiennent aussi serrés que possible dans la ruche, pour ménager l'espace, et chacun d'eux dépose autour de lui sa provision de cire, en sorte que sa forme et sa dimension propres servent de moule à chacune de ces cellules dont la régularité nous frappe d'admiration et d'étonnement. Le secret des mathématiques de l'abeille ne réside donc pas dans son instinct, mais dans sa structure. Toutefois, dans les œuvres de l'industrie de certains animaux inférieurs, la fourmi, par exemple, il y a une faculté d'adaptation qui ne peut plus s'expliquer de la même manière, et leur organisation sociale, trop intelligente, semble-t-il, pour être simplement le fruit de leur propre puissance de raisonnement, ne paraît cependant pas se rattacher directement à leur structure. Tandis que nous examinions notre petite chenille, un souffle agita sa feuille; instantanément, elle se pelotonna et se cacha sous son toit; mais bientôt elle s'enhardit et reprit sa tâche.

14 *juillet*. — Je viens de passer deux ou trois jours de la semaine d'une façon très-agréable. Quelques amis m'ont décidée à me joindre à eux et nous sommes allés visiter une des plus grandes fazendas des environs de Rio, propriété du *Commenda-*

dor[1] Breves. En quatre heures, le chemin de fer D. Pedro II nous mène à la Barra do Pirahy; puis nous continuons doucement notre route, à dos de mulet, le long des rives de la Parahyba, à travers un paysage calme et fort joli, moins pittoresque cependant que celui qui entoure Rio. Au coucher du soleil nous arrivions à la fazenda, située sur une terrasse qui domine la rivière et d'où l'on embrasse une charmante perspective d'eaux et de forêts. On nous accueille avec une hospitalité dont, je pense, on trouverait difficilement l'équivalent hors du Brésil. On ne demande ni qui vous êtes, ni d'où vous venez, et on vous ouvre toutes les portes. Cette fois-ci nous étions attendus; mais il n'en est pas moins vrai que, dans ces fazendas où il y a place à table pour cent personnes si cela est nécessaire, tout voyageur qui passe est libre de s'arrêter pour prendre repos et réfection. Nous vîmes plusieurs de ces hôtes de passage : un couple entre autres, tout à fait inconnu des maîtres de la maison, qui s'était arrêté pour une nuit, mais que la maladie avait surpris avant le départ et qui prolongeait son séjour depuis une semaine environ; ces gens semblaient tout à fait chez eux. On compte dans ce domaine environ deux mille esclaves, dont une trentaine employés au service domestique. L'habitation renferme tout ce qui est nécessaire aux besoins d'une aussi nombreuse population; il y a une pharmacie et un hôpital, des cuisines pour les hôtes et pour les nègres, une chapelle, un prêtre, un médecin. La chapelle n'est qu'un petit oratoire ouvert seulement pour les cérémonies et garni avec une très-grande élégance de vases d'or et d'argent, d'un devant d'autel en soie rouge, etc. Il est situé à l'extrémité d'une très-longue salle qui, bien qu'affectée à d'autres destinations, devient, lors des offices, le lieu où se réunissent tous les habitants de la fazenda. Notre hôtesse nous fit visiter, un matin, les différents ateliers. Celui qui nous intéressa le plus fut l'ouvroir où les enfants apprennent à coudre. Je m'étonne qu'on ne prît pas dans nos plantations du sud plus de peine pour rendre les négresses tant soit peu habiles à la couture. Ici

---

1. *Commandeur* d'un ordre quelconque. Cette dignité n'allait pas, autrefois, sans la possession d'une *Commanderie*, sorte de majorat. Elle est aujourd'hui purement honorifique et personnelle, mais n'en est pas moins recherchée par les Brésiliens et les Portugais. C'est comme un titre de noblesse. (N. du T.)

toutes les petites filles apprennent à très-bien coudre et beaucoup d'entre elles brodent et font la dentelle à la perfection. En face de cette salle, nous vîmes un magasin d'habillement, qui me parut ressembler assez à nos *sanitary rooms*[1], avec ses pièces d'étoffes de laine ou de coton que les négresses coupaient et cousaient pour les travailleurs des champs. Les cuisines, les ateliers et les chambres des noirs circonscrivent une cour spacieuse plantée d'arbres et d'arbustes, autour de laquelle est un promenoir couvert, pavé en briques. Là, les nègres, jeunes et vieux, semblaient une fourmilière; depuis la vieille décharnée qui se vantait elle-même d'avoir cent ans, mais n'en montrait pas moins avec fierté son fin travail de dentelle et courait comme une jeune fille, pour qu'on vît combien elle était encore vive, jusqu'aux marmots tout nus qui se traînaient à ses pieds. Cette vieille femme avait reçu sa liberté depuis longtemps, mais par attachement pour la famille de ses anciens maîtres elle n'avait jamais voulu la quitter. Ce sont là des faits qui donnent à l'esclavage au Brésil une physionomie consolante et permettent d'espérer beaucoup. L'émancipation générale y est considérée comme une chose qu'il faut discuter, régler par une loi, et adopter. Faire don à l'esclave de sa liberté n'a rien d'extraordinaire.

Le soir, tandis qu'après le dîner nous prenions le café sur la terrasse, un orchestre composé d'esclaves appartenant à l'habitation nous a fait de bonne musique. La passion des nègres pour cet art est un fait partout remarqué; ils se donnent ici beaucoup de peine pour l'apprendre et M. Breves entretient chez lui un professeur à qui ses élèves font vraiment honneur. A la fin de la soirée les musiciens furent introduits dans les appartements et nous eûmes le spectacle de la danse, donné par de petits négrillons qui étaient des plus comiques. Semblables à des diablotins, ils dansaient avec une rapidité de mouvements, un entrain de gaieté et de joie naïve qu'il était impossible de ne pas partager. Tant que dura ce bal, portes et fenêtres étaient obstruées par une nuée de figures noires, au milieu desquelles se détachait çà et là un visage presque

---

[1]. Grands ateliers improvisés, lors de la guerre, par les dames américaines, pour la confection de vêtements, etc., destinés aux malades. (N. du T.)

blanc, car ici, comme partout, l'esclavage entraîne avec lui ses fatales et déplorables conséquences, et les esclaves blancs ne sont point une rareté fort extraordinaire.

Ce fut le dernier jour de notre visite. Nous repartîmes le lendemain matin, non plus à cheval, mais dans un de ces bateaux plats qui transportent le café : ce qui nous parut préférable à une longue chevauchée en plein soleil. Nous fûmes accompagnés à l'embarcadère par nos aimables hôtes et suivis

Nègres faisant des paniers avec le bambou.

d'une foule de nègres dont les uns portaient notre bagage, tandis que les autres étaient seulement venus pour se donner le plaisir de nous faire cortége ; parmi eux était la bonne vieille centenaire qui nous souhaita un heureux voyage avec plus d'effusion et de tendresse que pas un. Nous prîmes enfin le large et descendîmes gaîment la rivière ; les sacs de café nous servaient de bancs et de coussins et nos parapluies maintenus ouverts nous tenaient lieu de tente, nous défendant tant bien que mal du soleil. Le voyage ne manqua même pas d'émotions, car la rivière, coupée en maint endroit par les rochers, forme des rapides violents, au passage desquels il faut que les mariniers déploient une grande habileté.

15 *juillet*. — Aujourd'hui longue excursion botanique à la Tijuca en compagnie de M. Glaziou, directeur du Passeio Publico, qui veut bien se faire notre guide. M. Agassiz a été vraiment fort heureux de rencontrer, au milieu des loisirs que lui fait le retard forcé de notre départ, un botaniste comme M. Glaziou qui joint à une très-grande connaissance des plantes tropicales un profond savoir théorique. Il a entrepris d'enrichir notre bagage scientifique, en y ajoutant un choix de palmiers et d'autres arbres propre à éclairer les relations qui existent entre la flore tropicale de nos jours et la végétation des âges géologiques antérieurs. Ce sera une collection sans prix pour l'étude de la paléontologie au Musée de Cambridge.

23 *juillet*. — Au moins, voilà notre plan de campagne dans l'Amazône définitivement arrêté. Nous nous embarquons après-demain sur le *Cruzeiro do Sul*. La conduite du gouvernement brésilien envers l'expédition est des plus généreuses; le passage gratuit est accordé à tous ses membres; et, hier, M. Agassiz a reçu un document officiel qui enjoint à tous les fonctionnaires publics de prêter une assistance dévouée à l'accomplissement de ses projets. Autre bonne fortune : M. le major Coutinho se joint à nous. C'est un officier du corps du génie qui a déjà consacré plusieurs années à l'exploration des fleuves amazoniens. Pour notre grand bonheur, il se trouve de retour à Rio depuis quelques semaines, et la bonne étoile de notre chef a permis que tous deux se rencontrassent au palais impérial, un jour que l'un allait y rendre compte des résultats de sa mission et que l'autre y devait exposer et discuter le plan de son voyage. Les explorations du jeune officier avaient rendu son nom familier à M. Agassiz, et quand l'Empereur lui demanda en quoi il pouvait le mieux lui être utile, sa réponse fut que rien ne lui serait plus agréable ou d'un secours plus efficace que la compagnie de M. Coutinho. Celui-ci consentit à l'accompagner; l'Empereur donna son approbation et l'affaire fut conclue. Depuis, il y a eu de nombreuses conférences entre les deux nouveaux collaborateurs soit pour étudier

les cartes, soit pour s'entendre sur la meilleure manière de conduire et de répartir le travail. M. Agassiz comprend que, familier comme il l'est avec le pays où nous allons, le major saura diminuer de moitié les difficultés de l'entreprise en même temps que son zèle pour la science en fera le plus sympathique des compagnons[1].

Nous avons trouvé aujourd'hui quelques grandes feuilles du *Terminalia catappa*. Elles ont les plus brillantes couleurs. Le rouge et l'or y resplendissent comme dans nos plus belles feuilles en automne. Cela semble confirmer l'opinion que quand les feuilles changent de couleur, à l'automne, sous notre ciel froid, ce n'est point un effet de la température, mais simplement celui de la maturité, car, ici où il ne gèle pas, le phénomène a lieu aussi bien que sous les latitudes septentrionales.

24 juillet. — Nos derniers préparatifs sont terminés. Les collections faites depuis notre arrivée et qui remplissent et au delà cinquante caisses ou barriques sont emballées, prêtes à être expédiées, par la première occasion, aux États-Unis. Demain matin nous serons en route pour le grand fleuve. Nous sommes allés aujourd'hui au collége D. Pedro II pour dire adieu à notre excellent ami le Dr Pacheco, à la bonté duquel nous avons dû la plupart de nos plaisirs durant notre séjour à Rio. Le collége était autrefois un séminaire, une sorte d'établissement charitable où l'on élevait des enfants pauvres pour en faire des prêtres. La règle était sévère; point de domestiques, les élèves étaient obligés de faire tout par eux-mêmes, la cuisine et le reste, même d'aller par les rues solliciter l'aumône à la manière des moines mendiants. Une seule condition était mise à leur admission, c'était qu'ils fussent de pure race; on ne recevait ni les nègres, ni les mulâtres. Je ne sais pour quel motif l'institution fut abolie par le gouvernement, et le séminaire devint un collége. Le bâtiment conserve encore un peu sa physionomie monastique, bien qu'il ait été grandement modifié, et

---

[1]. Jamais espérance agréable ne fut plus pleinement confirmée. Pendant onze mois de la société la plus intime, je me suis chaque jour loué de l'heureuse chance qui nous avait fait nous rencontrer. J'ai trouvé dans le major Coutinho un collaborateur des plus précieux, d'une activité et d'un dévouement à la science infatigables, un guide sans pareil, et un ami dont j'espère bien conserver toujours l'affection. (L. A.)

le cloître qui en fait le tour à l'intérieur rappelle son origine. C'était l'heure des leçons quand nous allâmes faire notre visite, et, comme nous n'avions point encore vu au Brésil d'établissement de ce genre, le D⁺ Pacheco nous fit parcourir celui-ci. Ce qu'on appelle un collège, ici, ce n'est point comme chez nous une université ; c'est plutôt une maison d'instruction secondaire fréquentée par les jeunes gens de douze à dix-huit ans. Il est difficile de juger des méthodes d'enseignement appliquées dans une langue étrangère avec laquelle on est peu familier ; les élèves se montraient intelligents, attentifs, leurs réponses étaient promptes et la discipline paraissait évidemment bonne. Une chose toutefois frappe l'étranger quand il voit, pour la première fois, toute cette jeunesse réunie : c'est l'absence du type pur et la chétive apparence de ces adolescents ; je ne sais pas si c'est une conséquence du climat, mais un enfant vigoureux et d'une forte santé se rencontre rarement à Rio de Janeiro. Les écoliers étaient de toute race, on y trouvait le noir et toutes les nuances intermédiaires jusqu'au blanc ; et même le régent d'une des hautes classes de langue latine était de pur sang africain. C'est une preuve que le préjugé de la couleur n'existe pas. Ce professeur avait passé, dans un récent concours pour la chaire qu'il occupait, le meilleur examen et, à l'unanimité, il avait été choisi de préférence à plusieurs Brésiliens de descendance européenne, qui s'étaient inscrits en même temps que lui pour la fonction vacante. Après avoir visité plusieurs classes nous fîmes un tour dans le reste de l'établissement. L'ordre, l'exquise propreté qui règnent partout et jusque dans les cuisines, où le bronze et l'étain brillent de manière à faire envie à plus d'une maîtresse de maison, portent témoignage de l'excellence de la direction générale. Depuis que cette institution a passé aux mains du D⁺ Pacheco, il n'a pas peu contribué à lui donner son caractère actuel. Il a enrichi la bibliothèque, accru le laboratoire d'instruments précieux, et accompli un grand nombre de changements judicieux dans l'organisation générale.

IV

DE RIO JANEIRO A PARÁ.

A bord du « Cruzeiro do Sul. » — Nos compagnons de voyage. — Arrivée à Bahia. — Une journée à la campagne. — Retour à bord. — Conversation sur l'esclavage au Brésil. — Un mariage de nègres. — Maceió. — Pernambuco. — Parahyba do Norte. — Excursion sur la côte. — Céara. — Un débarquement difficile. — Les bains au Brésil. Maranham. — Le palmier *Assahy*. — Visite à l'asile des orphelins. — Retenus dans le port. — Des méduses. — Arrivée d'une canonnière américaine. — Encore des méduses. — Dîner à terre. — Prévenance des habitants. — Arrivée à Pará. — Charmante réception. — Environs de Pará. — Végétation. — Les marchés. — Les canots des Indiens. — Climat. — Excursion dans la baie. — Curieux champignon. — Notre hôte et nos amis enrichissent la collection. — Les poissons des bois. — Témoignages publics de sympathie pour l'expédition. — Libéralité de la Compagnie des paquebots amazoniens. — Caractère géologique de la côte depuis Rio jusqu'à Pará. — Le drift erratique. — Lettre à l'Empereur.

25 juillet. — A bord du « *Cruzeiro do Sul.* » — A onze heures, on lève l'ancre; nous partons, non sans regret de quitter (pas pour toujours, nous l'espérons bien) cette baie admirable et ces montagnes que depuis trois mois nous ne nous lassions pas de contempler. L'expédition se compose du major Coutinho, de M. Burkhardt, de M. Bourget qui nous accompagne comme collectionneur et préparateur, de nos jeunes amis MM. Hunnewell et James, et enfin de nous-mêmes. A Bahia nous rallierons MM. Dexter et Thayer, deux membres de notre société primitive qui ont remonté la côte avant nous et sont, depuis deux ou trois semaines, occupés à former des collections à Bahia et dans le voisinage.

L'aspect du paquebot n'a rien d'attrayant. Notre bateau était naguère encore employé au transport des troupes dans le Sud et, par suite, il ne brille guère par la propreté. Il est d'ailleurs encombré de passagers à destination des provinces du Nord, que l'interruption des voyages réguliers sur cette ligne avait retenus à Rio. Toutefois on nous promet une meilleure installation dans quelques jours, un grand nombre des voyageurs devant débarquer à Bahia ou à Pernambuco.

28 *juillet.* — Bahia. — La moitié des plaisirs de la vie naissent du contraste, et c'est certainement en bonne partie à cette loi qu'il faut rapporter notre joie d'aujourd'hui. Après trois jours passés, avec un demi-mal de mer, sur un bateau mal tenu et surchargé de gens, c'est un délicieux changement que de se trouver dans une fraîche maison de campagne où nous accueille cette hospitalité, la plus gracieuse de toutes, par laquelle hôte et visiteurs s'affranchissent mutuellement des honneurs à faire et à recevoir. Assise sous l'épais ombrage d'un énorme manguier, un livre sur mes genoux, tantôt je lis, tantôt j'écoute paresseusement bruire les feuilles ou roucouler les pigeons qui picotent çà et là le sol carrelé du vestibule; tantôt enfin je regarde les nègres qui, un panier de verdure ou une corbeille de fleurs et de fruits sur la tête, vont et viennent pour le service de la maison.

Cependant, M. Agassiz est occupé à examiner les collections faites par MM. Dexter et Thayer durant leur séjour à Bahia. Ils ont reçu l'assistance la plus empressée de notre ami M. Antonio de Lacerda, dont le toit hospitalier nous abrite et chez qui nous les avons retrouvés. Ils sont déjà de la maison tant l'accueil de M. de Lacerda a été cordial; il leur a fourni pendant leur séjour toutes les facilités nécessaires à l'accomplissement de leurs projets. Amateur passionné d'histoire naturelle, il y consacre toutes les heures qu'il peut dérober aux exigences d'une vie d'affaires activement occupée, aussi a-t-il été un auxiliaire très-utile pour nos naturalistes; de plus, il possède une collection d'insectes nombreuse et d'une grande valeur, admirablement arrangée et dans un excellent état de conservation. Nos excursionnistes sont aussi grandement redevables à M. Nicolai, pasteur résident de l'Église anglaise, qui les a accompagnés dans leurs promenades et leur a fait visiter tout ce qui, dans le voisinage, était digne d'intérêt.

Quand pour la première fois on arrive dans l'Amérique du Sud, c'est à Bahia qu'il faudrait pouvoir prendre terre. Aucune autre ville ne manifeste à un aussi haut degré le caractère, ne reproduit aussi visiblement la physionomie, ne porte à un degré aussi saillant l'empreinte de la nation à laquelle elle appartient. Nous n'avons fait, ce matin, que traverser la ville et nous n'en pourrions dire que bien peu de chose, mais nous en avons assez vu pour confirmer tout ce qu'on raconte de l'originalité et du pittoresque de son aspect. En débarquant, nous nous trouvâmes au pied d'une colline presque perpendiculaire; des nègres accoururent offrant de nous transporter au sommet de cette côte escarpée et inaccessible aux voitures, dans une « cadeira, » sorte de chaise recouverte de longs rideaux. C'est un étrange moyen de transport pour quiconque n'en a jamais fait l'essai, et la ville elle-même, avec ses rues en précipices, ses maisons bizarres, ses vieilles églises, est aussi étrange et aussi antique que ce singulier véhicule.

29 *juillet*. — Nous avons aujourd'hui le *revers de la médaille*[1]; nous voilà rentrés dans notre prison et une pluie torrentielle nous contraint de chercher un refuge dans la salle à manger fermée et étouffante, notre seule ressource quand le temps est mauvais.

30 *juillet*. — Au large de Maceió. — Hier soir, la pluie avait cessé, le clair de lune attirait tout le monde sur le pont; nous avons eu avec un aimable compagnon de traversée, M. de Sinimbú, sénateur pour la province des Alagôas, une longue conversation sur l'esclavage au Brésil. Il me semble que l'on peut trouver à s'instruire, ici, sur le grave problème, source de tant de trouble en notre pays, de la place à accorder à la race noire dans la société. Les Brésiliens, en effet, tentent, graduellement et l'une après l'autre, les expériences que nous avons été forcés de faire brusquement et sans nous y être aucunement préparés. L'absence de toute restriction à l'égard des noirs libres, leur éligibilité aux fonctions, le fait que toutes les carrières, toutes les professions leur sont ouvertes, sans que le préjugé de la couleur les persécute, permet de se former une opinion sur leur capacité et leur aptitude au progrès.

1. En français dans le texte.

M. de Sinimbú prétend que le résultat est tout en leur faveur ; il dit que, au point de vue de l'intelligence et de l'activité, les noirs libres supportent très-bien la comparaison avec les Brésiliens et les Portugais. Mais il faut se rappeler, si l'on veut faire cette même comparaison dans notre pays, que les noirs sont ici, en contact avec une race moins énergique et moins puissante que la race anglo-saxonne. M. de Sinimbú croit que l'émancipation devra se faire au Brésil graduellement et par une série de progrès dont les premiers sont déjà accomplis. Un grand nombre d'esclaves sont tous les ans affranchis par la volonté de leurs maîtres ; un plus grand nombre encore se rachètent de leurs propres deniers ; depuis longtemps la traite a cessé ; dans ces conditions un résultat inévitable, c'est que l'esclavage s'éteigne de lui-même. Malheureusement cela ne marche pas vite, et l'institution poursuit, sans s'arrêter, son œuvre infernale : la dépravation et l'énervement des blancs et des noirs tout ensemble.

Les Brésiliens eux-mêmes ne le nient pas ; à chaque instant on les entend se lamenter sur la nécessité où ils sont de se séparer de leurs enfants, pour les faire élever loin de la pernicieuse société des esclaves domestiques. En fait, si, au point de vue politique, l'esclavage présente au Brésil plus que partout ailleurs la chance d'une heureuse terminaison, c'est là, sous le rapport moral, que se font jour quelques-uns des caractères les plus révoltants de cette institution qui y paraît plus odieuse encore, s'il est possible, qu'aux États-Unis.

J'ai eu, il y a quelques jours, l'occasion d'assister, dans les environs de Rio, au mariage de deux noirs. Le maître avait rendu obligatoire la cérémonie religieuse, irréligieuse plutôt, ce me semble, en cette occasion. La fiancée, d'un noir de jais, était vêtue de mousseline blanche et portait un voile de cette grossière dentelle que les négresses font elles-mêmes ; le futur était habillé de toile blanche. La jeune épouse paraissait et était réellement, je pense, très-mal à l'aise, car il y avait là beaucoup d'étrangers et sa position ne laissait pas que d'être embarrassante. Le prêtre, un Portugais à l'air arrogant, au regard hardi, interpella les fiancés et, avec la précipitation la moins respectueuse, leur adressa sur les devoirs du mariage quelques rudes paroles, qu'il interrompit à plusieurs reprises pour les gronder tous deux, la femme surtout, parce qu'elle n'accomplissait pas les rites avec autant de brusquerie et de brutalité que lui. Du ton de l'imprécation plutôt que de la prière, il leur ordonna de s'agenouiller devant l'autel; puis ayant proféré la bénédiction, il hurla un amen, jeta bruyamment le livre des oraisons sur l'autel, souffla les cierges et mit les nouveaux époux à la porte de la même manière qu'il eût chassé un chien hors de la chapelle. La jeune femme sortit, souriante à travers ses larmes, et sa mère s'approchant lui répandit sur la tête quelques poignées de feuilles de roses. Ainsi s'accomplit cet acte de consécration dans lequel la seule grâce qui me parut descendre sur la nouvelle épouse fut la bénédiction maternelle.

Si ces pauvres créatures réfléchissent, quelle étrange confusion ne doit-il pas se faire dans leur esprit! On leur enseigne que l'union de l'homme et de la femme est un péché, à moins qu'elle ne soit consacrée par le saint sacrement du mariage. Ils viennent chercher cette consécration, et ils entendent un homme dur et méchant marmotter des paroles qu'ils ne comprennent pas, entremêlées de sottises et de grossièretés qu'ils ne comprennent que trop. D'ailleurs, avec leurs propres enfants, grandissent de petits esclaves à peau blanche qui, pratiquement, leur enseignent que l'homme blanc n'observe pas la loi qu'il impose aux noirs. Quel monstrueux mensonge doit leur paraître ce système tout entier s'il est jamais l'objet de leurs méditations!... Je suis bien loin de prétendre que l'exemple que je viens de citer donne la mesure exacte de ce qu'est en général l'instruction religieuse dans les plantations. Sans doute, il y a de bons prêtres qui instruisent et moralisent leurs paroissiens noirs; mais de ce qu'un service religieux est célébré dans la fazenda, de ce que les mariages s'y contractent solennellement, il ne s'ensuit pas qu'aucune de ces pratiques mérite vraiment le nom d'instruction religieuse.

Il serait injuste de passer sous silence ce qui, dans le fait que je viens de rapporter, forme le beau côté. Le nouvel époux était libre; sa femme fut affranchie et reçut encore de la libéralité du maître un petit champ pour douaire....

Nous sommes arrivés à Maceió ce matin et descendus à terre, en compagnie de M. de Sinimbú qui s'arrête ici. Nous avons passé dans sa famille une journée délicieuse, grâce à l'accueil le plus affable et à cette cordialité affectueuse qui est à un si haut degré le propre des Brésiliens dans leur intérieur. Bien que notre séjour ait été fort court, les collections ont reçu un accroissement considérable. A peine débarquons-nous dans un port, la société se disperse; les jeunes gens courent de tous côtés pour recueillir des spécimens, M. Bourget fouille le marché au poisson pour voir s'il ne découvrira pas quelque chose d'intéressant, et MM. Agassiz et Coutinho font une excursion géologique. De cette manière, bien que le paquebot s'arrête à peine quelques heures à chaque escale, le temps n'en est pas moins mis à profit.

31 *juillet*. — Pernambuco. — Nous voilà à Pernambuco, trop heureux, après une nuit de tempête, de nous trouver enfin sous l'abri du récif fameux qui fait la sûreté de ce mouillage. Un compatriote, M. Hitsch, nous attendait sur le quai et nous a de suite emmenés à sa « chacara » (maison de campagne) où nous savourons avec délices le charme d'être reçus comme de vieux amis dans une maison américaine[1]. Pernambuco est loin d'être aussi pittoresque que Bahia ou Rio de Janeiro. La ville a une physionomie plus moderne; elle paraît aussi plus soignée et plus prospère. Beaucoup de rues sont spacieuses. La rivière, qu'on franchit sur des ponts élégants, coule à travers la partie de la ville où est concentré le commerce et y répand la fraîcheur. La campagne est plus ouverte et plus plate qu'elle ne l'est dans le Sud. Nous avons fait, cette après-midi, une longue promenade en voiture pour jouir de quelques points de vue: nous traversions de vastes prairies bien planes, et si, au lieu de palmiers s'élevant çà et là, nous eussions rencontré des ormes, nous aurions eu sous les yeux quelque chose comme le paysage de Cambridge.

2 *août*. — Nous avons quitté Pernambuco, hier, et nous sommes ce matin à l'embouchure de la Parahyba du Nord. C'est un fleuve large et magnifique que nous remontons jusqu'à quelques milles de la petite cité qui porte le même nom.

---

1. M. Agassiz est redevable à M. Hitsch de beaucoup d'objets importants pour les collections et d'une extrême obligeance pour tout ce qui concernait l'expédition.

Là, il faut descendre dans un canot et gagner la ville à la rame. Une fois à terre nous passons quelques heures à courir à droite et à gauche, collectionnant, examinant la formation géologique. En vagabondant ainsi, nous rencontrons plusieurs amis du major Coutinho; ils nous emmènent chez eux et improvisent un excellent déjeuner où nous ne retrouvons pas sans plaisir le poisson frais, le pain, le café, le vin. Le pain mérite une mention spéciale, car il passe pour être le meilleur du Brésil. La farine est en ce pays la même que partout, mais les habitants attribuent la supériorité de leur pain aux qualités de l'eau. Quoi qu'il en soit, il n'y a pas, dans tout le Brésil, de pain aussi agréable, aussi léger, aussi blanc que celui de Parahyba do Norte.

5 août. — Nous sommes depuis hier à Céará. Chaudement accueillis par le Dr Mendes, une vieille connaissance du major, nous recevons de lui la plus aimable hospitalité.

Le vent et la pluie faisaient rage quand nous sommes descendus du paquebot. Le canot qui nous portait à terre s'est arrêté à quelques pas de la plage, sur des brisants qui en rendent l'abord difficile, et je me demandais comment je gagnerais le sol. Mais deux de nos rameurs noirs, sautant à l'eau, vinrent se placer près du canot, derrière moi; ils arrondirent en forme de corbeille leurs bras unis, comme on fait quelquefois pour porter les enfants, et m'invitèrent à venir. Leurs façons disaient assez que c'était là le mode ordinaire de débarquement; je m'assis donc et, un bras passé autour du cou de chacun des nègres qui ne riaient pas de moins bon cœur que moi, je fus triomphalement portée sur le sable du rivage.

Les premiers compliments échangés avec la famille du Dr Mendes, on nous offrit l'inappréciable plaisir d'un bain avant le déjeuner. Le bain joue un très-grand rôle dans la vie domestique des Brésiliens. C'est une grande volupté dans ces contrées brûlantes et beaucoup de personnes s'y livrent plusieurs fois par jour. Nous allâmes donc nous plonger dans un bassin grand comme une petite chambre où l'eau profonde de deux pieds environ, délicieusement douce et comme un fin velours au toucher, courait lentement sur un moelleux fond de sable. Au Brésil, ces sortes de piscines sont souvent plus grandes; il n'est pas rare que l'eau y ait de quatre à cinq pieds de profondeur et presque toujours le fond en est pavé de carreaux bleus et blancs qui le rendent aussi propre que joli à voir ; on les construit ordinairement dans le jardin, à une distance convenable des appartements. Après un excellent déjeuner nous fîmes un tour dans la ville. Pour une cité brésilienne, Ceará se transforme et s'accroît avec une rapidité merveilleuse : il y a cinq ans, pas une seule rue n'était pavée ; toutes aujourd'hui ont d'excellentes chaussées et de beaux trottoirs ; elles sont, en outre, soigneusement alignées en vue du développement futur[1].

Aujourd'hui encore nous longeons la côte, mais sans voir la terre. La mer est calme, la brise délicieuse. L'Océan moutonne et reflète une teinte d'un vert particulier, la nuance de l'aigue-marine, la même que j'ai déjà observée lorsque, en venant des États-Unis, nous entrâmes dans ces latitudes. Cette couleur singulière tient, dit-on, à la nature du fond ainsi qu'au peu de profondeur et, plus au nord, aussi au mélange, le long de la côte, des eaux douces et des eaux salées.

6 *août*. — Nous arrivons de bonne heure à Maranham et nous allons déjeuner à l'hôtel, car, chose étonnante et digne de mention, Maranham possède un hôtel : grande rareté dans une ville brésilienne[2].

Nous passons la majeure partie de la journée à courir la ville en voiture, en compagnie du Dr Braga[3], qui a la

---

1. Ici comme ailleurs, les amateurs furent pour moi des aides empressés et obligeants. À mon retour de l'Amazône, quelques mois plus tard, je trouvai des collections faites en mon absence par le docteur Mendes et M. Barroso, que nous avions rencontrés à bord du paquebot. Même gracieuseté me fut faite à Parahyba de Norte, par le docteur Justa. Ces collections formeront de précieux matériaux pour la comparaison des faunes du littoral. (L. A.)

2. C'est là un point que l'accueil enthousiaste fait à nos voyageurs ne leur permit pas, sans doute, de bien vérifier. Dans toutes les villes brésiliennes de premier et de deuxième ordre, il y a des hôtels passables ou même excellents. (N. du T.)

3. J'ai dû, plus tard, à M. le docteur Braga beaucoup plus que ce qu'un étranger peut attendre de la simple courtoisie. Je lui avais appris que M. Saint-John, qui descendait alors le San-Francisco, mais se dirigeait vers le Piauhy, viendrait à Maranham à la fin de son voyage. Quand il arriva dans cette ville, il était sérieusement malade et avait les fièvres. M. Braga l'obligea à venir chez lui où lui-même et les siens le traitèrent comme s'il avait été de la famille. Nul doute que mon jeune ami n'ait dû la santé aux soins empressés dont on l'entoura dans cette excellente maison.

bonté de nous faire voir tout ce qui offre quelque intérêt. La ville et le port sont fort jolis. La ville est bâtie sur une île formée par deux bras de mer qui l'entourent. La campagne environnante est plate et couverte de bois épais, mais un peu bas. Dans le jardin du beau-frère de M. Braga, chez qui nous nous reposons, nous voyons, pour la première fois, le svelte et gracieux palmier nommé Assahy, dont on tire une boisson si estimée à Pará et dans tout le bas Amazône. C'est un curieux spectacle que de voir un nègre grimper à l'arbre pour cueillir les fruits, dont la lourde grappe pend juste au-dessous du bouquet de feuilles qui couronne le tronc. Il s'attache aux cous-de-pied une corde ou un lien fait de la feuille sèche du palmier et fixe par ce moyen ses deux pieds l'un à l'autre, de façon qu'ils ne puissent plus s'écarter en glissant sur le tronc poli. A l'aide de cette espèce d'étrier il parvient à adhérer suffisamment à cette surface lisse pour atteindre le sommet de l'arbre.

Nous venons de visiter, avec le plus grand intérêt, un institut pour l'éducation des orphelins pauvres, admirablement dirigé. On s'y applique, non pas à élever ces malheureux enfants comme des collégiens, bien qu'ils reçoivent l'instruction élémentaire, lecture, écriture et calcul, mais à leur donner un état qui leur permette de gagner honorablement leur vie. On leur apprend plusieurs métiers; on leur enseigne la musique et le jeu de quelques instruments; enfin une école de dessin annexée à l'institut complète leur éducation. Une discipline parfaite et une propreté scrupuleuse règnent dans tout l'établissement. Et ce n'était point là le résultat exceptionnel de préparatifs antérieurs: car notre visite était tout à fait inattendue. Nous en fûmes extrêmement surpris, car l'ordre et les soins minutieux dans la maison ne sont pas vertus brésiliennes. C'est l'effet du travail des esclaves; rien ne se fait convenablement que sous l'œil du maître. Les dortoirs spacieux étaient frais et bien aérés; les hamacs roulés et posés sur une tablette, chacun d'eux au-dessus du clou auquel il devait être attaché pendant la nuit; les chaussures pendues à des chevilles, le long des murailles, et les petits coffres renfermant les vêtements de chaque enfant proprement rangés au-dessous.

En passant dans ce dortoir, M. Agassiz fit la remarque que

se coucher dans un hamac était pour lui une expérience à faire ; aussitôt, un des jeunes garçons prit le sien sur la tablette, le suspendit en riant et s'y étendit avec une aisance tout à fait engageante.

À l'étage supérieur se trouve l'hôpital, grande et belle salle bien ventilée, aux fenêtres nombreuses d'où l'on jouit d'une vue admirable et par lesquelles pénètrent la brise et la fraîcheur. Ici point de hamacs, mais des lits de sangle ; j'ai peine à croire que les pauvres malades ne regrettent pas leur couche habituelle, vrai berceau doucement balancé et qu'ils doivent assurément trouver plus agréable. La cuisine et la dépense n'étaient pas moins bien tenues que le reste, et la plus grande simplicité régnait dans toute la maison, bien que rien ne manquât de ce qui est nécessaire au confort et à la santé, toutes les choses étant appropriées à leur fin. A côté du bâtiment principal se trouve une jolie petite chapelle, et la maison elle-même est située au milieu d'une belle place plantée d'arbres, charmant lieu de récréation pour ces enfants qui, le soir, y font de la musique.

À notre retour à bord, on nous prévient que le paquebot ne pourra pas partir avant une couple de jours, à cause d'un accident arrivé à la machine. Nous n'en demeurons pas moins sur le bateau, car nous aimons mieux passer la nuit en mer que dans la ville étroite et brûlante.

Nous avons été réjouis ce matin par la vue de notre pavillon entrant en rade. Il se trouve, par un heureux hasard, que la canonnière *Nipsic* qui le porte est partie de Boston le 4 juillet, et peut nous donner les nouvelles de plus fraîche date que nous ayons encore reçues. Les officiers ont eu la bonté de nous envoyer un gros paquet de journaux que nous avons parcourus avec le plus avide empressement.

7 *août*. — Tout l'intérêt de cette journée a été pour de magnifiques méduses entraînées par la marée si près des flancs du bateau que, de l'échelle, on peut les atteindre. En un instant seaux et cuvettes en sont remplis, puis rangés sur le pont, et vite M. Burkhardt se met à l'œuvre pour en prendre un croquis à l'aquarelle. Elles sont vraiment admirables et tout à fait nouvelles pour nos naturalistes. Chez quelques-unes, le disque porte une bande brune qu'on croirait être une algue de mer et

le bord en est profondément lobé. Les lobes, au nombre de trente-deux, reflètent une brillante teinte bleu foncé très-intense et forment huit faisceaux entre lesquels sont autant d'yeux placés sur le bord; les tubes qui aboutissent à ces organes sont plus gros que ceux situés dans l'intervalle qui les sépare; le réseau marginal des vaisseaux est admirablement fin et délicat. De la bouche pendent des appendices qui forment une sorte de draperie blanche à franges serrées avec une profusion de fronces à peu près comme chez notre Aurélie. Les mouvements sont vifs et le bord du disque palpite d'un battement court et rapide. D'autres sont tout à fait brunes et blanches; la bande qui ressemble à une algue marine est placée plus bas, tout au bord des lobes bleus; enfin le disque s'amincit beaucoup vers la périphérie. La tache brune est plus foncée, plus distincte, couvre un plus large espace sur quelques spécimens que sur certains autres, et cela a généralement lieu chez ceux de couleur bleue; elle enveloppe tout le disque chez quelques individus, l'entoure d'un simple liséré chez d'autres, parfois même disparaît entièrement. M. Agassiz incline à croire, en raison de la similitude de leurs caractères, que, malgré la différence de couleur, toutes ces méduses appartiennent à la même espèce; la coloration différente dénoterait la différence des sexes. Il s'est, jusqu'à un certain point, assuré que tous les individus bruns étaient des mâles.

8 *août*. — Aujourd'hui encore une très-belle méduse inconnue. Ce matin, pendant que nous attendions le déjeuner, le flot en a apporté quelques-unes; elles étaient si foncées qu'elles en paraissaient noires. Deux des membres de l'expédition se jetèrent dans un canot pour aller les chercher, mais la marée marchait avec une telle rapidité qu'elles passèrent comme un éclair et qu'on eut à peine le temps de les montrer du doigt aux deux pêcheurs, avant que le flot les remportât. Cependant, après beaucoup d'efforts, ces messieurs en prirent une que M. Burkhardt est en train de dessiner en ce moment. Le disque est d'un brun chocolat qui se fonce en une nuance plus sombre et plus veloutée vers le bord, lequel est lui-même légèrement festonné et non pas découpé en lobes profonds comme dans l'espèce observée hier. Les yeux, au nombre de huit, sont bien visibles; ils forment sur le bord autant de petites taches légè-

rement colorées. Les appendices qui descendent de la bouche ont des franges moins épaisses et sont plus solides que ceux des spécimens de la veille. Nos méduses d'aujourd'hui se meuvent aussi plus lentement dans leur prison de verre, et quand le disque, un peu languissamment, mais d'un battement encore ferme et régulier, se soulève ou s'abaisse, son large bord passe d'un brun plus clair à une nuance tendre tirant presque sur le noir[1].

9 *août*. — Nous avons passé hier l'après-midi à la ville avec la famille Braga. Le temps était ravissant ; une fraîche brise traversait doucement la vérandah où nous avons dîné. On avait invité beaucoup de monde en notre honneur, et nous eûmes de nouveau l'occasion de reconnaître combien ce peuple hospitalier sait faire en sorte que l'étranger qu'il accueille puisse se croire chez soi.

Nous avons quitté Maranham ce matin ; M. Agassiz emporte une précieuse collection, bien que nous n'ayons eu que peu de temps à nous. Le fait est que non-seulement ici, mais partout où nous avons touché le long de la côte, l'empressement cordial, entier, que tout le monde apporte à l'aider dans sa tâche, le met à même de rassembler des matériaux qu'il eût été sans cela impossible de recueillir en un aussi bref délai. Si cette expédition a des résultats inespérés, il en sera redevable à l'active sympathie des Brésiliens eux-mêmes et à leur intérêt pour tout ce qui lui tient à cœur, plus encore qu'à ses propres efforts et à ceux de ses compagnons.

11 *août*. — Pará. De bonne heure, hier matin, quelques taches jaunâtres qui, çà et là, salissent la surface de l'Océan nous annoncent l'Amazone. Bientôt ces taches deviennent de larges bandes, et l'eau douce envahit de plus en plus sur la mer ; enfin vers dix heures nous sommes en pleine embouchure du fleuve. Mais nous n'en voyons pas les rives ; deux cent quarante kilomètres (cent cinquante milles) les séparent l'une de l'autre et nous pouvons nous croire encore sur l'immense Océan. Au fur et à mesure que nous approchons de la ville, les nombreuses îles qui ferment le port de Pará et

---

[1]. Ces deux méduses sont des Rhizostomidées, et je saisirai la première occasion d'en publier la description avec les dessins de M. Burkhardt. (L. A.)

l'abritent, limitent de plus en plus la vue et brisent l'énorme masse des eaux douces affluentes. Vers trois heures on mouille l'ancre; mais un violent orage a éclaté, le tonnerre gronde, la pluie tombe à torrents, tout le monde reste à bord, excepté le major Coutinho.

Il va annoncer notre arrivée à son ami M. Pimenta Bueno qui a eu la bonté de nous offrir sa maison pour tout le temps de notre séjour.

Ce matin la pluie a cessé, le temps est splendide; à sept heures, deux embarcations viennent prendre à bord nous et notre bagage. Aussitôt à terre nous nous dirigeons vers les vastes bâtiments où sont situés les bureaux et les magasins de M. Pimenta Bueno. Il a eu l'obligeance de faire préparer plusieurs grands et beaux ateliers pour servir de laboratoire et de magasins; à l'étage supérieur, des chambres fraîches, bien aérées, sont destinées au logement de nos compagnons. Arrivés avant nous, ces derniers ont déjà suspendu leurs hamacs, arrangé leurs effets, et l'on dirait une véritable pension de vieux garçons. Les appareils de l'expédition ayant été mis en ordre, nous montons en voiture et nous nous rendons à la « chacara » de M. Pimenta. Cette élégante habitation est située à deux milles de Parà, dans la rue de Nazareth. Nous y sommes accueillis avec la plus extrême bonté. M. Agassiz s'arrête à peine; il repart presque immédiatement pour la ville en compagnie du major Coutinho; car il n'y a pas de temps à perdre, et il est urgent de commencer le travail de laboratoire.

Pour moi, je reste à la chacara et je passe une charmante matinée avec les dames de la maison qui me font faire connaissance avec la boisson fameuse extraite des fruits du palmier assahy. Ces fruits sont de la grosseur d'une mûre de ronce et d'une couleur brun foncé. Après qu'on les a fait bouillir, on les presse et ils donnent un jus abondant, d'une teinte pourpre sombre analogue à celle du jus de mûre. Une fois passé au tamis, ce suc a la consistance du chocolat. Le goût en est douceâtre, mais cela fait un mets très-délicat lorsqu'on y ajoute un peu de sucre et de « *farinha de agoa*, » sorte de farine croquante en poudre grossière, que fournissent les tubercules du manioc. Dans la province de Parà, les gens de toute classe sont passionnés pour cette boisson, et il y a même un proverbe suivant lequel

> Qui visite Para
> A regret s'en ira ;
> Mais qui l'assahy boira
> Jamais ne partira.

12 août. — De bonne heure nous sommes debout et nous

Palmier grimpant (Jacitará). Chacara de M. Pimenta.

allons courir la ville. Les environs ont été l'objet d'un soin tout particulier, et la rue de Nazareth, large avenue qui conduit de la banlieue au centre, est plantée, sur une étendue de deux ou trois milles, de beaux arbres parmi lesquels dominent les manguiers. Chemin faisant, nous remarquons un palmier à la tige élancée devenu la proie d'un parasite énorme qui l'étouffe d'une implacable étreinte. Telle est la luxuriante végétation du meurtrier que ses rameaux épanouis et son épais feuillage ne nous laissent pas voir, tout d'abord, le tronc entièrement caché dont il pompe la sève. C'est, en effet, au sommet du palmier seulement que quelques feuilles en éventail échappent à l'ennemi et s'élancent, comme pour le fuir, vers l'air et la lumière. Mais le malheureux arbre ne saurait longtemps vivre ; encore quelques jours et sa mort sonnera pour l'assassin l'heure du châtiment.

A quelques pas plus loin, nous trouvons sur cette même route une autre preuve, et charmante, de l'exubérance de la vie végétative. Sur un côté du chemin s'élève le squelette d'une maison : ruine, ou bâtiment inachevé et à l'abandon? je ne sais. Quoi qu'il en soit, il n'y a que des murailles, trouées à l'endroit des portes et des fenêtres. Mais la nature a complété l'édifice ; elle l'a recouvert d'un beau toit de verdure, elle a tapissé les murailles de plantes enguirlandées autour des baies délabrées, elle a transformé l'intérieur vide en un jardin de son choix, et la maison déserte, à défaut d'autres habitants, est au moins la demeure des oiseaux. C'est un ravissant tableau et je ne passe jamais devant sans souhaiter d'en posséder un croquis.

En arrivant en ville nous allons droit au marché ; il est situé près du rivage et nous prenons un vif plaisir à voir aborder les canots des Indiens. La « montaria » (c'est le nom qu'ils donnent à leur bateau) est une longue et étroite embarcation, couverte à une extrémité d'un toit de feuilles sèches, sous lequel habite la famille ; c'est là que l'Indien est vraiment chez lui ; là vivent sa femme et ses enfants ; là sont les hamacs, la vaisselle et la poterie, tout le mobilier, en un mot. Dans quelques-unes de ces *montarias*, les femmes, occupées à préparer le déjeuner, faisaient bouillir le café ou cuire le tapioca sur un réchaud ; ailleurs, elles étalaient pour la vente cette poterie grossière dont elles font tous les ustensiles et dont parfois la forme n'est ni sans élégance, ni sans grâce. Après nous être rassasiés de ce spectacle, nous fîmes un tour devant les étalages qui sont larges et bien tenus; mais les marchés brésiliens ne sont beaux que par comparaison des uns avec les autres. L'approvisionnement est moins que médiocrement varié, il y a peu de chose à voir, les Brésiliens n'ayant que très-peu de légumes dont il leur serait cependant facile de cultiver une si grande variété. Le marché aux fruits lui-même n'était pas du tout ce que nous avions cru trouver.

Dans la soirée, M. Agassiz est parti avec plusieurs de ses aides pour explorer quelques-unes des îles qui sont situées dans la rade. L'itinéraire de cette première excursion aux alentours de Pará a été tracé par le président de la province, le docteur Couto de Magalhães[1].

14 *août*. — Le climat dont nous jouissons nous cause une surprise des plus agréables. Je m'étais toujours attendue à vivre, dès que nous serions dans la région amazonienne, sous une chaleur accablante, ininterrompue, intolérable. Loin de là, les matinées sont fraîches; c'est un délice que de se promener le matin, soit à pied soit à cheval, entre six et huit heures. Si, dans le milieu du jour, la chaleur est vraiment très-grande, elle diminue vers les quatre heures; les soirées sont tout à fait agréables, et la température des nuits n'est jamais incommode. Alors même que, dans la journée, elle est le plus forte, la chaleur n'est point étouffante; toujours une légère brise souffle doucement.

M. Agassiz est revenu cette après-midi de son excursion dans la rade, plus profondément impressionné que jamais de la grandeur de l'entrée de l'Amazône et de la beauté de ses nombreuses îles. C'est, dit-il, un archipel dans « un océan d'eau douce. » Il décrit, comme chose très-curieuse, la manière de pêcher des Indiens. Ils montent, en ramant très-doucement, un petit canal après avoir au préalable attaché les extrémités de leur senne aux deux rives, sur un point inférieur; puis, quand ils

[1]. M. le docteur Couto de Magalhães ne se lassa point de prodiguer à M. Agassiz, durant notre séjour dans l'Amazône, les attentions de toute sorte. Il ne négligea aucun des moyens qui étaient en son pouvoir pour assurer le succès de l'expédition. La collection considérable faite sous sa direction, pendant notre voyage dans le haut Amazône, accroîtra au plus haut degré l'importance des résultats scientifiques. Quand M. Couto sut que M. Ward, un de nos jeunes compagnons, descendait le Tocantins, il envoya à sa rencontre un canot et un guide; à son arrivée à Pará, il le logea chez lui et l'y retint durant tout son séjour dans cette ville.

ont remonté assez loin, ils frappent l'eau avec un amas de branchages et se laissent dériver dans une direction toujours la même, poussant devant eux le poisson dans le filet. Il leur suffit de lever une seule fois la senne pour remplir à demi leur canot. Ce fut avec un vif intérêt que, pour la première fois, M. Agassiz put examiner vivant le singulier poisson appelé *Tralhote* par les Indiens et connu des naturalistes sous le nom d'*Anableps tetrophthalmus*. Ce nom, qui signifie *quatre yeux*, lui est donné à cause de la singulière structure de son œil; un repli membraneux, qui entoure le bulbe oculaire, passe en travers de la pupille et divise l'organe de la vision en deux moitiés, l'une supérieure, l'autre inférieure. Sans aucun doute cette conformation a pour but d'adapter l'œil aux habitudes particulières de l'Anableps. Ces poissons se réunissent par bandes à la surface de l'eau, la tête partie au-dessus, partie au-dessous, et se meuvent par sauts à peu près comme la grenouille à terre. Vivant ainsi moitié dans l'air, moitié dans l'eau, il leur faut des yeux capables de voir dans ces deux éléments, et, grâce à la disposition indiquée, les leurs remplissent précisément ce but.

10 *août*. — Il est dix heures du soir. Nous venons de prendre place à bord du steamer qui nous fera remonter l'Amazône et, avant l'aube, nous nous mettrons en route. La semaine qui vient de s'écouler a été pour moi un délicieux intervalle de repos et de délassement. Le calme de la vie de campagne, les promenades matinales dans les chemins et les sentiers ombreux du voisinage, entre les haies odorantes, ont été un véritable soulagement après quatre mois de voyage ou de séjour dans les hôtels bruyants. Un de ces jours derniers, en allant à la ville, nous aperçûmes dans l'herbe humide des bas côtés de l'avenue un champignon, le plus admirable que j'aie jamais vu. La tige entièrement blanche, grosse d'un demi-pouce, haute de trois ou quatre, était surmontée d'un chapeau en forme de massue, brun avec une pointe bleue. De la base de ce chapeau pendait jusqu'à un pouce environ du sol un filet blanc à larges mailles d'une délicatesse extrême, vraie dentelle de fée tissue sans doute par la reine Mab elle-même[1].

---

[1] Ce champignon appartient au G. Phallus et paraît n'avoir pas été décrit. Je

Cette semaine si paisible pour moi n'a pas été un temps de repos pour M. Agassiz, mais son intérêt n'a pas cessé un instant d'être vivement excité. Le jour même de notre arrivée, grâce à la bonté de notre hôte, de grandes salles étaient disposées de façon à faire un admirable laboratoire et, depuis le moment où M. Agassiz y pénétra pour la première fois, les spécimens ont afflué de tous les côtés. Les membres de l'expédition ne font qu'une faible partie de la brigade d'amis des sciences qui a travaillé pour lui et avec lui. A Pará seulement, il a déjà plus de cinquante espèces nouvelles de poissons d'eau douce, de quoi révéler des rapports nouveaux et inattendus dans le monde ichthyologique et fournir les bases d'une classification plus parfaite. Il est loin de s'attribuer entièrement un résultat aussi heureux et aussi considérable. Malgré son incessante et infatigable activité, il n'aurait pu accomplir la moitié de ce qu'il a fait sans la bonne volonté et l'empressement de ceux qui l'entourent. Parmi les plus précieuses de ces contributions, est celle offerte par M. Pimenta Bueno et qui se compose de ce qu'on appelle les *poissons des bois*. Quand les eaux grossissent après la saison des pluies, elles débordent, de chaque côté, à travers la forêt et couvrent le sol à une distance considérable de la rive. Ces poissons se tiennent en frétillant au-dessus des dépressions du terrain et des endroits creux ; et les eaux, en se retirant, les abandonnent dans les petites mares ou dans les rigoles qu'elles ont formées. On ne les rencontre point en pleine rivière, on ne les trouve jamais que dans ces replis du sol forestier ; de là le nom qu'on leur donne de « peixes do mato [1]. »

M. Agassiz n'a pas seulement à reconnaître ici l'inépuisable complaisance des individus, mais encore les témoignages de chaleureuse sympathie que les corps publics manifestè-

---

l'ai conservé dans l'alcool, mais il ne m'a pas été possible d'en obtenir un dessin pendant que sa beauté et sa fraîcheur duraient encore. Le matin de bonne heure, quand l'herbe était encore mouillée, nous trouvions souvent un limaçon particulier, une espèce de Bulimus, rampant sur le bord de la route. La forme de la partie antérieure de son pied ne ressemblait à celle d'aucune espèce connue jusqu'ici dans ce groupe. Ces faits montrent combien il serait désirable qu'on dessinât les parties molles de ces animaux, aussi bien que leurs enveloppes solides. (L. A.)

1. Littéralement poissons du bois.

rent pour le but de l'expédition. Une députation de la municipalité de Pará se rendit auprès de lui pour lui exprimer la satisfaction générale dont son entreprise était l'objet, et il reçut, des professeurs du collége, une démonstration publique de la même nature. Enfin l'évêque et le vicaire général du diocèse vinrent aussi lui offrir très-cordialement leurs services. L'intérêt ainsi exprimé ne se manifesta pas seulement en vaines paroles. M. Pimenta Bueno est directeur de la Compagnie brésilienne des paquebots à vapeur qui vont de Pará à Tabatinga[1]. Le trajet jusqu'à Manaós, petite ville située à l'embouchure du Rio Negro, se fait généralement en cinq jours et les bateaux à vapeur ne s'arrêtent aux différentes échelles qu'une heure ou deux, pour prendre ou laisser des passagers et du fret. Afin de nous laisser parfaitement indépendants et libres de nous arrêter où mieux nous semblera dans l'intérêt des collections, la Compagnie a mis, pour un mois, un bâtiment spécial à notre disposition entre Pará et Manaós. Il ne doit y avoir d'autres passagers que nous et le paquebot est pourvu de tout ce qui peut être nécessaire pendant cette période : nourriture, domestiques, etc. Je crois pouvoir dire, sans crainte de me tromper, que, en aucun pays du monde, une entreprise scientifique particulière n'a été accueillie avec autant de cordialité et n'a reçu une hospitalité plus libérale. J'insiste sur ces choses et j'y reviens souvent, non point dans un mesquin esprit d'égotisme, mais parce que cet hommage est dû au caractère du peuple brésilien dont nous désirons reconnaître hautement la générosité.

Si notre naturaliste avait été heureux dans ses collections zoologiques, le major Coutinho ne l'avait pas été moins dans ses observations géologiques, météorologiques et hydrographiques. Sa coopération est d'une valeur inappréciable, et M. Agassiz ne cesse de bénir le jour où, ayant eu la chance de

[1]. Le président de cette compagnie est le baron de Mauá, estimé de ses compatriotes comme un financier de grande capacité et un homme d'une persévérance, d'une énergie et d'un patriotisme rares. Il était en Europe dans le temps où s'accomplit mon voyage au Brésil, je n'ai donc pas eu le plaisir de faire connaissance personnelle avec lui ; aussi je saisis avec empressement l'occasion de le remercier de la libéralité dont a fait preuve, dans toutes ses relations avec moi, la compagnie dont il est l'âme. (L. A.)

le rencontrer au palais impérial, il eut l'idée de l'inviter à se joindre à l'expédition. Ses connaissances scientifiques, son entente parfaite de la langue des Indiens (*lingoa geral*) et sa grande familiarité avec les usages de ce peuple en font le plus important des collaborateurs. Grâce à lui, on a pu ouvrir une sorte de journal dans lequel, à côté du nom scientifique de chaque spécimen, le major mentionne le nom vulgaire et local désigné par les Indiens et tout ce qu'il est possible d'apprendre sur l'habitat et les mœurs des animaux.

Je n'ai encore rien dit des observations de M. Agassiz sur le caractère du terrain depuis que nous avons quitté Rio. J'ai pensé qu'il valait mieux en parler d'ensemble et d'une fois. Tout le long de la côte, il a suivi le drift et l'a examiné soigneusement à chaque station. A Bahia ce dépôt contenait moins de gros blocs qu'à Rio, mais il était rempli de cailloux et reposait sur une roche stratifiée sans décomposition. A Maceió, capitale de la province des Alagôas, il était de même nature, mais recouvrait, comme à la Tijuca, une roche décomposée, au-dessous de laquelle se trouvait une couche d'argile renfermant de petits cailloux. A Pernambuco, dans notre promenade à l'aqueduc, nous le retrouvâmes tout le long de la route; c'était la même pâte rouge, argileuse et homogène reposant sur une roche décomposée. La ligne de contact à Monteiro, lieu où se termine l'aqueduc, était clairement marquée par une couche de cailloux interposée. A Parahyba du Nord, le même lit de drift, mais contenant plus et de plus gros cailloux, repose sur un grès décomposé qui ressemble quelque peu à la roche décomposée de Pernambuco. Dans la roche non décomposée sous-jacente, M. Agassiz trouva quelques coquilles fossiles.

Au cap Saint-Roque, nous vîmes des dunes de sable ressemblant à celles du cap Cod; et, partout où nous passâmes assez près de terre pour distinguer nettement le rivage, la couche de drift se laissait très-bien apercevoir au-dessous des sables mouvants de la surface. La différence entre la couleur blanche des sables et la couleur rouge du terrain inférieur rendait leurs rapports faciles à reconnaître. A Céará, où nous prîmes terre, M. Agassiz eut l'occasion de vérifier le fait en examinant les choses de plus près. A Maranham, ce même terrain est partout reconnaissable et de même à Pará. Cette couche de drift, qu'il a ainsi suivie depuis Rio de Janeiro jusqu'à l'embouchure de l'Amazône, a partout la même constitution géologique : c'est toujours une pâte argileuse, homogène, de couleur rouge, contenant des cailloux de quartz et dont le caractère, quelle que soit la nature de la roche en place (granit, grès, gneiss ou calcaire), jamais ne change et jamais ne participe de celui des roches avec lesquelles elle est en contact. Cela prouve certainement que, n'importe comme il ait été formé, ce dépôt ne peut pas appartenir aux localités où on le rencontre actuellement et a dû y être apporté d'une certaine distance. Le problème de son origine sera donc résolu par celui qui pourra en suivre les traces, jusqu'à l'endroit où ce terrain rouge avec ses éléments particuliers constitue la roche primitive. J'insère ici la lettre que M. Agassiz écrivit à l'Empereur quelques jours plus tard. Elle fera mieux connaître ses vues à ce sujet.

« A bord de l'*Icamiaba*, sur l'Amazône[1] (le 20 août 1865).

« Sire,

« Permettez-moi de rendre un compte rapide à Votre Majesté de ce que j'ai observé de plus intéressant depuis mon départ de Rio. La première chose qui m'a frappé en arrivant à Bahia, ce fut d'y trouver le terrain erratique, comme à la Tijuca et comme dans la partie méridionale de Minas que j'ai visitée. Ici comme là, ce terrain, d'une constitution identique, repose sur les roches en place les plus diversifiées. Je l'ai retrouvé de même à Maceió, à Pernambuco, à Parahyba do Norte, à Ceará, à Maranham, et au Pará. Voilà donc un fait établi sur la plus grande échelle ! Cela démontre que les matériaux superficiels, que l'on pourrait désigner du nom de drift, ici comme dans le nord de l'Europe et de l'Amérique, ne sauraient être le résultat de la décomposition des roches sous-jacentes, puisque celles-ci sont tantôt du granit, tantôt du gneiss, tantôt du schiste micacé ou talqueux, tantôt du grès, tandis que le drift offre partout la même composition. Je n'en suis pas moins aussi éloigné que jamais de pouvoir signaler l'origine de ces matériaux et la direction de leur transport. Aujourd'hui que le major Coutinho a appris à distinguer le drift des roches décomposées, il m'assure que nous le retrouverons dans toute la vallée de l'Amazône. L'imagination la plus hardie recule devant toute espèce de généralisation à ce sujet. Et pourtant, il faudra bien en venir à se familiariser avec l'idée que la cause

1. Cette lettre et toutes celles qu'on aura désormais l'occasion de lire sont en français dans le texte original. (N. du T.)

qui a dispersé ces matériaux, quelle qu'elle soit, a agi sur la plus grande échelle, puisqu'on les retrouvera probablement sur tout le continent. Déjà j'apprends que mes jeunes compagnons de voyage ont observé le drift dans les environs de Barbacena et d'Ouro-Preto, et dans la vallée du Rio das Velhas. Mes résultats zoologiques ne sont pas moins satisfaisants; et pour ne parler que des poissons, j'ai trouvé à Pará seulement, pendant une semaine, plus d'espèces qu'on n'en a décrit jusqu'à présent de tout le bassin de l'Amazône; c'est-à-dire en tout soixante-trois. Cette étude sera, je crois, utile à l'ichthyologie, car j'ai déjà pu distinguer cinq familles nouvelles et dix-huit genres nouveaux, et les espèces inédites ne s'élèvent pas à moins de quarante-neuf. C'est une garantie que je ferai encore une riche moisson, lorsque j'entrerai dans le domaine de l'Amazône proprement dit; car je n'ai encore vu qu'un dixième des espèces fluviatiles que l'on connaît de ce bassin et les quelques espèces marines qui remontent jusqu'au Pará. Malheureusement M. Burkhardt est malade et je n'ai encore pu faire peindre que quatre des espèces nouvelles que je me suis procurées, et puis près de la moitié n'ont été prises qu'en exemplaires uniques. Il faut absolument qu'à mon retour je fasse un plus long séjour au Pará pour remplir ces lacunes. Je suis dans le ravissement de la nature grandiose que j'ai sous les yeux. Votre Majesté règne sans contredit sur le plus bel empire du monde, et toutes personnelles que soient les attentions que je reçois partout où je m'arrête, je ne puis m'empêcher de croire que, n'était le caractère généreux et hospitalier des Brésiliens et l'intérêt des classes supérieures pour le progrès des sciences et de la civilisation, je n'aurais point rencontré les facilités qui se pressent sous mes pas. C'est ainsi que pour me faciliter l'exploration du fleuve, du Pará à Manaós, M. Pimenta Bueno, au lieu de m'acheminer par le steamer régulier, a mis à ma disposition, pour un mois ou six semaines, un des plus beaux bateaux de la compagnie, où je suis installé aussi commodément que dans mon musée à Cambridge. M. Coutinho est plein d'attentions et me rend mon travail doublement facile en le préparant à l'avance par tous les renseignements possibles.

« Mais je ne veux pas abuser des loisirs de Votre Majesté et je la prie de croire toujours au dévouement le plus complet et à l'affection la plus respectueuse

« De son très-humble et très-obéissant serviteur,

« L. AGASSIZ. »

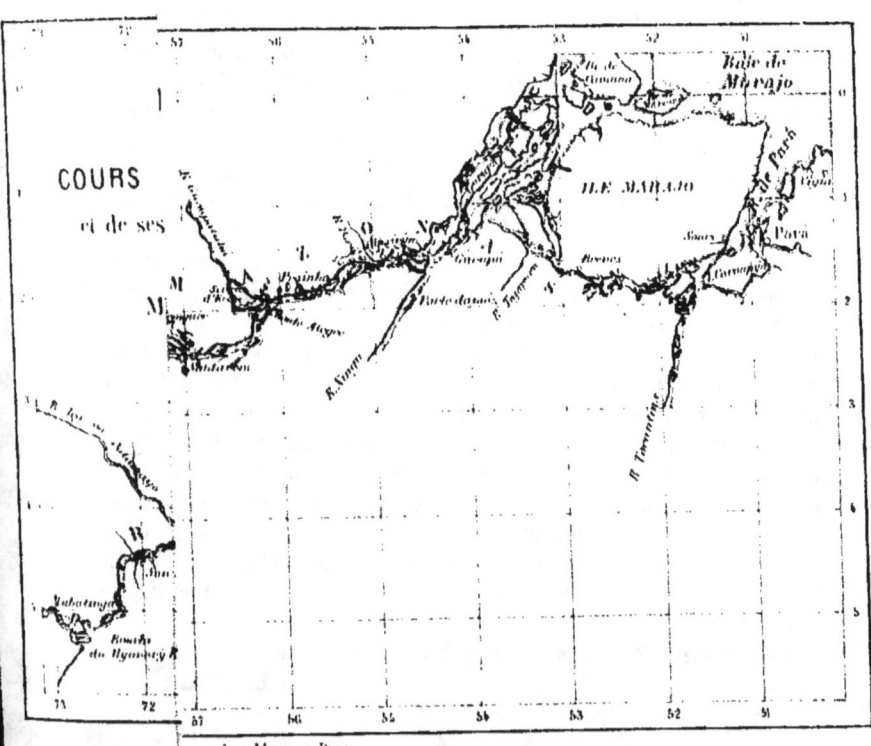

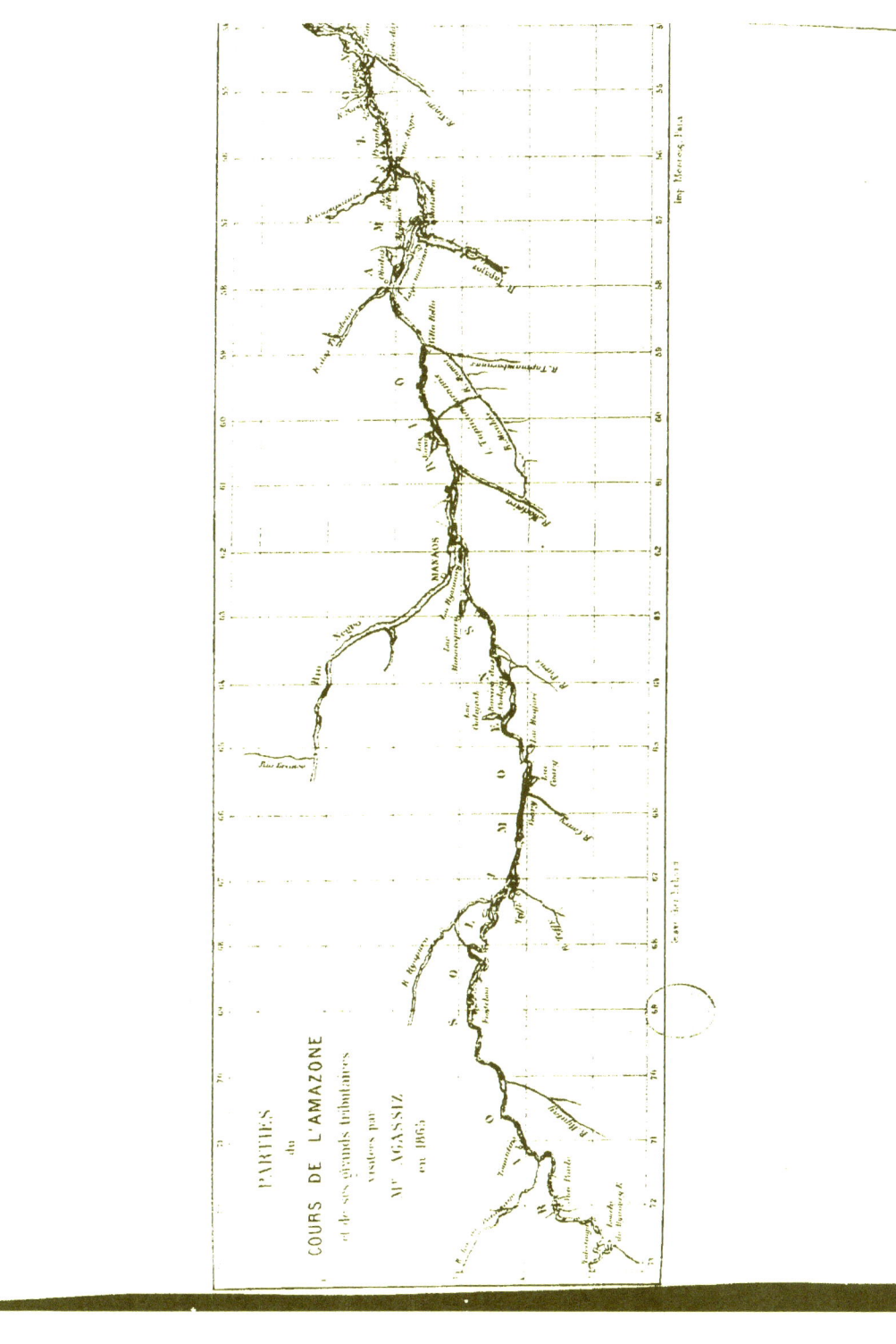

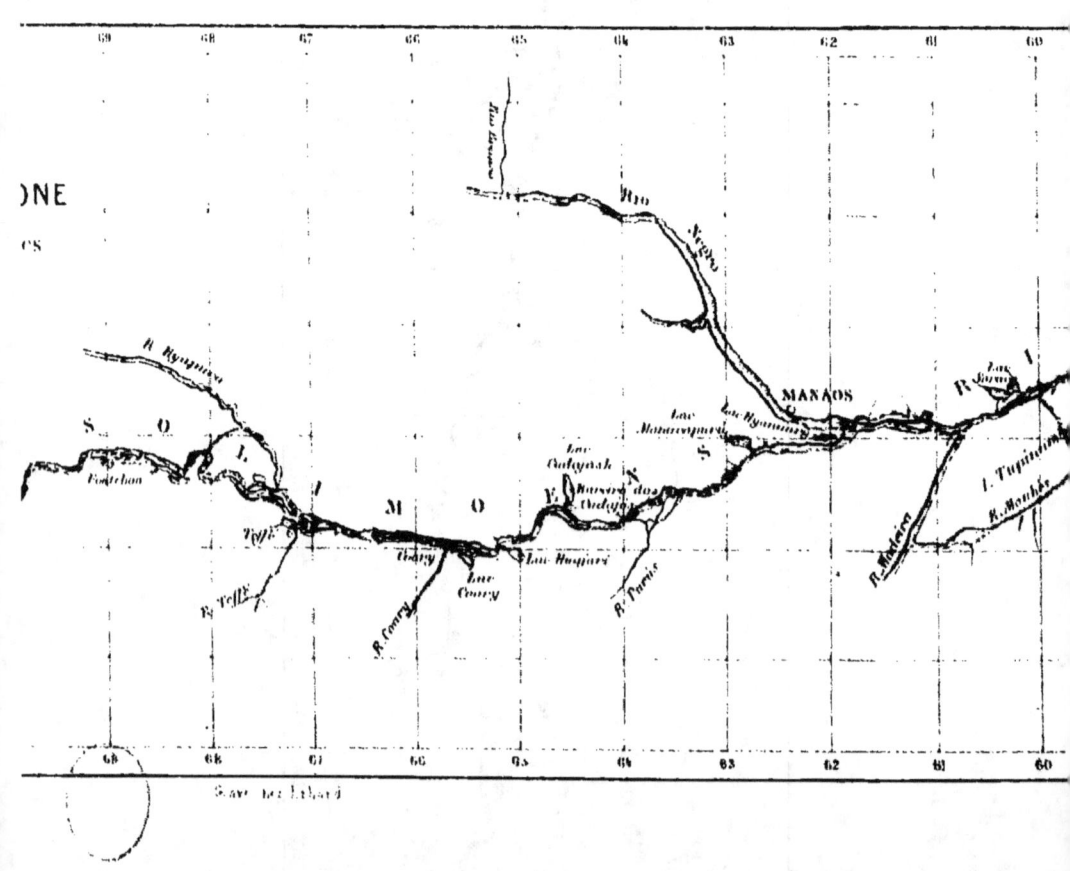

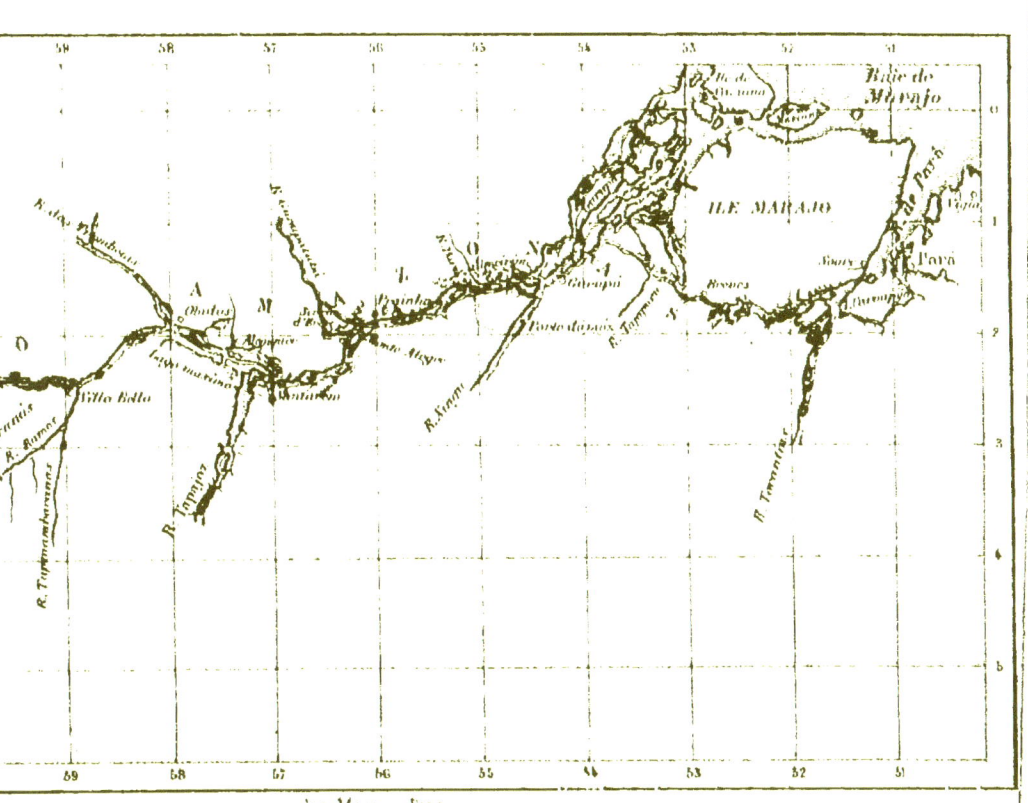

V

DE PARÁ A MANAÓS.

Premier dimanche sur l'Amazône. — Problème géographique. — Aménagement du paquebot. — Vastes dimensions du fleuve. — Aspect des rives. — Village de Breves. — Lettre sur les collections. — Végétation. — Variété des palmiers. — Établissement de Tajapurú. Énorme dimension des feuilles du palmier Miriti. — Promenade sur la rive. — Maisons indiennes. — Courtoisie des Indiens. — En canot dans la forêt. — La ville de Gurupá. — Le Rio Xingú. — Couleur de l'eau. — Porto do Móz. — Collines d'Almeyrim aux sommets plats. — Coucher de soleil. — Monte-Alegre. — Caractères du paysage et du terrain. — Santarem. — Détachement envoyé au Tapajóz. — On continue à remonter l'Amazône. — Scènes pastorales sur les bords du fleuve. — Villa-Bella. — Voyage nocturne en canot au lac de José-Assú. — La chaumière d'Esperança. — Scène pittoresque le soir. — Succès des collectionneurs. — La vie des Indiens. — Fabrication de la *farinha*. — Danses. — Les singes hurleurs. — Impressions religieuses des Indiens. — La chaumière de Maia le pêcheur. — Son désir d'instruire ses enfants. — Retour au paquebot. — Résultats scientifiques de l'excursion.

20 *août*. — A bord de l' « *Icamiaba*. » Voici notre premier dimanche sur l'Amazône; car, si vivement qu'on discute le point de savoir si les deux grands canaux qui entourent l'île de Marajó doivent être considérés comme les bras du grand fleuve, il est impossible, dès qu'on a quitté Pará, de ne pas sentir qu'on est entré dans l'Amazône. Du reste, c'est à la géologie de mettre fin à cette controverse. Si l'on peut démontrer que le continent présentait autrefois, comme c'est l'opinion de M. Agassiz, une ligne ininterrompue depuis le cap Saint-Roque jusqu'à Cayenne (la mer ayant, plus tard, empiété sur la côte en lui donnant ses limites actuelles), l'Amazône devait se jeter

dans l'Océan bien à l'est de l'embouchure que nous connaissons et, à cette époque, l'île de Marajó divisait le fleuve en deux branches, qui coulaient à droite et à gauche, puis se rejoignaient en aval.

Nous nous sommes embarqués hier soir, reconduits jusqu'au canot par tous les amis qui ont rendu si agréable notre séjour à Pará. Tous avaient voulu venir jusque-là pour nous dire adieu. Jusqu'à ce jour les fatigues et les privations inhérentes aux voyages dans l'Amérique du Sud semblent ne pas vouloir nous atteindre; il ... impossible de jouir d'un confort plus grand que celui qui nous entoure. Mon appartement se compose d'une vaste chambre à coucher à laquelle sont attenants un cabinet de toilette et un cabinet de bains; si tout le monde n'est pas aussi bien logé, l'espace ne manque à personne. La chambre à coucher ne sert guère la nuit, car, sous ce climat, un hamac sur le pont est bien plus agréable. Le pont, couvert dans toute sa longueur, muni d'auvents qui peuvent se rabattre sur les côtés s'il est nécessaire, ressemble à un grand salon où tout serait disposé pour le bien-être et rien pour le luxe ou la cérémonie. Une longue table, au milieu, sert pour nos repas, mais, en ce moment, elle est couverte de cartes, de journaux, de livres, de papiers de toute nature. Deux ou trois fauteuils de voyage, quelques pliants, une demi-douzaine de hamacs, deux ou trois desquels sont déjà occupés par autant de nos compagnons amoureux de leurs aises, complètent le mobilier de notre salon et suffisent à tout ce qui est nécessaire pour le travail ou le repos. A l'une des extrémités se trouve une table à dessiner pour M. Burkhardt et, à côté, un certain nombre de petits barils et de jarres en verre attendent les spécimens.

Mais aujourd'hui, il est impossible de faire autre chose que regarder et admirer. M. Agassiz s'étonne : « ce fleuve ne ressemble pas à un fleuve; le courant général, dans cette mer d'eau douce, est à peine perceptible à la vue et paraît plutôt le flot d'un océan que l'écoulement d'un cours d'eau méditerranéen. » Il est pourtant vrai que nous sommes constamment entre deux rivages; mais ces rives ne sont pas celles du grand fleuve, ce sont les bords des îles innombrables qui sont éparpillées à la surface de son immense étendue. En longeant cet archipel, c'est un enchantement pour nous de contempler cette végétation étrange avec laquelle nous avons encore à nous familiariser. L'arbre qui frappe tout d'abord la vue et s'élève au-dessus de la masse de verdure, avec une grâce et une majesté mer-

Femme indienne.

veilleuses, c'est le svelte et élégant palmier Assahy, couronné d'un panache de feuilles légères, au-dessous duquel les touffes de ses fruits, qui ressemblent à des baies, pendent à une branche presque horizontalement projetée. Çà et là, sur la rive, quelques maisons interrompent la solitude. De la distance où nous sommes, avec leurs toits de paille qui penchent et surplombent sur une sorte de galerie ouverte, elles ont un aspect très-pittoresque. En ce moment même, nous passons devant une petite clairière située au bord de l'eau et où une croix de bois indique une sépulture. Quelle solitude autour de cette tombe unique !

Nous longeons maintenant la côte de l'île Marajó et nous sommes encore dans ce qu'on appelle la rivière de Pará ; ce n'est qu'après-demain que nous entrerons dans les eaux incontestées de l'Amazône. La partie du fleuve où nous sommes est aussi désignée sous le nom de Baie de Marajó.

21 *août*. — Nous avons atteint hier soir notre première station, la petite ville de Breves. Sa population, comme celle de tous les petits établissements de l'Amazône inférieur, est le produit du mélange des races. On y voit les traits réguliers et la peau claire de l'homme blanc, la grossière et roide chevelure noire de l'Indien, ou bien les formes mi-partie du nègre, mi-partie de l'Indien qu'offre le métis dont les cheveux n'ont plus d'ondulations fines. A côté de ces mélanges, se montre le pur type indien : front bas, face taillée carrément, épaules roidement équarries et très-hautes, surtout chez les femmes. Dans la première cabane où nous pénétrons, il n'y a qu'une Indienne métisse. Debout dans la galerie ouverte de la maisonnette en paille, elle est entourée d'une marchandise emplumée, perruches et perroquets de toute sorte et de toute grosseur qu'elle a emprisonnés pour les vendre. Après avoir jeté un coup d'œil dans plusieurs de ces cases, acheté un ou deux singes, quelques perroquets et quelques poteries, aussi laides que curieuses, il faut le dire, nous entrons dans la forêt et nous errons au hasard en cueillant des plantes pour nos herbiers. Les palmiers sont plus abondants, plus gros, et en plus grande variété que nous ne les avons rencontrés jusqu'ici. A la brune, nous retournons à bord où nous attendaient une foule de jeunes garçons et quelques autres habitants plus âgés du village. Ils apportent des serpents, des poissons, des insectes, des singes, etc. La nouvelle s'étant répandue que recueillir des « bixos » est l'objet de notre visite à l'établissement, tous sont accourus chargés de leurs denrées vivantes. M. Agassiz est enchanté de cette première récolte, et il ajoute un nombre considérable d'espèces

nouvelles à la collection des poissons amazoniens, déjà si nombreuse et si rare, qu'il a faite à Pará.

Nous avons passé la nuit à Breves et ce matin nous côtoyons de nouveau les îles, en remontant un canal qui porte le nom de Rio *Aturia*. On peut se faire une idée de la largeur de l'Amazône si l'on songe que beaucoup de canaux, courant entre les îles qui rompent l'immensité de sa largeur, semblent eux-mêmes de larges fleuves et sont désignés ici, par le peuple, sous un nom local distinct. Le rivage est plat; nous n'avons pas encore aperçu une seule berge et la beauté du paysage est tout entière dans la forêt. Si je parle des palmiers plus que des autres arbres, c'est qu'on les reconnaît tout de suite; leur port si caractéristique fait qu'ils se détachent avec un relief vigoureux sur la masse du feuillage; souvent même ils la dominent et s'élancent avec hardiesse vers le ciel. Il y a toutefois une foule d'autres arbres dont les noms nous sont encore inconnus et dont un grand nombre, je suppose, n'ont pas encore pris place dans la nomenclature des botanistes. Ils forment le long des rives du fleuve une épaisse muraille de verdure. On nous avait tant dit que la navigation sur l'Amazône est monotone! il me semble, au contraire, ravissant de glisser le long de ces bois dont la physionomie est si nouvelle pour nous, de jeter un coup d'œil dans leurs sombres profondeurs, ou, si quelque trouée plus claire apparaît, d'arrêter mon regard çà et là, sur un hardi palmier, d'entrevoir enfin, ne fût-ce que légèrement, les mœurs de ce peuple qui vit dans des établissements isolés, composés d'une ou deux cabanes d'Indiens situées au bord de l'eau.

Nous passons aujourd'hui si près de la terre que nous pourrions presque compter les feuilles des arbres; c'est une excellente occasion d'étudier les différentes espèces de palmier. Jusqu'à présent l'Assahy attirait seul le regard, mais maintenant il se confond dans la foule des arbres de la même famille. Un des plus beaux est le Miriti (Mauritia) avec ses masses de fruits rouges qui pendent et ses énormes frondes en éventail, découpées en rubans, largement étalées, dont une seule, au dire de Wallace, fait la charge d'un homme. Un autre, le Jupati (Rhaphia), a des feuilles en barbe de plume qui mesurent parfois de quarante à cinquante pieds; le tronc est si court que ces feuilles semblent sortir de terre et la forme évasée de l'arbre, la symétrie de ses parties lui donnent une grâce particulière. Voici encore le Bussú (Manicaria) aux feuilles d'une trentaine de pieds de long, roides et entières, mais dentelées comme une scie, plus droites; plus serrées, elles s'échappent aussi d'un tronc comparativement court. Les rives du fleuve sont généralement bordées par deux plantes qui forment parfois une sorte de haie le long de la plage; ce sont l'Aninga (Arum) dont la large feuille cordiforme est portée au sommet d'un haut pédoncule et le Murici, plus humble, qui se tient juste à fleur d'eau.

Nous voilà sortis de la soi-disant rivière Aturia, nous pénétrons dans un autre canal tout semblable, la rivière Tajapurú; dans le courant du jour nous arriverons à un petit établissement qui porte le même nom et où nous devons faire notre seconde halte.

22 *août*. — Nous avons passé la journée d'hier à Tajapurú. L'établissement consiste en une maison occupée par un marchand brésilien[1], qui vit ici avec sa famille et n'a pour tout voisin que les habitants de quelques cases indiennes dans la forêt prochaine. On se demande d'abord avec stupéfaction comment un homme peut se décider à se renfermer ainsi dans la solitude et l'isolement. Mais le commerce du caoutchouc est, en ces parages, extrêmement productif. Les Indiens incisent l'arbre qui fournit la gomme, comme on incise chez nous l'érable à sucre, et ils échangent ensuite le produit contre les différents articles de leur consommation domestique. La journée passée à Tajapurú a été des plus heureuses au point de vue scientifique, et les collections se sont accrues encore d'un grand nombre d'espèces nouvelles. Quoi qu'on ait pu dire du nombre et de la variété des poissons de l'Amazône, la richesse de la faune dépasse tout ce qu'on en rapporte. Pour ceux de mes lecteurs que les résultats scientifiques de l'expédition n'intéressent pas moins que le récit de nos aventures, je place ici une lettre adressée par M. Agassiz à M. Pimenta

---

1. M. Sepeda, charmant homme non moins hospitalier que courtois, qui fut pour nous, ce jour là et plus tard, d'une obligeance extrême, et contribua aussi à augmenter nos collections pendant notre séjour dans le haut Amazône.

Bueno de Pará, l'ami généreux auquel nous devons en grande partie les facilités dont nous jouissons dans ce voyage.

22 août, au matin, entre Tajapurú et Gurupá.

« Mon cher ami,

« La journée d'hier a été des plus instructives, surtout pour les poissons « do Mato. » Nous avons obtenu quinze espèces en tout. Sur ce nombre il y en a dix nouvelles, quatre qui se trouvent aussi au Pará et une déjà décrite par moi dans le voyage de Spix et Martius; mais ce qu'il y a de plus intéressant, c'est la preuve que fournissent ces espèces, à les prendre dans leur totalité, que l'ensemble des poissons qui habitent les eaux à l'ouest du groupe d'îles qu'on appelle Marajó, diffère de ceux des eaux du Rio do Pará. La liste des noms que nous avons demandée aux Indiens prouve encore que le nombre des espèces qui se trouvent dans ces localités est beaucoup plus considérable que celui des espèces que nous avons pu nous procurer; aussi avons-nous laissé des bocaux à Breves et à Tajapurú pour compléter la collection.

« Voici quelques remarques qui vous feront mieux apprécier ces différences, si vous voulez les comparer avec le catalogue des espèces du Pará que je vous ai laissé. A tout prendre, il me paraît évident dès à présent que notre voyage fera une révolution dans l'ichthyologie. Et d'abord le Jacundá de Tajapurú est différent des espèces du Pará; de même l'Acará; puis nous avons une espèce nouvelle de Sarapó et une espèce nouvelle de Jejú; une espèce nouvelle de Rabeca, une espèce nouvelle d'Anojá, un genre nouveau de Candirú, un genre nouveau de Bagre, un genre nouveau d'Acary et une espèce nouvelle d'Acary du même genre que celui du Pará; plus une espèce nouvelle de Matupirim. Ajoutez à ceci une espèce d'Aracú déjà décrite, mais qui ne se trouve pas au Pará, et vous aurez à Tajapurú onze espèces qui n'existent pas au Pará, auxquelles il faut ajouter encore quatre espèces qui se trouvent à Tajapurú aussi bien qu'au Pará, et une qui se trouve au Pará, à Breves, et à Tajapurú. En tout vingt espèces, dont quinze nouvelles, en deux jours. Malheureusement les Indiens ont mal compris nos directions, et ne nous ont rapporté qu'un seul exemplaire de chacune de ces espèces. Il reste donc beaucoup à faire dans ces localités, surtout à en juger d'après le catalogue des noms recueillis par le major Coutinho qui renferme vingt-six espèces « do Mato » et quarante-six « do Rio. » Il nous en manque donc au moins cinquante-deux de Tajapurú, même à supposer que cette localité renferme aussi les cinq espèces de Breves. Vous voyez que nous laisserons encore énormément à faire à nos successeurs.

« Adieu pour aujourd'hui; votre bien affectionné

« L. AGASSIZ. »

Les Indiens de ce pays sont d'une merveilleuse habileté à la pêche. Au lieu d'aller péniblement à la recherche des spécimens,

M. Agassiz, dès que nous nous arrêtons quelque part, envoie immédiatement dans toutes les directions quelques pêcheurs de la localité. Pendant ce temps, il surveille les dessinateurs et classe les échantillons, au fur et à mesure qu'on les apporte[1]. Il a fait à Tajapurú une collection de feuilles et de fruits

[1]. Grâce à la possibilité d'étudier ces poissons dans leur élément naturel et de les conserver vivants pendant plusieurs heures ou plusieurs jours dans nos bassins de verre, nous apprîmes beaucoup de choses sur ces animaux. Nous eûmes aussi l'occasion de faire des comparaisons auxquelles nous n'aurions pas songé sans cela. Nous disposions des appareils les plus convenables, le commandant du paquebot nous ayant permis d'encombrer le pont autant qu'il nous plairait. Nous avions donc installé un certain nombre de grandes cuvettes en cristal et de grands seaux en bois, et nous y renfermions les spécimens que nous voulions étudier de plus près, ou dessiner d'après le vif. Une des modifications les plus remarquables que J. Müller ait introduites dans la classification des poissons acanthoptérygiens, c'est la séparation en un ordre distinct, sous le nom de pharyngognathes, de tous ceux de ces animaux dans lesquels les os pharyngiens sont soudés ensemble. L'illustre anatomiste allemand leur a associé quelques espèces de malacoptérygiens jadis réunies aux brochets et aux harengs, et caractérisées par la même structure. Il semblerait donc qu'il existe ici un caractère anatomique défini, aisément reconnaissable, à l'aide duquel ces poissons peuvent être classés de la manière la plus correcte. Mais alors se présente cette question : Tous ces poissons ont-ils vraiment entre eux une affinité certaine et leur groupement, en ce nouvel ordre de pharyngognathes, renferme-t-il tous ceux qui leur sont positivement alliés et aucun autre? Je crois que non. Je crois que Müller a toujours accordé trop de valeur à des caractères anatomiques isolés et que s'il fut, incontestablement, un des maîtres du dix-neuvième siècle en anatomie et en physiologie, il manquait du tact zoologique. Cela est particulièrement évident pour ce qui est de l'ordre des pharyngognathes, car si les Scomberésoces ont les os pharyngiens soudés, comme les Chromides, les Pomacentrides, les Labroïdes, les Holconotes et les Gerrides, ils n'ont aucune affinité réelle avec ces familles. D'ailleurs, le caractère assigné à l'ordre n'est pas même constant chez les pharyngognathes typiques. J'ai vu des chromides et des gerrides avec les os pharyngiens mobiles; dans le genre Cychla, ces pièces le sont normalement. Il est à propos, par conséquent, d'établir ici que les chromides de l'Amérique du Sud sont en réalité étroitement alliés à un groupe de poissons fort répandu dans les eaux des États-Unis, et qu'on connaît sous les noms de Pomotis, Bryttus, Centrarchus, etc. On rapporte généralement ce groupe à la famille des Perches, mais dernièrement le docteur Holbrook les en a séparés sous le nom d'Hélichthyoïdes. Non-seulement leur forme générale est celle des chromides, mais ils leur ressemblent encore par leurs habitudes, leur mode de reproduction, leurs mouvements particuliers et même par leur coloration. Cuvier avait déjà fait voir que l'Enoplossus n'appartient pas à la famille des Chétodontes, et je puis désormais ajouter qu'il est proche voisin des chromides et doit être placé à côté du Ptérophyllum dans un système naturel. Le Monocirrus de Heckel, que je regarde comme le type d'une petite famille désignée par le nom de Polihidées, est aussi étroitement allié à ceux-ci, quoique pourvu d'un barbillon; il faut le mettre avec le Polycentrus à côté des chromides et des hélichthyoïdes. La manière dont le pterophyllum se meut est assez originale. Le profil de la tête et le bord antérieur déployé de la haute nageoire dor-

de palmiers, car il y en avait au bord de l'eau plusieurs de très-remarquables. Pour moi, assise sur le pont, je reste longtemps à regarder un Indien en train de couper une feuille de palmier miriti. A califourchon sur une seule feuille, où il est aussi assuré et aussi à l'aise que sur une branche de chêne, il frappe plusieurs coups de sa lourde hache sur la feuille voisine qu'il veut abattre.

La chaleur durant le jour a été très-forte; mais, vers cinq heures, la fraîcheur revient et je descends me promener. On ne se promène pas ici comme partout ailleurs, et même, jusqu'à ce qu'on s'y soit accoutumé, cela paraît chose dangereuse. Une grande partie du sol est recouverte par les eaux, et un simple tronc d'arbre est jeté en travers de toutes ces mares et ces canaux. Les habitants passent là-dessus aussi aisément et aussi tranquillement que s'ils marchaient sur une grande route; mais les nouveaux venus ne sont rassurés qu'à demi. Au bout de quelque temps, nous rencontrons sur la lisière du bois une case indienne. Une invitation cordiale nous décide à entrer et l'aspect propret du porche, qui forme à lui seul les appartements de réception, provoque nos commentaires. Une fois pour toutes il faut décrire une de ces habitations. C'est la forêt qui en fournit les matériaux; la charpente est faite de minces troncs d'arbres croisés l'un sur l'autre à angle droit et entrelacés de longues feuilles de palmier qui font un chaume excellent; ou bien parfois, les murailles sont remplies avec de la boue. Le toit s'incline pour couvrir le large porche, ouvert sur les côtés aussi bien que sur la façade, qui s'étend tout le long de la cabane et forme une pièce profonde et de belles dimensions. A l'intérieur, le reste de la maisonnette forme une ou deux chambres, suivant sa grandeur. Je n'ai pas pénétré dans ces salles réservées, mais j'affirmerais volontiers qu'il y règne autant d'ordre et de propreté que dans le hangar extérieur. Le sol, en terre durcie, est soigneusement balayé; rien n'y traîne, et, n'étaient les moustiques, je n'hésiterais pas à suspendre mon hamac sous le toit d'une de

---

sale sont étendus sur un même niveau, parallèlement à la surface de l'eau, tandis que les longues nageoires ventrales et la haute anale pendent verticalement au-dessous du corps, et le poisson avance lentement dans l'eau par les mouvements latéraux de la queue. (L. A.)

ces vérandahs primitives. Il y a, du reste, chez les pauvres de nos climats un élément répulsif qui manque heureusement ici ; au lieu d'une volumineuse et fétide literie, véritable nid de vermine, l'Indien suspend le soir, d'une muraille à l'autre, son frais hamac. Un trait particulier de l'architecture de ces cases doit être relevé. Comme le terrain sur lequel ils vivent est submergé, les Indiens élèvent souvent leur chaumière sur des pilotis et nous avons ainsi, reproduites sous nos yeux, les vieilles constructions lacustres dont on parlait tant il y a quelques années. Parfois même un petit jardin, suspendu de cette manière au-dessus de l'eau, avoisine la maisonnette.

Mais reprenons notre promenade. Un des Indiens nous invite à la prolonger jusqu'à sa case qui, dit-il, est un peu plus loin dans la forêt. Nous nous décidons sans peine, car le sentier qu'il montre du doigt est des plus attrayants et s'enfonce dans la profondeur du bois. Il nous précède, et nous marchons à quelques pas en arrière ; à chaque instant il faut franchir sur un tronc d'arbre quelque petit canal, je ne suis pas très-rassurée, mon guide s'en aperçoit ; vite il coupe une longue perche sur laquelle je puis prendre un point d'appui, et me voilà plus brave. Mais bientôt nous arrivons à un endroit où l'eau est si profonde que ce bâton se trouve trop court, et comme le tronc arrondi sur lequel je dois passer branle et roule un peu, je n'ose plus avancer. Je déclare, dans mon mauvais portugais, mon effroi à l'Indien : « Nào, minha branca » (non, ma blanche), me dit-il pour m'encourager, « Nào tenha medo » (n'ayez pas peur). Alors, comme frappé d'une idée subite, il m'engage à attendre, puis, remontant le canal de quelques pas, il détache son canot, le fait filer jusqu'au point où je suis et me porte sur la rive opposée. Tout en face était sa jolie et pittoresque cabane ; il m'amena ses enfants et me présenta sa femme. Il y a chez ces pauvres gens une courtoisie naturelle vraiment séduisante. Le major Coutinho qui a longtemps vécu au milieu d'eux assure qu'elle est générale et caractérise tous les Indiens de l'Amazonie. Quand après avoir pris congé nous remontâmes en canot, nous pensions devoir simplement traverser l'eau, mais l'Indien tourna la proue de sa légère embarcation dans le sens du courant et s'enfonça dans la forêt. Je n'oublierai jamais cette prome-

Palmier mbiti.

nade, d'autant plus charmante qu'elle était moins prévue, sur l'étroit sentier liquide, dans l'ombre noire, sous les arceaux épais des lianes qui le couvrent de leurs voûtes. Il ne faisait cependant pas obscur; au dehors, le soleil couchant teignait le ciel de pourpre et d'or, et ses derniers rayons, venant se briser sous les grosses branches, éclairaient l'intérieur de la forêt de chaudes lueurs. Je n'oublierai pas non plus l'accueil aimable de notre ami l'Indien, ni sa figure souriante quand nous échappait quelque exclamation de plaisir devant la scène si belle dont il nous avait ménagé la surprise. Le petit canal, après un dernier détour, déboucha dans la rivière, et nous nous trouvâmes à quelques brasses de l'embarcadère auprès duquel était mouillé notre vapeur. L'aimable batelier nous déposa sur les degrés de l'échelle, puis, après un cordial adieu de sa part, force remercîments de la nôtre, il s'éloigna.

De bonne heure ce matin, nous sommes repartis, et vers dix heures et demie nous étions en plein Amazône. Jusqu'à présent nous naviguions dans ce qu'on appelle la rivière de Pará et dans les ramifications qui la font communiquer avec le grand fleuve. Les proportions de toutes choses, ici, frappent d'étonnement le spectateur, quoi qu'il ait pu lire ou entendre dire auparavant. Pendant deux jours et deux nuits nous avons longé la côte de l'île de Marajó, qui, sans être autre chose qu'une île à la bouche du fleuve, est moitié aussi grande que l'Irlande.

J'intercale ici une seconde lettre de M. Agassiz à M. Pimenta Bueno; elle fera connaître sommairement la marche des travaux scientifiques.

« Mon cher ami,

« Je suis exténué de fatigue, mais je ne veux pas aller me reposer avant de vous avoir écrit un mot. Hier soir nous avons obtenu vingt-sept espèces de poissons à Gurupá, et ce matin, cinquante-sept à Porto do Móz, en tout quatre-vingt-quatre espèces en moins de douze heures, et, sur ce nombre, il y en a cinquante et une nouvelles. C'est merveilleux. Je ne puis plus mettre en ordre ce qu'on m'apporte au fur et à mesure que cela arrive; et quant à obtenir des dessins coloriés du tout, il n'en est plus question, à moins qu'à notre retour nous ne passions une semaine entière ici.

« Tout à vous,

« L. AGASSIZ. »

23 *août*. — Hier, avant d'arriver à la petite ville de Gurupá, nous avons passé devant une forêt de miritis. C'est la première fois que nous ayons vu un bois uniquement composé de palmiers, à l'exclusion de toute autre espèce d'arbre. Dans l'après-midi on s'est arrêté à Gurupá et nous sommes descendus à terre, mais à peine étions-nous sur le rivage qu'un violent orage mêlé de pluie et de tonnerre éclata sur nous. Nous n'avons donc presque rien vu de la ville et nous ne connaissons que l'intérieur de la maison qui nous a donné abri. M. Agassiz s'est procuré ici une très-précieuse collection de poissons des bois, qui renferme plusieurs espèces nouvelles; mais comme les Indiens en énumèrent environ soixante-dix différentes, il reste beaucoup à faire pour ceux qui viendront après lui. Nous sommes repartis pendant la nuit et nous sommes entrés ce matin dans la rivière Xingú, pour relâcher à Porto do Móz. L'eau en est tout à fait bleue et paraît noire quand on la compare aux flots boueux du fleuve. Deux collections toutes prêtes nous attendaient, l'une de poissons des bois, l'autre de poissons de rivière; elles avaient été faites à l'avance sur l'ordre de M. Pimenta Bueno, qui a profité du bateau parti avant le nôtre pour expédier des messages dans un certain nombre de ports afin qu'on y réunît ces collections. On n'en a pas moins pêché ce matin, et le résultat a été tel qu'il doit laisser une date dans la vie d'un naturaliste; il ne s'est pas trouvé, en effet, moins de quarante-huit espèces nouvelles, plus, dit M. Agassiz, qu'il n'a jamais eu la chance d'en rencontrer dans le cours d'une même journée. Depuis que nous sommes dans l'Amazône, la forêt me paraît à la fois plus luxuriante et moins sombre qu'aux environs de Rio. Elle est plus transparente et moins sévère, le regard peut pénétrer dans l'intérieur, le soleil s'y glisse et en éclaire les profondeurs. Le bateau vient justement de laisser derrière lui le premier terrain découvert devant lequel nous ayons passé : une terre plate, vaste, étendue; çà et là, un arbre isolé, et, partout, une herbe grosse et épaisse.

24 *août*. — Hier dans l'après-midi, nous avons vu sur la rive septentrionale du fleuve les premières hauteurs un peu considérables qu'on rencontre en remontant l'Amazône. C'étaient les singulières collines à sommet plat d'Almeyrim. Elles sont coupées carrément à leur partie supérieure et il semble-

rait qu'on les a nivelées au rabot et séparées les unes des autres par de larges brèches, dont on aurait aussi taillé les côtés de manière à n'y laisser aucune inégalité. Les géologues se sont beaucoup occupés de ces étranges monticules, mais pas un d'eux n'en a fait une étude sérieuse. Von Martius s'en est approché et en a déterminé la hauteur, huit cents pieds (moins de deux cent cinquante mètres) environ au-dessus du niveau du fleuve; à part cela, personne ne sait rien de leur vraie nature. On les représente généralement comme les arcs-boutants des hauts plateaux de la Guyane[1].

La soirée de ce même jour a été la plus agréable que nous ayons passée sur l'Amazône. Nous étions assis à l'avant du bateau, sur le pont, quand le soleil flamboyant s'abaissa sur l'horizon. Sa large image d'un rouge de feu, se reflétant sur l'eau, fit rapidement place aux pâles et tremblotants rayons du croissant lunaire; mais, même après qu'il eut disparu, de larges raies rosées, montant jusqu'au zénith, attestaient encore sa puissance et prêtaient quelque chose de son éclat à la masse énorme des nuages blancs qui remplissaient l'est; ceux-ci, renvoyant la lumière sur le fleuve, changeaient en pur argent la surface jaune sale de ses ondes, tandis que, au-dessus des collines d'Almeyrim, l'azur profond du ciel paraissait plus sombre encore entre ces clartés.

Ce matin, à l'aube du jour, on s'est arrêté quelques instants, sans descendre à terre, au petit établissement de Prainha, puis on s'est mis en route pour Monte-Alegre, où nous devons passer une journée et demie.

25 *août*. — *Monte-Alegre*. — Il est midi quand nous arrivons devant cette petite ville, située sur la rive gauche de l'Amazône, à l'embouchure de la rivière Gurupatuba, et la chaleur est si grande que je ne veux pas descendre à terre avant le soir. Monte-Alegre est assise au sommet d'un coteau qui s'éloigne des bords du fleuve en pente douce, et elle tire son nom d'une montagne située à quatre lieues au nord-ouest. Le terrain est plus accidenté et plus varié qu'il ne l'a été jusqu'à présent; mais, malgré cela, l'emplacement ne me semble pas

---

1. On trouvera dans l'atlas de Martius et dans l'ouvrage de Bates (*Un Naturaliste dans l'Amazône*) des dessins de ces collines.

mériter son nom de Mont-Joyeux. L'aspect de ce canton me paraît plutôt un peu sombre; le sol n'est que sable, la forêt est basse, interrompue de temps à autre par des prairies plates et marécageuses couvertes d'herbes grossières. Le sable repose sur le même dépôt rougeâtre, rempli de cailloux de quartz roulés, que nous avons constamment rencontré tout le long de notre route. Çà et là, ces cailloux sont disposés en lignes ondulées comme si une stratification partielle avait eu lieu; mais, en d'autres points, tout indique que le drift a été remanié par les eaux, quoiqu'il ne soit pas du tout stratifié. Le matin et le soir, je vais faire une promenade jusqu'au cimetière du village; on a, en cet endroit, la plus jolie vue que puissent offrir les environs. Le champ des morts est entouré d'une palissade; au centre, se dresse une lourde croix de bois entourée de croix plus petites qui marquent les tombes. Il est bien négligé; partout où le sable n'est pas trop dur, poussent les grossiers et laids buissons auxquels, tout autour de la ville, semble abandonné ce sol ingrat[1]. Un peu plus loin, la colline est taillée à pic et, du sommet, on découvre une grande plaine couverte d'une forêt basse qui s'étend jusqu'à la montagne à laquelle la ville a emprunté son nom. Quand on se tourne vers le sud, on a devant soi une série de lacs, séparés les uns des autres par des terrains d'alluvion très-peu élevés qui forment ces prairies marécageuses dont j'ai parlé tout à l'heure. Monte-Alegre est un des plus anciens établissements de l'Amazonie; mais, en raison de toutes ces circonstances, sa population diminue au lieu d'augmenter. Au milieu de la place publique sont les quatre murs d'une cathédrale, commencée il y a quarante ans et restée inachevée jusqu'aujourd'hui. Les vaches paissent l'herbe dans les bas côtés de l'édifice qu'on pourrait prendre pour un triste monument destiné à attester la misère de cette bourgade. Nous avons accepté l'hospitalité que M. Manoel a eu la bonté de nous offrir. Il n'ignore pas que les moustiques vont s'abattre en nuée épaisse sur le paquebot et nous a invités à passer la nuit sous son toit. Ce matin, nous

---

1. Je fis plus tard un plus long séjour à Monte-Alegre, et j'appris à connaître ses vallées pittoresques et ses prairies dont la végétation luxuriante est arrosée par des sources délicieuses. La description que j'en donne ici est trop incomplète, mais je la conserve comme parfaitement conforme à ma première impression.

avons pris une embarcation et fait un tour dans le voisinage, un peu pour avoir l'occasion de pêcher. Nous nous sommes arrêtés une couple d'heures dans une ferme à bétail, située près du rivage, et d'où l'on doit ramener à bord un certain nombre de bœufs et de vaches destinés au marché de Manaós. Il paraît qu'une des industries principales de la localité est l'élève du bétail; c'est, avec la salaison du poisson, la vente du cacao et du caoutchouc, ce qui constitue le commerce de la place.

26 *août*. — Nous sommes maintenant de l'autre côté du fleuve, au large de Santarem et à l'embouchure d'une des grandes branches de l'Amazône, le Tapajóz. Nous laisserons ici quelques-uns de nos compagnons de voyage. MM. James et Dexter, ainsi qu'un jeune Brésilien, M. Talisman, qui s'est joint à nous à Pará, vont remonter le Tapajóz pour y faire des collections. Dans le même but, M. Bourget s'arrête à Santarem, en compagnie de M. Hunnewell qui a besoin de faire quelques réparations à ses appareils photographiques. Nous nous retrouverons tous à Manaós pour faire ensemble la dernière partie du voyage, au delà de Tabatinga[1]. Nous ne nous sommes arrêtés devant Santarem que le temps nécessaire pour transborder dans un canot nos compagnons et leur bagage; dès qu'ils eurent poussé au large, on a levé l'ancre et nous avons poursuivi notre route. Nous visiterons la ville au retour. En quittant le port, nous vîmes les eaux noires du Tapajóz se joindre aux eaux jaunâtres de l'Amazône et les deux fleuves courir ensem-

---

1. Je fus bientôt convaincu, après avoir quitté Pará, que les faunes de nos différentes stations ne seraient pas la répétition les unes des autres. On a vu qu'au contraire, à Breves, à Tajapurú, à Gurupá, partout en un mot où nous nous arrêtâmes, nous trouvâmes dans le fleuve une catégorie d'habitants sinon absolument différente des autres, au moins s'accroissant de tant d'espèces nouvelles que la combinaison n'était plus la même. Il devenait donc important de déterminer si ces différences étaient permanentes et stationnaires, ou bien si c'était là, ne fût-ce qu'en partie, l'effet des migrations. Je me résolus pour cela à distribuer nos forces, de manière à avoir des collectionneurs à l'œuvre dans des points éloignés les uns des autres, et à refaire les collections, dans les mêmes localités et dans une autre saison. Je conservai cette méthode d'investigation pendant tout le temps de mon séjour dans l'Amazône, et ce fut à Santarem que notre séparation eut lieu pour la première fois. MM. Dexter, James et Talisman remontèrent le Tapajóz, M. Bourget demeura à Santarem, le reste de notre petite troupe et moi nous allâmes à Obydos et à Villa-Bella. (L. A.)

ble pendant quelque temps, comme l'Arve et le Rhône en Suisse, unis, mais non pas confondus. Au lieu de reprendre le lit du grand fleuve, le capitaine, qui ne néglige rien de ce qui peut ajouter au plaisir ou au profit de notre voyage, engagea son bâtiment dans un étroit canal, qu'on aurait appelé un « bayou » dans le Mississipi et qu'on nomme ici un *Igarapé*. Rien de plus joli que cet *Igarapé-Assú*, tout juste assez large pour que notre vapeur y pût passer. De chaque côté, la rive est bordée de bois épais où se font remarquer le Mungubá avec ses fruits ovales d'un beau rouge, l'Imbaúba, moins élancé et de forme moins régulière que dans les forêts de Rio, et le Taxi qui porte de grandes masses de fleurs blanches et de boutons bruns. Depuis deux jours, nous avons perdu de vue les grandes agglomérations de palmiers; aux environs de Monte-Alegre ces arbres étaient déjà plus rares, et, ici, c'est à peine si on en aperçoit un de temps en temps.

Entre Santarem et Obydos où nous arriverons ce soir, les bords du fleuve paraissent plus peuplés que dans les régions que nous avons traversées d'abord. Nous touchons presque la rive et nous voyons passer sous nos yeux, comme par une évocation des âges primitifs, les mœurs de la vie pastorale. Des groupes d'Indiens, hommes, femmes et enfants, nous saluent du rivage, accroupis sous la voûte des grands arbres plantés ou choisis à dessein pour faire un berceau au-dessus du débarcadère. Tel est avec les « montarias[1] » amarrées près de la berge l'invariable premier plan de tous nos paysages. Souvent un ou deux hamacs sont suspendus aux arbres dont les branches laissent apercevoir le toit de paille et les murs de la petite case en chaume. Peut-être, si nous devions les voir de plus près, ces scènes si charmantes de la vie de pasteur, nous apparaîtraient-elles sous un aspect plus grossier et plus prosaïque; mais pourquoi insister? L'Arcadie elle-même n'aurait probablement pas résisté à un examen fait de trop près, et je doute qu'elle ait pu présenter un aussi séduisant spectacle que celui de ces maisonnettes indiennes des bords de l'Amazône. La forêt primitive qui entoure ces demeures est ordinairement éclaircie. Elles sont situées au milieu des petites plantations de ca-

1. Le canot ou la pirogue de l'Indien.

cao et de mandioca — plante dont la racine fournit à l'Indien sa farine — et parfois aussi de *seringueiras* (arbre à caoutchouc). Ce dernier n'est toutefois que rarement cultivé; il croît à pleine séve dans la forêt. Le cacao et le caoutchouc sont

Cupú-assú, espèce de Cacaoyer sauvage.

expédiés à Pará en échange des denrées nécessaires à ces pauvres gens.

Nous avons, tout le jour, passé si près du rivage qu'il a été facile d'observer, du pont où nous sommes, la constitution géologique du terrain. Depuis Santarem, et jusqu'à une distance considérable, nous avons suivi des falaises de drift reposant sur le grès. Il a toujours la même couleur rougeâtre, la même pâte, la même consistance argileuse, et le grès ne paraît pas différer de celui de Monte-Alegre.

27 *août*. — *Villa-Bella*. — Arrêt de quelques heures, hier au soir, à Obydos pour y faire du bois. Personne ne descend à terre. Le bois fait, nous piquons droit sur Villa-Bella, située de l'autre côté de la rivière à l'embouchure du Tupinambaranàs. Là, nous sommes cordialement reçus par le docteur Marcus, un des anciens correspondants de M. Agassiz, qui a plusieurs fois envoyé au Musée de Cambridge des spécimens de la faune amazonienne. Ce soir, nous irons faire en canots une excursion à quelques-uns des lacs du voisinage.

28 *août*. — *Sous le porche d'une case indienne, au bord du lac José Assú*. — Nous avons passé hier une excellente journée chez le docteur M..., gardant le sabbat non comme des chrétiens, mais comme des juifs; ç'a été une vraie journée de repos; nous avons paressé dans les hamacs, les hommes fumant, moi lisant. A cinq heures du soir, nous rentrions à bord; notre intention était de partir au coucher du soleil, de façon à profiter de la nuit pour pêcher, car c'est, dit-on, le moment le plus favorable. Mais une tempête est survenue : le tonnerre grondait, la pluie tombait à flots; cela a duré jusqu'à minuit. Impossible de songer au départ. Nous n'en sommes pas moins descendus dans les canots avant la nuit, afin d'être prêts à partir dès que le temps s'éclaircirait. Il y en avait deux; dans l'un se trouvaient M. Burkhardt, M. Agassiz et moi; l'autre était occupé par le major Coutinho, le docteur Marcus et M. Thayer. Le premier, peut-être un peu plus grand, portait à l'arrière une petite cabine de six pieds de long sur trois de haut, couverte en planches; le second n'avait qu'un abri en feuilles de palmier. La plus vaste des deux embarcations a reçu nos bagages réduits autant que possible et les provisions vivantes : un mouton, un dindon, quelques poules; on y a placé aussi un certain nombre de barils et de dames-jeannes remplis d'alcool pour les collections. Le capitaine nous a pourvus non-seulement du nécessaire, mais encore de tout le luxe possible pour ce voyage d'une semaine.

Nos préparatifs terminés, comme le temps ne se lève pas, à

neuf heures nous nous roulons dans nos hamacs, ou ceux qui ne peuvent retrouver les leurs s'allongent sur les bancs, et nous dormons d'un sommeil entrecoupé jusqu'à trois heures du matin. Les étoiles brillent au ciel, le vent est tombé, la rivière est unie comme un miroir, tout paraît d'un bon augure; les pagaies tombent dans l'eau et nous nous éloignons du navire. Il n'y a pas de lune, mais une ou deux planètes projettent sur le fleuve des reflets brillants et éclairent notre route. Pendant quelque temps nous suivons le courant, mais à l'aube nous virons un peu pour entrer dans un étroit canal qui s'enfonce sous les arbres de la forêt. Il fait à peine jour; cependant la demi-obscurité où nous laisse cette lumière encore incertaine, n'ôte rien au charme du paysage : des vertes murailles qui à droite et à gauche s'élèvent et nous enferment, s'échappent çà et là, comme de vertes colonnes, les grands arbres hardis vêtus jusqu'au sommet de frêles lianes et dont le profil se découpe superbement sur le ciel du matin; des fleurs cachées emplissent l'air de parfums ; les longues racines s'avancent dans l'eau et parfois un tronc flottant resserre le passage et laisse à peine aux canots la place nécessaire. Enfin, de larges faisceaux d'une lumière plus dense envahissent l'espace vide entre les branches; nous arrivons au bout de l'étroit sentier et nous débouchons dans un vaste lac. On s'aperçoit alors que le grand filet qui aurait dû faire partie de l'armement d'un des canots a été oublié ; on hèle en vain deux ou trois cases d'Indiens dans l'espérance de se procurer cet engin indispensable; force est de l'envoyer chercher à Villa-Bella. En conséquence, on amarre les embarcations au pied d'un coteau que domine une hutte indienne et l'on se rend à la maisonnette, pour y attendre en déjeunant le retour des messagers. Ici je dois avouer que l'Arcadie, vue de trop près, dissipe bien des illusions, mais cependant il est juste d'ajouter que le spécimen n'était pas des meilleurs. Les maisons à Tajapurú étaient bien plus attrayantes, et les habitants paraissaient à la fois plus soigneux et moins grossiers que nos hôtes actuels. Quoi qu'il en soit, le tableau, en ce moment, n'est pas sans charmes. Comme il faut passer ici plusieurs heures, on a pendu les hamacs sous le grand porche, et quelques-uns s'y sont déjà paresseusement étendus; une table rustique improvisée avec une planche fichée sur deux bâtons fourchus est dressée à un bout; à l'autre, nos mariniers se partagent les reliefs de notre festin. Les femmes indiennes, souillées de poussière, vêtues à demi, leurs cheveux non peignés pendant sur leurs joues, s'occupent de leurs marmots tout nus ou pétrissent le manioc dans un énorme mortier; les hommes, déjà revenus de la pêche, la matinée ayant été plus heureuse que de coutume, ont allumé une forge grossière et se mettent à réparer quelques outils en fer; enfin, la science elle-même a son recoin, sacré pour tous, et, pendant que M. Agassiz cherche des espèces nouvelles dans la pêche du matin, M. Burkhardt dessine les poissons découverts.

29 *août*. — Nous nous sommes aperçus hier que notre abri devient des moins agréables à mesure que le soleil porte dessus, et, puisqu'il faut attendre la nuit pour pêcher, nous nous sommes décidés à traverser le lac et à gagner un « *sitio* » (c'est le nom que les habitants donnent à leurs plantations) à l'autre bout du lac. Cette fois nous avons trouvé un des meilleurs modèles de la maison indienne. Sur un côté de l'habitation s'étend la galerie ouverte, qu'égayent en ce moment les couleurs vives de nos hamacs. Au fond est une grande chambre donnant sur cette galerie par une large porte en paille, ou plutôt en feuilles de palmier, non pas fixée sur des gonds, mais flottante et suspendue comme une natte, et vis-à-vis de laquelle se trouve une fenêtre sans vitre, qu'on ferme à volonté au moyen d'une autre natte en palmier. Pour le moment, cette chambre m'est exclusivement réservée. Sur la façade opposée, est une autre salle en forme de vérandah, ouverte à tous les vents, la cuisine, je suppose, car voici le grand four fait de boue où l'on grille la farine, les corbeilles pleines de racines de manioc prêtes à être pelées et râpées, puis encore la table raboteuse sur laquelle nous dînerons. Tout a un air de décence et de propreté. Le sol de terre battue est balayé, le terrain qui entoure la maison est net et sans ordures, la petite plantation de cacao et de manioc, où se trouvent aussi quelques caféiers, est soigneusement tenue. La maison est située sur une petite hauteur qui s'incline doucement vers le lac; juste au-dessous, abrités par les grands arbres du rivage, sont amarrés les « montarias » des Indiens et nos canots.

La case d'Espérance.

On nous a fait affable et doux accueil. Les femmes s'assemblent autour de moi et passent en revue ma toilette, mais sans grossièreté et sans rudesse. La résille qui retient mes cheveux les occupe beaucoup; puis elles touchent mes bagues, ma chaîne de montre et, évidemment, discutent la « branca » entre elles. Le soir, après le dîner, je me promène un peu hors de la maison et je jouis de l'étrangeté de cette scène pittoresque. Le mari venait d'arriver de la pêche, et le feu, allumé au dehors, où bouillait le poisson frais pour le souper de la famille, se reflétait sur la figure des femmes et des enfants affairés tout autour, embrasant aussi de chaudes clartés rougeâtres le dessous du toit de feuilles qui abrite la cuisine. De l'autre côté, une lanterne allumée dans un coin du porche jetait une lueur vague et douteuse sur les hamacs et les figures à demi penchées, tandis que le lac et la forêt s'éclairaient doucement des rayons de la lune.

Malheureusement les moustiques n'ont pas tardé à troubler toute cette poésie, et, comme le sommeil entrecoupé de la nuit précédente ne nous avait laissé que de la fatigue, nous allâmes de bonne heure nous reposer. Sous une excellente moustiquière, je dormis parfaitement, d'un sommeil calme et bienfaisant; mais tout le monde n'avait pas songé à se pourvoir de l'indispensable complément du hamac; plus d'un parmi nos compagnons passa une nuit misérable, en pâture aux hordes voraces et bourdonnantes des moustiques. Il était déjà grand jour quand je fus éveillée par les femmes de la maison qui m'apportaient, avec leurs souhaits du matin, un charmant bouquet de roses et de jasmin cueillis aux arbustes du voisinage. Après une aussi aimable attention, je ne pouvais pas leur refuser le plaisir d'assister à ma toilette, encore moins leur défendre d'ouvrir ma valise et d'en tirer un à un tous les objets.

La pêche de nuit n'a pas été heureuse, mais, ce matin, des pêcheurs ont apporté assez d'espèces nouvelles pour donner à M. Agassiz et au dessinateur de l'occupation pendant plusieurs heures; nous nous résignons donc sans peine à passer une nuit encore sous ce toit hospitalier. Je dois dire que ces mœurs primitives des Indiens de la meilleure classe, dans l'Amazonie, ont beaucoup plus d'attrait que la vie soi-disant civilisée des établissements de la race européenne. J'imagine difficilement quelque chose de plus plat, de plus triste et de plus décourageant que la vie dans les petites cités amazoniennes, avec tout le formalisme et les conventions de la civilisation, sans aucune de ses grâces.

Dans la matinée, mes amies indiennes m'ont montré la manière de préparer le manioc. Cette plante est d'une inestimable valeur pour ces pauvres gens; elle leur donne la *farine* — sorte de fécule grossière qui remplace pour eux le pain, — le tapioca et encore une sorte de jus fermenté qu'ils appellent le *tucupi*, présent d'un prix douteux puisqu'il leur fournit le poison de l'ivresse. Après avoir été pelés, les tubercules de manioc sont raclés sur une râpe grossière. On obtient ainsi une sorte de pâte humide qu'on bourre dans des tubes en paille, élastiques, faits avec les fibres tressées du palmier Jacitará (*Desmonchus*). Lorsque ces tubes, à chaque extrémité desquels il y a toujours une anse, sont remplis, l'Indienne les suspend à une branche d'arbre; elle passe ensuite dans l'anse inférieure une forte gaule dont elle fixe un bout dans un trou pratiqué au tronc de l'arbre. S'asseyant alors sur l'extrémité libre du bâton, elle le transforme en une sorte de levier primitif sur lequel elle pèse de tout son poids et détermine ainsi l'allongement du cylindre élastique qui s'étire à l'excès d'une extrémité à l'autre. La pâte se trouve fortement pressée et le jus s'échappant vient couler dans un vase placé au-dessous. Ce suc est d'abord vénéneux, mais, après fermentation, il devient assez inoffensif pour servir de boisson : c'est le tucupi. Pour faire le tapioca, on mélange le manioc râpé avec de l'eau et on le comprime sur un sas. Le liquide qui s'écoule est abandonné à lui-même; il s'y forme vite un dépôt, semblable à de l'amidon, qu'on laisse durcir et dont on fait ensuite une espèce de soupe; c'est le mets favori des Indiens.

30 août. — A mesure que le temps se passe, nous devenons plus familiers avec nos rustiques amis, et nous commençons à comprendre les relations qu'il y a entre eux. Le nom de notre hôte est Laudigari (j'écris le mot comme il sonne à l'oreille), et celui de sa femme, Esperança. L'homme, comme tous les Indiens des bords de l'Amazône, est pêcheur et, à l'exception des soins que réclame son petit domaine, il n'a d'autre occupation que la pêche. Jamais on ne voit l'Indien travailler dans l'intérieur de la maison; il ne porte ni l'eau ni le bois et ne touche pas même aux fardeaux les plus lourds. Or, comme la pêche n'a lieu que dans certaines saisons, il en prend très à son aise la plupart du temps. Au contraire, les femmes sont fort laborieuses, à ce qu'on assure, et certainement celles que nous avons sous les yeux justifient parfaitement cette bonne opinion. Esperança est constamment occupée, soit au ménage, soit ailleurs. Elle râpe le manioc, sèche la farine, presse le tabac, fait la cuisine, balaye les chambres. Les enfants sont actifs et obéissants; les plus âgés se rendent utiles en allant chercher de l'eau au lac, en lavant le manioc ou en soignant les plus petits. On ne peut pas dire qu'Esperança soit jolie, mais elle a le sourire gracieux, et sa voix remarquablement douce a une sorte d'intonation enfantine tout à fait touchante. Quand, le travail achevé, elle a mis sous sa jupe foncée la chemise blanche un peu lâche d'où s'échappent ses épaules brunes et glissé dans sa chevelure de jais une rose ou une branche de jasmin, l'aspect de toute sa personne ne manque pas de séduction. Il faut toutefois convenir que la pipe, qu'elle a l'habitude de fumer le soir, nuit légèrement à l'effet général. Le mari paraît un peu sombre, mais il rit de bon cœur à l'occasion, et la bonne humeur qu'il témoigne, en savourant le verre de *caxaça*[1] qu'on lui donne chaque fois qu'il apporte un spécimen nouveau, montre qu'il y a dans son caractère un certain côté gai. Il s'amuse beaucoup de la valeur attachée par M. Agassiz aux poissons, surtout aux très-petits qui, pour lui, ne sont bons qu'à jeter. L'autre couple que nous avons vu à notre arrivée était probablement une famille voisine, venue pour aider à faire le manioc. Ils étaient à la maison depuis le matin seulement et sont repartis le soir du même jour. L'homme s'appelle Pedro Manoel et sa compagne Michelina; le mari est un grand gaillard à la taille élégante dont l'occupation principale est de prendre des attitudes pittoresques en contemplant sa femme, au reste assez jolie, qui trottine par la maison, très-affairée à râper le manioc, à en exprimer le jus, à le passer au tamis, sans toutefois abandonner un instant le tout petit enfant qui est posé à califourchon sur

---

[1]. Sorte de tafia extrait de la canne à sucre et qui exhale une légère odeur empyreumatique. (N. du T.)

ses hanches; — c'est, chez les Indiennes, la manière habituelle de porter leurs marmots. Par moments, Pedro Manoel se décide à travailler aussi aux collections. Hier, il apporta à M. Agassiz quelques spécimens jugés de grande valeur et reçut en récompense un poulet. Grande fut sa joie et grande aussi sa surprise; mais peut-être bien s'y mêlait-il un peu de mépris pour l'homme capable de donner un poulet en échange de quelques poissons bons tout au plus à être rejetés à la rivière.

Le soir de ce même jour, je parvins, non sans peine, à décider Laudigari à nous jouer quelque chose sur une sorte de viole grossière, instrument favori des gens de l'intérieur et l'orchestre ordinaire de leurs fêtes. Le musicien une fois bien en train, nous sollicitâmes Esperança et Michelina de nous montrer quelques-unes de leurs danses. Elles s'en défendirent longtemps, mais enfin, avec un embarras dû sans doute à ce premier éveil de la dignité que le contact de la civilisation provoque, chacune d'elles donna la main à un de nos mariniers et la danse commença. Elle était d'un caractère tout particulier et si languissante qu'à peine mérite-t-elle ce nom. Le corps ne fait presque aucun mouvement, les bras levés et fléchis sont roides et immobiles, les doigts claquent comme des castagnettes en accompagnant la musique et l'on dirait des statues glissant de place en place plutôt que des danseurs. Les femmes surtout produisent cette impression, car elles se meuvent encore moins que les hommes. Un de ces mariniers était Bolivien; c'était un homme aux formes élégantes et à la physionomie originale, dont le costume bizarre ajoutait encore à l'étrangeté de ses mouvements. Les Indiens de Bolivie portent une sorte de dalmatique; au moins je ne connais aucune autre expression qui puisse donner une idée exacte de ce long et dur vêtement de cotonnade à côtes. Il se compose de deux pièces, assemblées sur les épaules avec une ouverture pour passer la tête, qui pendent l'une par devant, l'autre par derrière; elles sont serrées à la ceinture et ouvertes sur les côtés de manière à laisser toute liberté aux bras et aux jambes. Les plis roides de cette lourde draperie blanche donnaient alors à notre Bolivien l'air d'une figure de pierre se déplaçant avec lenteur.

Quand ce fut terminé, vint mon tour d'être priée par Esperança et ses amis de montrer « la danse de mon pays. » Je m'exécutai de bonne grâce, et prenant le bras de notre jeune ami R...., je fis quelques tours de valse, à leur très-grande joie. Il me sembla faire un songe étrange : avec nous tournoyaient le feu clair et ses reflets tremblotants sur le chaume du porche, l'intérieur pittoresque illuminé en plein, et les figures émerveillées des Indiennes. Pressées autour de nous, elles criaient de temps en temps pour nous encourager : — « Muito bonito, minha branca! muito bonito! » (Très-joli, ma blanche! très-joli!) Les divertissements se prolongèrent fort tard, car longtemps après que je fus couchée dans mon hamac, j'entendis encore dans un demi-sommeil les sons plaintifs de la viole, mêlés aux notes mélancoliques d'une sorte d'engoulevent qui chante dans les bois pendant toute la nuit.

Ce matin la forêt s'emplit du bruit que font les singes hurleurs; les hurlements paraissaient provenir d'une troupe nombreuse et peu éloignée, mais on nous a assuré que la bande est au plus épais du bois et disparaîtrait à la moindre approche.

1ᵉʳ *septembre*. — De bonne heure, hier, nous avons dit adieu à nos hôtes. C'est avec un réel regret que nous avons quitté la jolie et pittoresque habitation. Le soir précédent, Laudigari et sa femme avaient réuni leurs voisins en notre honneur et renouvelé la fête de la veille. Comme il arrive toujours, la répétition d'une chose insolite et qu'on n'avait jamais faite eut lieu avec beaucoup d'apprêts. Ce n'était plus un impromptu comme la première fois et cela ne nous parut ni aussi amusant ni aussi joli. D'ailleurs de fréquentes libations de caxaça rendirent les invités assez bruyants et, sous l'influence de cette liqueur, la danse, s'animant davantage, perdit le caractère sérieux et la dignité qu'elle avait eus l'autre soir. Un petit incident qui se produisit au commencement nous intéressa toutefois en nous faisant voir quelque chose des coutumes religieuses de ces Indiens. Dans la matinée, la mère d'Esperança, une hideuse vieille, était entrée dans ma chambre pour me dire bonjour et, à ma grande surprise, je la vis s'agenouiller avant de sortir, dans un coin de la salle, devant un petit coffre dont elle avait légèrement soulevé le couvercle. Elle portait fréquemment les doigts à ses lèvres, comme pour envoyer des baisers qui semblaient s'adresser à l'intérieur du coffre, et elle faisait aussi de nombreux signes de croix. Elle revint le soir pour la fête et, avec quelques autres femmes, elle commença une sorte de danse religieuse accompagnée par les voix. Toutes avaient à la main un morceau de bois taillé en forme de grand éventail qu'elles abaissaient et relevaient avec lenteur en suivant le rhythme du chant. Je m'informai auprès d'Esperança de la signification de cette scène. Elle m'apprit que ces femmes, qui vont d'ailleurs très-régulièrement à la ville voisine de Villa-Bella assister à la fête de Notre-Dame de Nazareth, n'en célébraient pas moins, de retour au logis, cette sorte de cérémonie qui fait partie de leurs anciens rites. Elle m'invita ensuite à la suivre et me conduisit dans ma chambre. Le précieux coffret fut ouvert et le contenu m'en fut montré. C'était une Notre-Dame de Nazareth, grossière estampe dans un méchant cadre de bois, deux ou trois autres images coloriées et quelques cierges. Le tout était soigneusement recouvert d'une gaze bleue. Ce coffre était l'oratoire de la famille, et la naïve Indienne, pour me présenter ces choses, les prenait une à une, avec une sorte de respect heureux et attendri que le manque de valeur de ces grossiers objets rendait plus touchant encore.

Nous sommes maintenant dans une autre case indienne, sur le bord d'un bras du *Ramos*, rivière qui, par l'intermédiaire du Maués, fait communiquer l'Amazône avec le Madeira. Notre voyage en canot, avant-hier, n'a duré que deux heures, mais la chaleur nous accablait et l'ennui avec elle, bien que nous suivissions un de ces canaux étroits que j'ai décrits plus haut. Les Indiens ont un mot fort joli pour désigner ces petites branches de la rivière; ils les nomment *igarapés*, c'est-à-dire sentiers de la pirogue et à la lettre; en maint endroit, il y a juste place pour donner passage à une embarcation de ce genre. Nous sommes arrivés ici vers quatre heures; la maisonnette où nous nous trouvons est bien moins jolie que celle que nous avons quittée. Elle est bien, comme l'autre, assise sur le versant de la colline, au-dessus de la rivière et entourée par la forêt, mais il lui manque le grand porche et la salle de travail ouverte à tous les vents, qui rendaient si pittoresque la chaumière d'Esperança. Il y a des légions de moustiques; dès que la nuit tombe, on clôt la maison et l'on brûle devant la porte, pour mettre en fuite ces ennemis acharnés, une motte de gazon dans une marmite. Notre hôte se nomme José Antonio Maia et sa femme Maria Joanna; tous deux font ce qu'ils peuvent pour que nous nous trouvions bien sous leur toit, et les enfants montrent, comme leurs parents, cette naturelle courtoisie que nous avons été si étonnés de rencontrer chez les Indiens. A chaque instant ils m'apportent des fleurs et les petits présents qu'il est en leur pouvoir de m'offrir, par exemple, ces coupes peintes que les Indiens fabriquent avec le fruit du *Crescentia* et qui servent de vases à boire, de bassins, etc. On en voit un grand nombre dans toutes les maisons indiennes, le long des rives de l'Amazone. Mes livres, mon carnet de notes intéressent au plus haut point ces bonnes gens. Je lisais ce matin à la fenêtre de ma chambre, quand le père et la mère survinrent; durant plusieurs minutes, ils me regardèrent en silence, puis l'homme me demanda si je n'avais pas quelques feuillets d'un vieux livre hors d'usage ou même un fragment de journal à lui laisser quand je m'en irais. « Autrefois, dit-il, il a su lire un peu, et il lui semble que, s'il s'y remettait pendant quelque temps, il recouvrerait la science perdue. » Son visage s'allongea quand je lui eus répondu que tous mes livres étaient en anglais; ce fut une douche glacée sur sa fièvre de littérature. Il ajouta alors qu'un de ses garçons était fort intelligent et que, sûrement, il apprendrait bien si l'on avait les moyens de l'envoyer à l'école; comme je lui répliquais que, dans mon pays, une bonne instruction est gratuitement donnée aux enfants de tout homme pauvre : « Ah! s'écria-t-il, si *la blanche* ne vivait pas si loin! je la prierais d'emmener ma fille avec elle, d'en faire sa servante et de lui enseigner à lire et à écrire! » Sa physionomie intelligente s'animait et le ton sincèrement ému de ses paroles disait assez quel désir il avait d'instruire ses enfants[1].

3 septembre. — Nous nous sommes remis en route hier, et après quatre heures d'un assommant voyage à la rame, par le plus fort de la chaleur, nous sommes rentrés à bord une heure avant la nuit. Les résultats scientifiques de cette excursion sont des plus satisfaisants. Les collections faites dans ces

---

1. Les vœux de l'Indien furent exaucés; on le verra plus loin. (N. du T.)

deux stations diffèrent grandement l'une de l'autre et renferment de nombreuses espèces. L'infatigable M. Burkhardt fait des aquarelles de tous ces spécimens, pendant que les couleurs en sont encore fraîches, et ce n'est pas chose aisée! car les moustiques tournoient autour de lui en faisant entendre leur aigre bourdonnement sans fin et rendent parfois sa situation intolérable. Ce matin, Maia a apporté un superbe Pirarará (poisson-ará). Ce poisson est déjà bien connu des savants: c'est un lourd silure, à large tête surmontée d'une sorte de bouclier osseux. La couleur qui domine est le noir de jais, mais les côtés sont d'un jaune brillant qui, çà et là, pousse à l'orange. Le nom systématique de cet animal est *Phractocephalus bicolor*. Sa graisse de couleur jaunâtre a, paraît-il, une propriété singulière: les Indiens prétendent que quand les perroquets s'en nourrissent, ils se teignent en jaune, de sorte que l'on a souvent recours à ce moyen étrange pour faire varier le plumage des *papagaios*[1].

[1]. Je trouvai un très-vif intérêt à examiner des gymnotins vivants. Je ne parle pas ici du gymnote électrique, si complètement décrit par Humboldt qu'il ne reste rien à en dire, mais des représentants plus petits de cette famille, connus sous les noms de *Carapus, Sternopygus, Sternarchus* et *Rhamphichthys*. Les carapus, appelés *Sarapos* au Brésil, sont fort nombreux, et ce sont les plus vifs de tout le groupe. Ils se meuvent en serpentant et avec rapidité comme les anguilles, mais d'une manière différente toutefois, car, au lieu de filer droit devant eux, ils font, comme le *Cobitis* et le *Petromyzon*, de fréquents sauts de carpe et changent constamment de direction. C'est aussi de cette façon que se meuvent les sternopygus et les sternarchus. Les rhamphichthys eux-mêmes, bien que plus grands et plus minces, ondulent ainsi sous l'eau. Quoique je me fusse bien attendu à trouver beaucoup de Cyprinodontes, leur grande variété m'étonna, et je fus encore plus frappé de leur ressemblance avec les *Melanura*, les *Umbra* et les Erythrinoïdes. La présence des *Belones* et des formes voisines ne me surprit pas moins. Notre séjour sur les bords du lac de José-Assú et du lac Maximo fut très-instructif, Laudigari et Maia m'apportant chaque jour de nombreux spécimens de chacune des espèces. J'eus ainsi une excellente occasion pour étudier les différences que présentent ces poissons aux diverses périodes de leur vie. Il n'y a pas de type qui, sous ce rapport, montre d'aussi grands changements que les Chromides, et, parmi eux, le genre *Cychla* est peut-être celui qui varie le plus. Pas un ichthyologiste, j'en suis certain, ne pourrait croire à première vue que ces jeunes sont vraiment le premier âge des formes désignées dans nos livres sous les noms de *Cychla monoculus, C. temensis* et *C. saxatilis*. Les mâles et les femelles varient grandement à l'époque du frai, et la bosse du sommet de la tête qu'on a décrite comme un caractère du *C. nigro-maculata* est une protubérance qu'on trouve seulement chez le mâle pendant la période du frai; après quoi, elle disparaît bientôt. Une fois que je connus bien le fretin de quelques espèces de chromides, il me devint facile de distinguer une grande variété de petits types sans doute négligés jusqu'ici par les naturalistes qui ont traversé cette région, dans l'idée

Pendant notre absence, le capitaine Anacleto, commandant de notre paquebot, et quelques personnes de la ville, entre autres M. Augustinho et Fra-Torquato dont le nom revient si souvent dans le livre de Bates sur l'Amazône, ont fait une collection de poissons du fleuve. M. Agassiz y trouve environ cinquante espèces nouvelles; la récolte de la semaine a donc été riche.

Aujourd'hui, nous sommes en chemin pour Manaós, où nous espérons arriver demain dans la journée.

<small>que ce devaient être les jeunes d'espèces plus grosses. Une étude analogue des jeunes du *Myletes*, du *Serrasalmo*, du ***Tetragonoptère***, du *Cynodon*, de l'*Anodus*, etc., m'amena à découvrir un nombre également considérable de Characins de petite taille, dont quelques-uns, après entier développement, n'ont pas plus d'un pouce de long. Je trouvai parmi eux les plus beaux poissons que j'aie jamais vus sous le rapport de l'éclat et de la variété des couleurs. Tout, donc, contribua à grossir les collections; le choix des localités comme le mode de recherches. J'ajouterai ici que, plusieurs années avant mon voyage dans l'Amazône, j'avais dû à l'obligeance du R⁰ M. Fletcher une collection précieuse de poissons de cette localité de l'Amazône et de quelques autres. La connaissance préalable que j'en avais ainsi acquise me fut fort utile quand je poursuivis mes études sur place. (L. A.)</small>

VI

SÉJOUR A MANAÓS. — DE MANAÓS A TABATINGA.

Arrivée à Manaós. — Conflit des eaux du Solimoens et de celles du Rio Negro. — Notre intérieur. — Retour de l'expédition envoyée au Tapajóz. — Libéralité du gouvernement. — Promenades. — Les « Aguadeiros. » — Une école indienne. — Départ. — La vie à bord. — Barreira das Cudajás. — Le Coary. — Manière de faire du bois. — Aspect des rives. — Constitution géologique. — Encore la forêt. — Le Sumaumeira. — L'Arum. — Berges de drift rougeâtre. — Plages sablonneuses. — Huttes indiennes. — Chasse à la tortue. — Le séchage du poisson. — Teffé. — Modifiera-t-on l'itinéraire primitif ? — La question est tranchée par un personnage inattendu. — Fonte Bôa. — Caractère géologique des rives. — Lacs. — Bandes d'oiseaux aquatiques. — Tonantins. — Groupe pittoresque d'Indiens. — San-Paulo. — Éboulements. — Caractère du paysage. — Rareté de la population. — Les animaux du fleuve. — Tabatinga. — Aspect de l'établissement. — Moustiques. — Détachement laissé pour faire des collections. — Nous redescendons le fleuve. — Expédition envoyée au Rio Içá. — Échoués dans l'Amazône. — Arrivée à Teffé.

5 *septembre*—*Manaós*. — Hier matin nous sommes entrés dans le Rio Negro et nous avons vu le conflit de ses eaux calmes et noirâtres avec les flots jaunes et précipités du Solimoens, comme on appelle le moyen Amazône. Les Indiens disent admirablement : « la rivière vivante et la rivière morte. » Le Solimoens vient heurter le sombre et lent courant du Rio Negro, avec une puissance tellement irrésistible, tellement vivante que ce dernier semble bien, à côté de lui, une chose inerte et sans ressort. A la vérité, ce moment de l'année est celui où les eaux des deux grandes rivières commencent à baisser, et le Rio Ne-

gro a l'air d'opposer comme une faible résistance à la force supérieure du fleuve; pendant un court instant, il lutte contre le flot impétueux; mais, vite subjugué et étroitement pressé contre le rivage, il continue sa course jusqu'à une petite distance, bord à bord avec le Solimoens. Il n'en est point ainsi à la saison des hautes eaux; alors l'énorme fleuve refoule l'embouchure du Rio Negro avec une telle supériorité qu'il semble que pas une goutte des eaux, noires comme l'encre, de la rivière ne se mêle à l'onde jaunâtre de l'irrupteur; celui-ci se jette en travers du confluent et passe en le barrant complétement. Il ne faudrait pas croire, à cause du changement de nom, que le Solimoens soit autre chose que l'Amazône : c'est le même fleuve, mais au-dessus de Manaós; comme ce qu'on appelle le Marañon est le même fleuve encore, au-dessus de Nauta, au delà des frontières brésiliennes. C'est toujours le même cours d'eau gigantesque, traversant le continent dans toute sa largeur; mais, suivant qu'il est au haut, au milieu ou au bas de sa course, il reçoit les trois noms locaux de Marañon, de Solimoens et d'Amazône. A l'endroit où les Brésiliens le désignent sous le nom de Solimoens, il tourne subitement vers le sud, juste au point de sa rencontre avec le Rio Negro qui vient du nord, de sorte que les deux rivières forment un angle aigu.

Nous débarquâmes à Manaós et nous nous rendîmes de suite à la maison que le major Coutinho, avec sa prévoyance habituelle, avait fait préparer pour nous. Comme le jour exact de notre arrivée n'était pas connu, tout n'était pas encore prêt et notre logis était même absolument vide quand nous y entrâmes. Mais dix minutes après, les chaises et les tables tirées, je crois, de la maison d'un ami firent leur apparition; en un instant, les chambres furent meublées et prirent tout à fait bonne mine, malgré leurs carreaux de brique et leurs murailles nues. Nous avons d'aimables voisins; la famille qui demeure porte à porte avec nous est une vieille et bonne connaissance du major et, par égard pour lui, nous traite comme si nous avions les mêmes droits à son affection. C'est dans ces conditions excellentes que nous allons prendre une semaine au moins de repos, en attendant le paquebot qui se rend à Tabatinga.

9 septembre. — Nous venons de passer quelques journées si calmes que je ne trouve pas le moindre incident à inscrire. On a travaillé comme d'habitude; toutes les collections faites depuis Pará ont été emballées et sont prêtes à être dirigées vers ce port. Nos compagnons nous ont rejoints, de retour de leur excursion au Tapajóz, et ils rapportent de cette rivière des collections considérables. Ils paraissent enchantés de leur voyage et disent que ce cours d'eau ne le cède guère à l'Amazône lui-même, en étendue et en grandeur. Sur ses bords s'étendent de larges plages sablonneuses où les vagues roulent, quand le vent est haut, comme sur les plages de l'océan. M. Agassiz ne s'est pas occupé de collectionner les animaux de la localité; il s'est borné à recueillir les poissons qu'on peut se procurer dans les environs; il réserve pour le retour l'exploration du Rio Negro. C'est que nous venons de recevoir une nouvelle preuve de la bienveillance du gouvernement brésilien. Avant que nous quittions Rio, l'Empereur avait offert à M. Agassiz un petit bateau à vapeur de la marine impériale pour remonter le Rio Negro et le Madeira Nous apprîmes, en arrivant à Pará, que ce bâtiment se trouvait en mauvais état et hors de service et nous pensâmes que nous serions obligés, en conséquence, de recourir aux petites embarcations dont on se sert en général. Aujourd'hui même, une dépêche officielle informe M. Agassiz que, « puisque le « Pirajá » n'est pas en état de naviguer, un autre bâtiment à vapeur sera mis à sa disposition et le rejoindra à Manaós lorsqu'il aura terminé son exploration de l'Amazône supérieur. » La lettre suivante adressée au président du Pará, pour le remercier de cette faveur, contient, sur les résultats scientifiques, quelques détails qu'on jugera peut-être dignes d'intérêt.

Menaós, 8 septembre 1865.

A SON EXCELLENCE M. COUTO DE MAGALHAES,
PRÉSIDENT DU PARÁ.

« Mon cher Monsieur,

« Je vous remercie infiniment de l'aimable lettre que vous avez eu la bonté de m'écrire la semaine dernière et je m'empresse de vous faire part des succès extraordinaires qui continuent à couronner nos efforts. Il est certain dès à présent que le nombre des poissons qui peuplent l'Amazône excède de beaucoup tout ce que l'on avait imaginé jusqu'ici,

Plage à Manaos. — Le Rio Negro.

et que leur distribution est très-limitée en totalité, bien qu'il y ait un petit nombre d'espèces qui nous suivent depuis Pará et d'autres que nous avons retrouvées sur une étendue plus ou moins considérable. Vous vous rappelez peut-être qu'en faisant allusion à mes espérances je vous dis un jour que je croyais à la possibilité de trouver deux cent cinquante à trois cents espèces de poissons dans tout le bassin de l'Amazône; eh bien aujourd'hui, même avant d'avoir franchi le tiers du cours principal du fleuve et pour m'être écarté par-ci par-là seulement quelques lieues au delà de ses bords, j'en ai déjà obtenu plus de trois cents. C'est inouï, surtout si l'on considère que le nombre total connu des naturalistes ne va pas au tiers de ce que j'ai déjà recueilli. Ce résultat laisse à peine entrevoir ce qu'on découvrira un jour lorsqu'on explorera avec le même soin tous les affluents du grand fleuve. Ce serait une entreprise digne de vous de faire explorer l'Araguay dans tout son cours, pour nous apprendre combien d'assemblages différents d'espèces distinctes se rencontrent successivement, depuis ses sources jusqu'à sa jonction avec le Tocantins et, plus bas, jusqu'à l'Amazône. Vous avez déjà une sorte de propriété scientifique sur ce fleuve, à laquelle vous ajouteriez de nouveaux droits en fournissant à la science ces renseignements.

« Permettez-moi de vous exprimer toute ma gratitude pour l'intérêt que vous prenez à mon jeune compagnon de voyage. M. Ward le mérite également par sa grande jeunesse, son courage et son dévouement à la science. M. Épaminondas vient de me faire part de vos généreuses intentions à mon égard et de me dire que vous vous proposez d'expédier un vapeur à Manaós pour prendre la place du *Pirajá*, et faciliter notre exploration du Rio Negro et du Rio Madeira. Je ne sais trop comment vous remercier pour une pareille faveur; tout ce que je puis vous dire, dès à présent, c'est que cette faveur me permettra de faire une exploration de ces fleuves qui me serait impossible sans cela. Et si le résultat de ces recherches est aussi favorable que je l'attends, l'honneur en reviendra avant tout à la libéralité du gouvernement brésilien. Entraîné par les résultats que j'ai obtenus jusqu'ici, je pense que, si les circonstances nous sont favorables en arrivant à Tabatinga, nous ferons une poussée jusque dans la partie inférieure du Pérou [1] tandis que mes compagnons exploreront les fleuves intermédiaires entre cette ville et Teffé; en sorte que nous ne serons probablement pas de retour à Manaós avant la fin du mois d'octobre.

« Agréez, mon cher Monsieur, l'assurance de ma haute considération et de mon parfait dévouement.

« L. AGASSIZ. » .

Que pourrais-je dire de la ville de Manaós? C'est un petit

---

1. Comme on le verra plus loin, M. Agassiz dut, faute de temps et par excès de travail, renoncer à cette expédition.

amas de maisons, desquelles la moitié semblent prêtes à tomber en ruine, et l'on ne peut s'empêcher de sourire en regardant les châteaux branlants décorés du nom d'édifices publics : Trésorerie, Chambre législative, Poste, Douane, Présidence. Cependant la situation de la ville, à la jonction du Rio Negro, de l'Amazône et du Solimoens, est des plus heureusement choisie. Insignifiante aujourd'hui, Manaós deviendra, à n'en pas douter, un grand centre de commerce et de navigation[1]. Mais quand on réfléchit à l'immense étendue de pays recouverte encore par la forêt impénétrable, aux difficultés considérables qui font obstacle à la création d'établissement en cette région — insectes, climat, communications difficiles, — le jour semble bien éloigné où une population nombreuse sera assise sur les rives de l'Amazône, où les bateaux à vapeur circuleront de ses ports à ceux du Mississipi et où toutes les nations du globe viendront chercher leur part des riches produits de ce bassin[2].

Un de mes grands plaisirs à Manaós, c'est de diriger le soir, à la chute du jour, ma promenade vers la forêt voisine et de voir le défilé des « aguadeiros » indiens ou nègres, qui reviennent par l'étroit sentier, portant sur la tête la grande jarre rouge en terre cuite, remplie d'eau. Cela fait comme une procession, soir et matin; car l'eau de la rivière passe pour n'être pas bonne à boire et, de préférence, la ville s'approvisionne aux petits bassins et aux petits ruisseaux des bois. Quelques-unes de ces nappes d'eau, cachées dans un site charmant, sous

---

1. Des voyageurs anglais ont critiqué la position de la ville et regretté qu'on ne l'ait pas bâtie plus bas, immédiatement à la jonction des fleuves. Mais la situation actuelle de Manaós vaut beaucoup mieux; le port, éloigné des courants violents causés par le conflit de l'Amazône et du Rio Negro, est beaucoup plus sûr.

2 Quand ces lignes furent écrites, rien ne faisait présager que l'Amazône dût être sitôt ouvert à la libre navigation du monde. L'admission des navires marchands, sous tous les pavillons, à la libre pratique dans les eaux brésiliennes du grand fleuve est un fait accompli, depuis le 7 septembre 1867. Cela ne contribuera pas peu, sans doute, à accélérer le développement de la civilisation dans ces régions désertes. Aucun acte ne pouvait témoigner plus clairement de la politique libérale suivie par le gouvernement brésilien. Pour compléter cette grande œuvre, deux choses restent à faire : ouvrir une route directe entre les affluents supérieurs du Rio Madeira et ceux du Rio Paraguay; retirer les subventions aux compagnies privilégiées. Le trafic colossal dont ce bassin est susceptible suffira amplement à entretenir la navigation, une fois la concurrence rendue possible. (L. A.)

un bouquet d'arbres, servent de bains publics. Une d'elles, assez large et profonde, est surtout préférée ; on l'a recouverte d'un grand toit de feuilles de palmier et, à côté, l'on a bâti une rustique maisonnette en paille qui sert de salon de toilette.

Nous avons passé hier une matinée très-intéressante en visitant une école pour les jeunes Indiens, située à quelque distance hors de la ville. Nous avons été surpris de l'aptitude que ces enfants manifestent pour les arts de la civilisation auxquels nos Indiens de l'Amérique du Nord sont si peu habiles. Mais il faut se rappeler que nous avons devant les yeux, sur le sol même où leur race a vécu, les héritiers directs des peuples qui fondèrent les antiques civilisations du Pérou et du Mexique, incomparablement supérieures à n'importe quelle organisation sociale dont on ait pu trouver la trace parmi les tribus du Nord. Dans un grand atelier de tour et de menuiserie, nous avons vu ces Indiens fabriquer des pièces élégantes d'ébénisterie, des chaises, des tables, des étagères et nombre de petits articles comme des règles et des couteaux à papier. Dans un autre atelier, ils travaillaient le fer; ailleurs, ils tressaient de délicats objets en paille. Outre ces métiers, on leur enseigne la lecture, l'écriture, le calcul et la musique instrumentale; comme les nègres, ils ont, à ce que l'on assure, une naturelle aptitude pour cet art. Un corps de logis principal contient les salles d'école, les dortoirs, les magasins, la cuisine, etc. Nous sommes arrivés à l'heure du déjeuner et nous avons eu le plaisir de voir servir à ces pauvres enfants un excellent repas, composé d'une énorme jatte de café et d'un gros morceau de pain accompagné d'une portion de beurre. Mais quel contraste quand on compare l'expression de toutes ces jeunes figures réunies avec les physionomies de la première bande venue de négrillons ! Ces derniers toujours joyeux et insouciants; les autres réservés, soucieux, presque sombres. Cependant l'œil est intelligent, et l'on nous a affirmé que les Indiens de pure race étaient encore mieux doués que les individus de sang mêlé. L'école est entretenue par la province, mais la dotation de l'établissement est petite et le nombre des élèves trop peu considérable. Nous eussions emporté de là l'impression la plus heureuse, si nous n'avions appris que dans cet orphelinat on renferme parfois, sous prétexte d'instruction à recevoir, de pauvres créatures qui ont encore père et mère et qui ont été enlevées dans les tribus sauvages. La vue d'une cellule sombre à gros barreaux de fer, trop semblable à la cage d'une bête féroce, affermit encore cette triste opinion. J'ai voulu m'assurer de ce qu'il y a de vrai dans ces rapports, et l'on m'a répondu que, si pareille chose a lieu quelquefois, c'est seulement pour arracher l'enfant à une condition sauvage et dégradée ; la civilisation, même imposée par la force, étant préférable à la barbarie. Mais je mets en doute qu'une providence quelconque, fût-ce celle de Dieu lui-même, possède la sagesse et l'amour à un assez haut degré pour exercer sans danger cette charité par la violence. En parlant de l'éducation des Indiens, il me revient en mémoire que nous avons eu la bonne fortune de rencontrer un prêtre français qui a fourni à M. Agassiz une collection de livres élémentaires en langue portugaise. Nous les avons déjà envoyés à notre ami José Maïa, l'Indien aux goûts littéraires. Ce bon prêtre veut bien aussi se charger du petit garçon auquel Maïa avait un désir si vif de donner de l'instruction. Il l'admettra dans l'école qu'il dirige et où sont reçus les enfants pauvres.

12 septembre. — Nous avons quitté Manaós dimanche dernier. Nous voici à bord du paquebot qui monte à Tabatinga et naviguant de nouveau sur le grand fleuve. J'insère ici une lettre qui présente une sorte de résumé du travail scientifique accompli jusqu'à ce moment et montre quelle bienveillance nous est prodiguée par l'administration des paquebots de l'Amazône et par son excellent chef M. Pimenta-Bueno.

Manaós, 8 septembre 1865.

SENHOR PIMENTA BUÉNO.

« Mon cher ami,

« Vous serez probablement surpris de recevoir seulement quelques lignes de moi après le temps qui s'est écoulé depuis ma dernière lettre. Le fait est que depuis Obydos je suis allé de surprise en surprise et que j'ai à peine eu le temps de prendre soin des collections que nous avons faites, sans pouvoir les étudier convenablement. C'est ainsi que, pendant la semaine que nous avons passée dans les environs de Villa-Bella, aux Lago José-Assú et Lago Maximo, nous avons recueilli cent quatre-vingts espèces de poissons dont les deux tiers au moins sont nouvelles, et ceux de mes compagnons qui sont restés à Santarem et dans le Tapajóz en ont rapporté une cinquantaine. Ce qui fait déjà bien au delà de trois cents espèces en comptant celles de Porto do Móz, de Gurupá, de Tajapurú et de Monte-Alegre. Vous voyez qu'avant même d'avoir parcouru le tiers du cours de l'Amazône, le nombre des poissons est plus du triple de celui de toutes les espèces connues jusqu'à ce jour, et je commence à m'apercevoir que nous ne ferons qu'effleurer la surface du centre de ce grand bassin. Que sera-ce lorsqu'on pourra étudier à loisir et dans l'époque la plus favorable tous ses affluents? Aussi, je prends dès à présent la résolution de faire de plus nombreuses stations dans la partie supérieure du fleuve et de prolonger mon séjour aussi longtemps que mes forces me le permettront. Ne croyez pas cependant que j'oublie à qui je dois un pareil succès. C'est vous qui m'avez mis sur la voie en me faisant connaître les ressources de la forêt et mieux encore en me fournissant les moyens d'en tirer parti. Merci, mille fois, merci. Je dois aussi tenir grand compte de l'assistance que m'ont fournie les agents de la compagnie sur tous les points où nous avons touché. Notre aimable commandant s'est également évertué et, pendant que j'explorais les lacs des environs de Villa-Bella, il a fait lui-même une très-belle collection dans l'Amazône même, où il a recueilli de nombreuses petites espèces que les pêcheurs négligent toujours. A l'arrivée du *Belem*, j'ai reçu votre aimable lettre et une partie de l'alcool que j'avais demandé à M. Bond. Je lui écris aujourd'hui pour qu'il m'en envoie encore une partie à Teffé et plus tard davantage à Manaós. Je vous remercie pour le catalogue des poissons du Pará; je vous le restituerai à notre retour, avec les additions que je ferai pendant le reste du voyage. Adieu, mon cher ami.

« Tout à vous,

« L. Agassiz. »

Pour n'être plus sur un bâtiment entièrement à nos ordres, nous n'avons pas cessé d'être les hôtes de la Compagnie Amazonienne, car nous sommes passagers du gouvernement. Il est impossible d'être mieux aménagé, pour la commodité du voyageur, que ne le sont les paquebots de l'Amazône. Ils sont admirablement tenus et avec une propreté extrême; les cabines y sont vastes et d'ailleurs on n'en use guère que pour la toilette. Il est bien plus agréable de dormir dans son hamac, sur le pont abrité, mais largement ouvert. La table est parfaitement et soigneusement servie, et la nourriture excellente bien que peu variée. Une seule chose nous manque : c'est le pain; mais, à la rigueur, le biscuit de mer le remplace. Voici comment nous vivons : à l'aube, nous sautons hors des hamacs, puis nous descendons faire notre toilette et prendre une tasse de café noir. Pendant ce temps-là, on lave le pont, on range les hamacs, de sorte que tout est en ordre quand nous remontons. En attendant le déjeuner que la cloche sonne à dix heures et demie, j'étudie le portugais, non sans interrompre fréquemment ma leçon pour regarder la rive et admirer les arbres; la tentation est de toutes les minutes quand nous passons près de terre. A dix heures et demie, onze heures au plus tard, nous nous mettons à table. Dès lors, l'éclat du soleil est très-vif et, habituellement, je me retire dans ma cabine; c'est le moment de mettre mon journal au courant et j'écris tant que dure le milieu du jour. A trois heures, je considère le temps du travail comme expiré: je prends un livre et je vais sur le pont m'asseoir dans ma chaise à allonges, d'où je contemple le paysage et m'amuse à suivre de l'œil les oiseaux, les tortues, les alligators qui se montrent çà et là; en un mot, je flâne. A cinq heures, on sert le dîner, presque toujours sur le pont, et c'est après ce repas que commencent les instants les plus agréables de la journée. Une fraîcheur délicieuse succède à la chaleur du jour, le coucher du soleil est toujours magnifique: je vais me placer à l'avant du navire, et là je reste assise jusqu'à neuf heures. Vient le thé, puis chacun retourne à son hamac, et, quant à moi, je dors dans le mien d'un profond sommeil jusqu'à l'aube suivante.

On s'est arrêté aujourd'hui à une petite escale, sur la rive septentrionale du fleuve, appelée « Barreira das Cudajás. » Ce ne sont que quelques maisonnettes assises sur une berge de drift rouge, légèrement stratifié en quelques endroits, auquel s'adosse le limon apporté par les eaux. A partir de ce point, nous avons vu la même formation dans plusieurs localités.

13 *septembre*. — On a jeté l'ancre ce matin au pied de la petite ville de Coary, sur le Rio Coary, une des rivières aux eaux noires. Nous avons demeuré là quelques heures à faire du bois pour la machine. Cela s'exécute avec tant de lenteur qu'un Américain, habitué dans son pays aux procédés expéditifs, n'en peut croire ses yeux. Un méchant petit canot portant une charge de bois s'éloigne de la rive, en rampant sur le fleuve d'une allure d'autant plus lente que, des deux bateliers, l'un se sert d'une pelle cassée et l'autre d'une lon-

gue gaule. Jamais plus éloquente apologie des rames! Lorsque la chétive embarcation a enfin accosté le paquebot, huit ou dix hommes forment la chaîne, et le bois passe de main en main, bûche par bûche, celles-ci comptées au fur et à mesure. M. Agassiz a tiré sa montre ce matin et trouvé que, terme moyen, il entre à bord sept bûches par minute. Avec un procédé semblable, on peut comprendre que s'arrêter pour faire du bois n'est pas affaire de cinq minutes. Nous avons pourtant fini par quitter Coary, et depuis, nous rasons presque la rive, non pas celle d'une île, mais la rive continentale. Si nombreuses et si vastes sont les îles de l'Amazône, que souvent nous nous croyons entre le bord septentrional et le bord méridional du fleuve, quand, par le fait, nous sommes dans un large canal compris entre deux îles. Aujourd'hui, nous avons presque constamment suivi le drift, ce même drift rouge de l'Amérique du Sud qui nous est devenu si familier. Parfois il se dresse en falaises ou en hautes berges au-dessus des dépôts de vase; ailleurs, il affleure et perce le limon des eaux, mélangé çà et là avec cette boue et partiellement stratifié. Dans un certain endroit, il recouvrait une roche en place, grisâtre, dont M. Agassiz n'a pas pu encore déterminer la nature, mais à stratification distincte et légèrement inclinée. Ce terrain devient, sans nul doute, plus apparent à mesure que nous remontons vers le Marañon. Est-ce parce que nous approchons de son point de départ ou parce que la nature de la végétation nous dérobe moins la vue du sol? Depuis que nous sommes partis de Manaós, la forêt est moins luxuriante; elle est plus basse sur les bords du Solimoens que sur ceux de l'Amazône, plus fragmentée, plus ouverte. Les palmiers eux-mêmes sont moins nombreux qu'auparavant; mais nous voyons maintenant un arbre qui rivalise de majesté avec eux. Son dôme plat, en forme de disque, domine de haut la forêt, et, vu de loin, il a quelque chose d'architectural, tant la forme en est régulière. Cet arbre majestueux est le *Sumaumeira* (Eriodendron Sumauma). C'est un des arbres, rares sous ce climat, dont les feuilles tombent périodiquement, et, à cette heure, il projette au-dessus de la masse verdoyante de la végétation qui l'entoure un large sommet arrondi presque dénué de feuillage. Les branches aux ramifications multiples, très-noueuses, d'une symétrie parfaite, sont, comme le tronc, couvertes d'une écorce blanche. Sans doute, le moment n'est pas éloigné où le Sumaumeira reprendra sa verte couronne, car déjà, çà et là, pointent les jeunes feuilles. Outre ce géant de la forêt, nous remarquons encore sur le rivage l'Imbaúba (Cecropia), de stature moindre que dans les provinces du Sud, et le Taxi aux fleurs blanches et aux bourgeons mordorés. Étroitement serré près du bord, le roseau Arum darde, à six ou huit pieds au-dessus de l'eau, ses innombrables tiges roides, appelées « frexas » par les Indiens qui en font leurs armes.

14 septembre. — Depuis un jour ou deux, la rive est plus haute. Nous passons constamment devant des falaises de drift rougeâtre, au pied desquelles s'allonge une plage basse formée par le limon. Assez souvent encore, une roche grise, quelque peu semblable à des schistes argileux, se montre un peu sous ce dépôt; elle est très-distinctement stratifiée et s'incline tantôt à l'est, tantôt à l'ouest, toujours en stratification discordante avec le drift supérieur[1]. Parfois, la couleur de ce dernier change; il est presque blanchâtre et non plus rouge, sur quelques points des localités que nous traversons. Nous approchons désormais de cette partie de l'Amazône où se rencontrent les larges plages sablonneuses fréquentées, à l'époque de la ponte, par les tortues et les alligators. Ce n'est pas encore tout à fait la saison de dénicher les œufs, de faire le beurre de tortue, etc., mais nous apercevons fréquemment, près des bords du fleuve, les huttes construites par les Indiens ou les bâtons fichés dans le sol sur lesquels on étend et l'on sèche le poisson. Le poisson sec est ici un des grands articles de commerce.

Nous avons passé ce matin plusieurs heures en face de la ville d'Ega ou de Teffé, comme l'appellent les Brésiliens. Ce nom vient du Teffé, mais en réalité la ville est située au bord d'un petit lac que la rivière forme immédiatement avant de se réunir à l'Amazône. L'entrée du lac est divisée en nombreux petits canaux ou igarapés, et les abords de la ville sont extrê-

---

[1]. J'ai pu m'assurer, dans le cours de mon exploration, que cette roche schisteuse, de même que le grès dur qu'on voit le long des rives à Manaós, fait partie de la formation du drift amazonien, et n'est ni le vieux grès rouge, ni le trias, comme l'ont cru les précédents explorateurs. (L. A.)

mement jolis. Une large plage sablonneuse s'étend entre la rive et les maisons qui s'étagent au flanc d'une verte colline sur laquelle, chose rare à voir en cette contrée, paissent les bœufs et les moutons. C'est un coup d'œil charmant, et nous examinons tout cela avec d'autant plus d'intérêt que plusieurs d'entre nous devront revenir ici et y faire un séjour de quelque durée pour rassembler des collections.

15 *septembre*. — Voilà deux ou trois jours qu'on agite vive-

Case indienne, à Teffé.

ment la question de savoir comment il conviendra de répartir les membres de notre petite compagnie, lorsque nous serons arrivés à Tabatinga. M. Agassiz en est fortement préoccupé ; le temps que nous avons à dépenser est bien court et les sujets d'étude sont à la fois nombreux et importants. Doit-il renoncer au projet de continuer personnellement l'étude des poissons de l'Amazône supérieur et, laissant à quelques détachements le soin des collections, poursuivre sa route jusqu'au Pérou, afin de visiter au moins le premier éperon des Andes, de s'assurer s'il se rencontre dans les vallées quelques vestiges de glaciers et de faire, en même temps, une collection des poissons propres aux cours d'eau des montagnes? Ou bien renoncera-t-il, pour le moment, à ce voyage au Pérou et se contentera-t-il de faire, en un lieu quelconque de la région où nous sommes, un séjour d'un mois ou deux pour compléter, autant que possible, ses recherches sur la distribution et le développement des poissons dans le Solimoens? Si, en allant au Pérou, il y avait certitude d'un résultat, se décider serait facile; mais, selon toute probabilité, les pluies torrentielles de cette latitude ont décomposé la surface des roches et fait disparaître toute trace des glaciers, à supposer qu'il en ait jamais existé à un niveau aussi bas. Peut-être donc, en remontant plus loin, sacrifierait-on un résultat immanquable à la recherche d'un résultat incertain. Depuis plusieurs jours, le doute et l'indécision à cet égard troublaient et les veilles et le sommeil de M. Agassiz, si vif est son désir de tirer le parti le plus avantageux de son temps et des facilités qui lui sont offertes. Mais hier matin, à Teffé, le personnage le moins attendu a fait son apparition au milieu de notre conseil d'état. Chétif est l'individu; il n'en a pas moins pesé d'un grand poids sur nos décisions. Cet intrus n'est autre qu'un tout petit poisson qui a la gueule pleine de ses petits. Un tel argument *de facto* était irrésistible; l'embryologie a gagné le procès. La chance de pouvoir observer un procédé de développement si étrange, non-seulement sur cette espèce, mais encore sur quelques autres qui, dit-on, élèvent leurs petits de la même façon, n'est pas chose à laisser échapper. D'ailleurs, il y a en outre l'espoir de faire une collection et une série d'aquarelles, d'après le vif, de l'immense variété de poissons qui peuplent la rivière et le lac de Teffé; peut-être même d'étudier l'embryologie des tortues et des alligators au temps de la ponte. Donc M. Agassiz retournera à Teffé avec le dessinateur et deux ou trois aides; M. Bourget restera à Tabatinga avec notre Indien pêcheur et y recueillera des spécimens; enfin; MM. James et Talisman se rendront d'abord au Rio Içá ou Putumayo et ensuite au Hyutahy, dans le même but. Cette dispersion des membres de l'expédition sur des aires différentes et considérablement éloignées les unes des autres, pour y opérer simultanément, fera connaître comment les poissons sont distribués et si le groupement des espèces présente, dans ces localités, des différences aussi grandes que celles observées dans le bas Amazône.

J'insère ici une lettre écrite à l'Empereur au sujet de ce curieux poisson, qui se trouve par hasard être le même que M. Agassiz avait autrefois dédié à Sa Majesté.

Teffé, 14 septembre 1865.

« Sire,

« En arrivant ici ce matin, j'ai eu la surprise la plus agréable et la plus inattendue. Le premier poisson qui me fut apporté était l'Acará que Votre Majesté a bien voulu me permettre de lui dédier, et, par un bonheur inouï, c'était l'époque de la ponte et il avait la bouche pleine de petits vivants, en voie de développement. Voilà donc le fait le plus incroyable en embryologie pleinement confirmé, et il ne me reste plus qu'à étudier en détail et à loisir tous les changements que subissent ces petits jusqu'au moment où ils quittent leur singulier nid, afin que je puisse publier un récit complet de cette singulière histoire. Mes prévisions sur la distribution des poissons se confirment : le fleuve est habité par plusieurs faunes ichthyologiques très-distinctes, qui n'ont pour lien commun qu'un très-petit nombre d'espèces qu'on rencontre partout. Il reste maintenant à préciser les limites de ces régions ichthyologiques et peut-être me laisserai-je entraîner à consacrer quelque temps à cette étude, si je trouve les moyens d'y parvenir. Il y a maintenant une question qui devient fort intéressante, c'est de savoir jusqu'à quel point le même phénomène se reproduit dans chacun des grands affluents du Rio Amazonas, ou en d'autres termes si les poissons des régions supérieures du Rio Madeira et du Rio Negro, etc., etc., sont les mêmes que ceux du cours inférieur de ces fleuves. Quant à la diversité même des poissons du bassin tout entier, mes prévisions sont de beaucoup dépassées. Avant d'arriver à Manaós j'avais déjà recueilli plus de trois cents espèces, c'est-à-dire le triple des espèces connues jusqu'à ce jour au moins. La moitié environ ont pu être peintes sur le vivant par M. Burkhardt; en sorte que, si je puis parvenir à publier tous ces documents, les renseignements que je pourrai fournir sur ce sujet dépasseront de beaucoup tout ce que l'on a publié jusqu'à ce jour.

« Je serai bien heureux d'apprendre que Votre Majesté n'a pas rencontré de difficultés dans son voyage et qu'Elle a atteint pleinement le but qu'Elle se proposait. Nous sommes ici sans nouvelles du Sud, depuis que nous avons quitté Rio, et tout ce que nous avions appris alors était qu'après une traversée assez orageuse Votre Majesté avait atteint le Rio Grande. Que Dieu protége et bénisse Votre Majesté!

« Avec les sentiments du plus profond respect et de la reconnaissance la plus vive,

« Je suis de Votre Majesté

« le très-humble et très-obéissant serviteur,

« L. Agassiz. »

Le caractère des berges n'a pas changé depuis avant-hier; elles sont assez hautes et se dressent çà et là en falaises abruptes qui présentent le même mélange de drift rougeâtre, de dépôt limoneux et, inférieurement, de roche schisteuse grisâtre affleurant à la surface en quelques endroits. On s'est arrêté ce matin, pour faire du bois, à une station située en face du village de Fonte-Bôa; M. Agassiz en a profité pour aller à terre et examiner de près cette formation. Il a trouvé une couche épaisse de grès ferrugineux, gisant sous un certain nombre de minces feuillets de boue argileuse qui ressemblent à de vieux schistes argileux et montrent des traces distinctes de clivage. Ces feuillets sont recouverts par un talus d'argile sablonneuse couleur d'ocre (la même que j'ai désignée jusqu'ici sous le nom de drift), qui présente bien rarement des traces de stratification. Nous avons passé hier devant plusieurs lacs, séparés du fleuve par un barrage de vase, où paraissent abonder les oiseaux aquatiques; nous avons même vu, sur un de ces lacs, d'immenses troupes de ces oiseaux qui, à distance, nous ont paru être ou des ibis rouges ou des spatules rouges; il y avait aussi bon nombre de mouettes. Nos chasseurs ne pouvaient quitter des yeux ce spectacle; il leur tarde d'être à terre et de faire grand carnage de tout ce gibier.

17 *septembre*. — Nous avons fait du bois, hier au soir, à quelques milles au-dessous de Tonantins. J'étais assise et regardais les Indiens qui travaillaient à terre. Ils pouvaient bien être quinze ou vingt; les hommes charriaient le bois, les femmes et les enfants semblaient n'être là que pour les regarder faire. Ils avaient allumé un grand feu sur le rivage et pendu leurs filets ou dressé les tentes de coton sous lesquelles ils dorment, au milieu des arbres, à quelques pas en arrière. Cela formait un groupe sauvage. Ils passaient et repassaient sous la clarté du feu, à l'entretien duquel était spécialement préposée une grande femme maigre à l'air de sorcière, vraie *Meg Merrilies*, ayant, je crois, pour tout vêtement une longue robe brune serrée autour de la taille. Quand elle se penchait sur le feu, pour y jeter des branches sèches ou ranimer les tisons fumants, la flamme illuminait de reflets étranges sa face ridée, sa peau tannée et sa longue chevelure inculte; un éclat fugitif glissait sur les femmes et les enfants qui l'entouraient, ou empourprait de chaudes rougeurs la forêt qui servait de cadre à ce tableau. C'est la seule femme aborigène de haute stature que j'aie encore vue, car généralement les Indiennes sont de petite taille. Quand ces rudes habitants de la forêt eurent terminé leurs préparatifs de nuit, ils jetèrent sur le foyer un peu de bois vert et étouffèrent la flamme; d'épais nuages de fumée s'élevèrent, enveloppant les tentes et, sans doute, chassant les légions de moustiques. Ces insectes en effet ne sont pas moins redoutés des natifs que des étrangers; or, à la nuit tombante, les stations de l'Amazône supérieur sont envahies par des tourbillons de moustiques, et, durant le jour, une petite mouche vorace, appelée *pium*, n'est pas moins incommode.

18 septembre. — Autre pause, hier soir encore, à San-Paulo, petit village assis au sommet d'une falaise qui se dresse presque à pic au bord de l'eau et s'incline en ravin par derrière. Dans toute cette région, la rive est minée par les eaux; d'énormes fragments s'en détachent et croulent dans le fleuve, entraînant les arbres avec eux. Ces éboulements sont assez fréquents et ont lieu sur une étendue assez grande; aussi la navigation trop près du bord de l'eau est-elle dangereuse pour les petites embarcations. Le paysage des rives du Solimoens est bien loin d'être aussi intéressant que celui de l'Amazône inférieur. Les berges sont minées et ravinées; la forêt plus basse est moins luxuriante, et les palmiers sont moins fréquents et moins beaux. Depuis un jour ou deux, c'est à peine si nous en avons vu quelques-uns; une espèce cependant paraît commune, c'est le Paxiuba barriguda (*Iriartea ventricosa*), qui rappelle l'Assahy par la dignité du port et se fait d'ailleurs remarquer par un renflement du tronc, à mi-hauteur, qui lui donne l'aspect d'un gros fuseau; la coupe de son feuillage est aussi particulière, chaque foliole ayant la forme d'un coin. Notre paquebot passe maintenant entre les propres rives du grand fleuve; il ne côtoie plus les îles si nombreuses et si jolies qui rompent la monotonie du voyage entre Pará et Manaós. Notre horizon s'est élargi, mais ce qu'il a gagné en étendue, il l'a perdu en pittoresque et en détails. Et puis, plus d'habitations, plus rien qui rappelle l'homme ! vingt-quatre heures s'écoulent parfois sans que nous apercevions même une hutte. Mais si l'homme a disparu, les animaux se montrent en grand nombre : le sourd clapotement des roues fait lever de nombreux vols d'oiseaux cachés sur le rivage ; les tortues avancent hors de l'eau leurs museaux noirs, les alligators apparaissent çà et là, et, de temps en temps, une troupe de capivards au pelage brun s'enfuit à terre et va se réfugier sous les arbres, à notre approche. Demain matin nous serons à Tabatinga, limite extrême que notre voyage ne doit pas dépasser.

20 *septembre*. — Nous sommes, en effet, arrivés lundi soir à Tabatinga et nous y sommes restés jusqu'au vendredi matin. Il ne faut pas moins de temps pour décharger le bâtiment — grosse affaire à la façon dont on travaille ici. Tabatinga est une ville frontière, entre le Brésil et le Pérou. Elle doit à cette circonstance l'honneur d'être un poste militaire ; mais lorsqu'on regarde les deux ou trois petits canons en batterie sur le fleuve, la maison de boue qui constitue le poste et les cinq ou six soldats paresseusement allongés sous son ombre, il est bien permis de ne pas trouver la fortification formidable[1]. La ville, située sur une falaise de limon profondément ravinée et crevassée en maintes directions, se compose d'une douzaine de maisons en ruine entourant une espèce de place centrale. J'ai bien peu de chose à dire des habitants, car la soirée était déjà avancée quand je suis allée à terre, et tout le monde s'é-

---

1. A Tabatinga, les paquebots du Brésil rencontrent ceux du Pérou, et les uns et les autres échangent leurs chargements. Autrefois les navires de la Compagnie brésilienne poussaient la navigation jusqu'à Laguna, à l'embouchure du Hualłagá. Maintenant cette partie de la traversée est le monopole d'une société péruvienne dont les bateaux remontent le Huallagá jusqu'à Urimaguas. Ces paquebots péruviens sont beaucoup moins confortables que ceux de la ligne brésilienne, et n'ont que peu ou point d'aménagements pour les passagers. Le Marañon supérieur est navigable pour de grands navires jusqu'à Jaen, et ses tributaires, le Huallagá et l'Ucayale au sud, le Noronha, le Pastazza et le Napó au nord, le sont aussi jusqu'à une grande distance au-dessus de leur embouchure. Il y a lieu de croire que ces grands affluents de l'Amazône auront bientôt leurs lignes de paquebots, comme le fleuve lui-même. L'ouverture de l'Amazône, à n'en pas douter, hâtera ce résultat. (L. A.)

tait retiré par crainte des moustiques. Un ou deux hommes étaient encore accoudés sur leur porte et me donnèrent amicalement le conseil de ne pas aller plus loin, à moins que je ne me résignasse à être dévorée. De fait, déjà la nuée bourdonnante m'entourait et elle me poursuivit, dans ma retraite, jusqu'au bateau. Les moustiques, pendant la nuit, et les piums, pendant le jour, rendent ici la vie intolérable, nous dit-on. En de pareilles circonstances, il ne nous fut guère possible de nous former, pendant notre court séjour, une idée du caractère de la végétation ; nous avons eu cependant occasion de voir un curieux palmier, le Tucuma, une espèce d'Astrocaryum, dont la fibre est employée pour faire les hamacs, les filets de pêche et autres choses semblables. Ces fibres deviennent un article de commerce de plus en plus important. Les environs de Tabatinga, où l'on rencontre deux ou trois îles, de nombreux igarapés s'ouvrant sur le fleuve, et la large embouchure du Hyavary, sont une des parties du Solimoens les plus pittoresques.

Nous avons trouvé dans cette petite ville quatre membres d'une commission scientifique espagnole, qui venaient de faire dans l'Amérique centrale et méridionale un voyage de plusieurs années. A diverses reprises, nous avions croisé leur itinéraire sans jamais les rencontrer. Ils saluèrent avec bonheur l'arrivée de notre paquebot, leur relâche à Tabatinga remontant déjà à deux ou trois semaines. Ces quatre personnes étaient MM. les docteurs Almagro, Spada, Martinez et Isern. Ils venaient d'accomplir un aventureux voyage et de descendre le Napó sur une sorte de radeau que leur riche collection d'animaux vivants avait transformé en arche de Noé. Après beaucoup de dangers et de mésaventures, ils étaient enfin parvenus à Tabatinga, ayant perdu dans un échouage tous leurs vêtements, à l'exception de ceux qu'ils avaient sur le corps. Fort heureusement, ils avaient sauvé leurs papiers et leurs collections [1].

A cette heure nous redescendons le fleuve. Nous avons laissé à Tabatinga M. Bourget, qui fera des collections dans cette ré-

[1]. Ces messieurs descendirent l'Amazône avec nous jusqu'à Teffé, et nous apprîmes plus tard qu'ils étaient arrivés sans encombre à Madrid. Mais leur santé à tous était gravement compromise, et M. Isern mourut peu après son retour dans sa patrie.

gion, et MM. James et Talisman ont pris terre à San-Paulo, où ils se procureront un canot et des rameurs pour leur excursion sur l'Içá. Ce matin, tandis que nous étions mouillés devant Fonte-Bôa, pour le bois, M. Agassiz est allé à terre et y a fait l'intéressante trouvaille d'un certain nombre de plantes fossiles, dans les dépôts limoneux inférieurs. Il a été également assez heureux pour se procurer, durant les quelques heures que nous avons passées là, une petite collection de poissons contenant plusieurs espèces nouvelles.

25 septembre. — Teffé. — Vendredi, le matin du jour où j'écrivais les lignes précédentes, nous étions à deux ou trois heures de Teffé ; nous venions de fermer nos malles et nous terminions nos lettres pour les faire joindre au courrier de Manaós, quand le navire s'est arrêté soudain, de cet arrêt instantané, inerte, qui semble la mort et annonce un désastre. En un clin d'œil, la vapeur est renversée ; mais nous avions donné de toute notre force contre le lit du fleuve et nous demeurâmes là, sans plus bouger. C'est un accident assez sérieux dans cette saison où les eaux vont baissant : on a vu des bateaux à vapeur rester dans cette situation pendant des semaines, et il n'est pas facile de se garder de pareil malheur ; les pilotes les plus expérimentés n'y réussissent pas toujours, car le fond de la rivière change incessamment et de la façon la plus soudaine ; tel bâtiment qui a passé en toute sécurité, lorsqu'il remontait le fleuve, trouve en redescendant un épais lit de boue au même endroit. Trois heures durant, l'équipage fit d'inutiles efforts pour faire reculer le navire ou pour nous hâler sur une ancre jetée à une certaine distance en arrière. Vers cinq heures de l'après-midi, le ciel commença à se couvrir, les nuages s'amoncelèrent et une tempête violente, accompagnée de pluie et de tonnerre, fondit sur nous. En un instant le vent fit ce que les hommes ni la machine n'avaient pu faire en plusieurs heures ; à peine l'ouragan eut-il heurté les flancs du navire, que celui-ci oscilla, tourna sur lui-même et flotta librement. Cette délivrance soudaine et inespérée provoqua une exclamation générale de plaisir, car, pour tous les passagers, un retard ne pouvait être que préjudiciable. Un ou deux d'entre eux sont des négociants auxquels il importe de rejoindre à Manaós le paquebot du 25 de ce mois, qui est en correspondance avec les lignes du littoral ;

les membres de la commission scientifique espagnole, s'ils perdent cette occasion de transbordement à Manaòs, non-seulement manqueront le prochain paquebot pour l'Europe, mais encore auront la dépense et le souci de leur volumineux bagage et l'entretien de leur ménagerie pendant quinze jours dans cette petite bourgade. Pour M. Agassiz lui-même, ce serait une déception cruelle que de perdre plusieurs jours du mois qu'il destinait à ses études à Teffë. Aussi, toutes les figures s'épanouirent quand le choc bienfaisant de la tempête nous eut remis à flot. Mais les efforts de l'équipage, impuissants à nous tirer d'affaire, avaient eu juste assez d'efficacité pour nous retenir prisonniers ; l'ancre jetée dans la vase, à une certaine distance de l'arrière du bâtiment, s'était enfoncée à une telle profondeur qu'il devenait impossible de la lever, et toutes les tentatives n'eurent d'autre résultat que de nous faire échouer de nouveau. En vérité, entourés comme nous l'étions par la vase et le sable, ce n'était pas chose facile que de trouver une passe pour sortir de là. Le bateau resta donc immobile toute la nuit, tandis que l'équipage travaillait sans relâche ; enfin, grâce à l'énergie du capitaine et à l'activité de ses hommes, vers sept heures, le matin suivant, le navire se trouva dégagé et nous nous crûmes au bout de nos inquiétudes. Hélas! le vieux proverbe : « Entre la coupe et les lèvres.... » ne se trouva jamais plus vrai. Quand il fallut se remettre en marche, on s'aperçut que, dans le choc et les tiraillements auxquels le bâtiment avait été soumis, le gouvernail s'était brisé. En présence de ce nouveau désastre, les passagers à destination de Pará durent renoncer complètement à l'espoir d'atteindre le paquebot partant de Manaós ; les autres se résignèrent à attendre avec toute la philosophie qu'ils purent montrer. Toute la journée et la nuit suivante furent employées à organiser un gouvernail de fortune ; ce ne fut que le dimanche matin à huit heures que nous nous remîmes en marche. A onze heures, nous étions à Teffë.

VII

SÉJOUR A TEFFÉ.

Aspect et situation de Teffé. — Notre intérieur. — Grande pêche. — Acarà. — Le manque de bras. — Nos serviteurs : Bruno, Alexandrina. — Promenades. — Le four à manioc dans la forêt. — Campement d'Indiens. — Une sécherie de poisson sur le Solimoens. — Les plages de l'Amazône. — Nids de tortues ; adresse des Indiens à les découvrir. — Un *sitio*. — Les Indiens mangeurs de terre. — L'arbre à *Cuias*. — Chasse au poisson. — Un lac dans la forêt. — Oiseaux aquatiques. — Succès des collectionneurs. — Une scène du soir au Sitio. — Alexandrina aide-naturaliste. — Curieuse trouvaille. — Les poissons au point de vue de l'embryologie. — Caractère des faunes marines et des faunes amazoniennes. — Acarà. — Nouvelles des expéditions envoyées dans l'intérieur. — Retour de celle qui est allée au Putumayo. — Préparatifs de départ. — Résultats généraux du travail scientifique à Teffé. — En attendant le paquebot. — Portrait d'Alexandrina. — *Mocuins*. — Tempête. — *Repiquête*. — Observations géologiques.

27 septembre. — De tous les petits établissements que nous avons vus dans l'Amazonie, Teffé est celui dont l'aspect est le plus riant et le plus agréable. En ce moment, la ville, ou plutôt, car ce nom lui convient mieux, le village est séparé du fleuve par une large bande de sable; mais durant la saison des pluies, les eaux, nous dit-on, recouvrent complètement cette plage et envahissent même le terrain situé au delà, leur niveau atteignant ainsi presque au seuil des habitations. Les maisons, généralement bâties en terre et blanchies à la chaux, sont couvertes en tuiles ou en feuilles de palmier. Presque toutes sont entourées d'un petit verger enclos par une barrière et planté d'orangers et de palmiers : le cocotier, l'assahy, le pupunha ou palmier à pêches. Ce dernier porte en touffes gra-

Le port de Tessa.

cieuses des fruits assez semblables à nos pêches, par la grosseur et la couleur; on les mange cuits en y mêlant un peu de sucre, et le goût en est fort agréable. Derrière Teffé, une verte colline sur laquelle paissent les vaches et les moutons[1] s'élève doucement et se couronne de forêts, formant au paysage un arrière-plan enchanteur. A l'entrée du village, plusieurs petits bras du lac ou de la rivière promettent de charmantes promenades en canot.

Grâce à notre ami Coutinho, nous avons déjà un logement, et la fin de la journée nous trouve aussi confortablement installés qu'il est possible à des oiseaux de passage comme nous. Notre logis est situé sur un terrain découvert, qui descend vers le lac. Il n'y a de bâtiments qu'à droite et à gauche; aussi, de la façade, nous avons la vue admirable de la plage et du fleuve jusqu'à la rive opposée. L'autre face de la maison a jour sur un verger non enclos où deux ou trois orangers ombragent un réservoir à tortues, vivier tout préparé pour y loger les spécimens vivants. Dans la cour de toutes les habitations on trouve un de ces bassins, et toujours bien approvisionné, car la chair de la tortue forme la base essentielle de la nourriture des habitants; l'alimentation publique dépend de cet animal. L'intérieur de notre maison est très-commode. A droite du corridor dallé est une grande salle, déjà transformée en laboratoire. Là s'entassent les pots, les caques, les barils dans l'attente des spécimens; au plafond pend une étagère destinée à mettre les oiseaux et les insectes hors de l'atteinte des fourmis; dans un coin, la table du dessinateur; dans un autre, une immense caisse d'emballage, vide et renversée sur le côté, sert de table pour dépouiller et préparer les oiseaux, tandis que l'espace béant au-dessous tient lieu d'armoire pour loger les instruments et les matériaux. Après un court apprentissage le voyageur sait bien vite improviser tout le mobilier néces-

---

1. Il est vraiment singulier qu'à Teffé, où l'on voit à toute heure un grand nombre de vaches paître autour des maisons, le lait soit un luxe qu'il est presque impossible de se procurer. De fait le lait est de peu d'usage parmi les Brésiliens, autant que nous ayons pu voir. C'est un préjugé général qu'il ne convient point aux enfants, et l'on aime mieux donner à un bambin de deux ans du thé ou du café, que du lait pur. Les vaches ne sont pas traites régulièrement; on tire le lait au fur et à mesure du besoin.

saire à son travail et se passer presque de tout ce que, chez lui, il réputait indispensable. En face du laboratoire et de l'autre côté du corridor, s'ouvre une pièce de la même dimension où les messieurs ont pendu leurs hamacs. Au fond se trouve ma chambre, de la fenêtre de laquelle je vois, dans le verger, se balancer l'assahy élégant et s'épanouir les fleurs des orangers. Tout à côté est la salle à manger communiquant avec un large cabinet par où l'on peut sortir. On a fait un cellier de ce cabinet, on y renferme l'alcool, mais en ce moment c'est surtout une prison où deux alligators attendent l'heure de l'exécution. La nouvelle de notre arrivée s'est déjà répandue aux alentours ; et les pêcheurs, les enfants apportent des spécimens de toute sorte : alligators, tortues, oiseaux, poissons, insectes. L'affluence est déjà suffisante pour montrer à quelle riche moisson il faut s'attendre, ici et dans les environs.

28 septembre. — Hier, entre le coucher du soleil et le lever de la lune, nous avons, sur l'invitation de notre voisin le docteur Romualdo, pris part, avec son ami M. João da Cunha, à une partie de pêche, sur un des jolis igarapés qui débouchent dans le lac. A mesure que nous avancions dans le petit canal, les alligators paresseux, couchés sous le miroir encore brillant des eaux, allongeaient un peu la tête à la surface ; d'innombrables oiseaux de toute espèce perchés au-dessus de nos têtes se jetaient à l'eau, fuyant leurs demeures que troublait notre approche ; seul un grand héron gris demeura immobile sur la rive, comme en contemplation devant son image aussi distincte et aussi visible que l'animal lui-même. Quand nous fûmes arrivés à un certain endroit, les Indiens sautèrent dans l'eau (qui pour le dire en passant était d'une chaleur désagréable) et déployèrent leurs filets. Au bout de quelques minutes, ils les traînèrent vers la rive presque aussi chargés de poissons que ceux de saint Pierre le jour de la pêche miraculeuse. Les prisonniers s'échappaient du filet par centaines, se glissant à travers les mailles, sautant par-dessus les bords, et la plage en était littéralement couverte. Les Indiens ont à la pêche une habileté merveilleuse ; ils traînent derrière eux leurs longues sennes, tout en fouettant l'eau avec de longues verges pour effrayer le poisson et le pousser dans le filet.

M. da Cunha, amateur passionné de ce plaisir, entra dans l'eau et se mit à l'œuvre avec autant d'ardeur que les Indiens, tantôt tirant le filet, tantôt rabattant le poisson, puis, quand la senne fut hors de la rivière, enfonçant dans la boue pour rattraper le menu fretin qui, par myriades, s'échappait des mailles : tout cela avec un enthousiasme qui n'avait d'égal que celui de M. Agassiz. L'opération fut répétée plusieurs fois, toujours avec le même succès, et nous revînmes par un beau clair de lune, ramenant la pleine charge d'un canot. Ce matin, M. Agassiz est tout entier à l'examen de ces trésors et M. Burkhardt dessine les spécimens jugés dignes de cet honneur. Ici, comme partout dans l'Amazône, la variété des espèces est incroyable. Les collections en comptent déjà plus de quatre cents, en y comprenant celles de Pará : outre les espèces nouvelles chaque jour découvertes, des genres nouveaux se rencontrent fréquemment. La lettre suivante adressée au professeur Milne-Edwards, du Jardin des plantes, donne une idée des résultats obtenus dans cette branche des travaux de l'expédition.

Teffé, le 22 septembre 1865.

« Mon cher ami et très-honoré confrère,

« Me voici depuis deux mois dans le bassin de l'Amazône, et c'est ici que j'ai eu la douleur de recevoir la nouvelle de la mort de mon vieil ami Valenciennes. J'en suis d'autant plus affecté que personne plus que lui n'aurait apprécié les résultats de mon voyage, dont je me réjouissais déjà de lui faire part prochainement. Vous concevrez naturellement que c'est à la classe des poissons que je consacre la meilleure partie de mon temps, et ma récolte excède toutes mes prévisions. Vous en jugerez par quelques données. En atteignant Manaós, à la jonction du Rio Negro et de l'Amazonas, j'avais déjà recueilli plus de trois cents espèces de poissons, dont la moitié au moins ont été peintes sur le vivant, c'est-à-dire d'après le poisson nageant dans un grand vase en verre devant mon dessinateur; je suis souvent peiné de voir avec quelle légèreté on a publié des planches coloriées de ces animaux. Ce n'est pas seulement tripler le nombre des espèces connues, je compte les genres nouveaux par douzaines, et j'ai cinq ou six familles nouvelles pour l'Amazône et une, voisine des Gobioïdes, entièrement nouvelle pour l'ichthyologie. C'est surtout parmi les petites espèces que je trouve le plus de nouveautés. J'ai des Characins de cinq à six centimètres et au-dessous, ornés des teintes les plus élégantes, des Cyprinodontes, se rapprochant un peu de ceux de Cuba et des États-Unis, des Scomberésoces voisins du Bélone de la Méditerranée, un nombre considérable de Carapoïdes, des Raies de genres différents de ceux de l'océan, et qui par conséquent ne sont pas des espèces qui remontent le fleuve, une foule de Goniodontes et de Chromides de genres et d'espèces inédits. Mais ce que j'apprécie surtout c'est la facilité que j'ai d'étudier les changements que tous ces poissons subissent avec l'âge, et les différences de sexe qui existent entre eux et qui sont souvent très-considérables. C'est ainsi que j'ai observé une espèce de Geophagus dont le mâle porte sur le front une bosse très-saillante qui manque entièrement à la femelle et aux jeunes. Ce même poisson a un mode de reproduction des plus extraordinaires. Les œufs passent, je ne sais trop comment, dans la bouche dont ils tapissent le fond, entre les appendices intérieurs des arcs branchiaux et surtout dans une poche formée par les pharyngiens supérieurs qu'ils remplissent complètement. Là ils éclosent, et les petits, libérés de leur coque, se développent jusqu'à ce qu'ils soient en état de fournir à leur existence. Je ne sais pas encore combien de temps cela va durer; mais j'ai déjà rencontré des exemplaires dont les jeunes n'avaient plus de sac vitellaire, qui hébergeaient encore leur progéniture. Comme je passerai environ un mois à Teffé, j'espère pouvoir compléter cette observation. L'examen de la structure d'un grand nombre de Chromides m'a fait entrevoir des affinités entre ces poissons et diverses autres familles dont on ne s'est jamais avisé de les rapprocher. Et d'abord je me suis convaincu que les Chromides, répartis autrefois parmi les Labroïdes et les Sciénoïdes, constituent bien réellement un groupe naturel, reconnu à peu près en même temps et d'une manière indépendante par Heckel et J. Müller. Mais il y a plus; les genres Enoplosus, Pomotis, Centrarchus et quelques autres genres voisins, rangés parmi les Percoïdes par tous les ichthyologistes, me paraissent, d'ici et sans moyen de comparaison directe, tellement voisins des Chromides que je ne vois pas comment on pourra les en séparer, surtout maintenant que je sais que les pharyngiens inférieurs ne sont pas toujours soudés chez les Chromides. Et puis l'embryologie et les métamorphoses des Chromides que je viens d'étudier m'ont convaincu que les « poissons à branchies labyrinthiques » séparés de tous les autres poissons par Cuvier, comme une famille entièrement isolée à raison de la structure étrange de ses organes respiratoires, se rattachent de très-près aux Chromides. Ce groupe devient ainsi, par ses affinités variées, l'un des plus intéressants de la classe des poissons, et le bassin de l'Amazône paraît être la vraie patrie de cette famille. Je ne veux pas vous fatiguer de mes recherches ichthyologiques; permettez-moi seulement d'ajouter que les poissons ne sont point uniformément répandus dans ce grand bassin. Déjà j'ai acquis la certitude qu'il faut y distinguer plusieurs faunes ichthyologiques, très-nettement caractérisées; c'est ainsi que les espèces qui habitent la rivière du Pará, des bords de la mer jusque vers l'embouchure du Tocantins, diffèrent de celles que l'on rencontre dans le réseau d'anastomoses qui unissent la rivière de Pará à l'Amazône propre. Les espèces de l'Amazône, au-dessus du Xingú, diffèrent de celles que j'ai rencontrées plus haut; celles du cours inférieur du Xingú diffèrent de celles du cours inférieur du Tapajóz. Celles des nombreux igarapés et lacs de Manaós diffèrent également de celles du cours principal du grand fleuve et de ses principaux affluents. Il reste maintenant à étudier les changements qui peuvent survenir dans cette distribution, dans le cours de l'année, suivant la hauteur des eaux et peut-être aussi suivant l'époque à laquelle les différentes espèces pondent leurs œufs. Jusqu'à présent, je n'ai rencontré qu'un petit nombre d'espèces qui aient une aire de distribution très-étendue. C'est ainsi que le Sudis gigas se trouve à peu près partout. C'est le poisson le plus important du fleuve; celui qui, comme aliment, remplace le bétail pour les populations riveraines. Un autre problème à résoudre c'est de savoir jusqu'à quel point les grands affluents de l'Amazone répètent ce phénomène de la distribution locale des poissons. Je vais chercher à le résoudre en remontant le Rio Negro et le Rio Madeira, et, comme je reviendrai à Manaós, je pourrai comparer mes premières observations dans cette localité, avec celles d'une autre saison de l'année. Adieu, mon cher ami. Veuillez faire mes amitiés à M. Élie de Beaumont et me rappeler aux bons souvenirs de ceux de mes collègues de l'Académie qui veulent bien s'intéresser à mes travaux actuels. Faites aussi, je vous prie, mes amitiés à monsieur votre fils.

« Tout à vous,

« L. AGASSIZ. »

M. Agassiz s'est procuré un grand nombre d'individus de ce type singulier d'Acará où les petits sont portés dans la gueule de la femelle. Il a de plus recueilli beaucoup de renseignements sur les mœurs de ces poissons. Les pêcheurs prétendent que ce mode de gestation se rencontre à un plus ou moins haut degré dans toute la famille des Acarás; l'éclosion des jeunes n'a pas toujours lieu dans la poche pharyngienne de la mère, il est vrai; quelques Acarás pondent leurs œufs dans le sable, se tiennent ensuite au-dessus du nid et réingurgitent leurs petits immédiatement après qu'ils sont sortis de l'œuf. Les pêcheurs ajoutent encore que ces poissons ne gardent pas constamment leurs jeunes dans la gueule, mais qu'ils les déposent quelquefois dans le nid et les reprennent dès qu'ils pressentent un danger[1].

---

[1]. J'ai pu m'assurer que cette assertion était inexacte, au moins pour quelques espèces, comme on le verra ci-après. Je la laisse néanmoins subsister dans le texte, comme un exemple de la difficulté qu'il y a à se procurer des renseignements vrais, et du danger de se fier aux observations, même des gens les plus sincères. Sans doute quelques acarás déposent leurs jeunes sur le sable et continuent à en prendre un certain soin jusqu'à ce que les petits soient en état de

Notre intérieur a maintenant acquis une organisation définitive. Nous avons eu d'abord quelque difficulté à trouver des domestiques. C'est la saison de la pêche : les hommes s'en vont au loin sécher et saler le poisson ; puis le temps de la recherche des œufs et de la fabrication du beurre de tortue n'est pas loin, et, à cette époque, il ne reste guère dans les villes que les femmes. C'est comme au temps des foins, chez nous, quand le travail des champs réclame tous les bras. En outre les habitudes des Indiens sont si peu régulières, ils s'importent si peu de l'argent, ayant les moyens de vivre presque

se suffire à eux-mêmes. Mais l'histoire racontée par les pêcheurs est une de ces demi-vérités qui trompent tout autant qu'une erreur complète. Je vais ajouter quelques détails sur les acarás. Sous ce nom, les natifs désignent tous les Chromides à forme ovale. Les espèces qui pondent leurs œufs sur le sable appartiennent aux genres *Hydrogonus* et *Chætobranchus*. Comme le Pomotis de l'Amérique du Nord, ils construisent une sorte de nid dans le sable ou dans la vase ; ils y déposent leurs œufs et se balancent au-dessus jusqu'à l'éclosion des jeunes. Les espèces qui portent leurs petits dans la gueule appartiennent à plusieurs genres, tous réunis jadis, par Heckel, sous le nom de *geophagus*. Je ne saurais dire exactement comment les œufs sont amenés dans la cavité buccale, mais le transport doit s'en faire aussitôt après la ponte, car j'en ai trouvé dans lesquels le développement de l'embryon commençait à peine et d'autres où il avait atteint une phase plus avancée. Il m'est arrivé de rencontrer la cavité branchiale, aussi bien que l'espace circonscrit par la membrane branchiostège, remplie, non pas d'œufs, mais de petits déjà éclos. Avant l'éclosion, les œufs se trouvent toujours dans la même partie de la gueule, c'est-à-dire à la partie supérieure des arcs branchiaux. Ils sont protégés ou maintenus ensemble par un lobe spécial, sorte de valvule formée par les pharyngiens supérieurs. La cavité ainsi occupée par les œufs correspond exactement au labyrinthe de cette curieuse famille de poissons de l'océan Indien, à laquelle Cuvier a donné le nom de *poissons à branchies labyrinthiques*. Cette circonstance me porte à croire que le labyrinthe branchial des poissons de l'Orient pourrait bien être une poche destinée à recevoir le frai, comme celle de nos chromides, et non pas simplement un appareil à retenir l'eau nécessaire pour la respiration. Chez les poissons de l'Amazone, un réseau nerveux sensitif s'irradie sur cette bourse marsupiale ; le filet principal émane d'un ganglion spécial placé derrière le cervelet, sur la moelle allongée. Cette région du système nerveux central est singulièrement développée chez diverses familles de poissons et envoie au dehors des nerfs qui remplissent des fonctions très-variées. C'est d'elle que partent, normalement, les nerfs moteurs et sensitifs de la face, ceux des organes respiratoires, de la partie supérieure du canal alimentaire, du gosier et de l'estomac. Dans les poissons électriques, les gros nerfs qui aboutissent aux batteries proviennent de la même région de l'encéphale, et je viens de vérifier que la poche dans laquelle l'acará couve et nourrit ses petits pendant un certain temps reçoit ses nerfs de la même source. Voilà une série de faits vraiment merveilleux, et qui prouve combien la science est encore loin d'une connaissance complète des fonctions du système nerveux. (L. A.)

sans rien faire, que lorsqu'on est parvenu à en engager un il est fort possible qu'il décampe le lendemain. Un homme de cette race est beaucoup plus sensible à la bienveillance, à l'offre d'un verre de *caxaça*, qu'aux gages qu'on pourrait lui offrir et qui n'ont aucune valeur à ses yeux. L'individu qui a provisoirement rempli chez nous les fonctions de serviteur est d'un extérieur si original qu'à coup sûr il mérite une description. Il appartient à un voisin qui s'est chargé de fournir notre table; il nous apporte les mets à l'heure des repas et reste pour nous servir. C'est déjà presque un vieillard; la partie essentielle de son costume consiste en une paire de caleçons de coton, originairement blancs, mais aujourd'hui de toutes les nuances, et roulés jusqu'au-dessus du genou; les pieds sont nus; la partie supérieure du corps est partiellement, très-partiellement cachée par une chose bleue qui, je suppose, à quelque période primitive de l'histoire de l'humanité, pourrait bien avoir été une chemise. Cette figure extraordinaire est surmontée d'un chapeau de paille, criblé de trous, incliné dans n'importe quelle direction et noué sous le menton au moyen d'une ficelle rouge. Si nous avions dû le garder, nous eussions essayé de lui faire revêtir une livrée moins fantaisiste, mais aujourd'hui même il cède la place à un jeune Indien, nommé Bruno, dont l'aspect est plus décent. Celui-ci paraît ahuri par ses nouvelles fonctions. Pour le moment, sa manière de servir à table consiste à s'asseoir sur le plancher et à nous regarder manger; heureusement nous avons espoir de le dresser peu à peu. Il paraît n'avoir pas quitté la vie des bois depuis bien longtemps, car sa figure est profondément tatouée en noir, et il a le nez et les lèvres percés de trous qui attestent de quel luxe d'ornements il a fait le sacrifice en l'honneur de la civilisation[1]. Outre Bruno, nous avons une servante, Mlle Alexandrina, qui, à en juger par l'apparence, doit avoir dans les veines un mélange de sang indien et de sang nègre. Elle promet beaucoup et semble joindre à l'intelligence de l'Indien la souplesse plus grande du nègre.

---

1. C'est une coutume générale, chez les Indiens de l'Amérique du Sud, de se percer le nez, les oreilles et les lèvres pour y suspendre un morceau de bois ou bien y passer une plume, comme ornement.

29 septembre. — Un des grands charmes de notre séjour à Teffé, c'est que nous avons, tout à portée, de ravissantes promenades. Mon plaisir le plus vif est de faire, de grand matin, une course à la forêt qui domine le village. C'est quelque chose d'admirable que de voir, de cette élévation, le soleil se lever sur les maisonnettes qui sont à nos pieds, sur le lac pittoresquement découpé, sur les petits canaux qui le prolongent, et, à l'arrière-plan, sur les grandes forêts de la rive opposée. De notre observatoire, un petit sentier qui se déroule à travers les buissons conduit à un magnifique bois, épais et sombre. Là on peut errer au gré de son caprice, car il y a comme un dédale de petits chemins pratiqués par les Indiens à travers les arbres. Et comment n'être pas tenté par la fraîcheur ombreuse, par la senteur des mousses et des fougères, par le parfum des fleurs ? Le bois est plein de vie et de bruits : le bourdonnement des insectes, le cri aigre des sauterelles, le caquetage des perroquets, les voix inquiètes des singes, tout cela fait parler la forêt. Il faut que ces derniers animaux soient bien difficiles à approcher, car je les entends souvent et je n'ai pas encore pu les apercevoir ; cependant, M. Hunnewell m'a raconté que, chassant l'autre jour dans ce même bois, il en rencontra une famille dont les membres, blancs et de petite taille, assis sur une branche d'arbre, causaient avec beaucoup d'animation. Un des sentiers les plus jolis, que ma promenade quotidienne m'a rendu familier, conduit, de l'autre côté d'un igarapé, à une maison ou plutôt à un hangar couvert en feuilles de palmier, situé en pleine forêt et où se travaille le manioc. Sous cet abri sont quatre grands fours en argile sur lesquels reposent de grands bassins rangés jusqu'au faîte, des pétrins, des tamis et tous les appareils nécessaires aux diverses manipulations de la précieuse racine. Un de ces ustensiles est caractéristique ; c'est une large écaille de tortue, comme on en peut voir dans toutes les cuisines où elles tiennent lieu des vases, des bols, etc. Je suppose que ce petit établissement sert à un certain nombre de familles, car je ne manque pas, chaque matin, de rencontrer des troupes d'Indiens qui s'y rendent ; les femmes portent sur le dos ces corbeilles profondes, assez semblables aux hottes des Suisses, qui sont fixées à leur front par une tresse en paille, tandis que sur

Vérandah et salle à manger à Teffé.

leurs hanches se tiennent à califourchon les petits enfants, de manière qu'elles aient constamment les mains libres. Elles m'adressent toujours un salut cordial et s'arrêtent pour regarder les plantes et les fleurs dont je suis habituellement chargée. Quelques-unes de ces femmes sont assez jolies; mais en général, les Indiens de cette partie de la province paraissent n'avoir pas une bonne santé et être prédisposés aux maladies des yeux et aux affections de la peau. C'est une chose curieuse que les natifs semblent plus sujets que les étrangers aux maladies du pays; la fièvre intermittente les épargne rarement, et il est fréquent d'en voir auxquels ce terrible fléau n'a laissé que la peau et les os.

Si les promenades du matin sont délicieuses, non moins charmantes sont les flâneries du soir, sur la plage, en face de la maison. Le soleil couchant rougit les eaux du lac et du fleuve, et rien n'interrompt la calme uniformité du rivage, si ce n'est, çà et là, une famille indienne assise sur le sable, autour du feu où cuit le repas du soir. En nous promenant l'autre jour, le major Coutinho et moi, nous nous sommes approchés d'un de ces groupes. C'était une famille venue de l'autre côté du lac pour vendre un petit chargement de poissons et de tortues. Le soir, quand les pêcheurs sont parvenus à se défaire de leur petite cargaison, ils allument un grand feu au bord de l'eau, soupent de poisson salé grillé sur la braise, de farine et de quelques noix d'une espèce de palmier (*Atalea*); après quoi ils vont dormir dans leurs canots. Nous nous assîmes à côté des inconnus et, pour n'avoir pas l'air de n'être mus que par la curiosité, nous acceptâmes leurs noix et leur farine ; ils furent bientôt très-sociables. Je suis toujours étonnée de l'affabilité ingénue de ces gens si différents de nos Indiens du nord, sombres et farouches, qui ne veulent pas causer avec l'étranger. Mais la cordialité de leur accueil dépend beaucoup de la façon dont on les aborde. Le major Coutinho, qui a passé des années parmi les indigènes, a de leur caractère une connaissance parfaite et il apporte un tact remarquable dans ses relations avec eux. Il parle d'ailleurs un peu leur langue, chose importante, car beaucoup ne connaissent que la « *lingoa geral.* » C'était justement le cas de la plupart des membres de la famille avec laquelle nous liâmes connaissance l'autre soir.

Quelques-uns pourtant parlaient le portugais assez couramment : ils nous racontèrent leur vie dans la forêt, comment ils avaient vendu le poisson et les tortues, et nous invitèrent à aller les voir à leur *sitio*. Ils nous présentèrent aussi une de leurs jeunes filles qui, disaient-ils, n'avait point été baptisée et pour laquelle ils semblaient désireux d'accomplir ce rite sacramentel; le major Coutinho promit d'en parler au curé. Autant que nous avons pu nous renseigner, la population blanche fait bien peu de chose pour civiliser les Indiens; elle se borne à les initier à quelques pratiques extérieures de religion. C'est toujours la vieille et triste histoire de l'oppression, qui semble devoir durer tant que la couleur de la peau différera, et aboutit, fatalement, à la dégradation des deux races : duplicité et licence de la part du blanc.

4 octobre. — Notre voisin et propriétaire, le major Estolano, nous a proposé une petite excursion à son *sitio*, et samedi matin, à quatre heures, nous sommes partis, M. Agassiz et moi, avec lui et M. Coutinho. Ce *sitio* n'est qu'une grossière maisonnette indienne située sur la rive opposée du Solimoens, où notre voisin et sa famille vont à l'occasion surveiller la salaison et le séchage du poisson qui constituent la grande industrie du pays. Il avait plu à torrents pendant toute la nuit précédente, mais quand notre canot prit le large, les étoiles brillaient au ciel et la matinée était fraîche et agréable. Il faisait déjà grand jour quand nous sortîmes du lac Teffé, et, lorsque nous parvînmes au Solimoens, nous commençâmes à sentir qu'il était l'heure du déjeuner. Rien de plaisant comme ces repas improvisés. Le café a meilleur goût quand vous l'avez préparé vous-même, installant la cafetière sur le toit de paille du canot, puisant l'eau au fleuve le long du bord et surveillant la bouilloire; ce serait le comble de l'ennui si vous étiez chez vous, ayant sous la main toutes les objets nécessaires; mais ici, l'aiguillon de la difficulté, l'excitation du voyage rendent la chose amusante et donnent un relief inaccoutumé aux soins les plus vulgaires. Quand nous eûmes achevé la tasse de café chaud où trempait un biscuit de manioc, comme nous étions fatigués d'être assis, nous sautâmes à terre sur une large plage que nous côtoyions depuis longtemps. Il y a beaucoup à apprendre le long de ces plages de l'Amazône; elles sont fréquentées par toute sorte d'animaux, et un grand nombre y viennent déposer leurs œufs. On y trouve à chaque pas les traces du capivard à côté de celles de l'alligator ou de la tortue. C'est là que pondent non-seulement les deux derniers, mais encore plusieurs espèces de poissons et d'oiseaux auxquels la vase ou le sable tient lieu de nid. Rien de curieux comme de voir avec quel tact l'Indien sait découvrir les nids des tortues. Il va, d'un pas rapide et d'une allure inquiète, comme s'il avait une sorte d'instinct au bout des orteils. Pose-t-il le pied sur une bonne place, bien qu'il n'y ait absolument aucun signe extérieur visible, il ne s'y trompe pas et s'arrête court ; alors, creusant le sol, il déniche les œufs qui sont en général à huit ou dix pouces de profondeur. On voit aussi sur la vase des dépressions assez profondes, arrondies, où les pêcheurs prétendent que les raies viennent dormir. Il est positif que ces creux ont la forme et la dimension d'une raie, et l'on pourrait croire que d'aussi singulières empreintes n'ont pu, en effet, être produites que par ces poissons. La végétation n'est pas moins curieuse. Dans la saison des pluies, la rive à cette heure découverte est, jusqu'à un demi-mille de distance, entièrement sous l'eau ; le fleuve non-seulement déborde sur la lisière de la forêt, mais pénètre très-loin dans l'intérieur. A l'époque où nous sommes, elle est formée d'abord par la plage, puis par une large bande de hautes herbes derrière laquelle apparaissent les petits arbustes, les arbres rabougris et enfin, de gradation en gradation, la pleine forêt. Pendant cette saison sèche, le monde végétal fait effort pour recouvrer le terrain que lui ont fait perdre les pluies et l'inondation. On voit le petit imbaúba (*cecropia*) et une sorte de saule (*salix humboldiana*), la seule plante à nous familière, s'élever au-dessus du sol et envahir le sable jusqu'au bord du fleuve, en attendant qu'ils deviennent de nouveau la proie des eaux lors de la crue prochaine.

Tandis que nous nous promenions, les bateliers avaient jeté leurs filets, et, s'ils n'eurent point le merveilleux succès de l'autre jour, ils amenèrent à terre non-seulement de quoi fournir largement à notre déjeuner, mais encore un grand nombre de spécimens intéressants. Vers onze heures, nous sortîmes du Solimoens pour pénétrer dans un petit canal, sur le bord duquel est située la sécherie de M. Estolano; au bout de quelques minutes, nous nous trouvions au pied d'un joli débarcadère, puis nous montions les marches grossières qui conduisent à la maison. Sous ce climat, le plus simple hangar sert d'habitation. Une maison n'est, en réalité, qu'une sorte de vaste porche, et cela n'en fait pas moins une charmante, fraîche et pittoresque demeure. Un toit de feuilles de palmier met à l'abri de la pluie et protège contre le soleil; il recouvre une plate-forme faite de troncs fendus, qui tient les pieds secs; quelques chevilles solides permettent d'accrocher les hamacs; que faut-il de plus? C'est à peu près sur ce plan qu'est bâtie la case du major Estolano. Le fond du porche est occupé par une vaste et haute salle où la famille se retire aux heures les plus chaudes de la journée, quand le soleil est par trop brûlant; tout le reste est toit ou plate-forme. Celle-ci est considérablement plus large que l'espace couvert; elle déborde d'un côté et se prolonge en un vaste plancher où l'on étale le poisson pour qu'il sèche. Le tout est élevé sur pilotis à environ huit pieds au-dessus du sol, afin de se trouver hors de l'atteinte des crues dans la saison pluvieuse. En face de la maison, juste au bord de la rive, sont plusieurs larges hangars en paille qui servent de cuisine ou d'habitation aux nègres et aux Indiens employés à la préparation du poisson. Je trouvai dans une de ces cases plusieurs Indiennes qui paraissaient fort malades, et j'appris qu'elles étaient là depuis deux mois, en proie à la fièvre intermittente. Cette terrible affection les avait réduites à l'état de vrais squelettes. Au dire du major Coutinho, la triste condition de ces pauvres femmes provenait sans doute de l'habitude, ordinaire à leur race, de manger de l'argile ou de la terre; les malheureux ne savent pas résister à cet appétit maladif. Ces misérables créatures paraissaient tout à fait sauvages; elles étaient venues de la forêt et ne savaient pas un mot de portugais. Couchées dans des hamacs, ou bien étendues sur le sol, nues pour la plupart, elles poussaient des gémissements, comme en proie à une profonde souffrance.

Nous fûmes accueillis avec beaucoup d'affabilité par les dames de la famille, qui nous avaient précédés d'un jour. On nous offrit de suite un hamac pour nous reposer, car c'est, dans ce pays, le premier acte de l'hospitalité envers quelqu'un qui vient d'un peu loin. Nous fîmes ensuite un excellent déjeuner avec le poisson de notre pêche qu'on accommoda de toutes les façons, grillé, frit, bouilli. Le repas n'en fut pas moins bon pour être pris par terre, et, «comme à la campagne», on mit la nappe sur le plancher recouvert déjà par un de ces larges paillassons en feuilles de palmier, qu'on est certain de trouver dans toutes les maisons, tapissant le pavé de briques et garnissant les hamacs. Après le déjeuner, la chaleur devint tellement intense que force nous fut de nous reposer à l'ombre. Seul, M. Agassiz, qui travaille à toute heure quand il a des spécimens à sa disposition, mit le temps à profit en préparant des squelettes de tous les poissons trop volumineux pour être conservés dans l'alcool. Vers le soir, il y eut un peu de fraîcheur; nous allâmes visiter la plantation de bananiers, près de la case, et nous nous assîmes, non loin de la rive, sous un énorme calebassier qui donne une ombre épaisse, tant à cause de son luxuriant feuillage que parce que ses branches sont couvertes de parasites; une mousse sombre et veloutée cache l'écorce de l'arbre et forme un contraste tranché avec la couleur vert pâle des fruits lustrés dont le vernis ressort ainsi avec plus de vigueur. Je dis un calebassier, simplement à cause de l'usage auquel les fruits de cet arbre sont employés; ici cela s'appelle une « cuieira » (*crescentia cajeput*) et le vase que l'on fait avec le fruit est une « cuia. » Ce fruit est de forme sphérique, d'un vert brillant et d'un beau poli; la grosseur en varie depuis celle de la pomme jusqu'à celle d'un melon volumineux. L'intérieur est rempli d'une pulpe molle et blanchâtre qu'on en retire facilement en coupant la « cuia » par la moitié; on laisse ensuite sécher l'écorce et l'on fabrique de cette façon de charmantes coupes et des vases de différente grandeur. Les Indiens les ornent de peintures avec une très-grande habileté, car ils possèdent l'art de préparer un grand nombre de couleurs brillantes. C'est un talent qu'on a, depuis longtemps, remarqué chez eux; déjà dans le récit du voyage que Francisco Orellana[1] fit sur l'Amazône en 1541, on lit : « Les deux Pères qui faisaient partie de l'expédition disent

---

1. C'est Francisco Orellana qui découvrit l'Amazône. Il y pénétra par le Napô, affluent supérieur de la rive gauche. (N. du T.)

« avoir été frappés, dans ce voyage, de l'intelligence et de
« l'industrie de ce peuple (les Indiens) ; elles éclatent toutes
« deux dans de petits ouvrages de sculpture peints des cou-
« leurs les plus brillantes. » C'est en mêlant à une espèce
d'argile particulière le suc de plusieurs plantes tinctoriales
que ces couleurs sont préparées. Dans une maison amazonienne, on ne voit guère sur la table d'autres ustensiles que
ceux fabriqués par les Indiens avec les « cuias » enjolivées de
mille façons.

J'aurais bien voulu étendre ma promenade jusqu'au sein
des grands bois environnants ; mais la forêt impose ici le sup-
plice de Tantale : autant elle est attrayante, autant elle est impénétrable. Les dames me dirent qu'il n'y a pas un seul sentier ouvert dans le voisinage de la maison.

Le lendemain, de bonne heure, nous partîmes en canot pour
la chasse au poisson. Je dis à dessein la *chasse*, car c'est avec
la flèche et la javeline que l'on prend l'animal et non avec
l'hameçon ou le filet. Les Indiens ont une adresse étonnante
pour tirer à l'arc les gros poissons ou pour harponner avec la
lance les monstres du fleuve, tels que le *Peixe-boi* (vache marine), lamantin ou dugon. Notre petite troupe se divisa en
deux ; une partie prit place dans une grande embarcation pour
aller traîner la senne dans un lac de la forêt, tandis que le
reste des pêcheurs montèrent un petit canot léger afin de pouvoir approcher de plus près les grosses pièces. Nous filâmes
tout le long d'un charmant igarapé et, pour la première fois,
je vis des singes sur les arbres, au bord de l'eau. Quand on
arrive dans l'Amazône, on s'imagine qu'on va voir ces animaux dans la forêt aussi fréquemment que chez nous les écu-
reuils ; mais bien qu'ils y soient fort nombreux, il est bien
rare qu'on parvienne à les voir de près, tant leur timidité
est grande.

Notre promenade sur l'eau dura environ une heure, après
quoi nous sautâmes à terre sur une sorte de petit promontoire, et nous entrâmes dans le bois. Les hommes marchaient
devant, frayant au couteau le chemin, coupant les branches,
écartant les parasites, déplaçant les troncs renversés qui
obstruaient le sentier. Je fus étonné de la vigueur avec laquelle dona Maria, la belle-mère de notre hôte, ouvrait son

chemin dans ce fouillis de végétation, aidait à rendre libre le passage, et abattait les branches avec son grand couteau. Dans ce pays si chaud, les femmes semblent devoir être indolentes et nonchalantes, et il en est bien ainsi dans les villes où elles ont des habitudes de mollesse, inconnues des femmes de nos contrées ; mais dans l'Amazône supérieur, celles qui ont été élevées à la campagne, au milieu des Indiens, sont souvent fort énergiques ; elles mettent la main à la rame et au filet aussi vaillamment que l'homme lui-même. Nous arrivâmes très-vite au bord d'un lac intérieur, ou, comme disent les Indiens, d'une « agoa redonda » (eau ronde). Les noms indiens sont souvent très-significatifs. J'ai déjà donné la traduction du mot *igarapé* — sentier de la pirogue ; — pour en indiquer plus exactement la largeur, on y ajoute les syllabes *assú* (grand) ou *mirim* petit ; mais large ou étroit, un igarapé est toujours un canal en communication avec le fleuve et se terminant en cul-de-sac. Quand un canal se rattache à la fois aux eaux supérieures et aux eaux inférieures, ou conduit d'une rivière dans une autre, l'Indien lui donne un autre nom, celui de *paraná*, qui veut dire rivière, et dont il fait de la même manière paraná-assú et paraná-mirim. Paraná-assú, la grosse rivière, désigne aussi la mer. Un nom plus significatif encore pour désigner un canal entre deux rivières est le mot portugais « *furo* », littéralement un trou.

Le lac était entouré d'une bordure de longues herbes, semblables à des roseaux, et quand nous approchâmes, des milliers d'oiseaux aquatiques au blanc plumage en sortirent à grand bruit et formèrent un large nuage au-dessus de nos têtes. Arrivés près du bord, nous cessâmes de nous étonner de ce grand rassemblement : l'eau était couverte d'écrevisses, qu'on aurait pu puiser à pleins seaux. Les bateliers s'empressèrent de traîner le filet, et jamais M. Agassiz ne fit, dans un lac ou dans un étang, une collection aussi précieuse que celle des poissons des bois qu'il a recueillie. Parmi eux, s'est trouvé un individu à long bec, de la famille des Goniodontes, qui ressemble au premier aspect à notre *Syngnathus* commun, mais qui se rapproche en réalité beaucoup de l'*Acestra*. Ce poisson a pour M. Agassiz un intérêt tout spécial ; il jette en effet un jour nouveau sur certaines recherches commencées par lui dans sa jeunesse. Ce spécimen confirme une classification d'après laquelle il rangeait le Syngnathus avec les Lépidostées et les Esturgeons. Cette association fut repoussée par les ichthyologistes de l'époque, et elle est encore rejetée aujourd'hui par la plupart des naturalistes. Sans fausse modestie, il est impossible de ne pas éprouver un certain plaisir quand on voit l'expérience des années postérieures confirmer les prévisions de la jeunesse et prouver que, loin d'être de simples conjectures, celles-ci étaient réellement fondées sur la perception des rapports véritables entre les faits.

Je me fatiguai bientôt de rester au soleil à regarder pêcher, et je rentrai dans la forêt : déjà la cafetière chantait sur le feu et je trouvai charmant de déjeuner à l'ombre des grands arbres, assise sur un tronc renversé que recouvrait la mousse. A leur tour, les pêcheurs revinrent du lac et nous rebroussâmes chemin vers les canots avec une pleine charge de poissons. Les hommes se réunirent dans une des petites *montarias* et emportèrent leur butin à la maison; les dames prirent place dans le grand canot. C'était un dimanche, et je songeai à l'étrangeté de ma situation. A cette heure, toutes les cloches sonnaient à Boston et la foule s'en allait aux églises, sous ce ciel clair et brillant que les beaux jours d'octobre donnent à la Nouvelle-Angleterre; moi, cependant, je descendais doucement le cours du calme igarapé, assise dans une pirogue, au milieu d'Indiens à demi nus qui agitaient leurs pagaies suivant le rhythme monotone d'une chanson barbare. C'est dans les excursions de ce genre qu'on se rend compte de la fascination exercée sur un peuple où la civilisation n'est encore qu'une ébauche, par ce genre de vie où les sensations sont d'une puissance extrême sans que rien éveille l'intelligence. Debout dès le matin, à la pêche ou à la chasse bien avant l'aube, l'Amazonien rentre au milieu du jour, s'étend dans son hamac, fume tant que dure la chaleur, puis se lève pour faire cuire le poisson, et, à moins d'être malade, ne connaît ni le besoin ni l'inquiétude.

Nous arrivâmes à la maison vers midi pour faire un second repas plus substantiel que le léger déjeuner pris dans la forêt, et ce n'était point de trop après notre longue promenade sur l'eau. Dans le cours de la journée, on nous apporta deux *peixes-*

bois (lamantins), un *botó* (marsouin) et quelques gros spécimens de *pirarucú* (*Sudis*). Tous étaient trop volumineux pour qu'on pût les conserver dans l'alcool, surtout quand il est si difficile et si coûteux de se procurer cette liqueur; M. Agassiz en fit donc des squelettes et garda les peaux de lamantins pour les monter à Cambridge. On lui a apporté aussi un nouveau genre de la famille des Siluroïdes; c'est un poisson d'une brillante couleur jaune serin, pesant une dizaine de livres et qu'on appelle ici le *Pacamum*.

Le soir, rien n'est ravissant comme le *sitio*. Après le dîner, quand l'immanquable *Bôa Noite!* souhait sacramentel exprimé à la chute du jour, a été échangé, chaque natte en feuilles de palmier étendue sur la plate-forme est occupée par un groupe particulier. Là, ce sont des Indiens ou des nègres; là, des enfants; ailleurs, les membres de la famille ou leurs hôtes. Au centre se voit d'habitude le major Coutinho, qui passe pour spécialement habile dans l'art de faire le café et qui, généralement, occupe une natte à lui tout seul; à la lueur de la lampe à alcool dont le vent fait trembloter la flamme bleuâtre, il ressemble assez bien à quelque magicien du bon vieux temps brassant un philtre surnaturel. De petites coupes bien creuses remplies d'huile, pareilles aux lampes antiques, laissent pendre sur leur bord une mèche au lumignon fumeux; placées çà et là sur le sol, elles répandent sur l'intérieur du porche une lumière douteuse et vacillante.

Le lundi matin, nous avons quitté le sitio et nous sommes rentrés à Teffé, où M. Agassiz a eu le plaisir de trouver dans l'état le plus parfait toutes les collections, celles qu'il avait expédiées de la forêt et celle qu'il apportait avec lui.

9 *octobre.* — Décidément Alexandrina est une acquisition précieuse, non-seulement au point de vue domestique, mais aussi sous le rapport scientifique. Elle a appris à nettoyer et à préparer très-convenablement les squelettes de poissons et se rend fort utile au laboratoire. En outre, elle connaît tous les sentiers de la forêt et m'accompagne dans mes herborisations. Avec cette acuité de perception propre aux gens dont les sens seuls ont été profondément exercés, elle distingue du premier coup les plus petites plantes en fleur ou en graine. Maintenant qu'elle sait ce que je cherche, c'est une aide très-efficace.

Agile comme un singe, en un clin d'œil elle grimpe au haut d'un arbre pour y aller saisir une branche fleurie; et ici, où nombre d'arbres s'élèvent à une grande hauteur avant que le tronc projette des rameaux, un pareil auxiliaire n'est pas d'un médiocre secours. Les collections s'accroissent rapidement; chaque jour il arrive quelques nouvelles espèces; il devient difficile de s'occuper de toutes et notre artiste ne peut absolument plus trouver le temps de les dessiner. Hier, entre autres choses, on nous a apporté une vieille bûche creuse, de deux pieds et demi de long à peu près et de trois pouces de diamètre; elle était remplie d'*anojas* un poisson très-commun dans cette localité; de toutes les dimensions, depuis ceux qui ont plusieurs pouces de long jusqu'aux jeunes les plus petits. Le fait était des plus étranges; et, volontiers, on eût pensé qu'un mauvais plaisant avait préparé ainsi ce morceau de bois afin de le faire passer pour une curiosité. Mais les poissons étaient si délicatement entassés dans la cavité de la bûche, qu'il fallut, pour les en retirer, fendre le bois, et on les trouva tous vivants et parfaitement intacts. Il eût été impossible d'en bourrer ainsi ce rondin sans les meurtrir. Les pêcheurs prétendent que c'est l'habitude des poissons de cette famille et qu'on les trouve ainsi agglomérés au fond de la rivière dans le creux des grosses branches mortes où ils font, paraît-il, leur nid[1].

14 *octobre*. — M. Agassiz a organisé une escouade de gamins qui s'occupent à attraper les très-petits poissons assez peu volumineux pour être dédaignés par les pêcheurs, auxquels il est impossible de faire entendre qu'un poisson qui n'est pas bon à manger puisse servir à quelque chose. Or, c'est parmi ceux-là que se trouvent les spécimens les plus intéressants pour l'ichthyologiste à qui souvent ils révèlent non-seulement les relations existant entre les parents et le produit, mais encore les rapports qui unissent deux groupes différents. L'étude que M. Agassiz a faite ici de ces petits poissons a prouvé, à maintes reprises, que les jeunes de certaines espèces ressemblent étroitement aux adultes d'autres espèces. Un de ces petits êtres, n'ayant pas plus de six lignes de long, lui

---

1. Cette espèce appartient à une des subdivisions du genre *Auchenipterus*. Elle n'a pas été décrite, et M. Burkhardt a fait cinq dessins coloriés d'un certain nombre de spécimens de diverses grandeurs, ayant des marques différentes. (L. A.)

a été apporté hier. Il constitue un nouveau genre, le G. Lymnobelus, et appartient, avec le Belone et d'autres encore, à la famille des Scomberesoces, ou poissons à bec, dont le type étroit, allongé, à longues mâchoires, est si largement répandu à la surface du globe. Aux États-Unis, aussi bien que dans la Méditerranée, il y a un représentant du genre scomberesox, dont les deux mâchoires sont béantes. Dans la Méditerranée et presque partout dans la zone torride et dans la zone tempérée on trouve des Belones dont les mâchoires s'appliquent au contraire étroitement l'une contre l'autre. A la Floride, sur les côtes du Brésil, sur celles de l'océan Pacifique, on rencontre des espèces du G. Hemirhamphus, chez lesquelles les deux mâchoires sont inégales; la supérieure est très-courte et l'inférieure extrêmement longue. Enfin, le poisson à bec de l'Amazône a les mâchoires taillées d'une manière très-différente de celle qui caractérise les Scomberesoces que je viens de mentionner; mais, comme chez le Belone, les deux mâchoires sont très-longues. Quand donc on apporta à M. Agassiz ce jeune Lymnobelus, il crut qu'il allait le trouver semblable à ses parents. Au contraire, il vit qu'il ressemblait beaucoup plus aux espèces de la Floride et du littoral brésilien ; qu'il avait comme elles les deux mâchoires inégales, la supérieure très-courte, l'inférieure démesurément longue. Il est par conséquent démontré que ce poisson, avant de revêtir la physionomie qui caractérise proprement son espèce, passe par une phase transitoire qui rappelle la forme permanente des adultes du G. Hemirhamphus. N'est-il pas curieux de découvrir que des animaux, dont l'habitat est séparé par une distance trop grande pour qu'aucune communication soit possible entre celui de l'un et celui de l'autre, se rattachent cependant l'un à l'autre par les lois de leur structure, et que le développement d'une espèce répète d'une manière frappante la forme permanente d'une autre espèce[1]?

---

[1]. Lorsque, essayant de résumer les impressions que m'a laissées le bassin de l'Amazône, je l'ai caractérisé d'un mot : « un archipel au sein d'un océan d'eaux douces, » j'entendais bien ne pas borner cette comparaison à l'immense étendue des eaux et au grand nombre des îles. L'analogie va beaucoup plus loin, et le caractère océanique de ce bassin n'apparaît pas moins dans sa faune. Sans doute, nous sommes habitués à regarder les chromides, les characins, les siluroïdes et les goniodontes, qui forment la base de la population de ce réseau de

L'histoire de l'Acará, ce poisson singulier, qui porte ses pe-
fleuves, comme des poissons d'eau douce. Mais ce faisant, nous fermons les yeux aux affinités naturelles et nous ne songeons qu'à une chose : au milieu dans lequel vivent ces animaux. Qu'on poursuive jusqu'au bout la comparaison et l'on ne manquera pas de s'apercevoir que, sous le nom de chromides, on a réuni des poissons dont la forme et l'aspect général rappellent plusieurs familles parfaitement connues comme marines. Le G. Pterophyllum, par exemple, pourrait être placé tout à côté des Chétodontes sans violer en apparence les affinités naturelles, puisque Cuvier lui-même le considérait comme un Platax. Les genres Symphysodon et Uaru ne paraîtraient pas davantage déplacés à côté du Brama. Le genre Geophagus et les formes voisines rappellent au premier coup d'œil les sparoïdes, avec quelques-uns desquels certains ichthyologistes du commencement de ce siècle les ont associés. Le genre Crenicichla forme, d'une manière frappante, la contre-partie du G. Malacanthus. Enfin le G. Acará et ses proches voisins ont une ressemblance étroite avec les pomacentroïdes. Assurément, si l'on n'avait pas associé aux percoïdes certains genres d'eau douce, comme le Pomotis, le Centrachus et autres semblables, on aurait reconnu depuis longtemps les relations intimes qui les unissent aux chromides et celles qui rattachent ces derniers aux types marins ci-dessus mentionnés. Le G. Monocirrus est un Toxotes en miniature, avec un barbillon. Le Polycentrus qu'on trouve aussi dans l'Amazône est très-voisin de l'Acará et du Heros ; il a seulement un plus grand nombre d'épines anales. En faisant ce rapprochement, il ne faut pas négliger la circonstance que ces poissons ne sont pas pélagiques, comme les scombéroïdes, mais plutôt *archipélagiques*, si je puis me servir de cette expression pour désigner les poissons qui vivent près des îles basses. Si l'on écarte l'idée d'une étroite relation entre les characins et les salmonides, qui prévaut depuis longtemps sans autre base que la présence d'une nageoire adipeuse, on verra tout de suite combien nombreuses sont les affinités entre les characins d'un côté, et de l'autre les scopelines et les clupéoïdes qui sont tous essentiellement marins. On peut suivre ces rapports même dans le détail des genres. Le Gasteropelecus de la famille des characins est le pendant du Pristigaster chez les clupéoïdes. Le Chalcinus rappelle le Pellona. De même, on peut comparer le Stomias et le Chauliodus au Cynodon et autres analogues, ou bien le Sudis et l'Ostéoglossum au Mégalops, l'Erythrinus à l'Ophicephalus, etc., etc. Les goniodontes ne semblent guère, à première vue, avoir quelque lien avec les poissons marins, mais tenez compte de l'affinité qui, sans contestation possible, relie le genre Loricaria et ses voisins au Pegasus, rappelez-vous d'ailleurs que jusqu'aujourd'hui tous les ichthyologistes, le seul C. Duméril excepté, ont réuni le Pegasus en un seul ordre avec les Syngnathes, et il ne sera plus possible de douter que les goniodontes n'aient au moins une remarquable analogie avec les lophobranches, si même il ne faut pas reconnaître entre eux un rapport de structure beaucoup plus étroit. Mais ce rapport existe véritablement. Le mode extraordinaire d'éducation des petits, qui caractérise les représentants de l'ancien genre Syngnathus, n'a d'équivalent que le mode non moins curieux d'incubation des œufs chez le Loricaria. Quant aux autres familles qui ont des représentants dans le bassin de l'Amazône, raies, requins, tetrodontes pleuronectides, scombéresoces, anchois, harengs et autres formes de la famille des clupéoïdes, murénoïdes, scénoïdes vrais, gobioïdes, etc., etc., c'est surtout comme poissons marins qu'on les connaît. Les cyprinodontes se rencontrent partout, aussi bien dans les eaux douces que dans les eaux salées. Les gymnotins ne sont connus jusqu'ici que comme poissons d'eau douce, et je ne vois pas à quel type marin on pourrait les comparer. Ce ne peut pas être aux murénoïdes avec lesquels on les avait associés

lits dans la gueule, devient chaque jour plus merveilleuse. Ce jusqu'à présent: la seule affinité réelle que je leur découvre c'est avec les Mormyres du Nil et du Sénégal ou avec les Notoptères des mers de la Sonde. Les poissons anguilliformes ne peuvent d'aucune manière être rapportés les uns au type des autres, leur forme allongée dont le modèle est si varié ne fournit l'indication d'aucune corrélation. On peut toutefois inférer de ce qui précède que les poissons de l'Amazône ont, dans leur ensemble, un caractère marin qui leur est exclusivement propre et qui ne se retrouve pas du tout chez les animaux de la même classe peuplant les autres grands fleuves du monde.

Cette particularité s'étend à d'autres classes qu'à celle des poissons. On sait depuis longtemps que, parmi les coquilles bivalves, l'Amazône possède en propre certains genres de naïades particuliers à ses eaux, ou bien ne les possède en commun qu'avec d'autres grands cours d'eau de l'Amérique du Sud. Tels sont l'Hyria, la Castalia et le Mycetopus, auxquels j'ajouterai un autre genre trouvé sur les unios fulciformes et commun aux deux Amériques. Mais la ressemblance frappante de l'Hyria avec l'Avicula, de la Castalia et de l'Arca, du Mycetopus et du Solen, etc., semble avoir échappé à l'attention des conchyliologistes. Voilà donc encore la répétition du type marin dans une famille exclusivement limitée aux eaux douces, possédant une structure propre, entièrement distincte de celle des genres marins dont elle reproduit presque fidèlement l'apparence. En faisant ces rapprochements, je ne puis m'abstenir de remarquer qu'il serait puéril de voir dans ces ressemblances grossières l'indice d'une communauté d'origine. Certaines coquilles terrestres rappellent aussi des formes marines; quelques espèces de la tribu des Bulimus, par exemple, ressemblent aux genres Phasianella et Littorina beaucoup plus qu'à leurs propres alliés. La similitude est surtout frappante dans les franges du bord antérieur du pied. Les ampullaires rappellent aussi, dans une certaine mesure, un des genres marins Struthiolaire, Natica, etc., et plusieurs fossiles de cette dernière famille ont été confondus avec les ampullaires d'eau douce.

Le trait le plus saillant de la faune amazonienne, celui d'où ressort mieux son caractère océanique, c'est toutefois l'abondance des cétacés qu'on rencontre dans toute l'étendue du bassin. Partout où j'ai parcouru les eaux du grand fleuve, depuis Pará, où les marées refoulent encore sur la rivière les eaux salées, jusqu'à Tabatinga, à la frontière du Pérou; dans tous les tributaires, grands ou petits, du fleuve géant; dans les lacs en communication avec son lit toujours changeant, j'ai vu, j'ai entendu les cétacés faisant leurs culbutes et soufflant d'un rhythme uniforme quand rien ne troublait leur respiration. La nuit surtout, quand nous étions tranquillement à l'ancre, combien de fois n'avons-nous pas été réveillés en sursaut par le bruit qu'ils font, en revenant à la surface, pour chasser avec force l'air qui a longtemps séjourné, sous l'eau, dans leurs poumons! J'ai observé cinq espèces différentes de cet ordre d'animaux dans les eaux de l'Amazône; quatre appartiennent à la famille des marsouins et une à celle du lamantin. M. Burkhardt en a dessiné trois d'après des spécimens frais, et j'espère avant peu me procurer des représentations fidèles des deux autres, quand j'en ferai la description comparative. Un des marsouins appartient au genre Inia et peut être suivi jusque dans les affluents supérieurs de l'Amazône, en Bolivie; un autre ressemble davantage à notre marsouin commun, tandis qu'un troisième rappelle le dauphin du littoral, mais je n'ai pas pu déterminer si quelqu'un d'entre eux est identique aux espèces marines. En tout cas, le marsouin noir de la baie de Marajó, que l'on voit souvent aux environs de Pará, est entièrement différent des espèces grises que l'on observe plus avant dans le fleuve. (L. A.)

matin, M. Agassiz est parti pour la pêche, bien avant le jour, en compagnie du major Estolano. Il est revenu avec de nombreux spécimens d'une espèce nouvelle de cette famille. Ces spécimens fournissent une série embryologique complète. Les uns ont des œufs placés à la partie postérieure des branchies, entre les pharyngiens supérieurs et les arcs branchiaux; les autres ont, dans la gueule même, des jeunes à différents degrés de développement, jusqu'au petit animal long d'un quart de pouce et capable de nager, plein d'activité et de vie, quand on l'a retiré des ouïes pour le déposer dans l'eau. Les plus avancés se trouvent toujours du côté externe des branchies, dans la cavité formée par les pièces operculaires et la large membrane branchiostège. En examinant ces poissons, M. Agassiz s'est aperçu qu'un lobe spécial du cerveau, semblable à celui des Trigles, envoie de gros nerfs à la partie des branchies qui protège les jeunes et rattache ainsi les soins dont la progéniture est l'objet à l'organe de l'intelligence. Les spécimens apportés ce matin semblent contredire l'assertion des pêcheurs que les jeunes, bien que souvent rencontrés dans la gueule de la mère, ne s'y développent cependant pas, mais sont déposés et couvés sur le sable. La série qu'ils forment est trop complète pour laisser le moindre doute que, dans cette espèce au moins, le développement tout entier ne commence et ne s'accomplisse dans la cavité branchiale.

7 octobre. — Teffé. — Hier, à notre grand plaisir, MM. James et Talisman sont revenus de leur excursion en canot dans les rivières Içà et Hyutahy. Ils rapportent de très-précieuses collections. M. Agassiz n'était pas sans inquiétude sur les résultats de cette expédition. Bien qu'il eût pourvu ces messieurs de tout l'alcool qu'il pouvait distraire du fond commun, la quantité qu'il en avait donnée était insuffisante. Il fallait donc beaucoup de discernement dans le choix des spécimens, pour faire une collection bien caractéristique. La mission ne pouvait pas être mieux remplie. Ses résultats portent à plus de six cents le nombre des espèces trouvées dans les eaux de l'Amazône, et chaque jour montre plus clairement combien nette est la localisation de ces espèces. L'immense bassin est très-positivement divisé en de nombreuses régions zoologiques dont chacune a sa combinaison propre de poissons. Notre séjour à Teffé tire à sa fin et aujourd'hui commence le grand travail de l'emballage. Il faut se préparer pour l'arrivée du paquebot qu'on attend à la fin de la semaine. Ce sont là les journées les plus laborieuses. Chaque fois qu'on quitte une station, tous les spécimens plongés dans l'alcool doivent être repris un à un pour bien s'assurer de leur état; il faut passer la revue des barils, des flacons, des bocaux, vérifier si les cercles sont solides, s'il n'y a pas de fuites, etc. Heureusement quelques-uns de nos jeunes compagnons sont d'excellents tonneliers et des menuisiers émérites. Dans ces circonstances, le laboratoire est transformé en atelier. Nous avons été prévenus que ce travail spécial allait être repris par la circulaire suivante, distribuée ce matin à déjeuner :

« M.

« Vous êtes prévenu que l'Association des Tonneliers-Réunis prendra possession du laboratoire après le déjeuner.

« Vous êtes instamment prié de vous y trouver.

« Teffé, 17 octobre 1865. »

En ce moment la salle retentit du bruit des marteaux frappant les clous et les cercles de fer. Comme toujours, il y a un certain nombre de spectateurs non invités qui contemplent gravement la démolition de l'établissement scientifique. Le laboratoire a du reste été, tout le mois durant, une source continuelle de distractions pour les flâneurs de Teffé. Dans ce pays où portes et fenêtres sont toujours ouvertes, on n'est point protégé contre les intrus comme dans nos froids climats et nous avons eu constamment sur le dos quantité de curieux et de visiteurs.

J'ai spécialement mentionné les collections de poissons, mais il s'en faut que nous nous en allions les mains vides de spécimens d'une autre catégorie. M. Dexter a préparé un très-grand nombre d'oiseaux de la forêt qu'il montera plus tard : des perroquets, des toucans et une riche variété de petites espèces au brillant plumage, sans parler des oiseaux aquatiques à parure moins éclatante. La plupart sont le produit de sa chasse ou de celle de MM. Hunnewell et Thayer; les autres proviennent des gens du pays qu'on a mis en réquisition. Les tortues, les jacarés (alligators) et les serpents abondent aussi, et M. Agassiz a acquis, à beaux deniers comptants, une collection d'insectes, riche et bien conservée, faite par un Français pendant un séjour de plusieurs années dans cette petite ville. A Teffé et dans les environs nous avons constamment suivi la trace, pour ainsi parler, d'un naturaliste anglais, M. Bates, « le senhor Henrique » comme on l'appelle ici, dont le charmant ouvrage « *un Naturaliste dans l'Amazône* » a été pour nous un aimable compagnon de voyage[1].

21 *octobre*. — Depuis jeudi notre canot est chargé; tous les spécimens emplissant une trentaine de barils, de pipes ou de caisses sont emballés et attendent l'arrivée du paquebot. Nous avons fait à nos amis les visites d'adieux; j'ai pour la dernière fois parcouru le joli sentier des grands bois; à l'heure qu'il est, nous voilà assis au milieu des malles et des sacs de voyage, et, quand le bateau à vapeur doublera la pointe de la forêt qui fait face à nos fenêtres, nous fermerons la porte de la maison qui nous a abrités pendant quatre semaines; le dernier cha-

---

1. Comme, dès l'origine, toutes nos dispositions étaient prises pour faire à Teffé un séjour d'au moins un mois, il fut possible d'accomplir notre travail avec plus de méthode que pendant nos courses et notre voyage. Ce fut donc à Teffé que je me procurai le plus grand nombre de squelettes de poissons et que je préparai pour le muséum de Cambridge plusieurs des grands animaux du pays : lamantins, marsouins, *pirarucús*, *sorubins*, etc. J'entrepris là aussi pour la première fois une recherche régulière des jeunes de toutes les espèces qu'il était possible d'obtenir. Comme partout, mes voisins et, pour bien dire, tous les habitants du village s'efforcèrent à l'envi l'un de l'autre de se procurer des spécimens pour moi. M. João da Cunha et le docteur Romualdo firent pour me rendre service de nombreuses parties de pêche, et, quand il ne m'était pas possible de les accompagner, je n'en trouvais pas moins le soir, amarré au rivage, un canot plein de poissons où j'allais choisir tout ce qui pouvait me servir ou m'intéresser. L'épicier de l'endroit, M. Pedro Mendes, qui chaque jour emploie un très-habile pêcheur pour l'approvisionnement de sa nombreuse famille, lui donna l'ordre de m'apporter tous les poissons qu'il aurait pris avant de les remettre au cuisinier, de façon que j'eusse libre choix sur le tout. Cela me rendit grand service, car lors de notre retour à Teffé, j'avais laissé à Tabatinga, pour y assister M. Bourget, le pêcheur indien José que j'avais engagé à Manaós. Un vieil Indien *Passé*, ancien compagnon du major Coutinho, qui connaissait admirablement les poissons et les animaux du bois, me fut aussi fort utile. Il fit la chasse à plusieurs espèces de poissons et de reptiles dont il semble que lui seul connût les mœurs et le refuge. Le maître d'école et ses écoliers, en somme tout individu capable de prendre un poisson ou un oiseau, se mirent à l'œuvre, et avec l'assistance de mes jeunes amis Dexter, Hunnewell et Thayer, la coopération du major Coutinho et de M. Burkhardt, notre travail fit chaque jour des progrès extraordinaires. Je laissais à mes aides le soin des collections d'animaux terrestres, et je m'étais réservé les poissons, tandis que le major Coutinho s'occupait d'observations géologiques et météo-

pitre de notre séjour à Teffé sera clos. Dans ce pays où le temps semble n'avoir guère de valeur, on n'est jamais sûr que le paquebot arrivera ou partira au jour indiqué. Il faut donc se tenir prêt et mettre en usage la vertu que les Brésiliens recommandent par-dessus toutes les autres, la patience. J'intercale ici un croquis de ma petite servante Alexandrina. Le mélange de sang nègre et de sang indien qui coule dans ses veines fait d'elle un curieux exemple de ces croisements de race qu'on rencontre ici. Elle a consenti hier, après beaucoup de façons, à laisser faire son portrait. M. Agassiz désirait l'avoir à cause de la disposition extraordinaire de la chevelure de cette fille. Ses cheveux ont bien perdu les ondulation fines et serrées propres à ceux des nègres, acquis même quelque chose de la longueur et de l'aspect d'une chevelure indienne, mais il leur est resté, malgré tout, une sorte d'élasticité métallique. La pauvre enfant a beau les peigner; ils se dressent sur sa tête et se hérissent dans toutes les directions, comme s'ils

tologiques. Il n'y eut pas jusqu'aux domestiques qui se mirent à nettoyer des squelettes. J'avais fait à Teffé une collection considérable de cerveaux de poissons, comprenant la plupart des genres qu'on rencontre dans cette localité ; malheureusement, je la perdis en arrivant à Manaós. Sachant la difficulté de transporter des préparations aussi délicates, je les gardais toujours près de moi, simplement déposés dans un baril ouvert, tant dans l'espoir de les apporter plus sûrement jusque chez moi que pour pouvoir y ajouter à l'occasion. Dans un moment d'inadvertance et comme nous débarquions, quelqu'un jeta le tout par-dessus bord dans le Rio Negro. C'est la seule partie de mes collections qui ait été complétement perdue.

Après avoir distribué tout mon monde de la façon la plus convenable, je fis avec le major Estolano la très-instructive excursion au lac du *Botó*, dont on a lu plus haut le récit. C'est une petite nappe d'eau, non loin du sitio du major, sur la rive droite du cours principal de l'Amazône. J'eus occasion de m'assurer là combien sont différents les poissons qui font partie de faunes adjacentes dans le même bassin hydrographique. Je ne suis pas encore revenu de la surprise que j'ai éprouvée en découvrant près des rives qui, géographiquement, doivent être simplement considérées comme les bords opposés d'un même cours d'eau, une population ichthyologique essentiellement différente. Parmi les poissons les plus curieux que je me sois procurés là, il convient de citer un genre nouveau, voisin du *Phractocephalus*, dont je ne connais qu'une seule espèce, volumineuse, remarquable par la nuance uniforme de sa couleur jaune serin. Les Doras, les Acestra, les Ptérygoplichthys, etc., étaient particulièrement communs. Tout petit qu'est ce lac, les animaux les plus volumineux qu'on connaisse dans le bassin s'y rencontraient, tels que le lamantin et le *botó*, ou marsouin de l'Amazône, qui a donné son nom à cette nappe d'eau, l'alligator, le pirarucú ou *sudis gigas* des auteurs, les sorubins, grosse espèce de silure à tête plate, le pacamúm, ce gros siluroïde jaune serin dont je viens de parler, etc., etc. (L. A.)

étaient électrisés. Chez tous les métis indo-nègres que nous avons vus, le type africain semble céder le premier, comme si la souplesse plus grande du noir, si opposée à l'inaltérable ténacité de l'Indien, se retrouvait dans les caractères physiques aussi bien que dans ceux de l'esprit. Voici du reste quelques observations empruntées aux notes de M. Agassiz sur le caractère général de la population dans cette contrée.

« Deux choses frappent vivement le voyageur dans le haut Amazône. On s'aperçoit tout d'abord combien est urgent le besoin d'une population plus nombreuse; on sent ensuite la né-

Alexandrina. (Tête de jeune fille cafuza.)

cessité d'une moralité plus haute chez les blancs. Tant que ces conditions ne seront pas remplies, il sera bien difficile de développer les ressources de cette région. Pour arriver à ce résultat, il est d'une importance extrême d'ôter toute entrave à la libre navigation de l'Amazône et de ses tributaires; il faut ouvrir ces grandes routes fluviales à l'ambition et à la concurrence de tous les peuples[1]. Non-seulement la population blanche

[1]. Les vœux de l'auteur sont depuis longtemps satisfaits. Dès l'année 1866, un décret impérial ouvrait l'Amazône, dans toute l'étendue des eaux brésiliennes, à la libre navigation de toutes les marines marchandes. Ce décret a été mis à exécution le 7 septembre 1867. (N. du T.)

est beaucoup trop peu nombreuse pour suffire à la tâche qu'elle a devant elle, mais cette population n'est pas moins pauvre, en qualité, que réduite en quantité. Elle présente le singulier phénomène d'une race supérieure recevant l'empreinte d'une race inférieure, d'une classe civilisée adoptant les habitudes et se ravalant au niveau des sauvages. Dans les villes du Solimoens, les gens que l'on considère comme l'aristocratie locale, l'aristocratie blanche, exploitent l'ignorance de l'Indien, le dupent et l'abrutissent, mais néanmoins prennent ses mœurs et, comme lui, s'asseyent par terre et mangent avec les mains. C'est en vain que la loi a toujours défendu de réduire l'Indien en esclavage; on l'élude dans la pratique et l'on établit un servage qui met ces pauvres gens dans une dépendance du maître aussi absosolue que s'il avait été acheté et vendu. Le blanc engage l'Indien à son service, moyennant un certain salaire, et lui promet en même temps de pourvoir à sa nourriture et à son habillement, jusqu'à ce qu'il ait gagné assez pour y pourvoir lui-même. Le résultat, en fin de compte, est tout profit pour le traitant. Quand l'Indien vient recevoir ses gages, on lui répond qu'il doit déjà au maître le montant des avances faites par celui-ci. Au lieu d'avoir à exiger de l'argent, il doit du travail. Les Indiens, même ceux qui vivent dans les villes, sont singulièrement ignorants de la valeur des choses; ils se laissent tromper de cette façon à un point qui passe toute créance et demeurent attachés toute leur vie au service d'un homme, naïvement persuadés qu'ils ont une grosse dette à payer quand, de fait, ils sont créanciers. Outre cet esclavage virtuel, un vrai commerce des indigènes a positivement lieu. Les autorités ont beau vouloir s'y opposer, elles sont impuissantes. Une classe d'émigrants plus morale rendrait ce trafic impossible. Les Américains et les Anglais pourront bien être sordides dans leurs transactions avec les natifs; le trafic des « peaux bleues » ne leur a certainement pas laissé les mains nettes, mais ils ne voudraient pas se dégrader au niveau des Indiens comme le font les Portugais. Ils ne s'abaisseraient pas à adopter leurs coutumes. »

Je ne dois pas dire adieu à Teffé sans inscrire ici un mot de souvenir pour une certaine catégorie d'habitants qui n'ont pas troublé peu notre repos. Ce sont de chétives créatures appelées *mocuins*, que l'on verrait à peine sans le vif vermillon dont elles brillent, et qui pullulent dans l'herbe et les buissons. Elles se logent sous la peau et l'on croirait à une éruption de fines ampoules. Elles causent une démangeaison insupportable et à la longue produisent de petites plaies douloureuses. Quand on revient de la promenade il est nécessaire de se lotioner avec de l'alcool et de l'eau, si l'on veut faire disparaître la chaleur et l'irritation occasionnées par ces microscopiques insectes. Les moustiques sont agaçants, les piums affolent; mais, pour accumuler sur quelqu'un toutes les misères, parlez-moi des mocuins.

23 *octobre*. — Nous sommes partis de Teffé samedi soir, sur l'*Icamiaba*. Il nous semble que nous nous retrouvons chez nous, si vif encore est le souvenir des heures agréables passées à bord de ce bâtiment lorsque nous nous éloignâmes de Pará. Déjà la saison des pluies s'annonce; pas une seule soirée peut-être de la semaine dernière ne s'est terminée sans orage. La veille de notre départ de Teffé, nous avons assisté à une des plus magnifiques tempêtes dont nous ayons eu le spectacle sur l'Amazône. Elle accourut de l'est, car c'est toujours de ce point de l'horizon que viennent les grandes bourrasques : ce qui fait dire aux Indiens que « le sentier du soleil est aussi le sentier de la tempête. » Les nuages supérieurs, éclairés en pleine lumière et fuyant avec une vitesse beaucoup plus grande que celle de la masse sombre et noirâtre des vapeurs inférieures, laissaient pendre au-dessus de celles-ci de longues traînées floconneuses, d'un blanc mat; on eût dit une avalanche de neige sur le point de se précipiter. Assis sur le pas de la porte, nous contemplions leur marche rapide, et M. Agassiz me dit que cette tempête sous l'équateur était la plus exacte image qu'il eût jamais vue d'une avalanche dans les hautes montagnes des Alpes. La nature, en effet, semble parfois vouloir se jouer d'elle-même, en reproduisant les mêmes apparences dans les circonstances les plus dissemblables....

Nous remarquons avec curiosité les changements du fleuve. A notre arrivée à Teffé, il baissait rapidement et d'environ un pied par jour. On pouvait facilement mesurer le retrait des eaux par les traces que laissaient sur le rivage les pluies accidentelles. Ainsi, la pluie qui tombait un jour creusait le sable jusqu'au bord de l'eau; le lendemain, le niveau du fleuve s'arrêtait à plus d'un pied de l'extrémité des rigoles et des ravins ainsi produits; la brusque terminaison de ces petits canaux marquait donc la ligne où les eaux d'écoulement avaient, le jour précédent, atteint les eaux du fleuve. Une ou deux semaines avant que nous nous embarquions de nouveau, de grosses averses tombèrent presque régulièrement tous les soirs, se prolongeant souvent jusqu'au lendemain, et alors commencèrent dans le niveau du grand courant ces oscillations appelées par les gens du pays « *repiquêtes* », qui, dans le haut Amazône, précèdent la crue hivernale de chaque année. La première se fait sentir à Teffé vers la fin d'octobre et des pluies presque quotidiennes l'accompagnent. Au bout d'une semaine environ, le fleuve baisse de nouveau; puis, durant dix ou douze jours, il remonte pour redescendre encore après le même laps de temps. Parfois, il y a une troisième oscillation, mais le plus généralement la troisième « repiquête » n'est que le commencement de la crue persistante de chaque année.

Nous avons trouvé à bord de *l'Icamiaba* M. Bourget, revenant de Tabatinga et rapportant de belles collections. Comme les explorateurs de l'Içà, il a été contraint de se borner, faute d'alcool. Mais ce qu'il a recueilli n'est pas moins fort précieux, dans l'ordre le plus parfait et abondant en espèces soit des eaux du Marañon, soit de celles du Hyavary. Voilà donc un riche butin auquel ont contribué tous les grands affluents de l'Amazône supérieur, compris entre les limites du Brésil et le Rio Negro. Le Purús reste seul inexploré; le temps et les forces ont manqué.

Je ne dois pas laisser Teffé sans consigner, sur la nature du sol, quelques observations se rattachant à celles précédemment faites par M. Agassiz, sur la même question. Si occupé qu'il ait été par d'autres travaux, il n'en a pas moins trouvé le temps d'examiner la formation géologique des environs. Plus il considère la vallée de l'Amazône et de ses tributaires, plus il se sent convaincu que l'argile rougeâtre, homogène, désignée par lui sous le nom de *drift*, est un dépôt que les glaciers descendus des Andes abandonnèrent autrefois dans ces lieux, et qu'ils ont profondément bouleversé plus tard, lors de leur fonte. Suivant cette manière de voir, toute la vallée a été originairement remplie par ce dépôt; l'Amazône lui-même et tous ses affluents ne sont que les nombreux canaux creusés par les eaux dans cette masse, comme de nos jours les igarapés qui s'ouvrent un cours à travers le limon et le sable des dépôts modernes. Il peut sembler étrange de comparer la formation de ces ruisseaux insignifiants de la forêt à celle du fleuve immense qui roule ses ondes à travers tout un large continent; mais ce n'est, après tout, que renverser le procédé des observations au microscope. De même que nous amplifions l'infiniment petit pour pouvoir l'étudier, il nous faut rapetisser, afin de le comprendre, l'infiniment grand que nous ne pouvons pas embrasser. Le naturaliste qui veut comparer l'éléphant au daman (*hyrax*¹) tourne vers l'animal monstrueux le petit bout de la lunette, et, les énormes proportions en étant ainsi réduites, il s'aperçoit que la différence est dans la grandeur, non dans la structure; les traits essentiels de l'organisation sont identiques. De même le mince igarapé qui fait aujourd'hui filer ses eaux dans l'ornière de la forêt explique l'histoire primitive du grand fleuve et, sous une échelle infiniment petite, remet le passé sous nos yeux.

1. C'est Cuvier qui le premier a établi que l'hyrax et l'éléphant appartiennent au même ordre.

VIII

RETOUR A MANAÓS. — UNE PARTIE DE CAMPAGNE DANS L'AMAZONE.

Arrivée à Manaós. — Nouvel emménagement. — *L'Ibicuhy*. — Nouvelles des États-Unis. — Visite à la cascade. — Les Thermes de la forêt. — Excursion au lac Hyanuary. — Caractère de la vallée amazonienne; son avenir. — Réception sur le lac. — Un *sitio*. — Succès à la pêche. — Les visiteurs indiens. — Bal. — Caractère des danses. — Une nuit bruyante. — Promenade en canot. — Paysage. — Autre *sitio*. — Mœurs et coutumes. — Conversation avec les Indiennes. — La vie dans la forêt. — La vie des villes. — Un dîner dans le bois. — Toasts. — Promenade du soir sur le lac. — Scène de nuit. — Les femmes et le tabac. — Retour à Manaós.

— 24 *octobre*. — *Manaós*. — Nous sommes ici depuis hier dans l'après-midi; on était incertain du jour où nous arriverions et nos logements n'étaient pas préparés; il a fallu, par conséquent, attendre un peu. Mais avant la nuit nous étions complétement installés, nos compagnons et tout le bagage scientifique, dans une petite maison voisine de la rivière, M. Agassiz et moi dans un vieil édifice délabré. C'était, lorsque nous passâmes à Manaós pour la première fois, le secrétariat des finances; mais cette administration occupe une construction nouvelle. Notre demeure a encore un peu l'air d'un établissement public : c'est là son côté original et plaisant; du reste, si elle est spacieuse, ouverte à tous les vents, ce ne sont pas des défauts sous ce climat. La pièce où nous avons pris nos quartiers, à la fois la chambre et le salon, est une très-longue et haute salle ouverte, par nombre de portes et de fenêtres, sur un vaste enclos qu'on appelle poliment le jardin; en réalité, un champ inculte envahi par les herbes folles et où sont épars quelques arbres, mais qui n'en forme pas moins une charmante arrière-cour donnant de l'ombre et de la verdure. Au fond de l'immense salle sont accrochés nos hamacs et rangées nos malles, nos caisses, etc. A l'autre bout, deux tables à écrire, un fauteuil-balançoire à l'américaine qui semble sortir de chez quelque fermier du Maine, une chaise de voyage et deux ou trois autres meubles donnent à ce coin de l'appartement un certain air d'intérieur et en font même un salon très-confortable. Il y a plusieurs autres pièces dans notre vieux château branlant, aux hautes murailles nues, aux combles sans plafond, aux pavés de briques sur lesquels trottinent les rats; mais celle-ci est la seule que nous ayons entrepris de rendre habitable et vraiment j'y trouve, à cette heure, une très-heureuse combinaison de l'intime et du pittoresque. Nos amis nous ont vainement pressés d'accepter ailleurs une hospitalité moins primitive; nous nous plaisons beaucoup dans notre nouveau logis et nous préférons y rester, au moins pour le moment.

En arrivant, nous avons eu le plaisir d'apprendre que le bateau à vapeur inaugurant la ligne nouvelle de paquebots entre New-York et le Brésil avait touché à Pará, en route pour Rio de Janeiro. Son passage a été, nous assure-t-on, l'occasion de grandes réjouissances, car véritablement il y a partout, au Brésil, un très-profond désir de resserrer par tous les moyens les relations avec les États-Unis. Pour nous, l'ouverture de cette voie de communication nous rapproche, pour ainsi dire, de la patrie, et cette nouvelle, ajoutée aux détails heureux que nous apportent nos lettres et nos journaux, nous fait marquer d'une pierre blanche la date du retour à Manaös.

Quelques heures après nous est entré dans le port l'aviso à vapeur *l'Ibicuhy*, mis à la disposition de M. Agassiz par le gouvernement. A notre très-grand plaisir, il avait à son bord M. Tavares-Bastos, membre de la Chambre des députés pour la province des Alagôas, qui, depuis notre arrivée au Brésil, n'a cessé de nous témoigner l'obligeance la plus parfaite et de prendre au succès de notre expédition un intérêt très-vif. C'est une bonne fortune pour nous de le retrouver ici.

Ce matin on a apporté à M. Agassiz le document qui met

Manaôs, plage et ville.

Ibicuhy à sa disposition, et nous avons presque aussitôt reçu la visite du commandant, M. le capitaine Faria.

26 *octobre.* — Hier matin, à six heures, première promenade. Nous sommes allés voir un charmant petit recoin de la forêt dont les habitants de Manaós vantent beaucoup l'attrait. On y va prendre le bain, dîner en plein air et goûter tous les plaisirs champêtres. On appelle ce joli endroit la petite cascade pour le distinguer d'un autre encore plus pittoresque, paraît-il, situé à une demi-lieue de l'autre côté de la ville, et où se trouve une chute d'eau plus considérable. En trente minutes, les rameurs nous amenèrent, en suivant les capricieux méandres de la rivière, à une sorte de barrage naturel produit par les rochers; les eaux sautillent à grand fracas sur des hauts-fonds et forment des rapides. Là nous avons débarqué, et, nous enfonçant sous les arbres dans un étroit sentier qui longe l'igarapé, nous sommes arrivés aux « *Banheiras*, » les Baignoires, comme on les appelle ici. Jamais forêt n'offrit à Diane et à ses nymphes de bains mieux ombragés et plus attrayants. Les grands arbres les entourent de tous côtés; de longs rideaux de verdure les séparent l'un de l'autre, et forment de nombreux bassins isolés et discrets où l'eau, d'une fraîcheur délicieuse, sautant de piscine en piscine, retombe chaque fois en cascade légère. Tant que la crue du fleuve, à la saison des pluies, n'est pas venue inonder et recouvrir, pour six mois, ces Thermes de la forêt, les habitants de Manaós en font le plus grand usage; nous-mêmes nous ne résistâmes pas au plaisir de nous plonger dans cette eau qui attire. Cependant les bateliers avaient allumé le feu et nous trouvâmes, au sortir de l'eau, la cafetière chantant sur les braises; nous remplîmes nos tasses, et, ainsi restaurés, nous reprîmes le chemin de la ville; nous sommes rentrés juste au moment où la chaleur commençait à être fatigante.

28 *octobre.* — Avant six heures du matin, hier, nous sommes partis pour une excursion au lac Hyanuary, sur la rive occidentale du Rio Negro. La matinée était d'une fraîcheur inaccoutumée sous cette latitude; une forte brise soulevait de grosses vagues sur la rivière, et, si nous n'avons pas eu le mal de mer, tout au moins de mauvais et désagréables souvenirs ont été évoqués. Nous étions dans une grande embarcation à huit rames, la chaloupe ordinaire des officiers de la Douane, en compagnie de S. Exc. M. le Dr Épaminondas, président de la province, de son secrétaire, M. Codicera, et de MM. Tavares-Bastos, Coutinho, Burkhardt, James et Dexter. Une montaria indienne nous précédait, portant M. Honorio, qui a eu la bonté de nous offrir sa table pendant tout notre séjour ici et qui, s'étant chargé du département des vivres, a son bateau rempli de provisions. Au bout d'une heure, nous abandonnâmes les eaux irritées de la rivière, et, après avoir doublé un petit promontoire boisé, nous pénétrâmes dans un igarapé. La largeur du petit canal diminuait graduellement ; bientôt ce fut un de ces ruisseaux sinueux et couverts d'ombre qui donnent tant de charme aux excursions en forêt, dans ce pays. Les haillons d'un long rideau d'herbes sèches et flétries pendent des branches inférieures des arbres, marquant la hauteur où les eaux atteignirent, lors de la crue dernière, quelque dix-huit ou vingt pieds au-dessus du niveau actuel; çà et là, un héron blanc se tient sur la rive et la neige de son plumage miroite sous le soleil ; au milieu des buissons se montrent à chaque instant les *Ciganas*, ces faisans de l'Amazône (*opistocomus*); pendant une minute, un couple de grands vautours royaux (*Sarcorhampus papa*) reste à portée de fusil, mais il s'envole à l'approche des canots ; enfin, de temps en temps, les alligators allongent au-dessus de l'eau leur tête pointue.

Tandis que nous glissions sur le canal, pittoresque résumé des merveilles d'une région où nous étions tous plus ou moins étrangers, le Dr Épaminondas et M. Tavares-Bastos se trouvant aussi pour la première fois dans cette province, la conversation s'est naturellement portée sur la vallée de l'Amazône, sur sa configuration et sa structure, sur son origine, sur ses ressources, en un mot sur son passé et son avenir, obscurs tous deux et tous deux le sujet de l'étonnement et des conjectures. A l'âge de moins de trente ans, M. Tavares-Bastos est déjà un des hommes politiques distingués de son pays. Du jour où il est entré dans la vie publique, il n'a cessé, jusqu'aujourd'hui, de s'intéresser à la législation qui régit le commerce du grand bassin amazonien et d'étudier l'influence qu'elle pouvait avoir sur le progrès et le développement de l'empire du Brésil tout entier. Il est un des plus marquants parmi les hommes qui se sont faits les avocats d'une politique complétement libérale dans cette question. Il a déjà insisté, auprès de ses compatriotes, sur la nécessité, même au point de vue de leur propre intérêt, de partager leur grand trésor avec le reste du monde. Il n'avait guère que vingt ans quand il publia relativement à l'ouverture de l'Amazône ses premiers Mémoires qui, plus que toute autre chose dans ces dernières années, contribuèrent à attirer l'attention sur ce sujet[1]. Les études de l'homme d'État et les recherches du savant se rencontrent, en quelques points, sur un terrain commun ; les sciences naturelles ont quelque chose à dire, même, sur les questions les plus pratiques. Le législateur doit-il envisager cette région comme un continent ou comme une mer? Est-ce l'intérêt de l'agriculture qui doit prévaloir, ou celui de la navigation? Cette contrée est-elle essentiellement terrestre ou essentiellement aquatique? Voilà les problèmes qui se posèrent au cours de la discussion. Une zone de terre qui s'étend d'un bord à l'autre du continent et qui, la moitié de l'année, disparaît sous l'eau, où par conséquent il ne peut y avoir ni chemins de fer, ni grandes routes, ni même de voyage à pied sur une étendue un peu considérable, ne peut guère être regardée comme la terre ferme. Il est vrai que dans cet océan fait de fleuves, au lieu que le flot monte et descende chaque jour, la marée est annuelle ; plus lente, plus durable et plus étendue est son amplitude ; au lieu d'être réglée par la lune, elle l'est par le soleil. Mais l'immense vallée n'en est pas moins sujette à toutes les conditions d'un district submergé, et elle doit être traitée comme telle. D'ailleurs, les changements semi-annuels du niveau exercent sur les habitants une influence beaucoup plus profonde que ne feraient les marées de l'océan. Pendant la moitié de l'année, les gens du pays passent en canot là où durant l'autre moitié ils ont marché à pied ferme sur le sol mal consistant. Leurs occupations, leurs vêtements, leurs habitudes se modifient suivant que c'est le temps de la sécheresse ou celui des pluies. Et non-seulement c'est le genre de vie, mais c'est l'aspect tout entier de la contrée, le caractère du paysage qui change du tout au tout. Les deux cascades pit-

---

[1]. On trouvera les renseignements les plus précieux sur les ressources industrielles de la vallée de l'Amazône, dans un livre publié par M. Tavares-Bastos, après son retour à Rio de Janeiro. Voyez Appendice, VII.

toresques à l'une desquelles nous nous sommes baignés l'autre jour, ce rendez-vous favori des Manaüenses dans la saison actuelle, auront disparu dans quelques mois d'ici sous quarante pieds d'eau; les gros blocs qui se dressent au soleil, et les replis ombreux seront devenus le lit de la rivière. Tout ce qu'on entend raconter, tout ce qu'on lit sur l'étendue de l'Amazône et de ses tributaires est impuissant à donner une idée de l'immensité de leur ensemble. Il faut naviguer des mois entiers sur ce bassin gigantesque pour comprendre à quel degré extraordinaire l'eau y subjugue la terre. Ce labyrinthe aqueux est bien plus un océan d'eau douce, coupé et divisé par la terre, qu'un réseau fluvial. A proprement parler, la vallée n'est pas une vallée, c'est un lit périodiquement découvert; et il cesse de paraître étrange, quand on examine les choses à ce point de vue, que la forêt soit moins pleine de vie que les rivières.

Tandis qu'on discutait toutes ces questions, qu'on prévoyait le temps où sur les rives de l'Amazône fleurira une population plus active et plus vigoureuse que celles qui y ont vécu jusqu'ici, — où toutes les nations du globe auront part à ces richesses, — où les deux continents jumeaux se donneront la main, l'Américain du Nord aidant son frère du Sud à développer ses ressources, — où la navigation s'étendra du nord au sud, aussi bien que de l'est à l'ouest, conduisant les petits vapeurs jusqu'aux sources de tous les tributaires, — tandis qu'on spéculait ainsi, nous approchions du but de notre promenade. Tout à coup, nous nous trouvâmes à peu de distance du lac et nous en vîmes sortir une petite embarcation à deux mâts, évidemment chargée de quelque mission officielle, car le pavillon brésilien flottait à la poupe et les mâts étaient pavoisés de banderoles aux couleurs brillantes. Quand elle fut un peu plus près de nous, les sons de la musique se firent entendre, et nous entendîmes éclater dans les airs une salve de fusées volantes. C'est l'artillerie favorite des Brésiliens aux jours de fête, en plein soleil comme en pleine nuit. Notre arrivée avait été annoncée par le Dʳ Canavaro, de Manaós, qui nous avait devancés d'un jour ou deux afin de préparer notre réception, et nous assistions au salut de bienvenue adressé au Président qui pour la première fois visitait le village indien. Dès que le bateau fut à portée de voix, de vigoureux vivats retentirent : pour

Case indienne sur le bord du lac Nyanoary.

Son Excellence, pour M. Tavares-Bastos, objet d'une considération particulière en sa qualité de champion des intérêts politiques de l'Amazonie, pour le major Coutinho déjà bien connu par ses précédentes explorations de la contrée, pour les étrangers en visite, pour le naturaliste et ses compagnons. Après cette réception chaleureuse, l'embarcation prit la file derrière nous, et nous entrâmes dans le petit port en grande pompe et en grand appareil.

Le joli village indien ne fait guère l'effet d'un village, à première vue. Il se compose d'un certain nombre de sitios disséminés dans la forêt; et bien que les habitants se considèrent comme des amis et des voisins, du débarcadère on ne voit qu'une maison : celle où nous sommes logés. Elle surmonte une colline qui descend doucement vers le lac; elle est bâtie en terre et n'a que deux chambres, auxquelles sont attenants plusieurs grands hangars extérieurs couverts d'un toit de chaume. Le premier est consacré à la préparation du manioc; un autre sert de cuisine; un troisième, sous lequel nous prenons nos repas, est transformé en chapelle les dimanches et les jours de fête. Celui-ci diffère des autres en ce qu'il est clos, à un bout, par une jolie cloison en feuilles de palmier, contre laquelle on place, aux jours voulus, l'autel, les chandeliers et les grossières estampes où sont représentés la Vierge et les saints. Nous avons été reçus de la façon la plus hospitalière par la maîtresse de cette maison en terre, une vieille Indienne dont les bijoux en or, la collerette de dentelle et les boucles d'oreilles jurent un peu avec sa chemise de gros calicot et sa jupe en cotonnade. Mais ce n'est pas du tout un ajustement extraordinaire ici. Outre la vieille dame, la maisonnée se compose en ce moment de son « *afilhada* » ou filleule [1], du petit garçon de celle-ci et de plusieurs autres femmes employées aux travaux. Dans les circonstances actuelles on se ferait difficilement une idée exacte du nombre de la population. En effet, beaucoup d'hommes ont été recrutés à cause de la guerre contre le Paraguay, et les autres se cachent dans le bois pour éviter le service militaire.

1. Cette parenté spirituelle forme au Brésil un lien beaucoup plus serré que chez nous. Un filleul est absolument considéré par ses parrains comme un membre de la famille.

La situation de ce sitio est des plus charmantes. Quand nous sommes assis autour de la table de notre salle à manger en plein vent, nous jouissons d'une vue admirable : la forêt ferme l'horizon, à nos pieds s'étend le lac, derrière lui les collines boisées montent doucement, et, juste au-dessous de nous, se trouve le petit débarcadère où sont amarrés notre chaloupe avec son tendelet blanc, le joyeux canot qui est venu à notre rencontre, et deux ou trois montarias indiennes. Après le déjeuner, nous nous sommes dispersés ; les uns se sont étendus dans les hamacs, les autres sont partis, qui pour la pêche, qui pour la chasse ; quant à M. Agassiz, il s'absorbe dans l'examen des poissons — Tucanarés (Cichla), Acarás (Heros et autres genres), Curimatas (Anodus), Surubins (Platystoma), etc., — qu'on vient de tirer du lac pour les lui montrer. Il reconnaît encore ici ce que chaque exploration lui a constamment indiqué, c'est-à-dire la localisation distincte d'espèces particulières dans chaque bassin différent, rivière, lac, igarapé ou étang de la forêt.

Sous ce climat brûlant, on ne voit presque rien du monde entre une heure et quatre. C'est le moment le plus chaud de la journée et peu de personnes résistent à la séduction d'un frais hamac balancé lentement dans quelque endroit ombragé ou sous le toit du porche. Après un petit bout de conversation avec notre hôtesse et sa fille, je descendis et je découvris une ravissante petite retraite au bord du lac. Là, quoique j'eusse un livre à la main, le frôlement sourd de l'air contre les arbres, le léger clapotis des ondes autour des montarias amarrées près de moi, m'eurent bientôt plongée dans cet état d'esprit où l'on est paresseux sans remords et sans ennui, le plus impérieux devoir semblant être de ne rien faire. Le chant monotone de la viole me parvenait d'un bouquet d'arbres voisins où s'abritaient nos bateliers, et les franges rouges de leurs hamacs ajoutaient aux couleurs du paysage juste le ton qui leur manquait. Parfois un vol de perroquets ou de ciganas, partant brusquement au-dessus de ma tête, le saut court et soudain d'un poisson dans le lac me rappelaient pour une seconde à moi-même ; mais, à part ces bruits, toute la nature était assoupie et hommes ou animaux fuyaient la chaleur dans le repos et l'ombre.

Le dîner rassembla tout le monde à la tombée du jour. Le

président de la province étant avec nous, notre partie de campagne se faisait avec un luxe que nos excursions scientifiques ne connurent jamais. Il ne s'agit plus d'ustensiles improvisés tasses à thé servant de verres et barils vides tenant lieu de chaises ; — nous avons un cuisiner, un domestique, une soupière en argent, des couteaux et des fourchettes pour tout le monde, et d'autres futilités dont les coureurs de grand chemin tels que nous apprennent à se passer. Pendant que nous dînions, les Indiens commençaient à arriver des bois environnants pour offrir leurs hommages au président. Sa visite était l'occasion de grandes réjouissances, et il y avait, le soir même, un bal en son honneur. Ils lui apportaient en cadeau des monceaux de gibier. Quelle masse de couleurs vives ! ce n'était pas un cordon d'oiseaux, c'était le plus splendide bouquet. Il était composé entièrement de toucans, bec rouge et jaune, yeux bleus, poitrine au fin duvet d'un pur cramoisi, et de perroquets ou *papagaios* aux riches couleurs : le vert, le gris, le bleu, le pourpre et le vermillon. Le repas terminé, nous allâmes prendre le café dehors, et nos places furent envahies par les hôtes indiens qui, à leur tour, s'assirent pour dîner. C'était plaisir de voir avec quelle courtoisie parfaite la plupart des Brésiliens de notre société servaient eux-mêmes ces *senhoras* indiennes, leur passaient les mets, leur offraient du vin, les traitant avec la même attention délicate que si elles avaient été les plus grandes dames de la terre. Les pauvres femmes étaient gauches et embarrassées ; elles osaient à peine toucher aux belles choses placées devant elles. Enfin un des cavaliers-servants, qui a longtemps vécu au milieu des Indiens et connaît leurs mœurs, prit des mains de l'une d'elles le couteau et la fourchette et s'écria : « Pas de cérémonies ! Foin de la fausse honte ! mangez avec les doigts comme c'est votre habitude et vous retrouverez, avec l'appétit, du plaisir à table ! » Le discours fut fort goûté ; les dames se mirent tout à fait à l'aise et firent honneur aux mets. Les Indiens qui vivent dans le voisinage des villes connaissent les usages de la vie et savent fort bien ce que c'est qu'un couteau et une fourchette, mais pas un d'eux ne veut s'en servir s'il peut s'en dispenser.

Le dîner fini, on enleva les tables, on balaya le hangar ; l'orchestre composé d'une viole, d'une flûte et d'un violon s'installa, et l'on ouvrit le bal. Les *belles des bois* éprouvèrent d'abord un peu d'embarras en sentant sur elles le regard des étrangers, mais elles ne tardèrent pas à s'enhardir et la danse s'anima. Toutes étaient vêtues de blanc — jupe de calicot ou

Indienne Mammaluca.

de mousseline, corsage lâche en étoffe de coton, garni autour du cou d'une sorte de dentelle, qu'elles-mêmes fabriquent en tirant les fils de la batiste ou de la mousseline de manière à former une espèce de canevas sur lequel les fils restant sont

repris à l'aiguille et réunis ensemble. Quelques-unes de ces
dentelles sont très-fines et fort délicates. La plupart des dan-
seuses étaient coiffées avec une branche de jasmin blanc ou
avec des roses fixées à leur peigne et plusieurs portaient un
collier et des boucles d'oreilles en or. Les danses différaient
de celles dont nous avions eu le spectacle chez Esperança :
elles étaient beaucoup plus animées, mais les femmes conservaient ce même air impassible que j'ai déjà noté. Je n'ai
jamais vu dans ces jeux des Indiens la femme déployer de co-
quetterie provoquante ; c'est l'homme qui sollicite ; il se jette
aux pieds de sa danseuse sans lui arracher ni un sourire ni
un geste ; il s'arrête, il feint de pêcher, et sa pantomime indique qu'il tire doucement la jeune femme au bout de sa ligne ;
puis, il tourne autour d'elle, faisant claquer ses doigts comme
des castagnettes, et finit par l'envelopper à demi de ses deux
bras. Mais elle reste froide et comme indifférente. De temps
en temps les couples se forment pour une sorte de valse, mais
ce n'est qu'en passant et pour quelques secondes. Quelle différence avec la danse des nègres à laquelle nous avons assisté
souvent dans les environs de Rio ! Là c'est la femme qui provoque son danseur, et ses gestes ne sont pas toujours d'une
modestie parfaite. L'entrain était plus grand que jamais, à dix
heures, lorsque je me retirai dans ma chambre, ou plutôt dans
la pièce où était pendu mon hamac. Je devais la partager en
effet avec les Indiennes et leurs enfants, une chatte et ses
petits déjà installés sur les bords de ma moustiquière et faisant de fréquentes irruptions jusqu'à moi, avec des poules,
des poussins et toute une meute de chiens, allant et venant
sans cesse du dedans au dehors et du dehors au dedans. La
musique et la danse, les rires et les caquets se prolongèrent
bien avant dans la nuit. A chaque instant quelque Indienne en-
trait pour prendre un instant de repos, s'étendait dans un hamac, faisait un léger somme et retournait danser. Aux premiers
temps de notre arrivée dans l'Amérique du Sud, nous n'aurions guère cru possible de trouver le sommeil dans de telles
conditions ; mais on s'accoutume vite dans l'Amazonie à dormir
dans des chambres sans plancher ni carrelage, fermées par
des murs de boue ou même pas fermées du tout, sous un toit
de chaume dont les chauves-souris et les rats font craquer les

feuilles sèches, et où toute sorte de bruits nocturnes et mystérieux vous convainquent que l'homme n'est pas le seul occupant. Il y a, du reste, une chose, grâce à laquelle il est beaucoup plus agréable de passer la nuit dans la case d'un Indien que dans la chaumière d'un indigent de nos pays : c'est la pafaite indépendance où l'on est de son hôte en matière de couchette. On ne voyage pas sans son hamac et le filet serré qui, seul, peut vous protéger contre les moustiques. Lits et literie sont parfaitement inconnus, et il n'est personne d'assez pauvre pour ne pas posséder deux ou trois *redes* bien propres, aux larges et fortes mailles, les gens du pays les fabriquant eux-mêmes avec les fibres des palmiers. Les salles sont ouvertes à tous les vents, les Indiens sont d'une grande propreté corporelle ; ils peuvent être négligés à d'autres égards, mais ils se baignent une ou deux fois par jour, plus souvent même, et lavent fréquemment leurs vêtements. L'atmosphère qu'on respire dans leurs maisons est donc plus fraîche et plus pure que celle au sein de laquelle vivent chez nous les gens très-pauvres. Jamais en entrant dans une case indienne nous n'avons été choqués par une odeur désagréable, à moins que ce ne fût quelque émanation produite, dans la féculerie, par le travail du manioc qui exhale, à une certaine phase de la manipulation, une odeur légèrement acide. Certes nous n'en pourrions pas dire autant de bien des maisons où nous avons passé la nuit lorsque nous voyagions dans l'Ouest ou même dans le *Down-east*[1] ; plus d'une fois l'aspect douteux de la literie et l'odeur de renfermé ne nous présagèrent rien de bon pour le repos de la nuit.

Ce matin, debout à cinq heures. A six, on prend le café et l'on est prêt à exécuter tous les projets possibles d'amusement. Déjà les chasseurs sont dans la forêt et les pêcheurs au large. Je prends place dans une montaria et je me joins à quelques autres personnes pour aller visiter un sitio, un peu plus haut sur le lac. Quant à M. Agassiz, il renonce à tous ces plaisirs, car les poissons arrivent et nouveaux et variés. Ni lui ni le dessinateur ne peuvent donc quitter le travail ; la décomposition marche vite sous ce climat, et si l'on ne s'occupe pas immédiatement des spécimens apportés, c'en est

---

1. L'ouest et l'est des États-Unis. (N. du T.)

fait : ils sont perdus. Pour qu'on puisse donner une idée de la richesse des teintes, il faut que les aquarelles soient faites quand les animaux sont dans toute leur fraîcheur. M. Burkhardt est infatigable, il a constamment le pinceau à la main en dépit de la chaleur, des moustiques et de toutes les contrariétés. Il lui arrive de faire jusqu'à vingt dessins coloriés dans un jour[1]. Nécessairement ces rapides croquis n'ont d'autre but que de rappeler les contours et les nuances des poissons, mais, tels quels, ils seront d'un secours inappréciable lorsqu'il s'agira de dessins plus finis. Laissant donc M. Agassiz à ses préparations et M. Burkhardt à ses couleurs, je remonte les bords du lac à travers un canton étrange, moitié solide, moitié liquide, où la terre et les eaux se mêlent et se confondent. Du sein du lac où s'enfoncent et se cachent leurs racines, jaillissent par groupes les grands arbres; ou bien les troncs morts et noircis se dressent au milieu de l'eau avec des formes bizarres et fantastiques. Parfois, des hautes branches, descendent jusqu'à terre ces singulières racines aériennes si communes dans ces forêts, et l'arbre semble appuyé sur des béquilles. Çà et là, en côtoyant le bord, notre regard pénètre dans les profondeurs des fourrés et s'arrête sur l'étrange draperie des lianes, des plantes grimpantes, des *sipós* parasites qui s'enlacent aux troncs, ou se balancent entre deux branches voisines comme des cordages flottants. Le plus souvent, la rive du lac est un talus en pente douce recouvert d'une verdure si moelleuse et si vive qu'il semble que la terre ait reçu, grâce à son long baptême de six mois, une seconde naissance et soit revenue à la vie par une création nouvelle. De distance en distance, un palmier élève la tête au-dessus du faîte uniforme de la forêt; c'est surtout l'élégant et gracieux Assahy dont la couronne de feuilles découpées comme des plumes vibre au plus léger souffle, au sommet du tronc lisse et élancé.

Au bout d'une demi-heure, nous arrivons au sitio et nous débarquons. D'habitude, ces établissements sont assis sur les bords du lac ou de la rivière, à un jet de pierre de la rive, afin que la pêche et le bain soient plus à portée. Mais celui-ci, plus

[1]. Dans le cours de notre voyage sur l'Amazône, M. Burkhardt fit plus de huit cents aquarelles de poissons plus ou moins achevées. (L. A.)

retiré, se trouve, à l'extrémité d'un joli petit sentier qui serpente sous bois, au sommet d'une colline dont le versant opposé plonge dans un large et profond ravin, où court un igarapé. Au delà, le terrain se relève et ondule en lignes accidentées sur lesquelles l'œil, accoutumé au paysage uniformément plat de l'Amazone supérieur, ne se repose pas sans plaisir. Vienne le temps des pluies, et l'igarapé, soulevé par la crue de la rivière, baignera presque le pied de la maison, qui, du sommet du coteau, domine aujourd'hui la vallée et le lit encaissé de ce mince ruisseau; si grande est la différence entre l'aspect des mêmes lieux, dans la saison sèche et dans la saison pluvieuse.

L'habitation se compose de plusieurs constructions, dont la plus remarquable est une longue salle ouverte, où dansent les *brancas* (blanches) de Manaós et du voisinage, lorsqu'elles viennent, ce qui n'est pas rare, passer la nuit au sitio en grande compagnie; la vieille dame indienne qui me fait les honneurs de la maison m'apprend ce détail avec un certain orgueil.

Un mur bas, de trois ou quatre pieds environ, délimite cette galerie sur les côtés, et, tout le long, sont placées des banquettes en bois; les deux bouts sont clos de fond en comble par une forte tenture en feuilles de palmier bien luisantes, aussi fines que belles et d'une jolie couleur paille. A l'une de ces extrémités, nous trouvons un immense métier à broder (tel sans doute celui de Pénélope!) où il n'y a de tendu pour le moment qu'un hamac en fil de palmier, œuvre inachevée de la *senhora Dona* (la maîtresse de maison). Celle-ci consent à me montrer comment elle y travaille; elle s'accroupit, sur un petit banc fort bas, devant cet échafaudage, et me fait voir que les deux rangées de fils transversaux sont séparées par une grosse pièce de bois poli, en forme de règle plate; entre ces deux fils est lancée la navette, et la trame est serrée par un coup sec de la grosse règle. On me fait ensuite admirer des hamacs de couleurs et de tissus variés qu'on est en train de disposer pour la commodité des visiteurs; puis tandis que les hommes vont se baigner dans l'igarapé, je parcours le reste du logis avec notre hôtesse et sa fille, une très-jolie Indienne. C'est la plus âgée des deux dames qui a la direction de toutes choses, le maître est absent ; il a dans l'armée une commission de capitaine[1].

Tout en causant, je retrouve un trait de mœurs dont l'étrangeté nous frappe de plus en plus, tant il est général, à mesure que notre séjour dans l'Amazonie se prolonge davantage. Voici des gens de condition honorable, quoique de sang indien, fort au-dessus du besoin, vivant dans l'aisance et, relativement à leur entourage, presque dans la richesse ; des gens chez lesquels, par conséquent, on s'attendrait à trouver la connaissance des lois les plus simples de la morale. Eh bien ! quand on m'a présenté la jeune fille, comme je lui demande des nouvelles de son père, pensant que ce soit le capitaine absent, la mère me répond en souriant et du ton le plus simple : « Nâo tem pai ; é filha da fortuna. » (Elle n'a pas de père ; c'est l'enfant du hasard.) A son tour la fille me montre ses deux petits enfants à elle, deux mignonnes créatures un peu moins brunes que leur mère, et, à ma question si leur père est aussi à l'armée, fait la même réponse ingénue : « Nâo tem pai. » C'est l'habitude des femmes indiennes de sang mêlé de parler à chaque instant de leurs enfants sans père ; cela d'un ton qui ne marque ni regret ni tristesse, et, en apparence au moins, aucune conscience de la faute et de la honte : comme si le mari était absent ou mort. Voilà bien le fait le plus tristement significatif ; il dénote la plus absolue désertion du devoir. Or tant s'en faut que ce soit chose extraordinaire : le contraire serait plutôt une exception parmi la masse. Presque

---

[1]. La guerre entre le Paraguay et le Brésil éclata à l'improviste. Sans déclaration préalable, le dictateur du Paraguay, Lopes II, s'empara d'un paquebot-poste brésilien à destination de Matto-Grosso, qui faisait escale à Assomption ; il en retint les passagers prisonniers et envahit brusquement deux provinces brésiliennes sans défense. Le Brésil n'avait pas à cette époque 15 000 hommes de troupes ; encore étaient-ils disséminés sur un territoire grand comme l'Europe. La guerre était vivement réclamée par le pays, qui sentit profondément l'injure faite au pavillon national ; elle était d'autant plus populaire que le gouvernement s'était de la façon la plus formelle engagé à respecter, dans tous les cas, l'intégrité et l'indépendance du Paraguay. On eut recours, pour former une armée, aux volontaires, puis aux réquisitions ; le service militaire ne devant durer que jusqu'à la fin de la guerre. On improvisa des officiers qui reçurent, pour tout le temps des opérations, une *commission* dont les effets cesseront naturellement lors de leur rentrée dans leurs foyers. C'est chez un de ces officiers temporaires qu'est Mme Agassiz. (N. du T.)

toujours les enfants ne savent rien de leur parenté. Ils connaissent leur mère, car c'est sur elle que retombent les soins et toute la responsabilité, mais ils ignorent qui est leur père, et, vraiment, je ne crois pas qu'il vienne à l'idée de la femme qu'elle et ses enfants aient un droit quelconque sur cet homme.

Mais revenons au sitio. Sur le même terrain soigneusement tenu où est située la salle que j'ai décrite, se trouvent, plus ou moins rapprochées les unes des autres, plusieurs *casinhas*, ou petites cases couvertes en chaume et ne formant qu'une seule pièce; puis vient une maisonnette plus grande aux murs en terre et au sol nu, qui contient deux ou trois pièces et dont la façade est garnie d'une vérandah en bois. C'est l'appartement particulier de la senhora. Un peu plus bas sur la colline est la féculerie à manioc, avec tous ses appareils. Rien de mieux tenu que la cour de ce sitio, où deux ou trois négresses viennent d'être mises à l'œuvre, un balai de minces branchages à la main. Autour de ces constructions s'étend la plantation de manioc et de cacao, où quelques caféiers apparaissent çà et là. Il est difficile de juger de l'espace que recouvrent ces cultures, car elles sont irrégulières et comprennent une certaine variété de plantes — manioc, cacao, café, coton même — mélangées sans ordre; pourtant celle-ci, comme tout le reste de l'établissement, paraît plus grande et mieux soignée que celles que l'on voit d'ordinaire. Cependant, les baigneurs étant revenus, nous prenons congé, malgré de pressantes sollicitations de rester à déjeuner. Au départ, notre hôtesse indienne m'apporte un gentil panier garni d'œufs et d'*abacatys*, ou poires d'alligator[1] suivant le nom local. Nous sommes rentrés à la maison juste à temps pour le repas de dix heures, qui rassemble tout le monde, gens de plaisir et gens de travail. Les chasseurs sont revenus de la forêt chargés de toucans, de perroquets, de perruches et d'une grande variété d'autres oiseaux, et les pêcheurs ont apporté de nouveaux trésors à M. Agassiz.

29 *octobre.* — Hier, après le déjeuner, je me suis retirée dans la chambre où j'avais passé la nuit, espérant pouvoir y écrire quelques lettres et compléter mon journal. Mais déjà

---

1. Le fruit du *Persea gratissima*.

elle était occupée par la vieille senhora et ses visiteuses, qui, allongées dans les hamacs ou étendues sur le sol, fumaient leurs pipes. De fait, la maison est pleine à n'en pouvoir davantage, car tous les gens venus pour le bal resteront ici tant que la visite du Président se prolongera. Avec cette façon de vivre, il n'est pas difficile d'héberger un grand nombre de personnes. Ceux qui ne trouvent pas de place au logis vont dehors pendre leurs hamacs sous les arbres. En rentrant l'autre soir, je n'ai pas pu m'empêcher de m'arrêter pendant quelques minutes pour contempler le groupe charmant formé par une jeune mère et ses deux petits enfants endormis dans ses bras, tous trois dans le même hamac, en plein air. Mes amies les Indiennes prenaient trop d'intérêt à mes occupations pour me laisser continuer sans m'interrompre; elles étaient en extase devant mes livres. J'avais par hasard le « Naturaliste dans l'Amazône, » je leur montrai quelques paysages de leur pays et quelques dessins d'insectes; elles m'accablaient de questions sur ma patrie, mon voyage, mes excursions ici; en retour, elles m'apprirent beaucoup de choses sur leur manière de vivre. Elles me dirent que ce rassemblement de voisins et d'amis n'était pas un événement rare, car il se célèbre beaucoup de fêtes dont le caractère religieux n'empêche pas qu'elles ne soient l'occasion de réjouissances. Ces fêtes ont lieu dans chaque sitio à son tour. On porte le saint qu'on célèbre, avec tous ses ornements, les cierges, les bouquets, à la maison où doit se faire la cérémonie, et toute la population du village s'y réunit; parfois l'assemblée dure plusieurs jours: il y a procession, musique, danse le soir. Mais ces femmes disent que la forêt est bien triste maintenant: les hommes ont été recrutés pour la guerre, ou bien se sont enfuis dans les bois pour éviter de partir; on les prenait, m'ont-elles assuré, partout où on les trouvait, sans égard à l'âge et aux circonstances. Et cependant que pouvaient faire sans eux les femmes et les enfants? Si ces malheureux faisaient résistance, on les enlevait de force, souvent avec les menottes et de lourds fers aux pieds. Ces façons d'agir sont absolument illégales, mais ces villages perdus dans la forêt sont si éloignés que les recruteurs peuvent pratiquer toutes les cruautés, sans craindre d'avoir à en rendre compte; pourvu que les recrues arrivent dans de bonnes conditions, on ne leur demande rien. Les Indiennes ajoutèrent que tous les travaux des sitios, — la fabrication de la farine, la pêche, la chasse à la tortue, — étaient arrêtés par le manque de bras. Les apparences sont conformes à ces assertions, car nous avons vu bien rarement des hommes dans les villages et, presque toujours, les canots que nous avons rencontrés étaient ramés par des femmes.

Malgré tout, la vie de ces Indiennes me semble enviable quand je la compare à celle de la femme brésilienne des petites villes de l'Amazonie. L'Indienne a l'exercice salutaire et le mouvement au dehors; elle conduit sa pirogue sur le lac et le fleuve, ou parcourt les sentiers de la forêt; elle va et vient librement; elle a ses occupations de chaque jour; elle prend soin de la maison et des enfants, fait la farine ou le tapioca, sèche et roule le tabac, tandis que les hommes vont à la pêche ou à la chasse; elle a enfin ses jours de fête pour égayer sa vie de travail. Il est au contraire impossible d'imaginer rien de plus triste et de plus monotone que l'existence de la senhora brésilienne des petits centres. Dans les provinces du nord surtout, les vieilles tradition portugaises sur la claustration des femmes prévalent encore. Leurs jours s'écoulent aussi décolorés que ceux des nonnes d'un couvent et sans l'élément enthousiaste et religieux qui soutient ces dernières. Beaucoup de dames brésiliennes passent des mois et des mois sans sortir de leurs quatre murs, sans se montrer, que rarement, sur la porte ou à la fenêtre; car, à moins qu'elles n'attendent quelqu'un, elles sont toujours dans un déshabillé plus que négligé. Il est triste de voir ces existences flétries, sans contact aucun avec le monde extérieur, sans aucun des charmes de la vie domestique, sans livres, sans culture d'aucune sorte. La femme, dans cette partie de l'empire, s'engourdit dans la torpeur d'une existence entièrement vide et sans but, ou bien elle s'irrite contre ses chaînes et alors son malheur n'a d'égal que la nullité de sa vie.

Le jour de notre arrivée, l'entrée des Indiens venant apporter au Président leurs hommages et leurs présents de gibier avait interrompu notre dîner; hier il a été animé par les toasts et les discours de circonstance. Je songeais en promenant mes yeux autour de la table que jamais, sans doute, une réunion composée d'éléments aussi divers et poursuivant des objets aussi distincts ne s'était trouvée, au bord de l'Amazône, sous le toit de palmier d'une case indienne. C'est le président dont le but principal est nécessairement d'étudier les affaires de la province et que les intérêts des Indiens préoccupent beaucoup; c'est le jeune député qui a mis toute son ardeur au service de ce grand problème national du peuplement de l'Amazonie, de son ouverture au monde et de l'influence qu'aura cette résolution sur le pays; c'est l'habile ingénieur qui a passé la plus grande partie de sa carrière à explorer l'immense fleuve et ses tributaires au point de vue de la navigation ; enfin c'est l'homme de la science pure, venu pour étudier la distribution de la vie animale dans ce grand bassin, sans aucun autre objet d'utilité pratique. Les discours ont touché à tous ces intérêts divers, accueillis chaque fois avec enthousiasme et terminés par un toast, après lequel la musique se fait entendre, car le petit orchestre de la nuit dernière est revenu pour l'occasion. Les Brésiliens sont particulièrement heureux dans ces improvisations; don naturel ou pratique fréquente de l'art oratoire, ils s'expriment avec une facilité très-grande. L'habitude de porter des santés et des toasts est répandue dans tout le pays et le repas d'amis le moins cérémonieux ne finit pas sans de mutuels compliments de ce genre.

Tandis que nous prenions le café sous les arbres, ayant cédé aux Indiens nos places dans la salle à manger, le président proposa une promenade sur le lac, au coucher du soleil. L'heure et la lumière nous tentèrent également; nous partîmes sans bateliers, ces messieurs préférant ramer eux-mêmes. Nous voguâmes à travers la même jolie région moitié eau, moitié terre, où j'avais passé le matin, flottant entre les grandes touffes d'herbes vertes d'où s'échappent les gros arbres de la forêt, et les troncs morts qui, debout sur la rive, semblent de vieilles ruines enfumées. Nous n'allâmes ni bien loin, ni bien vite; les rameurs novices trouvaient la soirée chaude et voulaient bien d'un jeu, mais non pas d'un travail ; ils s'arrêtaient tantôt pour ajuster un héron blanc, tantôt pour tirer un vol de ciganas ou de perroquets ; mais il se brûla beaucoup de poudre sans le moindre résultat. Nous revînmes; et, comme le canot achevait doucement de virer, j'eus en face de moi le plus joli tableau que j'aie jamais contemplé. Les Indiennes ayant fini de dîner avaient pris la petite embarcation à deux mâts tout enguirlandée de banderoles, qu'on avait préparée pour la réception du président, et venaient à notre rencontre ; les musiciens étaient à bord et avec eux deux ou trois hommes, mais les femmes, au nombre de douze ou quinze, n'avaient pas voulu de leurs services et, en vraies amazones, avaient pris en main rames et gouvernail. Elles ramaient de tout cœur, et, quand le canot s'approcha avec les musiciens jouant et les flammes flottantes au vent, le lac empourpré, tout enveloppé des rayons du soleil couchant, uni comme une glace, refléta nettement cette scène pittoresque. Chacune de ces figures bronzées, chaque ondulation des banderoles rouges et bleues, chaque pli jaune ou vert du pavillon national à la poupe se détachait distinct et tranché au-dessous comme au-dessus de la surface de l'eau ; la féerique embarcation, car en vérité ce n'était pas autre chose, glissait entre l'éclat du soleil et l'éclat du lac profond et semblait emprunter ses couleurs à l'un et à l'autre. Elle approchait rapidement ; bientôt elle fut tout près et alors éclatèrent les vivats joyeux auxquels nous répondîmes gaiement. Puis les deux bateaux se placèrent bord à bord et redescendirent ensemble, la guitare passant de l'un à l'autre, les chansons brésiliennes alternant avec les chants des Indiens. Non, l'on ne peut rien imaginer de plus fortement marqué de l'empreinte nationale, de plus fortement imprégné de la couleur des tropiques, de plus caractéristique enfin, que cette scène du lac ! Quand nous arrivâmes au débarcadère, les nuages aux tons roses et dorés n'étaient plus qu'une masse de vapeurs blanches ou d'un gris cendré ; les derniers rayons du soleil s'étaient éteints et la lune brillait en son plein.

En montant la pente légère du coteau, pour regagner le sitio, quelqu'un proposa de danser sur l'herbe et les jeunes filles indiennes formèrent un quadrille. Bien que la civilisation ait mêlé ses usages aux mœurs indigènes, il y avait encore dans leurs mouvements beaucoup des allures natives et cette danse de convention perdait quelque peu de son caractère artificiel. Enfin nous rentrâmes à la maison où les danses et les chants recommencèrent, tandis que, çà et là, des groupes assis par terre riaient et causaient, hommes et femmes fumant avec le même plaisir. L'usage du tabac, presque universel parmi les femmes de la basse classe, n'est cependant pas confiné chez les gens du commun. Plus d'une *senhora* (dans cette partie du Brésil, au moins, car il faut distinguer entre les mœurs des bords de l'Amazône, celles de l'intérieur des terres et les usages des villes du littoral) aime à fumer sa pipe en se balançant dans son hamac pendant les heures chaudes de la journée.

30 *octobre*. — Hier, notre bande s'est dispersée. Les Indiennes sont venues prendre congé, après le déjeuner, et sont parties chacune vers sa maison, dans toutes les directions. Elles disparaissaient par petits groupes dans les sentiers des bois, les bébés, dont il y avait un grand nombre, à califourchon comme toujours sur les hanches de leur mère, les autres enfants traînant à la suite. M. Agassiz a passé la matinée à emballer et à arranger les poissons; il en a réuni dans ces deux jours plus de soixante-dix espèces nouvelles[1]. Ses études ont excité au plus haut point la curiosité des bonnes gens du sitio; il y avait toujours un ou deux individus penchés sur son travail ou sur les dessins de M. Burkhardt. Ils semblaient trouver tout à fait extraordinaire qu'il pût venir à l'idée de quelqu'un de faire le portrait d'un poisson. Il est remarquable à quel degré ces enfants de la forêt sont familiers avec les objets naturels qui les entourent, plantes, oiseaux, insectes, poissons, etc. Ils demandaient très-souvent à voir les dessins et, en feuilletant une pile de plusieurs centaines d'esquisses coloriées, il était rare qu'ils méconnussent un seul animal; les enfants eux-mêmes disaient de suite le nom, ajoutant parfois : « *é filho d'este*, c'est le petit de celui-ci, » distinguant ainsi très-bien le jeune de l'adulte et indiquant la parenté.

Nous dînâmes un peu plus tôt que les jours précédents, et le

---

[1]. Je dus à la bonté du président beaucoup de spécimens précieux; un grand nombre des oiseaux et des poissons apportés en présent par les Indiens vinrent s'ajouter à mes collections. Mes jeunes amis Dexter et James accrurent aussi mes richesses; ils passaient une partie de la journée dans les bois, et m'aidaient ensuite à préparer et à conserver les spécimens. Nous fîmes entre autres un curieux squelette, celui d'un gros Doras noir remarquable par une rangée de fortes écailles, toutes garnies en arrière d'un éperon aigu. C'est l'espèce que j'ai décrite dans le grand ouvrage de Spix et Martins sous le nom de *Doras Humboldti*. Les vertèbres antérieures forment de chaque côté de l'épine un renflement osseux de texture spongieuse, qui ressemble à un tympan. (L. A.)

plat principal qui figura sur la table était un salmis de perroquets et de toucans. A cinq heures, nous quittâmes le sitio dans trois canots et les musiciens nous accompagnèrent dans la plus petite des embarcations; nos amis les Indiens ne se séparèrent de nous qu'au bord de l'eau avec de bruyants adieux en agitant leurs chapeaux et poussant de joyeux hourras. Le retour, à la rame, sur le lac et l'igarapé fut délicieux; le soleil était couché depuis longtemps quand nous sortîmes du petit canal, et le Rio Negro, largement ouvert sur l'Amazône, paraissait une mer d'argent. Le canot des musiciens s'était placé bord à bord avec le nôtre : nous revînmes donc au son des *modinhas*, chansons du pays qui semblent spécialement faites pour l'accompagnement de guitare et ont un cachet particulier; ce sont de petites strophes gracieuses, lyriques, sur un rhythme mélancolique et dont le chant est toujours un peu triste, même quand les paroles en sont gaies. Peu à peu nous tombâmes tous dans une sorte de rêverie confuse, et un silence près que absolu régna jusqu'à la fin du voyage. Mais comme nous approchions de la plage où nous devions débarquer, les sons d'un orchestre de cuivres éclatèrent tout à coup, couvrant les violes plaintives, et nous vîmes s'avancer vers nous une grande pirogue remplie de jeunes garçons. C'étaient les orphelins de l'école indienne que nous avions visitée lors de notre précédent passage à Manaós. Leur bateau faisait un effet charmant sous les rayons de la lune; il semblait qu'il dût couler sous le poids de toutes ces ombres, uniformément vêtues de blanc, qui s'étaient levées à notre approche. La petite troupe de musiciens va chaque dimanche ou jour de fête jouer sous les fenêtres du président, et elle retournait à l'école, car il était près de dix heures ; mais sur un signe, elle rebroussa chemin et nous accompagna en jouant de gais morceaux jusqu'au rivage. Et ainsi notre partie de campagne finit au clair de lune et au son des fanfares.

IX

MANAÓS ET SES ENVIRONS.

Atelier de photographie. — Portraits d'Indiens. — Visite à la Grande-Cascade. — Formation géologique. — Bains. — Plantes parasites. — Retour par l'igarapé. — Grand bal. — Rigueur du recrutement, ses effets. — Expéditions partielles. — Scènes de la vie indienne. — Fête champêtre à la « Casa dos Educandos. » — La prison de Manaós. — Régime des prisons dans l'Amazonie. — Extraits des rapports du président à ce sujet. — La prison de Teffé. — Caractère général des institutions brésiliennes. — La fête de l'Empereur. — Illuminations et réjouissances publiques. — Retour de nos collectionneurs. — Observations sur les races. — Départ pour Mauhés.

Samedi 4 novembre. — *Manaós.* — La semaine s'est écoulée sans événement; l'alcool est épuisé et il faut renoncer pour quelque temps à de nouvelles expéditions. En attendant que le prochain paquebot venant de Pará nous apporte un nouvel approvisionnement, l'étude des mélanges très-variés qui se font entre les deux races, Indiens et nègres, et celle des croisements si fréquents en ce pays sont devenues l'occupation dominante. Notre ancien campement pittoresque à la Trésorerie, abandonné pour un appartement plus confortable chez M. Honorio, sert aujourd'hui d'atelier photographique. C'est là que M. Agassiz passe la moitié de la journée en compagnie de M. Hunnewell, qui, ayant consacré tout le temps de son séjour à Rio à l'apprentissage des procédés de la photographie, est devenu d'une certaine habileté dans l'art de la *ressemblance garantie*. Mais le grand obstacle, ce sont les préjugés populaires. Chez les Indiens et les nègres règne cette superstition, qu'un portrait absorbe en lui quelque chose de la vitalité de l'individu représenté et qu'on est en grand danger de mort prochaine lorsqu'on s'est laissé peindre. Cette idée est si profondément enracinée que ce n'a pas été chose facile de surmonter les répugnances. Cependant, à la fin, le désir de se voir en image

Femme mammaluca.

prend peu à peu le dessus; l'exemple de quelques courageux a enhardi les timides et les modèles sont beaucoup plus faciles à trouver qu'ils ne l'étaient d'abord.

Hier, la monotonie de notre vie habituelle a été interrompue par une promenade à la Grande-Cascade. Nous sommes allés y passer la journée entière avec quelques amis. Éveillés avant l'aube, nous étions en route à six heures du matin, suivis de domestiques qui portaient de grands paniers chargés de provisions. Cette promenade matinale, dans le bois encore couvert de rosée, a été charmante; avant que la chaleur du jour se fît sentir, nous sommes arrivés à la petite maison bâtie près de la cascade, au milieu d'une clairière, sur un coteau au pied duquel coule la rivière, qui tombe du haut d'une mince plate-forme rocheuse. La chute est d'une dizaine de pieds. Par son mode de formation, cette cascade est un Niagara en miniature; les couches inférieures de la roche, plus molles que les supérieures, ont été usées par les eaux et il ne reste plus qu'une dalle mince de pierre dure en travers du courant. Privée de son support, cette dalle finira par se rompre, comme a fait la *Table-Rock* du Niagara; la cascade reculera alors d'autant et recommencera le même travail un peu plus haut. Elle a déjà sans doute été reportée en amont, à une certaine distance, par ce même procédé; le terrain inférieur n'est que de l'argile, tandis que la couche supérieure qui sans cesse rétrograde est le grès rouge, ou, en d'autres termes, le drift remanié par les eaux. Après sa chute, l'eau s'engage en grondant dans un étroit passage encombré de gros blocs, de troncs renversés, de souches mortes qui la brisent en rapides. Un peu plus loin se trouve un bassin profond et large, à fond de sable, recouvert par les arbres d'une voûte de feuillage si épaisse et si sombre que les rayons mêmes du soleil de midi n'y pénètrent pas. C'est là que sont les bains, des bains délicieux, nous en fîmes l'expérience. L'ombre est si dense et le courant si rapide que l'eau acquiert une fraîcheur excessive, chose ici tout à fait extraordinaire, et semble absolument froide à ceux qui viennent d'être exposés à l'ardeur du soleil. A côté de ce bassin, je remarquai une grosse plante parasite en fleurs. Depuis que nous sommes dans l'Amazonie, l'époque de la floraison est passée pour la plupart des parasites; et, si nous avons vu de très-belles collections de ces fleurs dans les jardins, nous n'en avons pas encore rencontré dans les bois. Celle-ci est logée fort haut dans le creux d'un grand arbre qui se penche au-dessus de la rivière; c'est une touffe de feuilles d'un vert foncé, avec de grosses fleurs nuancées de violet et de jaune paille; elle est complétement hors d'atteinte, et vraiment ce petit jardin suspendu fait un si charmant effet que c'eût été dommage de le détruire.

Après le déjeuner, quelques-uns de nos compagnons et M. Agassiz furent obligés de retourner à la ville, pour affaires. Ils revinrent le soir et, au lieu de faire le chemin à pied, prirent un canot pour remonter l'igarapé. Nous n'avions pas osé le faire le matin : le lit rocailleux du petit canal était à peine couvert par l'eau, nous avait-on dit, et il serait impossible de le parcourir sur toute sa longueur. En dépit de l'assertion, ces messieurs sont parfaitement revenus, enchantés de la beauté du pittoresque ruisseau. Après avoir dîné gaiement et pris le café en plein air, nous sommes retournés à la ville à la tombée de la nuit par des chemins différents. Curieuse de voir le cours inférieur de l'igarapé que M. Agassiz avait trouvé si joli, et assurée qu'il n'y avait point de danger à craindre, je pris place avec M. Honorio dans le canot, et, comme il était prudent de ne pas le charger trop, le reste de la compagnie repartit à pied par la route que nous avions suivie pour venir. Quand je descendis les grossiers degrés qui menaient au bord de l'eau, dans ce même bassin où nous nous étions baignés le matin, j'eus un moment d'émotion et l'entreprise me parut tant soit peu périlleuse. Si l'ombre épaisse rendait ce réservoir obscur en plein midi, les ténèbres y étaient complètes à l'heure du crépuscule, et le bruyant petit ruisseau, se heurtant avec fracas aux pierres et aux troncs morts, semblait être en furie. On m'accompagna jusqu'à l'embarcation, et, quand nous disparûmes sous l'impénétrable obscurité de la voûte de verdure, un mauvais plaisant nous cria :

« Lasciate ogni speranza, voi che 'ntrate ! »

Il y avait cependant tout juste assez de danger pour en rire, aucun accident sérieux n'était à redouter. Je goûtai sans mélange le plaisir de descendre doucement l'étroit canal clos au-dessus de nos têtes par l'entrelacement des branches ; les mariniers, dans l'eau jusqu'à mi-jambe, poussant le batelet et le guidant à travers les blocs de pierre ou les arbres renversés. Nous regagnâmes la maison sans autre événement avec

assez d'avance pour souhaiter la bienvenue à ceux de nos compagnons qui étaient retournés à pied.

8 *novembre*. — Une agitation inaccoutumée régnait depuis quelques jours à Manaós. Il s'agissait d'organiser un grand bal en l'honneur de M. Tavares-Bastos. Où le bal aurait-il lieu? quel jour? à quelle heure? et, parmi les dames, que mettrait-on, quelle toilette aurait Mme X...? telles étaient les causes de l'émotion. Ces questions délicates ont été à la fin tranchées et il a été résolu que la *fonction* aurait lieu le 5 du mois « au Palais. » Le « Palais, » c'est le nom invariablement donné à la résidence du Président, ne consistât-elle qu'en une petite maison, bien modeste pour porter ce titre pompeux. La nuit du 5 ne fut pas favorable autant qu'on l'aurait désiré; il faisait fort sombre, et, comme le luxe des voitures est absolument inconnu, les groupes se pressaient par les rues à l'heure indiquée, éclairés par des lanternes portées à la main. Çà et là, sur son chemin, on voyait, à quelque coin de rue, surgir de l'ombre une toilette de bal sautillant avec précaution au-dessus des flaques de boue. Néanmoins, quand l'assemblée fut complète, je m'aperçus qu'aucune des robes n'avait souffert sérieusement du voyage. La variété des toilettes était grande; la soie et le satin frôlaient la laine et la mousseline, et les figures offraient toutes les nuances du noir au blanc, sans compter les teintes cuivrées de l'Indien et du métis. Il n'y a ici, en effet, aucun préjugé de couleur. Une femme noire — toujours en supposant qu'elle est libre — est traitée avec autant de considération et obtient autant d'attention qu'une blanche. Il est cependant rare de rencontrer dans la société une personne qui soit absolument de pure race nègre, mais on y voit nombre de mulâtres et de *mammalucos*, comme on appelle les métis indo-nègres. En général il règne toujours une certaine gêne dans la société brésilienne, même dans les grandes villes; à plus forte raison dans les petites où, pour se garder de toute erreur, on exagère encore le rigorisme des conventions sociales. En effet, les Brésiliens, si hospitaliers et si bons, sont gens très-formalistes, infatués de l'étiquette et des cérémonies. A leur arrivée, les dames s'assirent en rang sur les banquettes placées le long des murs de la salle de danse; de temps en temps, un cavalier poussait courageusement jus-

qu'à cette formidable ligne de charmes féminins et disait quelques mots, mais ce ne fut que fort tard, et après que les danses eurent à la fin rompu l'assemblée en groupes mêlés, que la scène commença à devenir réellement gaie.

Par intervalles, les plateaux circulaient, chargés de « doces » (gâteaux et sucreries) et de tasses de thé, et vers minuit un souper fut servi; les dames prirent place à table, ayant, debout derrière elles, leurs cavaliers. Bientôt les toasts et les santés commencèrent, portés et reçus avec enthousiasme. Puis le bal reprit et les danses étaient fort animées, quand le paquebot de Pará, entrant dans le port, se couvrit de lumières et fit éclater des girandoles de fusées en signal d'heureuses nouvelles de la guerre. La satisfaction fut au comble; aux quadrilles interrompus succédèrent de bruyants éclats de joie. La plupart des assistants passèrent la nuit sans dormir et se rendirent en foule à bord du bateau à vapeur pour y avoir des journaux; nous ne tardâmes pas à apprendre qu'une victoire décisive avait été remportée sur les Paraguéens, à Uruguayana, où l'Empereur commandait en personne[1]. Il s'y est fait, dit-on, sept mille prisonniers[2].

Le lendemain, un nouveau bal fut donné pour célébrer la victoire, si bien que Manaós, dont les habitants se plaignent de mener une vie fort triste, eut cette semaine-là un tourbillon de gaieté tout à fait extraordinaire.

9 *novembre*. — La rigueur du recrutement dont on nous a fait de si grandes plaintes au lac Hyanuary commence à porter ses fruits; le mécontentement est général. Quelques recrues se sont échappées, mardi et mercredi, avant que le paquebot qui devait les transporter à Pará eût pris le large. Le tumulte était si grand parmi le contingent qu'on en a mis tous les hommes sous clef. L'impression générale dans l'Amazonie paraît être que la

---

1. L'Empereur assistait à la prise d'Uruguayana, mais il n'y commandait pas. La Constitution brésilienne ne permet pas au souverain de commander les armées. (N. du T.)

2. On a répandu le bruit en Europe que ces prisonniers avaient été réduits en esclavage ou contraints de servir contre leur pays. La vérité est que tous ceux qui le voulurent furent transportés dans les provinces septentrionales de l'empire, où ils furent casernés et reçurent une solde spéciale. J'ai eu moi-même l'occasion d'en voir plusieurs centaines à la Fortaleza da Praia Vermelha, où j'accompagnais M. Agassiz qui désirait étudier le type des Guaranis. (N. du T.)

province a été appelée à supporter plus que sa part du lourd fardeau de la guerre. Les Indiens sans défense, disséminés dans les établissements isolés, ont été spécialement victimes de ce manque d'équité. Comme il n'y a pas ici d'autre force armée, on a mis en réquisition une partie de l'équipage de l'*Ibicuhy* pour escorter jusqu'à Pará le contingent indiscipliné. Un peu par suite de cet événement, nous avons résolu de prolonger notre séjour à Manaós jusqu'à la fin du mois. C'est un délai que M. Agassiz ne regrette pas ; cela lui permettra de continuer ses études comparatives des races, que les circonstances favorisent d'une manière inattendue. Entre temps, le Président a fourni les hommes et les canots nécessaires à trois expéditions partielles qui partiront cette semaine pour trois localités différentes. MM. Talisman et Dexter iront au Rio Negro et au Rio Branco et seront absents six semaines ; MM. Thayer et Bourget passeront dix jours au lac Cudajás, et M. James se rendra, pour un même laps de temps, à Manacapurú. Nous sommes on ne peut plus touchés de la générosité de ces procédés ; car nous savons combien l'administration a besoin d'hommes et à quel point toutes ses ressources lui sont nécessaires dans la crise actuelle.

18 *novembre*. — Il est impossible de se promener hors de la ville, dans quelque direction que ce soit, sans avoir à observer quelque trait caractéristique des habitants de la contrée et de leurs mœurs. Ce matin, vers sept heures, je faisais, dans le bois voisin de notre habitation, ma promenade accoutumée, aux bords d'un igarapé, théâtre habituel de presque toutes les scènes de la vie extérieure. Là se rencontrent les pêcheurs, les lavandières, les baigneurs, les coureurs de tortues. Comme je revenais le long du petit sentier qui côtoie le ruisseau, deux jeunes Indiens nus, montés sur un tronc d'arbre qui surplombait horizontalement la rivière, faisaient la chasse aux poissons avec l'arc et les flèches ; debout, immobiles comme des statues de bronze, l'œil aux aguets, dans une attitude pleine à la fois de grâce et de force, l'arc tendu et prêt à faire voler la flèche dès que la proie paraîtrait. Ces gens sont d'une adresse merveilleuse à cet exercice, et ils ne sont pas moins habiles à souffler dans le long tube des sarbacanes le court et léger bout de roseau qui va frapper l'oiseau sur l'arbre. C'est l'arme la meilleure dans ces forêts épaisses ; l'explosion d'un coup de

feu effraye le gibier qui s'éloigne, et, après qu'il a deux ou trois fois déchargé son fusil, le chasseur trouve les bois entièrement déserts. L'Indien, lui, se glisse à pas furtifs jusqu'à l'endroit favorable et, d'un souffle silencieux, darde sa flèche avec tant

Jeune fille mammaluck.

de précision que le singe ou l'oiseau tombe à terre sans que les animaux voisins perçoivent la cause de leur disparition. Tandis que j'examinais ces jeunes garçons, une pirogue pagayée par des femmes remonta le courant, chargée de fruits et de légumes sur lesquels étaient juchées deux perruches d'un vert éclatant. Deux de ces femmes étaient d'horribles vieilles aux formes flétries et fanées, comme sont les gens de cette race au déclin de la vie; mais la troisième était la plus élégante Indienne que j'aie vue, et, sans doute, elle avait quelques gouttes de sang blanc dans les veines, car son teint était plus délicat et ses traits plus réguliers qu'ils ne le sont d'ordinaire chez les indigènes. Ces femmes venaient du sitio, comme je l'appris bientôt; le bateau amarré, la jeune fille commença à le décharger, allant et venant, la jupe relevée autour des hanches, la lourde corbeille sur la tête : sa chevelure était ornée de fleurs, comme c'est l'habitude parmi les Indiennes; quelque léger que soit leur costume, elles ne négligent jamais cette parure.

20 *novembre*. — M. le Dr Épaminondas, président de la province, dont les aimables attentions nous ont rendu doublement agréable le séjour de Manaós, a mis le comble à ses politesses en donnant une charmante fête en l'honneur de M. Agassiz. L'école des jeunes Indiens que j'ai déjà décrite a été choisie pour en être le théâtre; aucun édifice ne pouvait mieux que celui-là se prêter à semblable fin; les salles en sont aérées et spacieuses et la situation elle-même est admirable. L'invitation a été faite au nom de la province[1]. Le temps nous a favorisés.

---

[1]. On ne se méprendra pas sur le sentiment qui me porte à ajouter ici la traduction des lettres d'invitation distribuées dans cette circonstance. La forme gracieuse donnée à une pensée si aimable, la façon dont le Président efface sa propre personnalité sous le nom de la province dont il est le premier magistrat, peignent trop bien ce mélange de courtoisie et d'effacement de soi-même qui caractérisent les manières de M. Épaminondas, pour que je ne sois pas tentée d'inscrire ici cette circulaire, en dépit de ce qu'elle a de personnel. Malheureusement, je ne puis pas toujours rendre pleine justice aux témoignages affectueux reçus par M. Agassiz durant son voyage, ou à l'intérêt manifesté pour ses travaux, sans introduire dans mon récit des particularités que peut-être sans cette raison il conviendrait d'omettre. Mais c'est l'unique moyen de reconnaître nos obligations, et le lecteur de bonne foi ne manquera pas, j'en suis sûre, d'attribuer la chose à son véritable motif, la gratitude et non point l'égotisme. Voici la lettre :

« Les travaux scientifiques auxquels se livre en ce moment, dans notre province, le savant et illustre professeur Agassiz lui acquièrent des droits à la considération et à la gratitude des Amazoniens. C'est un devoir pour nous que de témoigner à notre hôte, par une démonstration publique, combien nous apprécions les mérites de sa haute intelligence. Je voudrais, pour un tel but, pouvoir disposer de ressources plus étendues, et que cette province fût en état de manifester

La pluie tombée durant la nuit avait rafraîchi l'atmosphère, et le ciel légèrement couvert, l'air frais nous fournissaient juste à souhait les conditions de température désirables, sous ce climat, pour une partie de ce genre. Quand nous arrivâmes à la plage où nous devions nous embarquer, les invités commençaient à se réunir; un grand nombre de canots étaient déjà en mouvement et les toilettes éclatantes, sous les tendelets blancs, formaient le plus gai coup d'œil. En vingt minutes les rameurs nous conduisirent à destination. La scène était charmante : le sentier qui, de la plage, conduit au corps de logis principal, était bordé d'une double rangée de palmiers coupés dans la forêt pour la circonstance et entre lesquels flottaient des drapeaux; les côtés non clos des grandes nefs extérieures servant habituellement d'ateliers, qu'on avait transformées en salles de banquet, avaient été garnis d'arcades de feuillage et de fleurs, si bien que l'espace semblait enceint par de vertes charmilles. Nous fûmes reçus aux sons de la musique et conduits au pavillon central où tous les convives s'étaient peu à peu rassemblés, au nombre d'environ deux cents. A une heure, le Président se dirigea du côté des arcades vertes et fleuries que nous n'avions encore aperçues que de loin, et nous pénétrâmes avec lui dans la salle. Rien de plus pittoresque que cette décoration; les tables étaient disposées de manière à circonscrire un grand espace vide de figure carrée; au milieu brillaient, fraternellement rapprochés, le pavillon du Brésil et celui des États-Unis, tandis qu'une quantité de flammes et de banderoles drapées sur les arceaux relevaient par leurs cou-

plus dignement la vénération et l'estime cordiale que nous portons au savant voyageur, le respect et l'admiration que nous inspirent ses recherches scientifiques. Mais l'incertitude de la durée de son séjour parmi nous m'engage à offrir dès à présent à l'éminent Américain une preuve, si mesquine soit-elle, de notre profonde estime.

« Pour remplir ce devoir dont je ne veux pas plus longtemps différer l'accomplissement, je vous invite à vous joindre à moi pour offrir à M. et Mme Agassiz, au nom de la province de l'Amazône, un modeste déjeuner champêtre à la « Casa dos Educandos » dimanche 18 du mois, à onze heures du matin. J'espère que votre présence et celle de votre famille ajouteront à la gaieté et à l'éclat de cette fête qui, si elle est bien simple par rapport aux mérites de nos hôtes, sera digne d'eux par la cordialité des sentiments qu'elle exprime.

« Palais du gouvernement, à Manaós, 13 nov. 1865.

« ANTONIO ÉPAMINONDAS DE MELLO. »

leurs vives le ton uniforme du feuillage. Le paysage, encadré par ces voûtes de verdure, formait comme autant de grands panneaux où se dessinaient la forêt sombre, la rivière miroitant, et le toit de palmier des cases indiennes situées sous les arbres de la rive opposée. Une fraîche brise agitait l'air de notre salle ouverte, soulevait les plis des drapeaux, ou bruissait gentiment dans les branches, mêlant sa musique à celle de l'orchestre réuni au dehors.

Puisque nous sommes dans l'Amazonie, à quelque seize cents kilomètres de l'embouchure du grand fleuve, il est peut-être à propos de dire un mot du déjeuner lui-même. On se forme une idée si exagérée des dangers, des privations et des difficultés d'un voyage dans cette région — (c'est du moins ce que je conclus des observations qu'on nous fit, non-seulement aux États-Unis, mais encore à Rio de Janeiro, parmi les Brésiliens, lorsque nous annonçâmes notre départ) — qu'on ne s'attendrait guère à trouver sur la table d'un banquet donné à Manaós tout le confort, j'ai presque dit tout le luxe, qui se déploie ailleurs en semblable occurrence. Il n'y avait à la vérité ni glace, chose assez peu facile à obtenir sous ce climat, ni vin de Champagne; mais ces deux exceptions étaient plus que compensées par un assemblage de fruits des tropiques que, partout ailleurs, on n'aurait pu se procurer à aucun prix : les ananas énormes, les abacatys verts et rouges, les *pitangas* couleur pourpre, les Attas (*frutas do Conde*), les *abios*, les sapotilles, les bananes des espèces le plus recherchées, ainsi qu'une grande variété de *Maracujás* (le fruit de la Passiflore)[1]. Le repas fut très-gai, les toasts nombreux, les discours animés, et, longtemps après que les dames se furent retirées, la salle retentissait encore du bruit des vivats et des santés succédant aux santés. A la fin du banquet, il se passa une petite scène

---

[1]. Il ne faut pas qu'on s'y méprenne; et pour le cas où ce récit déciderait quelqu'un à faire un voyage dans cette région, je crois devoir ajouter que, malgré la scrupuleuse exactitude de ce qui précède, il est nombre de choses essentielles au bien-être d'un voyageur qu'à aucun prix on ne saurait se procurer. Il n'y a pas, sur toute la longueur de l'Amazône, un hôtel décent; on n'y saurait voyager sans se munir de lettres de recommandation qui assurent au porteur l'hospitalité dans les maisons particulières. Mais, présenté ainsi, on peut compter en toute certitude sur un cordial accueil, tout au moins sur une assistance efficace de la part des habitants pour vous procurer un logement.

charmante et dont je fus frappée; j'ignore si elle est dans les usages, mais comme elle n'excita aucune remarque, je dois le supposer. Quand les invités revinrent à la salle de réception, musique en tête, tous les domestiques rangés sur une seule file devant la porte, le verre et la bouteille en mains, vidèrent les vins restés sur la table en portant un toast pour leur propre compte. Le maître d'hôtel se plaça sur le front de la ligne, porta d'abord la santé des personnes auxquelles était donnée la fête, puis ensuite celle du Président; de vigoureux vivats lui répondirent et les verres furent remplis. Alors un des convives s'avançant, porta à son tour, au milieu des éclats de rire, la santé du maître d'hôtel, et une rasade finale eut lieu, plus animée peut-être que toutes les autres.

La journée se termina par un bal improvisé; puis, au coucher du soleil, les canots furent rassemblés et nous retournâmes à la ville, tous, je le pense, sous l'impression que jamais fête ne s'était mieux passée. C'était vrai à coup sûr pour ceux auxquels on avait voulu en donner le plaisir, et ce ne pouvait manquer de l'être aussi pour ceux qui en avaient conçu et si bien exécuté le projet. Il pourra sembler étrange à mes lecteurs qu'on eût choisi le dimanche pour une réunion de ce genre, mais ici comme dans la plus grande partie de l'Europe continentale, même en pays protestant, le dimanche est un jour de réjouissance consacré au plaisir.

27 novembre. — J'ai fait hier soir une visite à la prison. La femme du chef de police m'avait invitée à aller voir les petits objets en bois sculpté ou en paille tressée que les prisonniers fabriquent. Je m'attendais à quelque triste et douloureux spectacle, car toutes choses sont ici trop arriérées pour que le caractère de ces établissements ne doive pas s'en ressentir; mais j'avais compté sans le climat de cette chaude région qui, sous certains rapports, règle le régime pénitencier. On ne pourrait pas, ici, séquestrer l'homme dans une cellule obscure sans compromettre non-seulement la vie de l'individu, mais encore l'état sanitaire général. La prison est donc claire et aérée, munie de hautes portes et de grandes fenêtres closes seulement par des barreaux de fer. Je dois croire, d'après un passage sur les maisons de détention de la province inséré dans un des intéressants Rapports du président Adolfo de Barros (1864), que, depuis l'année dernière, de grandes améliorations ont été introduites, au moins dans le régime de celle de Manaós. Ce magistrat écrivait : « L'état des prisons dépasse tout ce qu'on en pourrait dire de pis. Non-seulement il est exact qu'on ne trouverait pas dans toute la province une seule maison de détention remplissant les conditions exigées par la loi, mais il n'y a même pas, sauf au chef-lieu, un seul des établissements de cette catégorie que l'on puisse appeler une prison. Celle de Manaós même, loin de posséder les aménagements nécessaires, renferme un nombre disproportionné de détenus de toute classe, confondus sans la moindre distinction. Sans parler des inconvénients graves résultant de ce mélange, c'est sans nul doute par une grâce spéciale de la Providence que cet établissement n'a pas été converti en un foyer épidémique, durant les accablantes chaleurs de la plus longue partie de l'année. Dans quatre petites chambres insuffisamment éclairées et ventilées, sont rassemblés quarante prisonniers de catégories différentes, y compris les malades, sans air, sans propreté, presque sans espace pour se mouvoir dans une atmosphère confinée, humide et étouffante. Contre toutes les prescriptions de la loi et de l'humanité, ces malheureux souffrent bien au delà de la simple et salutaire rigueur du châtiment. » Ces plaintes ont certainement provoqué une grande réforme, car la triste maison ne paraît aujourd'hui manquer ni d'air ni de lumière, et les malades ont une infirmerie. Quelques-uns des détenus, en particulier ceux qui le sont pour crime politique à la suite d'une émeute dont Serpa a été récemment le théâtre, portent des fers pesants[1]; c'est le seul fait à signaler. Quant au reste, il n'y a aucun signe de cruauté ou de négligence, saisissable du moins pour l'observateur de passage. Après quelques re-

---

1. Il ne m'est pas permis de mettre en doute l'exactitude des renseignements d'après lesquels l'auteur a consigné ce fait dans son récit ; mais j'avoue que le fait lui-même m'a causé un étonnement profond, tant il est contraire à ce qu'un séjour de douze années au Brésil m'a appris des mœurs et du caractère des Brésiliens. Je doute qu'il y ait un pays où les luttes, même à main armée, des partis aient fait moins de victimes. Vainqueurs et vaincus des diverses révolutions qui ont troublé l'époque de la minorité de D. Pedro II et les années suivantes siégent côte à côte au Sénat, à la Chambre des députés, au Conseil d'État, sans qu'aucun d'eux ait eu, pour cela, besoin d'abjurer ses opinions ou de trahir son parti. (N. du T.)

marques sur la meilleure manière de réformer ces abus et sur les moyens à employer, le docteur Adolfo insiste encore sur l'état de délabrement des maisons de force, dans les autres villes de la province : « Tel est l'état de la prison à Teffé. L'édifice dans lequel elle est établie est une vieille masure en ruine qui appartient à la ville. Elle est couverte en paille et si délabrée qu'elle me fit, quand je la visitai, l'effet d'une maison abandonnée plutôt que d'un bâtiment destiné à renfermer les criminels. Il n'y avait que peu de détenus, quelques-uns déjà jugés et condamnés; je me formai une opinion favorable de tous; car, à mon avis, il fallait qu'ils eussent une confiance bien grande en leur innocence ou le scrupule de compromettre les quelques soldats préposés à leur garde ; c'est la seule manière en effet d'expliquer pourquoi ils demeuraient en captivité quand la fuite leur était si facile. Je me souviens qu'un soir, à Teffé, je vis, en me promenant, un certain nombre d'hommes le visage collé aux barreaux d'une salle obscure, dans une masure au toit de chaume. On me dit que c'était la prison, et je me fis la même question qui était venue à l'esprit du Président : pourquoi ces créatures à demi nues et à la physionomie farouche ne s'étaient-elles pas évadées depuis longtemps d'un cachot dont les barreaux et les verrous n'auraient pas arrêté un enfant ? Le rapport continue : « Une maison de détention plus décente et plus solide est de nécessité urgente et absolue dans cette localité, la plus importante sur tout le cours du Solimoens. Des seize qui existent dans la province, il n'y en a que deux, celle du chef-lieu et celle de Barcellos, qui occupent un bâtiment spécial. Partout ailleurs, les détenus sont renfermés tantôt dans quelques salles de l'édifice où se réunit l'Assemblée provinciale, ou dans des maisons particulières louées à cet effet, ou encore dans les casernes. Dans ces maisons de reclusion on a reçu l'année dernière (1863) cinq cent trente-huit prisonniers, y compris les recrues et les déserteurs. » Y compris les recrues et les déserteurs ! L'association de ces deux catégories d'hommes, comme s'ils avaient commis le même crime ! Voilà ce dont il est impossible que l'observateur même le plus superficiel ne soit pas frappé, et l'étranger en ressent une impression pénible. Le système de recrutement, ou plutôt le manque absolu de système de recrutement

entraîne aux abus les plus criants, lors des levées d'hommes.
Je crois que la loi marque un contingent, équitablement réparti sur toutes les classes dans des conditions d'âge déterminées, et établit certaines exemptions. Mais si cette loi existe, elle est certainement sans force. Les agents de recrutement, aussi mauvais que les anciens *press-gangs* (raccoleurs) de l'Angleterre, s'en vont dans la forêt et s'emparent des Indiens partout où ils les trouvent. Tous ceux qui résistent à ces procédés sommaires ou qui laissent voir quelque intention d'échapper sont mis sous clef, jusqu'au départ du paquebot par lequel on les expédie à Pará d'où ils sont dirigés sur l'armée. La seule prison encombrée que j'aie vue était celle où se trouvaient enfermées les recrues. Venue d'un pays où le soldat est honoré, où aucun homme de naissance et d'éducation n'hésite à servir dans les rangs si cela est nécessaire, il me parut étrange autant qu'attristant de voir ces hommes incarcérés comme des criminels. Certes, la province de l'Amazône a droit à une belle page dans l'histoire de la guerre actuelle, car le nombre des bataillons qu'elle a fournis est vraiment considérable relativement à sa population. Il est vrai que la plupart ayant été formés par des moyens de coercition, il est douteux que ce soit là, en définitive, une grande preuve de patriotisme. Du reste, les abus que je viens de signaler ne se produisent pas seulement dans ce pays perdu. Il n'est pas rare, même dans les provinces centrales et plus populeuses de l'empire, de rencontrer sur les routes des recrues enchaînées par le cou, deux à deux, et voyageant sous escorte comme des bandits[1]. La première fois que nous rencontrâmes un de ces tristes convois sur la route de Juiz de Fóra, nous supposâmes que c'étaient des déserteurs ; mais les Brésiliens dans la compagnie desquels nous nous trouvions nous appri-

---

[1]. La plus grande partie de ce paragraphe et des suivants touchant les abus sociaux, la tyrannie de la police locale, le régime des prisons, etc., est la reproduction, bien que non textuelle, de ce que j'ai recueilli dans les conversations de M. Agassiz et dans ses discussions avec ses amis brésiliens. La manière dont ce livre, résultat de l'expérience de deux personnes, a été fait ne permet pas toujours de marquer la limite exacte de ce qui appartient à l'un ou à l'autre ; cette distinction n'est même pas très-nette dans l'esprit des auteurs. Mais comme des critiques du genre de celles-ci seraient de peu de poids, si elles n'émanaient d'une personne ayant eu plus que moi l'occasion d'observer, je m'empresse de les rapporter, chaque fois que je le puis, à leur véritable source.

rent que c'étaient des recrues, saisies sans formalité aucune et sans possibilité de résistance de leur part. Les mêmes personnes nous assurèrent que rien n'était plus illégal et que, avant d'entrer en ville, on enlèverait les chaînes aux prisonniers, sans qu'il en fût autrement question. L'un de ces Brésiliens me raconta même que, à sa connaissance, un particulier avait satisfait sa haine contre un autre individu, en le signalant au recruteur, lequel s'empressa d'inscrire sur les contrôles ce malheureux père de famille, seul soutien de plusieurs personnes. Mon interlocuteur ne semblait pas imaginer qu'il pût y avoir un remède à une tyrannie semblable.

L'hospitalité que nous avons reçue au Brésil, la sympathie témoignée à M. Agassiz dans ses entreprises scientifiques, les amitiés nombreuses que nous avons contractées dans ce pays, et, par-dessus tout, nos sentiments de gratitude et d'affection m'imposent une certaine gêne quand je parle des mœurs et des coutumes des Brésiliens, tant j'ai peur qu'on ne croie à des allusions personnelles. D'autre part, un séjour de quelques mois au milieu d'un peuple est-il suffisant pour en bien pénétrer le caractère? Il y a cependant, dans les institutions sociales et politiques des Brésiliens, certains détails qui ne peuvent faire sur l'étranger qu'une impression défavorable. C'est ce qui explique les censures qu'on entend sans cesse dans la bouche des résidents européens ou nord-américains. La Constitution, éminemment libérale, en partie calquée sur la nôtre, fait espérer à qui vient du dehors de rencontrer au Brésil la plus entière liberté pratique. Jusqu'à un certain point cet espoir n'est pas déçu; la presse n'est pas soumise à la plus légère entrave; aucune religion n'est gênée dans l'exercice de son culte; il y a une liberté nominale absolue. Mais lorsque, de la théorie, on passe à l'application des lois, un élément nouveau s'interpose : l'arbitraire, la tyrannie mesquine et misérable de la police contre laquelle il semble qu'il n'y ait pas de recours. A bien dire, il existe un défaut d'harmonie entre les institutions et l'état réel de la nation. Pourrait-il en être autrement? Une constitution empruntée, qui n'est point, pour ainsi parler, le produit du sol, n'est-elle pas comme un vêtement de hasard qui n'a pas été fait à la taille de celui qui le porte et lui est trop large de partout. Il ne peut y avoir aucun lien organique entre une forme très-libérale de gouvernement et un peuple à la masse duquel point ou presque point d'éducation n'a été donnée, qui pratique la religion sous la direction d'un clergé corrompu, et qui, blanc ou noir, est sous l'influence de l'esclavage. La liberté ne peut pas ne résider que dans la loi : il faut qu'elle vive au cœur de la nation, que sa force s'alimente du désir qu'ont les citoyens de la posséder et de la conserver.

Une autre particularité impressionne pareillement l'étranger, c'est le caractère frêle et chétif de la population. Je l'ai déjà signalé précédemment, mais, dans les provinces du Nord, la chose frappe bien davantage que dans celles du Sud. Ce n'est pas seulement qu'on voie des enfants de toute couleur : la variété de coloration témoigne, dans toute société où règne l'esclavage, de l'amalgamation des races. Mais, au Brésil, ce mélange paraît avoir eu sur le développement physique une influence beaucoup plus défavorable qu'aux États-Unis. C'est comme si toute pureté de type avait été détruite, et il en résulte un composé vague, sans caractère et sans expression. Cette classe hybride, encore plus marquée dans l'Amazonie à cause de l'élément indien, est très-nombreuse dans les villes et dans les grandes plantations ; le fait, si honorable pour le Brésil, que le nègre a plein et entier accès à tous les priviléges du citoyen tend à en augmenter plutôt qu'à en diminuer l'importance numérique[1].

3 *décembre*. — C'était hier l'anniversaire de la naissance de l'Empereur, jour de fête solennellement observé au Brésil,

[1]. Ceux qui mettent en doute les pernicieux effets du mélange des races et sont tentés, par une fausse philanthropie, de briser toutes les barrières placées entre elles, devraient aller au Brésil. Il ne leur serait pas possible de nier la décadence résultant des croisements, qui ont lieu en ce pays plus largement que partout ailleurs. Ils y verraient que ce mélange efface les meilleures qualités, soit du blanc, soit du noir, soit de l'Indien, et produit un type métis indescriptible dont l'énergie physique et mentale s'est affaiblie. A une époque où le nouveau *statut* social du nègre est, pour nos hommes d'État, une question vitale, il serait bon de mettre à profit l'expérience d'un pays où l'esclavage existe sans doute, mais où il y a envers le noir plus de libéralisme qu'il n'y en eut jamais aux États-Unis. Que cette double leçon ne soit pas perdue ! Ouvrons au nègre tous les avantages de l'éducation ; donnons-lui toutes les chances de réussite que la culture intellectuelle et morale donne à l'homme qui sait en profiter ; mais respectons les lois de la nature et, dans nos rapports avec les noirs, maintenons, dans leur rigueur la plus grande, l'intégrité de son type natif et la pureté du nôtre. (L. A.)

et, cette année, l'enthousiasme a été plus grand encore que d'habitude. D. Pedro II revient tout récemment de l'armée et s'est rendu doublement cher à la nation par le succès qu'a valu sa présence sur le théâtre de la guerre et par son humanité envers le soldat. Nous avons eu illuminations, bouquets, musique, etc., aussi bien que nulle part au monde. Mais, comme Manaós ne regorge pas de richesses, les lampions n'étaient rien moins que nombreux et il y avait de longs espaces obscurs entre les points où brillait la lumière. Nous sommes sortis le soir, pour faire quelques visites et pour écouter la musique dans le champ qu'on décore du nom de place publique. Tous les édifices qui l'entourent étaient brillamment illuminés; on avait élevé au centre une jolie tente et l'orchestre des jeunes Indiens de la « Casa dos Educandos » jouait ses plus beaux morceaux; enfin, pour couronner la fête, on avait préparé une petite mongolfière qui s'enleva lumineuse vers le ciel. Mais toutes les fois que nous avons assisté à des réjouissances publiques nous avons été frappés — et notre observation est confirmée par les résidents étrangers — de l'absence de gaieté et de belle humeur. Il y a dans les fêtes nationales, dans tout ce qui est démonstration de joie, un je ne sais quoi de terne et de non accentué. Peut-être est-ce l'effet du climat énervant. Il semble que ni au travail ni au plaisir les Brésiliens ne puissent apporter d'ardeur; ils n'ont ni cette activité qui impose à nos compatriotes une vie fiévreuse et sans repos, mais pleine d'intérêt, ni cet amour des distractions qui possède les Européens du continent.

6 décembre. — M. Thayer est revenu aujourd'hui du lac Aleixo, rapportant une très-belle collection de poissons qu'il ne s'est pas procurée sans difficulté à cause de la hauteur des eaux; la rivière monte rapidement et les poissons se trouvent de jour en jour disséminés sur une surface plus large. Cette addition aux richesses déjà rapportées par MM. Thayer et Bourget de Cudajás, par M. James de Manacapurú et par le major Coutinho du lac d'Hyanuary, de José-Fernandez, de Curupirá, etc., etc., porte le nombre des espèces amazoniennes au delà de treize cents. M. Agassiz observe strictement le plan qu'il a formé de disperser les forces dont il dispose, de manière à déterminer les limites de la distribution des espèces à s'assurer, par exemple, si ceux de ces animaux qui habitent l'Amazône à une saison donnée ne se rencontrent pas dans les eaux du Solimoens, soit à une autre saison, soit à la même époque de l'année, ou encore si ceux qu'on trouve aux environ de Manaós ne s'étendent pas plus haut dans le Rio Negro. Pour cela, on a vu que, à Teffé, tandis que lui-même explorait cette localité, il a envoyé des expéditions en différents points, à Tabatinga, aux Rios Içá et Hyutahy; en ce moment, pendant que, avec quelques-uns de ses aides, il collectionne dans le voisinage de Manaós, MM. Dexter et Talisman parcourent le Rio Negro et le Rio Branco. Toujours pour suivre ce même plan, il a le projet, en descendant le fleuve, de laisser un détachement à Serpa, un autre à Obydos, un troisième à Santarem, tandis que lui-même se rendra à la rivière Mauhés qui unit l'Amazône au Madeira.

10 *décembre.* — Aujourd'hui sont arrivés MM. Dexter et Talisman, de retour de leur voyage en canot au Rio Branco; ils sont un peu désappointés du résultat. Ils ont trouvé les eaux de la rivière dans des conditions tout à fait anormales en cette saison et entièrement défavorables à leur dessein. Le Rio Negro était tellement grossi que les rives en avaient complétement disparu, et il était impossible de traîner le filet; dans le Rio Branco, au dire des habitants, les eaux n'ont point baissé de toute l'année. C'est un fait inouï et désastreux pour ces pauvres gens qui se voient sous le coup de la famine. Ils ne peuvent s'approvisionner de poisson, et c'est de la chair sèche et salée de cet animal que se compose presque exclusivement leur nourriture. La pêche n'a jamais lieu que lorsque les eaux sont très-basses; c'est alors qu'on peut prendre les gros poissons entraînés dans les bassins étroits et les bas-fonds. Donc la collection de nos voyageurs est petite et renferme seulement vingt-huit espèces nouvelles; mais MM. Dexter et Talisman ont rapporté en outre plusieurs singes, un très-grand alligator, de beaux oiseaux, parmi lesquels l'ará bleu, et nombre de très-beaux palmiers. Demain nous quitterons Manaós pour faire sur *l'Ibicuhy* une excursion à la petite ville de Mauhés où nous comptons passer de huit à dix jours. Bien que nous devions revenir ici et nous y arrêter un jour ou deux lorsque nous remonterons le Rio Negro, nous considérons notre séjour à

Manaós comme terminé. Les six semaines que nous venons d'y passer ont été très-profitables au point de vue scientifique. Non-seulement M. Agassiz a ajouté à ses connaissances sur les poissons, mais il a eu occasion d'accumuler une masse de faits nouveaux et intéressants sur les variétés nombreuses produites par le croisement des Indiens, des nègres et des blancs, et, à ses notes, il a pu joindre une série très-complète de photographies. Peut-être nulle part au monde ne peut-on étudier le mélange des types aussi complétement que dans l'Amazonie où les *mammalucos*, les *cafuzos*, les *mulâtres*, les *caboclos*, les *nègres* et les *blancs* ont produit par leurs alliances une confusion qu'il semble d'abord impossible de démêler. J'insère ici quelques extraits de ses notes sur ce sujet qu'il se propose de traiter un jour avec plus de détails, quand il aura le temps de mettre en œuvre les matériaux abondants qu'il a réunis.

« Les naturalistes peuvent bien différer d'opinion sur l'origine des espèces, mais il est un point sur lequel ils sont d'accord : c'est que le produit de ce qu'on appelle deux espèces différentes est un être intermédiaire qui participe à la fois des traits propres à chacun des deux parents, sans avoir avec aucun des deux une ressemblance assez étroite pour qu'on puisse se méprendre et le considérer comme le représentant fidèle soit de l'un, soit de l'autre. Je m'en tiens à ce fait, dont l'importance est extrême quand il s'agit de déterminer la valeur et la signification des différences observées entre les soi-disant races humaines. Je laisse de côté la question de l'origine probable ou même du nombre de ces races. Pour mon but actuel, il est indifférent qu'il y en ait trois, quatre, cinq ou vingt et qu'elles dérivent ou ne dérivent pas les unes des autres. Le fait qu'elles diffèrent par des traits constants et permanents suffit, à lui seul, pour justifier une comparaison entre les races humaines et les espèces animales. Nous savons que, chez les animaux, quand deux individus de sexe différent et d'espèces distinctes concourent à la production d'un nouvel être, ce mulet n'a une ressemblance exclusive ni avec le père, ni avec la mère et participe des caractères de l'un et de l'autre. Il ne me semble pas moins significatif que cela soit également vrai du produit de deux individus de sexe différent, appartenant à des races humaines distinctes. L'enfant né d'une négresse et d'un blanc n'est ni un noir ni un blanc, c'est un *mulâtre*; le fils d'une Indienne et d'un blanc n'est ni un Indien ni un blanc, c'est un *mammaluco*; l'enfant d'une négresse et d'un Indien n'est ni un nègre ni un Indien, c'est un *cafuzo*. Cafuzo, mammaluco et mulâtre participent des caractères de leurs auteurs, juste comme le mulet tient de l'âne et du cheval. Donc, pour ce qui est du produit, les races humaines sont, les unes à l'égard des autres, dans le même rapport que les espèces animales entre elles, et le mot *races*, dans la signification actuelle, devra être abandonné quand le nombre des espèces humaines sera définitivement

Mulâtresse.

déterminé et quand les caractères vrais de ces espèces auront été nettement établis. Il est démontré pour moi que, à moins de prouver que les différences existant entre la race indienne, la nègre et la blanche sont instables et passagères, on ne peut, sans se mettre en désaccord avec les faits, affirmer la communauté d'origine pour toutes les variétés de la famille humaine. De même, c'est se mettre en contradiction avec les principes de la science que de faire, entre les races humaines et les espèces animales, une distinction systématique. Dans ces formes variées de l'humanité, il y a tout autant de système qu'en n'importe quelle autre chose dans la nature. Ne pas tenir compte des combinaisons intelligentes dont ces formes sont l'expression, c'est se placer au delà du foyer auquel on peut obtenir une vision nette de l'ensemble. Par cela même qu'elles sont constantes, ces différences sont autant de limitations destinées à empêcher la fusion complète de types normaux, les uns dans les autres, et conséquemment la perte des traits primitifs de ces types. Pour reconnaître pleinement que les différences typiques n'ont entre elles aucun lien génésique et qu'elles ne convergent pas à une même souche par d'imperceptibles degrés intermédiaires, il n'y a qu'à comparer leurs mélanges. Le nègre et le blanc produisent un mulâtre; l'Indien et le blanc un mammaluco; le nègre et l'Indien un cafuzo; et ces trois sortes de métis ne forment aucun lien entre les races pures; ils sont exactement avec leurs parents dans le même rapport où sont tous les hybrides avec leurs auteurs. Le mammaluco est positivement un demi-sang entre le blanc et l'Indien; le cafuzo un demi-sang entre l'Indien et le nègre; le mulâtre un demi-sang entre le blanc et le nègre. Tous tiennent également des particularités du père et de la mère, et, quoique la fécondité soit chez eux plus grande que dans les autres familles du règne animal, il y a en eux tous une tendance constante à revenir aux types primaires; cela dans un pays où les trois races distinctes sont continuellement en promiscuité, car les hybrides se mêlent plus volontiers avec une des souches originelles que les uns avec les autres[1]. Là où les races pures existent, il est rare de rencontrer des enfants provenant de l'union du mammaluco avec la mammaluca ou du cafuzo avec la cafuza, du mulâtre avec la mulâtresse; tandis que les fils nés du rapprochement entre blanc, nègre ou Indien et mulâtre, entre blanc, nègre, Indien et mammaluco, ou entre le cafuzo et l'une des trois races pures, forment la base de ces populations hétérogènes. Le résultat d'alliances ininterrompues entre sangs-mêlés est une classe d'hommes dans lesquels le type pur s'est évanoui, et avec lui toutes les bonnes qualités physiques et morales des races primitives, laissant à sa place un peuple abâtardi aussi répulsif que ces chiens mâtinés, en

---

1. Voyez Appendice, IV.

horreur aux animaux de leur propre espèce, chez lesquels il est impossible de découvrir un seul individu ayant conservé l'intelligence, la noblesse, l'affectivité naturelle qui font du chien de type pur le compagnon et le favori de l'homme civilisé. Ce qui complique le problème des rapports existant d'une race humaine à une autre race humaine, c'est que la définition de l'espèce n'est rien moins qu'établie sur une base précise. Les naturalistes diffèrent beaucoup dans leur estimation des caractères distinctifs de l'espèce et même dans la détermination de ses limites. J'ai fait connaître ailleurs[1] mes vues sur ce sujet ; je crois que les limites des espèces sont précises et invariables, que l'espèce a pour base une catégorie de caractères tout à fait distincte de celles sur lesquelles sont fondés les autres groupes du règne animal : genres, familles, ordres, classes. Cette catégorie de caractères est fournie principalement par les rapports d'individu à individu et les relations avec le monde ambiant, par les dimensions relatives, par les proportions des parties, etc. Ce sont là des particularités non moins permanentes, non moins constantes dans les différentes espèces de la famille humaine que dans celles d'aucune autre famille du règne animal. Mes observations sur les métis, dans l'Amérique du Sud, m'ont convaincu que les variétés provenant d'alliances entre ces espèces humaines ou prétendues races diffèrent des espèces elles-mêmes juste au même titre que les animaux hybrides diffèrent des espèces génératrices. Elles conservent la même tendance à revenir à la souche originelle qui est observée dans toutes les soi-disant races ou variétés.... »

Notre petit voyage à Mauhés sera plus agréable et, sans aucun doute, les résultats en seront plus heureux, car le Dr Épaminondas, qui n'a jamais manqué de pourvoir à tout ce qui pouvait favoriser les résultats de l'expédition, prend cette occasion de visiter un district qu'en sa qualité de président de la province il lui importe de connaître. Nous aurons aussi la compagnie de notre hôte, M. Honorio, dans la famille duquel nous avons reçu un si aimable accueil durant notre séjour à

---

[1]. Voyez de *l'Espèce et de la Classification*, par L. Agassiz. Paris, chez Germer-Baillière.

Manaós, puis celle de M. Michelis, lieutenant-colonel de la garde nationale de Mauhés, qui retourne chez lui après avoir passé plusieurs semaines au chef-lieu. Le major Coutinho et M. Burkhardt sont aussi de la partie. La situation de Mauhés sur la rive méridionale de l'Amazône, à proximité à la fois de Manaós et de Serpa, rend l'excursion que nous allons faire très-importante au point de vue de l'étude de la distribution géographique des espèces, dans le grand réseau fluvial qui relie le Madeira et le Tapajóz à l'Amazône.

X

EXCURSION A MAUHÉS ET AUX ENVIRONS.

Départ de Manaós. — A bord de *l'Ibicuhy* — Navigation sur la rivière Ramos. — Aspect des rives. — Arrivée à Mauhés. — Situation de la ville. — Tupinambaranás. — Caractère de la population. — Aspect des villages mauhés. — Indiens de la Bolivie. — Le Guaraná. — Excursion à Mucajá-Tubá. — Indiens Mundurucús. — Leur village. — L'église. — Distribution des présents. — Générosité des Indiens. — Leur indifférence. — Visite à un autre établissement. — Retour à Mauhés. — Visite des Mundurucús. — Description des tatouages. — Collection. — Botó. — Superstitions indiennes. — Collection de palmiers. — Promenade dans la forêt. — Départ de Mauhés. — Indien Mundurucú et sa femme. — Mœurs et aspect. — Légende indienne. — Distinction de castes.

12 *décembre*. — Nous sommes partis de Manaós comme nous en avions fait le projet, dimanche soir, 10. Avec une exactitude militaire on a levé l'ancre à cinq heures, juste à la minute indiquée, au grand désappointement des officiers de la garde nationale qui, montés dans un canot, se hâtaient pour présenter leurs hommages au Président, à l'heure fixée pour son départ. Au Brésil, on peut en toute sécurité supposer que les choses seront toujours un peu en retard; mais cette fois-ci la ponctualité a été absolue et les officiers ont été obligés de faire leurs adieux de loin, quand nous avons passé à hauteur de leur canot que nous laissâmes rapidement derrière nous. Nous sommes partis sous d'heureux auspices; une fraîche brise, la seule bénédiction après laquelle le voyageur soupire en cette latitude, soufflait sur l'Amazône, et, quand nous fûmes sortis des eaux du Rio Negro, la voie sur laquelle nous nous engageâmes resplendissait d'or sous les rayons du soleil qui s'a-

baissait à l'horizon dans un nimbe embrasé. L'officier dont nous sommes les hôtes, M. le Capitaine Faria, a eu pour nous les attentions les plus délicates. Il a fait installer à bord tous les aménagements auxquels peut se prêter un navire de guerre, dont le rôle n'est pas de recevoir des passagers, et m'a abandonné son propre appartement. Il a fait disposer sur le pont une sorte de petit pavillon, abrité par un prélart contre la pluie et le soleil, qui sera notre salle à manger. Nous pourrons ainsi prendre nos repas en plein air, au lieu de nous renfermer sous le pont dans le carré des officiers.

La matinée du jour qui a suivi notre départ s'est passée de la manière la plus intéressante. Nous nous trouvions à l'embouchure de la rivière Ramos. Les bâtiments à vapeur n'y naviguent guère et le commandant avait quelque inquiétude; rien ne lui assurait qu'il y aurait assez d'eau pour que son navire pût passer. Il fut donc nécessaire de n'avancer qu'avec précaution, en sondant à chaque tour de roue et en envoyant en avant les embarcations pour reconnaître la direction du chenal. Une fois en pleine rivière, on trouva assez d'eau pour le tirant des plus gros navires. Les rives de ce canal sont des plus belles; la forêt s'égayait de riches couleurs, et l'air était tout chargé du parfum des fleurs. Ce n'en était pas encore la saison lorsque nous arrivâmes, il y a six mois, dans l'Amazonie. Nous fûmes frappés aussi de l'abondance et de la variété des palmiers, beaucoup plus nombreux sur le cours de l'Amazône inférieur que sur celui du Solimoens. Au bord de l'eau, se voyaient, çà et là, des plantations ayant tout à fait bon air et tenues avec une propreté et un soin qui dénotent une culture plus intelligente que celles que nous avons vues ailleurs; un bétail d'aspect florissant paissait autour des sitios. Attirés par le bruit des roues de notre bâtiment, les habitants accouraient et contemplaient avec stupéfaction ce visiteur inaccoutumé; ils formaient sur la rive des groupes immobiles auxquels la surprise ne permettait pas même de répondre à nos saluts. La venue d'un bateau à vapeur dans leurs eaux aurait dû être pour eux un heureux signe, un présage du temps, peu éloigné peut-être, où de petits pyroscaphes propres à la navigation de cette rivière relieront les uns aux autres tous les établissements épars. Alors, au lieu de leurs incertains et fastidieux voyages en canot, à Serpa ou à

Rio Maubes.

Villa-Bella, ils transporteront en quelques heures leurs produits à l'une ou à l'autre de ces villes. Toutefois, il n'est guère probable que cette vision prophétique s'offrît à leurs esprits. S'ils firent quelque conjecture sur l'objet de notre venue, ce fut sans doute l'attristante supposition que notre bâtiment remplissait une mission de recrutement. S'il en fut ainsi, nous étions vraiment fort innocents; les seules recrues que nous venions saisir étaient des poissons.

Du Ramos, nous passâmes dans le Mauhés, que nous remontâmes jusqu'à la ville du même nom, et c'est là que, aujourd'hui, nous jouissons de la bonne hospitalité de M. Michelis. Si quelqu'un de mes lecteurs est aussi ignorant que je l'étais moi-même avant de faire ce voyage, un peu de géographie ne sera peut-être pas hors de propos. Comme tout le monde le sait, le Madeira, ce grand affluent de l'Amazône, débouche, presque en face de Serpa, sur la rive méridionale du fleuve immense dont tous les enfants sont des géants, excepté quand on les compare à leur royal père; mais cette embouchure n'est pas la seule voie de communication entre eux. A vingt-cinq lieues environ de ce point de rencontre, la rivière Mauhés se détache du Madeira et court parallèlement à l'Amazône, jusqu'à ce qu'elle se joigne à la rivière Ramos, dont le cours suit dès lors la même direction, pour aller se vider plus bas dans le grand lit. Le morceau de terre ainsi enfermé entre les quatre rivières — le Madeira à l'ouest, l'Amazône au nord, le Ramos et le Mauhés au sud — est indiqué sur les cartes sous le nom d'île de Tupinambaranás. C'est un réseau de rivières, de lacs et d'îles, un de ces labyrinthes aqueux comme nous en avons déjà vu plusieurs, qui formerait à lui seul un vaste système fluvial dans une autre région, mais qui est tout à fait perdu dans ce monde des eaux dont il n'est qu'une partie minime. A bien dire, l'immensité de l'Amazône apparaît moins quand on suit le grand fleuve que lorsqu'on voyage sur les petits tributaires; c'est à peine si ces cours d'eau secondaires figurent sur les cartes, et dès qu'on y pénètre, on s'aperçoit que ce sont de larges rivières.

La région du Mauhés est comparativement peu connue, parce qu'elle se trouve en dehors de l'itinéraire des bateaux à vapeur. Mais, grâce aux efforts d'un des habitants les plus distingués, M. Michelis, qui y réside depuis vingt-cinq ans et qui, par son énergie, son intelligence, l'honorabilité de son caractère, a contribué à relever le niveau moral du district tout entier, c'est une des subdivisions de la province le plus prospères. Il est triste de voir l'apathie qui règne dans les autres districts, quand les résultats que nous avons sous les yeux témoignent des progrès qu'une seule personne peut faire faire à la population. L'exemple de M. Michelis et les heureux résultats qu'il a obtenus devraient être un encouragement pour tous les hommes intelligents des établissements amazoniens. Le petit village de Mauhés est situé sur une sorte de terrasse devant laquelle, en cette saison où le niveau des eaux est très-inférieur à la plus haute limite de la crue annuelle, s'étend une large plage blanche. Au moment de notre arrivée cette plage paraissait plus jolie encore, animée qu'elle était par la présence d'une nombreuse troupe d'Indiens de Bolivie, campés sur le sable, autour de grands feux. Nous contemplâmes ces gens avec une sorte d'étonnement lorsque nous sûmes quel périlleux voyage ils font et refont sans cesse dans leurs canots pesamment chargés. Maintes et maintes fois il leur faut, à la descente, décharger leurs embarcations pour franchir les cataractes du Madeira; et, au retour, ils sont obligés de les traîner lentement derrière eux. N'est-il pas étrange, quand cette rivière est la grande route commerciale de la Bolivie, de Matto-Grosso et, par Matto-Grosso, du Paraguay à l'Amazône, que l'idée suggérée par le major Coutinho dans l'intéressant compte rendu de son exploration du Madeira n'ait pas été mise à exécution[1]! Suivant lui, une route tracée le long de la rivière, sur une longueur d'environ quarante lieues,

---

1. Tant s'en faut que cette idée ait été abandonnée par le gouvernement brésilien. Des ingénieurs allemands, MM. Keller, sont en ce moment occupés à tracer cette route. Le Brésil, qui vient de soutenir une longue et pénible guerre contre le Paraguay, dans le but unique d'assurer les communications de la province de Matto-Grosso avec le reste de l'empire par la voie de la Plata, ne pouvait pas négliger un moyen relativement facile de mettre cette province en communication avec l'Amazône. Si l'armée brésilienne avait pu avoir accès dans la province de Matto-Grosso par le nord, Lopes ne se serait sans doute point aventuré à déclarer la guerre; dans tous les cas les opérations eussent été singulièrement simplifiées et le Brésil aurait pu se passer d'alliances plus gênantes qu'utiles. (N. du T.)

ferait disparaître tous les obstacles et tous les dangers de ce difficile trajet.

Mauhés n'est pas un amas de maisons ; ce n'est qu'une rangée de cases s'étendant le long d'une large rue où l'herbe pousse à loisir, d'une extrémité à l'autre de la terrasse qui domine la rive. Au bout de cette rue, et isolée sur un terrain vague, s'élève l'église, petite construction d'aspect décent, devant laquelle on a dressé une croix de bois. La plupart des cases sont basses et couvertes en paille; mais, çà et là, on trouve une maison solide, au toit de tuiles, comme l'habitation de M. Michelis, dépassant le niveau des chaumières voisines. Malgré l'humble apparence de ce petit village, tous ceux qui en connaissent l'histoire en parlent comme d'un des établissements amazoniens qui ont le plus d'avenir et aussi comme une des localités où le niveau moral est le plus élevé. La principale denrée qu'on y produise est le *guaraná*. Le guaraná est un arbrisseau ou plutôt une plante grimpante, car on en fait des treilles semblables à celles de notre mûrier grimpant, qui atteint la hauteur d'environ deux mètres et demi quand elle est en plein développement, et donne une fève de la grosseur de celle du café. La même enveloppe contient toujours deux de ces graines. Pour faire usage des fèves on les torréfie et on les pile dans une petite quantité d'eau jusqu'à ce que, à force d'avoir été triturées, elles se trouvent réduites en une sorte de pâte ferme qui a la couleur du chocolat et une dureté plus grande. Une fois la pâte sèche, on la râpe, en se servant pour cela de la langue rugueuse du Pirarucú; puis la poudre mêlée à du sucre est jetée dans un verre d'eau et l'on obtient ainsi une boisson rafraîchissante très-agréable, douée, assure-t-on, de propriétés médicinales et administrée avec d'excellents résultats dans tous les cas de dyssenterie. Dans certaines parties du Brésil et de la Bolivie, on en fait une très-grande consommation; et nul doute que l'usage ne s'en répande quand la valeur en sera plus généralement connue. Les Indiens donnent carrière à leur fantaisie dans la préparation de cette drogue et moulent la pâte en forme de cavalier, de cheval, de serpent, etc.

Ce matin, mon attention a été attirée par un grand bruit de voix dans la rue, et me mettant à la fenêtre, j'ai aperçu, devant la porte de la maison où le Président est logé, une grande foule d'Indiens de Bolivie. Ils avaient apporté, pour les vendre, quelques manteaux, et je ne tardai pas à voir apparaître en costume bolivien la plupart de nos compagnons de voyage. Ce costume est invariablement le même : une longue tunique, faite de deux morceaux cousus aux épaules et pendant, l'un par devant, l'autre par derrière, avec une ouverture pour passer la tête; une ceinture pour fixer ces deux pièces à la taille; un grossier chapeau de paille à larges bords. C'est tout l'habillement de ces gens. Le vêtement de travail est généralement fabriqué avec des fils d'écorce; mais pour le manteau de gala, celui des jours de fête, on emploie un tissu de coton à côtes, de fabrication indigène, fin et moelleux en même temps que serré et fort; il peut être plus ou moins orné, mais il a toujours la même forme. Les Indiens boliviens paraissent être plus travailleurs que ceux du Brésil, ou bien ils sont tenus sous une discipline plus rigoureuse.

14 *décembre*. — A l'établissement de Mucajá-Tuba. — *Mucajá* est le nom d'une espèce de palmier très-abondante ici, et *tuba* signifie lieu. Nous sommes donc dans un bois de palmiers *acrocomias*. C'est hier que nous avons quitté Mauhés pour faire cette petite excursion. Nous devions partir au point du jour; mais à l'heure fixée la pluie s'est mise à tomber comme elle fait sous ces latitudes, à torrents, avec de violents éclats de tonnerre et des éclairs éblouissants. Nous avons dû attendre, et cela s'est trouvé pour le mieux; car, vers onze heures, l'orage a cessé, mais le ciel est resté voilé pendant tout le reste du jour. En remontant le Mauhés, nous avons passé devant les embouchures d'une infinité de rivières et de lacs innommés, larges nappes d'eau parfaitement inconnues, si ce n'est des gens du voisinage immédiat. A la nuit, nous arrivâmes à destination et, vers huit heures, on jetait l'ancre devant le petit village. En approchant, nous vîmes une ou deux lumières errer sur la rive; nous nous demandâmes de nouveau ce que devaient penser les habitants au bruit et à la vue du monstre dont, pour la première fois, la vapeur sifflait sur ces eaux. Ce matin, un canot a été rempli des présents de toute sorte que le Président apporte aux Indiens, et nous sommes allés à terre. Notre débarquement s'est effectué sur une vaste

plage et nous nous sommes dirigés de suite vers l'habitation du chef, un vieillard à l'air respectable qui se tenait debout sur le seuil de sa porte pour nous recevoir. C'est une ancienne connaissance du major Coutinho, qu'il accompagna jadis dans son exploration du Rio Madeira. Les habitants de ce village sont des Mundurucús et forment une des tribus les plus intelligentes et les plus bienveillantes de l'Amazonie. Ils sont sans doute déjà trop civilisés pour qu'on puisse les regarder comme offrant un exemple de la vie sauvage chez les Indiens primitifs. Néanmoins, comme c'était la première fois que nous nous trouvions dans un établissement isolé et éloigné de toute influence civilisatrice, à part un contact occasionnel avec les blancs, cette visite avait pour nous un intérêt tout spécial. Rien de plus surprenant que la grandeur et la solidité de leurs maisons, où cependant il n'y a pas un clou. La charpente en est faite de troncs bruts unis ensemble par des liens fabriqués avec des lianes longues et élastiques, les cordes de la forêt. Le major Coutinho nous assure que ces gens connaissent fort bien l'usage des clous dans les constructions ; quand ils se demandent l'un à l'autre un *sipó* (liane), ils se disent par dérision : « Passe-moi un clou. » La maîtresse poutre du toit de la maison du chef n'était pas à moins de dix à douze mètres de hauteur ; l'intérieur de la case était spacieux à proportions. Des arcs et des flèches, des fusils et des rames étaient appuyés ou accrochés aux parois ; les hamacs étaient pendus dans les coins, un desquels était séparé de l'espace restant par une cloison basse en feuilles de palmier, et la cuisine au manioc touchait à la pièce centrale. Pour clôture, les portes et les fenêtres, nombreuses, avaient des nattes en feuilles de palmier. Cette maison du chef était la première d'une rangée d'habitations de même caractère, mais un peu plus petites, formant un des côtés d'une grande place ouverte dont le côté opposé était garni d'une rangée égale de constructions. A peu d'exceptions près, toutes les cases étaient vides, car la population ne se rassemble que deux ou trois fois dans le cours de l'année, à certaines fêtes périodiques ; le reste du temps, elle est presque toujours disséminée dans les sitios et occupée aux travaux agricoles. Mais quand reviennent ces fêtes, il y a une réunion de plusieurs centaines d'individus et les maisons donnent abri à plus d'une famille. Alors on arrache les herbes folles de la grande place, on nettoie le sol, on le balaye, on dispose toutes choses pour les danses du soir. Cela dure de dix à quinze jours, après quoi tout ce monde se disperse et chacun retourne à son travail. En ce moment, il n'y a guère dans le village qu'une quarantaine de personnes. Ce que nous avons vu de plus curieux, c'est l'église, située à l'entrée du hameau et construite tout entière de la main des Indiens. C'est un assez grand édifice pouvant contenir de cinq à six cents personnes; les murs, en terre, sont parfaitement unis à l'intérieur et peints avec les couleurs que les Indiens savent extraire des écorces, des racines et des fruits de certains arbres, ou d'une sorte d'argile particulière. La partie voisine de la porte est complétement nue et l'on n'y voit que les fonts baptismaux, grossièrement taillés dans le bois; mais l'extrémité opposée est divisée de manière à former un sanctuaire, dans lequel deux ou trois degrés donnent accès à l'autel surmonté d'une niche où est placée la grossière image de la MÈRE et de l'ENFANT. Nécessairement, l'architecture et les ornements sont du style le plus naïf; les peintures consistent en bandes ou en lignes bleues, rouges, jaunes, avec çà et là un *essai* d'étoiles ou de losanges, ou bien une rangée de festons. Mais il y a quelque chose de touchant dans l'idée que ce pauvre peuple inculte des bois a pris la peine de bâtir de ses propres mains un temple, où il a tenté d'exprimer toutes les idées de beauté et de goût qu'il possède, réservant le meilleur de son art pour l'humble autel. Nulle église de nos villes, dont la construction a coûté des millions, ne peut émouvoir comme cette petite chapelle, œuvre de la foi aimante, sortie des mains des fidèles eux-mêmes, avec ses murailles de boue aux peintures enfantines, son clocheton couvert en chaume et la croix de bois sur le parvis. Il est triste que ces pauvres Indiens dont le sentiment religieux est si vif ne possèdent pas un service régulier. A de longs intervalles seulement, un prêtre en tournée vient les voir; mais, ces rares occasions exceptées, il n'y a personne pour leur administrer le mariage ou le baptême et pour donner à eux et à leurs enfants l'instruction religieuse. Et cependant l'église était soigneusement tenue, le sol jonché de feuilles fraîches, et tout dénotait que le bâtiment était l'objet d'une sollicitude diligente. Les maisons ne sont pas moins propres et les habitants sont tous décemment vêtus, dans le costume invariable des Indiens civilisés : les hommes en pantalon et chemise de cotonnade; les femmes en jupe de calicot et chemisette flottante, leurs cheveux noirs ramenés et réunis sur le sommet de la tête, au moyen d'un peigne semi-circulaire tellement placé en avant que le bord en vient presque sur le front, et sur les côtés duquel sont fixées quelques fleurs. Je n'ai jamais vu de femme indienne qui ne fût ainsi coiffée; ces produits des manufactures étrangères arrivent jusqu'aux établissements les plus retirés de la forêt dans la pacotille des trafiquants ambulants qu'on appelle « *regatões*. » Ces colporteurs sont partout bien connus sur les rives de l'Amazône et de ses tributaires; ils sont, à ce que l'on dit, de la plus insigne mauvaise foi dans leur commerce avec les Indiens, et ceux-ci ne manquent jamais de tomber naïvement dans tous leurs piéges. Dans un rapport du Dr Adolfo de Barros qui, durant sa courte mais habile administration, a relevé et, autant qu'il était en son pouvoir, réformé les abus qui se commettaient dans la province, on lit, après quelques mots sur la nécessité de l'instruction religieuse dans ces établissements, les phrases suivantes : « Aujourd'hui, qui est-ce qui va chercher l'Indien dans les profondeurs de la forêt vierge, sur les bords de ces fleuves sans fin? Personne, si ce n'est le *regatão*, moins barbare sans doute que le sauvage, mais plus corrompu. Celui-là sait bien où le trouver; il va et, sous prétexte de commerce, il le déprave, il le déshonore! »

Notre visite à l'église terminée, la population tout entière, hommes, femmes et enfants, nous accompagna en bas, sur la plage, pour recevoir les présents dont le Président fit en personne la distribution. C'étaient, pour les femmes, des bijoux de clinquant dont elles raffolent, des vêtements de cotonnade, des colliers, des ciseaux, des aiguilles, des miroirs; puis, pour les hommes, des couteaux, des hameçons, des haches et d'autres instruments de travail; enfin une grande variété de menus objets et de joujoux pour les enfants. Bien que ces bonnes gens soient pleins de cordialité et de bienveillance, ils conservaient l'impassibilité qui caractérise leur race. Je n'ai pas vu un changement d'expression sur une seule figure, je n'ai pas entendu un mot de gratitude ou de plaisir. Une seule chose parvint à provoquer le sourire : fatiguée d'être debout et exposée au soleil, je m'assis parmi les femmes, et, comme la distribution des cadeaux se faisait rapidement, je fus traitée comme une d'elles et reçus pour ma part une robe aux couleurs voyantes. Ce fut parmi les Indiens un éclat de rire général et l'incident parut les divertir beaucoup.

Nous rentrâmes à bord à dix heures pour déjeuner, et, dans l'après-midi, toute la population du village vint satisfaire sa curiosité et visiter notre bâtiment. La générosité de ces gens est des plus grandes ; je ne me rencontre jamais avec eux sans en recevoir quelque présent qu'il y aurait injure à refuser. Tout ce qu'ils ont, ils l'offrent à l'étranger ; c'est un fruit, des œufs, un poulet, une *cuia*, une corbeille, un bouquet ; leurs sentiments seraient blessés si vous vous retiriez les mains vides. En cette occasion, la femme du chef m'apporta une belle volaille grasse, une autre un panier, une troisième un fruit qui ressemble beaucoup à notre citrouille d'hiver et remplit le même usage. Je fus heureuse d'avoir sur moi quelques colliers et quelques images de saints pour reconnaître ces cadeaux, mais je suis persuadée que les visiteuses ne comptaient rien recevoir en échange ; c'est pour elles un devoir d'hospitalité que de faire un présent à leur hôte.

Lorsque les Indiens furent réunis à bord de notre navire, le capitaine fit tirer le canon devant eux ; il mit son bâtiment en marche, afin de leur montrer la machine en action et les roues en mouvement. Ils regardèrent tout cela avec le même air calme et placide, en hommes qui sont au-dessus, peut-être faudrait-il dire au-dessous, de toute émotion de surprise. Et en effet ! la sensibilité prompte aux impressions nouvelles, la surprise, le plaisir, l'émotion, ces dons précieux accordés à la race blanche, ne diffèrent-ils pas autant de l'impassibilité de l'Indien que les traits mobiles de la même race diffèrent de cette physionomie bronzée qui ne peut ni rougir, ni pâlir ?... Nous ne pûmes échanger que quelques mots avec nos visiteurs, car, à l'exception du chef et d'un ou deux hommes qui servirent d'interprètes, pas un ne connaissait le portugais et ne parlait autre chose que la *lingoa geral*.

15 *décembre*. — Hier, après que les Indiens nous eurent quittés, nous poursuivîmes notre route vers un autre établissement où nous comptions trouver un gros village. Il était nuit noire quand nous arrivâmes; malgré cela quelques-uns de nos compagnons descendirent à terre. Ils ne trouvèrent qu'une place envahie par les herbes et des maisons désertes. Toute la population était dans la forêt. Aujourd'hui deux ou trois canots chargés de monde ont accosté notre vapeur; c'étaient les Indiens venant saluer le Président et recevoir ses présents. Il y avait parmi eux une vieille femme qui doit avoir appartenu à quelque tribu plus primitive. La partie inférieure de son visage portait un tatouage de couleur bleu foncé qui couvrait le tour de la bouche et le bas des joues jusqu'aux oreilles. Plus bas encore, le menton était tatoué d'une sorte de filet, ornement sans doute à la mode et trouvé fort joli par ses compagnes aux beaux jours de sa jeunesse. Une ligne noire tracée au-dessus du nez, faisant le tour des yeux et se prolongeant jusqu'aux oreilles, produisait l'effet d'une paire de lunettes. La partie supérieure de la poitrine était couverte de larges mailles, réunies en haut par deux lignes droites dessinées autour des épaules, comme pour représenter le tour de dentelle grossière qui garnit d'habitude la gorgerette de la chemise de ces femmes.

A l'heure du déjeuner, nous avons dit adieu à ces gens et nous voici en route pour retourner à Mauhés; cette intéressante excursion est terminée.

16 *décembre*. — *Mauhés*. — Depuis hier à midi nous sommes ici. En arrivant, nous avons rencontré un Mundurucú et sa femme qui, comme spécimens du type, sont beaucoup plus curieux que ceux que nous sommes allés voir. Ils sont venus, pour affaires, d'un établissement situé à environ vingt journées de Mauhés. La figure de l'homme est tout entière tatouée de bleu foncé. Ce singulier masque se termine sur le bord par un joli dessin à jour, d'environ un demi-pouce de large, qui fait tout le tour des joues et du menton. Les oreilles sont percées de grands trous où pendent des morceaux de bois quand le *costume* est complet. Le corps est comme enveloppé d'un réseau net et compliqué de tatouages. Du reste, comme il se trouve maintenant en pays civilisé, notre Mundurucú est

vêtu d'un pantalon et d'une chemise. Chez la femme, la marque du tatouage ne couvre que le bas du visage, tout le haut de la figure est libre à l'exception de la ligne des yeux et du nez. Le menton et le cou sont aussi ornés de ce même dessin

Mundurucú.

que nous vîmes hier sur la face de la vieille femme. Ces Mundurucús ne parlent pas le portugais et paraissent peu disposés à répondre aux questions de l'interprète.

M. Agassiz a du bonheur dans ses recherches. Bien que nous soyons seulement à une courte distance de Manaós, localité dont les poissons lui sont déjà très-passablement connus, il trouve autour de Mauhés et dans les environs un nombre surprenant d'espèces et de genres nouveaux. Comme partout où nous allons, chacun se fait naturaliste pour l'amour de lui. Notre excellent ami, le Président, toujours empressé à faciliter les études, a mis à l'œuvre les meilleurs équipages de

Femme mundurucú.

pêche, qui travaillent au profit de l'histoire naturelle. Le commandant, lorsque son navire est à l'ancre, emploie ses hommes de la même façon; M. Michelis et ses amis ne s'épargnent pas davantage. Parfois, néanmoins, il se mêle aux succès du collectionneur quelque désappointement dont l'ignorance et la superstition des pêcheurs sont la cause. Depuis qu'il est dans l'Amazonie, il cherche à se procurer un spécimen de *Botó*, espèce de marsouin propre aux eaux que nous explorons. Rien de plus difficile; comme la chair de cet animal n'est pas comestible, on ne peut décider l'Indien à se donner la peine nécessaire pour le prendre. M. Michelis a insisté auprès des pêcheurs sur la valeur de la prise, et hier au soir, enfin, au moment où nous nous levions de table on est venu dire qu'un botó avait été harponné; déjà on le transportait de la plage à la maison. Suivi du cortége entier de ses amis, car la rage a gagné tout le monde, l'heureux naturaliste se hâta d'aller contempler le trésor depuis si longtemps convoité. C'était bien un

Botó.

botó! mais.... horriblement mutilé. Un Indien avait coupé une nageoire, remède souverain contre la maladie; un autre avait arraché un œil pour en faire un charme qui, placé près de la jeune fille aimée, lui gagnerait irrésistiblement son affection; le reste à l'avenant. En dépit des mutilations de l'animal, M. Agassiz fut enchanté de le posséder enfin; et, toute la nuit, il le surveilla soigneusement de peur que quelque autre sortilége ne fût encore convoité par les superstitieux habitants.

18 *décembre*. — Ce beau zèle pour la zoologie ne fait pas négliger la collection de palmiers; elle commence à être considérable. Ce matin nous sommes allés dans la forêt pour y cher-

cher de très-jeunes arbrisseaux de cette famille, qui serviront de termes de comparaison avec d'autres espèces de la même famille en plein développement, déjà recueillies et prêtes à être transportées. Mille choses dans ces bois attirent la vue et vous distraient de l'objet que vous cherchez. Combien de fois nous nous sommes arrêtés pour admirer quelque tronc élancé faisant à lui seul tout un monde de végétation! A chaque nœud, à chaque angle les parasites s'accrochent; les lianes pendent des hautes branches jusqu'à terre; les sipós enlacent le tronc, si étroitement serrés les uns contre les autres qu'on dirait les cannelures d'une colonne. Combien de fois encore nous sommes demeurés immobiles, aux écoutes, pour entendre le sifflement rapide du vent sur les feuilles d'un palmier, à cinquante pieds au-dessus de nos têtes; ce n'est pas le bruissement lent et sourd de l'air sur les branches des pins de nos forêts; on dirait le son clair d'une eau courante. A travers l'étroit sentier, un énorme papillon, de ce bleu vif qu'on admire dans les collections d'insectes du Brésil, flotte doucement dans l'espace au devant de nous; le voilà posé presque à notre portée, repliant ses splendeurs azurées et ne paraissant plus, calme et immobile, qu'une fleur brune tachetée de blanc! Nous nous approchons avec précaution, mais une feuille sèche a craqué sous un pied; l'insecte repart déployant de nouveau, quand il ouvre ses ailes, tout l'éclat de son merveilleux coloris. Bien que rapide, l'allure de ce Morphos, qui plane dans l'air, contraste singulièrement avec le vol aux battements vifs des Héliconiens. Le premier, largement et d'un coup fort, appuie sur l'air l'éventail de ses ailes; les autres le frappent d'un mouvement court, tremblotant et pressé.

20 *décembre*. — Ce matin nous sommes partis de Mauhés, emmenant avec nous l'Indien Mundurucú et sa femme; le Président les conduit à Manaós dans l'espoir qu'ils laisseront faire leurs portraits et que leurs photographies grossiront notre album. J'étudie avec beaucoup d'intérêt leur manière d'agir. Elle est marquée au coin d'une convenance parfaite qui gagne le respect : ils n'ont pas quitté le siége où le capitaine les a fait asseoir, et n'ont bougé que pour apporter près d'eux leur petit bagage; la femme en a tiré son ouvrage et est mainte-

nant en train de coudre, tandis que le mari fait des enveloppes de cigarettes avec une écorce dont les Indiens se servent pour cet usage. Certainement, ce sont là, pour des sauvages, des occupations fort civilisées. Comme ils ne parlent pas portugais, nous ne pouvons causer avec eux que par l'intermédiaire de l'interprète ou de M. Coutinho, qui a une connaissance très-grande de la *lingoa geral*. Ils répondent plus volontiers et paraissent plus disposés à causer que lorsque nous les vîmes pour la première fois. Mais, quand on adresse la parole à la femme ou qu'on lui offre quelque chose, elle se tourne invariablement vers son mari, comme si toute décision devait venir de lui. On pourrait croire que le barriolage de ces Indiens doit nécessairement faire disparaître toute trace de beauté physique. Cela n'est pas exact pour le couple que nous avons sous les yeux. Les traits sont fins; la charpente est solide et carrée, mais non pas lourde; et il y a dans le port même une sorte de dignité passive qui se sent en dépit du tatouage. Je ne sais rien de plus calme que la physionomie de l'homme; ce n'est pas stupidité obtuse, l'œil est observateur et dénote la sagacité, mais le regard conserve une expression de tranquillité telle qu'on ne peut pas imaginer qu'il en ait eu jamais ou qu'il en doive avoir une autre. La figure de la femme a plus de mobilité; elle s'éclaire de temps en temps d'un sourire, et les traits ont une douceur aimable; même les lunettes peintes ne détruisent pas la suavité et la langueur du regard, expression commune chez les femmes de race indigène et, semblerait-il, caractéristique des Indiennes appartenant aux tribus de l'Amérique du Sud; car Humboldt l'avait déjà observée chez les peuplades des provinces espagnoles situées au nord du Brésil.

Le major Coutinho nous apprend que le tatouage n'a rien d'arbitraire et ne dépend pas du caprice individuel; le modèle en est donné pour les deux sexes et ne varie pas dans la même tribu. Il est de telle ou telle manière, suivant la caste dont les limites sont fort précises, et suivant la religion. Il y a, à cet égard, une légende enfantine et inconséquente comme toutes les fables primitives. Le premier homme, Caro Sacaïbú, était aussi Dieu; son pouvoir était partagé par son fils et par un être inférieur nommé Rairú. Bien que ce dernier fût son premier

ministre et l'exécuteur de ses commandements, Caro Sacaibú
detestait Rairú. Pour s'en défaire, entre autres stratagèmes, il
eut recours à celui-ci : il fabriqua une figure, celle du tatou,
et l'enterra presque en entier dans le sol, ne laissant passer au dehors que la queue. Il enduisit la queue elle-même
d'une espèce d'huile qui adhère fortement aux mains lorsqu'on
y touche, et, cela fait, il ordonna à Rairú de retirer l'animal
du trou où il était à moitié enfoui, et de le lui apporter. Rairú
saisit l'effigie par la queue, mais fut nécessairement impuissant à retirer sa main, et le tatou, soudainement doué
de vie par le Dieu, s'enfonça dans la terre entraînant avec
lui Rairú. L'histoire ne dit pas comment ce dernier trouva
moyen de revenir dans la région supérieure ; mais c'était un
esprit d'une grande ingéniosité d'invention, et il reparut sur
.a terre. A son retour, il informa Caro Sacaibú qu'il avait découvert dans les profondeurs une foule d'hommes et de femmes,
ajoutant que ce serait une excellente chose de les en faire sortir pour cultiver la terre et tirer des produits du sol. Cet avis,
paraît-il, trouva faveur auprès de Caro Sacaibú. Il planta une
graine, de cette graine sortit le cotonnier, et c'est là, d'après
la fantastique légende, l'origine du coton. L'arbuste crût, se
développa ; des souples filaments contenus dans son fruit, Caro
Sacaibú fit un long fil à l'extrémité duquel Rairú fut attaché et
descendu de nouveau dans les profondeurs souterraines par ce
même trou qui déjà avait servi à l'y faire pénétrer. Une fois
là, l'être inférieur recueillit les hommes qui furent hissés à la
surface au moyen du fil. Le premier qui sortit du trou était
petit et laid, ce ne fut que peu à peu que des gens de mieux
en mieux faits apparurent ; enfin commencèrent à se montrer des hommes aux formes gracieuses et élégantes et des
femmes ayant la beauté. Par malheur, lorsqu'on en arriva là,
le fil était déjà fort usé ; devenu trop faible pour porter un
grand poids, il cassa et le plus grand nombre des hommes
bien faits et des femmes jolies tombant au fond du trou furent
perdus. C'est pour cela que la beauté est chose si rare en ce
monde. Caro Sacaibú tria alors la population qu'il avait tirée
des entrailles de la terre ; il la divisa en différentes tribus, marquées chacune d'une couleur et d'un dessin différents qu'elles
ont toujours conservés depuis, et il leur assigna des occupa-

tions diverses. A la fin, il ne resta qu'un rebut composé des plus laids, des plus chétifs, des plus misérables représentants de la race humaine. A ceux-là le Dieu dit en leur traçant sur le nez une ligne rouge : « Vous n'êtes pas dignes d'être des hommes et des femmes; allez et soyez des animaux ! » Ils furent changés en oiseaux, et, depuis ce temps, les *mutums* au bec rouge errent parmi les grands bois avec un gémissement plaintif.

Le tatouage des Mundurucús ne se rattache pas seulement à l'idée confuse d'un ordre émané du premier créateur; il est aussi l'indice d'une aristocratie. Un homme qui négligerait cette distinction, ne serait pas respecté dans sa tribu, et l'association traditionnelle de ces deux choses, tatouage et dignité, est si forte que, même dans les établissements civilisés où le tatouage ne se pratique plus, il y a encore un sentiment instinctif de respect pour l'homme qui porte ces marques de noblesse. Un Indien Mundurucú tatoué d'après l'ancienne coutume de sa tribu, arrivant dans un de ces villages que nous avons visités, y est reçu avec les honneurs dus à une personne d'un certain rang. L'adage « Il faut souffrir pour être beau » n'a jamais été plus vrai que chez ces sauvages. Il ne faut pas moins de dix années pour parachever les dessins de la face et du corps, l'opération ne s'accomplissant qu'à de certains intervalles. La couleur est introduite au moyen de fines piqûres sur toute la surface, procédé douloureux qui produit la tuméfaction et l'inflammation, surtout dans des parties aussi délicates que le sont les paupières. La pureté du type est encore protégée chez les Mundurucús par des lois sévèrement restrictives sur le mariage. La tribu est divisée en un certain nombre de classes plus ou moins étroitement alliées, et si loin est poussé le respect de cette loi, — reconnue aussi dans le monde civilisé, mais constamment violée, — que non-seulement le mariage est prohibé entre les membres de la même famille, mais encore entre ceux du même ordre. Un Indien Mundurucú regarde la femme qui appartient au même ordre que lui comme une sœur; tout autre lien entre elle et lui est impossible. Le major Coutinho, qui a fait une étude approfondie des mœurs et des habitudes de ce peuple, nous assure qu'il n'y a pas parmi eux de loi plus sacrée ni plus scrupuleusement observée. Leur beauté physique, qui est, dit-on, remarquable, en est peut-être la conséquence; ils sont à l'abri d'une grande cause de dégénération. Il faut espérer que le major Coutinho, qui, en faisant comme ingénieur l'exploration des rivières amazoniennes, a, en même temps, étudié très-attentivement les tribus riveraines, publiera un jour les résultats de ses observations. C'est à lui que nous devons la plus grande partie des renseignements que nous avons recueillis sur ce sujet.

XI

RETOUR A MANAÓS. — EXCURSION AU RIO NEGRO. DÉPART.

Fêtes de Noël à Manaós. — Cérémonies des Indiens. — Églises dans l'Amazonie. — Départ pour le Rio Negro. — Curieuse formation de la rivière. — Aspect de la rivière. — La végétation. — Rareté de la population. — Village de Tauá-Péassú. — Le curé de village. — Palmiers. — Village de Pedreira. — Campement d'Indiens. — Fabrication du chaume de palmier. — Maladie et disette à Pedreira. — Promenade en canot dans les bois. — Pluie tropicale. — Géologie de Pedreira. — Indiens recrutés. — Collection de palmiers. — Extraits des notes de M. Agassiz sur la végétation des bords du Rio Negro et des bords de l'Amazône. — Retour à Manaós. — Solitude des bords du Rio Negro. — Avenir de la région. — Prévisions de Humboldt. — Fleurs sauvages. — Distribution des poissons dans les eaux amazoniennes. — Jusqu'où s'étendent leurs migrations. — Système hydrographique. — Alternance entre la crue et la baisse des tributaires du sud et des affluents du nord.

25 *décembre*. — Les Indiens célèbrent la Noël d'une façon charmante. A la nuit tombante, deux canots éclairés par des torches partent des établissements du lac Hyanuary et traversent la rivière pour venir à Manaós. Dans l'un est l'image de Notre-Dame; dans l'autre, celle de sainte Rosalie. Debout à la proue, éclairées par les feux qui tous convergent sur elles, ces deux statues resplendissantes s'avancent vers la rive. En débarquant, les Indiens se joignent à la foule venue au-devant d'eux et forment une procession; les femmes sont vêtues de blanc avec des fleurs dans les cheveux; les hommes portent des torches ou des cierges. Tous suivent les images sacrées, qui sont portées sous un dais en tête du cortège, jusqu'à l'église où on les dépose et où elles demeurent pendant toute la semaine de Noël. Nous sommes entrés avec la procession; nous avons vu toute la brune congrégation à genoux, et les deux saintes, l'une, grossière statue de bois peint représentant la Vierge, l'autre, véritable poupée attifée d'oripeaux, placées sur un petit autel où déjà se trouvait l'image de l'Enfant Jésus entourée de fleurs. A une heure plus avancée, la messe de minuit fut célébrée ; elle m'intéressa moins parce que ce n'était pas un service pour les Indiens exclusivement. Ils formaient toutefois la plus nombreuse fraction de l'assemblée et l'orchestre était, comme toujours, celui de la « Casa dos Educandos. » Mais il n'y a rien ici pour rendre les cérémonies catholiques émouvantes. Les églises des villes et des campagnes de l'Amazonie sont, en général, des constructions grossières et fort délabrées. Manaós en possède une grande, inachevée, que sa situation au sommet de la colline, dominant le paysage, rendra remarquable, si jamais on la termine; mais elle est dans l'état actuel depuis des années et vraisemblablement y restera indéfiniment. Il est regrettable qu'on n'ait pas la coutume de garnir les églises de verdure à la Noël ; on aurait dans les palmiers des arbres d'une beauté si remarquable et si bien appropriée à cette décoration! Le pupunha, par exemple, se prêterait singulièrement à cet usage avec sa symétrie architecturale, sa tige semblable à une colonne et ses arceaux vert foncé de feuilles qui retombent mollement.

Demain nous quittons Manaós sur *l'Ibicuhy* pour remonter le Rio Negro jusqu'à Pedreira où l'on rencontre, dit-on, la première formation granitique.

27 *décembre*. — A bord de *l'Ibicuhy*. — Notre journée d'hier s'est écoulée sans incident digne d'être noté, et cependant elle a été excellente. Le temps lui-même était tel qu'on le voit rarement dans cette région ; c'est, je puis le dire, la seule fois durant les six mois que nous venons de passer sur l'Amazône que nous ayons eu de la fraîcheur sans que le ciel fût voilé. La fraîcheur, en ce pays, est d'ordinaire le résultat de la pluie; dès que le soleil se montre, la chaleur est intense; mais hier une forte brise soufflait sur le Rio Negro; les eaux noires de la rivière avaient pris sous ce vent froid une teinte bleue, et des vagues blanches moutonnaient à leur

surface. C'est une chose curieuse que le Rio Negro, affluent de l'Amazône, reçoive des branches du grand fleuve. Un peu au-dessus de sa jonction avec le Solimoens, ce dernier lui envoie de petites ramifications devant lesquelles nous avons passé hier; le contraste des eaux laiteuses de ces rivières avec la teinte noire ambrée du courant dans lequel elles se jettent les rend très-reconnaissables. Ce n'est pourtant pas le seul exemple de ce mode singulier de formation d'une rivière dans ce gigantesque système d'eaux douces. Humboldt, en effet, parlant de la double communication qui existe entre la Cassiquiare et le Rio Negro, et du grand nombre de branches par lesquelles le Rio Branco et le Hyapurá se mettent en rapport avec le Rio Negro et l'Amazône, dit : « Au confluent du Hyapurá, on observe un phénomène encore plus extraordinaire. Avant que cette rivière se joigne à l'Amazone, celui-ci, qui est le réservoir général, envoie trois branches, l'Uaranapú, le Manhama et l'Avateparaná, au Hyapurá, qui n'est cependant qu'un tributaire. L'astronome portugais Ribeiro a prouvé ce fait important. L'Amazône fournit ainsi des eaux au Hyapurá avant de recevoir cet affluent dans son sein. » Ainsi fait-il pour le Rio Negro. La physionomie de cette rivière est particulière et très-différente de celle de l'Amazône ou du Solimoens. Les rives se découpent en nombreux promontoires qui, de distance en distance, rétrécissent le canal et forment des baies profondes; il semblait qu'en avançant nous franchissions une série de barres, d'anses ou de lacs. De fait, nous avons déjà passé devant plusieurs grands lacs, mais les vastes nappes d'eau abondent tellement ici qu'elles n'ont pas même de nom et attirent à peine l'attention.

La végétation est, elle aussi, différente de celle des bords du grand fleuve. Ainsi nous avons vu peu de palmiers, et la forêt est caractérisée par un grand nombre d'arbres dont la couronne de feuillage, uniformément et doucement arquée, forme des dômes aplatis. Le plus remarquable, à cause de sa grande élévation et de l'étendue de son feuillage, est le sumaumeira que j'ai déjà décrit. Mais cette disposition en ombrelle des branches et des rameaux n'est pas particulière à une seule espèce; elle caractérise un grand nombre d'arbres, au Brésil, de même que les arcs-boutants de la base du tronc. Toutefois, elle nous a paru plus fréquente ici qu'ailleurs.

Les rives semblent à peine habitées; durant toute la journée d'hier, nous n'avons rencontré qu'un seul canot que nous avons hélé pour lui demander à quelle distance se trouvait le petit village de Tauá-Péassú devant lequel nous devons jeter l'ancre et passer la nuit. C'était l'embarcation d'une famille indienne descendant la rivière. Sa vue nous rappela que nous avions dépassé la région habitée, car l'homme qui tenait les rames était entièrement nu et la femme et les enfants se cachaient sous le petit rouffle pour nous épier curieusement. Toutefois ils répondirent amicalement que nous n'étions plus loin de notre destination, où nous arrivâmes en effet, bientôt après, à la nuit tombante. A cette heure avancée, nous n'avons pu juger qu'imparfaitement de l'aspect de la localité; cependant, au clair de lune, nous avons pu voir que les maisons, au nombre d'une dizaine, reposent sur une terrasse en forme de croissant, formée par la berge d'une petite anse qui s'enfonce dans les terres juste en cet endroit. Nos compagnons sont allés à terre et ont ramené le curé du village pour prendre le thé avec nous. Quel homme intelligent que ce curé! Il nous fit longuement l'éloge de la salubrité de Tauá-Péassú où l'on n'a à souffrir, assure-t-il, ni des moustiques, ni des piums, ni des autres insectes nuisibles. Tout d'abord il semble que demeurer dans un endroit si éloigné et si retiré soit le plus triste sort qui puisse échoir à un homme et qu'un dévouement extraordinaire puisse seul décider un être civilisé à accepter cette dure condition. Mais il n'y a pas un coin si reculé du Brésil où ne parviennent à s'implanter les petites intrigues de la politique locale, et ce prêtre est, dit-on, un grand *politicien*. La campagne électorale, quand les pauvres gens au milieu desquels ses fonctions le retiennent sont appelés à voter, est pour lui une affaire tout aussi grosse, tout aussi importante que pour n'importe quel meneur de cabale sur une arène plus vaste et d'un ordre plus élevé. Peut-être même sa satisfaction est-elle plus grande, car tous les fils sont dans ses mains.

A l'aube, nous sommes partis de Tauá-Péassú, et nous sommes en route pour Pedreira. Le temps continue à nous favoriser; nous avons ciel couvert et fraîche brise, mais aujourd'hui la noire rivière dort sans faire entendre un murmure, et, en longeant la rive, nous voyons les grands arbres se refléter dans le miroir des eaux avec une pureté et une netteté si grandes qu'à peine distingue-t-on la ligne de démarcation entre l'objet et son image. J'ai dit que l'arbre caractéristique des forêts de ces parages n'est pas le palmier; nous en rencontrons cependant quelques espèces que nous n'avions pas encore vues. Parmi ceux-là est le jarrà-assù, à la tige haute et mince, dont la touffe de feuilles roides semble un balai colossal. M. Agassiz est allé à terre dans la *montaria* pour couper quelques-uns de ces arbres nouveaux et, au retour, la petite embarcation paraissait avoir subi quelque fantastique métamorphose. C'était un radeau de verdure flottant sur les eaux; les rameurs disparaissaient sous les couronnes admirables des palmiers.

29 décembre. — Pedreira. — Je n'ai encore presque rien dit des insectes et des reptiles qui jouent un si grand rôle dans les voyages au Brésil. La vérité est que j'ai beaucoup moins eu à en souffrir que je ne m'y attendais. Pourtant je confesse que la créature que j'ai aperçue ce matin en ouvrant les yeux, à mon réveil, ne me parut rien moins qu'agréable; c'était un énorme mille-pattes (scolopendre) de près d'un pied de long, arrêté tout près de moi; ses pattes innombrables paraissaient sur le point de se mettre en mouvement et ses deux cornes ou palpes s'allongeaient avec une expression venimeuse. Ces animaux ne sont pas seulement hideux à voir, leur morsure est fort douloureuse sans être toutefois autrement redoutable. Je me glissai doucement hors du canapé, sans déranger mon affreux voisin qui ne tarda pas à devenir victime de la science; on l'emprisonna adroitement sous un large gobelet d'où il passa dans un bocal plein d'alcool. Le capitaine Faria me dit que ces mille-pattes sont très-souvent apportés à bord avec le bois, dans lequel ils se cachent de préférence, mais qu'on les voit rarement à moins qu'ils n'aient été dérangés et chassés de leur cachette; de pareils visiteurs on se passerait volontiers. En secouant mes vêtements, j'entendis un léger bruit sur le parquet et un joli petit lézard de muraille, qui s'était frileusement caché dans les plis de ma robe, s'enfuit de toute la vitesse de ses pattes. Les blattes courent partout, et bien habile serait la ménagère qui saurait les empêcher de se glisser dans les armoires. Les fourmis sont des dévastatrices redoutables, et la morsure de la fourmi-feu est réellement terrible. Je me souviens qu'une fois, dans la chaumière d'Esperança, j'avais mis des serviettes à sécher sur la corde de mon hamac; en voulant les reprendre, je sentis tout à coup mes bras et mes mains comme plongés dans une fournaise. Je rejetai tout loin de moi; des charbons ardents ne m'auraient pas produit d'autre effet; je m'aperçus alors que j'avais le bras couvert de petites fourmis brunes dont je me débarrassai à la hâte; j'appelai en même temps Laudigari qui en découvrit une armée, en train de passer sur le hamac pour sortir par la fenêtre près de laquelle il était pendu. Il me dit qu'elles voyageaient ainsi quelquefois et que, en ne les troublant pas, ce serait fini dans une heure ou deux. Ce fut en effet ce qui arriva ; nous n'en revîmes plus une seule. A cette occasion le major Coutinho nous raconta que, dans certaines tribus de l'Amazonie, l'Indien qui va se marier est soumis à une singulière expérience. Le jour de la cérémonie et pendant le festin des noces, on lui fait plonger la main dans un sac en papier rempli de ces fourmis-feu. S'il supporte en souriant et sans s'émouvoir cette torture atroce, on le déclare capable d'affronter les épreuves du mariage.

Nous sommes arrivés hier à Pedreira. C'est un petit village composé d'une vingtaine de maisons, sur la lisière de la forêt. L'endroit mérite assurément le nom de *Carrière* (Pedreira); car la rive est hérissée de rochers et de blocs. Nous avons débarqué immédiatement, et MM. Agassiz et Coutinho ont passé la matinée à des études géologiques, tout en herborisant un peu. Au cours de cette promenade scientifique, nous avons rencontré un campement d'Indiens fort pittoresque. La rivière est en ce moment si haute que l'eau se répand au loin dans l'intérieur de la forêt. Dans un canton du bois ainsi inondé, sont amarrées un certain nombre de montarias; près de là, sur la terre ferme, les Indiens ont pratiqué une petite clairière en abattant les arbres intérieurs et en ne laissant debout que ceux de la circonférence, de manière à former un bosquet circulaire et bien ombragé où ils ont pendu leurs hamacs, tandis qu'au dehors sont installés les jarres, les marmites et les ustensiles de toute sorte. Il y avait dans ce petit camp plusieurs familles qui avaient quitté les sitios épars dans la forêt, pour venir passer au village les fêtes de Noël. Je demandai aux femmes ce qu'elles faisaient, elles et les enfants dont il y avait un grand nombre, quand survenait la pluie : car un toit de feuillage est un pauvre abri contre une averse des tropiques qui tombe non par filets, mais par ruisseaux. Elles se mirent à rire et me montrèrent les canots, disant qu'en pareille occurrence elles se couchaient sous le petit rouffle en chaume dont est garni l'arrière et s'y trouvaient à l'abri. En pleine rivière cela ne suffirait pas à les protéger ; mais, sous les arbres de la forêt épaisse, les canots ne sont pas exposés à toute la violence de l'orage. Au retour, nous nous sommes arrêtés dans une case pour voir faire le chaume de palmier avec les frondes du *curuá*. Quand elles sont toutes jeunes, les folioles de cet arbre sont serrées contre la côte centrale ; on les rabat de manière qu'elles ne soient plus attachées à l'axe que par quelques fibres, et alors, sous leur support, elles pendent comme autant de rubans couleur de paille, fort jolies à voir dans leur nouveauté, car la nuance en est très-délicate. Avec les feuilles ainsi préparées on couvre les toits et l'on fait les parois de la maison. La côte centrale, forte et souvent longue de quatre à cinq mètres, est placée en travers et sert de liteau, tandis que les folioles pendantes sont rattachées les unes aux autres. Cette espèce de chaume dure des années et protège parfaitement contre la pluie et contre le soleil. On emploie ailleurs d'autres espèces de palmier au même usage.

En rentrant au village, nous avons rencontré le curé qui nous a invités à aller nous reposer chez lui, et, chemin faisant, nous l'avons prié de nous montrer l'église. On peut presque toujours juger de la bonne ou mauvaise condition des établissements amazoniens par l'état dans lequel s'y trouve la maison du culte. Tout dans celle-ci dénotait le délabrement : les murs en terre étaient percés de plus de fenêtres que n'en avait pratiqué le maçon, mais l'intérieur était propre, et l'autel plus joli qu'on ne s'y serait attendu dans un village aussi pauvre que celui de Pedreira paraît l'être. Peut-être aussi était-elle mieux tenue ce jour-là que de coutume, à cause de la solennité des fêtes. La semaine de Noël dure encore, et l'Enfant Jésus reposait sur une couche de verdure dans un petit berceau de feuilles et de fleurs évidemment préparé tout exprès pour la circonstance. Le curé de ce petit village, le P. Samuel, est un prêtre italien qui a passé plusieurs années de sa vie parmi les Indiens de l'Amérique du Sud, soit en Bolivie, soit au Brésil. Il ne nous fit pas, comme son confrère de Tauá-Péassú, un pompeux éloge de la salubrité de sa paroisse. Au contraire, il nous dit que la fièvre intermittente, dont lui-même a beaucoup souffert, est endémique, et que le peuple est misérablement et insuffisamment nourri. Lorsque les arrivages de Manaós tardent un peu, on ne trouve plus dans le village ni café, ni sucre, ni thé, ni pain. Comme il n'y a pas de plage ici, il faut aller pêcher à une certaine distance, de l'autre côté de la rivière; et dès que les eaux sont très-hautes, il devient impossible d'attraper le poisson. Alors les Indiens en sont réduits à vivre exclusivement de *farinha d'agoa* et d'eau. Ce régime plus que frugal satisfait, pour ceux qui y sont habitués, les exigences de l'estomac; mais le petit nombre de blancs qui vivent dans ce village perdu souffrent cruellement. Quel plus éloquent commentaire de l'incurie et de l'indolence de la population, qu'un pareil manque d'aliments dans une région où une variété immense de végétaux pourrait être cultivée presque sans travail; où les pâturages sont excellents, comme en témoigne le bon état des quelques vaches que l'on voit à Pedreira; où le café, le coton, le cacao, le sucre trouvent les conditions de sol et de climat qui leur conviennent le mieux et donneraient des récoltes plus abondantes que dans aucune des contrées livrées à cette production! Et cependant, en ce pays de la fécondité le peuple vit sous la menace incessante de la famine!

Comme je l'ai dit, quinze ou vingt maisons, toutes habitées en ce moment, forment le village; mais le P. Samuel nous assura que nous avions sous les yeux la population au grand complet, la solennité de Noël attirant ici tous les habitants du voisinage. Ils se disperseront de nouveau dans quelques jours pour retourner à leurs maisons de paille et à leurs plantations de manioc au milieu de la forêt. Au dire du curé, la plupart des dimanches de l'année l'assemblée des fidèles, à la messe, ne se compose que du célébrant et de quelques enfants de chœur.

Après un repos d'une demi-heure à la cure, le Père nous invita à visiter sa plantation de manioc, à une petite distance dans la forêt, assurant que M. Agassiz pourrait s'y procurer une variété de palmier que depuis longtemps il désirait avoir. Une invitation de ce genre fait venir à l'esprit l'idée d'une promenade; mais, dans ce pays où la surface du sol est inondée, les courses d'un endroit à un autre se font par eau. Nous nous mîmes donc dans une montaria, et, après avoir longé pendant quelque temps la rivière, nous pénétrâmes au milieu des bois et commençâmes à naviguer en forêt. L'eau était calme et unie comme une glace; les arbres s'élevaient au-dessus d'elle, et les longues branches venaient y plonger leurs extrémités: nous décrivions de nombreuses sinuosités autour des troncs, écartant les rameaux, glissant sous les verts bosquets; chaque feuille se réfléchissait nettement, et la forêt et l'eau se confondaient de telle façon qu'il eût été difficile de dire où commençait celle-ci, où finissait celle-là. L'ombre et le silence nous enveloppaient si complétement que le léger bruit des pagaies jetait comme un trouble dans ce calme profond; au bout d'une demi-heure, nous arrivâmes à la terre ferme et nous débarquâmes, emmenant les bateliers avec nous; alors le bois retentit du bruit des haches, et les palmiers tombèrent avec un grand déchirement. Nous revînmes, le canot chargé jusqu'aux bords de palmiers et d'une infinie variété de plantes nouvelles pour nous. Il était temps de regagner *l'Ibicuhy*; à peine étions-nous sur le pont et à l'abri, que le ciel s'entr'ouvrit, versant sur nous ses cataractes. Je ne puis m'habituer à la violence et au volume de ces torrents d'eaux pluviales, et chaque nouvelle averse est pour moi une surprise. Cependant, la saison des pluies n'est pas, comme nous l'avions cru, un obstacle aux voyages et au travail; il y a des intermittences et il n'est pas rare de jouir, sans interruption, de plusieurs journées de beau temps. Il ne pleut pas nécessairement chaque jour dans la vilaine saison, de même qu'il ne neige pas, chez nous, tous les jours, en hiver.

Un mot de géologie. Le granit de Pedreira, dont on nous avait parlé, est, en réalité, un schiste de mica granitoïde.

C'est une roche métamorphique au plus haut degré, à stratification indistincte, et qui, par sa composition, ressemble au granit : elle est en contact immédiat avec le drift rouge qui la recouvre.

Ce matin, nous avons eu une triste preuve de la brutalité avec laquelle s'opère ici le recrutement. On nous l'avait bien dit ! Trois Indiens qu'on avait emprisonnés à Pedreira depuis quelques jours, en attendant une occasion de les envoyer à Manaós, ont été amenés à bord de notre bâtiment. Ces infortunés avaient les jambes prises dans une grosse poutre dont les trous étaient juste assez larges pour laisser passer la cheville du pied[1]. Ils ne se mouvaient nécessairement qu'avec beaucoup de peine. Ils furent moitié poussés, moitié hissés à bord, et un d'entre eux, en proie à la fièvre, avait un tel frisson que quand on l'eut mis sur ses pieds, je le voyais trembler de mon siége, bien qu'il y eût entre lui et moi la moitié de la longueur du pont. Ces Indiens ne disent pas un mot de portugais ; ils ne peuvent pas comprendre pourquoi on les force à partir : ils ne savent qu'une chose : c'est qu'on les saisit dans les bois et qu'on les traite comme les derniers des criminels, qu'on les punit d'une façon barbare sans qu'ils aient rien fait, et qu'on les envoie se battre pour le gouvernement qui les traite ainsi. Je dois dire à l'honneur de notre commandant qu'il montra l'indignation la plus vive en voyant dans quel état on lui amenait ces hommes. Il fit immédiatement enlever leurs entraves, leur fit donner du vin et des aliments et leur témoigna toute la bienveillance imaginable. Il protesta contre ces procédés entièrement illégaux et contraires aux intentions de l'autorité centrale. Voilà pourtant comme se fait le recrutement dans les districts indiens ! et l'argument de ceux qui prétendent justifier cette barbarie, c'est que les Indiens, comme tous les autres citoyens, doivent aller combattre pour le maintien des lois qui les protégent ; que l'État a besoin de leurs services, que c'est le seul moyen de s'assurer d'eux, que leur mauvaise volonté est patente, leur adresse à s'échap-

---

[1]. C'est l'équivalent de ce qu'on appelle les fers ou la barre de justice, encore en usage dans la marine pour punir certaines infractions à la discipline. Trop souvent j'ai eu le triste et honteux spectacle de cette punition à bord des bâtiments de commerce. (N. du T.)

per sans égale. Outre ces trois hommes, il y en avait encore deux autres : l'un était un volontaire ; le second, le pilote du passage des cataractes du Rio Branco. Un homme comme ce dernier devrait, pour le plus grand bien de la communauté, être exempté du service militaire, car il est bien peu d'individus qui connaissent la navigation de ces dangereuses rivières dont le lit se brise en rapides ; sans doute, il sera renvoyé à ses occupations, lorsque le Président saura quelle est sa profession.

31 *décembre*. — Nous voilà de nouveau en route pour Manaós, après une courte station à Tauá-Péassú, en descendant. Pendant les deux jours écoulés entre notre première et notre seconde visite, le curé avait préparé une certaine quantité de palmiers pour M. Agassiz. Notre collection de ces arbres est devenue très-riche, et, bien qu'en séchant ils doivent perdre la beauté du coloris, nous espérons qu'il leur restera quelque chose de la noblesse et de l'élégance de leur port. Mais quand même cela ne serait pas, ils serviront toujours à l'étude : d'autant mieux que leurs fleurs et leurs fruits sont conservés dans l'alcool. On vient justement de nous en apporter un, le Baccabá ou palmier à vin (*œnocarpus*), dont les fleurs pendent en cordelettes cramoisies, avec des baies d'un vert clair de distance en distance ; on dirait une longue baguette de corail mouchetée de vert et pendant du tronc de l'arbre sombre. L'inflorescence du cocotier, que l'on voit partout quoiqu'il ne soit pas indigène, n'est pas moins belle : les fleurs éclatent hors de leur gaine comme une longue plume aux barbes d'un blanc doux et onctueux ; mais une plume comme celle-là est si lourde, grâce au poids des fleurs qui pendent de l'axe, qu'on a de la peine à la soulever ; elle n'en fait pas moins l'effet le plus pittoresque en se balançant tout au haut du tronc, juste au-dessous du feuillage. Je ne crois pas que, parmi les traits caractéristiques du paysage tropical, il y en ait un dont on se fasse moins idée, chez nous, que de celui fourni par les palmiers. Leur nom est légion. La variété de leurs formes, celle de leurs fruits, de leurs fleurs, de leurs feuilles, est vraiment merveilleuse, et cependant la physionomie générale est impossible à méconnaître. Voici sur cette famille d'arbres quelques notes écrites par M. Agassiz, pendant cette excursion au Rio Negro.

Iaccabá (Œnocarpus).

« Comme groupe naturel, les palmiers se détachent de tous les autres végétaux par une individualité et un caractère remarquablement distincts. Toutefois, ce caractère commun, qui en fait un ordre naturel si nettement défini, ne les empêche pas de présenter les différences les plus frappantes. Comme ensemble, aucune famille d'arbres ne possède une physionomie aussi uniforme; comme genres et comme espèces, aucune n'est plus variée, encore bien que d'autres familles renferment un plus grand nombre d'espèces. Les différences me semblent déterminées, dans une large mesure, par l'arrangement particulier des feuilles. A bien dire, on peut regarder les palmiers comme d'élégants diagrammes des lois primaires qui règlent, dans tout le règne végétal, la disposition des feuilles autour de l'axe, lois reconnues aujourd'hui par tous les botanistes éclairés et désignées par eux sous le nom de Phyllotaxie. L'arrangement le plus simple, dans cette mathématique du monde végétal, est celui des Graminées chez lesquelles les feuilles alternent sur les faces opposées de la tige, divisant ainsi l'espace intermédiaire en moitiés égales. A mesure que la tige s'allonge, ces paires de feuilles s'espacent de plus en plus sur l'axe. Ce n'est que dans les épis de quelques genres que nous les voyons massées avec une compacité telle qu'elles forment une tête serrée. Le palmier connu sous le nom de Baccabá de Pará (*Œnocarpus Distychius*) est un très-bel exemple de cet arrangement; ses feuilles sont disposées par paires, l'une au-dessus de l'autre, au sommet du tronc, mais en contact immédiat de manière à former une épaisse couronne; en raison de cette disposition, l'aspect de l'arbre diffère entièrement de celui des autres espèces, à moi connues. Je ne sais pas s'il y en a une dont les feuilles soient rangées suivant trois plans verticaux, comme cela a lieu dans les joncs et les roseaux de nos marais; peut-être est-ce le cas pour le Jacitará (*Desmonchus*) dont la tige frêle et grimpante rend l'observation incertaine. L'arrangement sur cinq lignes est commun à tous les palmiers qui, dans leur jeunesse, étalent au-dessus du sol une touffe de cinq feuilles pleinement développées, au centre de laquelle en pointe une sixième en forme de pique. Quand ces arbres sont tout à fait grands, ils présentent ordinairement un chapiteau formé de dix, de quinze feuilles, ou même davantage, divisées par séries de cinq superposées, mais tellement serrées, pressées, que le tout apparaît comme une tête globuleuse. Quelquefois, cependant, ce chapiteau est plus ouvert; c'est ce qui lieu dans l'Inajá, par exemple (*Maximiliana regia*), dont le tronc n'est pas très-élevé et dont les feuilles, toujours par cycles de cinq, s'écartent doucement et forment comme une urne ouverte reposant sur le sommet d'une colonne élancée. L'Assahy (*Euterpe edulis*) a les feuilles groupées par huit et n'en a jamais plus d'un cycle unique; on peut toutefois y compter sept feuilles seulement si la première du cycle primitif est tombée avant que la neuvième, qui commence le second cycle, se soit ouverte, et il peut aussi y en avoir neuf, si la première feuille du cycle nouveau, la neuvième dans l'ordre, s'ouvre avant la chute de celle qui a commencé le cycle initial. Ces feuilles, d'un vert pâle et délicat, sont découpées en milliers de folioles qui tremblent au moindre souffle de l'air et dénotent que l'atmosphère est agitée même lorsqu'il semble qu'elle soit le plus tranquille. Il n'y a peut-être pas, dans la nature, un exemple plus élégant et plus gracieux à voir du groupement représenté par la phyllotaxie au moyen du symbole $\frac{3}{8}$. Le cocotier commun a les feuilles disposées suivant la fraction $\frac{5}{13}$; mais, bien que sa couronne se compose de plusieurs cycles de feuilles, elle ne forme pas une tête compacte, parce que les plus vieilles pendent languissamment, tandis que les plus jeunes sont roides et droites. Le Pupunha ou palmier à pêches (*Guilielma*) a pour expression phyllotaxique $\frac{8}{21}$, et, dans cet arbre, toutes les feuilles décrivent des courbes uniformes se combinant en une voûte d'un vert foncé, de l'effet le plus admirable, à cause de leurs riches couleurs; quand le lourd bouquet des fruits aux tons chauds et vermeils pend sous cette voûte sombre, l'arbre est d'une beauté extraordinaire. Comme les feuilles sont plus espacées sur les jeunes plantes que sur le vieil arbre, l'aspect de ce palmier change suivant les phases de sa croissance; lorsque le tronc n'est pas encore très-gros, elles s'étagent à plus grands intervalles, les unes au-dessus des autres, et lorsqu'il a crû et grandi, elles sont plus ramassées. Ce même arrangement se répète sur le Javari et sur le Tucúma (*Astrocaryum*), mais, dans ces espèces, les feuilles, plus serrées, se tiennent roides comme les brins d'un balai à

Inŭjá

l'extrémité d'un long manche. Sur le Mucujá (*Acrocomia*), elles sont dans l'ordre exprimé par le symbole $\frac{13}{34}$.

« Ainsi, sur la base d'un seul et même principe d'évolution, une variété infinie est introduite parmi les arbres d'un même ordre, au moyen de légères différences dans la distribution et dans la constitution des feuilles. Dans les *Musacées* ou *Scytaminées* (les Bananiers), autre ordre de la même classe de végétaux, une diversité tout aussi remarquable résulte de l'emploi des mêmes moyens, c'est-à-dire de faibles modifications d'une loi fondamentale. Qu'y a-t-il de plus différent, en apparence, que le bananier commun (*musa paradisiaca*) avec ses grandes feuilles simples largement espacées autour de la tige, si gracieuses, si libres dans leurs mouvements, et le bananier de Madagascar (*Ravenala madagascariensis*), communément appelé arbre du voyageur ? Comme le Baccabá de Pará, celui-ci a des feuilles alternes régulièrement placées sur les côtés opposés du tronc et si étroitement serrées les unes contre les autres qu'elles forment un immense éventail aplati, de chaque côté d'une tige colossale. Sur toutes ces plantes, l'arrangement des feuilles obéit à la même loi, et chacune d'elles l'exprime d'une manière distincte ; ce groupement mathématique des feuilles se montre ainsi compatible avec une grande variété de structures essentiellement différentes. Cependant, quoique la loi phyllotaxique règne dans toutes les plantes et ne soit limitée ni à une classe, ni à un ordre, ni à une famille, un genre, une espèce, et qu'elle embrasse dans ses combinaisons diverses tout le règne végétal, je crois qu'on peut tirer un profit spécial de son étude dans le groupe des palmiers, les feuilles étant à la fois, sur ces arbres, très-volumineuses et en petit nombre. Les palmiers les plus caractéristiques et les plus abondants, sur les bords du Rio Negro, sont le javari (*Astrocaryum javari*), le muru-murú (*A. muru-muru*), l'uauassú (*Attalea speciosa*), l'inajá (*Maximiliana regia*), le baccabá (*OEnocarpus bacabá*), le paxiuba (*Iriartea exorhiza*), le caraná (*Mauritia caraná*), le caranai (*M. Horrida*), l'ubim (*Geonoma*) et le curuá (*Attalea spectabilis*). Ceux qui se prêtent à plus d'usages sont les deux derniers. Le remarquable piassaba (*Leopoldinia piassaba*) se rencontre bien au-dessus de la jonction du Rio Negro et du Rio Branco ; nous nous en procurâmes cependant un exemplaire qui avait été planté à Itatiassú. Les nombreuses petites espèces d'ubim (*Geonoma*), de marajá (*Bactris*) et même de jará (*Leopoldinia*) disparaissent si complétement dans l'ombre des grands arbres qu'on s'aperçoit seulement de leur présence lorsqu'ils sont rassemblés en masses, le long des berges de la rivière. Des bussús (*Manicaria*), des assahys (*Euterpe*), des mucajás (*Acrocomia*) poussent aussi sur les bords du Rio Negro; mais il reste à déterminer si les espèces sont les mêmes que celles de l'Amazône inférieur. L'aspect des différentes espèces de palmiers est si caractéristique que, du pont de notre bâtiment, on pouvait les signaler aussi distinctement que les chênes verts et les noix peccan, si faciles à reconnaître sur le cours inférieur du Mississipi, ou bien que les différentes espèces de chênes, de hêtres, de bouleaux et de noyers qui attirent l'attention quand on navigue près des bords de nos grands lacs du Nord. Il est cependant impossible de discerner toutes les essences d'arbres de ces merveilleuses forêts amazoniennes. Cela provient en partie de leur mélange si extraordinaire. Dans la zone tempérée, nous avons des forêts de pins, des forêts de chênes, de bouleaux, de hêtres, d'érables, toujours la même espèce peuplant la même surface. Rien de cela n'existe ici; il y a la diversité la plus étonnante dans la combinaison des plantes, et c'est chose très-rare que de voir une certaine étendue de terrain occupée exclusivement par une seule espèce d'arbres. Un grand nombre de celles qui forment ces forêts sont encore inconnues à la science, et cependant les Indiens, ces botanistes et ces zoologistes pratiques, ont une connaissance parfaite, non-seulement de leurs formes extérieures, mais encore de leurs diverses propriétés. Cette connaissance empirique des objets naturels qui les entourent va si loin chez eux, que rassembler et coordonner les notions éparses dans les localités de cette région serait, je n'en doute pas, contribuer grandement au progrès des sciences. Il faudrait, pour ainsi dire, écrire une encyclopédie de la forêt sous la dictée des tribus qui l'habitent. Ce serait, à mon avis, une excellente manière de faire des collections que d'aller d'établissement en établissement, d'envoyer les Indiens recueillir les plantes qu'ils connaissent, de les sécher, de les étiqueter d'après les noms vulgaires de la localité, et d'inscrire sous ces titres à côté de leurs caractères botaniques, tout ce qu'on pourrait obtenir d'indications relatives à leurs propriétés médicinales ou autres. L'examen critique de ces herbiers permettrait, plus tard, de corriger les renseignements obtenus, surtout si la personne chargée de recueillir les matériaux avait des connaissances botaniques qui lui permissent de compléter les collections faites par les Indiens et d'y ajouter tout ce qui est requis pour une description systématique. Les spécimens ne devraient pas, du reste, être choisis comme ils l'ont été jusqu'à présent, sans autre souci que des parties absolument utiles pour la détermination des espèces. Pour être complète, une collection doit contenir le bois, l'écorce et les fruits non desséchés, conservés dans l'alcool. L'abondance et la variété des essences dans la vallée de l'Amazône frappent le voyageur d'étonnement. Qui ne s'attendrait à entendre le grincement précipité de la scie mécanique, là où se trouvent réunis par centaines les bois les plus propres soit à la construction, soit à l'ébénisterie de luxe, remarquables par la beauté du grain, la dureté, la richesse et la variété des nuances, les veinures et la durabilité ? Et cependant, si ignorants sont les habitants de la valeur de ces essences que, pour avoir une planche, ils coupent un arbre et l'équarrissent à la hache jusqu'à ce qu'ils l'aient réduit à la minceur nécessaire. Bien d'autres produits végétaux doivent s'ajouter à la liste de ceux qui sont déjà exportés de l'Amazonie et partiront sans doute un jour des rives du grand fleuve pour être portés sur les marchés du monde; on extrait de quelques noix et de quelques fruits du palmier les huiles les plus pures et les plus limpides; l'écorce de ces arbres donne les fibres les plus précieuses, par l'élasticité et la résistance, pour la fabrication des cordages; outre ces produits matériels, outre ceux qui, en très-grande quantité, pourrissent par terre faute de bras pour les recueillir, le climat et le sol sont extrêmement favorables à la production du sucre, du café, du cacao et du coton. J'ajouterai que les épices de l'Orient peuvent être cultivées dans la vallée de l'Amazône aussi bien que dans les Indes néerlandaises. »

Dimanche 31. — *Manaós.* — Nous voulions pousser notre excursion sur le Rio Negro jusqu'à l'embouchure du Rio Branco, mais notre pilote n'a pas voulu se charger de guider *l'Ibi-*

cuhy au delà de Pedreira ; il prétend que le lit de la rivière est encombré de gros blocs et que le chenal manque d'eau en cette saison. Force nous a donc été de revenir sur nos pas, sans avoir atteint notre but. Mais si court qu'ait été notre voyage, il n'en a pas moins été fort intéressant, et nous en avons rapporté une impression vivace du caractère spécial de ce grand cours d'eau. Au reste, à la longue, ces forêts sans fin paraissent monotones ; quand les jours succèdent aux jours sans qu'on découvre une maison et sans qu'on rencontre un canot, on finit par soupirer après les terres cultivées, les pâturages, les terrains découverts, les champs de blé et les meules de foin ; après quelque chose, en un mot, qui dénote la présence de l'homme. Assis le soir à l'arrière du navire, flottant pendant des centaines de lieues entre les rivages inhabités et les forêts impénétrables, on finit par céder à l'accablement de l'ennui. Bien que, çà et là, un établissement indien ou un village brésilien apparaissent et coupent la distance, il n'y a qu'une poignée d'hommes sur cet immense territoire. Le temps viendra nécessairement où l'humanité en aura pris possession ; où, sur ces mêmes eaux dans lesquelles nous n'avons pas croisé trois canots en six jours, les bateaux à vapeur et les navires de toute classe monteront et descendront ; où la vie enfin et l'activité animeront ces rivages ; mais ce jour-là n'est pas encore venu ! Quand je me rappelle combien de gens misérables j'ai vus en Suisse, courbés sur une boîte de montre ou sur un métier à dentelles, osant à peine lever les yeux de dessus leur ouvrage, et cela du lever du soleil jusqu'avant dans la nuit, sans parvenir, même à ce prix, à gagner de quoi suffire à leurs besoins, et quand je songe combien facilement tout pousse ici, sur une terre qu'on aurait pour rien, je me demande par quelle fatalité étrange une moitié du monde regorge tellement d'habitants qu'il n'y a pas de pain pour tous, tandis que, dans l'autre moitié, la population est si rare que les bras ne peuvent suffire à la moisson ! L'émigration ne devrait-elle pas affluer à larges flots en cette région si favorisée de la nature et si vide d'hommes !... Par malheur, les choses vont lentement sous cette latitude, et les grandes cités ne s'y improvisent pas en un demi-siècle, comme chez nous. Humboldt, dans le récit de son voyage à l'Amérique du Sud, écrivait : « Depuis que j'ai quitté les rives de l'Orénoque et de l'Amazône, une ère nouvelle a commencé pour le développement social des États de l'occident. A la furie des dissensions intestines ont succédé les bénédictions de la paix et la liberté des arts et de l'industrie. Les bifurcations de l'Orénoque, l'isthme de Tuamini si facile à percer par un canal artificiel, fixeront avant peu l'attention du commerce européen. La Cassiquiare, aussi large que le Rhin, cessera d'être un inutile canal navigable sur une longueur de 180 milles (290 kilom.), entre deux bassins dont la superficie mesure 190 mille lieues carrées. Les grains de la Nouvelle-Grenade seront transportés sur les rives du Rio Negro; des bateaux, partis des sources du Napó ou de l'Ucayale, des Andes de Quitó ou du haut Pérou, viendront s'arrêter aux bouches de l'Orénoque, après avoir franchi une distance égale à celle qui sépare Marseille de Tombouctou. » Telles étaient les prévisions de ce grand esprit. Il y a plus de soixante ans de cela! et, aujourd'hui, les rives du Rio Negro et de la Cassiquiare sont aussi luxuriantes et aussi désolées, aussi fécondes et aussi désertes !...

8 janvier 1866. — Manaós. — Le besoin de quelques jours de repos, après tant de mois d'un travail ininterrompu, a retenu ici M. Agassiz pendant une semaine. Cela nous a donné occasion de refaire nos promenades autour de Manaós, de compléter nos collections de plantes et de retremper, dans cette localité où nous avons passé trois mois si agréables, notre souvenir des scènes que probablement nous ne reverrons jamais. La forêt est beaucoup plus riche en fleurs qu'aux jours où j'en parcourus pour la première fois les sentiers pittoresques. Les Passiflores sont surtout abondantes. Il y en a une espèce dont le délicieux parfum rappelle celui du jasmin du Cap; elle se cache dans l'ombre, mais ses senteurs la trahissent, et, en écartant les branches, on est bien sûr de trouver ses grosses fleurs blanches et pourpres, ses feuilles épaisses et son sarment foncé serpentant sur un tronc voisin. Une autre semble plutôt solliciter qu'éviter le regard: elle est d'un rouge éclatant, et ses étoiles cramoisies percent pour ainsi dire le feuillage dense de la forêt. Mais, plus je jouis du charme de cette végétation, plus et mieux que jamais je sens le prix des transitions qui, dans notre pays du Nord, nous mènent peu à peu aux différences marquées des saisons. Dans ce monde toujours vert, où jamais rien ne change, où, de siècle en siècle, rien n'est divers, si ce n'est un peu plus, un peu moins d'humidité, un peu plus, un peu moins de chaleur, je pense avec une gratitude émue à l'hiver et au printemps, à l'été et à l'automne. Le cercle de la nature me semble incomplet, et, au sein de cette moite et tiède atmosphère, j'ai pour les frimas de notre ciel un souvenir affectueux. Il est littéralement vrai que vous ne pouvez faire dix pas sans être en moiteur. C'est, du reste, ce qui fait que la chaleur n'est point irritante, et je n'ai nulle raison de modifier mon premier jugement : que, en somme, la température de ce climat est beaucoup moins accablante que nous ne l'avions redouté, les nuits étant invariablement fraîches.

A la fin de cette semaine, nous prendrons de nouveau passage à bord de *l'Ibicuhy*, et nous descendrons doucement à Pará, non sans faire, en chemin, quelques stations. Nous nous arrêterons d'abord à Villa-Bella où M. Agassiz veut faire une seconde collection de poissons. Il peut sembler singulier que, après s'être procuré il y a cinq mois à peine de volumineuses collections des poissons de l'Amazône, dans cette même localité aussi bien que dans les lacs voisins, il veuille retourner au même endroit, au lieu de diriger ses recherches sur un autre point. S'il ne s'agissait pour lui, uniquement ou principalement, que de connaître l'innombrable diversité de ces êtres dont il sait aujourd'hui que la variété la plus extraordinaire existe dans cet immense bassin d'eaux douces, refaire une collection dans les lieux mêmes où il en a déjà fait une serait chose, en effet, superflue. Un canton non encore exploré donnerait sans doute plus riche butin d'espèces nouvelles. Mais accumuler les espèces est pour lui chose secondaire ; sa préoccupation constante a toujours été, dès l'origine de ses recherches, de déterminer par l'observation directe la distribution géographique de ces animaux et de s'assurer si leurs migrations sont aussi fréquentes et aussi étendues qu'on le dit. Voici quelques notes sur ce point.

« On m'a dit souvent que, ici, les poissons sont nomades et que, en des saisons différentes, un même endroit est occupé par des espèces diverses. Mes recherches personnelles m'ont amené à croire que cette assertion se fonde sur des observations imparfaites ; la localisation des espèces me paraît plus précise, plus permanente, dans ces eaux, qu'on ne l'a supposé. Les migrations sont, de fait, très-limitées. Les poissons ne font guère qu'aller et venir d'une eau moins profonde dans des eaux plus profondes et de celles-ci aux bas-fonds, au fur et à mesure que, suivant les saisons, le niveau des rives est modifié par la crue ou la baisse. En d'autres termes, le poisson qu'on a trouvé au fond d'un lac dont la surface a environ un mille carré se montrera plus près des bords de ce lac lorsque, au moment de la crue, la nappe d'eau couvrira elle-même une plus large surface. De même, les espèces que vous avez pêchées à l'embouchure d'un ruisseau, au temps des basses eaux, se rencontreront à la hauteur de la source après que les eaux sont devenues très-hautes. Inversement des poissons recueillis dans un des grands igarapés qui bordent l'Amazône, à l'époque où ces canaux sont gonflés par la crue du fleuve, pourront se rencontrer dans l'Amazône lui-même quand le petit cours d'eau sera dégonflé. On ne connaît pas une seule espèce qui, des bords de la mer, remonte régulièrement dans les eaux supérieures de l'Amazône, à une certaine époque, pour retourner ensuite à l'Océan ; il n'y a pas ici de poisson qui corresponde au saumon, par exemple, remontant le courant des fleuves de l'Europe et de l'Amérique du Nord pour aller déposer son frai dans les eaux douces des affluents supérieurs, et redescendant après cela à la mer. Les déplacements des poissons amazoniens sont l'effet de l'extension ou de la réduction de l'habitat, lequel suit l'amplitude du gonflement et de l'affaissement des eaux ; ils ne sont point le résultat d'un instinct de migration. On pourrait les comparer aux mouvements de certains poissons de l'Océan qui, à une saison, recherchent les bas-fonds du littoral et passent le reste de l'année dans des eaux plus profondes.

« Prenons pour exemple notre alose. On la pêche en février sur les côtes de la Géorgie et un peu plus tard sur celles de la Caroline; en mars, on peut la trouver à Washington et à Baltimore; un peu après, à Philadelphie et à New-York. Elle ne fait son apparition sur le marché de Boston (à moins qu'on ne l'y ait apportée du Sud) que vers la fin d'avril ou le commencement de mai. On a conclu de là que les aloses émigrent de la Géorgie à la Nouvelle-Angleterre. En examinant l'état dans lequel se trouvent ces poissons pendant les mois où on les vend sur nos marchés, on voit tout de suite que cette conclusion n'est point fondée. Ils sont toujours remplis d'œufs et, comme c'est une des raisons qui les font rechercher pour la table, on ne les apporte plus au marché une fois passé le temps de la ponte. Or il n'est pas possible qu'ils frayent deux fois dans l'espace de quelques semaines; il est donc évident que les aloses qui font successivement apparition le long des côtes de l'Atlantique, de février à mai, ne sont pas les mêmes. C'est le printemps qui émigre vers le nord et qui rappelle du fond de l'Océan les bancs d'aloses, à mesure qu'il touche les différents points de la côte. Ces mouvements ainsi liés à l'apparition du printemps le long du littoral font croire à une migration du sud au nord, quand il n'y a, en réalité, que la montée d'une même espèce des eaux plus profondes vers les bas-fonds à la saison du frai. De même, il est probable que l'inégalité des périodes de crue et de baisse, dans les différents tributaires de l'Amazône et dans les diverses parties du courant principal, peut produire une certaine régularité de succession dans l'apparition et la disparition des espèces en certains endroits et faire croire à une migration sans qu'il y en ait une.

« En tenant compte de tous les renseignements que j'avais pu me procurer sur ce sujet, j'ai tenté de faire simultanément, autant que cela était possible, des collections sur différents points de l'Amazône. Ainsi, tandis que je faisais pêcher, moi présent, à Villa-Bella, il y a tantôt six mois, quelques-uns de mes aides étaient occupés de la même manière à Santarem et plus haut sur le Tapajóz. Pendant que je travaillais à Teffé, des détachements étaient à l'œuvre dans le Hyavary, dans l'Içá, dans le Hyutahy; enfin, durant mon séjour à Manaós, des collections se faisaient, au même moment, à Cudajás, à Manacapurú et plus haut encore sur le Rio Negro, aussi bien que sur quelques points inférieurs du grand lit. Dans quelques-unes de ces stations, il m'a été donné de répéter mes observations en des saisons différentes, mais nécessairement les intervalles compris entre la pêche la plus ancienne et la plus récente dans une même localité n'ont pas toujours été les mêmes. Entre les premières collections faites à Teffé et les dernières, il ne s'est guère écoulé que deux mois, tandis que, de la pêche faite aussitôt notre arrivée à Manaós, en septembre, à celle opérée ces jours-ci, il y a un intervalle de quatre mois; à Villa-Bella entre les deux extrêmes, il y aura un laps de temps de plus de cinq mois. Voilà pourquoi j'attache une grande importance à renouveler mes investigations à cette même place, aussi bien qu'à former plus tard des collections nouvelles à Obydos, à Santarem, à Monte-Alegre, à Porto-do-Móz, à Gurupá, à Tajapurú et à Pará. Aussi loin que ces comparaisons aient porté, elles prouvent que les faunes distinctes des localités que je cite ne sont pas le résultat de migrations. Non-seulement, en effet, nous avons trouvé au même moment des poissons différents dans tous ces bassins, mais, à des époques différentes, les mêmes poissons ont reparu dans les mêmes eaux partout où l'on a traîné le filet; cela, non pas dans des localités choisies, mais aussi loin que possible, sur toute la surface indistinctement, et à toutes les profondeurs. Si l'expérience confirme que, à Pará et aux stations intermédiaires, après un intervalle de six mois, les espèces sont absolument les mêmes que lorsque nous avons remonté le fleuve, ce sera certainement un argument très-fort contre le préjugé des migrations lointaines des poissons amazoniens. La limitation notable des espèces dans des aires définies n'exclut cependant pas la présence simultanée de certaines espèces dans tout le bassin de l'Amazône; par exemple, depuis le Pérou jusqu'à Pará, on rencontre en tout lieu le Pirarucú. D'une manière analogue, un petit nombre d'espèces sont plus ou moins largement répandues sur ce qu'on peut appeler des régions ichthyologiques distinctes; la distribution en est très-étendue, mais elles n'émigrent point; leur habitat est moins borné, mais il est normal et permanent. C'est ainsi que certains animaux terrestres sont presque cosmopolites, tandis que d'autres sont circonscrits dans des limites relativement étroites. Quoique de nombreux quadrupèdes propres aux États-Unis, par exemple, diffèrent de ceux qui habitent au Mexique ou de ceux qui vivent au Brésil et constituent ainsi autant de faunes distinctes, il y en a un, le *Puma* (couguar), notre panthère du Nord ou lion rouge, qu'on retrouve, à l'est des montagnes Rocheuses et des Andes, depuis le Canada jusqu'à la Patagonie.

« Le mouvement des eaux, qui affecte si puissamment la distribution des poissons, constitue par lui-même un très-curieux phénomène. Il y a, pour ainsi dire, une correspondance rhythmique entre la crue et la baisse des affluents de l'une et de l'autre rive de l'Amazône. La masse des eaux, dans son ensemble, oscille, pour ainsi dire, alternativement du nord au sud et du sud au nord dans sa marée semi-annuelle. Sur le versant méridional du bassin, les pluies commencent aux mois de septembre et d'octobre ; elles s'écoulent des plateaux brésiliens et des montagnes de la Bolivie avec une force croissante et dont la violence augmente à mesure que la saison pluvieuse s'avance. Elles gonflent les ruisseaux et les torrents, qui se réunissent pour former soit le Purús, soit le Madeira, soit le Tapajóz, soit les autres affluents du sud, et descendent graduellement jusqu'au grand fleuve. Leur marche est lente toutefois, car l'afflux ne se fait sentir avec toute sa force dans l'Amazône qu'en février ou en mars. Pendant ce dernier mois, dans la région située au-dessous de l'embouchure du Madeira, par exemple, l'Amazône hausse en moyenne d'un pied par vingt-quatre heures, si grande est la quantité d'eau qu'il acquiert. A ce même moment où les pluies se produisent dans le Sud, ou même un peu plus tôt, en août et septembre, les neiges des Andes commencent à se liquéfier et à descendre vers la plaine. L'apport du versant des Cordillères du Pérou et de l'Équateur coïncide avec celui des plateaux du Brésil et de la Bolivie. Ces eaux soulèvent l'Amazône à son centre et sur sa rive méridionale ; elles le refoulent vers le nord, débordent la rive septentrionale et refluent même dans les affluents de ce côté du fleuve qui sont alors à l'étiage.

« Bientôt les pluies qui tombent sur les plateaux de la Guyane et sur les contre-forts septentrionaux des Andes, où la saison humide est dans toute sa force en février et en mars, reproduisent sur le versant opposé les mêmes phénomènes. D'avril à mai, les affluents du nord se gonflent et ils atteignent en juin leur maximum. Ainsi, à la fin de juin, quand déjà les rivières du sud ont baissé considérablement, les rivières du nord sont à leur plus haut niveau ; le Rio Negro, par exemple, monte, à Manaós, d'environ quarante-cinq pieds (près de treize mètres). Cette masse d'eaux venant du nord presse à son tour sur le centre et reporte le fleuve vers le sud. La saison des pluies, le long de l'Amazône propre, va de décembre à mars et coïncide assez bien avec notre hiver, comme époque et comme durée.

« Il faut remarquer que la vallée amazonienne n'est pas une vallée dans le sens ordinaire du mot; elle n'est pas encaissée entre de hautes parois renfermant les eaux qui s'écoulent; c'est, au contraire, une plaine large d'environ douze cents kilomètres (7 à 800 milles anglais) et longue d'environ quatre mille (de 2 à 3000 milles), avec une pente si faible que la moyenne ne dépasse pas dix-neuf centimètres par myriamètre (un pied anglais par dix milles). Entre Obydos et le bord de la mer, la distance est d'environ treize cents kilomètres (800 milles) et la chute n'est que de treize mètres soixante-dix centimètres (45 pieds). De Tabatinga à l'Océan, il y a, en ligne droite, plus de trois mille deux cents kilomètres (2000 milles); la différence de niveau est d'environ soixante mètres (200 pieds). L'impression à simple vue est donc celle d'une plaine parfaite et l'écoulement de l'eau est si lent qu'il est à peine perceptible en beaucoup de points du fleuve. Néanmoins ce dernier a une marche lente mais incessante vers l'est, et glisse, le long de l'immense plaine inclinée doucement des Andes à la mer, aidé par l'afflux intermittent des tributaires des deux rives qui pousse la masse des eaux vers le nord pendant les mois de notre hiver et la refoule vers le sud à l'époque de notre été.

« De ces alternatives il résulte que le fond de la vallée se déplace constamment; il y a tendance à la formation de canaux allant du grand lit à ses tributaires, comme nous avons vu qu'il en existe entre le Solimoens et le Rio Negro et comme Humboldt en mentionne entre le Hyapurá et l'Amazône. De fait, toutes ces rivières sont reliées ensemble par un réseau de canaux formant un enchevêtrement de voies de communication qui rendront toujours, en grande partie, les routes de terre inutiles.

« Quand la contrée sera peuplée, on pourra toujours passer du Purús, je suppose, au Madeira, du Madeira au Tapajóz, du Tapajóz au Xingú, de là au Tocantins, sans entrer dans le grand lit. Les Indiens appellent ces canaux des *furos*, littéralement des *trous*, un passage percé d'une rivière à l'autre. Le jour où le commerce aura ses intérêts engagés dans cette région fertile et dominée par les eaux, ces canaux seront d'un immense avantage pour l'intercourse. »

XII

DESCENTE A PARÁ. — EXCURSIONS SUR LA CÔTE.

Visite d'adieu à la grande cascade des environs de Manaós. — Changements qu'elle a subis. — Arrivée à Villa-Bella. — Retour chez Maia le pêcheur. — Excursion au lac Maximo. — Les oiseaux du lac. — La Victoria regia. — Départ de Villa-Bella. — Obydos; sa situation: formations géologiques. — Santarem; l'église; souvenir de Martius. — En canot sur une prairie. — Monte-Alegre. — Paysage. — « Banheiras. » — Excursion dans le voisinage. — Départ de Monte-Alegre. — Mœurs indiennes. — Almeyrim. — Nouvelles observations géologiques. — Porto do Móz. — Collections. — Gurupá. — Tajapurú. — Arrivée à Pará. — Une procession. — Excursion à Marajó. — Souré. — Les missions des jésuites. — Géologie de Marajó. — Une forêt enterrée. — Vigia. — Igarapé. — Plantes et animaux. — Géologie. — Retour à Pará. — Photographie de plantes. — Note sur la végétation de l'Amazône. — La lèpre.

15 janvier. — Nous voilà embarqués sur *l'Ibicuhy* pour redescendre l'Amazône. La veille de notre départ de Manaós, nous avons voulu visiter une dernière fois la grande cascade, nous baigner encore dans ses eaux fraîches et délicieuses, et faire un déjeuner d'adieux au pied de sa chute. Encore quelques semaines et elle aura disparu, noyée pour ainsi dire. L'igarapé se gonfle rapidement, soulevé par la crue du fleuve, et il ne tardera pas à atteindre le niveau de la dalle de grès d'où l'eau se précipite. Déjà l'aspect de ce bocage n'est plus le même que nous avons vu; les berges sont inondées, les rochers et les souches qui émergeaient à la surface sont cachés sous les eaux, et là où sautillait un mince ruisseau tapageur à peine assez fort pour porter un tout petit canot, s'étale maintenant une rivière presque considérable. Partout l'on voit les indices des changements produits par l'*enchente*. L'aspect même de l'Amazône s'est modifié : les eaux sont plus épaisses et plus jaunes qu'au temps où nous le remontions ; il est plus encombré de bois flottant, d'herbes détachées, de débris de toute nature arrachés à ses rives. Les fleurs sauvages sont aussi plus abondantes. Les petites plantes délicates du mois de septembre, à la tige basse, se cachant dans la mousse et le gazon de même que nos violettes et nos anémones, ont fait place à de grosses fleurs, couvrant de grands arbres et, comme les plantes exotiques de nos appartements, ayant de riches couleurs et des parfums violents. Ce sont du reste toujours ces végétaux de nos serres chaudes que rappelle la flore des forêts amazoniennes ; souvent même, quand, des profondeurs des bois, nous arrive un souffle tiède chargé d'humidité et de parfums, l'on dirait une bouffée d'air s'échappant par la porte d'un de nos jardins d'hiver.

17 *janvier*. — Nous sommes arrivés à Villa-Bella à huit heures, hier matin ; nous avons employé quelques heures à prendre certaines dispositions nécessaires et nous avons continué notre route jusqu'à l'embouchure de la rivière Ramos, à une heure de la ville. C'est cette même rivière que nous avons remontée, depuis sa jonction supérieure avec l'Amazône, lors de notre petit voyage à Mauhés. Nous avons jeté l'ancre à peu de distance de la barre, devant la maison de notre ancienne connaissance le pêcheur Maia. C'est là, on s'en souvient peut-être, que nous avons passé les quelques jours consacrés aux premières collections faites dans la localité et les environs. Par bonheur, Maia lui-même était à Manaós quand nous en sommes partis ; il servait dans la garde nationale. Le Président a bien voulu lui donner un congé pour qu'il pût nous accompagner, ce qui permet à M. Agassiz de mettre à profit sa connaissance de la localité et son habileté à la pêche. Lui n'a pas été fâché d'avoir l'occasion de visiter sa famille, et, pour celle-ci, l'arrivée du père a été une agréable surprise. Nous sommes allés ce matin à terre, pour faire une visite à ces bonnes gens et leur porter quelques petits souvenirs : des colliers, de petits bijoux, des couteaux, etc. ; ils nous ont reçus comme de vieux amis et nous ont offert tout ce que la maison pouvait contenir. Mais,

quoique toujours aussi bien tenue qu'autrefois, la petite case a l'air plus pauvre. Je n'ai vu, cette fois, ni poisson sec, ni manioc, ni « farinha », et la femme m'a dit qu'il était bien difficile d'entretenir sa nombreuse famille, maintenant que le mari n'était plus là.

La quantité d'herbes détachées, d'arbustes, etc., charriés par les eaux qui passent devant notre bâtiment à l'ancre, est incroyable ; ce sont des jardins flottants parfois d'un demi-acre d'étendue. Quelques-uns de ces verts radeaux sont habités : les oiseaux aquatiques s'y embarquent et souvent de gros animaux sont entraînés avec eux au fil de la rivière. Le commandant m'a raconté qu'un jour, un navire anglais se trouvant à l'ancre dans le Paraná, une de ces pelouses flottantes fut entraînée avec deux cerfs qui se trouvaient dessus ; le courant apporta l'île et ses habitants tout contre le bâtiment, et le capitaine n'eut que la peine de recevoir les hôtes qui venaient d'une façon si inattendue lui demander un gîte. Dans le même fleuve, une autre île flottante emporta avec elle un habitant moins aimable ; un grand tigre s'en était emparé et naviguait majestueusement au gré du courant ; il passait si près des rives qu'on l'aperçut très-distinctement. La population accourut et se jeta dans les montarias pour aller l'examiner de plus près, tout en se maintenant avec soin à distance respectueuse. Les plus remarquables parmi les plantes ainsi détachées de la rive sont : la cana-rana (espèce de roseau sauvage), une grande variété d'Aroïdées aquatiques, des Pistia, des Ecornia entre autres, et une quantité de gracieuses Marsiléacées flottantes.

18 janvier. — Aujourd'hui, nous nous sommes mis en quête de la Victoria regia. Nous avons fait de constants efforts pour voir ce fameux nénufar, en fleur dans ses eaux natales ; mais bien qu'on nous ait souvent dit qu'il abondait, à certaines époques, dans les lacs et dans les igarapés, nous n'avons jamais réussi à le découvrir. Hier, quelques officiers du bord ont fait une excursion à un lac voisin et sont revenus avec des trésors botaniques de toute sorte. Entre autres richesses, il y avait une immense feuille de nénufar qu'à ses dimensions nous avons jugée ne pouvoir appartenir qu'à la Victoria regia, bien que le rebord caractéristique de cette plante manquât. Ce matin, accompagnés de deux ou trois des excursionnistes d'hier qui ont eu l'obligeance de nous servir de guides, nous sommes allés voir ce lac. Une courte promenade à pied nous conduisit du bord de la rivière à celui d'une large nappe d'eau, le Lago Maximo, qui se relie au Ramos par une passe étroite, située très-loin du mouillage où notre bâtiment est à l'ancre; si bien que pour y aller en canot il eût fallu faire un grand détour. Nous avons trouvé une vieille montaria, avec une ou deux pagaies cassées, abandonnée, semble-t-il, sur la rive du lac pour

Victoria regia.

servir au premier venu, et nous nous sommes embarqués tout de suite. Le Lago Maximo est entouré de forêts magnifiques qui ne descendent pas, cependant, jusqu'au niveau de l'eau, mais en sont séparées par une large zone d'herbes. Nous vîmes sur cette bordure de roseaux un grand nombre d'oiseaux aquatiques. Quelques troncs d'arbres morts leur servaient aussi de perchoirs et les branches étaient chargées de mouettes, toutes dans la même attitude et tournées dans la même direction, faisant face au vent qui soufflait violemment contre elles. Ce-

nards et ciganas fourmillaient, et, une ou deux fois, nous fîmes lever dans le bois des aras, non-seulement l'ara écarlate, le vert et le jaune, mais aussi le bleu, infiniment plus beau. Ils fuirent devant nous, avec leur plumage étincelant qui resplendissait au soleil, et disparurent vite sous les arbres, pour aller chercher des retraites plus profondes et plus inaccessibles. Des roseaux de la rive sortait aussi la note grave de l'Unicorne (Camichi), cet oiseau si prisé des Brésiliens, mi-échassier, mi-gallinacé, qui appartient au genre Palamedea. Par malheur nous n'étions préparés que pour une expédition botanique, nous ne pûmes pas mettre à profit l'occasion qui s'offrait à nous : les oiseaux eurent beau jeu à nous tenter en passant à portée de fusil, ils n'avaient rien à craindre. A l'extrémité supérieure du lac, nous arrivâmes au berceau du lis auquel avait été arraché le trophée de la veille. Les feuilles étaient très-grandes, plusieurs d'entre elles avaient quatre ou cinq pieds (1 m. 22 à 1 m. 52) de diamètre, mais peut-être avaient-elles perdu quelque chose de leur fraîcheur et, partant, de leur forme naturelle ; en tout cas le bord se relevait d'une façon à peine visible et même souvent posait à plat sur l'eau. Nous trouvâmes des boutons, mais pas de fleur éclose. Cette après-midi, heureusement, une des filles de Maia, notre pêcheur, ayant appris que je désirais voir une de ces fleurs, est allée m'en chercher dans une nappe d'eau située beaucoup plus loin et que nous n'avions pas le temps de visiter. Elle m'a apporté un spécimen parfait. Les Indiens donnent à la feuille un nom caractéristique : ils l'appellent « forno » (un four), à cause de la ressemblance qu'elle présente avec les immenses bassins très-peu profonds dans lesquels ils grillent la cassave sur les fours à manioc. Tous les voyageurs ont décrit la Victoria regia, sa formidable armure d'épines, ses feuilles colossales et ses admirables fleurs, dont la nuance passe du blanc velouté, à travers toutes les gradations du rose, jusqu'au pourpre sombre, pour revenir, au centre, à une teinte laiteuse un peu jaunâtre. Je ne fatiguerai point le lecteur d'une description nouvelle. Et cependant nous n'avons pas pu la voir dans les eaux où elle naît, sans éprouver une impression très-vive devant ce type, si l'on peut dire, du débordement luxuriant de la nature végétale sous les tropiques.

Si merveilleuse qu'elle paraisse quand on l'admire dans le bassin d'une pelouse artificielle, où elle fait peut-être plus d'effet à cause de son isolement, elle a, vue dans le milieu qui lui est propre, un charme plus grand encore, celui de l'harmonie avec tout ce qui l'environne, avec la masse compacte de la forêt, avec les palmiers et les parasites, les oiseaux au plumage étincelant, les insectes aux couleurs éclatantes et merveilleuses, avec les poissons eux-mêmes qui, cachés dans les eaux, au-dessous d'elle, n'ont pas des nuances moins riches et moins variées que le monde vivant de l'air. Je ne me rappelle pas avoir jamais lu, dans les descriptions de la Victoria, rien de relatif à l'ingénieux procédé grâce auquel la surface immense de la feuille pleinement développée est contenue dans les dimensions plus petites de la feuille très-jeune. Cela mérite cependant d'être signalé; car c'est un curieux exemple des artifices de la nature pour réduire ses productions les plus vastes à un très-petit volume. Tout le monde sait par quel lourd échafaudage de côtes la feuille colossale est supportée, quand elle a acquis tout son développement. Dans le principe, ces côtes sont relativement minces, mais toute la verte expansion à venir est ramassée entre elles par rangées régulières de fronces délicates. A cette période, la nouvelle pousse se trouve à une assez grande profondeur. Elle se développe et monte lentement, de la base de la souche sur laquelle elle naît. Tandis qu'elle s'élève ainsi, elle a la forme d'une coupe profonde ou d'un vase; puis, à mesure que les côtes grossissent et que leurs ramifications s'étalent dans toutes les directions, une à une les petites fronces se déplissent pour occuper l'espace qui va s'élargissant; enfin la feuille arrive au niveau de l'eau et s'appuie sur la surface, lisse et sans aucun pli. M. Agassiz fit retirer du fond de l'eau plusieurs souches (chose peu commode à cause des épines) et trouva, juste entre les racines, les bourgeons naissants, de petites clochettes blanches n'ayant pas plus d'un demi-pouce de haut. Il y avait dans le lac une autre plante du même genre en plein développement. C'était presque un nain à côté de la Victoria, mais c'eût été un géant parmi nos lis d'eau. La feuille mesurait plus d'un pied en diamètre et était légèrement festonnée sur le bord; il n'y avait pas de fleurs ouvertes, mais les boutons ressemblaient à ceux de notre nénufar blanc et n'étaient pas plus gros; le pétiole et les côtes, à la différence de ceux de la Victoria, étaient assez lisses et sans épines. Après notre visite à ces plantes, nous avons fait, sur les bords inondés du lac, plusieurs tours au milieu des grands arbres afin que les mariniers pussent abattre quelques palmiers nouveaux pour nous. Tandis que nous les attendions à l'ombre, dans le canot, nous avons eu l'occasion d'admirer la beauté et la variété des insectes, entre autres, les grands papillons bleus (Morphos) et les brillantes libellules au corps cramoisi, aux ailes mordorées dont les reflets métalliques étincellent sous le soleil[1].

21 janvier. — *Obydos*. — Nous avons quitté Villa-Bella hier, avec une collection de poissons considérable et de précieuses additions à celle des palmiers. Le résultat général des pêches nouvelles, qu'elles aient eu lieu sur la rivière Ramos ou sur le lac Maximo, a été, outre l'acquisition de plusieurs espèces et de quelques genres nouveaux, de montrer que les faunes sont bien les mêmes qu'il y a cinq mois. A coup sûr, pendant ce temps, les migrations n'ont eu aucune influence appréciable sur la distribution de la vie dans ces eaux.

Partis de Villa-Bella après la nuit tombée, nous sommes arrivés de bon matin à Obydos. La situation de cette jolie petite ville est une des plus pittoresques qu'on puisse voir sur l'Amazône. Elle est posée sur un morne à pente rapide et domine le vaste panorama du fleuve à l'est et à l'ouest; c'est aussi un des rares points d'où l'on peut apercevoir les deux rives à la fois. Le morne d'Obydos est couronné par une forteresse qui depuis bien des années n'a pas eu l'occasion de montrer sa puissance; on peut douter qu'elle réussît à interdire le passage à une force ennemie. Les canons très-bien placés pour battre la rive opposée ne pourraient pas couvrir de leur feu la partie du fleuve qui coule au pied du fort; la pente de la falaise sur

---

[1]. Pendant le court séjour que j'ai fait dans les environs d'Obydos et de Villa-Bella, j'ai reçu de plusieurs des habitants de ces deux villes une assistance efficace. Le P. Torqualo et le curé Antonio de Nattos ont contribué à mes collections. Mon ami N. Honorio, qui m'avait accompagné jusque-là, fit, en collaboration avec le délégué de police de Villa-Bella, d'excellentes collections de poissons dans le voisinage. A Obydos, M. le colonel Bentos a fait pour moi, dans le Rio Trombetas, une des plus belles collections locales que je possède. (L. A.)

laquelle est placée la batterie s'interposerait entre elle et l'ennemi, et celui-ci passerait avec d'autant plus d'impunité qu'il s'en rapprocherait davantage. Cette colline est tout entière composée de ce même drift rouge que nous avons rencontré partout sur les bords de l'Amazône et de ses tributaires. Il abonde davantage en cailloux qu'à Manaós et à Teffé, et nous avons vu ces cailloux disposés en lignes ou en couches horizontales, comme sur le littoral et dans le voisinage de Rio de Janeiro : la ville d'Obydos repose dessus. Les environs sont fort pittoresques et le sol très-fertile, mais c'est toujours le même aspect de négligence et d'inactivité insouciante si tristement remarquable dans toutes les villes de l'Amazonie.

23 *janvier*. — Hier, de bonne heure, nous sommes arrivés à Santarem, et, vers sept heures et demie, nous sommes allés faire une promenade à terre. La ville est assise sur un petit promontoire qui sépare les eaux noires du Tapajóz des flots jaunâtres de l'Amazône. Le paysage est charmant, rehaussé qu'il est par un arrière-plan de collines s'étendant au loin vers l'est. Nous avons d'abord été à l'église qui fait face à la plage. La porte en était ouverte comme pour nous inviter à entrer. Ce n'était pas seulement la curiosité qui nous poussait à en franchir le seuil, nous avions un but : en 1819, un naturaliste qui explorait alors l'Amazône, Martius, que son grand ouvrage sur l'histoire naturelle du Brésil a rendu célèbre, fit naufrage devant Santarem et faillit perdre la vie. Dans son angoisse, il avait fait vœu, s'il échappait à la mort, de témoigner sa reconnaissance par un don à l'église de Santarem. De retour en Europe, il envoya de Munich un Christ en croix de grandeur naturelle, aujourd'hui appendu au mur, avec une inscription simple au-dessous qui rappelle en peu de mots le danger, la délivrance et la gratitude du donateur. Comme œuvre d'art ce crucifix n'a pas grande valeur, mais il attire à l'église bien des gens qui n'ont jamais entendu parler ni de Martius, ni de son voyage célèbre. Pour M. Agassiz, ce pèlerinage avait un intérêt spécial : il allait voir un objet qui perpétuait le souvenir des voyages et des dangers du vieil ami qui fut son maître.

Nous nous sommes ensuite promenés dans la ville. Elle est bâtie avec plus de soin et contient quelques maisons qui ont plus de prétention au confort et à l'élégance qu'il n'est ordinaire dans l'Amazonie. Nous sommes ensuite revenus à bord pour déjeuner. Un peu plus tard, nous avons fait une très-agréable excursion sur la rive opposée du Tapajóz, toujours à la recherche de la Victoria regia, qui est, dit-on, de toute beauté dans les environs. Nous avions pour guide M. Joaquim Rodrigues auquel M. Agassiz est redevable de toutes sortes d'attentions aimables, sans compter une très-précieuse collection de poissons faite, depuis que nous avons passé ici, en route pour le Solimoens, partie par M. Rodrigues lui-même, partie par son fils, un intelligent petit garçon de treize ans. La rivière une fois traversée, nous nous sommes trouvés devant un vaste champ de grosses herbes hautes, qui semblait une immense prairie; à notre surprise, les rameurs s'engagèrent sur cet herbage vert et nous aurions pu croire que nous naviguions sur la terre, car l'étroite passe que le canot sillonnait était entièrement cachée par les longs roseaux et les grandes mauves aux larges fleurs rosées qui, de chaque côté, s'élevaient et recouvraient entièrement la surface. La vie pullulait sur ce terrain inondé et marécageux où l'eau avait une profondeur de cinq à six pieds. Tandis que les bateliers traînaient notre canot à travers la masse d'herbes et de fleurs, M. Agassiz recueillait sur les feuilles et les tiges toutes sortes de créatures animées : des rainettes de toute espèce aux belles couleurs, des sauterelles, des scarabées, des libellules, des escargots aquatiques, des paquets d'œufs, en somme une infinie variété de choses vivantes, d'un intérêt très-grand pour le naturaliste. Si riche était la mine, qu'il n'y avait qu'à étendre les mains et à les ramener pleines. Les rameurs en voyant l'enthousiasme de M. Agassiz se prirent aussi d'un beau feu, et, en un instant, une grande jarre fut remplie d'objets presque tous nouveaux pour l'insatiable collectionneur. Après avoir navigué quelque temps sur ces prairies nous avons pénétré dans les grandes flaques d'eau où la Victoria regia s'étalait dans toute sa splendeur. Les spécimens que nous vîmes là étaient beaucoup plus beaux que ceux du lac Maximo. Une feuille que nous avons mesurée avait 1 mètre 70 de diamètre (cinq pieds et demi), une autre, 1 mètre 60, et le rebord se dressait à la hauteur de trois pouces et demi. Beaucoup de feuilles partaient de la même souche et leur ensemble était d'un effet admirable, la teinte rose du rebord contrastant avec le vert très-vif de la surface intérieure. Nous ne vîmes pas de fleur épanouie ; M. Rodrigues nous a appris que les pêcheurs les coupent dès qu'elles sont ouvertes. M. Agassiz ayant exprimé le désir de se procurer les racines de la plante, deux bateliers plongèrent dans l'eau avec une gaieté qui me surprit, car on venait de me dire que ces marais sont fréquentés par les jacarès ; ils disparurent à plusieurs reprises et, creusant sous la plante, parvinrent à ramener à la surface trois grosses tiges, une avec une fleur en bouton. Nous sommes revenus enchantés de notre partie de canot sur un pré.

Notre butin vivant s'accroît tandis que nous descendons le fleuve et nous avons maintenant presque une ménagerie à bord : quantité de perroquets, une demi-douzaine de singes, deux jolis petits cerfs du district de Monte-Alegre, plusieurs agamis aussi doux et aussi privés que des oiseaux de basse-cour, qui se promènent sur le pont en le foulant d'un pied délicat et mangent dans la main. Par exemple, leur voix singulièrement rauque est fort peu en harmonie avec leurs jolies allures et leur mine coquette. De temps en temps, ils lèvent la tête, avancent leur long cou et font entendre un gloussement sourd plus semblable au roulement d'un tambour qu'à la note d'un oiseau. La dernière venue, mais non pas la moins intéressante de nos bêtes curieuses, est un aï ; c'est, de tous nos favoris, celui qui m'intéresse le plus, non pas à cause de ses charmes, mais à cause de ses façons grotesques. Je ne me fatigue pas de le regarder. On n'a pas l'air plus délicieusement paresseux. Sa tête s'appuie languissamment entre ses bras ; toute son attitude est molle et indifférente ; il semble ne demander que le repos. Le pousse-t-on, ou, comme il arrive souvent, un passant lui applique-t-il une claque pour le faire lever, il lâche sa tête, et ses bras s'abaissent lentement ; il soulève avec effort ses paupières et laisse tomber pour un moment sur l'intrus le regard de ses gros yeux, avec une expression d'indolence suppliante et désespérée ; puis, les membranes s'affaissent pesamment, la tête s'incline, les bras se replient avec lassitude autour d'elle, et l'animal se replonge dans une immobilité absolue. Cet appel muet est le seul signe d'activité que je lui aie jamais vu faire. Cette ménagerie ne fait pas tout entière partie de nos collections scientifiques; elle appartient pour plus de moitié au capitaine et aux officiers. Les Brésiliens sont très-amateurs de ces jouets animés, et presque chaque maison possède des singes, des perroquets, des oiseaux, ou d'autres animaux apprivoisés.

26 *janvier*. — *Monte-Alegre* — Mardi nous avons quitté Santarem et vendredi matin nous étions ici; nous y avons reçu l'hospitalité la plus courtoise chez M. Manoel. MM. Coutinho et Agassiz ont été faire une excursion géologique à la Serra do Ereré. C'est une rangée pittoresque de collines qui ferment les *campos*, c'est-à-dire la plaine sablonneuse, au nord-ouest de la ville. Ces messieurs ont pris des chemins différents. En compagnie du capitaine Faria et d'un ou deux amis, M. Coutinho est allé à cheval à travers le campo, tandis que M. Agassiz a fait la route en canot. Ils se rejoindront au pied de la Serra et passeront deux ou trois jours à l'explorer. On sait encore bien peu de chose sur la structure géologique des serras amazoniennes de Santarem, de Monte-Alegre et d'Almeyrim. On les a généralement envisagées comme des prolongements, soit du plateau de la Guyane, au nord, soit de celui du Brésil, au sud. M. Agassiz croit qu'elles n'appartiennent ni à l'un ni à l'autre et que leur formation se rattache directement à celle de la vallée elle-même. C'est la solution de ce problème qu'il poursuit dans cette excursion; M. Coutinho, qui s'est muni de baromètres, se propose plus spécialement de déterminer la hauteur de ces collines. Quant à moi, je passe quelques jours ici et je m'applique à ne rien perdre d'un paysage qui passe, à bon droit, pour le plus pittoresque des bords de l'Amazône. Non-seulement il y a de vastes panoramas, mais encore la nature friable du sol qui se décompose si facilement a permis aux grosses pluies de former un nombre aussi grand que varié de vallons et de ravins fort jolis, entourés de rochers, ombragés par les arbres, au fond desquels sourdent le plus souvent des eaux vives. Un d'eux me charme entre tous. Il est profondément excavé en forme d'amphithéâtre, et ses parois rocheuses sont couronnées d'une épaisse forêt de palmiers, de mimosas et d'autres espèces qui projettent sur le sol comme un voile obscur. Une source descend du sommet de la berge avec un gai murmure et les servantes noires ou indiennes viennent y

remplir leurs jarres. Souvent elles amènent les petits enfants confiés à leurs soins, et l'on voit les rouges poteries penchées sous la fontaine, tandis que, dans le petit bassin inférieur, clapotent, pieds nus, les brunes nourrices et les blancs petits marmots. Quoique, dans le campo, la végétation soit basse et le sol maigrement couvert d'herbes grossières ou de buissons, cependant, en certains endroits, la forêt est de toute beauté: nous n'avons jamais vu de mimosas plus gros et plus luxuriants; ils sont parfois d'un vert si riche et si profond, leur feuillage est tellement serré qu'on a peine à croire, à distance, que cette masse compacte soit formée par les légères folioles pennées d'une plante sensitive. Les palmiers aussi sont nombreux et élégants et il y en a plusieurs espèces que nous ne connaissions pas.

28 *janvier*. — Hier, notre excellent hôte a arrangé une partie de campagne pour m'être personnellement agréable. Il a voulu que je visse quelque chose des plaisirs de Monte-Alegre. Deux ou trois voisins se sont joints à nous, puis les enfants, la bande joyeuse du petit monde pour lequel tout ce qui sort des habitudes régulières de chaque jour est « festa. » Nous sommes partis à pied pour un joli village indien appelé Surubijú. Nous devions y déjeuner, après quoi le retour se ferait dans un de ces lourds chariots traînés par des bœufs, qui sont le seul équipage possible pour les femmes et les enfants, dans un pays où une route de voiture et une selle de dame sont choses également inconnues. La promenade fut charmante, tantôt au milieu des bois, tantôt à travers les campos, et comme il était de très-bonne heure nous n'avions pas à regretter l'ombre, lorsque les arbres manquaient. Nous lambinions sur les côtés du chemin, les enfants s'arrêtant pour cueillir des fruits sauvages, très-abondants sur la route, ou pour m'aider à herboriser; il était à peu près neuf heures quand nous avons atteint la première maison en paille. Nous y avons pris un instant de repos; depuis longtemps cela n'a plus pour moi le charme de la nouveauté, mais cependant j'ai toujours plaisir à visiter les petites cases indiennes. On nous accueillit cordialement dans celle-ci; le meilleur hamac à l'endroit le moins chaud, la cuia d'eau fraîche furent en un instant préparés pour nous. En général, les maisonnettes des Indiens sont mieux tenues que les maisons des blancs et elles possèdent un certain attrait pittoresque qui garde toujours la même séduction.

Après nous être un peu reposés, nous avons repris notre promenade à travers l'établissement. Les sitios sont dispersés, séparés par de grandes distances et si complétement entourés par les arbres qu'ils semblent absolument isolés au sein de la forêt. On dit que les Indiens sont paresseux ! il est positif qu'ils sont fantasques, incapables de se plier à des habitudes régulières de travail ; pourtant, dans presque toutes ces maisons, quelque occupation caractéristique était en train. Dans deux ou trois, les femmes faisaient des hamacs ; dans une, un jeune garçon préparait des feuilles de palmier curuá pour faire une cabine à son canot ; la roue du potier tournait dans une autre ; ailleurs enfin, une femme, renommée dans le voisinage pour son habileté dans cet art, était appliquée à peindre des calebasses. Je vis, chez elle, pour la première fois, les couleurs que l'on prépare avec une certaine argile fournie par la Serra. Nous sommes, en ce moment, en plein carnaval, et toutes les plaisanteries sont permises ; aussi ne nous laissa-t-on pas sortir sans que nous eussions fait avec les couleurs de la rustique artiste une connaissance plus intime que nous n'aurions souhaité : comme nous partions de chez elle, elle se jeta sur nous les mains pleines de rouge et de bleu. Elle eût brandi des tomahawks que la déroute n'eût été ni plus soudaine ni plus complète ; ce fut un sauve-qui-peut dans toute la compagnie et à qui regagnerait au plus vite le petit pont qui mène à la case. Je dus à ma qualité d'étrangère d'être épargnée, mais tous n'ont pas été aussi heureux et, parmi les enfants, plusieurs ont gardé tout le jour les stigmates bleus ou rouges. Le plus joli de tous ces sitios de la forêt se trouve au fond d'un petit vallon très-encaissé ; on y arrive en descendant un étroit sentier qui serpente sous un bois magnifique abondant en palmiers. Malheureusement, si l'aspect en est ravissant, l'apparence maladive des enfants et la réputation d'insalubrité qui lui est faite témoignent suffisamment que cet endroit charmant, mais bas et humide, n'est pas bon à habiter. Après une gaie flânerie nous sommes revenus à la première maisonnette pour y déjeuner, puis, à une heure environ, nous avons repris le chemin de la ville dans le char à bœufs qui était venu nous chercher. Ces chariots consistent en un étroit plancher posé sur de lourdes roues en bois qui grincent bruyamment et dont les formes massives et primitives feraient croire que ce sont les premières que l'homme ait inventées. Sur ce plancher on étendit une natte de jonc, on dressa des montants pour soutenir une tente, et, au bout de quelques minutes, le véhicule primitif s'ébranla au milieu des éclats de gaieté et de belle humeur qui n'ont cessé qu'à la porte de notre logis.

M. Agassiz est revenu hier soir de son excursion à la Serra Ereré. J'extrais de ses notes un court récit de ce voyage et quelques remarques sur l'aspect général de la contrée, la végétation et les animaux. L'exposé sommaire des résultats géologiques de cette petite exploration se trouvera dans un chapitre séparé, à la fin de notre voyage dans l'Amazône.

« J'étais parti avant l'aube; dès que l'aurore commença à rougir le ciel, je vis s'envoler vers les bois des troupes de canards et de petites oies amazoniennes; çà et là, un cormoran se tenait solitaire sur une souche morte ou bien un martin-pêcheur se balançait sur l'eau, épiant sa proie; aux bords de la rivière, des mouettes en grand nombre et rassemblées par troupes couvraient les arbres; les alligators couchés dans la boue plongeaient bruyamment à notre approche; par hasard un marsouin sortait de l'eau, se montrait et disparaissait soudain; parfois nous effrayions un troupeau de capivards au repos près de la rive; une fois même nous avons aperçu, accroché aux branches d'un imbaúba, un paresseux, vraie peinture de l'indolence, enroulé dans l'attitude qui lui est particulière, les bras passés autour de la tête. Une grande partie de la rive est formée par une terre basse, alluviale, que recouvrent ces belles graminées particulières appelées le *capim*. Cette herbe constitue d'excellents pâturages pour le bétail et son abondance en cette région rend le district de Monte-Alegre très-propre à l'exploitation agricole. Çà et là, l'argile rouge du sol s'élève au-dessus de l'eau, et un petit toit de chaume surmonte la berge, entouré de deux ou trois arbres; la petite case est presque toujours le centre d'une ferme à bétail et on voit de nombreux troupeaux paître dans les prairies environnantes. Le long des bords, là où la campagne est découverte, où le terrain est bas et marécageux, le seul palmier qu'on aperçoive est le marajá (*geonoma*). Pendant quelque temps nous avons longé le Rio Gurupatuba, puis nous avons tourné à droite et pénétré dans un étroit ruisseau qui a l'aspect d'un igarapé dans son cours inférieur, mais qui, supérieurement, reçoit les eaux de la partie de la plaine comprise entre la Serra do Ereré et celle de Tajury et prend la physionomie d'une petite rivière; on lui donne le même nom qu'à la première Serra, c'est le Rio Ereré. Ce mince cours d'eau étroit et pittoresque, souvent tellement recouvert par les herbes que le canot a de la peine à poursuivre sa route, passe à travers une magnifique forêt de beaux palmiers à feuilles en éventail, des miritis (*maurita flexuosa*), qui s'étend à plusieurs milles et abrite sous son ombre, comme dans un berceau de verdure, quantité d'arbres plus petits et d'arbustes dont quelques-uns portent des fleurs brillantes et remarquables. Cela me fit un effet étrange : une forêt d'arbres monocotylédonés surmontant une forêt d'arbres dicotylédonés, les plantes inférieures protégeant et abritant ainsi celles d'une organisation plus élevée! Parmi ces arbres de petite stature, celui qu'on appelle *fava* à cause de sa gousse énorme m'a le plus frappé. Toute cette masse de végétation était emmêlée de lianes innombrables et de plantes grimpantes, au milieu desquelles se distinguaient surtout les bignonias avec leur corolle ouverte en forme de trompe. Le capim d'un vert tendre était enlacé des fleurs de la mauve qui foisonnait au milieu, et l'aninga, cette espèce d'arum aquatique aux larges feuilles, lui formait souvent une sorte de bordure.

« Pendant des heures notre petit bateau glissa lentement sous les arbres de cette forêt, où la vie animale le disputait en variété et en richesse à la végétation. Le nombre et la diversité des oiseaux me frappaient d'étonnement. Le mélange d'herbes épaisses et de joncs était sur les deux rives rempli d'oiseaux aquatiques. Un des plus communs était un petit échassier de couleur marron, le jaçaná (*Parra*), auquel ses longs doigts, hors de toute proportion avec le volume du corps, permettent de courir à la surface de la végétation riveraine comme sur un terrain solide. Nous sommes en janvier ; c'est pour lui le temps des amours ; à chaque coup de rame nous faisons lever les couples effrayés, dont les nids plats, grands ouverts contiennent généralement cinq œufs couleur de chair, rayés de zigzags d'un brun foncé. Les autres échassiers étaient un héron blanc de neige, un autre gris cendré, des espèces plus petites et une grande cigogne blanche. Les hérons cendrés étaient toujours par couple; les blancs se tenaient tout seuls, solitaires au bord de l'eau ou à demi cachés dans le *capim*. Les arbres et les buissons étaient remplis de petits oiseaux semblables à nos fauvettes et qu'il aurait été difficile de différencier; pour un observateur ordinaire ils auraient simplement rappelé les petits chanteurs de nos bois, mais, parmi ces espèces, une attira particulièrement mon attention à cause du grand nombre d'individus que j'en remarquai, et aussi à cause de l'architecture des nids, la plus extraordinaire que j'aie jamais vue relativement à la taille de l'ouvrier. Les gens du pays lui donnent deux noms et l'appellent tantôt le *pedreiro*, tantôt le *forneiro*, deux mots qui font allusion, comme on va voir, à la nature de sa demeure. Ce singulier nid est bâti avec de l'argile, il est dur comme de la pierre (*pedra*), et sa forme est celle du four (*forno*) arrondi, dans lequel les habitants préparent la cassave ou farine extraite des tubercules du manioc; il a environ un pied de diamètre et est placé de champ sur une branche d'arbre ou dans la fourche du tronc. Parmi les petites espèces, j'ai remarqué encore des tanagres aux couleurs brillantes et une autre qui ressemble au canari; il y avait en outre des hoche-queue, des moineaux au plumage blanc et noir et à queue tombante, les *japis* comme on les nomme ici, dont les nids pendent en forme de sac, puis le « bem-ti-vi » si commun. Les oiseaux-mouches, dont l'idée s'associe dans notre esprit à celle de la végétation tropicale, étaient fort rares; je n'en ai vu que quelques-uns. Les grives et les tourterelles étaient plus nombreuses. J'ai aussi noté la présence de quatre espèces de pics, puis des perruches, des perroquets; ces derniers, se levant en quantité innombrable devant notre canot, volaient en troupes épaisses au-dessus de nos têtes et couvraient tous les autres sons du bruit aigu de leurs caquets.

« Quelques-uns de ces oiseaux ont fait sur moi une impression profonde. Chose remarquable! dans toutes les régions, si loin qu'il soit de la patrie, au milieu d'une faune ou d'une flore toutes nouvelles pour lui, le voyageur est tout à coup frappé par la vue d'une fleur ou par le chant d'un oiseau, qui lui sont familiers. Soudain il est transporté dans les bois de la terre natale où chaque arbre est pour lui comme un vieil ami. Il semble vraiment qu'il y ait dans le travail de la nature quelque chose de ce que, d'après l'expérience des opérations de notre esprit, nous appelons réminiscence ou association d'idées. Les combinaisons organiques ont beau être distinctes dans des contrées ou sous des climats différents, elles ne s'excluent jamais entièrement l'une l'autre. Chaque province zoologique ou botanique conserve quelque lien, qui l'enchaîne à toutes les autres, et fait d'elle un élément de l'harmonie générale. Le lichen du pôle nord se retrouve, vivant à l'ombre du palmier, sur les rochers de la serra des tropiques ; et le chant de la grive, le coup de bec du pic se mêlent aux cris aigus et discordants de la perruche et du perroquet.

« Les oiseaux de proie ne manquaient pas. Il y en avait un, de la grosseur de notre milan, appelé le faucon rouge, si peu farouche que, lors même que notre canot passait juste au-dessous de la branche peu élevée sur laquelle il était posé, il ne s'envolait point. Mais de tous ces groupes, le plus curieux à comparer avec les groupes correspondants de notre zone tempérée, celui qui témoigne plus distinctement du fait que chaque région a son monde animal à elle propre, c'est celui des gallinacés. Ici, le plus commun des oiseaux de cet ordre est la cigana, qu'on voit former des troupes de quinze à vingt individus, juchés sur les arbres dont les branches pendent au-dessus de l'eau, et y cherchant des baies. La nuit elles perchent par couple, mais dans la journée elles sont toujours par grosses compagnies. Il y a dans leur aspect extérieur quelque chose qui tient à la fois du faisan et du paon, et cependant elles ne ressemblent ni à l'un ni à l'autre. C'est un fait singulier que, à l'exception de quelques gallinacés rappelant nos perdrix, tous les représentants de cette famille au Brésil, et spécialement dans la vallée de l'Amazône, appartiennent à des types qui n'existent pas dans les autres parties du globe. On ne rencontre ici ni faisans, ni coqs de bruyère, ni gelinottes, mais à leur place abondent le Mutûm, le Jacú, le Jacami et l'Unicorne (*Crax, Penelope, Psophia, Palamedea*) ; tous sont tellement éloignés des types gallinacés qu'on trouve plus haut vers le nord qu'ils se rapprochent presque autant des outardes et des oiseaux ayant les formes de l'autruche que de la poule et du faisan. Ils diffèrent aussi de nos poules du nord par une uniformité plus grande dans la parure des deux sexes. Sur aucun d'eux on ne voit, du mâle à la femelle, ces différences de plumage si remarquables chez le faisan, le coq de bruyère et nos oiseaux de basse-cour. Cependant, la livrée des petits a la couleur jaune qui, dans cette famille, distingue les femelles de la plupart des espèces. Si les oiseaux abondaient ainsi en grand nombre, les insectes étaient presque rares. Je n'ai vu que quelques petits papillons, et fort peu de coléoptères. Mais les libellules se montrent assez souvent : les unes ont le corsage de couleur pourpre, la tête noire, les ailes brunes; les autres, un corselet volumineux, vert et croisé de bandes bleues. Je n'ai aperçu qu'un colimaçon rampant sur les roseaux, et, parmi les coquilles fluviatiles, j'ai recueilli seulement quelques petites espèces d'ampullaires.

« Quand après avoir remonté la rivière je me trouvai sur la même ligne que la serra, je débarquai et traversai les campos à pied. Je pénétrai alors dans une région entièrement différente, une plaine sèche, découverte, où la végétation était rare. Les plantes les plus remarquables étaient des buissons de cactus et des bouquets de palmiers Curuá, une espèce sans tige, basse, aux feuilles larges et élégantes qui sortent de terre et forment une urne gracieuse. Dans ces champs de sable desséchés, qui s'élèvent graduellement vers la serra, j'ai observé, dans les ravines creusées par les grosses pluies, l'argile feuilletée qui forme partout les fondations des strates amazoniennes. Ici encore elle présentait si bien le caractère des schistes argileux ordinaires que j'ai cru me trouver enfin sur une formation géologique ancienne. Au lieu de cela, j'ai obtenu une nouvelle preuve que, en les torréfiant, le soleil embrasé des tropiques peut produire, sur les argiles feuilletées d'une origine récente, le même effet que les agents plutoniques ont produit sur les argiles anciennes, c'est-à-dire peut les transformer en schistes métamorphiques. En approchant de la serra je me répétais encore combien, dans les circonstances les plus dissemblables, des traits semblables peuvent partout se reproduire dans la nature. J'arrivai tout à coup auprès d'une petite anse, bordée de l'habituelle végétation des cours d'eau sans grande profondeur; sur la rive se tenait un bécasseau qui s'envola à mon approche en poussant son cri particulier, si semblable à celui que tout le monde connaît chez nous que, rien qu'à sa voix, je l'eusse reconnu sans le voir. Après une heure de marche sous le soleil brûlant, je ne fus pas fâché de me trouver enfin au hameau d'Ereré, presque au pied de la serra, et de rejoindre mes compagnons. C'est peut-être la seule fois, pendant tout mon voyage dans l'Amazonie, que j'aie passé une journée dans la pure jouissance de la nature, sans le travail des collections, travail vraiment pénible sous ce chaud climat où les spécimens réclament une attention immédiate et constante. J'ai appris ainsi combien riche en impressions est même une seule journée, dans ce monde merveilleux des tropiques, pour peu qu'on ouvre seulement les yeux sur les trésors de la vie végétale et animale. Quelques heures ainsi passées dans les champs, simplement à regarder les animaux et les plantes, en apprennent plus sur la distribution de la vie, qu'un mois d'études de cabinet; car, dans de telles conditions, les choses se montrent dans la complète harmonie de leurs rapports. Malheureusement ce n'est pas chose aisée de faire un tableau de l'ensemble; toutes nos descriptions écrites dépendent plus ou moins de la nomenclature, et les noms locaux sont à peine connus hors du district auquel ils appartiennent, tandis que les noms systématiques ne parlent qu'au très-petit nombre. »

30 janvier.— A bord de *l'Ibicuhy*.— Nous avons pris hier congé de nos aimables hôtes et dit adieu à Monte-Alegre. Je retiendrai longtemps dans ma mémoire le tableau, moitié souriant moitié triste, de ses sentiers pittoresques et de ses vallons ombreux, de sa grande place verdoyante, de la cathédrale inachevée où les arbres et les plantes grimpantes closent de leur rideau les baies des portes et des fenêtres, tandis que les hautes herbes croissent dans la nef solitaire. Je reverrai souvent le cimetière abandonné d'où l'on contemple le labyrinthe sans fin des lacs et, par delà, les eaux jaunes du fleuve immense, tandis que, sur la rive opposée, se découvre la plaine des campos, barrée par les hauteurs pittoresques de la serra lointaine. Jamais je ne pourrai exprimer d'une manière qui me satisfasse l'impression tant soit peu mélancolique que fit sur moi, la première fois que je la vis, cette région cependant si aimable. Cette impression, une plus longue résidence ne l'a point effacée. Peut-être provient-elle de l'aspect général d'inachèvement et de décadence, de l'absence d'énergie et d'entreprise qui font que la

Jeune Indien mammaluco.

nature prodigue vainement ses dons à profusion. Au milieu d'une contrée qui devrait regorger de produits agricoles, on ne saurait se procurer ni lait, ni beurre, ni fromage, ni légumes, ni fruits. On entend constamment le peuple se plaindre de la difficulté qu'il a à se procurer les objets même les plus ordinaires de la consommation domestique quand, en réalité, chaque propriétaire pourrait les produire. Les districts agricoles sont riches et fertiles, mais il n'y a pas de population agricole. L'Indien nomade flotte à l'aventure sur son canot, la seule demeure à laquelle il s'attache véritablement; jamais il ne prend racine sur le sol, et il n'a aucun goût pour la culture. Comme exemple du caractère de cette race, je ne veux pas oublier de mentionner un incident qui s'est produit hier quand nous avons quitté Monte-Alegre. Lors de son voyage à Ereré, le major Coutinho a été prié par un Indien et sa femme, dont il a fait autrefois connaissance lors de ses premières excursions dans ce district, d'emmener à Rio, avec lui, un de leurs petits garçons qui peut avoir huit ans. Rien de moins rare parmi eux. Ils sont tout prêts à céder leurs enfants s'ils peuvent leur assurer un soutien et peut-être aussi quelques-uns des avantages de l'éducation. Le jour du départ, le père, la mère et deux sœurs vinrent à bord avec l'enfant; mais je pense, et la suite le prouva bien, qu'il y avait de leur part plus de curiosité de voir le bâtiment et de passer une journée à se divertir que de regret du départ de ce pauvre petit. Quand vint le moment de la séparation, la mère, avec un air d'indifférence absolue, donna sa main à baiser au jeune garçon; le père s'en alla sans paraître songer à son fils, mais l'enfant courut après lui, prit sa main et la baisa; puis, il resta sur le pont, sanglotant et le cœur brisé, tandis que toute la famille s'éloignait dans son canot, riant et causant avec gaieté, sans montrer la moindre émotion. Ce sont là, dit-on, des traits qui caractérisent parfaitement les Indiens. Ils sont peu sensibles aux affections de famille, et tandis que les mères sont folles de leurs babys, elles sont relativement indifférentes pour les enfants déjà grands. Il est réellement impossible de compter sur l'affection des individus de cette race, quoiqu'on cite de leur part des cas isolés de fidélité remarquable. J'ai entendu maintes et maintes fois des personnes qui ont là-dessus une grande expérience, dire ceci : que l'on prenne un enfant indien, qu'on l'élève en le traitant avec la plus parfaite bienveillance, qu'on l'instruise et qu'on l'habille, on en fera un membre utile et, en apparence, dévoué de la famille. Mais un beau jour, adieu! il va, où? vous n'en savez rien, et probablement jamais plus vous n'entendrez parler de lui. Le vol n'est point un vice de la race; au contraire, ce même Indien, qui déserte le toit de l'ami qui l'a élevé et soigné, est très-capable de laisser derrière lui tous ses vêtements, excepté celui qu'il porte, et tous les présents qu'il a reçus. La seule chose qu'il sera tenté de prendre, c'est un canot et une paire de rames. Avec cela un homme comme lui est riche. Il n'a qu'un besoin, c'est de retourner dans les bois, et rien ne l'arrête, ni le sentiment de l'amitié, ni la considération de l'intérêt.

Nous passons aujourd'hui devant les collines d'Almeyrim. La dernière fois que nous les avons vues, elles brillaient de tout l'éclat du soleil couchant. Aujourd'hui les nuages laissent pendre au-dessus d'elles leurs bords déchirés, et leur masse sombre se détache à peine sous les vapeurs plombées d'un ciel pluvieux. C'est une joie pour M. Agassiz, en revenant dans cette localité, de se dire que les phénomènes qui le déroutaient, lorsque nous avons remonté la rivière, sont désormais parfaitement explicables maintenant qu'il a eu occasion d'étudier la géologie de la vallée. Quand nous avons, pour la première fois, passé devant ces singulières collines à sommet plat, leur structure et leur âge restaient pour lui également énigmatiques. Était-ce du granit, comme on l'a dit, du grès, ou du calcaire? Était-ce une formation primaire, secondaire ou tertiaire? Leur forme étrange rendait le problème plus difficile encore. Maintenant il le voit, ce sont simplement les restes de la plaine qui remplissait jadis toute la vallée de l'Amazône, depuis les Andes jusqu'à l'Atlantique, depuis la Guyane jusqu'au centre du Brésil. Des dénudations sur une échelle colossale, inconnue jusqu'ici aux géologues, ont fait de cette plaine un labyrinthe de rivières majestueuses, et çà et là, partout où la formation a résisté au tumulte des eaux, il est resté des montagnes basses et des chaînes de collines comme un monument de l'épaisseur primitive du sol[1].

1er février. — Mardi soir, nous sommes arrivés à Porto do Móz, sur le Rio Xingú. Nous comptions y rester plusieurs jours, car M. Agassiz désirait particulièrement se procurer des poissons de cette rivière, et, si la chose était possible, des spéci-

---

1. Voir le chapitre XIII sur l'histoire physique de l'Amazone.

mens de ces animaux provenant de la partie supérieure et de la partie inférieure du cours d'eau, entre lesquelles il existe des rapides. Il a trouvé sa récolte déjà faite et toute préparée. M. Vinhas, avec lequel, durant les quelques heures d'arrêt que nous passâmes ici en venant de Pará, il s'était entretenu du but scientifique de notre voyage, a fait, pendant notre absence, la plus belle collection qui ait été réunie dans le cours de l'expédition. Elle renferme, par lots séparés, les poissons qui vivent au-dessus et ceux qui habitent au-dessous des rapides. Grâce à cette double collection que M. Agassiz a déjà soigneusement examinée, il est certain du fait que, des deux côtés de la chute, les faunes sont entièrement distinctes l'une de l'autre, comme le sont celles du cours supérieur et du cours inférieur de l'Amazône, celles des grands tributaires, celles des lacs, celles des igarapés. C'est la plus importante addition aux preuves déjà obtenues de la localisation distincte des espèces, dans les bassins de la vallée amazonienne. Nous avons vivement regretté que, M. Vinhas étant absent de Porto do Móz, il nous fût impossible de le remercier personnellement de sa précieuse contribution. Le travail accompli par cet obligeant ami ne laissait rien à faire, et nous ne pouvions pas nous arrêter assez longtemps pour entreprendre de recueillir les spécimens de tous les bassins qui se rattachent au Xingú. Nous sommes donc partis le matin de bonne heure, et hier nous étions à Gurupá.

Cette petite ville est située sur une falaise peu élevée, à une trentaine de pieds au-dessus de la rivière. Sur la partie saillante de cette falaise est un vieux fort abandonné; devant, s'ouvre la place sur laquelle est l'église, très-vaste et, en apparence du moins, en bon état. Mais l'établissement n'est évidemment pas en voie de prospérité. Beaucoup de maisons sont en ruine et désertes, et il paraît y avoir encore moins d'activité ici que dans la plupart des villages de l'Amazonie. On nous parla beaucoup de l'insalubrité du lieu et nous vîmes plusieurs cas graves de fièvre intermittente, dans une ou deux maisons où nous entrâmes. Pendant que M. Agassiz rendait visite au subdélégué de police retenu au lit par cette maladie, on m'invita à me reposer sous la vérandah d'une maison voisine qui paraissait assez jolie et séduisante. Elle avait vue sur un jardin plein de soleil, où les bananiers, les orangers, les palmiers florissaient à l'envi. Mais la vieille femme qui me reçut se plaignait amèrement de l'humidité, et sa toux rauque, ses rhumatismes en portaient témoignage. Dans un hamac suspendu sous la galerie, gisait un homme que la fièvre avait réduit à l'état de squelette.

Ici encore, nous avons reçu plusieurs spécimens précieux, recueillis depuis notre précédente visite par le subdélégué et une ou deux autres personnes.

3 *février*. — Nous sommes arrivés à Tajapurú jeudi; nous nous y sommes arrêtés deux jours à cause d'une légère réparation à faire à la machine. La localité est intéressante; on y voit ce que peuvent faire en peu de temps dans cette contrée l'esprit d'entreprise et l'industrie. Un homme qui s'y établit, s'il a du goût et assez de culture pour apprécier ces choses, peut s'entourer de presque tout ce qui rend la vie civilisée attrayante. Il y a quelque dix-sept ans, M. Sepeda se fixa dans cet endroit qui était alors complétement sauvage. Il a aujourd'hui une vaste et charmante maison de campagne, faisant face à un jardin, et la forêt voisine lui offre de belles promenades. Le goût et le bien-être règnent chez lui, et nous n'eûmes, tout le temps que nous fûmes ses hôtes, qu'un seul vœu à former : c'est que son exemple soit suivi et que les maisons comme la sienne deviennent moins rares sur les bords de l'Amazone. Ce matin, nous avons repris notre route et nous descendons le fleuve.

4 *février*. — Nous voici à Pará. Nous quittons avec un sentiment de regret *l'Ibicuhy*, à bord duquel nous avons passé des semaines si agréables. Avant que nous descendions du bâtiment, le capitaine Faria a donné l'ordre au charpentier d'abattre le petit pavillon construit sur le pont. On l'avait édifié pour nous; c'était notre salle à manger et notre salle de travail, notre abri contre le soleil et notre protection contre les pluies torrentielles[1]. En arrivant à Pará, nous nous sommes tout de suite trouvés chez nous, sous le toit de notre excellent

---

[1]. Il n'est que juste d'exprimer ici mes remercîments au capitaine Faria pour la façon courtoise dont il accomplit la mission qui lui avait été assignée par son gouvernement. Il ne fut pas seulement un hôte empressé et attentif; il me permit d'encombrer le pont de toute sorte d'appareils scientifiques, et contribua de la façon la plus utile au travail des collections. (L. A.)

ami, M. Pimenta Bueno, où nous attend un repos bien précieux après tant de courses vagabondes.

J'insère ici une lettre adressée à l'Empereur, deux ou trois semaines plus tard, et qui renferme un court sommaire du travail scientifique accompli dans l'Amazône.

Pará, 23 février 1866.

« Sire,

« En arrivant à Pará, au commencement de ce mois, j'ai eu le bonheur d'y trouver l'excellente lettre de Votre Majesté, qui m'attendait depuis quelques jours. J'aurais dû y répondre immédiatement; mais je n'étais pas en état de le faire, tant j'étais accablé de fatigue. Il y a trois ou quatre jours seulement que je commence de nouveau à m'occuper de mes affaires. J'avouerai même que le pressentiment des regrets qui m'auraient poursuivi le reste de mes jours m'a seul empêché de retourner directement aux États-Unis. Aujourd'hui encore j'ai de la peine à vaquer aux occupations les plus simples. Et cependant je ne suis pas malade ; je suis seulement épuisé par un travail incessant et par la contemplation, tous les jours plus vive et plus impressive, des grandeurs et des beautés de cette nature tropicale. J'aurais besoin pour quelque temps de la vue monotone et sombre d'une forêt de sapins.

« Que vous êtes bon, Sire, de penser à moi au milieu des affaires vitales qui absorbent votre attention, et combien vos procédés sont pleins de délicatesse. Le cadeau de nouvel an que vous m'annoncez m'enchante[1]. La perspective de pouvoir ajouter quelques comparaisons des poissons du bassin de l'Uruguay à celles que j'ai déjà faites des espèces de l'Amazône et des fleuves de la côte orientale du Brésil a un attrait tout particulier. Ce sera le premier pas vers la connaissance des types de la zone tempérée dans l'Amérique du Sud. Aussi est-ce avec une impatience croissante que je vois venir le moment où je pourrai les examiner. En attendant, permettez-moi de vous donner un aperçu rapide des résultats obtenus jusqu'à ce jour dans le voyage de l'Amazône.

« Je ne reviendrai pas sur ce qu'il y a de surprenant dans la grande variété des espèces de poissons de ce bassin, bien qu'il me soit encore difficile de me familiariser avec l'idée que l'Amazône nourrit à peu près deux fois plus d'espèces que la Méditerranée, et un nombre plus considérable que l'océan Atlantique d'un pôle à l'autre. Je ne puis cependant plus dire avec la même précision quel est le nombre exact d'espèces de l'Amazône que nous nous sommes procurées, parce que depuis que je reviens sur mes pas, en descendant le grand fleuve, je vois des pois-

---

1. L'Empereur annonçait à M. Agassiz que, durant le séjour qu'il venait de faire, à la tête de l'armée, dans la province de Rio Grande do Sul, il avait donné l'ordre de faire, dans les rivières de cette province méridionale, des collections ichthyologiques.

sons prêts à frayer que j'avais vus dans d'autres circonstances et *vice versâ*, et, sans avoir recours aux collections que j'ai faites il y a six mois et qui ne me sont pas accessibles aujourd'hui, il m'est souvent impossible de déterminer de mémoire si ce sont les mêmes espèces ou d'autres qui m'avaient échappé lors de mon premier examen. J'estime cependant que le nombre total des espèces que je possède actuellement dépasse dix-huit cents et atteint peut-être à deux mille. Mais ce n'est pas seulement le nombre des espèces qui surprendra les naturalistes ; le fait qu'elles sont pour la plupart circonscrites dans des limites restreintes est bien plus surprenant encore et ne laissera pas que d'avoir une influence directe sur les idées qui se répandent de nos jours sur l'origine des êtres vivants. Que dans un fleuve comme le Mississipi, qui, du nord au sud, passe successivement par les zones froide, tempérée et chaude, qui roule ses eaux tantôt sur une formation géologique, tantôt sur une autre, et traverse des plaines couvertes au nord d'une végétation presque arctique, et au sud d'une flore subtropicale, — que dans un pareil bassin on rencontre des espèces d'animaux aquatiques différentes, sur différents points de son trajet, ça se comprend dès qu'on s'est habitué à envisager les conditions générales d'existence et le climat en particulier, comme la cause première de la diversité que les animaux et les plantes offrent entre eux, dans les différentes localités ; mais que, de Tabatinga au Pará, dans un fleuve où les eaux ne varient ni par leur température, ni par la nature de leur lit, ni par la végétation qui les borde, que dans de pareilles circonstances on rencontre, de distance en distance, des assemblages de poissons complètement distincts les uns des autres, c'est ce qui a lieu d'étonner. Je dirai même que dorénavant cette distribution, qui peut être vérifiée par quiconque voudra s'en donner la peine, doit jeter beaucoup de doute sur l'opinion qui attribue la diversité des êtres vivants aux influences locales.

« Un autre côté de ce sujet, encore plus curieux peut-être, est l'intensité avec laquelle la vie s'est manifestée dans ces eaux. Tous les fleuves de l'Europe réunis, depuis le Tage jusqu'au Volga, ne nourrissent pas cent cinquante espèces de poissons d'eau douce ; et cependant, dans un petit lac des environs de Manaós, nommé Lago Hyanuary, qui a à peine quatre ou cinq cents mètres carrés de surface, nous avons découvert plus de deux cents espèces distinctes, dont la plupart n'ont pas encore été observées ailleurs. Quel contraste !

« L'étude du mélange des races humaines qui se croisent dans ces régions m'a aussi beaucoup occupé, et je me suis procuré de nombreuses photographies de tous les types que j'ai pu observer. Le principal résultat auquel je suis arrivé est que les *races* se comportent les unes vis-à-vis des autres comme des espèces distinctes ; c'est-à-dire que les hybrides qui naissent du croisement d'hommes de race différente sont toujours un mélange des deux types primitifs, et jamais la simple reproduction des caractères de l'un ou de l'autre des progéniteurs, comme c'est le cas pour les *races* d'animaux domestiques.

« Je ne dirai rien de mes autres collections qui ont pour la plupart été faites par mes jeunes compagnons de voyage, plutôt en vue d'enrichir notre musée que de résoudre quelques questions scientifiques. Mais je ne saurais laisser passer cette occasion sans exprimer ma vive reconnaissance pour toutes les facilités que j'ai dues à la bienveillance de Votre Majesté, dans mes explorations. Depuis le Président jusqu'aux plus humbles employés des provinces que j'ai parcourues, tous ont rivalisé d'empressement pour me faciliter mon travail, et la Compagnie des vapeurs de l'Amazône a été d'une libéralité extrême à mon égard. Enfin, Sire, la générosité avec laquelle vous avez fait mettre un navire de guerre à ma disposition m'a permis de faire des collections qui seraient restées inaccessibles pour moi, sans un moyen de transport aussi vaste et aussi rapide. Permettez-moi d'ajouter que, de toutes les faveurs dont Votre Majesté m'a comblé pour ce voyage, la plus précieuse a été la présence du major Coutinho, dont la familiarité avec tout ce qui regarde l'Amazône a été une source intarissable de renseignements importants et de directions utiles, pour éviter des courses oiseuses et la perte d'un temps précieux. L'étendue des connaissances de Coutinho, en ce qui touche l'Amazône, est vraiment encyclopédique, et je crois que ce serait un grand service à rendre à la science que de lui fournir l'occasion de rédiger et de publier tout ce qu'il a observé pendant ses visites répétées et prolongées dans cette partie de l'empire. Sa coopération pendant ce dernier voyage a été des plus laborieuses ; il s'est mis à la zoologie comme si les sciences physiques n'avaient pas été l'objet spécial de ses études, en même temps qu'il a fait par devers lui de nombreuses observations thermométriques, barométriques et astronomiques, qui ajouteront de bons jalons à ce que l'on possède déjà sur la météorologie et la topographie de ces provinces. C'est ainsi que nous avons les premiers porté le baromètre au milieu des collines d'Almeyrim, de Monte-Alegre et d'Ereré, et mesuré leurs sommets les plus élevés.

« L'étude de la formation de la vallée de l'Amazône m'a naturellement occupé, bien que secondairement, dès le premier jour que je l'ai abordée.

. . . .

« Mais il est temps que je finisse cette longue épître en demandant pardon à Votre Majesté d'avoir mis sa patience à une aussi rude épreuve.

« De Votre Majesté le serviteur le plus dévoué et le plus affectueux,

« L. AGASSIZ. »

24 février. — *Pará; Nazareth.* — Le temps s'est écoulé ici dans un calme si grand que je ne vois rien à inscrire sur mes notes. M. Agassiz, lorsqu'il a eu terminé l'arrangement et l'emballage de ses collections pour les expédier aux États-Unis, a éprouvé un besoin de repos si impérieux que notre projet de visite à l'île de Marajó a été ajourné. Hier, j'ai vu, à Pará, une procession religieuse. C'est une des nombreuses fêtes, m'assure-t-on, qui tombent en désuétude et qui ont déjà beaucoup perdu de leur ancienne pompe. Elle représentait une scène de la Passion du Christ. Une statue, de grandeur naturelle, qui figure le Sauveur fléchissant sous la croix, est portée sur une plate-forme à travers les rues ; de petites filles, habillées en anges, marchent devant accompagnées de nombreuses gens d'église. Les autels sont illuminés dans toutes les chapelles ; la foule, sans en excepter les enfants, est vêtue de noir ; les balcons de chaque maison sont remplis de gens en deuil, et tout ce monde attend pour voir passer la lugubre procession.

28 *février*. — Devant Marajó, sur le paquebot *Tabatinga*. — Tous les grands fleuves, comme le Nil, le Mississipi, le Gange, le Danube, ont leurs deltas, mais le plus grand fleuve du monde, l'Amazône, fait exception à cette règle. Quel est donc le caractère géologique de la grande île qui en obstrue l'entrée dans l'océan ? De cette question naît l'intérêt spécial que M. Agassiz attache à visiter Marajó. Partis de Pará, à minuit, nous sommes arrivés à Souré ce matin de bonne heure. C'est un village situé sur le côté sud-est de l'île et déjà si avancé vers la mer que dans la saison sèche, lorsque le volume de l'Amazône a diminué, et que les flots sont refoulés par la marée, l'eau y est assez salée pour y donner d'excellents bains de mer. Aussi la plage de Souré est-elle alors fréquentée par de nombreuses familles de Paraenses ; mais en ce moment l'eau n'est pas même un peu saumâtre. Le seul édifice de la bourgade ayant quelque intérêt est la vieille église des Jésuites ; c'est une page, échappée à la destruction, du premier chapitre de la civilisation dans l'Amérique du Sud. Quoique marquée au sceau de l'ambition et de la passion du pouvoir temporel, l'œuvre des jésuites au Brésil tendait à établir un système organisé de travail qu'il est regrettable qu'on n'ait pas continué[1]. Tous les restes des an-

---

1. C'est là une appréciation contre laquelle il me paraît nécessaire de réagir. J'ai visité en 1857 les anciennes *Réductions* de l'Uruguay et du haut Paraná ; j'ai vu de près les Paraguéens. Le système des jésuites, basé sur la soumission absolue à l'autorité, seule chargée de prévoir et de décider, et se résolvant, quant aux fruits du travail, en une sorte de communisme patriarcal, pouvait bien assurer la subsistance des Indiens, mais rien de plus. Il

ciennes missions jésuites attestent qu'elles étaient des centres de travail. Ces religieux finissaient par faire pénétrer, même dans l'âme de l'Indien vagabond, comme un pâle reflet de leur propre esprit de persévérance infatigable, d'invincible ténacité. Des fermes étaient annexées à toutes les missions indiennes, et, sous la direction des Pères, le sauvage apprenait un peu d'agriculture. Les jésuites s'étaient vite aperçus que les arts agricoles devaient être, dans une contrée si fertile, la grande influence civilisatrice. Ils introduisirent dans le pays une grande variété de plantes comestibles et de graines; ils eurent des troupeaux de bœufs là où le bétail est aujourd'hui presque inconnu. Humboldt, en parlant de la destruction des missions jésuites, dit à propos des Indiens Atures, de l'Orénoque : « Naguère, contraints au travail par les jésuites, ils ne manquaient point d'aliments. Les Pères cultivaient le maïs, les haricots de France et d'autres plantes européennes. Ils avaient même planté des orangers et des tamariniers autour des villages, et ils possédaient trente mille têtes de bœufs ou de chevaux dans les savanes d'Atures et de Charicana.... Depuis l'année 1795, le bétail des jésuites a entièrement disparu. Comme monument de l'ancienne prospérité agricole de ces campagnes et de l'active industrie des premiers missionnaires, il ne reste plus que quelques pieds d'orangers et de tamariniers entourés par les arbres sauvages. »

Notre promenade à travers le petit village de Souré nous a conduits aux falaises basses du rivage que nous avions déjà aperçues du paquebot. Tout le long du littoral de l'île règnent les mêmes formations qu'on voit partout sur les bords de l'Amazône. Inférieurement c'est un grès un peu grossier, bien stratifié; immédiatement au-dessus, en concordance avec lui,

---

était impuissant à élever le niveau intellectuel et moral des indigènes ; il lui était interdit d'initier aux arts de la civilisation des hommes auxquels étaient refusés tout droit de penser, toute initiative, tout commerce avec les autres races. L'histoire du Paraguay, où le système n'a pas cessé de fonctionner depuis l'expulsion des jésuites jusqu'à nos jours, prouve que ce système n'était pas autre chose qu'un despotisme écrasant, habilement dissimulé sous des formes douces et paternelles en apparence. C'était l'absorption complète des forces de la masse, vrai bétail humain, au profit de ceux qui la gouvernaient. La prétendue république paraguéenne n'est pas une nation, c'est une ferme. (V. Demersay, *Histoire du Paraguay*.) — (N. du T.)

se trouvent les argiles finement feuilletées et encroûtées à leur surface. Par-dessus le tout repose un grès hautement ferrugineux, dans lequel une stratification grossière et irrégulière alterne fréquemment avec les couches régulières. Enfin, supérieurement et suivant toutes les ondulations du terrain sous-jacent, se trouve l'argile sablonneuse rougeâtre bien connue, mélangée de cailloux quartzeux disséminés dans la masse, et qui présente çà et là de faibles traces de stratification. Cette après-midi, M. Agassiz est retourné sur le rivage pour examiner la formation des deux berges de l'Igarapé-Grande, rivière à l'embouchure de laquelle est situé le village. Il est revenu enchanté des résultats de son travail. Non-seulement il a obtenu la preuve la plus complète que la formation géologique de Marajó correspond exactement à celle de la vallée amazonienne, mais il a découvert quelques données très-importantes touchant l'empiétement actuel des eaux de l'océan sur le rivage. Il a trouvé, sur la plage en partie recouverte des sables de la mer, les restes d'une forêt qui, évidemment, croissait jadis dans une tourbière et que l'océan est en train de mettre à nu.

29 *février*. — Ce matin, de bonne heure, nous avons traversé la rivière de Pará et sommes allés mouiller à l'entrée de la baie au fond de laquelle est située la ville de Vigia. Après avoir débarqué, et tandis que les matelots jetaient le filet, nous avons flâné le long de la plage bordée d'une épaisse forêt qui est, en ce moment, pleine de fleurs. Ici encore on a sous les yeux la même formation que sur le littoral de Marajó. M. Agassiz a retrouvé l'autre extrémité de l'ancienne forêt qu'il a déterrée hier sur la côte opposée. Il ne peut guère y avoir une preuve plus convaincante que les rivières qui se vident dans l'Amazône près de son embouchure, les affluents supérieurs et le grand fleuve lui-même, ont creusé leurs lits dans des formations identiques ne formant autrefois qu'un tout continu. Évidemment ces débris de forêts, sur la plage de la baie de Vigia et, en face, à l'embouchure de l'Igarapé-Grande, sont les parties d'une même forêt autrefois ininterrompue et recouvrant tout l'espace aujourd'hui rempli par ce qu'on appelle la rivière de Pará. Nous avons continué de marcher jusqu'au confluent d'un igarapé qui se jette dans la rivière et offre le plus séduisant aspect quand l'ombre matinale couvre de son obscurité ses fraîches retraites. Les matelots n'ayant pas été heureux à la pêche, nous avons fait de leurs services un meilleur usage en nous faisant promener sur ce charmant ruisseau. Jamais je n'en rencontre un sans être tentée d'en suivre les méandres pittoresques dans les profondeurs du bois; si accoutumée que je sois à ces sentiers aqueux de la forêt, sur lesquels je me suis tant promenée, ils n'ont rien perdu à mes yeux de leur séduction, et, pour moi, l'igarapé reste le trait le plus caractéristique et le plus admirable du paysage de l'Amazonie. Celui de Vigia était extrêmement joli. Des bouquets de brillants et gracieux assahys s'élevaient çà et là, se détachant sur la forêt plus dense; à chaque pas, les bambous flexibles, qu'on ne rencontre point dans le Haut-Amazône, laissaient pencher sur l'eau leurs branches semblables à des plumes vertes où s'enlacent jusqu'à l'extrémité les convolvulus aux fleurs pourpres. Les bignonias jaunes grimpaient jusqu'au faîte des arbres les plus hauts pour y étaler leurs touffes de corolles dorées, et les myrtes aux blanches fleurs, les mauves orangées bordaient la rive. La vie pullulait dans ces calmes retraites : les oiseaux et les papillons voltigeaient en grand nombre, et, sur le bord de l'eau, les crabes de toute couleur et de toute grandeur se montraient à chaque pas. En attraper quelques-uns nous sembla chose facile, mais nous nous trompions. Ils se tenaient tranquillement sur les troncs des vieux arbres ou sur des souches pourries, en saillie sur la berge, comme s'ils eussent attendu qu'on vînt les saisir; mais dès que nous approchions, même avec toute la précaution possible, ils disparaissaient comme l'éclair, soit dans l'eau soit dans quelque crevasse. En dépit de leur prudence, M. Agassiz a réussi à en faire une collection considérable. Nous avons vu aussi une armée immense de chenilles qui suivait, sans aucun doute, quelque plan d'action concerté à l'avance; elles descendaient le long d'un gros arbre, en phalange compacte de la largeur des deux mains et de six à huit pieds de longueur; probablement elles allaient faire leur chrysalide dans le sable. A dix heures, nous sommes rentrés à bord, et tôt après, comme le mouillage était tant soit peu agité par suite de la marée montante, nous avons remonté un peu plus haut, jusque dans la baie du Sud. De nouveau nous avons débarqué et fait jeter le filet, avec plus de succès cette fois. La promenade que nous avons faite sur la plage eût été délicieuse sans les mouches microscopiques qui nous harcelaient, et dont la piqûre est d'une incommodité tout à fait hors de proportion avec leur taille. Au retour, nous nous sommes trouvés dans un embarras fort inattendu. La marée avait baissé pendant notre promenade et le canot ne pouvait pas approcher du rivage. Les messieurs se mirent bravement dans l'eau jusqu'aux genoux et franchirent ainsi les quelques mètres qui nous séparaient de l'embarcation, tandis que les matelots, faisant un siége de leurs bras entre-croisés, m'y portaient à travers les brisants.

5 mars. — Notre dernière excursion dans la baie a été une visite à la petite île de Tatuatuba qu'on trouve à environ dix kilomètres de Pará. Pour pouvoir en examiner les côtes nous en fîmes le tour à pied. C'est toujours la même structure géologique; nous découvrîmes un endroit, en particulier, où la falaise devant laquelle s'étend la plage, coupée à pic, verticalement, offrait une section parfaite des formations si caractéristiques de la vallée amazonienne. L'argile sablonneuse ocracée du dépôt supérieur remplissait toutes les ondulations et toutes les inégalités du grès inférieur, dont la surface était remarquablement irrégulière. La mer empiète d'une façon considérable sur la côte de cette île. M. Figueiredo, qui y habite avec sa famille et par qui nous fûmes reçus avec la plus entière affabilité, nous dit que depuis dix-huit ou vingt ans la plage a considérablement reculé; en quelques endroits la ligne des hautes marées se trouve à plusieurs mètres en avant de son ancienne limite. Le résultat de cette excursion prouve que, à l'exception de quelques bas îlots de boue qui sont presque au niveau de la surface, toutes les îles de la baie situées à l'embouchure de l'Amazône font, géologiquement parlant, partie de la vallée amazonienne et ont la même structure. Sans aucun doute elles ont formé autrefois un tout continu avec la terre ferme, et elles en sont aujourd'hui séparées en partie par l'action des eaux douces qui se sont frayé dans le sol une route vers l'océan, en partie par le progrès de l'océan lui-même.

24 mars. — Notre calme existence à Nazareth, si heureuse

et si pleine de charmes pour des voyageurs fatigués, ne fournit guère de matériaux à mon journal. Une seconde excursion entreprise par M. Agassiz, le long du littoral, lui a valu une preuve nouvelle des changements rapides que subissent les contours de la côte, en raison des empiétements de l'océan. Cela va si loin que quelques-unes des constructions élevées près du rivage sont déjà menacées par l'envahissement de la mer.

Pendant la semaine dernière M. Agassiz a été occupé à diriger le travail d'un photographe mis en réquisition par M. Pimenta-Bueno. Avec sa libéralité accoutumée pour tout ce qui se rattache à l'expédition, notre bienveillant ami a entrepris de faire photographier les palmiers les plus remarquables et les autres arbres qui entourent sa maison ou peuplent ses jardins. Un des plus beaux est un énorme sumaumeira dont le tronc est soutenu à la base par des arcs-boutants naturels qui, à huit ou dix pieds du sol, partent de l'arbre et s'en écartent insensiblement. La partie inférieure se trouve ainsi divisée en compartiments ouverts, si larges parfois que deux ou trois personnes peuvent y trouver place, et dont la profondeur n'a pas moins de dix à douze pieds. Cette disposition remarquable qui flanque le tronc de contre-forts n'est pas propre à une seule espèce; elle est fréquente dans plusieurs familles et semble positivement être un des traits caractéristiques des arbres de cette contrée. Parfois même ces arcs-boutants sont partiellement détachés de l'arbre et ne s'y soudent qu'à leur point de départ, en sorte qu'on dirait des supports distincts étayant la masse. Je copie ici quelques notes de M. Agassiz relatives à la végétation de l'Amazône et dans lesquelles il est question du sumaumeira.

« Quand l'homme du nord arrive sous les tropiques, pour peu qu'il ait l'habitude d'observer la végétation autour de lui et sans même qu'il ait fait de la botanique une étude spéciale, il est tout préparé à saisir les différences et les ressemblances qui existent entre les plantes de la zone tempérée et celles de la zone tropicale. Il lui suffit, par exemple, de bien connaître le caroubier (*robinia*), le gros lotus arborescent, ou toute autre légumineuse ligneuse pour être capable de discerner les nombreux représentants de cette famille qui forme une part si considérable de la végétation équatoriale. N'eût-il jamais vu un mimosa dans les jardins ou les serres, le feuillage délicat et sensitif des arbres de ce genre les lui ferait reconnaître ; il ne manquerait pas d'être frappé du nombre infini de combinaisons et de formes auxquelles se prêtent leurs feuilles pennées qui, suivant l'espèce, affectent les dispositions les plus diverses et revêtent toutes les nuances du vert ; il n'admirerait pas moins la variété de leurs gousses et de leurs graines. Mais il y a d'autres groupes avec lesquels on est tout aussi familier et dont les représentants tropicaux ne feront cependant jamais l'effet de vieilles connaissances. C'est le cas pour l'arbre à caoutchouc qui appartient à la même famille que les euphorbes ou herbes au lait, qu'on voit partout chez nous, parmi les plus humbles plantes, sur les bas côtés des routes, à la lisière des bois, dans le sable des plages ; les euphorbiacées, si petites et si chétives sous nos climats, forment une portion importante de la flore étrange et luxuriante des grandes forêts amazoniennes. Le géant de ces bois, celui dont le majestueux dôme plat domine tous les autres arbres et dont le tronc blanchâtre se détache en relief, d'une si remarquable façon, sur la masse sombre de la verdure environnante, le Sumaumeira, est parent de nos mauves. Quelques-uns des arbres les plus caractéristiques de la contrée font ainsi partie des malvacées et des euphorbiacées. Les paléontologistes, qui essayent de restaurer les forêts des anciens temps géologiques, devraient avoir présent à l'esprit ce contraste frappant présenté sous des latitudes différentes par des genres de la même famille. Nécessairement la région équatoriale abonde en herbes et en arbres appartenant à des familles tantôt entièrement inconnues, tantôt fort chétivement représentées sous les latitudes plus tempérées. Naturellement aussi, ces végétaux remarquables fixent l'attention du botaniste et peut-être excitent davantage son intérêt que ceux qu'il connaît déjà fort bien sous d'autres formes. En se distinguant nettement des autres, ils méritent en effet, sans aucun doute, d'être considérés à part, à titre de groupes naturels. Mais je crois qu'il y aurait beaucoup à apprendre, touchant les relations les plus cachées des plantes, si l'on étudiait, non-seulement les représentants d'une même famille dans les latitudes différentes, comme les mimosas et les euphorbes, mais aussi ce que j'appellerais les équivalents botaniques, c'est-à-dire les groupes qui sont la contre-partie les uns des autres dans des climatures différentes. C'est une idée qui m'a été suggérée par mes études zoologiques au Brésil. Elles m'ont fait entrevoir des relations nouvelles entre les animaux de la zone tempérée et ceux de la région tropicale; et probablement, les mêmes rapports correspondants doivent être exprimés dans le règne végétal. Ainsi, j'ai été frappé de l'absence totale des esturgeons, des perches, des brochets, des truites, des carpes et autres poissons blancs, des chaboisseaux, des lottes; et je me suis demandé, en étudiant les poissons de l'Amazône, quelle analogie il pouvait exister entre ceux de nos rivières de l'ouest et ceux des rivières des tropiques, puis entre les poissons de celles-ci et ceux qui habitent les latitudes intermédiaires. En envisageant ces animaux de ce point de vue, j'ai été surpris de découvrir quelle étroite relation il y a entre les Goniodontes et les Esturgeons; c'est au point que les loricaires pourraient être considérés comme de véritables esturgeons ayant sur le corps des écussons beaucoup plus larges. Je me suis de même convaincu que le Cychla est une Perche sous tous les rapports; que les Acarás sont des Pomotis, les Xiphorhampus (pirárucú) des Brochets, et les Curimates de véritables Carpes. Semblable relation ne peut-elle pas exister entre les familles botaniques qui sont propres aux régions septentrionales et celles qui forment le trait prédominant de la végétation dans le sud? Quels sont les arbres qui remplacent sous les tropiques nos ormes, nos érables, nos tilleuls?... Sous le soleil de feu de la région équinoxiale, quelles familles représentent nos chênes, nos châtaigniers, nos saules, nos peupliers?... Les Rosacées dans la zone tempérée et les Myrtacées dans les contrées tropicales me semblent constituer justement ce que j'appelle des équivalents botaniques. Dans le nord, la famille des Rosacées nous donne les poires, les pommes, les pêches, les cerises, les prunes, les amandes, en un mot tous les fruits délicieux de l'ancien monde et les plus belles fleurs. Les arbres de cette famille forment, par leur feuillage, un élément remarquable de la végétation des zones tempérées et lui impriment quelque chose de leur cachet particulier. Les Myrtacées fournissent au sud les goyaves, les pitangas, les araçás (fruit savoureux en forme de prune du myrte de marais), quelques-unes de ses noix et d'autres fruits excellents. Cette famille, en y comprenant les Mélastomacées, est riche en arbustes aux jolies fleurs, comme la Quaresma pourpre et plusieurs autres non moins belles. Certains de ses représentants, tels que le Sapucaia et le noyer brésilien, s'élèvent à la hauteur des plus grands arbres. Myrtacées et Rosacées se réduisent à des individus insignifiants dans une zone, tandis que dans l'autre elles acquièrent un port majestueux et remplissent une fonction importante. Si cette comparaison était étendue aux arbustes et aux plantes les plus humbles, je crois que le botaniste qui l'entreprendrait trouverait de précieux résultats. »

Après-demain nous quittons Pará; nous partons pour Céara sur *le Santa-Cruz*. Il nous semble que nous allons quitter notre propre maison, en disant adieu à nos excellents amis de la Rua de Nazareth; il n'est pas jusqu'aux lieux qui nous entourent auxquels nous ne nous soyons attachés à cause de leur beauté. La large avenue plantée de manguiers, durant quatre ou cinq kilomètres, mène au milieu des grands bois, où une foule d'étroits sentiers verdoyants sont tout autant de tentations à la promenade. Un de ces sentiers était devenu mon chemin favori; j'étais chaque fois attirée par la richesse et l'éclat de la végétation qui, même au grand soleil de midi, le couvre de son ombre. Je l'ai souvent suivi le matin, pendant deux ou trois milles, entre six et huit heures, quand ses murs de verdure étaient encore tout frais et tout humides de rosée. Je ne comprenais pas pourquoi l'étroite allée était toujours en si bon état, les grosses pluies rendant nécessairement impraticables, pendant la saison humide, ces sentiers peu fréquentés de la forêt. En m'informant, j'ai appris qu'il mène à la plus triste des demeures, à un hôpital de lépreux. S'il est si bien entretenu, c'est qu'il est l'unique voie pour les transports de toute sorte entre cet hospice et la ville. La fréquence de la lèpre n'a pas encore disparu, et il a été nécessaire de créer des établissements isolés pour y recevoir ses victimes. A Pará et à Santarem, où elle est encore plus commune, on a dû instituer des hôpitaux spéciaux dans ce but. Cette terrible maladie n'attaque pas seulement les gens de la classe pauvre, on la rencontre aussi chez les familles aisées, et le malade alors est souvent laissé chez lui à la garde de ses propres amis. Bates dit qu'elle est regardée comme incurable, et il ajoute que, pendant onze ans de résidence dans l'Amazonie, il n'a jamais connu un étranger qui en fût victime. Nous avons cependant entendu dire à un très-habile médecin allemand de Rio de Janeiro qu'il en a connu plusieurs cas parmi ses compatriotes, et qu'il a été assez heureux pour en guérir quelques-uns d'une façon définitive. Il prétend que c'est une erreur de croire cette affection rebelle à tout traitement lorsqu'elle est prise à temps, et les statistiques montrent que, partout où il y a de bons médecins, elle disparaît graduellement.

Nous ne devons pas quitter Pará sans dire un mot des singuliers concerts du soir qui, des bois et des marais voisins, venaient jusqu'à nous. La première fois que j'entendis cette étrange confusion de sons, je l'attribuai à un rassemblement d'hommes criant très-haut à une certaine distance. A ma grande surprise, je découvris que les tapageurs étaient les grenouilles et les crapauds du voisinage. Je serais bien en peine de décrire cette Babel des bruits de la forêt, et, si j'en venais à bout, j'ai bien peur qu'on refusât d'ajouter foi à ma description. Par moments on dirait l'aboiement des chiens ; d'autres fois, des voix qui s'appellent sur des tons différents ; mais c'est toujours un son fort, rapide, animé, plein d'énergie et de variété. Je pense que ces grenouilles, comme celles de notre pays, sont muettes à certaines époques de l'année, car, lors de notre première visite à Pará, nous n'avions pas remarqué cette singulière musique dont les bois se remplissent à la tombée de la nuit[1].

---

[1]. En terminant ce récit de notre voyage sur l'Amazône, je dois reconnaître les attentions qu'ont eues pour moi plusieurs amis dont les noms ne sont pas mentionnés dans les pages précédentes.

Je dois à M. Danin, chef de police à Pará, de précieuses curiosités indiennes et des spécimens d'un autre genre; au docteur Malcher, une collection d'oiseaux; à M. Penna, une importante addition à mes collections de poissons; à M. Leitão da Cunha, son assistance pour les collections et des lettres de recommandation pour les personnes influentes demeurant sur ma route; à M. Kaulfuss, un Allemand établi à Pará, des fossiles des Andes.

J'ai à remercier M. James Bond, consul des États-Unis à Pará, des efforts constants qu'il a faits pour m'être utile pendant tout le temps de mon séjour dans l'Amazonie. Il m'approvisionnait d'alcool, recevait mes collections à leur arrivée à Pará, examinait les caisses et les barils, faisait réparer ceux qui en avaient besoin, s'assurait qu'ils pourraient arriver sûrement à destination, et enfin dépêchait le tout aux États-Unis gratuitement, à bord des bâtiments de commerce dans lesquels il avait un intérêt. C'est en grande partie à lui que nous sommes redevables d'avoir retrouvé en arrivant à Cambridge nos collections en bon état, sans que, dans le transport, rien de précieux ait été perdu ou endommagé. (L. A.)

XIII

HISTOIRE PHYSIQUE DE L'AMAZÔNE.

Le drift des environs de Rio. — Décomposition de la roche sous-jacente. — Aspect différent des phénomènes glaciaires dans les différents continents. — Fertilité du drift. — Observations géologiques de MM. Hartt et Saint-John. — Correspondance des dépôts du littoral avec ceux de Rio et ceux de la vallée de l'Amazône. — Formation primitive de la vallée. — Premier chapitre de son histoire. — Poissons fossiles de la craie. — Étendue qu'avait jadis la côte de l'Amérique du Sud. — Fossiles de la craie du Rio Purús. — Comparaison entre l'Amérique du Nord et l'Amérique du Sud. — Formation géologique le long des rives de l'Amazône. — Feuilles fossiles. — Argiles et grès. — Collines d'Almeyrim. — Monte-Alegre. — Situation et paysage. — Serra Ereré. — Comparaison avec le paysage de la Suisse. — Blocs d'Ereré. — Ancienne épaisseur des dépôts amazoniens. — Différence entre le drift de l'Amazône et celui de Rio. — Conclusions tirées de la condition actuelle des dépôts. — Immense étendue de la formation de grès. — Nature et origine de ces dépôts. — On les rapporte à la période glaciaire. — Absence des indices glaciaires. — Preuves d'une autre nature. — Changements dans la configuration des côtes de l'Amérique méridionale. — Souré. — Igarapé-Grande. — Vigia. — Baie de Bragance. — Prévisions.

Les amis de M. Pimenta-Bueno avaient exprimé le désir d'entendre, de la bouche de M. Agassiz, l'expression de ses idées sur le caractère géologique de la vallée amazonienne. Quelques jours avant que nous quittions Pará, notre hôte les convoqua un soir chez lui pour que ce désir reçût satisfaction. Bien qu'il y eût environ deux cents personnes, ce fut une réunion tout à fait familière. C'était plutôt une assemblée de gens rassemblés pour la causerie ou la discussion, qu'un auditoire venu pour entendre un discours apprêté. Quelques jours après, M. Agassiz reproduisit par écrit la substance de cette causerie ou de cette conférence, comme on voudra l'appeler, et, plus tard, elle fut publiée dans l'*Atlantic Monthly*[1]. C'est cette reproduction qui forme sous un titre spécial, mais non sans quelques modifications, le présent chapitre. Parfois, le lecteur y trouvera répétés des faits que les chapitres antérieurs lui ont déjà donnés à connaître, mais on n'a pas cru devoir hésiter devant cette répétition; c'est le seul moyen de présenter un résumé complet et substantiel de l'état de la question, à ce moment de notre voyage où il devint possible de comparer la structure géologique de la vallée amazonienne avec celle des provinces méridionales du Brésil et du littoral de l'Atlantique.

« L'idée qu'il a existé une période glaciaire, lorsqu'elle fut émise pour la première fois, provoqua le sourire. Aujourd'hui c'est un fait reconnu. S'il y a quelques divergences d'opinion, ce n'est que sur l'étendue que cette période a embrassée. Or, mon récent voyage dans l'Amazone me met à même d'ajouter un nouveau chapitre à cette étrange histoire, et c'est la région tropicale elle-même qui le fournira.

« La constatation d'une phase nouvelle de la période glaciaire soulèvera, je m'y attends bien, parmi mes confrères, une opposition plus violente encore que celle qui accueillit le premier énoncé de mes vues sur cette période elle-même. Je saurai attendre mon heure. J'en ai la certitude, en effet; de même que la théorie de l'ancienne extension des glaciers d'Europe a fini par être acceptée des géologues, de même aussi, l'existence de phénomènes identiques contemporains dans l'Amérique du Nord et dans l'Amérique du Sud sera tôt ou tard reconnue [comme appartenant à la série des événements physiques dont l'action a embrassé le globe tout entier. En réalité, quand l'histoire de l'âge de la glace sera bien comprise, on verra que, s'il y a quelque chose d'absurde, c'est justement de supposer qu'une condition climatologique aussi grandement différente ait pu être limitée à une petite portion de la surface de la terre. Si l'hiver géologique a existé, il a dû être cosmique, et il est tout aussi rationnel d'en rechercher les traces dans l'hémisphère occidental que dans l'hémisphère oriental, au sud de l'Équateur qu'au nord de la Ligne. In-

---

1. Revue mensuelle publiée à Boston.

fluencé par une manière de voir plus hardie sur ce point, confirmé dans mes impressions par une série de recherches — non encore publiées — que j'ai faites durant les deux ou trois années dernières aux États-Unis, je suis venu dans l'Amérique du Sud avec l'espoir de découvrir, dans la région tropicale, une preuve nouvelle qu'une période glaciaire a autrefois existé, tout en présentant, nécessairement, des aspects très-divers. Un tel résultat me paraissait la conséquence logique de ce que j'avais déjà observé en Europe et dans l'Amérique du Nord.

« A mon arrivée à Rio de Janeiro, premier port où j'ai débarqué sur le sol du Brésil, mon attention a été immédiatement attirée par une formation particulière, une argile sablonneuse ocracée extrêmement ferrugineuse. Pendant un séjour de trois mois à Rio, j'ai fait de nombreuses excursions dans les environs et j'ai eu occasion d'étudier ce dépôt, tant dans la province de Rio de Janeiro que dans la province limitrophe de Minas-Geraes. J'ai vu qu'il repose partout sur la surface ondulée d'une roche solide en place; qu'il est entièrement dépourvu de stratification et contient une certaine variété de cailloux et de blocs. Les cailloux sont principalement formés de quartz, parfois disséminés indistinctement dans la masse, d'autres fois rassemblés en lit entre le dépôt lui-même et la roche sous-jacente. Les blocs, au contraire, sont tantôt enfoncés dans ce terrain, tantôt déposés çà et là à sa surface. A la Tijuca, à quelques milles de la capitale de l'empire, au milieu des collines qui sont situées au sud-ouest de la ville, ce phénomène est clairement visible. Près de l'*hôtel Bennett*, il y a un grand nombre de blocs erratiques; nulle part ils ne sont en connexion avec la roche en place. On y voit aussi un morne incliné, constitué par ce dépôt superficiel, parsemé de blocs qui reposent sur la roche métamorphique partiellement stratifiée[1]. Ailleurs encore, il est facile, sans s'éloigner de Rio, d'observer cette formation; il suffit de parcourir le chemin de fer D. Pedro II. Les tranchées ouvertes pour la construction de la voie ont produit des coupes qui mettent admirablement à découvert la masse homogène et non stratifiée de l'argile sablonneuse rougeâtre couchée sur la roche solide, la séparation étant par-

---

1. Voyez chapitre III, page 101.

fois nettement tracée par un lit peu épais de cailloux. Il ne peut pas y avoir de doute pour quiconque s'est déjà familiarisé, par l'observation dans les autres parties du monde, avec les phénomènes de ce genre. J'étais toutefois loin de prévoir, quand, pour la première fois, je les rencontrai dans les environs de Rio, que plus tard je les retrouverais étendus à la surface du Brésil, du nord au sud et de l'est à l'ouest, avec une continuité qui fait de l'histoire géologique du continent sud-américain un tout facile à reconnaître.

« Souvent, il est vrai, la décomposition de la roche sous-jacente sur une large surface et parfois à une profondeur considérable ne permet qu'avec peine de distinguer entre cette roche et le drift. Le problème devient plus obscur encore par cette circonstance que la surface du drift, calcinée par le soleil torride auquel elle est exposée, prend mainte fois l'apparence d'une roche décomposée. Aussi est-il nécessaire d'observer avec beaucoup de soin pour interpréter correctement les faits. Mais avec un peu de pratique l'œil ne se méprend plus sur ces apparences, et je puis dire que j'ai appris à discerner partout la limite entre les deux formations. Il y a d'ailleurs un guide sûr : c'est la ligne ondulée, rappelant le profil des *roches moutonnées*[1], qui marque la surface irrégulière de la roche sur laquelle le drift a été accumulé. Quelques modifications qu'aient subies l'une ou l'autre des deux formations, je n'ai jamais vu cette ligne disparaître. Un autre trait encore peut tromper : la désintégration des roches est fréquente ; quelques-unes d'entre elles sont d'une texture cassante : de là la présence de fragments détachés qu'on prendrait pour des blocs erratiques et qui, en réalité, ne sont que des débris provenant de la roche en place. En examinant avec soin la structure de ces fragments, le géologue voit de suite s'ils appartiennent à la localité où il les rencontre, ou bien s'ils ont été apportés de loin à la place où ils gisent actuellement.

« Mais, s'il est hors de doute que les faits que je viens de citer

---

1. C'est le nom consacré par de Saussure pour désigner certaines roches de la Suisse, dont les surfaces ont été arrondies sous l'action des glaciers. Leurs contours, doucement arqués, ont rappelé l'idée d'un mouton reposant sur le sol, et, à cause de cela, les habitants des Alpes les ont appelées des *roches moutonnées*.

sont des phénomènes de drift, leur immense extension, surtout dans la partie septentrionale du Brésil, dénote dans l'action glaciaire des phases jusqu'ici inconnues. De même que la recherche de la période glaciaire aux États-Unis a fait connaître que des champs de glace peuvent se mouvoir sur une plaine peu inclinée aussi bien que le long des pentes des vallées montueuses, de même une étude des faits de cet ordre dans l'Amérique du Sud révèle des détails nouveaux et imprévus. On dira que le fait de la progression des champs de glace en pays plat n'est rien moins qu'établi, d'autant que beaucoup de géologues rapportent les traces dites glaciaires — stries, rainures, poli, etc. — observées aux États-Unis, à l'action de glaces flottantes et à une époque où le continent était submergé. A cela je n'ai qu'une chose à répondre, c'est que, dans l'État de Maine, j'ai suivi, le compas à la main, une même suite de rainures formant une ligne invariable du nord au sud, sur une surface de deux cents kilomètres (130 milles) depuis les mines de fer de la chaîne de *Katahdin* jusqu'à la mer [1]. Ces rainures suivent toutes les inégalités du sol ; elles gravissent des rangées de collines dont la hauteur varie de quatre à cinq cents mètres (1200 à 1500 pieds) ; elles descendent dans les vallées intermédiaires qui ne sont que de soixante à cent mètres (2 à 300 pieds) au-dessus du niveau de la mer, et elles se trouvent parfois à ce niveau. Il est, je pense, impossible que des masses de glace flottantes aient ainsi voyagé toujours en ligne droite, sans jamais dévier à droite ou à gauche sur une telle distance. Il aurait été non moins impossible à une masse de glace isolée, portée à la surface de l'eau, ou même plongeant par sa base considérablement au-dessous du niveau, de rayer en ligne droite le sommet et le flanc des collines ainsi que le fond des vallées intermédiaires. Elle aurait été entraînée par-dessus les inégalités du sol sans toucher le fond des dépressions très-basses. Au lieu de monter les collines elle se serait échouée contre la première hauteur qui se serait élevée beaucoup au-dessus de sa base ; et si elle s'était trouvée prise entre deux écueils parallèles, elle eût flotté de haut en bas et de bas en haut entre eux. D'ailleurs

---

1. Voyez « Phénomènes glaciaires dans le Maine, » *Atlantic Monthly*, 1866.

l'action de la glace solide en grande masse non divisée se mouvant sur le terrain avec lequel elle est en contact immédiat diffère tellement de celle des radeaux de glace flottante ou *icebergs*, — car il n'est pas douteux que ces derniers aient charrié des blocs erratiques, creusé des rainures et laissé des stries sur les surfaces où, accidentellement, ils ont rasé le sol, — que les phénomènes provenant de leur action se distinguent toujours aisément des traces, beaucoup plus concordantes et continues, laissées par des glaciers ou de vastes champs de glace s'appuyant directement sur la surface du terrain et y progressant.

« Il semble qu'une inextricable confusion ait régné jusqu'ici dans les idées des géologues, relativement à l'action des courants des icebergs et des glaciers. Il est temps pour eux d'apprendre à discerner l'un de l'autre deux ordres de faits si distincts, et si faciles à reconnaître lorsqu'on en a une fois bien saisi les différences. Quant au mouvement vers le sud d'un immense champ de glace couvrant tout le nord, c'est chose inévitable dès qu'on admet que la neige a pu s'accumuler au pôle en quantité suffisante pour produire une pression qui rayonnait dans toutes les directions. A force de dégeler et de geler alternativement, la neige doit, comme l'eau, finir par trouver son niveau. Une couche de neige de trois mille à quatre mille cinq cents mètres (10 à 15 000 pieds) d'épaisseur, s'étendant sur la partie septentrionale et sur toute la partie méridionale du globe, a dû nécessairement aboutir, en dernier résultat, à la formation de calottes de glace, l'une au nord, l'autre au sud, se mouvant vers l'équateur.

« J'ai parlé de la Tijuca et du chemin de fer D. Pedro II comme des localités favorables à l'étude du drift particulier du sud ; mais on trouve ce drift partout. Une couche de ce dépôt, formée de la même pâte homogène non stratifiée et renfermant des matériaux de transport de toute sorte et de toute grosseur, couvre tout le pays. L'épaisseur en est fort inégale. Parfois il est découpé en relief comme si des dénudations avaient eu lieu tout autour de lui et il s'élève en collines ; parfois il est réduit à un mince feuillet ; et, parfois, sur les pentes escarpées par exemple, il a été complètement emporté et a laissé à nu la surface de la roche. Il y a cependant des pentes très-abruptes où il est demeuré comparativement intact ; on peut vérifier le fait sur le Corcovado, le long du petit chemin qui gravit la montagne. Il y a là quelques bancs de drift fort beaux qui sautent tout de suite aux yeux à cause du contraste de leur couleur rouge sombre avec celle de la végétation environnante. J'ai suivi moi-même ce terrain depuis Rio de Janeiro jusqu'aux crêtes de la Serra do Mar, et j'ai vu, de l'autre côté de la petite ville de Pétropolis, la rivière Piabanha couler entre deux rives de drift, dans le lit qu'elle a creusé au sein de ce dépôt. De là j'ai continué à le suivre le long de la belle route macadamisée qui mène à Juiz de Fóra, dans la province de Minas-Geraes, et, au delà de cette ville, jusqu'au revers de la Serra da Babylone. Tout le long de cet itinéraire, on peut voir sur les côtés de la route le drift en contact immédiat avec la roche cristalline en place. La fertilité du sol est d'ailleurs l'indice de sa présence. Partout où il couvre la surface d'une grande épaisseur, on rencontre les caféries les plus florissantes, et je ne doute pas qu'une observation systématique de ce fait ne pût exercer une influence bienfaisante sur les intérêts agricoles du pays. Cette fertilité est évidemment le résultat de la grande variété d'éléments chimiques contenus dans ce dépôt et de l'espèce de pétrissage que leur a fait subir la gigantesque charrue de glace. C'est cette trituration qui, dans tous les pays, a fait du drift un terrain si fertile. Depuis mon retour de l'Amazône, j'ai été confirmé dans l'idée que je m'étais faite de la distribution générale de ces phénomènes, par les rapports de quelques-uns de mes aides qui avaient parcouru d'autres parties du territoire de l'empire. M. Frédéric C. Hartt, accompagné par M. Copeland, un des volontaires de notre expédition, a fait des collections et des observations géologiques dans la province d'Espirito-Santo, dans la vallée du Rio Doce et dans celle du Mucury. Il rapporte avoir rencontré partout la même couche d'argile rougeâtre, non stratifiée, mêlée de cailloux et parfois de blocs, en superposition sur la roche en place. M. Orestes Saint-John qui, pénétrant dans l'intérieur, a traversé dans le même but les vallées du Rio das Velhas, du San-Francisco et du Piauhy, rapporte les mêmes faits, à cela près qu'il n'a pas trouvé de blocs erratiques dans ces régions plus septentrionales. La rareté des blocs erratiques non-seulement dans les dépôts de l'Amazone propre, mais dans ceux de toute la région qui peut être considérée comme le bassin amazonien, s'explique, comme on le verra ci-après, par la manière dont ces terrains ont été formés. Les observations de MM. Hartt et Saint-John ont une grande valeur. En effet, dès notre arrivée à Rio, ils s'étaient occupés, sur mon indication, à relever les différentes sections géologiques de la grande voie ferrée D. Pedro II. Ils s'étaient ainsi parfaitement familiarisés avec la formation dont il s'agit avant de partir pour leurs expéditions respectives. Récemment M. Saint-John et moi nous nous sommes rencontrés à Pará, au retour de nos explorations individuelles, et j'ai pu comparer sur place les coupes géologiques qu'il a faites de la vallée du Piauhy avec les dépôts amazoniens. Il n'y a pas le moindre doute sur l'identité absolue des deux formations dans ces vallées différentes.

« Après avoir organisé le travail de mes aides et expédié ceux d'entre eux qui devaient faire des collections et des observations géologiques en suivant un autre itinéraire, je me mis moi-même en route avec le reste de mes compagnons, et je longeai la côte jusqu'à Pará. J'étais surpris de retrouver à chaque étape du voyage les mêmes phénomènes géologiques que j'avais rencontrés à Rio. Mon ami le major Coutinho, ayant déjà voyagé dans l'Amazonie et connaissant bien cette région, m'avait, dès l'abord, assuré que cette formation se continuait dans toute la vallée amazonienne. Il me dit l'avoir observée tout le long des affluents du grand fleuve aussi loin qu'il les ait explorés; cependant il n'avait pas cru pouvoir la rapporter à une période aussi récente. Et ici je m'empresse de dire que les faits que j'établis en ce moment ne sont pas exclusivement le résultat de mes propres investigations. J'en dois en grande partie la connaissance au major Coutinho, du corps des ingénieurs brésiliens, que la bienveillance de l'Empereur associa à mon expédition. Je puis dire qu'il a été mon bon génie durant tout ce voyage. Sa connaissance préalable du terrain m'épargna la perte de temps et de moyens qu'un voyageur évite rarement, dans un pays inconnu dont il ne possède qu'imparfaitement la langue et les usages. Nous avons travaillé ensemble à ces recherches, et je n'avais sur lui d'autre avantage qu'une familiarité plus grande avec les phénomènes analogues, dont l'Europe et l'Amérique du Nord ont été le théâtre. J'étais par là mieux préparé à manier pratiquement les faits et à en apercevoir l'enchaînement. Tout d'abord, l'assertion du major, — que je rencontrerais sur la rive de l'Amazône la même argile rougeâtre du voisinage de Rio et de la côte méridionale, — me parut inacceptable. J'étais sous l'influence des opinions généralement admises touchant le caractère d'ancienneté des dépôts amazoniens ; Humboldt les rapporte à la période devonienne, Martius à celle du trias, et tous les voyageurs les regardent comme au moins aussi vieux que le tertiaire. Mais le résultat a confirmé le dire de M. Coutinho, en ce qui concerne la composition matérielle de ces dépôts. Du reste, on le verra tout à l'heure, la façon dont ce terrain s'est formé et le moment auquel il s'est produit n'ont pas été les mêmes au sud et au nord; et la différence de ces circonstances a modifié l'aspect d'une formation qui est, d'ailleurs, essentiellement la même. A première vue, on pourrait croire qu'elle se montre, dans l'Amazône, identique à ce qu'elle est autour de Rio de Janeiro; mais elle en diffère par la rareté des blocs et par les traces de stratification qu'elle présente occasionnellement. Elle est aussi superposée partout à des dépôts grossiers bien stratifiés, qui ressemblent un peu au *Récif* de Pernambuco et de Bahia, tandis que le drift non stratifié du sud repose immédiatement sur la surface ondulée des roches, quelles qu'elles soient, stratifiées ou cristallines, qui constituent les fondements de la contrée. Le grès particulier qui supporte l'argile amazonienne n'existe point ailleurs. Mais avant de décrire en détail les dépôts des bords de l'Amazône, je dois dire quelques mots de la nature et de l'origine de la vallée elle-même.

« La vallée de l'immense fleuve fut d'abord esquissée par l'élévation de deux lambeaux du continent, c'est-à-dire, le plateau de la Guyane au nord et le plateau central du Brésil au sud. Il est probable qu'à l'époque où ces deux plateaux furent soulevés au-dessus de la surface de l'océan, les Andes n'existaient pas encore. Il n'y avait qu'un large détroit à travers lequel passait la mer. Il semble, et c'est là un curieux résultat des modernes recherches de la géologie, que les portions de la surface terrestre qui se sont les premières montrées au-dessus du niveau des eaux, tendaient à se diriger de l'est à l'ouest. Le premier

morceau du continent nord-américain qui ait émergé au-dessus
de l'océan était aussi une longue île continentale, courant depuis Terre-Neuve presque jusqu'à la base actuelle des Montagnes Rocheuses. Cette tendance peut être attribuée à des
causes variées, — la rotation de la terre, la conséquente dépression des pôles et la rupture de la croûte dans le sens des
lignes de la plus grande tension ainsi produite. A une période
postérieure eut lieu le soulèvement des Andes. Cette haute
chaîne vint fermer le détroit à l'ouest et le transformer en un
golfe tourné vers l'orient. On ne sait rien, ou presque rien, sur
les plus anciens dépôts stratifiés qui reposent sur les masses
cristallines d'abord soulevées le long des bords de la vallée.
Il n'y a pas ici, comme dans l'Amérique du Nord, succession de
terrains, azoïque, silurien, devonien et carbonifère, émergeant
l'un après l'autre par le soulèvement graduel du continent. Çà
et là cependant, le fait est hors de doute, les terrains plus anciens de l'époque palæozoïque et de l'époque secondaire forment
la base des formations postérieures. Le major Coutinho a même
trouvé des dépôts palæozoïques contenant des brachiopodes
caractéristiques, dans la vallée du Tapajóz, à la première cascade; et on a signalé des dépôts carbonifères le long du Guaporé et le long du Mamoré. Mais le premier chapitre de l'histoire géologique de la vallée sur lequel nous possédions des
données authentiques et s'enchaînant l'une à l'autre est celui
de la période crétacée. Il paraît certain que, à la fin de l'âge secondaire, tout le bassin de l'Amazône se garnit d'un dépôt crétacé, dont la partie marginale se montre en diverses localités
sur les bords de la vallée. On a observé ce dépôt en suivant les
limites méridionales du bassin, à ses confins occidentaux le
long des Andes, sur la chaîne côtière dans le Venezuela, et
aussi dans quelques localités voisines de ses bornes du côté
de l'orient. Je me rappelle bien qu'une des premières choses
qui attirèrent mon attention sur la vallée de l'Amazône, ce fut
la vue de quelques poissons fossiles de la craie, provenant de
la province de Céará. Ces poissons fossiles avaient été recueillis
par M. Georges Gardner, à qui la science est redevable des
renseignements les plus étendus qu'on ait encore obtenus sur
la géologie de cette partie du Brésil. Et à ce propos je dois
faire observer que je parlerai des provinces de Céará, de Piauhy

et de Maranham comme faisant partie de la vallée amazonienne, quoique leurs rivages soient baignés par l'océan et que leurs fleuves se vident directement dans l'Atlantique. Je regarde, en effet, comme certain que, à une époque antérieure, la côte nord-est du Brésil s'étendait vers la mer beaucoup plus avant que de nos jours, assez loin pour que, en ce temps-là, les fleuves de ces provinces dussent être tributaires de l'Amazône dans sa portion orientale. Cette conclusion s'appuie très-solidement sur le fait de l'identité des dépôts dans les vallées de ces provinces et de ceux qui remplissent les bassins des affluents de l'Amazône : le Tocantins, le Xingú, le Tapajóz, le Madeira, etc. Outre les fossiles dont j'ai déjà parlé, j'ai eu récemment une autre preuve de l'existence de la craie dans la partie méridionale du bassin amazonien. A son retour d'un long voyage au Rio Purús, M. William Chandless m'a fait présent d'une collection de débris fossiles du plus haut intérêt et qui appartiennent incontestablement à la période crétacée. Il les avait recueillis lui-même sur le Rio Aquiry, affluent du Purús. La plupart ont été trouvés entre 10° et 11° de latitude sud et entre 67° et 69° de longitude ouest de Greenwich, dans des localités dont la hauteur varie depuis 130 mètres (430 pieds) jusqu'à 200 mètres (650 pieds) au-dessus du niveau de la mer. Il y a parmi eux des fragments de Mosasaurus et de poissons alliés à ceux déjà représentés par Faujas dans sa description de Maestricht. Or, tous ceux qui étudient la géologie savent bien que ce sont là des fossiles caractéristiques de la période crétacée la plus récente.

« Donc, comme la vallée du Mississipi, la vallée de l'Amazône est, par ses traits généraux, un bassin crétacé. Cette ressemblance suggère l'idée de pousser plus loin la comparaison entre les continents jumeaux de l'Amérique du Nord et de l'Amérique du Sud. Non-seulement leur forme générale est la même, mais leur squelette, si l'on peut ainsi parler, — c'est-à-dire, leurs assises de grandes chaînes de montagnes et de plateaux avec dépressions intermédiaires, — présente une similitude remarquable. Très-positivement, un zoologiste, accoutumé à chercher à travers toutes les modifications de la forme chez les animaux l'identité de structure, est forcément ramené à son étude des homologies quand il voit quelle coïncidence existe entre certains traits physiques de la partie nord et de la partie sud de l'hémisphère occidental. Bien entendu, ici comme partout, cette correspondance est combinée à un individualisme net et distinct d'où résulte le caractère propre non-seulement de chaque continent dans son ensemble, mais encore de toutes les diverses contrées renfermées dans ses limites. Mais dans l'un et dans l'autre, les plus hautes montagnes, — dans l'Amérique du Nord les Montagnes Rocheuses et la chaîne côtière occidentale avec leur large plateau intermédiaire; dans l'Amérique du Sud la Cordillère des Andes et ses plateaux moins étendus, — courent tout le long de la côte ouest. L'un et l'autre ont à l'est un énorme promontoire : Terre-Neuve dans le nord, le cap Saint-Roque dans le sud, et, quoique la ressemblance soit peut-être moins frappante entre les élévations de l'intérieur, la chaîne Canadienne, les Montagnes Blanches et les Alleghanies, peuvent très-bien être comparées aux plateaux de la Guyane, à ceux du Brésil et à la Serra do Mar. Semblable corrélation peut être reconnue entre les systèmes fluviaux. L'Amazône et le Saint-Laurent, quoique si différents quant aux dimensions, se rappellent l'un l'autre par leur direction et leur position géographique; et, tandis que le premier est alimenté par le plus large système de rivières qu'il y ait au monde, le second sert d'écoulement à des lacs formant la plus immense étendue de nappes d'eau en contiguïté immédiate que l'on connaisse. L'Orénoque et sa baie sont l'analogue de la baie d'Hudson et de ses nombreux tributaires, et le Rio Magdalena peut être regardé comme le River Mackenzie de l'Amérique méridionale. Géographiquement, le Rio de la Plata est le représentant du Mississipi et le Paraguay la répétition du Missouri. On peut comparer le Paraná à l'Ohio ; le Pilcomayo, le Vermejo et le Salado à la River Platte, à l'Arkansas et à la Red-River des États-Unis. Plus au sud, les fleuves qui débouchent dans le Golfe du Mexique représentent les fleuves de la Patagonie et des parties méridionales de la République Argentine. Et non-seulement il y a entre les élévations montagneuses et les systèmes fluviaux la correspondance que je viens d'indiquer, mais de même que les grands bassins de l'Amérique du Nord, ceux du Saint-Laurent, du Mississipi, du Mackenzie se touchent dans les basses régions qui longent le pied des

AMÉRIQUE DU SUD

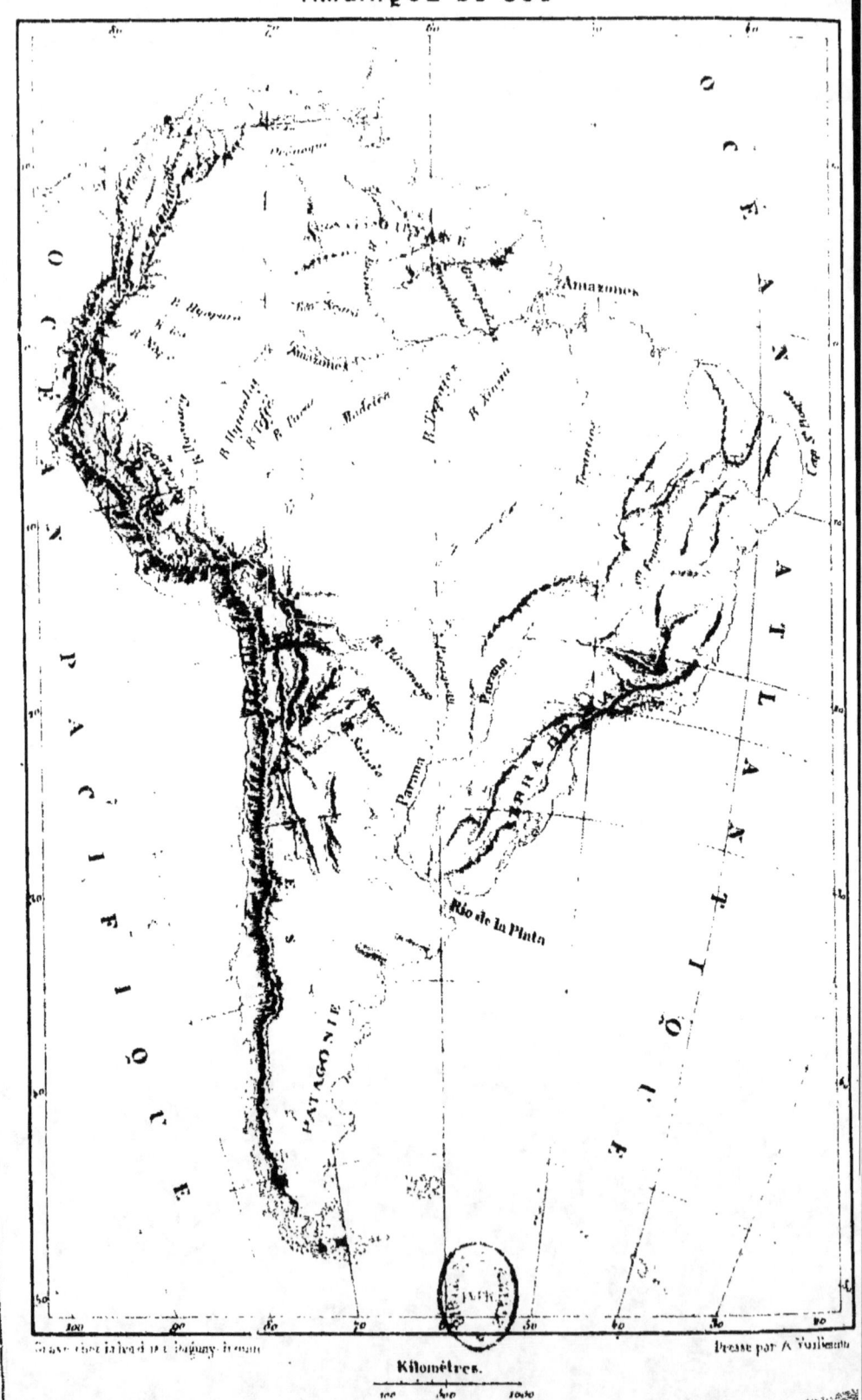

AMÉRIQUE DU NORD

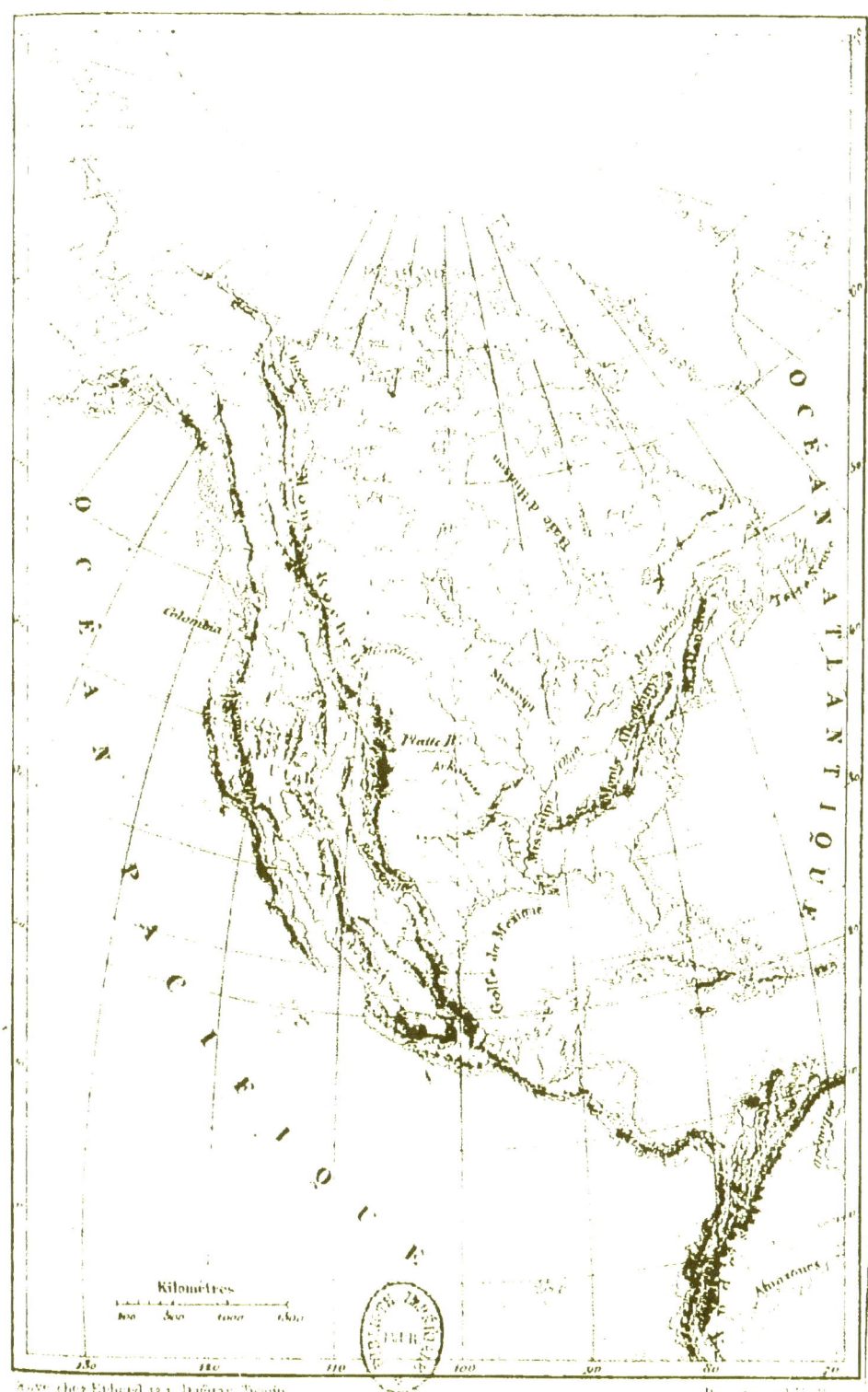

Montagnes Rocheuses, de même aussi les bassins de l'Amazône, du Rio de la Plata et de l'Orénoque se confondent sur le versant oriental des Andes.

« Mais si, au point de vue géographique, il y a homologie entre l'Amazône et le Saint-Laurent, entre le Rio de la Plata et le Mississipi, le caractère local établit, comme je l'ai déjà dit, au point de vue géologique, une ressemblance entre le bassin du Mississipi et celui de l'Amazône. Tous deux ont reçu une assise de couches de craie, sur laquelle sont accumulés les dépôts plus récents ; en sorte que, de par le trait proéminent de leur structure géologique, tous deux peuvent être considérés comme des bassins crétacés renfermant des dépôts étendus de date très-peu ancienne. Nous avons tout ou presque tout à apprendre sur l'histoire de la vallée amazonienne, aux périodes qui ont immédiatement suivi l'âge de la craie. Les dépôts tertiaires sont-ils cachés sous les formations plus modernes? Manquent-ils absolument, et le bassin aurait-il été élevé au-dessus du niveau de la mer avant la période qu'ils caractérisent? Ou bien ont-ils été balayés par les formidables inondations qui ont certainement détruit une grande partie de la formation crétacée?... Toujours est-il qu'on ne les a encore observés en aucune partie du bassin de l'Amazône. Tout ce que les cartes géologiques représentent comme tertiaire, dans cette région, est ainsi figuré par suite d'une inexacte identification des strates qui, en réalité, appartiennent à une période beaucoup plus récente.

Une étude minutieuse et étendue de la vallée de l'Amazône est loin d'être chose aisée. La difficulté s'accroît grandement par suite du fait que les dépôts inférieurs ne sont accessibles, sur les rives du fleuve, que durant la *vasante;* c'est-à-dire durant la saison sèche, quand les eaux écoulées de leur lit laissent à découvert une grande partie du bord. Par hasard, les trois ou quatre premiers mois de mon voyage (août, septembre, octobre et novembre) étaient précisément ceux où les eaux sont le plus basses. Elles atteignent le minimum en septembre et octobre, et commencent à monter en novembre. J'ai donc eu, en remontant le fleuve, une excellente occasion d'observer la structure géologique. Dans toute la longueur du bassin, il y a à distinguer trois formations géologiques différentes. Les deux inférieures se sont suivies en succession immédiate et sont en concordance l'une avec l'autre, tandis que la troisième repose d'une façon discordante au-dessus des deux premières et suit toutes les inégalités que présente la seconde, dont la surface a subi de larges dénudations. Malgré l'interruption apparente dans la succession de ces dépôts, le troisième, comme on va voir, appartient à la même série et a été formé dans le même bassin. La couche inférieure de la série est rarement visible, mais partout elle parait composée de grès, ou même de sables de transport bien stratifiés; les matériaux les plus grossiers gisent invariablement au-dessous et les plus fins au-dessus. Sur cette première assise repose partout un immense dépôt d'argiles finement laminées, d'épaisseur variable et fréquemment divisées en lames aussi minces qu'une feuille de papier. Dans quelques localités elles offrent à la vue, comme de grandes taches, une extraordinaire variété de teintes, le violet, l'orangé, le cramoisi, le jaune, le gris, le bleu, et même le blanc et le noir. C'est avec ces argiles que les Indiens préparent leurs couleurs. Ce dépôt argileux revêt parfois une apparence particulière en raison de laquelle l'observateur risque de se méprendre sur sa véritable nature. Quand sa surface a été exposée à l'action de l'atmosphère et à la chaleur du soleil torride, on dirait des schistes argileux des époques géologiques les plus anciennes. C'est au point qu'à première vue je me crus en présence de schistes primaires, mon attention ayant été frappée par un clivage régulier, aussi distinct que celui des schistes argileux les plus vieux. Mais à Tonantins, sur les rives du Solimoens, dans un lieu où la surface découverte avait son aspect primitif, je trouvai dans ces mêmes feuillets une quantité considérable de feuilles bien conservées, dont le caractère démontre l'origine récente. Ces feuilles n'indiquent pas même une époque aussi ancienne que la période tertiaire. Elles ressemblent au contraire tellement à la végétation d'aujourd'hui que, soumises à l'examen d'un homme compétent, elles seront identifiées, j'en suis convaincu, avec celles des plantes actuellement vivantes. La présence d'une telle formation argileuse, étendue sur une surface de plus de cinq mille kilomètres (3000 milles) en longueur, et d'environ onze cents kilomètres en largeur (700 milles), n'est

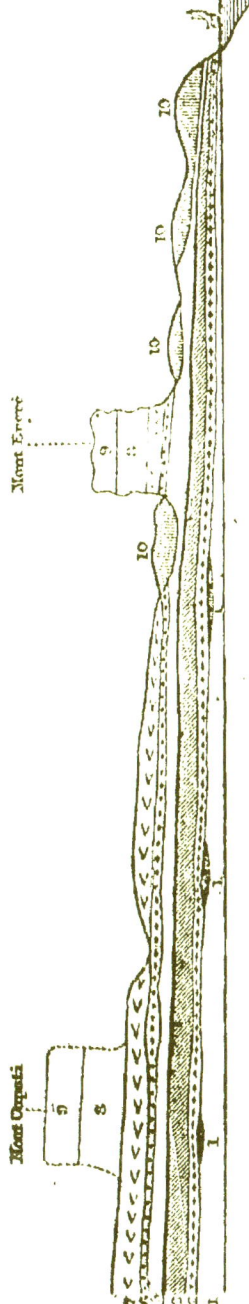

Coupe idéale du drift le long des bords de l'Amazône.

1. *Sable grossier*, formant la base du drift partout où le niveau des eaux a mis à découvert les couches inférieures des argiles plastiques.

2. *Argile plastique bigarrée*; se voit sur une grande échelle le long des côtes de la mer à Pará, à l'île de Marajó, à Maranham, et çà et là dans les bas-fonds, le long du cours de l'Amazône. C'est sur cette couche que croissent les forêts inondées, c'est-à-dire à sa surface que gisent les forêts submergées de Soure et de Vigia, à l'embouchure méridionale de l'Amazône.

3. *Argile feuilletée* à couches très-minces, avec indications fréquentes de clivages. Ce dépôt paraît être plus considérable sur le cours du rio Solimoens que dans la partie inférieure de l'Amazône. C'est dans ces couches, à Tonantins, sur les bords du Solimoens, qu'ont été trouvées des feuilles de plantes dycotylédonées.

4. *Croûte d'argile sableuse*, très-dure, moulée dans les inégalités de l'argile feuilletée.

5, 6, 7, 8 et 9. *Formation de grès*, tantôt régulièrement stratifié et compacte, surtout dans ses assises inférieures (5), telles qu'on les voit sur les bords des igarapés de Manaós; tantôt caverneux et entremêlé de masses irrégulières d'argile (6), surtout bien développé à Villa-Bella et à Manaós; tantôt présentant tous les caractères d'une stratification torrentielle (7, 8 et 9). Les dépôts de cette dernière nature ne se voient que dans les collines élevées d'Almeyrim, d'Erere et de Cupati, et dans les falaises les plus élevées des bords du fleuve, comme à Tonantins, à Tabatinga, à San-Paulo et sur les bords du rio Negro.

10. *Le drift argilo-sableux sans stratification*, occupant toutes les inégalités du sol résultant de la dénudation des grès à stratification torrentielle. C'est dans ce drift qu'ont été trouvés de vrais blocs erratiques de diorite, ayant un mètre de diamètre, à Erere.

La petite flèche indique le niveau de l'Amazône.

Le canot sous voile marque le niveau de l'Océan.

pas facile à expliquer par les circonstances ordinaires. Le fait qu'elle est si parfaitement feuilletée est l'indice que, dans le bassin où elle a été déposée, les eaux ont dû être extraordinairement calmes, contenir des matériaux absolument identiques, et enfin que ces matériaux ont dû être déposés de la même manière sur toute la superficie du fond. Ce dépôt est d'ailleurs séparé des couches superposées par une croûte vitrifiée d'un grès dur et compact, assez semblable au quartzite ferrugineux.

« Viennent ensuite des couches de sable et de grès à stratification irrégulière, de couleur rougeâtre, souvent très-ferrugineux, et plus ou moins noduleux ou plus ou moins poreux. Elles présentent fréquemment des traces de stratification discordante alternant avec les feuillets horizontaux à stratification régulière, et çà et là, par intercalation, un lit d'argile.

« On dirait que la condition des eaux avait alors changé et que celles sous lesquelles s'est déposée cette seconde formation alternaient entre la tempête et le calme, que tantôt elles coulaient paisiblement, puis, tantôt, étaient agitées en tout sens, de manière à imprimer à quelques-unes des couches l'aspect d'un véritable dépôt torrentiel. Effectivement, ces formations de grès présentent une grande variété d'aspect. Parfois elles sont très-régulièrement laminées et ont même revêtu l'apparence du quartzite le plus dur; c'est même d'ordinaire le cas pour les couches tout à fait supérieures. Dans d'autres endroits, et plus particulièrement dans les couches du fond, toute la masse est criblée de trous comme si elle avait été percée par des vers ou par des coquilles perforantes, les parties dures ayant circonscrit des sables ou des argiles. Parfois encore les éléments ferrugineux prédominent dans une telle proportion que ces couches pourraient être prises pour du fer limoneux; tandis qu'ailleurs l'argile existe en quantité considérable, est plus régulièrement stratifiée et alterne avec des strates de grès, de manière à rappeler les formes les plus caractéristiques des formations du vieux grès rouge ou du trias. C'est sans aucun doute cette ressemblance qui a fait identifier les dépôts amazoniens avec les formations européennes d'un âge plus ancien. A Monte-Alegre, dont je parlerai bientôt avec plus de détail, un semblable lit d'argile sépare le grès inférieur du supérieur. L'épaisseur de ces grès est très-variable. Dans le bassin de l'Amazône propre, nulle part peut-être ils ne s'élèvent au-dessus du niveau des hautes eaux, durant la saison pluvieuse ; et lors de la baisse, dans les mois d'été, on les voit partout, le long des rives. On verra que, néanmoins, la différence entre le niveau des plus hautes eaux et celui des plus basses ne donne pas la mesure vraie de l'épaisseur originelle de la complète succession des couches de cette nature.

« Au voisinage d'Almeyrim, à une petite distance de la rive septentrionale du fleuve et presque parallèlement à son cours, se dresse une ligne de basses collines, interrompue çà et là, mais qui se prolonge d'une façon évidemment suivie depuis Almeyrim jusqu'à Obydos, à travers le district de Monte-Alegre. Ces collines ont attiré l'attention des voyageurs non-seulement à cause de leur élévation, qui paraît plus grande qu'elle n'est parce qu'elles se dressent abruptement au milieu d'une vaste plaine, mais encore à cause de leur forme bizarre. Beaucoup d'entre elles ont le sommet parfaitement ras, comme une table polie, et sont séparées des autres par un espace intermédiaire peu profond, creusé à pic[1]. On n'a jusqu'à présent rien su de leur structure géologique, mais on les a représentées comme les contre-forts les plus méridionaux du plateau de la Guyane. En remontant le fleuve, j'éprouvai une très-grande curiosité de les examiner, mais j'étais alors trop occupé à étudier la distribution des poissons dans les eaux de l'Amazône et à faire de vastes collections ichthyologiques ; il était important de ne pas laisser passer la saison des basses eaux, la seule pendant laquelle on puisse pêcher avec succès. Je fus donc obligé de laisser de côté ce problème géologique et de me contenter d'examiner la structure de la vallée, autant qu'on la pouvait voir sur les rives du fleuve ou au voisinage des stations où je m'arrêtai pour collectionner. Au retour, mes collections étant complètes, j'eus toute liberté de poursuivre cette recherche à laquelle le major Coutinho ne prenait pas un moins

---

1. Voyez, pour l'aspect de ces singulières collines, l'atlas du *Voyage au Brésil* de Martius, et les croquis dont Bates accompagne sa description dans *Un naturaliste dans l'Amazone*.

vif intérêt que moi. Nous résolûmes de choisir Monte-Alegre comme centre de nos opérations, la serra étant sur ce point plus haute qu'ailleurs. Une indisposition m'ayant retenu à Manaós pendant quelques jours au moment marqué pour cette expédition, le major me précéda et il avait déjà fait à la serra une course dont les résultats étaient fort intéressants, lorsque je le rejoignis. Nous fîmes ensemble une seconde excursion. Monte-Alegre est située sur une branche latérale de l'Amazône un peu écartée du grand lit. C'est le Rio Gurupatuba, un simple canal parallèle, qui va d'un point supérieur à un point inférieur du fleuve et dont on a grandement exagéré les dimensions dans toutes les cartes publiées jusqu'ici, en l'y représentant à tort comme un tributaire considérable de la rive gauche. La ville est assise sur une terrasse élevée, séparée du grand lit par le Rio Gurupatuba et par un vaste terrain très-bas, couvert de lacs nombreux presque tous reliés les uns aux autres par d'étroits canaux et circonscrits par des terres alluviales fort peu élevées. A l'ouest de la ville, la terrasse se termine brusquement et fait place à une vaste plaine sablonneuse appelée le *campo* que recouvre une forêt basse; enfin cette plaine est elle-même limitée par la pittoresque *serra do Ereré*. La forme de ces montagnes est tellement abrupte, elles se dressent si hardiment et si soudainement dans la plaine qu'elles paraissent avoir plus du double de leur hauteur réelle. A vue d'œil, en les comparant aux montagnes que j'avais vues récemment, le Corcovado, la Gavia, la Tijuca, dans les environs de Rio de Janeiro, j'avais supposé qu'elles devaient avoir de neuf à douze cents mètres (3 à 4000 pieds). Je fus fort étonné quand les observations barométriques nous apprirent qu'elles en avaient un peu moins de trois cents (900 pieds) au point le plus haut. Cela s'accorde d'ailleurs avec la mesure que Martius a donnée des collines d'Almeyrim et qui est de deux cent quarante mètres environ (800 pieds).

« Nous passâmes trois jours à étudier la serra do Ereré et nous trouvâmes qu'elle était entièrement composée de ce dépôt de grès déjà décrit et avait la même constitution géologique. En somme la serra de Monte-Alegre et, nécessairement aussi, toutes les collines du même ordre sur le versant nord du bassin ne sont autre chose qu'un épaississement des couches inférieures qui forment les rives du fleuve. Leur plus grande élévation provient simplement de ce que ces couches n'ont point été usées et rasées au même niveau. La chaîne opposée de Santarem qui a la même configuration générale et le même caractère participe sans doute de la même structure géologique. En un mot, toutes ces collines ont fait jadis partie d'une même formation continue et doivent leur configuration actuelle et leur isolement à une dénudation colossale. La surface des strates autrefois ininterrompue formait, dans les conditions originaires, une plaine immense recouverte par l'eau. Elle a été profondément ravinée, les matériaux ont été entraînés, en des étendues considérables, sur une épaisseur plus ou moins grande; il n'est resté debout que les fragments assez durs pour résister aux flots qui ont balayé tout le reste. L'allongement de ces collines dans un même sens doit être attribué à la direction du courant qui a produit la dénudation, tandis que le nivellement de leur sommet est la conséquence de la régularité de leur stratification. Toutes n'ont pas cependant le sommet ras et plat; il en est quelques-unes de moindre grandeur dont les côtés ont été graduellement emportés, ce qui a produit une surface doucement arrondie. Par l'action des pluies torrentielles de l'Équateur la dénudation continue, mais sous une forme considérablement modifiée.

« Il m'est impossible de parler de cette serra sans dire quelques mots de l'immense et admirable panorama dont on jouit de sa hauteur. Ce fut là, en effet, que, pour la première fois, la géographie de cette contrée se dessina dans mon esprit, entière et complète comme une réalité vivante. Tout insignifiante que soit son élévation, la serra do Ereré domine un paysage bien plus vaste que celui dont on jouirait au sommet de mainte montagne plus imposante. La plaine environnante, couverte de forêts et sillonnée de rivières sans nombre, s'étend et s'étend encore pendant des centaines de lieues dans toutes les directions, sans qu'aucun objet arrête le regard. Debout sur le sommet, ayant à ses pieds le plat pays entrecoupé de lacs innombrables, on voit se dérouler à gauche et à droite la vallée de l'Amazône; aussi loin que la vue peut atteindre, on suit des yeux pendant des milles et des milles, de l'un et de l'autre côté, l'immense fleuve qui coule au milieu et traîne vers la mer ses flots jaunâtres. Tandis que je contemplais ce spectacle, les panoramas de la Suisse me revinrent en mémoire. Je me revis au plus haut des Alpes, le regard fixé sur la plaine helvétique et non plus sur la vallée amazonienne. La lointaine rangée des collines de Santarem aidait à cette illusion en me représentant la chaîne du Jura, et, comme pour compléter ce rapprochement, je découvris à mes pieds des lichens alpins, végétant au milieu des cactus et des palmiers; une croûte de cryptogames arctiques recouvrant les roches entre lesquelles poussaient les fleurs des tropiques! Sur le flanc nord de la serra, je trouvai les seuls blocs véritablement erratiques que j'aie vus dans toute la longueur de la vallée amazonienne, de Pará à Tabatinga. Ce n'est pas que les masses de roches isolées fassent défaut; on en voit par exemple à Pedreira, près de la jonction du Rio Negro et du Rio Branco, et l'on pourrait s'y tromper; mais ces blocs proviennent de la décomposition de roches en place. Ceux d'Ereré sont entièrement distincts de la roche de la serra, et consistent en masses de hornblende compacte.

« Il paraît toutefois que ces deux petites chaînes qui bordent une partie des deux rives de l'Amazône inférieur ne sont pas les seuls monuments qui soient demeurés de la hauteur qu'atteignait primitivement la formation arénacée. Sur les bords du Rio Hyapurá, dans la serra de Cupati, le major Coutinho a vu les mêmes couches s'élever à la même altitude. Voilà donc une preuve positive que ces dépôts ont eu, sur une étendue de seize cents kilomètres (1000 milles) dans la direction actuelle du fleuve, une épaisseur très-considérable. On n'a pas encore déterminé par l'observation directe leur étendue en largeur, car nous n'avons pas vu à quel point vers le nord ils s'abaissent, et, du côté du midi, la dénudation a été si complète qu'à l'exception de la très-basse chaîne de Santarem, ils ne s'élèvent pas au-dessus de la plaine. Mais le fait que cette formation a eu jadis une épaisseur de plus de deux cent quarante mètres (800 pieds) dans les limites où il nous a été donné de l'observer, ne laisse pas douter qu'elle ne dût se prolonger jusqu'au bord du bassin et le remplir à la même hauteur dans toute son étendue. L'épaisseur de ces couches permet de mesurer sur quelle échelle colossale a eu lieu la dénudation par laquelle cette immense accumulation de grès a été réduite au présent niveau. Voilà donc un système de hautes collines, ayant dans le paysage tout le relief des grandes montagnes, dû à des causes à l'action desquelles jamais inégalités aussi énormes de la surface de la terre n'ont été attribuées. Nous pouvons sans crainte les appeler des montagnes de dénudation.

« A ce point de notre enquête, nous avons à expliquer deux phénomènes remarquables. Le premier, c'est l'accumulation sur le fond de la vallée de matières arénacées grossières, de fines argiles feuilletées, immédiatement recouvertes de grès qui s'élèvent à plus de deux cent quarante mètres au-dessus du niveau de la mer, alors que le bassin n'est point fermé, à l'est, du côté de l'océan, par une barrière de rochers. Le second, c'est le déblayement de ces formations, emportées au loin, et leur réduction au niveau actuel par une dénudation plus étendue qu'aucune de celles dont la géologie ait eu jusqu'ici connaissance : dénudation qui a taillé toutes les collines les plus saillantes et les serras qu'on rencontre sur la rive septentrionale du fleuve. Mais avant de chercher l'explication de ces faits, il faut examiner le troisième dépôt, celui qui est supérieur.

« Ce dépôt est essentiellement le même que le drift de Rio, mais dans le nord il se présente sous un aspect un peu différent. Comme à Rio c'est une pâte argileuse contenant plus ou moins de sable, de couleur rougeâtre, mais variant de la teinte d'ocre foncée à une nuance brunâtre. Elle n'est pas aussi absolument dépourvue de stratification, ici, que dans les localités plus méridionales, quoique les traces de stratification soient rares et, quand elles se rencontrent, faibles et indistinctes. Les matériaux en sont plus complétement réduits et, comme je l'ai dit plus haut, c'est à peine si elle contient de très-gros fragments. Bien qu'on y trouve parfois des cailloux de quartz disséminés dans la masse et que même, occasionnellement, un mince lit de cailloux soit intercalé entre elle et le grès sous-jacent. En quelques endroits, ce lit de cailloux entrecoupe la masse de l'argile et lui donne un caractère incontestable de stratification. Il n'est pas douteux que cette formation plus récente repose en discordance sur le grès qui la supporte, car elle remplit toutes les inégalités de la surface dénudée de ce grès, que ce soient des sillons plus ou moins limités ou de larges dépressions ondulées. On peut la voir partout, le long des bords du fleuve, au-dessus des grès stratifiés; parfois servant d'appui aux accumulations du limon fluvial. A la saison de l'*enchente* ou des hautes eaux, c'est la seule formation laissée à découvert au-dessus du niveau du fleuve. Son épaisseur n'est pas considérable; elle varie de six ou neuf mètres à quinze (20 ou 30 pieds à 50) et peut même atteindre à la hauteur de trente mètres (100 pieds), mais c'est une rare exception. Il est évident que cette formation fut, elle aussi, continue jadis et s'étendit à un niveau uniforme, sur toute la surface du bassin. Bien qu'elle ait été amincie en maint endroit et même ait disparu entièrement sur certains points, on peut facilement retrouver la connexion qu'il y a entre ses fragments, puisqu'elle est partout visible non-seulement sur les rives opposées de l'Amazône, mais encore sur celles des tributaires, aussi loin qu'on les ait examinées. J'ai dit qu'elle repose sur des couches de grès. C'est vrai; mais il y a une exception. Partout où les dépôts de grès ont conservé leur épaisseur originelle, par exemple aux collines de Monte-Alegre et d'Almeyrim, on ne retrouve plus l'argile rougeâtre à leur sommet; on ne la découvre que dans les creux et les ravines ou bien appuyée sur les flancs de ces hauteurs. Cela démontre non-seulement qu'elle est postérieure au grès, mais encore qu'elle a été accumulée dans un bassin peu profond et n'a, par conséquent, jamais atteint à un niveau si élevé. Les blocs d'Ereré ne sont pas perchés sur la serra, ils sont enfoncés dans la masse argileuse non stratifiée. C'est un fait qu'il importe de rappeler, car on verra bientôt que cette situation assigne à leur présence une date moins ancienne que celle des montagnes elles-mêmes. La discordance entre l'argile ocracée et le grès sous-jacent fait naître l'idée que ces deux formations appartiennent à deux périodes géologiques distinctes et ne sont pas dues aux mêmes actions se produisant dans des temps consécutifs. Un trait toutefois fait découvrir une certaine connexion entre elles; l'argile ocracée présente dans sa configuration une identité remarquable avec le grès sur lequel elle s'appuie. Un examen étendu des relations mutuelles de l'une et de l'autre fait voir que toutes deux ont été déposées par le même système d'eaux, dans le même bassin, mais à des niveaux différents. Çà et là, la formation argileuse a une teinte si pâle et si grisâtre qu'on pourrait la confondre avec les dépôts de boue du fleuve. Mais ceux-ci ne s'élèvent jamais si haut que l'argile rouge et ils ne dépassent pas le niveau des hautes ou des basses eaux. Les îles aussi, dans le grand lit, se composent invariablement du limon du fleuve, tandis que celles résultant de l'intersection des canaux et que les branches divergentes du courant principal taillent en plein terrain sont toujours formées par le grès si connu et son manteau d'argile couleur d'ocre.

« On peut dire en toute vérité qu'il n'existe pas sur toute la surface de la terre une seule formation connue des géologues, ressemblant à celle de l'Amazône. Son étendue dépasse toute imagination. Elle va du littoral de l'Atlantique, à travers toute la largeur du Brésil, jusque dans l'intérieur du Pérou au pied même des Andes. Humboldt la signale « dans les vastes plaines de l'Amazône, à la limite orientale de Jaen de Bracamoros, » et il ajoute : « Cette prodigieuse extension du grès rouge dans les plaines basses qui s'étendent à l'est des Andes est un des phénomènes les plus remarquables que j'aie observés pendant mon étude des roches de la région équinoxiale[1]. » Quand le grand philosophe naturaliste écrivait ces lignes, il ne se doutait pas à quel point ces dépôts s'étendaient au delà du champ de ses observations. En effet, ils ne sont pas limités au grand lit, on les a suivis le long des bords des tributaires soit au nord, soit au sud, aussi loin qu'on ait remonté ces rivières. On les rencontre sur les rives du Huallaga et de l'Ucayale, sur celles de l'Hyçá, du Hyutahy, du Hyuruá, du Hyapurá, du Purús. Sur les rives du Hyapurá, où le major Coutinho en

---

1. Humboldt revient souvent sur ces formations. Il est vrai qu'il les rapporte aux conglomérats anciens de la période devonienne, mais sa description s'accorde si parfaitement avec ce que j'ai observé le long des rives de l'Amazône et du Rio Negro, qu'il n'est pas douteux pour moi que ce dont il parle ne soit la même chose. Il écrivait à une époque où beaucoup des résultats de la géologie moderne n'avaient point encore été acquis, et l'explication qu'il donnait des phénomènes était toute naturelle. Le passage d'où les quelques lignes citées sont extraites fait connaître que ces dépôts s'étendent même dans les Llanos.

a suivi les traces, il les a vues constamment jusqu'à la cataracte de Cupati. De l'embouchure du Rio Negro jusqu'au confluent du Rio Branco, je ne les ai pas perdus de vue, et Humboldt les décrit non-seulement sur le cours supérieur de cette dernière rivière, mais encore dans la vallée de l'Orénoque. Enfin on les trouve tout le long du cours du Madeira, du Tapajóz, du Xingú et du Tocantins, aussi bien que sur les bords du Guatuma, du Trombetas et des autres affluents septentrionaux. Les observations de Martius, celles de Gardner, l'exploration récente, à laquelle j'ai déjà fait allusion, accomplie par un de mes aides, M. Saint-John, dans la vallée du Rio Guruguèa et dans celle du Rio Paranahyba, prouvent encore que le grand bassin du Piauhy est identique aussi, dans sa structure géologique, aux vallées latérales de l'Amazône. La même chose est vraie de l'île de Marajó située à l'embouchure du grand fleuve. Bien mieux, ma conviction est que cette vaste étendue n'est pas tout le terrain recouvert par ce dépôt immense, et sans doute quelque écrivain à venir dira de mon estimation ce que j'ai dit de celle de Humboldt, qu'elle reste au-dessous de la vérité. Car si mes généralisations sont exactes, la même formation se retrouvera étendue sur tout le bassin du Paraguay et du Rio de la Plata et, le long de leurs tributaires, jusqu'en plein cœur des Andes.

« Voilà les faits. La question revient maintenant : Comment ces vastes dépôts ont-ils été formés ? La réponse la plus simple, celle qui vient de suite à l'esprit, c'est que le continent a été submergé à des périodes successives pendant lesquelles se sont accumulés ces matériaux, puis que plus tard il a été soulevé au-dessus des eaux. Je rejette cette explication par la raison très-simple que nulle part on ne trouve dans ces dépôts le moindre indice d'une origine marine. Pas une coquille marine, pas un débris d'animal marin n'a été découvert dans toute leur étendue, c'est-à-dire dans une région qui a plusieurs milliers de kilomètres en longueur et plus de onze cents (700 milles) en largeur. L'idée qu'un bassin océanique de cette immensité, qui devrait avoir été submergé durant une période immensément longue pour avoir pu accumuler des formations d'une aussi considérable épaisseur, ne dût pas contenir de nombreux débris des animaux qui le peuplaient jadis, serait le renversement de toutes nos notions sur les dépôts géologiques[1]. Les seuls débris fossiles d'une espèce quelconque, appartenant bien positivement à cette formation, que j'aie trouvés sont des feuilles recueillies dans les argiles inférieures, sur les bords du Solimoens, à Tonantins, et elles paraissent provenir d'une végétation semblable, quant au caractère général, à celle qui prévaut de nos jours. Évidemment ce bassin était un bassin d'eaux douces, ces dépôts sont des dépôts d'eaux douces. Mais la vallée de l'Amazône telle qu'elle existe aujourd'hui est largement ouverte sur l'océan à son extrémité orientale. Sa pente très-douce, mais prolongée depuis les Andes jusqu'à l'Atlantique, détermine vers la mer un courant très-puissant. Quand ces accumulations se sont produites, de toute nécessité le bassin devait être clos; autrement, les matériaux de transport auraient été constamment charriés à la mer.

« Je suis convaincu que ces dépôts se rapportent aux phases anciennes ou récentes de la période glaciaire et à l'hiver cosmique. A en juger par les phénomènes dont il forme l'enchaînement, cet hiver peut avoir duré des milliers de siècles; c'est là qu'il faut chercher la clef de l'histoire géologique de la vallée amazonienne. Je sais bien que c'est là une idée qui va paraître extravagante. Mais est-ce donc, après tout, chose si improbable? Quoi! l'Europe centrale a été couverte d'une croûte de glace épaisse de plusieurs milliers de pieds; les glaciers de la Grande-Bretagne labouraient le fond de l'océan; ceux des montagnes de la Suisse avaient dix fois leur hauteur actuelle; tous les

---

[1]. Bates, je le sais, rapporte avoir ouï dire que des couches calcaires parsemées de coquilles marines et interstratifiées avec l'argile, ont été trouvées à Obydos; mais il n'a pas examiné lui-même ces strates. Les coquilles d'Obydos ne sont pas marines, ce sont des *Unios* d'eau douce très-ressemblants aux *Aviculas*, aux *Solens*, aux *Arcas*. De semblables coquilles soi-disant marines m'ont été apportées des environs de Santarem, sur la rive opposée à celle d'Obydos, et je les ai facilement reconnues pour ce qu'elles étaient véritablement, pour des coquilles d'eau douce de la famille des Naïades. J'ai moi-même recueilli des spécimens de ces coquilles dans les couches argileuses des bords du Solimoens, près de Teffé, et j'aurais pu les prendre pour des fossiles de cette formation si je ne savais à quel point les Naïades s'enfoncent dans le limon. Leur ressemblance avec les genres marins ci-dessus mentionnés est très-remarquable, et l'erreur où l'on est tombé sur leur véritable caractère zoologique est aussi naturelle que celle qui a fait confondre par des ichthyologistes d'une époque antérieure, et même par des voyageurs contemporains, certains poissons d'eau douce de l'Amazône supérieur et du genre Pterophyllum (Heckel) avec un genre marin, le Platax.

lacs du nord de l'Italie étaient comblés par les glaces, et des masses congelées s'étendaient jusque dans l'intérieur de l'Afrique septentrionale; une mer de glace atteignant le sommet du mont Washington, dans les Montagnes Blanches, c'est-à-dire ayant une épaisseur de près de dix-huit cents mètres (6000 pieds), se mouvait à la surface du continent nord-américain, et il serait improbable que, à cette époque de froidure universelle, la vallée de l'Amazone eût, elle aussi, ses glaciers, refoulés dans son creux par l'accumulation des neiges sur les Cordillères et grossis par l'affluence de glaciers tributaires descendant des plateaux de la Guyane et du Brésil! Le mouvement de cet immensurable glacier a dû être déterminé de l'ouest à l'est, tant par la poussée des neiges entassées sur les Andes que par la direction de la vallée elle-même. Il a dû labourer et labourer encore le fond de la vallée, broyant en fine poussière tous les matériaux qui se trouvaient sous lui, ou les réduisant à l'état de petits cailloux. Il a dû accumuler à son bord inférieur une moraine de dimensions aussi colossales que les siennes propres, bâtissant ainsi une digue gigantesque qui barrait l'embouchure du bassin. On va me demander de suite si j'ai découvert aussi les inscriptions glaciaires — les rainures, les stries, les surfaces polies si caractéristiques sur les terrains qu'ont parcourus les glaciers. Je réponds que non; je n'en ai pas trouvé trace. La raison en est simple, c'est qu'il n'y a pas dans toute la vallée amazonienne une seule roche qui ait conservé sa surface naturelle. Elles sont de nature si friable et la décomposition produite par les pluies chaudes et torrentielles de ces latitudes, par l'action constante d'un soleil embrasé, est si grande et si incessante qu'il n'y a pas espoir de retrouver ces marques, ailleurs préservées sans changement à travers les âges par le froid du climat et la dureté des matières. A l'exception des surfaces arrondies, si connues en Suisse sous le nom de *roches moutonnées* et dont j'ai signalé la présence dans quelques localités, à l'exception encore des blocs de l'Ereré, les traces directes des glaciers, telles qu'elles existent en d'autres contrées, manquent au Brésil. J'admets volontiers, en effet, qu'en raison de ces circonstances la preuve positive qui m'a guidé dans mes précédentes investigations sur l'ère des glaces, m'a fait défaut ici. Mais ma conviction à cet égard est fondée d'abord sur la nature des matériaux de la vallée de l'Amazône, dont le caractère est exactement analogue à celui des matériaux accumulés au fond des glaciers ; secondement, sur la ressemblance de la troisième formation amazonienne, la supérieure, avec le drift de Rio[1], dont l'origine glaciaire ne peut, dans mon opinion, être mise en doute ; et enfin sur le fait que ce bassin d'eaux douces doit avoir été fermé du côté de l'océan par une puissante barrière, dont la destruction a donné issue aux eaux et causé ces incroyables dénudations dont les preuves se retrouvent partout, à chaque endroit de la vallée.

« Sur une échelle plus petite, les phénomènes de cet ordre nous sont depuis longtemps familiers. Dans les lacs actuels de l'Italie septentrionale, de la Suisse, de la Norvége et de la Suède, aussi bien que dans ceux des États-Unis, nommément dans le Maine, les eaux sont encore retenues dans leurs bassins par des moraines. A la période glaciaire, ces dépressions étaient comblées par des glaciers qui, avec le temps, ont accumulé à leur bord inférieur une muraille de matériaux de transport. Ces murailles existent encore et servent de digue à l'écou-

---

[1]. Comme je l'ai déclaré tout d'abord, je suis convaincu que le dépôt argileux de Rio de Janeiro et des environs est le véritable drift glaciaire résultant de la trituration des matériaux de transport interposés entre le glacier et la roche solide en place, et ayant conservé jusqu'à nos jours la position dans laquelle il a été laissé par la glace. Comme toutes les accumulations de ce genre, il est complétement dépourvu de stratification. Cela étant, il résulte clairement de la comparaison des deux formations que l'argile sablonneuse ocracée de la vallée amazonienne a été déposée dans des circonstances différentes. La ressemblance de cette argile avec le drift de Rio provient de ce que ces matériaux ont originairement été broyés par les glaciers dans la partie supérieure de la vallée ; mais plus tard ils ont été répandus sur toute la surface du bassin et précipités par l'action de l'eau. Un examen des provinces plus méridionales du Brésil, poussé jusqu'à la zone tempérée où les effets combinés du soleil torride et des pluies tropicales ne se font plus sentir, écartera, j'en ai la confiance, toutes les difficultés qu'offre encore mon explication. Le phénomène glaciaire, avec toutes ses particularités caractéristiques, s'est produit, le fait est acquis, dans les parties les plus méridionales de l'Amérique du Sud. La zone intermédiaire, comprise entre 22° et 36° de latitude sud, ne manquera pas de présenter la transition entre le drift de la zone glaciale ou de la zone tempérée et les formations analogues, ci-dessus décrites, dans la zone torride. La connaissance de ces dépôts tranchera définitivement la question. Elle décidera si mes généralisations sont conformes aux faits ou si elles ne sont qu'absurdes. Je ne redoute pas le résultat. Mon seul vœu est que tous les doutes soient promptement résolus.

lement des eaux. Sans ces moraines, tous ces lacs seraient des vallons découverts. Nous avons dans les terrasses de *Glen-Roy*, en Écosse, l'exemple d'un lac d'eau douce — aujourd'hui complétement disparu — qui s'était formé de la même manière et s'est réduit successivement à un niveau de plus en plus bas, par la rupture ou l'entraînement des moraines qui, à l'origine, empêchaient les eaux de s'écouler. Admettons donc que, par la basse température de la période glaciaire, les conditions de climat nécessaires à la formation d'une mer de glace existaient dans la vallée de l'Amazône et que cette vallée était, en effet, remplie par un glacier immense. Il s'ensuit que cette mer de glace, ayant plus tard passé par de graduels changements de climat, se fondit doucement et que le bassin tout entier, clos du côté de l'océan par une colossale muraille de débris, se trouva à la fin transformé en un vaste lac d'eaux douces. Le premier effet de la fonte doit avoir été de séparer le glacier de ses fondements et de le soulever au-dessus du sol de la vallée avec lequel il était naguère en contact immédiat. Un vide fut ainsi formé, rempli tout aussitôt par l'accumulation d'une certaine quantité d'eau, mais la vallée ne cessa pas d'être occupée tout entière par le glacier. Dans cette nappe d'eau peu profonde, insinuée sous la glace et protégée par elle contre tout trouble violent, se sont déposés les matériaux finement triturés qu'on trouve au fond de tous les glaciers et que les mouvements de ces masses réduisent parfois en poussière. Cette pâte non stratifiée, contenant les sables les plus fins et le limon mêlés aux gravois et aux cailloux grossiers, s'est peu à peu transformée en une formation à stratification régulière. Les matériaux les plus grossiers ont nécessairement gagné le fond; ceux plus finement broyés se sont précipités plus lentement et ont recouvert les autres. C'est à cette époque et dans ces circonstances que s'est, à mon avis, accumulée la première formation de la vallée amazonienne, celle qui renferme dans ses basses couches du sable et des cailloux, et dans ses couches supérieures, des argiles finement laminées.

« Ici on m'arrêtera pour me rappeler mes feuilles fossiles et me demander comment une végétation quelconque était possible en de telles conditions. Mais il ne faut pas perdre de vue que la considération de toutes ces périodes suppose des laps de temps immenses et des changements progressifs, que la fin de la première période devait être fort différente de son commencement, et qu'une riche végétation pousse sur les confins même de la neige et des mers de glace, dans la Suisse. Le fait de l'accumulation de ces feuilles dans un bassin glaciaire rend même compte à la fois de l'occurrence des indices de la vie végétale et de l'absence — tout au moins de la grande rareté — des débris animaux dans cette formation ; car, tandis que les fleurs peuvent éclore et les fruits mûrir à la lisière des glaciers, il est bien connu que les lacs d'eau douce formés par la fonte des glaces sont singulièrement peu riches en êtres vivants. On ne trouve guère d'animaux, en effet, dans les lacs glaciaires.

« La seconde formation appartient à une période postérieure. Elle est de cette époque où toute la masse de glace étant plus ou moins désagrégée, le bassin contenait une plus grande quantité d'eau. Mais, outre la crue du lac produite par la fonte, l'immense bassin était le récipient de tout ce que l'atmosphère condensait de vapeurs et déversait désormais sur lui, sous forme de pluie ou de rosée. Ainsi donc une masse d'eau égale à celle que jettent dans le grand lit tous les tributaires se précipitait suivant l'axe de la vallée, cherchant son niveau et s'épandant sur une surface plus étendue que la surface actuelle, jusqu'au jour où, divisée enfin en rivières distinctes, elle coula dans des lits séparés. Dans ce mouvement général d'afflux vers la partie basse et centrale de la vallée, le large courant entraînait tous les matériaux assez légers pour être ainsi transportés et tous ceux assez réduits pour demeurer en suspension dans l'eau. Peu à peu, il les déposa sur le fond du bassin en couches horizontales plus ou moins régulières, et, çà et là, partout où des remous produisaient un courant plus rapide et plus tumultueux, en stratification torrentielle. Ainsi se consolida, dans le cours des âges, la formation continue de grès qui s'étend sur toute la surface du bassin de l'Amazone, et y atteint une épaisseur de deux cent cinquante mètres.

« Tandis que ces accumulations avaient lieu, il ne faut pas oublier que la mer battait le pied de la muraille extérieure.

de la moraine gigantesque que je suppose avoir clos le côté oriental. Soit sous son effort, soit sous l'action de quelque violent trouble intérieur, une brèche s'ouvrit dans ce rempart, et les eaux se précipitèrent furieuses. Peut-être aussi le lac s'étant grossi à la fois de la fonte des glaces et des torrents ajoutés à sa masse par les tributaires et par les pluies, le fond s'étant élevé par l'accumulation des matériaux de transport, les eaux débordèrent leur digue et contribuèrent ainsi à détruire la moraine. Quoi qu'il en soit, la conséquence de mes prémisses c'est que, en définitive, les eaux se firent soudainement jour vers la mer avec une violence qui corroda, entraîna, dénuda les dépôts déjà formés, les usa jusqu'à un niveau très-inférieur et laissa à peine debout quelques monuments de leur épaisseur primitive, là où les strates étaient déjà assez solides pour résister à l'action des courants. Telle est l'origine des collines de Monte-Alegre, d'Obydos, d'Almeyrim, de Cupatí, ainsi que des chaînes moins élevées de Santarem. Cette éruption des eaux n'avait pas d'ailleurs complétement vidé le bassin, car la période de dénudation fut encore suivie d'une période d'accumulation durant laquelle fut déposée l'argile sablonneuse ocracée qui repose sur les surfaces dénudées du grès sous-jacent. C'est à cette période que je rapporte les blocs d'Ereré, enfoncés dans l'argile du dépôt final. Je suppose qu'ils avaient été apportés à leur place actuelle par les glaces flottantes, à la fin de la période glaciaire, quand il ne restait plus de la mer de glace que ces débris isolés, ces radeaux pour ainsi dire, ou peut-être aussi par des *icebergs* descendus des glaciers qui s'appuyaient encore à cette époque sur les Andes ou sur les plateaux de la Guyane et du Brésil. De l'absence générale de stratification dans cette formation argileuse, il semblerait résulter que la nappe d'eau, relativement peu profonde, dans laquelle le dépôt s'en opéra, était fort tranquille. En effet, quand les eaux se furent abaissées au-dessous du niveau qu'elles avaient lors de la précipitation du grès et lorsque les courants qui avaient produit la dénudation eurent cessé, toute la nappe d'eau dut naturellement devenir beaucoup plus paisible. Mais le temps vint où l'eau rompit de nouveau ses digues, où peut-être la mer livra un nouvel assaut à la moraine et en emporta les dernières assises [1]. Lors de ce second écoulement donc, les eaux entraînèrent une partie considérable du nouveau dépôt, elles le bouleversèrent jusqu'à sa base, elles creusèrent même encore dans la masse du grès sous-jacent, puis se trouvèrent, en définitive, réduites à peu de chose près à leur niveau actuel et confinées dans les lits qu'elles occupent de nos jours. Ce qui l'atteste, c'est le fait que, dans cette argile couleur d'ocre et aussi, à une profondeur plus ou moins grande, dans le grès sous-jacent, ont été creusés non-seulement le grand canal de l'Amazône propre, mais encore tous les lits latéraux que suivent les tributaires du fleuve géant pour l'atteindre, et enfin le réseau de branches anastomotiques allant des uns aux autres; le tout formant le plus extraordinaire système fluvial qu'il y ait au monde.

« Quand j'ai dit que la mer a produit sur la côte brésilienne des changements d'une étendue considérable, — changements plus que suffisants pour expliquer la disparition de la digue d'origine glaciaire, qui, dans ma supposition, barrait à l'est la vallée amazonienne vers la fin de l'hiver cosmique, — j'étais loin de faire une hypothèse. Cette action de l'océan continue encore de nos jours avec une puissance remarquable et va même modifiant rapidement la configuration du littoral. En arrivant pour la première fois à Pará, je fus frappé de voir que l'Amazône, le plus grand fleuve du monde, n'a pas de delta. Tous les autres fleuves qu'on qualifie de grands bien que quelques-uns d'entre eux soient fort insignifiants, en comparaison de celui-ci, le Mississipi, le Nil, le Gange, le Danube, déposent à leur embouchure de vastes deltas. Les plus petits fleuves eux-mêmes, à peu d'exceptions près, forment constamment des atterrissements à leur point de jonction avec la mer, en y accumulant les matériaux qu'ils entraînent avec eux. Il n'est pas jusqu'à la petite rivière de Kander, un des tributaires du lac de Thun, qui n'ait son delta. Depuis mon retour de l'Amazône supérieur, j'ai examiné quelques îles de la baie de Marajó et

---

[1]. Je rappelle ici au lecteur les terrasses de Glen-Roy, où l'on peut indiquer les réductions successives subies par la barrière qui endiguait le lac. Ce sont des phases analogues à celles que je suppose s'être produites à l'embouchure de l'Amazône.

quelques parties du littoral, et j'ai pu me convaincre que, à l'exception d'un petit nombre d'îlots jamais supérieurs au niveau de la mer et formés d'alluvions, les îles du littoral sont des portions du continent qui en ont été détachées partie par l'action du fleuve lui-même, partie par l'empiétement de l'océan. De fait, la mer ronge du continent beaucoup plus que ne peut y ajouter l'Amazône. La grande île de Marajó était à l'origine la continuation de la vallée principale. Tous les détails de sa structure géologique sont en parfaite identité avec ceux de la vallée elle-même, et mes investigations sur cette île, dans ses rapports avec la côte et avec le fleuve, m'ont amené à croire qu'elle a fait autrefois partie intégrante des dépôts que j'ai précédemment décrits. C'est plus tard qu'elle est devenue une île au milieu du lit de l'Amazône, et l'a divisé en deux branches qui se repliaient autour d'elle et se rejoignaient ensuite en un canal unique. Dans ce canal le fleuve continuait sa course vers la mer et atteignait celle-ci beaucoup plus à l'est qu'il ne fait de nos jours. La situation de l'île de Marajó devait correspondre alors, à peu de chose près, à celle de l'île de Tupinambaranás, placée au confluent du Madeira.

« C'est une question pour les géographes de savoir si le Tocantins est une branche de l'Amazône ou si l'on doit le considérer comme un fleuve indépendant. Si je ne me trompe pas, il a dû se trouver autrefois par rapport au grand fleuve dans la même condition où est aujourd'hui le Madeira. Il s'y réunissait juste au point où Marajó divisait le courant principal, comme le Madeira s'y réunit de nos jours à la pointe de l'île de Tupinambaranás. Si, durant l'infini des siècles à venir, l'océan continue sur l'Amazône son œuvre d'érosion, comme pour transformer de nouveau la partie inférieure du bassin en un grand golfe analogue à celui de la période crétacée, il pourra arriver un jour où les géographes voyant le Madeira se jeter presque directement dans la mer se demanderont s'il a jamais été un affluent de l'Amazône; absolument comme on se demande aujourd'hui si le Tocantins est un tributaire ou un fleuve proprement dit.

« Mais revenons à Marajó et aux faits positifs. L'île est coupée, à son extrémité sud-est, par un fleuve assez grand appelé l'Igarapé-Grande. On dirait vraiment que la tranchée ouverte dans le sol par ce cours d'eau a été faite pour donner une section géologique, tant elle met nettement en évidence les trois formations caractéristiques de l'Amazône. A l'embouchure de cet Igarapé-Grande, près de la ville de Souré, et, sur la rive opposée, à Salvaterra, on peut voir : en bas, le grès bien stratifié sur lequel repose l'argile finement laminée recouverte de sa croûte vitreuse ; plus haut, le grès très-ferrugineux, à stratification torrentielle, avec, çà et là, des cailloux de quartz ; enfin, par-dessus tout cela, l'argile sablonneuse ocracée, sans stratification, étalée sur la surface ondulée du grès dénudé, suivant les inégalités de son support et en remplissant toutes les dépressions et tous les sillons. Mais en creusant ainsi son lit dans ces formations, à une profondeur de vingt-cinq brasses (46 mètres), comme je m'en suis assuré, l'Igarapé-Grande a, du même coup, ouvert la voie aux empiétements de la marée, et l'océan à son tour gagne aujourd'hui sur la terre. N'y eût-il pas d'autres preuves de l'action des marées dans cette localité, la coupe abrupte du lit de l'Igarapé-Grande contrastant avec la pente douce de ses rives à son embouchure, partout où elles ont été modifiées par l'invasion de l'océan, permettrait de discerner l'œuvre du fleuve et l'œuvre de la mer et suffirait à prouver que la dénudation en voie d'accomplissement résulte du travail de l'une et de l'autre. Mais outre cela, j'ai eu la chance de découvrir, pendant ma récente excursion, une preuve impossible à méconnaître et parfaitement évidente de l'envahissement de la mer. A l'embouchure de l'Igarapé-Grande, à Souré, comme à Salvaterra sur la rive méridionale, se trouve une forêt submergée qui, évidemment, florissait sur un de ces terrains marécageux où l'inondation est constante, car entre les souches et les fragments de troncs est accumulée la tourbe, alluviale et comme feutrée, aussi riche en matière végétale qu'en limon, qui caractérise ces sortes de terrains. Cette forêt marécageuse, aux fragments de troncs encore debout dans la tourbe, a été détruite, des deux côtés de l'Igarapé, par les empiétements de l'océan. Que ce soit là l'œuvre de la mer, il est impossible de le nier, car les petites dépressions et les indentations de la tourbe sont remplies de sable marin et une bordure de sable laissée par les marées sépare la forêt détruite de celle qui végète encore en arrière. Ce n'est pas tout. A Vigia, en face de Souré, sur le bord continental de la rivière de Pará, juste au point où celle-ci rencontre la mer, nous avons le pendant de cette forêt submergée. Une autre tourbière avec des souches d'arbres innombrables, envahie de la même façon par le sable des marées, est visible là encore. Il n'est pas douteux que ces forêts n'en formaient naguère qu'une seule recouvrant alors tout le bassin de ce qu'on appelle aujourd'hui la rivière de Pará.

« Depuis que je poursuis ces recherches, j'ai recueilli sur les effets de même nature de nombreuses informations auprès des personnes qui résident sur la côte. On se souvient très-bien que, il y a une vingtaine d'années, il existait une île de plus d'un mille (1609 mètres) de large, au nord et à l'entrée de la baie de Vigia; elle a entièrement disparu. Plus à l'est, la baie de Bragança a doublé de largeur dans le même laps de temps, et, sur la côte, à l'intérieur de cette baie, la mer a conquis sur la terre près de deux cents mètres en moins de dix ans. Ce dernier fait est établi par la situation relative de quelques maisons qui se trouvaient autrefois de deux cents mètres plus éloignées du rivage. De ces faits et de renseignements analogues, de mes propres observations sur cette partie de la côte du Brésil, de quelques observations faites par le major Coutinho à l'embouchure de l'Amazône, sur la rive septentrionale, près de Macapá, et enfin des rapports de M. Saint-John sur les formations de la vallée de la Paranahyba, s'est formée ma conviction que les changements précédemment décrits sont à peine une faible partie de l'œuvre destructive poursuivie par la mer sur la côte nord-est de ce continent. Un examen plus approfondi de la côte fera, je n'en doute pas, découvrir qu'une bande de terre, large de plus de cent lieues et s'étendant du cap San-Roque à l'extrémité nord de l'Amérique méridionale, a été ainsi emportée par les érosions de l'océan. Cela étant, la Paranahyba et les fleuves de la province de Maranham, située au nord-est, furent jadis les tributaires de l'Amazône. Tout ce que nous savons du caractère géologique de leurs vallées concourt à prouver qu'il en a été réellement ainsi. Une dénudation si extraordinairement étendue a dû emporter au loin non-seulement la moraine gigantesque formée par le glacier, mais encore le terrain lui-même qui supportait autrefois cette digue. Mais si la moraine terminale a disparu, il n'y a pas de raison pour qu'on ne puisse retrouver des fragments de moraines latérales, et j'espère, dans ma prochaine visite à la province de Céará, découvrir au voisinage de la capitale les traces de la moraine latérale du sud.

« J'ai passé les quatre ou cinq années dernières à faire aux États-Unis une série de recherches sur les dénudations et leurs rapports avec la période glaciaire dans ce pays, ainsi qu'à étudier les empiétements de l'océan sur les dépôts driftiques des côtes de l'Atlantique. Si ces recherches avaient été publiées avec détail et accompagnées de cartes, il m'aurait été plus facile d'expliquer les faits que je viens d'observer dans la vallée de l'Amazône. Je les aurais aisément rattachés à ceux de même caractère qu'on observe dans le continent nord-américain, et j'aurais montré que les uns et les autres présentent une correspondance remarquable avec les phénomènes glaciaires des autres parties du monde. Tandis que l'époque glaciaire a été très-étudiée durant la première moitié de ce siècle, c'est à peine si l'on a accordé quelque attention aux résultats de la cessation de l'hiver cosmique et de la disparition finale de la glace. Je crois qu'une partie notable des dépôts superficiels attribués à l'action de l'océan pendant la submersion temporaire des continents a eu pour point de départ la fonte des mers de glace. C'est à cette cause que je rapporterais tous les dépôts désignés par moi sous le nom de drift remanié. A l'époque où l'immense glacier, s'étendant depuis les régions arctiques jusque bien avant dans l'Amérique du Nord et descendant vers l'océan, se mit à fondre lentement, les eaux n'étaient point distribuées sur la surface de ce continent comme elles le sont aujourd'hui. Elles reposaient sur un fond de dépôts glaciaires, sur une pâte glaciaire, — argile, sable, cailloux, blocs, — que la glace avait recouverte. Nécessairement, ce dépôt du fond ne présentait point une surface unie ; il avait des ondulations très-étendues et des dépressions. Après que les eaux se furent écoulées de tous les points les plus élevés, ces dépressions demeurèrent pleines. Dans les lacs et les nappes ainsi formés, des dépôts, le plus souvent stratifiés, ont dû s'accumuler, constitués par les particules les plus menues de l'argile précipitées en minces couches feuilletées, ou bien, d'autres fois, en masses considérables et sans aucune trace de stratification. L'état des eaux pouvait en effet déterminer des différences de ce genre, suivant qu'elles étaient parfaitement stagnantes ou plus ou moins agitées. Il y a, dans le nord des États-Unis, maint exemple de semblables dépôts lacustres recouvrant le drift. L'écoulement de quelques-uns de ces lacs ou le transvasement de ceux d'un niveau supérieur dans ceux d'un niveau moins élevé, a peu à peu produit des canaux qui ont mis en communication ces cuvettes. C'est ainsi qu'a commencé le système de fleuves indépendants de notre pays. Les eaux cherchant toujours leur niveau élargirent, creusèrent les canaux dans lesquels elles coulaient et frayèrent leur voie vers la mer. Quand elles eurent atteint l'océan, un nouveau fait se produisit, l'antagonisme entre l'afflux des fleuves et le reflux des marées, entre les alluvions du continent et les érosions de la mer. Ce fait dure encore. C'est à lui qu'est due la formation de nos rivières de l'est avec leurs larges estuaires béants, — le James, le Potomac, la Delaware, le Cheesapeake. Tous ces estuaires sont endigués par le drift, comme le sont aussi, dans leur cours inférieur, les rivières qui y débouchent. Pour peu que le drift s'étende loin sous l'océan et que le pays soit bas et plat, l'empiètement de la mer produit non-seulement de vastes estuaires, mais encore des détroits et des baies profondes d'où résultent sur la côte continentale les indentations les plus saillantes. J'en citerai comme exemples la baie de Fundy, la baie de Massachussets, le détroit de Long-Island; j'en pourrais citer d'autres encore. Les traces impossibles à méconnaître de l'action glaciaire sur toutes les îles du littoral de la Nouvelle-Angleterre — et ces îles sont souvent à une distance considérable de la terre ferme — donnent une mesure approximative, mais *minima*, de la distance où s'étendait jadis le drift vers la mer et de l'envahissement postérieur des eaux de l'océan sur le continent. Comme celles de la baie de Pará, toutes ces îles ont la même structure que la terre ferme et ont fait corps avec elle à une certaine période reculée. Toutes les îles rocheuses, le long des côtes du Maine et du Massachussets, présentent des traces glaciaires partout où le drift a été lavé et le terrain sous-jacent mis à nu. Là où le drift persiste, son caractère indique qu'il fut autrefois continu d'une île à l'autre et des îles au continent.

« Il est difficile de préciser les limites originelles du drift glaciaire, mais on pourrait prouver, je crois, qu'il rattachait les bancs de Terre-Neuve à la terre ferme ; que les îles de Nantucket, de Martha, de Vineyard et Long-Island ont fait partie du continent ; que, de la même manière, la Nouvelle-Écosse, y compris Sable-Island, fut autrefois unie avec la côte méridionale du New-Brunswick et du Maine, et que la même couche de drift allait de là au cap Cod et descendait vers le sud jusqu'au cap Hatteras ; — en un mot, que, sur toute la côte des États-Unis, la ligne des basses sondes marque l'étendue primitive du drift glaciaire. L'océan a rongé ce dépôt et a donné au continent sa configuration actuelle. Ces dénudations opérées par la mer commencèrent sans aucun doute aussitôt que la débâcle des glaces eut exposé le drift aux invasions de l'océan, en d'autres termes à une époque où des glaciers colossaux précipitaient encore leurs masses de glace dans l'Atlantique, quand des flottes d'*icebergs* bien autrement énormes et bien autrement nombreux que ceux qui descendent actuellement des régions arctiques étaient lancées à l'eau sur la côte nord-est des États-Unis. Beaucoup de ces masses ont dû s'échouer sur la côte et elles ont laissé diverses marques de leur passage.

« De fait, aux États-Unis comme partout ailleurs, les phénomènes glaciaires sont l'œuvre de deux périodes distinctes : la première est la période glaciaire proprement dite, celle où les glaces formaient une roche solide ; la seconde est celle de la débâcle, de la désagrégation et de la dispersion progressive des glaces. On parle de la théorie des glaciers et de la théorie des *icebergs*, à propos de ces phénomènes, comme s'ils étaient dus exclusivement à l'action des uns ou à l'action des autres ; quiconque admet la première théorie rejette la seconde et *vice versa*. Quand les géologues auront combiné ces deux éléments aujourd'hui discordants et considéreront ces deux périodes comme consécutives, partie des phénomènes étant l'œuvre de l'une, partie étant l'œuvre de l'autre et des inondations qui ont suivi la débâcle, ils s'apercevront qu'ils sont en possession de l'ensemble des faits et que les deux théories sont en parfaite harmonie. Les discussions actuelles se termineront, je pense, comme celles qui divisaient encore, au commencement de ce siècle, les *Neptunistes* et les *Plutonistes*. Les premiers voulaient que toutes les roches fussent le résultat de l'action de l'eau; les seconds attribuaient tout à l'action du feu. Le problème a été résolu et l'entente rétablie le jour où l'on s'est aperçu que les deux éléments avaient également concouru à former la croûte solide du globe. Quant aux icebergs échoués dont j'ai parlé tout à l'heure, je n'hésite pas à rapporter à eux seuls l'origine des nombreux lacs sans issue d'écoulement existant sur la bande sablonneuse qui règne le long de notre côte et dont le cap Cod fait partie. Non-seulement la formation de ces lacs, mais encore celle de nos marais salants et de nos landes à myrtilles se rattachent, j'en suis convaincu, au déclin de l'âge de glace.

« J'espère pouvoir publier un jour avec détail, en les accompagnant de cartes spéciales et de figures, mes observations sur les changements du littoral des États-Unis et sur les autres phénomènes en connexion avec la période glaciaire dans ce pays. Communiquer des résultats sans rendre compte des recherches qui y ont conduit, c'est contrevenir à la vraie méthode scientifique. Aussi n'aurais-je point fait intervenir cette question, s'il ne m'avait fallu prouver que les dénudations par l'eau douce et les envahissements de l'océan, par quoi se sont formés et la vallée de l'Amazône et son système fluvial, ne sont point des phénomènes isolés, mais bien un procédé, pour ainsi dire, employé aussi bien dans la moitié nord que dans la moitié sud de l'Amérique. La continuité extraordinaire et l'uniformité des dépôts amazoniens sont dus aux énormes dimensions du bassin qui renferme ces dépôts et à l'identité des matériaux que contenait ce bassin.

« Un simple coup d'œil sur n'importe quelle carte géologique du globe fera voir au lecteur que la vallée de l'Amazône, chaque fois qu'on a essayé d'en expliquer la structure, est représentée comme contenant des lambeaux isolés de terrain devonien, triasique, jurassique, crétacé, tertiaire, et de dépôts d'alluvions. J'ai déjà fait allusion à ces représentations graphiques; ce sont autant d'erreurs. Quoi qu'on puisse penser de mon interprétation des phénomènes actuels, je crois qu'en présentant pour la première fois les formations de l'Amazône dans leur connexion et dans leur succession naturelles, en établissant qu'elles consistent en trois assises uniformes de dépôts relativement récents, étendus sur toute la vallée, les recherches dont le résumé précède auront contribué aux acquisitions de la géologie moderne. »

XIV

CÉARÁ.

Départ de Pará. — Adieux à l'Amazône. — Facilité de voyager sur ce fleuve. — Mauvaise traversée. — Arrivée à Céará. — Difficulté du débarquement. — Aspect de la ville. — Saison des pluies. — Maladies consécutives. — Notre but en relâchant à Céará. — Les moraines au dire du D*r* Feliz. — Préparatifs pour un voyage dans l'intérieur. — Difficultés et délais. — En route. — Nuit à Arancho. — Mauvais chemins. — Le palmier Carnaúba. — Arrivée à Mongubá. — Aimable réception de M. Franklim de Lima. — Géologie de la région. — Les plaisirs et les jeux du soir. — Pacatúba. — Indices d'anciens glaciers. — Serra de Aratanha. — Ascension de la Serra. — Hospitalité de M. da Costa. — Paysage. — Le Sertão. — La sécheresse et les pluies. — Épidémies. — Retour à Mongubá. — Arrêtés par les pluies. — Retour à Céará. — Inondations sur la route. — Plus de gués. — Arrivée à la ville. — Libéralité du Président de la province envers l'expédition.

2 *avril.* — *Céará.* — Nous avons quitté Pará le 26 mars au soir. Jusqu'au dernier moment, nous ne voulions pas croire qu'il fallût dire adieu à l'Amazône. Nos voyages pleins d'enchantements sur ses eaux jaunâtres, nos excursions en canot sur les lacs pittoresques et les igarapés, nos séjours sous les toits de palmier, tout cela appartient au passé. Un souvenir! voilà tout ce qui reste de nos pérégrinations sur le plus grand des fleuves. Quand nous entrâmes dans ses eaux, quelles vagues prévisions, quels rêves d'une vie nouvelle et pleine d'intérêt flottaient devant nous! Les inquiétudes, l'idée de dangers inconnus s'y mêlaient, on le pense bien. On sait si peu de chose, même au Brésil, sur cette région, qu'à peine avions-nous pu obtenir quelques renseignements incomplets, décourageants presque toujours. A Rio de Janeiro, si vous annoncez que vous allez

remonter le grand fleuve, vos amis brésiliens vous regardent avec une admiration compatissante. On vous menace de la fièvre, de la chaleur accablante, de la famine, du manque de gîte, des moustiques, des jacarés et des Indiens sauvages. Parlez-vous à un médecin, il vous conseille une bonne provision de quinine et il vous engage fortement à en prendre une dose chaque jour pour prévenir la fièvre intermittente et les frissons. En sorte que si vous échappez au fléau vous avez du moins la certitude d'être empoisonné par un remède, qui, administré sans précaution, cause une maladie pire que celle qu'il aurait pu être appelé à combattre. En raison de l'attrait que peut offrir la nouveauté d'un voyage dans l'Amazône, on ne sera sans doute pas fâché d'apprendre qu'on va de Pará à Tabatinga aussi commodément que tout voyageur raisonnable peut le souhaiter; non pas peut-être absolument sans privations, mais certainement sans être plus exposé aux maladies que dans n'importe quel pays chaud. Les périls et les aventures qui signalèrent les voyages de Spix et de Martius ou même ceux d'explorateurs plus récents, comme Castelnau, Bates et Wallace, sont désormais chose impossible tout le long de l'Amazône propre, quoiqu'ils attendent encore le voyageur presque à chaque pas sur les grands affluents. Sur le Tocantins, sur le Madeira, sur le Purús, sur le Rio Negro, sur le Trombetas ou tout autre des grands tributaires, le voyageur doit encore naviguer lentement sur un canot; brûlé par le soleil ou trempé par la pluie, il lui faut, le soir, coucher sur la plage, avoir le sommeil troublé par les cris des animaux sauvages errant dans les bois qui l'entourent, et s'attendre à trouver, le matin à son réveil, les traces du tigre à une proximité de son hamac peu rassurante. Mais, le long du cours principal de l'Amazône, le temps des aventures romanesques et des dangers émouvants est passé. Les animaux féroces de la forêt ont fui devant le sifflet de la machine à vapeur; le canot et le campement sur la plage ont fait place aux prosaïques accommodations du paquebot. Il est sans doute vrai que, ici comme dans les autres régions tropicales, une longue résidence peut affaiblir la vigueur de la constitution et, peut-être même, prédisposer à certaines maladies. Mais, durant un séjour de huit mois, aucun de nos nombreux compagnons n'a souffert d'une indisposition sérieuse attribuable au climat, et nous n'avons pas vu dans nos pérégrinations autant de cas de fièvre intermittente qu'on en rencontre infailliblement lorsqu'on navigue sur nos grandes rivières de l'ouest. Le parcours de l'Amazône propre est devenu désormais chose facile à quiconque voudra se résigner à endurer la chaleur et les moustiques, pour jouir de la vue du plus grand fleuve du monde et de la splendide végétation tropicale qui croît sur ses bords. La meilleure saison pour cela est de la fin de juin à la mi-novembre. Juillet, août, septembre et octobre sont, dans cette région, les quatre mois les plus secs et les plus salubres.

Nous avons eu une rude et mauvaise traversée de Pará à Céará. La pluie, qui n'a pas cessé, rendait le pont intenable, et l'eau pénétrait jusque dans les cabines; il fallait à chaque instant balayer et essuyer le parquet de la salle à manger. A Maranham nous avons pu aller prendre à terre une nuit de repos. M. Agassiz et le major ont profité de la relâche pour aller, le lendemain matin, examiner la géologie de la côte plus soigneusement qu'ils ne l'avaient fait à notre premier passage. Ils se sont assurés que sa structure est identique à celle de la vallée amazonienne, à cette exception près que les formations ont été plus bouleversées et plus dénudées.

Nous sommes arrivés en rade de Céará le samedi 31 mars à deux heures, et nous espérions débarquer de suite. Mais la mer était très-forte, la marée contraire, et durant tout le jour pas une *jangada* — ce singulier radeau qui tient lieu de canot — ne s'est aventurée à venir accoster notre paquebot secoué par le ressac. Céará n'a pas de port et la mer brise avec violence le long de la plage de sable qui s'étend sur le front de la ville. Cette circonstance rend l'abord de la côte impossible aux canots par les gros temps ou dans certaines conditions de marées. Les jangadas seules (catimarons) peuvent braver les vagues qui passent sur elles sans les couler. Vers neuf heures du soir une embarcation de la douane accosta, et, malgré l'heure avancée et la grosse mer, nous nous résolûmes à débarquer, car on nous assurait que le lendemain matin la marée serait contraire et que, si le vent continuait, il serait fort difficile, probablement même impossible, d'aller à terre. Ce ne fut pas sans anxiété que, au bas de l'échelle, j'attendis mon tour de m'élancer dans le canot. Le flot gonflé le soulevait à un certain moment jusqu'au niveau de l'escalier, et en un clin d'œil l'emportait à plusieurs mètres de distance. Il fallait beaucoup de sang-froid et d'agilité pour franchir le pas au moment opportun, et ce ne fut pas sans un vif soulagement que je me trouvai dans l'embarcation au lieu d'être au fond de l'eau, les chances étant égales pour l'une et pour l'autre occurrence. Comme nous nous dirigions vers les brisants, les rameurs se mirent à nous faire de lugubres histoires sur la difficulté du débarquement et sur les fréquents accidents qu'elle cause ; ils nous racontèrent entre autres que, peu de jours auparavant, trois Anglais s'étaient noyés ; je commençai à me dire que gagner la terre serait plus dangereux encore que sortir du navire. Malgré tout, à mesure que nous approchions de la ville, la scène n'était pas sans un certain charme pittoresque. La lune, perçant les nuages gris chargés de pluie, jetait une lueur vacillante sur les sables de la plage, où les vagues hérissées se roulaient furieuses. De nombreuses embarcations chargées à plein bord étaient ballottées par le flot, et le fracas des brisants se mêlait aux cris des portefaix noirs, enfoncés dans l'eau jusqu'à la poitrine, qui portaient sur leur tête, des bateaux à la rive, les objets du chargement. Nous fûmes mis à terre comme ces colis ; les bateliers nous prirent sur leurs épaules et nous firent franchir le ressac. C'est la manière accoutumée de faire débarquer les voyageurs. Ce n'est que rarement et dans des conditions particulières de la marée que l'on peut aborder à la petite jetée en bois qui s'avance au delà du rivage. Le major Coutinho avait écrit à un de ses amis pour le prier de nous chercher un gîte ; nous trouvâmes donc notre logis tout préparé. Je fus heureuse de m'enfoncer dans mon excellent hamac, d'échanger le roulis et le tangage du paquebot pour un bercement plus doux, et de m'endormir au bruit du sourd grondement des vagues en furie, tout en me sentant hors de leur atteinte.

La matinée du lendemain fut pluvieuse, mais le temps s'éclaircit l'après-midi, et vers le soir nous avons fait, en voiture, une longue promenade à travers la ville, en compagnie de notre hôte, le docteur Feliz. J'aime la physionomie de Ceará. J'aime ses rues larges, propres, bien pavées, resplendissantes de toute sorte de couleurs, car les maisons qui les bordent sont peintes des tons les plus variés. Les dimanches ou les jours de fête, tous les balcons sont garnis de jeunes filles aux gaies toilettes, et les groupes masculins encombrent les trottoirs, causant et fumant. Céará n'a pas cet air morne, endormi, de beaucoup de villes brésiliennes ; on y sent le mouvement, la vie et la prospérité[1]. Au delà de la ville, le tracé des rues se continue à travers les *campos* que ferment au loin de belles montagnes : la serra Grande et la serra de Baturité. Sur le front de la petite cité, court la large plage de sable ; et le murmure de la mer battant sur le récif arrive jusqu'au quartier central. Il semble que, ainsi placée entre la montagne et la mer, Céará dût être une ville salubre : c'est en effet la réputation dont elle jouit ; mais en ce moment, par suite, pense-t-on, de la persistance inaccoutumée de la saison sèche et de l'extraordinaire violence des pluies qui viennent enfin de commencer, l'état sanitaire n'est pas des plus satisfaisants. La fièvre jaune règne, et elle a fait déjà un assez grand nombre de victimes, quoiqu'elle n'ait pas encore, assure-t-on, pris un caractère épidémique. Une autre maladie plus fatale court en outre : une dyssenterie maligne qui ravage aussi bien la campagne que la ville depuis deux mois.

Nous avons fait tous nos efforts pour hâter les préparatifs de notre excursion dans l'intérieur, mais l'entreprise n'est rien moins que facile. En relâchant ici, M. Agassiz s'est proposé de s'assurer, par l'observation directe, qu'il a jadis existé des glaciers dans les serras de cette province. Il veut essayer de retrouver quelque trace de la moraine latérale méridionale qui marquait la limite des masses de glaces dont il suppose que tout le bassin de l'Amazòne fut rempli, durant l'hiver cosmique. Dans la vallée du grand fleuve il a vu que tous les phénomènes géologiques se rattachent au déclin de la période glaciaire, à la fonte des glaces et à la débâcle qui en a été la conséquence. Depuis le retour à Pará, sa préoccupation con-

---

[1]. M. le sénateur Pompéo a écrit une histoire remarquable et très-intéressante des progrès matériels de la province de Céará. Il a lui-même contribué à ces progrès par la publication de documents statistiques très-soigneusement relevés. M. Pompéo représente cette province au sénat brésilien. (L. A.)

stante a été de rechercher les masses de matériaux de transport abandonnées par le glacier lui-même : en arrivant ici, il s'en est de suite enquis auprès de plusieurs personnes qui, ayant beaucoup voyagé dans la province, en connaissent bien l'aspect. Il a obtenu, entre autres, du Dr Feliz des informations d'autant plus précieuses que la précision avec laquelle elles sont fournies montre qu'on peut s'y fier. M. Feliz est agent voyer chef et la nature de ses occupations l'a obligé à de fréquents voyages dans la région de Serra-Grande. Il a fait une bonne carte de cette partie de la province et il affirme qu'il existe dans cette localité une muraille de matériaux de transport, blocs, galets, etc., se dirigeant de l'est à l'ouest à la distance d'environ soixante lieues, depuis le Rio Aracaty-Assú jusqu'à Bom-Jesú dans la Serra-Grande. D'après son rapport, cette muraille doit ressembler beaucoup aux *horseback*[1] du Maine (États-Unis), ces digues si remarquables accumulées par les anciens glaciers et dont la succession ininterrompue mesure parfois plus de soixante kilomètres (30 à 40 milles). Mais les *horseback* sont recouverts par le sol et le gazon, tandis que la barrière dont parle M. Feliz est pierreuse et à découvert. M. Agassiz ne doute pas que cette accumulation, cette digue de matériaux de transport dont la situation et la direction correspondent si parfaitement aux conjectures formées par lui d'après les preuves retrouvées dans la vallée amazonienne, ne soit une partie de la moraine latérale qui bordait autrefois au sud-est le grand glacier de l'Amazône. Malheureusement, il ne lui est pas possible d'y aller voir ; cût-il le temps d'entreprendre un aussi long voyage dans l'intérieur, tout le monde lui dit qu'en cette saison les routes sont impraticables. Il lui faut donc abandonner à quelque explorateur plus jeune et plus heureux le soin de s'assurer de l'identité de cette moraine colossale. Quant à lui, il se contentera d'examiner directement les anneaux de cette chaîne de preuves qui sont moins éloignés, c'est-à-dire les traces des glaciers locaux, dans les serras du voisinage immédiat de Céará. Si le bassin de l'Amazône a effectivement été comblé par les glaces, toutes les montagnes des provinces voisines qui se trouvent en dehors de ses limites

---

1. Grandes moraines au fond des anciens glaciers.

ont nécessairement eu, elles aussi, leurs glaciers. C'est donc pour rechercher ces glaciers locaux que nous allons entreprendre une excursion à la serra de Baturité.

6 *avril*. — Pacatùba (au pied de la serra de Aratanha). — Après des ajournements sans fin et toute sorte d'ennuis au sujet des chevaux, des domestiques et de tous les préparatifs, nous nous sommes enfin mis en route, le 3, dans l'après-midi. La manière dont on voyage et le caractère des gens du pays ne permettent pas d'accomplir une excursion avec promptitude et ponctualité. Tandis que nos préparatifs se faisaient, tous les voisins, toutes les connaissances venaient flâner chez nous pour voir comment marchaient les choses. L'un conseillait de remettre le départ jusqu'au surlendemain, à cause de quelque accident arrivé aux chevaux; l'autre voulait qu'on attendît une semaine ou deux pour avoir meilleur temps. Évidemment, il ne passait par l'esprit de personne qu'il pût être d'une importance quelconque de partir tel jour ou tel autre, dans une semaine ou dans un mois. Les mangeurs de lotus dans « le pays où il est toujours après-midi » ne peuvent pas être plus indifférents à la marche du temps. Mais ce calme imperturbable qui se place au-dessus des lois auxquelles le reste de la pauvre humanité est sujette, cette ignorance de la grande maxime *tempus fugit* sont simplement exaspérants pour un homme qui dispose à peine de la quinzaine intermédiaire entre deux passages du paquebot pour faire son voyage, et qui sait, de reste, que le temps est toujours trop court pour ce qu'il a en vue. Ces habitudes de procrastination sont beaucoup moins marquées dans les parties du Brésil où les chemins de fer et les bateaux à vapeur fonctionnent; sans que, au reste, on puisse dire que promptitude et célérité soient des qualités très-communes dans une province quelconque de l'empire. Ce n'était pas qu'on ne prît grand intérêt à nos projets ; au contraire, nous avons rencontré ici, comme partout, la sympathie la plus cordiale pour nous et pour l'objet de l'expédition. Un grand nombre de personnes et le Président lui-même se sont empressés de nous donner toute l'assistance qui dépendait d'eux. Mais un étranger ne doit nécessairement pas s'attendre à ce que les habitudes d'un pays soient tout à coup transformées pour lui plaire; et ce que nous avions de mieux à faire était de nous conformer à la lenteur

d'allures qui est générale. Bref, nous nous sommes finalement mis en route, notre petite expédition se composant du major Coutinho, de M. Pompeo, ingénieur de la province, que le Président a eu l'obligeance de désigner pour nous accompagner, et de nous-mêmes. Nous avions aussi une ordonnance détachée par le Président de son escorte, et deux hommes pour prendre soin d'une paire de mules chargées des provisions et du bagage. Nous étions partis si tard que notre première étape se termina à environ six ou huit kilomètres de la ville. Mais elle ne fut pas tellement courte que nous n'eussions le temps d'attraper quelques averses, chose immanquable en cette saison. Cependant, le voyage fut agréable. Un parfum de myrtilles émanait des petits buissons qui, à plusieurs kilomètres à la ronde, couvraient le sol, et la terre laissait échapper cette bonne odeur des pluies d'orage. Quand nous sortîmes de la ville, des nuages bas, chargés d'averses lointaines, flottaient au-dessus des montagnes et donnaient à ces hauteurs une beauté sombre, plus émouvante que le joyeux éclat qu'elles prennent au soleil. A six heures, nous sommes arrivés à Arancho, le village où nous devions passer la nuit. Comme il faisait déjà presque sombre, il me parut ne se composer que de quelques maisons en terre; mais, de jour, le lendemain, je vis qu'il possède un ou deux édifices d'apparence plus respectable. Nous le traversâmes d'un bout à l'autre de la principale rue et nous nous arrêtâmes devant la *venda* (boutique d'épicier tavernier).

A la porte, coupée en deux et dont la partie basse donnait seul accès, se tenait l'hôte, à cent lieues d'attendre des voyageurs par cette nuit sombre et pluvieuse. C'était un gros bonhomme déjà vieux, avec une tête ronde comme un boulet, couverte de cheveux blancs crépus, et une figure de bonne humeur tant soit peu rougie par les libations. Il était vêtu d'un caleçon de coton par-dessus lequel flottait sa chemise, les pieds parfaitement nus dans une paire de ces socques en bois, sans quartiers, dont on entend le clic clac dans toutes les villes à la saison des pluies. Il ouvrit l'auvent supérieur et nous introduisit dans une petite salle meublée d'un hamac, d'un canapé et de trois ou quatre chaises. Sur les murs de terre s'étalaient quelques grossières images dont le vieux bonhomme semblait très-fier. Il nous dit qu'il serait heureux de nous recevoir si nous pouvions nous contenter du logement qu'il avait à nous offrir : cette chambre pour les hommes et lui-même, la pièce où couchaient sa femme et les enfants pour la « senhora. » J'avoue que la perspective me plut médiocrement, mais j'étais préparée à tout et je savais à quelles tribulations on s'expose en voyageant dans l'intérieur. Quand donc notre hôtesse se présenta et m'offrit cordialement un coin de sa chambre, je la remerciai de mon mieux. Elle était beaucoup plus jeune que son mari et encore fort belle, d'une sorte de beauté orientale avec laquelle son costume s'harmonisait assez. Elle portait une espèce de peignoir en mousseline rouge qu'un long usage n'avait pas embelli, mais dont la couleur brillait encore ; et ses longs cheveux noirs dénoués pendaient sur ses épaules. Au bout d'une heure ou deux on annonça le souper. Nous en avions apporté la plus grande partie de la ville, et pour nous conformer aux mœurs du pays, nous invitâmes toute la famille à le partager avec nous. Le vieux « Vendeiro » avait complété sa toilette en passant une robe de chambre d'indienne à grands ramages ; il prit place à table en jetant sur les poulets rôtis et le vin de Bordeaux un regard de satisfaction non petite. A en juger par l'apparence, ce devaient être choses rares à la maison. Le sol terreux de la cuisine où le souper fut servi était tout humide ; le toit laissait couler l'eau comme une écumoire et les murailles lézardées étaient à peine éclairées par la lueur fumeuse d'une grossière chandelle coulante, faite avec la résine du palmier Carnaúba. J'entendis tout à coup un sourd grognement près de moi, je regardai par terre et j'aperçus dans une demi-obscurité un porc noir qui mangeait familièrement à une table voisine en compagnie des enfants. Un chat et un chien complétaient le nombre des convives.

Le souper fini, je demandai à passer dans la chambre à coucher, préférant prendre l'avance sur mes compagnes de nuit. C'était une toute petite pièce d'une dizaine de pieds en carré, derrière celle où nous avions été reçus, et sans la moindre fenêtre. Ce détail est de peu d'importance ici, car les toits ont assez d'ouvertures pour que l'air circule en abondance. Une fois étendue dans mon hamac, j'épiai l'arrivée de mes voisines avec une certaine curiosité. Il vint d'abord une jeune fille et sa petite sœur qui se couchèrent ensemble dans un des lits, puis arriva la servante qui tendit son hamac dans un coin, et enfin la maîtresse de maison prit possession de l'autre lit et compléta le charme de la scène en allumant sa pipe et en fumant placidement jusqu'à ce qu'elle s'endormit. Je ne puis pas dire que la situation fût la plus favorable au repos. La pluie torrentielle qui battait sur les tuiles perçait le toit mal joint, et j'avais beau me retourner dans mon hamac, toujours les gouttes me tombaient sur la figure; les puces faisaient rage, et, de temps en temps, le silence était rompu par les pleurs des enfants ou le grognement du porc couché à la porte. Il ne faut pas dire si je fus heureuse quand le coup de cinq heures mit tout le monde sur pied, notre projet étant de partir à six heures et de faire trois lieues avant de déjeuner. Mais dans les excursions de ce genre projeter de partir à une heure et réaliser ce projet sont deux choses fort diverses. Quand nous fûmes prêts, deux chevaux ne se trouvèrent plus; ils s'étaient écartés tandis que nous dormions. Quoique ces sortes d'accidents soient un constant sujet de plaintes, il ne passerait à l'esprit de personne d'attacher les chevaux pendant la nuit; il est bien plus simple de les laisser errer à l'abandon et chercher eux-mêmes leur nourriture. On envoya les domestiques courir après; et nous nous assîmes en attendant, perdant les meilleures heures de la journée, jusqu'à ce qu'enfin, quand ils furent las de courir, bêtes et gens reparurent. Mais par malheur, pendant ces deux heures d'inaction, la pluie, qui avait cessé après avoir tombé toute la nuit à torrents, nous menaça de plus belle; nous étions à peine en route qu'elle reprit avec plus de force et nous accompagna pendant cette mortelle chevauchée de trois lieues (17 kilomètres environ). Ce fut sous cette averse horrible que nous traversâmes pour la première fois un bois de palmiers Carnaúba (*Copernicia cerifera*) si précieux par les mille usages auxquels ils se prêtent. Le Carnaúba fournit un bois très-beau, fort et durable, dont on fait dans le pays tous les chevrons de la toiture; il donne encore une cire qui, mieux purifiée et mieux blanchie, ferait d'excellentes bougies; telle qu'elle, c'est le seul luminaire usité; de ses fibres soyeuses on fabrique un fil très-fort et des cordages; le cœur des feuilles devient par la cuisson un légume parfait, plus délicat que le chou, et les feuilles elles-mêmes sont un fourrage très-nutritif pour le bétail. Il est passé en proverbe dans la province de Céará que, là où le Carnaúba ne manque pas, un homme a tout ce qui est nécessaire à lui et à son cheval. La tige de ce palmier est haute, et ses feuilles sont disposées de manière à former au sommet une couronne sphérique fermée, entièrement différente de la couronne terminale des autres palmiers[1].

Si nous avions le désagrément de la pluie, il fut heureux pour nous que le soleil fût bien voilé, car la forêt est basse et ne fournit pas d'ombre. La route était dans un terrible état par suite des pluies continuelles, et, quoiqu'il n'y ait point de grosse rivière entre la ville et la serra de Mongubá où nous allions, en plusieurs endroits les petits ruisseaux étaient gonflés et présentaient une profondeur considérable. En raison des inégalités de leurs lits, pleins de trous et de fondrières, ce n'était pas chose aisée que de passer à gué. Nous cheminâmes ainsi péniblement pendant quatre heures durant lesquelles deux ou trois fois nous demandâmes combien il nous restait encore à faire, toujours recevant la même réponse : « uma legoa. » Cette mortelle lieue ne finissait pas et semblait s'allonger à mesure que nous avancions. Enfin à notre grand soulagement nous atteignîmes le petit sentier qui s'écarte de la route et conduit à la fazenda de M. Franklim de Lima. Le voyageur qui demande l'hospitalité dans une maison brésilienne est toujours bienvenu ; mais M. Coutinho avait déjà séjourné dans cette fazenda et nous eûmes part au bon accueil qu'il reçut en sa qualité de vieil ami. L'hospitalité de cette aimable famille nous fit oublier toutes les fatigues du voyage. Notre bagage étant resté en arrière, la bienveillance des maîtres de la maison pourvut aux besoins de notre toilette qui était dans le plus lamentable état, car nous avions pataugé dans une boue liquide de deux ou trois pieds d'épaisseur. Mais M. Agassiz ne prit pas même le temps de se reposer. Nous avions voyagé sur un sol morainique pendant presque toute notre course ; nous avions passé, sur la route, devant de nombreux blocs errati-

---

[1]. Voyez Notice sur le palmier Carnaúba, par M. A. de Macedo, Paris, 1867, in-8, excellente petite monographie sur ce palmier et les diverses branches d'industrie auxquelles il s'applique.

ques, et il était impatient d'examiner la serra de Mongubá, sur le flanc de laquelle se trouve la plantation de café de M. Franklim, dont l'habitation est au pied de cette petite cordillère. Il passa donc, soit à pied, soit à cheval, la plus grande partie de ce jour et du suivant à examiner la structure géologique de la montagne. Le résultat le confirma dans l'opinion que, ici encore, toutes les vallées ont eu leurs glaciers, et que ces glaciers ont entraîné, du flanc des collines à la surface des plaines, des blocs, des cailloux, des débris de toute sorte.

Dans ce charmant intérieur, au milieu du cercle intelligent, éclairé que compose la famille de M. Franklim de Lima, nous passâmes deux jours. Après le déjeuner, chacun allait à ses occupations; ces messieurs faisaient des excursions dans le voisinage; le soir, on se réunissait, on faisait de la musique, on dansait, on jouait aux jeux de société. Les Brésiliens ont la passion de ces sortes de jeux et y mettent à la fois beaucoup d'esprit et beaucoup d'animation. Un des plus répandus est celui qu'on appelle le « marché aux saints. » Il est très-amusant quand les deux ou trois personnes qui jouent les rôles principaux y mettent un peu de malice. Quelqu'un fait le marchand; un autre, le curé qui veut acheter un saint pour sa chapelle; les saints sont représentés par le reste de la compagnie qui se cache la figure derrière des mouchoirs et doit demeurer dans une immobilité complète. Le vendeur fait l'article au curé, et menant son chaland de l'un à l'autre, décrit les miraculeuses et extraordinaires qualités de ses saints, leur vie exemplaire et leur mort pieuse. Après quelques remarques de ce genre, le mouchoir est enlevé; et si le saint, demeurant impassible, entend sans sourciller toutes les choses grotesques qu'on dit sur son compte, il est libre et se retire; mais s'il rit, il donne un gage et paye l'amende. Bien peu résistent à l'épreuve, car si le soi-disant marchand a de la finesse, il sait mettre à profit quelque incident burlesque ou mettre en évidence quelque trait de caractère propre à la personne qui est sur la sellette. Peut-être le lecteur qui n'ignore pas notre chasse aux glaciers reconnaîtra le saint que le major Coutinho est en train d'offrir : « Celui-ci, *Senhor Padre*, est un fameux saint; mais il a surtout les dispositions les plus pieuses! C'est, *oh! meu padre!* un merveilleux faiseur de miracles. Il remplit de glace toutes ces vallées, couvre de neige nos montagnes aux jours les plus chauds de l'année, transporte les pierres du sommet de la Serra au fond de la plaine, trouve des animaux dans les entrailles de la terre et rétablit leurs carcasses. — Ah! réplique le curé, c'est un bien grand saint en vérité. Voilà ce qu'il me faut pour mon église. Laissez-moi voir sa figure. » Le mouchoir tombe et nécessairement le saint perd un gage.

Hier, après déjeuner, nous avons quitté ces aimables amis et sommes allés, à une lieue plus loin dans les terres, au village de Pacatúba qui est très-pittoresquement situé au pied de la serra d'Aratanha. Là, nous avons eu la bonne fortune de trouver un « sobrado » (maison à deux étages) inoccupé où nous sommes établis pour les deux ou trois jours que nous pensons devoir passer ici ou dans les environs. Nous l'avons fait balayer, nous avons pendu nos hamacs dans les chambres vacantes qui, à part un canapé en jonc et quelques chaises, ne contiennent aucun meuble; mais si l'intérieur ne nous offre aucun confort, nous avons au moins d'admirables points de vue, de nos fenêtres.

7 avril. — Pacatúba. — Il a été résolu que l'exploration se bornerait aux serras au milieu desquelles nous nous trouvons. Car tout le monde nous dit que, dans l'état actuel des routes, il serait impossible d'aller à Baturité et d'en revenir dans le court espace de temps dont nous disposons. M. Agassiz n'est nullement désappointé par ce contre-temps : un plus long voyage, dit-il, ne pourrait que lui faire retrouver le phénomène glaciaire sur une plus vaste échelle; dès maintenant il l'a sous les yeux très-nettement reconnaissable. Dans cette serra d'Arantaha au pied de laquelle nous sommes arrêtés, les phénomènes glaciaires sont aussi lisibles qu'en n'importe quelle vallée du Maine ou que dans les montagnes du Cumberland, en Angleterre. Il y a eu évidemment un glacier local, formé par la rencontre de deux branches qui descendaient des deux dépressions situées à droite et à gauche de la partie supérieure de la Serra, et se rejoignaient au-dessous dans le fond de la vallée. Une grande partie de la moraine médiane formée par la rencontre de ces deux branches peut encore être suivie au centre de la plaine. Une des moraines latérales est parfaitement conservée; la route du village la coupe en travers, et le village lui-même est construit en dedans de la moraine terminale qui se contourne en croissant, en face de lui. C'est un fait curieux qu'au centre de la moraine médiane occupée par un petit torrent frayant sa voie parmi l'amas des roches et des blocs, se trouve un délicieux bassin entouré d'orangers et de palmiers. En descendant hier de la Serra, M. Agassiz accablé par la chaleur, après sa chasse aux glaciers, s'arrêta sur le bord de ce réservoir pour s'y baigner. En savourant la fraîcheur bienfaisante de ces eaux, il ne put s'empêcher d'être frappé par le contraste que présente l'origine de ce bassin avec la végétation qui l'entoure: sans parler de la coïncidence singulière par laquelle lui, naturaliste du dix-neuvième siècle, trouvait à se soulager de l'accablement de la chaleur torride, à l'ombre des palmiers et des orangers, dans l'endroit même où il venait chercher la preuve d'un froid assez intense pour avoir enveloppé de glace toutes ces montagnes.

9 avril. — Hier, nous avons quitté à sept heures du matin le petit village de Pacatúba pour nous rendre à mi-hauteur de la Serra, quelque deux cent cinquante mètres au-dessus du niveau de la mer (800 pieds), à l'habitation de M. da Costa. Le sentier de la montagne est sauvage et pittoresque; il est bordé d'immenses blocs, ombragé par les arbres et rempli du bruit argentin des petites cascades qui sautent de roche en roche. Sous ce climat, une route ainsi interrompue par les blocs est particulièrement jolie à cause de la vigueur luxuriante de la végétation. Des plantes grimpantes très-curieuses, des buissons, des arbres même croissent partout où ils peuvent trouver assez de terre pour y enfoncer leurs racines, et plusieurs de ces rochers isolés sont de petites oasis de verdure. Un de ces blocs immenses est renversé sur le sentier et de sa masse sort un palmier tout drapé de lianes et de plantes grimpantes. Parmi les arbres indigènes les plus remarquables sont le Genipápe, (*Genipa Braziliensis*), l'Imbaúba (*Cecropia*), le Carnaúba (*Copernicia cerifera*), le Catolé (*Attalea humilis*) et le Páo d'Arco (*Tecoma speciosa*). Le dernier est ainsi nommé parce que les Indiens font leurs arcs de son bois dur et élastique. Quoique étrangers au pays, le bananier, le cocotier, l'oranger, le cotonnier, le caféier abondent. La culture du caféier, qui vient admirablement sur les pentes de toutes les serras, est une grande source de prospérité ici; mais, du moins dans les sitios que nous avons visités, il est difficile de se former une idée de l'étendue des plantations à cause de la manière irrégulière dont elles sont faites. La production est d'ailleurs considérable et le café est d'une qualité supérieure.

Je trouvai l'ascension de la Serra, qui est très-escarpée, tout à fait fatigante. Les gens qui vivent dans la montagne vont et viennent constamment, même avec leurs enfants, à cheval ou à mulet; mais nos chevaux, habitués au pavé de la ville, n'avaient point le pied montagnard, et nous avons préféré ne pas nous en servir, les pluies ayant d'ailleurs rendu la route plus mauvaise et plus effondrée que jamais. Une course dans la montagne, en ce pays, ne ressemble pas à une promenade de ce genre dans les régions tempérées; le moindre exercice cause une transpiration excessive, et pour peu que, ainsi baigné de sueur, on s'arrête un instant pour se reposer, le plus léger souffle de l'air vous glace et vous donne le frisson. Je ne fus pas peu satisfaite quand, au bout d'une heure de marche, nous arrivâmes au sitio de M. da Costa, suspendu aux flancs de la Serra. Dona Maria se mit fort en gaieté en me voyant arriver à pied; elle me dit que j'aurais dû monter à cheval comme un homme, ainsi qu'elle faisait elle-même. Et vraiment je crois qu'une femme qui veut voyager dans l'intérieur du Brésil n'a rien de mieux à faire que de prendre le costume des Bloomeristes[1] et de monter en cavalier. Dans ces routes de montagnes si dangereuses, ainsi qu'au passage des gués, une selle de dame est un siége très-peu sûr; la longue jupe d'une robe d'amazone n'a pas moins d'inconvénients.

Rien de pittoresque comme la situation de ce sitio. Il est entouré de masses imposantes de rochers qui semblent, pour ainsi dire, enchâssés dans la forêt. Tout à côté, une cascatelle descend en sautillant sous les arbres, qui la cachent si bien qu'on entend partout le bruit de l'eau sans presque parvenir à voir ses clairs reflets sous le vert feuillage. La maison elle-même est bâtie au milieu d'un magnifique fragment de moraine,

---

1. Association de femmes, aux États-Unis, dont il fut beaucoup parlé vers 1848, et qui, entre autres singularités, portaient un costume semi-masculin. (N. du T.)

et flanquée d'un côté par un banc rougeâtre de terrain morainique surmonté de blocs. Elle est tellement entourée de grosses masses de rochers que ses murailles semblent se confondre avec le roc. Au pied de la montagne s'étend le « Sertão » à peine supérieur au niveau de la mer, mais entrecoupé çà et là par le renflement des collines qui s'élèvent, isolées, à sa surface. Au delà, la vue se porte à plusieurs milles et rencontre les dunes de sable du littoral, puis le liséré argenté de l'Océan. Le Sertão (désert) est en ce moment d'un beau vert et ressemble à une immense prairie. Mais à la saison sèche il justifie bien son nom et devient un désert véritable, si brûlé des feux du soleil que toute la végétation est détruite. La sécheresse est tellement grande durant huit mois de l'année que les gens qui vivent dans cette steppe courent le risque incessant de la famine, les récoltes brûlant sur pied[1].

Puis, après cette saison torride, les pluies arrivent avec une violence effroyable, et les épidémies se développent comme celles qui règnent en ce moment. Pendant des semaines il pleut jour et nuit, et rien n'échappe à l'action de l'humidité; quand le soleil embrasé reparaît sur la terre détrempée et fumante, cette humidité est plus dangereuse encore. On ne doit pas s'étonner des maladies qui sévissent, car une moiteur subtile pénètre tous les objets. Murs, planchers, meubles, votre hamac pendant la nuit, vos vêtements le matin, sont humides et ont une sorte de fraîcheur visqueuse; sous les rayons blafards qu'envoie le soleil, malgré la grande intensité de la chaleur, rien ne parvient à sécher.

A la tombée de la nuit, nous sommes allés contempler le coucher du soleil en escaladant un bloc colossal qui s'est arrêté sur la pente de la montagne, on ne saurait dire comment. Il est projeté sur le flanc des rochers et domine un paysage plus étendu que celui dont on jouit de la maison située plus haut. Tandis que nous nous tenions debout sur cette énorme masse, je ne pouvais m'empêcher de songer que, comme elle

---

1. Sans un arbuste de la famille de notre aubépine et connu en botanique sous le nom de Zizyphus Joazeiro, le bétail périrait pendant la sécheresse. Cet arbuste est une des rares plantes communes qui, sous cette latitude, ne perdent pas leurs feuilles à la saison sèche, et heureusement pour les habitants, tous les herbivores domestiques la recherchent comme fourrage. (L. A.)

s'était arrêtée sans raison, elle pouvait repartir de même à toute minute et nous transporter au fond de l'abîme avec une rapidité des moins agréables.

10 avril. — Nous sommes revenus, hier après midi, à Pacatúba. La descente s'est faite beaucoup plus rapidement et surtout avec beaucoup moins de fatigue que la montée. Nous eussions été heureux de jouir plus longtemps de la bonne hospitalité de nos hôtes et de céder à leurs instances en prolongeant notre séjour. Mais le temps est compté, et nous avons peur de manquer le paquebot. Les aimables attentions de dona Maria nous ont suivies au delà de la maison, car à peine avions-nous repris possession de notre demeure abandonnée, à Pacatúba, qu'un excellent dîner — volailles, bœuf, légumes, etc. — arriva porté sur la tête de deux noirs. Quand je vis la charge que ces hommes avaient si rapidement transportée par le même sentier que je venais de descendre en roulant, sautant, trébuchant, glissant, de toutes les manières enfin, excepté en marchant comme une sage personne, j'enviai l'agilité et la sûreté d'allures de ces noirs stupides, à moitié nus et sans souliers. Aujourd'hui nous quittons Pacatúba et reprenons le chemin de la fazenda de M. Franklim, pour rentrer à Céará.

12 avril. — Le 10, nous sommes arrivés à Mongubá et nous avons passé la journée et la nuit chez nos nouvelles connaissances, les Franklim. Nous voulions partir le matin suivant à six heures; mais les chevaux étaient à peine à la porte et les mules paquetées, que la pluie recommença. Nous crûmes devoir attendre qu'elle eût cessé; hélas! aux averses succédèrent les averses et l'eau tombait en nappes compactes. Cela dura jusqu'à midi; à cette heure il y eut une éclaircie qui nous promettait du beau temps; nous nous mîmes en route. Je n'étais pas fort tranquille pour ma part, car je me rappelais les petits ruisseaux que nous avions passés à gué et je songeais qu'en ce moment ce devaient être de gros torrents. Par bonheur, avant d'arriver au premier nous rencontrâmes deux noirs qui nous prévinrent que la route était inondée. On les décida à revenir sur leurs pas et à prendre la bride de mon cheval. Lorsque nous atteignîmes l'endroit redouté, l'aspect en était vraiment effroyable : la route disparaissait sous l'eau à une distance considérable, les flots se précipitaient avec violence, le courant était des plus forts, et le fond ne se trouvait, en beaucoup de places, qu'à quatre ou cinq pieds. Si ce fond avait été solide et eût fourni un point d'appui suffisant, se mouiller n'eût rien été, mais le gué ravagé par les pluies n'était que gouffres et fondrières; les chevaux s'y enfonçaient inopinément, disparaissaient dans l'eau jusqu'à l'encolure, et ne reprenaient pied qu'en trébuchant et en plongeant de nouveau. Nous traversâmes ainsi quatre ruisseaux : un noir guidait mon cheval; le second nègre marchait devant pour s'assurer qu'on pouvait passer sans courir le risque de disparaître sous l'eau, et les cavaliers venaient derrière en file serrée. Ces ruisseaux, trop peu profonds pour que nos montures pussent nager et dont le lit était si raboteux qu'il y avait danger constant d'une chute imminente, étaient plus difficiles à franchir qu'une rivière. Il ne nous arriva toutefois qu'un seul accident, assez peu grave pour prêter à rire. Les nègres nous avaient quittés en nous disant qu'il n'y avait plus de fondrières et que, lorsque nous arriverions au dernier petit ruisseau, nous pourrions y entrer en toute confiance, l'eau en étant peu profonde. Perfide comme l'onde! dit-on; juste au bord se trouvait un amas de boue molle et adhésive; les chevaux le franchirent, mais leurs jambes de derrière s'y trouvèrent prises. Le major Coutinho, qui se trouvait à côté de moi, prit la bride de mon cheval, et ayant donné au sien un violent coup d'éperon, les deux animaux se soulevèrent ensemble par un vigoureux effort. Le domestique qui venait derrière fut moins heureux. Il était monté sur une petite mule qui, pendant un moment, parut avoir été engloutie, tant elle disparut complétement dans la vase; l'homme tomba, et il s'écoula quelques minutes avant que l'animal et lui pussent regagner la route, couverts de boue et dégouttants d'eau. Enfin, à cinq heures, nous étions à Céará, ayant fait une journée de cinq lieues (33 kilom.). Tout le monde nous assure que l'état des routes est chose absolument inaccoutumée, et qu'il y a des années qu'on n'a vu des pluies aussi persistantes. Les maladies n'ont pas diminué, et, dans la maison voisine de la nôtre, un jeune homme, qui venait d'être attaqué de la fièvre jaune lorsque nous sommes partis, est mort pendant notre absence. Partout sur notre route, nous avons entendu les mêmes lamentations causées par l'épidémie, et l'autorité vient de fermer les écoles.

Le paquebot doit arriver dans un jour ou deux; aussi faisons-nous nos préparatifs de départ. Nous ne dirons pas adieu à Céará sans témoigner notre reconnaissance de la sympathie que le Président, M. Homem de Mello, a manifestée pour tout ce qui concerne notre expédition. Avant de partir pour la Serra, M. Agassiz avait laissé ses indications pour qu'on lui fît une collection de palmiers et de poissons. Le Président s'est délicatement chargé des dépenses faites à ce propos et a insisté pour faire accepter ce qu'il a bien voulu appeler la contribution de la province. M. Agassiz est aussi fort obligé à M. Feliz, notre aimable hôte, de la part qu'il a prise aux collections, et à M. Cicéro de Lima pour les spécimens de l'intérieur, poissons et insectes, dont il lui a fait présent. Je termine ce chapitre par un extrait des notes recueillies par M. Agassiz durant son exploration de la serra d'Aratanha et du sitio de Pacatúba.

« J'ai employé le reste de la journée à examiner la moraine latérale droite et partie de la moraine marginale du glacier de Pacatúba. Mon but était de vérifier si ce qui paraît être une moraine, à première vue, n'était pas simplement un des éperons de la serra, décomposé sur place. J'ai remonté l'arête de pierres jusqu'à son origine, puis je l'ai traversée dans une dépression adjacente, immédiatement au-dessous du sitio du capitaine Henriques, où j'ai trouvé un autre fond de glacier de dimensions moindres et dont la glace n'a probablement jamais atteint le niveau de la plaine. Partout, dans les rangées de pierres qui ferment en aval ces dépressions, il y a une telle accumulation de matériaux de transport et de gros blocs incrustés dans l'argile et le sable, que le caractère n'en est pas méconnaissable. C'est bien une moraine. En certains endroits où une couche de la roche sous-jacente se montre à la surface, par suite des dénudations qui ont entraîné le drift, la différence entre la moraine et la roche décomposée en place se reconnaît de suite. Il est également facile de discerner les blocs qui, çà et là, ont roulé du sommet de la montagne et se sont arrêtés contre la moraine. Les trois choses se trouvent côte à côte et pourraient être confondues; mais, avec un peu d'application et de pratique, on arrive vite à les distinguer. Au point où la moraine latérale se contourne pour faire face au front de l'ancien glacier, près de l'endroit où le ruisseau de Pacatúba l'entaille, et un peu à l'ouest de ce ruisseau, il y a des blocs gigantesques appuyés contre elle et qui probablement se sont écoulés de son faîte. Près du cimetière, la moraine frontale consiste presque entièrement en galets de quartz, parmi lesquels il y a toutefois quelques gros blocs. La moraine médiane s'étend à peu près vers le centre du village, tandis que la moraine latérale gauche est en dehors de Pacatúba, à son extrémité orientale, et est traversée par la route de Céará. Il n'est pas impossible que, plus à l'est, un troisième tributaire ait rejoint le glacier principal de Pacatúba. Je puis dire que, dans toute la vallée de Hasli, il n'y a pas une accumulation de matériaux provenant de moraines, plus caractéristique que celle que j'ai rencontrée ici, pas même près du Kirchet.

Il n'y a pas non plus de monuments de cet ordre plus frappants dans les vallées de Mount-Desert (Maine) où les phénomènes glaciaires sont si remarquables, ni dans celles de Lough-Fine, de Lough-Augh et de Lough-Long, en Écosse, où les traces des anciens glaciers sont si distinctes. Dans aucune de ces localités les phénomènes glaciaires ne sont plus faciles à déchiffrer que dans la serra de Aratanha. J'espère qu'avant qu'il soit longtemps quelque membre de l'Alpine Club, connaissant à fond les glaciers de l'ancien monde, non-seulement dans leur état actuel, mais encore dans leurs conditions antérieures, prendra la peine d'aller étudier ces montagnes de Céará et retracera les contours de leurs anciens glaciers plus nettement et plus largement que je n'ai pu le faire dans ce court voyage. C'est une excursion facile puisque les paquebots de Southampton, de Liverpool et de Bordeaux se rendent à Pernambuco en dix jours; ils y touchent deux ou trois fois par mois, et l'on va de Pernambuco à Céará en deux jours sur les bâtiments brésiliens[1]. Il ne faut qu'une journée de

---

[1]. Il y a même une ligne directe de bateaux à vapeur entre Liverpool et Céará, avec escales à Maranham et à Pará, soit à l'aller soit au retour. C'est un trajet de deux semaines environ. Des paquebots à voiles partent aussi, régulièrement, du Havre pour Céará.

cheval pour atteindre la serra la plus voisine de Céará, où j'ai découvert ces traces des anciens glaciers. La meilleure époque pour un voyage de ce genre est celle des mois de juin et de juillet, à la fin de la période des pluies, et avant que la grande sécheresse ait commencé.

XV

RIO DE JANEIRO ET SES ÉTABLISSEMENTS PUBLICS. LA CHAINE DES ORGUES.

De Céará à Rio de Janeiro. — Inondations à Pernambuco. — Arrivée à Rio. — Collections. — Végétation des environs de Rio comparée à celle des bords de l'Amazône. — Hôpital de la Misericordia. — Institutions charitables. — L'aumône au Brésil. — Hospice des fous. — École militaire. — La Monnaie. — Académie des beaux-arts. — Héroïsme d'un nègre. — Écoles primaires de jeunes filles. — L'éducation des femmes au Brésil. — L'asile des aveugles. — Conférences. — Physionomie de l'auditoire. — Les montagnes des Orgues. — Promenade dans la Serra. — Thérésopolis. — La Fazenda de Saint-Louis. — Climat de Thérésopolis. — En descendant la Serra. — Géologie. — Le dernier mot.

29 *mai*. — Nous sommes arrivés à Rio, il y a plus d'un mois, ayant quitté Céará le 16 avril. Notre voyage le long des côtes s'est accompli sans le moindre incident. A Pernambuco, nous trouvâmes la campagne encore plus inondée par les pluies récentes qu'elle ne l'était à Céará. En nous rendant chez nos amis M. et Mme R..., à six ou huit kilomètres de la ville, nous eûmes plusieurs fois de l'eau jusqu'à la hauteur de la portière de notre voiture; en maint endroit de la route des bacs provisoires avaient été établis par les nègres, et c'était un va-et-vient continuel de radeaux et de canots d'un bord à l'autre, pour le passage des piétons. A deux ou trois kilomètres au delà de chez M. R..., le chemin, nous dit-on, bien qu'un des plus fréquentés des environs, était devenu impraticable. Nous vîmes plusieurs jardins entièrement recouverts par l'eau et des maisons abandonnées parce que l'inondation y avait déjà atteint les fenêtres du rez-de-chaussée.

Place de la Constitution, à Rio.

A peine entrés dans l'admirable baie de Rio, nous avons reçu le plus chaleureux accueil à bord de *la Susquehanna* qui se trouvait dans le port. Le capitaine Tailor envoya immédiatement son canot nous chercher, et, au bout de quelques minutes, nous étions sur le pont de la frégate où commandant, officiers et une nombreuse société d'Américains en visite nous fêtèrent à l'envi. Ce fut comme une anticipation de notre arrivée à Cambridge. Y a-t-il rien de si agréable qu'une rencontre inattendue, dans un port étranger, avec des compatriotes? Il n'est pas de plus charmante surprise.

Nous voilà donc de nouveau dans notre ancien appartement de la Rua-Direita. N'étaient que nos compagnons de voyage sont disséminés, nous pourrions croire que nous sommes revenus d'une année en arrière. Depuis notre retour, M. Agassiz a emballé et expédié aux États-Unis les nombreux spécimens accumulés pendant notre absence, entre autres la collection considérable et très-complète faite, l'été dernier, par les soins de l'Empereur, pendant que Sa Majesté commandait l'armée dans le Sud. Cette collection renferme les poissons de plusieurs fleuves ou rivières de la province de Rio Grande do Sul; elle est fort riche en espèces nouvelles; mise en parallèle avec celles de l'Amazône et de l'intérieur, elle fournira les moyens de bien délimiter les faunes fluviales du nord et du sud de l'empire.

Nos excursions, depuis notre retour, ne se sont pas étendues au delà des environs de Pétropolis et du chemin de fer D. Pedro II. Nos impressions de l'Amazonie sont encore toutes fraîches; nous n'avons pas été peu surpris, en revoyant ces routes, de trouver la végétation dont la richesse nous étonnait tant lors de notre premier séjour à Rio, presque mesquine en comparaison de celle à laquelle nous sommes habitués. Elle est rapetissée à nos yeux par le développement bien plus luxuriant de la forêt du Nord.

C'était hier le jour de naissance de M. Agassiz. La commémoration s'en est faite avec une gaieté et un entrain charmants, grâce au cordial témoignage d'affection et de sympathie qu'il a reçu de ses amis et de ses compatriotes. Nous avons eu, le soir, la surprise d'une procession aux flambeaux, organisée en son honneur par les Allemands et les Suisses résidant à Rio de

Janeiro. La fête s'est terminée par une sérénade sous nos fenêtres, donnée par les membres du club « Germania. »

4 *juin*. — Quand nous sommes arrivés à Rio de Janeiro l'année dernière, M. Agassiz était si occupé à tracer les plans de ses expéditions qu'il n'a pas eu le temps de visiter les écoles de la ville, les établissements de charité et les autres institutions analogues. Il n'a pas voulu quitter Rio sans connaître quelque chose des établissements publics de cette grande capitale, et notre grosse affaire, maintenant, c'est de voir tout ce qui est à voir (*sight-seeing*).

Ce matin nous avons visité l'hôpital de la Misericordia. Peut-être donnerai-je mieux une idée de cette maison et des conditions dans lesquelles elle se trouve actuellement en disant d'abord ce qu'elle était jadis. Il y a quarante ans, il existait à Rio un hospice appelé la « Misericordia ». Il se composait de quelques salles basses où l'on arrivait par des escaliers étroits, et roides, et dont les abords étaient difficiles et obscurs. Au dire des médecins qui étaient étudiants à cette époque, l'organisation intérieure était aussi misérable que l'aspect général; les planchers étaient humides et poudreux, les lits pitoyables, les draps malpropres, et l'absence de tout système de ventilation se faisait d'autant plus sentir que le manque de soins était général. Les cadavres attendaient l'ensevelissement dans une petite chambre où les rats faisaient chère lie; et un médecin, qui a depuis occupé à Rio une position distinguée, nous a raconté que bien des fois, en allant y chercher les matériaux de ses études anatomiques, il trouva la vie en train de prendre ses ébats dans cette chambre des morts; il ne chassait qu'à grand'peine les impudents visiteurs. Voilà ce qu'était la Misericordia à l'époque où le Brésil conquit son indépendance. Voyons ce qu'elle est aujourd'hui : sur le même terrain, mais occupant un plus vaste espace, s'élève l'hôpital actuel qui se composera plus tard de trois bâtiments parallèles, de longueur proportionnée à leur largeur, reliés par des corridors et séparés par des cours intérieures. Le pavillon central, consacré aux hommes, est depuis longtemps livré aux malades. Le pavillon de façade, qui a vue sur la baie, est presque achevé; il est destiné aux magasins, aux appartements des médecins, aux dispensaires, etc.; enfin le troisième corps de logis, qui n'est pas encore commencé, sera réservé aux femmes et aux enfants, relégués aujourd'hui dans l'ancien édifice. Examinons maintenant le pavillon central. On y entre par un vestibule spacieux dallé en marbre; un second vestibule plus petit communique avec deux salles publiques où sont données les consultations et gratuitement administrés les remèdes; un large escalier en bois foncé conduit à des corridors vastes, sur lesquels s'ouvrent les salles, et qui prennent jour sur les verts jardins enclos entre les pavillons. Dans ces jardins, les convalescents peuvent se promener à leur aise et se reposer à l'ombre. Nous avons été reçus, dans la première salle, par une sœur de charité qui, en l'absence de la supérieure, est chargée de montrer l'établissement. La description d'une salle fait connaître toutes les autres, car elles sont toutes pareilles. Ce sont de longues pièces à plafond élevé, où les lits rangés de chaque côté, se faisant face, et séparés par un passage large et commode, sont assemblés par paire; chaque paire est séparée de la voisine par une porte ou une fenêtre, entre lesquelles une petite niche pratiquée dans le mur supporte une étagère à coulisse qui se tire à volonté, ainsi qu'un ou deux pots ou gobelets contenant la boisson du malade. Jusqu'à la hauteur de six ou huit pieds, le mur est garni de carreaux en porcelaine bleus et blancs; cela évite l'humidité, rend le nettoyage facile, et donne à la pièce un aspect frais et propret. Le plancher, de bois du pays de couleur sombre, est soigneusement lambrissé et ciré; on ne découvrirait pas une tache sur sa surface polie. La literie se compose d'une paillasse bien garnie et d'un matelas de crins épais; les draps et les oreillers sont d'une blancheur parfaite. En somme, tout, dans cette salle fraîche, bien aérée, spacieuse, atteste l'ordre minutieux et la plus exquise propreté. Les salles de bain sont convenablement reliées aux dortoirs et garnies de grandes baignoires de marbre, où l'eau chaude et l'eau froide sont à discrétion.

Des salles publiques on passe dans de larges corridors où se trouvent les chambres particulières, à l'usage des étrangers ou des personnes qui, ne pouvant pas se faire soigner convenablement chez elles, préfèrent, en cas de maladie, venir à l'hôpital. Le loyer en est des plus modiques: 7 fr. 50 pour une chambre à un lit, 5 fr. pour celles à deux lits, et 3 fr. 75 pour celles à six couchettes; dans ce prix sont inclus les frais de médecin et de médicaments. Du département des fiévreux nous avons passé dans celui des blessés, et il est inutile de dire que le même ordre et le même soin régnaient partout. Enfin l'amphithéâtre aux opérations et les cabinets contenant l'arsenal chirurgical réunissaient tous les perfectionnements de l'art moderne.

Après avoir jeté un coup d'œil sur les cuisines où les grandes chaudières de cuivre resplendissent et d'où s'exhale un fumet engageant, nous avons traversé une cour pavée, pour gagner l'ancien hôpital affecté aujourd'hui exclusivement aux enfants et aux femmes. Cela nous a donné l'occasion de comparer, sous le rapport de l'organisation générale, l'ancien établissement au nouveau. A force d'ordre et de propreté on a fait de ce bâtiment quelque chose qui n'est ni répugnant ni lugubre. Mais on sent de suite la différence entre les hautes salles ventilées, les corridors bien ouverts du pavillon moderne, et les logements bas et rétrécis de celui-ci.

Dans l'une et dans l'autre maison l'absence de toute distinction de couleur frappe de suite l'étranger. Noirs et blancs sont couchés côte à côte et la proportion des nègres des deux sexes est considérable.

La charité de la Misericordia est la plus large. Non-seulement on y soigne les maladies susceptibles de guérison, mais on y admet les vieillards et les infirmes, qui n'en sortent que pour aller à leur dernière demeure; la veille on avait enterré une vieille femme qui avait vécu là pendant dix-sept ans. Il y a aussi un asile pour les enfants dont les parents meurent à l'hôpital et qui n'ont plus de protecteurs; ils restent dans la maison et y reçoivent l'instruction élémentaire : la lecture, l'écriture et le calcul; on ne les renvoie que lorsqu'ils sont en âge d'être mariés ou d'entrer en condition. Une chapelle est attenante à l'hospice et plusieurs salles sont, à une extrémité, garnies d'un autel sur lequel est placé une statue de la Vierge, ou un Crucifix, ou l'image d'un saint. Je n'ai pas pu m'empêcher de me demander à moi-même si le service religieux n'était pas un sage complément de toutes les institutions de ce genre, qu'elles soient protestantes ou catholiques. Pour les pauvres honnêtes l'église est une grande consolation; plus d'un convalescent serait heureux d'entendre l'hymne du dimanche, de se joindre à la prière commune pour demander la santé, et se trouverait mieux de corps et d'esprit s'il avait entendu le sermon. Certainement, dans notre pays où les croyances sont si variées, où chaque patient peut-être aurait sa spécialité en fait de doctrine, il y aurait à cela quelques difficultés; mais ici, où il existe une religion d'État, une même forme de culte répond aux besoins de tous. Encore une fois, beaucoup de pauvres gens seraient réconfortés, consolés et ne s'inquiéteraient guère de la secte du prêtre, s'ils trouvaient en lui du dévouement[1].

J'ai fait à dessein le parallèle entre l'ancien hôpital et le nouveau. Ce rapprochement donne la mesure du progrès qui, dans certaines directions, s'est opéré à Rio de Janeiro depuis trente ou quarante ans. Toutes les institutions n'ont point marché, il est vrai, d'un pas aussi rapide que les établissements de bienfaisance; mais la charité, au même titre que l'hospitalité, peut être appelée une vertu essentiellement brésilienne. Les Brésiliens considèrent l'aumône comme un devoir, et font plus de libéralités aux églises et aux institutions charitables qui s'y rattachent qu'aux maisons d'instruction. Malheureusement, une grande, trop grande partie de leurs libéralités de ce genre est dépensée en fêtes du culte, en processions dans les rues, en célébration des jours fériés, etc., toutes choses plutôt calculées en vue d'alimenter la superstition que pour stimuler le pur sentiment religieux.

Nous ne devons pas quitter la « Misericordia » sans dire quelques mots de l'homme à laquelle elle doit son caractère actuel. José Clemente Pereira restera dans la mémoire du peuple brésilien comme un homme d'État distingué, mêlé à bon nombre des événements les plus importants de leur histoire; mais il a encore d'autres titres à leur estime. Il était né en Portugal et se distingua, tout jeune encore, dans la guerre péninsulaire. Quoiqu'il eût déjà trente-huit ans lorsqu'il quitta l'Europe, il semble avoir eu pour le Brésil autant d'af-

---

[1]. Cette description offrira peu d'intérêt aux lecteurs français. Mais l'auteur s'adresse aux Américains des États-Unis, où les institutions de charité ont une organisation toute différente. On voit que Mme Agassiz se trouve en présence d'un système nouveau pour elle et dont les inconvénients lui échappent. (N. du T.)

fection que s'il eût été un de ses fils. Son mérite fut vite reconnu dans sa patrie adoptive, et il occupa à plusieurs reprises quelques-uns des plus hauts emplois de l'empire. La première partie de sa carrière politique coïncida avec cette époque de troubles où le Brésil combattait pour son existence comme État indépendant ; mais la dernière moitié s'écoula dans un temps plus calme et il s'occupa principalement d'œuvres de bienfaisance. Il fonda des institutions charitables et se consacra personnellement aux malades et aux souffrants.

Le nom de ce philanthrope brésilien ne se rattache pas seulement à l'hôpital de la Misericordia, mais encore au magnifique asile des aliénés de Botafogo, placé sous le patronage de l'Empereur actuel. Une bonne partie des fonds nécessaires à cet établissement fut obtenue d'une manière assez originale, qui montre que Clemente Pereira connaissait bien le faible des gens de son pays. Les Brésiliens ont l'amour des titres; le gouvernement offrit des distinctions de cette espèce aux citoyens riches qui se montreraient généreux envers le nouvel hospice. On fit des commendadores, des barons, l'importance du titre étant mesurée à celle de la donation. De grosses sommes furent positivement recueillies de cette manière, et plusieurs des hommes titrés de Rio de Janeiro ont acheté ainsi leurs lettres de noblesse[1]. Lors de notre premier séjour à Rio, le hasard de la promenade me fit visiter cet établissement. Entrée là sans introducteur, je vis à peine quelques salles; j'assistai au service du soir dans la chapelle, et je fus frappée de l'ordre et du calme qui y régnaient; je ne me serais certes pas imaginé que c'était un hôpital de fous. Aujourd'hui, accompagnés par notre ami le Dr Pacheco, nous avons, M. Agassiz et moi, passé là plusieurs heures et visité toute la maison en détail. Le bâtiment fait face à la baie de Botafogo dont la plage monte presque jusqu'à ses pieds; à sa droite est la barre si pittoresque dont le Pao de Assucar forme un des côtés, et à gauche s'étend l'admirable vallée du Corcovado; ainsi tourné vers la mer et entouré par les montagnes, il a de tous les côtés les perspectives les plus grandioses. Le plan de l'édifice a, dans sa disposition générale, quelque analogie avec celui de

---

1. Ces titres sont personnels, viagers, et purement honorifiques.

la Misericordia. C'est une élégante construction en pierre, peut-être un peu trop longue en proportion de sa hauteur ; elle se compose de pavillons parallèles transversalement reliés par des corridors et circonscrivant des cours plantées d'arbres et de fleurs, qui font de jolis jardins. Le grand vestibule central est orné des statues de Pinel et d'Esquirol, deux médecins français, les maîtres dans l'art de traiter les affections mentales. Ces statues ont peu de mérite comme œuvre d'art, mais on est touché de les voir là ; elles témoignent d'un sentiment délicat de reconnaissance envers des hommes auxquels la science et l'humanité sont redevables. Un large escalier de bois foncé conduit à la chapelle ; nous avons examiné avec intérêt les ornements de l'autel, œuvre des malades qui prennent plaisir à travailler à la décoration du sanctuaire, à le parer de fleurs artificielles, etc. Au même étage est une vaste salle où se trouve la statue de l'empereur Don Pedro II adolescent, faisant face à celle de Pereira. Il est digne de remarque que cette dernière est un présent de l'Empereur et que c'est sur l'ordre du souverain qu'on l'a placée en regard de la sienne. La figure, bien en harmonie avec l'histoire de l'homme, exprime à la fois, à un haut degré, la bienveillance et la décision.

Après nous être arrêtés, non sans intérêt, dans une sorte d'atelier où les malades se livrent à la confection de divers ouvrages de fantaisie : la broderie, les fleurs artificielles, nous sommes entrés dans l'hospice proprement dit. Comme à la Misericordia, les salles sont spacieuses et hautes, garnies à hauteur d'homme de carreaux de faïence, et s'ouvrent sur de vastes corridors éclairés eux-mêmes sur les jardins ; quelques dortoirs renferment jusqu'à vingt lits, mais la plupart sont de petites chambres, l'isolement des malades pendant la nuit étant sans doute jugé préférable. C'est à peine si nous avons remarqué sur la physionomie des patients quelques indices de souffrance ou de détresse. Il y avait un ou deux cas de monomanie religieuse ; les malheureux qui en étaient atteints avaient le regard fixe, la tristesse absorbante qui sont les symptômes de cette forme de la folie. Nous avons observé aussi une ou deux fois ce regard distrait, cette loquacité sans suite et ce rire machinal qu'on rencontre toujours dans ces asiles de la plus triste des maladies de l'homme. Mais, en somme, l'enjouement était l'expression qui prévalait dans la masse. A peu d'exceptions près, tous les malades étaient occupés, les femmes à la couture et à la broderie, les hommes à des travaux de menuisier, de cordonnier et de tailleur, ou encore à faire des cigares pour l'usage du personnel, à réduire de vieilles cordes en étoupe, etc. La supérieure nous dit que le travail était le meilleur des remèdes, et que, bien qu'il ne soit pas obligatoire, presque tous les malades sollicitent de s'y employer; tout le service de la maison, lavage, balayage, nettoyage, etc., est fait par les pensionnaires; le dimanche est le jour qui donne aux gardiens le plus de souci, parce que la plupart des occupations sont suspendues et que les pauvres gens deviennent d'autant plus indisciplinés qu'ils ont moins à faire. De ces appartements, où tout le monde était à la tâche et comparativement calme, nous sommes passés dans un corridor fermant une large cour; là quelques-uns des fous trop turbulents pour être employés se promenaient en gesticulant et en vociférant. Le corridor donne accès, du côté intérieur, à une série de chambres où sont renfermés les malheureux que leur violence oblige de séquestrer; les portes et les fenêtres sont grillées, les cellules absolument vides de meubles, mais elles sont bien éclairées, aérées, spacieuses, et ne ressemblent en rien à des cachots. Il n'y en avait qu'un petit nombre d'occupées. Comme nous passions devant une d'elles, un homme se précipita vers la porte et nous cria qu'il n'était pas fou, mais qu'on le retenait en prison parce qu'il avait tué Lopes[1], et était devenu ainsi de plein droit empereur du Brésil. Ce corridor nous conduisit aux salles de bains, qui sont réellement construites avec luxe. Un grand nombre de baignoires de marbre sont enfoncées dans les dalles du sol; elles sont de profondeur variable et peuvent recevoir le malade debout, couché ou assis; des mécanismes divers permettent de faire tomber l'eau en douches, en pluie ou en nappe mince.

Cet hôpital, comme celui de la Misericordia, est administré par les Sœurs de charité. C'est un modèle d'ordre et de pro-

---

1. Le dictateur du Paraguay avec lequel le Brésil se trouvait en guerre (N. du T.)

preté. La supérieure me frappa par une expression remarquable de sérénité, de douceur et d'intelligence ; nous apprîmes d'elle quelques détails intéressants sur le caractère de la folie dans ce pays. La manie furieuse est rare, nous dit-elle, et cède facilement aux soins ; la folie, en général, est plus commune chez les pauvres que chez les riches : bien que l'asile possède des appartements particuliers pour les malades payants, il n'y en a jamais que huit ou dix de cette catégorie. Ce n'est pas qu'il y ait à choisir pour les familles, car l'hospice D. Pedro est le seul de ce genre à Rio de Janeiro, si l'on ne compte pas quelques maisons de santé qui reçoivent aussi les aliénés. Il y avait parmi les pensionnaires plus de noirs que je ne me serais attendue à en rencontrer, car le préjugé général est que la folie est très-rare chez les nègres. Nous sortîmes de cet établissement, vivement frappés de sa supériorité. Un pays qui sait donner une organisation aussi parfaite à ses institutions de bienfaisance, ne peut manquer d'élever tôt ou tard au même niveau ses institutions pour l'instruction publique et, en un mot, toutes celles d'intérêt général ; l'excellence dans un département conduit à l'excellence dans tous les autres.

De l'hôpital, nous avons continué notre promenade jusqu'à l'École militaire, située à quelques centaines de mètres plus loin. Elle est placée à l'entrée de la baie, entre le Pain de sucre et une autre rangée de collines, faisant face d'un côté à la baie de Botafogo, de l'autre à la Praia Vermelha sur l'océan. Ici, comme dans toutes les autres écoles publiques de Rio de Janeiro, il y a un progrès marqué, mais les vieilles méthodes théoriques l'emportent encore ; les cartes sont grossières, il n'y a pas de bas-reliefs ni de gros globes, pas d'analyses chimiques, pas d'expériences de physique, pas de bibliothèque digne de ce nom. L'école ne fonctionne sérieusement que depuis dix ans, et tous les jours quelque amélioration y est introduite, soit dans les constructions, soit surtout dans les appareils destinés à l'enseignement. Pour ce qui est de l'économie intérieure, tout est à louer ; la seule chose à reprendre, c'est peut-être un excès de luxe dans une maison où l'on élève des jeunes gens destinés à être soldats. Les salles d'études, les dortoirs, le réfectoire où les tables brillent d'un joli service de vaisselle et de verreries, les cuisines, sont admirablement tenus[1]. En observant la propreté scrupuleuse qui règne dans tous les établissements publics de Rio de Janeiro, on se demande comment il se fait que les rues de cette ville soient les plus immondes de toutes celles que nous ayons visitées. Il est visible, en effet, que les Brésiliens reconnaissent l'importance de la bonne tenue de tous les endroits publics, et il paraît étrange qu'ils tolèrent dans les rues de leur capitale un état de choses tel qu'on ne sait souvent pas où mettre le pied.

7 juillet. — Hier, nous avons visité l'hôtel de la Monnaie, l'Académie des beaux-arts et une école primaire de jeunes filles. Il y a peu de chose à dire de la Monnaie; on est en train d'achever le nouveau bâtiment qui doit recevoir cette administration; les perfectionnements dans les machines sont, par cela même, ajournés. Quand le changement de local aura été effectué, ce qui est d'ancien système sera remplacé, et tout ce qui manque sera acquis.

L'art est, au Brésil, fort négligé, et l'intérêt qui s'y attache est médiocre. Les tableaux sont aussi rares que les livres dans les maisons brésiliennes. Quoique Rio de Janeiro possède une Académie des beaux-arts et une école de sculpture, tout cela est encore trop enfantin pour mériter un commentaire ou une critique. La seule toile intéressante de la galerie attire l'attention bien moins à cause du mérite du peintre qu'en raison des circonstances dont elle perpétue le souvenir. C'est le portrait d'un nègre qui, lors d'un naufrage sur la côte, sauva, au risque de sa vie, un grand nombre de passagers; déjà il en avait ramené plusieurs sur la rive; on lui dit qu'il restait encore à bord deux enfants; il se jeta une fois de plus à la nage et parvint à les rapporter sur la plage où il tomba épuisé, en proie à une hémorrhagie violente. Une souscription publique

---

1. C'est pour moi un devoir d'insister sur l'heureuse impulsion donnée à cet établissement par M. le marquis de Caxias, et sur les progrès vraiment remarquables dont le directeur actuel, M. le général Polydoro da Fonseca Quintanilha Jordão, n'a cessé d'être le promoteur. C'est à sa persévérance et à son énergie que l'école militaire de Rio, où se forment des officiers de toutes armes, doit le rang honorable qu'elle est en droit de revendiquer parmi les établissements de ce genre. Il a été du reste puissamment secondé par le personnel enseignant, composé des officiers et des savants les plus distingués de l'empire. (N. du T.)

ouverte en sa faveur produisit immédiatement une somme considérable, et son portrait fut placé au musée des beaux-arts, en commémoration de son héroïsme.

Je n'ai aussi que peu de chose à dire de l'école de filles. En général, on s'inquiète assez peu, au Brésil, de l'éducation des femmes; le niveau de l'enseignement donné dans les écoles féminines est fort peu élevé; même dans les pensionnats fréquentés par les enfants de la classe aisée, tous les maîtres se plaignent qu'on leur retire leurs élèves juste à l'âge où l'intelligence commence à se développer. La majeure partie des jeunes filles envoyées à l'école y entrent à l'âge de sept ou huit ans; à treize ou quatorze, on les considère comme ayant terminé leurs études. Le mariage les guette et ne tarde pas à les prendre. Nécessairement, il y a des exceptions. Quelques parents plus sages prolongent le temps du pensionnat ou font donner l'instruction chez eux jusqu'à dix-sept ou dix-huit ans; d'autres envoient leurs enfants à l'étranger. Mais, d'habitude, sauf une ou deux matières bien étudiées, le français et la musique, l'éducation des femmes est peu soignée et le ton général de la société s'en ressent. Évidemment, il y a dans la société brésilienne des femmes dont l'intelligence a reçu un haut degré de culture; mon assertion n'en demeure pas moins vraie; ce ne sont là que des exceptions; ce ne peut pas être autre chose avec le système d'éducation actuel, et les femmes qui les personnifient n'en sentent que plus amèrement l'influence de ce système sur la situation que les mœurs nationales font à leur sexe[1].

En effet, je ne me suis jamais entretenue avec celles des dames brésiliennes que j'ai le plus particulièrement connues, sans recevoir d'elles les confidences les plus tristes sur leur existence étroite et confinée. Il n'est pas au Brésil une seule femme ayant un peu réfléchi sur ce sujet, qui ne se sache condamnée à une vie de répression et de contrainte. Elles ne peu-

---

[1]. Cette appréciation d'une Bostonienne n'étonnera point ceux qui ont visité les États-Unis et savent quelle est l'éducation des femmes de la Nouvelle-Angleterre. On peut dire que la sévérité de ce jugement frappe aussi bien la France que le Brésil, car ce sont nos méthodes et nos institutrices (laïques ou religieuses) qui ont pour ainsi dire le monopole de l'enseignement féminin à Rio de Janeiro. (N. du T.)

vent franchir le seuil de leurs demeures, sinon en de certaines conditions déterminées, sans provoquer le scandale. L'éducation qu'on leur donne, bornée à une connaissance passable de la langue française et de la musique, les laisse dans l'ignorance d'une foule de questions générales; le monde des livres leur est fermé, car le nombre des ouvrages portugais qu'il leur est permis de lire est bien petit, et celui des œuvres écrites dans les autres langues, qui sont à leur portée, est moindre encore. Elles savent peu de chose de l'histoire de leur pays, presque rien de celle des autres nations, et ne semblent pas se douter qu'il puisse y avoir une autre foi religieuse que celle qui règne au Brésil; peut-être même n'ont-elles jamais entendu parler de la *Réformation*. Elles ne s'imaginent guère qu'un océan de pensées s'agite hors de leur petit monde et suscite constamment de nouvelles phases dans la vie des peuples et des individus. Enfin, au delà du cercle étroit de l'existence domestique, il n'y a rien pour elles.

Un jour, nous étions dans une fazenda, j'aperçus un livre sur le coin d'un piano. Un livre est chose si rare dans les appartements occupés par la famille que je fus curieuse de voir quel était le contenu de celui-là. C'était un roman, et, comme j'en tournais les pages, le maître de la maison survint et fit tout haut l'observation que ce n'était pas là une lecture convenable pour des femmes. — « Mais voici (en me mettant dans la main un petit volume) un excellent ouvrage que j'ai acheté pour mes filles et leur mère. » J'ouvris ce précieux volume; c'était une sorte de petit traité de morale, rempli de banalités sentimentales et de phrases toutes faites où régnait un ton de condescendance et de protection pour la pauvre intelligence féminine, car les femmes sont après tout les mères des hommes et exercent un peu d'influence sur leur éducation. Après ce spécimen de l'aliment intellectuel qu'on leur offrait, j'aurais eu mauvaise grâce à m'étonner que la femme et les filles de notre hôte montrassent un goût des plus modérés pour la lecture. Rien ne frappe l'étranger comme cette absence de livres dans les maisons brésiliennes. Si le père exerce une profession libérale, il a une petite bibliothèque de traités de médecine ou de droit; mais on ne voit point les livres disséminés dans la maison comme des objets d'un usage incessant;

ils ne font pas partie des choses de nécessité courante. Je répète qu'il y a des exceptions ; ainsi je me rappelle avoir trouvé, dans l'appartement d'une jeune dame dont la famille nous avait donné une affectueuse hospitalité, une bibliothèque bien choisie des meilleurs ouvrages d'histoire et de littérature, en français et en allemand ; mais c'est le seul exemple de ce genre que nous ayons rencontré durant une année de séjour au Brésil. Lors même que les Brésiliennes ont reçu les bienfaits de l'instruction, il y a dans leur existence domestique tant de contrainte, elles sont si peu en rapport avec le monde extérieur, que cela seul suffit pour mettre obstacle à leur développement intellectuel ; leurs plaisirs sont aussi mesquins et aussi rares que leurs moyens d'instruction.

En exprimant ces dures vérités, je me fais simplement l'écho d'un grand nombre de Brésiliens intelligents qui déplorent cet état de choses, mauvais et dangereux, sans trop savoir comment le réformer. Et si, parmi nos amis du Brésil, quelques-uns, forts des progrès et des transformations qui s'opèrent dans la vie sociale à Rio de Janeiro, mettaient en doute l'exactitude de mes assertions, j'ai une réponse bien simple à leur faire : c'est qu'ils ne connaissent pas les conditions de la société dans les petites villes du nord et de l'intérieur. Jamais nulle part je n'ai vu, pour les personnes de mon sexe, une condition aussi triste que celle des femmes de ces petites localités. C'est une existence horriblement monotone, privée de ces joies saines où l'on puise la force, une souffrance passive, entretenue il est vrai plus encore par le manque absolu de distractions que par des maux positifs, mais qui n'en est pas moins déplorable ; un état de stagnation et d'inertie complet.

Outre le vice des méthodes d'instruction, il y a encore une absence d'éducation domestique profondément attristante : c'est la conséquence du contact incessant avec les domestiques nègres et plus encore avec les négrillons dont il y a toujours quantité dans les maisons. Que la bassesse habituelle et les vices des noirs soient ou non l'effet de l'esclavage, il n'est pas moins indéniable qu'ils existent ; et il est étrange de voir des personnes, d'ailleurs soigneuses et scrupuleuses pour ce qui touche leurs enfants, les laisser constamment dans la société de leurs esclaves, surveillés par les plus vieux et jouant avec les jeunes.

Cela prouve combien l'habitude nous rend aveugles même sur les périls les plus évidents ; un étranger voit du premier coup d'œil les pernicieux résultats de ce contact avec la grossièreté et le vice ; les parents ne s'en aperçoivent pas. Dans la capitale, ces dangers sont déjà moindres, car tous ceux qui ont connu Rio de Janeiro il y a quarante ans s'accordent à proclamer qu'une amélioration des plus remarquables s'est produite dans les mœurs sociales. Je ne dois pas non plus négliger de dire que la plus haute autorité s'est prononcée en faveur de l'éducation libérale des femmes. Tout le monde sait que l'instruction des Princesses impériales a été non-seulement surveillée, mais même, en partie, personnellement dirigée par leur père.

8 juillet. — M. Agassiz a été visiter aujourd'hui l'Asile des aveugles ; je n'ai pas pu l'y accompagner, mais je transcris ses notes sur cet établissement, ainsi que celles sur l'arsenal de marine où il est allé aussi sans moi.

« C'est un vieil édifice fort délabré. Il ne m'a pas été possible de bien voir, car le directeur avait fait apporter dans le salon de réception tout ce qu'il voulait me montrer, bien que je l'eusse assuré que j'attachais peu d'importance aux choses extérieures, et voulais seulement connaître les méthodes mises en usage pour diminuer chez les aveugles les inconvénients de leur infirmité. Le même esprit de routine que j'ai remarqué dans les autres écoles ou colléges de Rio règne ici encore. Mais ce n'est pas là un défaut qui soit particulier aux Portugais et aux Brésiliens ; de nos jours l'ancienne coutume de surcharger la mémoire et de négliger les facultés de l'esprit, plus actives et plus fécondes, prévaut à un plus ou moins haut degré dans tous les pays du monde. Je n'ai pas bien pu juger du système adopté dans cette maison ; les professeurs étaient plus désireux de faire ressortir l'habileté de quelques élèves dans la lecture, l'écriture à la dictée, la musique, que de m'expliquer leurs méthodes d'enseignement. La musique vocale et instrumentale me sembla l'occupation favorite ; mais s'il est fort touchant d'entendre un aveugle déplorer son infortune et exprimer en sons harmonieux ses aspirations vers la lumière, cela n'apprend pas grand'chose sur la manière dont on parvient à diminuer son malheur ; je reconnais du reste que l'éducation musicale des élèves est excellente et fait le plus grand honneur au professeur allemand qui en est chargé. Je suis étonné qu'on n'emploie pas davantage, dans une maison de ce genre, la méthode d'enseignement par les objets si en vogue en Allemagne pour l'éducation des jeunes enfants ; l'établissement possède moins de modèles qu'on n'en trouverait, en certaines parties de l'Allemagne, dans la première *nursery* venue. Les cartes aussi sont des plus médiocres. »

« Un des établissements publics de Rio les plus remarquables est l'arsenal de marine. Du golfe du Mexique au cap Horn, Rio de Janeiro est le seul port où un bâtiment de guerre, et même un navire marchand d'un tonnage un peu considérable, puissent se réparer. On y a creusé dans le granit un bassin de radoub où peuvent entrer les grands navires ; les forges, les fonderies, les scieries, dirigées par d'habiles ingénieurs, y possèdent tous les perfectionnements qui font l'importance d'un établissement de ce genre. Un nombre considérable de bâtiments ont été construits dans les chantiers de celui-ci, depuis quelques années, et tous les services qui s'y rattachent ont été constamment améliorés par tous les ministres qui se sont succédé. C'était là, du reste, pour le Brésil, une chose de première nécessité. Un pays qui possède onze cents lieues de côtes ne peut pas dépendre de l'étranger pour sa marine. Des ateliers et des chantiers de l'arsenal de Rio sont sortis et sortent encore des ingénieurs très-capables et des ouvriers excellents, qui vont porter dans les diverses branches de l'industrie privée l'habileté qu'ils ont acquise dans le service public. De fait, c'est une sorte d'école des arts mécaniques fournissant au pays de bons ouvriers pour un certain nombre de professions.... »

M. Agassiz a terminé cette semaine une autre série de conférences au collège D. Pedro II, sur la « formation de la vallée amazonienne et ses productions. » La présence des dames à ces soirées scientifiques ne provoque plus de commentaires ; il y en avait beaucoup plus parmi les auditeurs qu'aux premières conférences où leur apparition était une nouveauté. On n'est pas plus sympathique qu'un auditoire brésilien ; en cela le public de ce pays ressemble plus à celui d'Europe que le nôtre toujours froid et impassible. Il y a un léger mouvement, une sorte de communication entre l'orateur et ceux qui l'écoutent, lorsque quelque chose agrée aux auditeurs, souvent même un mot d'éloge ou de critique.

10 *juin*. — Thérésopolis. — En compagnie de M. Glaziou, directeur du jardin public, et de M. Naegeli, nous sommes partis hier pour une excursion aux montagnes des Orgues. Nous avons pris, à Rio, le bateau qui va à Piedade, et qui fait escale à la petite île de Paquétá, une des plus ravissantes de la baie, oasis de palmiers où se cachent à demi de coquettes maisons de campagne, près des plages découpées en anses et en criques peu profondes. Nous sommes arrivés, à cinq heures environ, au petit groupe de maisons appelé Piedade, et, de là, l'omnibus nous a conduits jusqu'au pied de la Serra. Les heures d'activité des voitures publiques semblent avoir été ingénieusement combinées pour empêcher le voyageur d'admirer les beautés de la route : la plus grande partie de nos quatre heures de voyage s'est écoulée après la nuit tombée, et, par compensation, notre retour s'est effectué avant que le soleil fût levé. Nous avons passé la nuit au pied de la Serra, et le matin, à sept heures, nous nous sommes mis en route pour notre promenade dans la montagne. Il faut renoncer à décrire le charme d'une excursion de ce genre, surtout quand le temps la favorise. Nous passions du soleil à l'ombre et de l'ombre au soleil, préservés par une fraîche brise de l'incommodité de la chaleur ; la route serpente gentiment sur le flanc de la Serra et fait parfois un détour si bref que l'on voit à ses pieds tout le terrain que l'on vient de parcourir. D'un côté est le versant de la montagne, dont la végétation est d'une beauté qui défie toute expression ; ce sont des parasites cramoisies, les fleurs purpurines de la Quaresma, les délicates corolles bleues de l'Utriculaire, aussi frêles et aussi gracieuses que nos campanules. De l'autre côté, la vue plonge : ici, dans des gorges resserrées où s'étagent des forêts magnifiques au sein desquelles pointent les rochers hardis ; ailleurs, dans des vallées larges et étendues ; plus bas encore, dans la plaine que nous venons de traverser ; et le regard atteint même la baie lointaine, son archipel d'îlots et sa bordure de montagnes. Tout ce paysage resplendit au soleil ou se voile d'ombre, suivant le caprice des nuages.

L'ascension peut facilement être faite en trois ou quatre

Route de Thérésopo'is. — Les Orgues.

heures, mais rien ne nous pressait, si ce n'est la faim qu'on apaisait de temps en temps en suçant quelques oranges, les boîtes à herborisation en ayant été prudemment remplies. Aussi un lent convoi de mules qui remontaient la Serra n'eut pas de peine à nous dépasser, et même à nous devancer beaucoup, tandis que nous nous laissions distraire le long de la route. Ce n'est pas que nous perdissions le temps; au contraire. M. Agassiz et ses compagnons étaient fort occupés à

Environs de Thérésopolis.

examiner la végétation et le sol; ils s'arrêtaient à chaque pas pour cueillir des parasites, examiner des fougères ou des mousses, casser des pierres, attraper des insectes ou ramasser les petites coquilles terrestres qu'ils découvraient çà et là; c'est ainsi que nous vîmes un admirable coléoptère, à peine plus gros qu'une bête à bon Dieu, mais ayant les plus jolies couleurs, étinceler comme une pierre précieuse sur la feuille où il s'était posé. En brisant des cailloux le long de la route, on retrouva de nombreux indices du terrain erratique, particulièrement des roches de diorite entièrement différentes de celles en place. La surface des blocs était, chez tous, décomposée et recouverte d'une croûte uniforme, et ce n'est qu'après avoir brisé ces pierres qu'on en pouvait reconnaître la nature véritable. De distance en distance, nous rencontrions d'énormes fragments de rochers quelquefois hauts de six et même de neuf mètres; ces grosses masses sont fréquemment suspendues sur le bord des précipices, comme si, détachées des hauteurs

Les Orgues, vues de Thérésopolis.

environnantes, elles avaient été arrêtées subitement dans leur chute par quelque obstacle naturel et s'étaient peu à peu enfoncées dans le sol; la plupart étaient revêtues d'une épaisse et moelleuse couche de lichens tellement semblables aux lichens des régions arctiques que, s'ils s'en distinguent, un examen très-approfondi peut seul permettre de saisir les différences. Cela soulève la question de savoir s'il n'y a pas, dans les lichens et les pins des régions circumpolaires, quelque chose qui rappelle la flore des tropiques.

A mesure que nous montions, le caractère de la végétation

se modifiait considérablement, et nous commencions à nous apercevoir, à la fraîcheur toujours croissante de l'atmosphère, que nous avions atteint les hautes régions. Le paysage environnant devenait aussi plus sévère, à mesure que nous pénétrions plus avant au sein des montagnes. Les pics étranges à l'ombre desquels nous marchions, si effilés et si pointus à distance, devenaient maintenant des masses imposantes de rocs nus d'un effet vraiment grandiose.

Vers deux heures, nous étions enfin à Thérésopolis et nous nous arrêtions devant l'auberge du village. Elle était fermée, et la réponse qui fut faite par l'épicier voisin, à notre demande d'un déjeuner, fut entièrement décourageante.

« Que pouvez-vous nous donner en définitive ?

— Quatre œufs et des saucisses ! »

Heureusement le maître de l'auberge parut; il ouvrit sa maison où, à en juger par la porte et les volets fermés, les hôtes devaient être rares, et nous réconforta en nous assurant que le déjeuner « *podia se arranjar.* » En effet, à voir l'omelette qu'il nous servit au bout de quelques minutes, on aurait pu croire que toutes les poules du village avaient été requises d'y contribuer. Nous fîmes donc un excellent repas, dont l'air vif de la montagne et l'exercice que nous venions de prendre furent le meilleur assaisonnement. Le village de Thérésopolis est dans une situation charmante. Il se trouve dans un enfoncement entre les montagnes et embrasse un splendide panorama de pics dont un se dresse vers le ciel comme une haute et étroite tour. Non loin se trouve une aiguille sur la pointe de laquelle un bloc énorme se tient en équilibre. On dirait que, à le toucher seulement du doigt, il doive rouler dans l'abîme; et, cependant, depuis combien de siècles ne brave-t-il pas l'effort de la tempête et l'action du soleil ? Nous contemplâmes ce rocher si hardiment debout, en nous demandant si c'était un bloc erratique ou le produit de la décomposition de la roche qui le supporte. C'était chose impossible à décider à cette distance. Mais si la dernière hypothèse est la vraie, n'est-il pas étrange que les agents atmosphériques aient pu ronger et creuser cette masse par-dessous, sans détruire la surface supérieure, de manière à la détacher ainsi de la montagne où elle s'élève dans l'équilibre le plus hardi, ayant pour support unique un point de continuité avec le sommet.

Notre journée a été terminée par une promenade à la jolie cascade qu'on trouve dans la forêt à deux ou trois kilomètres du village.

11 *juin*. — Ce matin à sept heures nous avons quitté l'auberge pour passer la journée à errer au hasard. Après avoir suivi la grande route pendant un demi-kilomètre environ, nous avons tourné à gauche et nous nous sommes engagés dans un étroit sentier tout plein d'ombre. Il nous conduisit dans les grands bois, au bord d'un bassin profondément encaissé entre les montagnes, sur les pentes desquelles étaient éparpillés des blocs énormes. Une particularité fort curieuse de la chaîne des Orgues, que nous avons eu souvent occasion d'observer durant cette courte excursion, c'est que, entre ces pics aux formes fantastiques et bizarres, le terrain s'enfonce profondément et forme des bassins bien définis qui n'ont généralement pas d'issue. En suivant le bord d'une de ces combes pendant deux ou trois kilomètres, et après avoir traversé une petite chaîne de hauteurs intermédiaire, nous atteignîmes une espèce de plateau qui surplombait au-dessus d'un entonnoir de ce genre. Nous avions là une magnifique vue de la chaîne, au centre de laquelle nous aurions pu nous croire placés, car les montagnes s'élevaient, rangée par rangée, tout autour de nous. Sur ce plateau est une fazenda, dite de Saint-Louis, qui appartient à M. d'Escragnolle; l'extraordinaire beauté du site et plus encore l'hospitalité du propriétaire ont fait de cet endroit l'étape favorite des voyageurs. Les jardins sont dessinés avec beaucoup de goût, et M. d'Escragnolle a réussi à y faire venir presque tous les fruits et les légumes d'Europe aussi bien que ceux du Brésil. C'est une raison de plus pour regretter qu'un canton si pittoresque ne soit pas cultivé; les poires, les pêches, les fraises poussent admirablement, et il en est de même des asperges, des artichauts, des petits pois et des choux-fleurs; le climat tient un agréable milieu entre la chaleur des environs de Rio, qui ferait croître trop rapidement ces plantes ou les brûlerait avant la maturité, et le froid déjà sensible des régions très-élevées de la montagne. Mais quoiqu'il y ait une bien petite distance d'ici à la capitale, le transport

est si difficile et si dispendieux, que M. d'Escragnolle, au lieu d'envoyer au marché de Rio les produits de son potager, nourrit les porcs de sa ferme avec des choux-fleurs.

C'est dans cette jolie campagne que nous avons passé le reste de la journée. M. Agassiz et M. Glaziou gravirent jusqu'au sommet de la montagne voisine, mais ils n'eurent pas de là une vue aussi étendue qu'ils l'avaient espéré, à cause de la présence d'un éperon intermédiaire. Il leur a cependant été possible de distinguer trois rangées parallèles séparées par des enfoncements. Vers le soir, à l'heure où les hauts pics étincelaient des feux du soleil couchant, tandis que l'ombre s'abaissait sur les vallées, nous avons, non sans regret, dit adieu à l'hôte aimable qui nous pressait de rester. Le sentier, que nous avions suivi le matin sans nous apercevoir des inégalités du terrain, nous semblait rompu et impraticable maintenant qu'il faisait nuit; les pentes le long desquelles il court s'étaient, grâce à l'obscurité, changées en précipices, et nous avancions d'un pas hésitant entre les rochers, par-dessus les arbres renversés, ou à travers les ruisseaux. Nous trouvâmes bien belle la clarté des étoiles quand, sortis enfin des grands bois, nous reprîmes la grande route; le village était à nos pieds; ses petites lumières scintillaient dans l'ombre, et les pics aigus, les hautes tours se dressaient par delà, dans le ciel de la nuit, avec une netteté étrange.

12 *juin*. — *Barreira*. — Nous nous sommes mis en route à sept heures du matin pour descendre la Serra. M. Agassiz déplore la nécessité qui l'oblige à s'éloigner d'ici après un examen si court des traits saillants de cette région; un naturaliste pourrait y passer des mois et se trouver chaque jour plus riche en résultats. Au moment où nous sortions de l'auberge, le soleil commençait à dorer la pointe des monts; les nuages, d'un blanc rosé qui s'élevaient du fond des vallées et flottaient vers les hauteurs, se déchiraient en lambeaux floconneux aux saillies des rochers. Nous avions la journée devant nous; nous avons descendu aussi doucement que nous avions monté, nous arrêtant à toute minute pour cueillir une plante, examiner une roche ou admirer la situation singulière des blocs immenses qui, souvent, se tiennent sur l'extrême bord d'un précipice. Peu à peu je devançai mes compagnons et j'allai m'asseoir sur

la basse muraille de pierre formant parapet au bord du chemin. Devant moi se dressait la surface rocheuse et pelée d'un des grands pics ; les vapeurs blanchâtres l'entouraient, au milieu, d'une ceinture de nuages, et sa partie supérieure était plongée dans l'ombre. A l'opposé, je voyais s'enfoncer les vallées boisées et les montagnes dans une confusion étrange, tandis que, bien au-dessous, jusqu'à la mer, s'étendait la plaine, ondulée comme un océan sans fin de vagues houleuses d'une belle teinte verte. Le calme rendait la scène plus émouvante encore ; le silence n'était interrompu que par le bruit du sabot des mules, lorsque par hasard un convoi descendait d'un pas prudent la route granitique. Mais, tout à coup, mon attention fut détournée de ce spectacle par la vue d'une litière qui passa, portée entre deux mulets ; c'est un moyen de transport qui disparaît de plus en plus avec le perfectionnement des voies de communication ; toutefois il est encore en usage pour les femmes et les enfants dans quelques localités.

A moitié chemin, nous avons fait halte dans une petite *venda* pour déjeuner. Les blocs, en ce point de la Serra, sont fort remarquables à cause de leur grosseur et de leur étrange position. Enfin, entre deux et trois heures, nous arrivions dans la plaine, et, en ce moment, nous nous sommes assis sous la vérandah d'une auberge, tandis qu'une grosse pluie, heureusement survenue après que nous étions à l'abri, gonfle le petit ruisseau voisin déjà presque transformé en un torrent rapide. J'ajoute à ce récit quelques observations faites par M. Agassiz, pendant notre courte excursion, sur la structure géologique de ces montagnes.

« La chaîne est formée par un plissement à angle très-aigu des strates qui sont relevées, presque verticalement dans certains endroits, avec une pente plus ou moins abrupte dans d'autres, mais toujours très-brusquement. Quand on est sur la colline, à l'est de Thérésopolis, la chaîne se présente tout entière, et, sensiblement, de profil ; son axe, de chaque côté duquel se dressent presque verticalement les couches de roches métamorphiques qui la composent, en occupe à peu près le centre. Au nord, quoique inclinées en pente très-roide, les couches ne sont pas si verticales que du côté du sud. Il résulte de cette différence que les sommets, du côté septentrional,

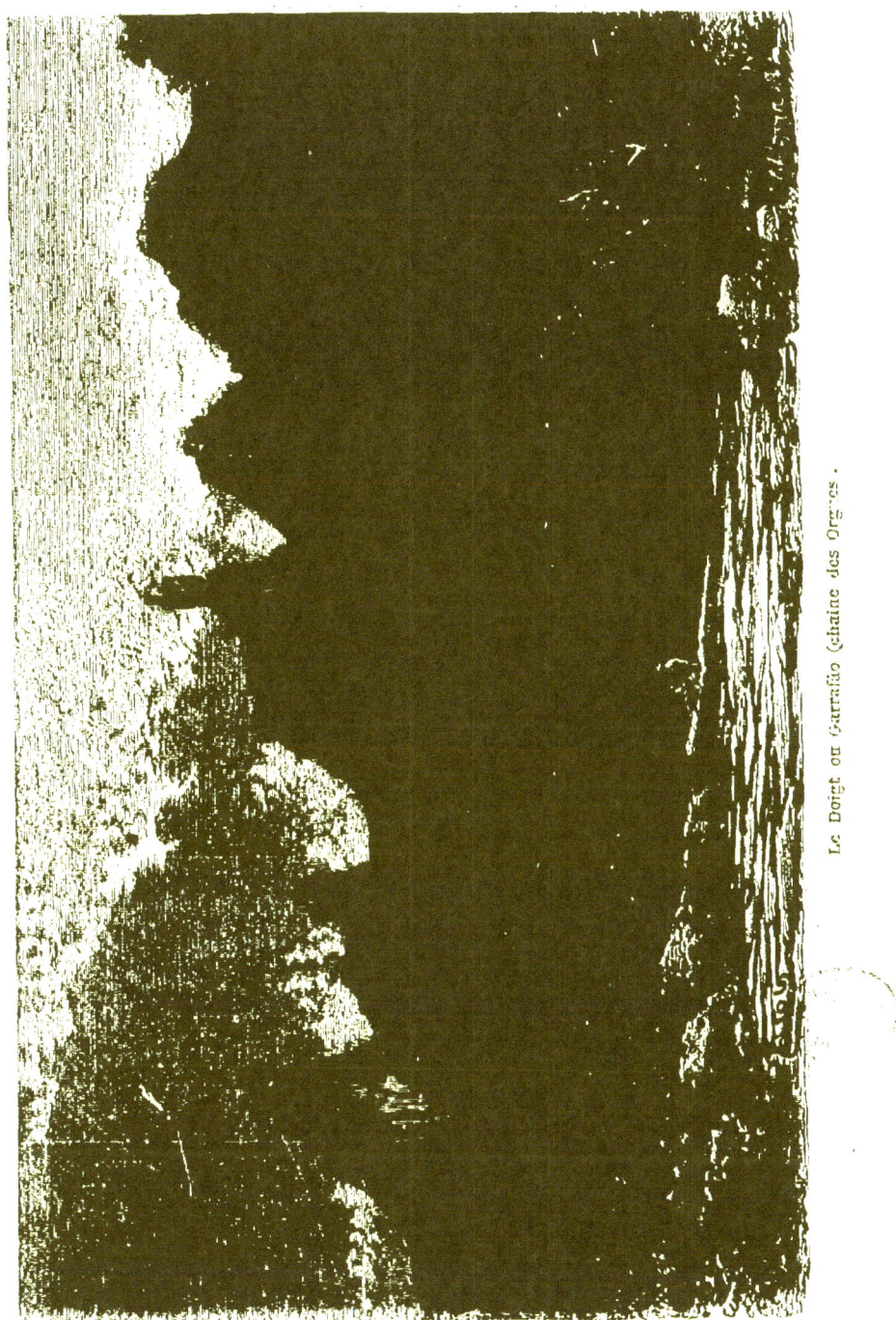

Le Doigt ou Garrafão (chaîne des Orgues).

sont massifs et moins détachés, tandis que, au midi où les strates sont à peu près verticales, les couches les plus dures sont seules demeurées debout, les lits intermédiaires de roche plus tendre ayant été désagrégés peu à peu. C'est par ce procédé qu'ont été formés ces pics étranges qui, à distance, semblent une rangée de tuyaux d'orgues, — d'où le nom sous lequel on désigne la chaîne. De Rio de Janeiro, l'aspect de ces montagnes est presque le même que de Thérésopolis ; seulement, l'un de ces deux points de vue étant au nord-est tandis que l'autre est au sud-ouest, les sommets se succèdent en ordre inverse. Lorsqu'on les voit de profil, la forme élancée de ces montagnes est des plus frappantes ; si on les regarde de face, au contraire, la large surface des strates, bien qu'également abrupte, a plutôt la figure d'un triangle que celle d'une colonne verticale. Il est extraordinaire que la hauteur de ces pics, qui constituent un des traits les plus remarquables du paysage de Rio de Janeiro, n'ait pas été déterminée avec soin ; la seule indication précise que j'aie rencontrée à cet égard est celle donnée par M. Liais, qui fixe à 2015 mètres le maximum de hauteur calculé par lui.

« Ces pics abrupts forment souvent la ceinture d'un bassin très-symétrique et sans issue au dehors. En raison de cette singulière circonstance, les phénomènes glaciaires qui abondent dans les montagnes des Orgues sont d'un caractère particulier. Je ne parvenais pas, tout d'abord, à m'expliquer comment des masses de rocher descendues des hauteurs voisines avaient pu être arrêtées au bord de ces bassins, au lieu de rouler au fond. Mais leur situation n'a rien que de naturel si l'on songe que la glace doit avoir persisté dans ces dépressions, longtemps après qu'elle avait disparu des pentes supérieures. Dans l'impossibilité d'avancer, les blocs se sont graduellement enfoncés dans le sol et y sont fixés maintenant dans des positions qui seraient inexplicables, si l'on ne supposait pas que leur descente fût jadis arrêtée par quelque chose de résistant dont ces combes en entonnoir étaient alors remplies. Des moraines aussi aboutissent à ces enfoncements et viennent jusque sur les points abrupts de leurs bords ; le terrain morainique, c'est-à-dire des masses de drift pénétrées de toute sorte de matériaux de transport, abonde partout dans cette région.

Mais l'ensemble des phénomènes glaciaires est difficile à étudier, à cause de l'épaisseur compacte de la forêt qui recouvre les inégalités du sol, et, excepté là où des tranchées ont été ouvertes et des clairières pratiquées, les grandes lignes sont perdues. »

Ce fut notre dernière excursion au Brésil. Le lendemain matin, nous retournâmes à la ville et les quelques jours suivants furent absorbés par les préparatifs de départ et les visites aux amis dont les attentions nous avaient fait, à Rio de Janeiro, un second *home*. Parmi les incidents agréables de cette dernière semaine, se place un déjeuner offert par M. Lidgerwood, qui, en l'absence temporaire de notre ministre, M. le général Webb, était chargé des affaires des États-Unis. M. Agassiz, qui s'y rencontra avec plusieurs membres de la haute administration brésilienne, eut ainsi l'occasion d'exprimer sa gratitude pour la bienveillance constante et l'intérêt extrême dont sa personne et ses travaux ont été l'objet de la part des hommes de ce pays.

Le lendemain, 2 juillet, nous partîmes pour les États-Unis, rapportant sous le ciel terne de notre patrie, en souvenirs chaleureux et en impressions vivaces, de quoi jeter le plus chaud coloris sur le reste de notre vie.

XVI

IMPRESSIONS GÉNÉRALES.

Religion et clergé. — Éducation. — Écoles scientifiques. — Facultés de droit et de médecine. — Enseignement élémentaire et enseignement supérieur. — Bibliothèque publique et Musée de Rio. — Institut historique et géographique. — Relations sociales et domestiques. — Fonctionnaires publics. — Agriculture. — Zones de végétation. — Café. — Coton. — Essences forestières et produits de l'Amazône. — Bétail. — Subdivisions territoriales de la grande vallée. — Émigration. — Étrangers. — Guerre du Paraguay.

Je ne dois pas clore ce livre, écrit en grande partie par une autre main que la mienne[1], sans dire quelques mots de mes impressions générales sur le Brésil. On n'attend pas de moi un *Essai* sur l'état social et politique de ce pays. Fussé-je demeuré au Brésil assez longtemps pour acquérir le droit de me prononcer sur ces matières, ce sont là des questions qui me sont trop peu familières pour que mon jugement fût d'un grand poids. Mais il y a un point de vue plus général, et peut-être aussi plus compréhensif, où tout homme intelligent peut se placer pour se faire une idée du caractère d'un peuple. Et si cet homme est sincère, le jugement qu'il aura porté ainsi sera parfaitement juste et sain, alors même qu'il n'aurait pas pour base une connaissance approfondie des institutions du pays et de la pratique des lois. Le travail scientifique que j'accomplissais au Brésil m'a mis en relation avec un monde qui m'était totalement inconnu auparavant. Dans des conditions plus favorables qu'il ait jamais été donné à mes prédé-

---

1. Ce chapitre est écrit par M. Agassiz.

cesseurs d'en rencontrer dans la même région, j'ai étudié cette nature tropicale si riche, si grandiose, si instructive; j'ai visité un grand empire fondé au sein des ressources matérielles les plus illimitées, marchant à une civilisation plus haute sous l'inspiration d'un prince aussi éclairé qu'il est humain. Il faudrait que j'eusse fermé les yeux à tout ce qui n'était pas l'objet spécial de mes études pour n'avoir pas à dire un mot du Brésil comme nation, de sa condition présente et de ses perspectives futures.

Il y a au Brésil beaucoup de choses attristantes, même pour ceux qui, comme moi, ont foi en ce pays et croient fermement qu'il a devant lui une carrière de gloire et de puissance. Il y a aussi beaucoup de choses à louer, et c'est ce qui me donne la conviction que ce jeune empire s'élèvera, comme nation, à la hauteur des magnificences qu'il possède comme territoire. Si jamais les facultés morales et intellectuelles du peuple brésilien se mettent en harmonie avec la beauté merveilleuse et les richesses immenses que le pays tient de la nature, jamais contrée plus heureuse ne se sera vue sur le globe. Dès aujourd'hui, il y a aux progrès plusieurs obstacles : obstacles qui agissent sur ce peuple comme une sorte de maladie morale. L'esclavage y existe. Il est vrai qu'il touche à sa fin; il est vrai qu'il a reçu le coup mortel; mais la mort naturelle de l'esclavage est encore une maladie lente qui consume et détruit le corps qui en est attaqué. A côté de ce mal, je signalerai, parmi les influences fatales au progrès, le caractère du clergé. J'entends expressément ne faire aucune allusion à la religion nationale; quand je parle du caractère du clergé, je ne parle pas de la croyance qu'il personnifie. Quelle que soit l'organisation de l'Église, ce qui importe par-dessus tout, dans un pays où l'instruction est encore si entièrement rattachée à une religion d'État, c'est que le clergé se compose non-seulement d'hommes d'une haute moralité, mais encore de gens d'étude et de penseurs. Il est l'instituteur du peuple; il doit donc cesser de croire que l'esprit peut se contenter, pour tout aliment, des processions grotesques de la rue avec cierges allumés et bouquets à bon marché. Tant que le peuple ne réclamera pas un autre genre d'instruction, il ira se déprimant et s'affaiblissant. Les exhibitions de cette sorte se voient tous les jours, pour ainsi dire, dans toutes les grandes villes de l'empire; elles interrompent le cours des occupations ordinaires et font des jours ouvrables non la règle, mais l'exception. Il est impossible de se le dissimuler, il n'existe point au Brésil une classe de prêtres laborieux, cultivés, comme ceux qui ont fait l'honneur des lettres dans l'ancien monde; il n'y a pas d'institutions d'enseignement d'un ordre élevé se rattachant à l'Église; en général, l'ignorance du clergé est universelle, son immoralité patente, son influence étendue et profondément enracinée. Sans doute il y a des exceptions honorables, mais elles sont en trop petit nombre pour relever la dignité de la classe dans laquelle elles se produisent. Toutefois, si leur vie privée donne prise au blâme, les prêtres brésiliens se distinguent par leur patriotisme; de tout temps, ils ont occupé de hautes fonctions publiques, dans la Chambre des députés, au Sénat, plus près du Trône même; et, jusqu'à présent, leur pouvoir ne s'est pas exercé en faveur des tendances ultramontaines. Du reste, l'indépendance de la pensée en matière religieuse semble chose bien rare au Brésil; je doute que ce soit scepticisme et je crois plutôt le contraire, car, instinctivement, les Brésiliens sont plus enclins à la superstition qu'au doute. La contrainte en matière de croyance répugne du reste profondément à l'esprit de leurs institutions et à leurs mœurs; on laisse les prêtres protestants prêcher en toute liberté; mais en général le protestantisme n'attire pas les peuples méridionaux, et il est douteux que ses missionnaires obtiennent jamais un succès bien étendu. Quoi qu'il en soit, tous les amis du Brésil doivent souhaiter que ses prêtres actuels fassent place à un clergé plus moral, plus intelligent et plus travailleur.

Pour apprécier avec justice la condition actuelle de l'éducation au Brésil et les promesses qu'elle donne, il est de strict devoir de ne pas envisager les choses du même point de vue que chez nous. La vérité est que tout progrès sérieux, au Brésil, ne date que de la déclaration d'indépendance, et c'est là un fait tout récent dans son histoire[1]. Depuis qu'il a passé de la

---

[1]. Jusque vers les premières années de ce siècle, le Brésil, colonie portugaise, était, pour ainsi dire, tenu muré du reste du monde. Le commerce étranger n'y avait point accès, et le même exclusivisme jaloux s'étendait aux choses de l'es-

sujétion coloniale à la vie nationale, ses relations avec les autres peuples se sont élargies; des préjugés antiques se sont éteints; et, en prenant une existence plus individuelle, il a respiré dans une atmosphère d'idées plus cosmopolite. Mais une révolution politique est plus vite accomplie qu'une nation refondue; la rénovation du peuple en est la conséquence lointaine bien plutôt que l'accompagnement. Aujourd'hui encore, après un demi-siècle d'indépendance, le progrès intellectuel se manifeste dans l'empire sud-américain comme une tendance, comme un désir, pour ainsi parler, d'où naît dans la société un certain mouvement en avant; ce n'est pas encore un fait. Quand la vie intellectuelle d'un peuple est en plein développement, elle s'affirme matériellement par des institutions d'enseignement larges et variées, disséminées dans tout le pays; or, ce n'est pas encore le cas au Brésil; les établissements de ce genre y sont chose locale et limitée.

Je n'ai pas visité San-Paulo, et je ne puis parler d'après mon observation personnelle de sa Faculté, celle qui est tenue le plus haut dans l'estime publique au Brésil. Je puis cependant rendre témoignage de l'instruction solide et de la culture libérale de plusieurs de ses gradués que j'ai eu la bonne fortune de connaître. Leur caractère comme hommes attestait, aussi bien que leur savoir, la supériorité de l'éducation qu'ils avaient reçue dans le giron de l'*alma mater*. On m'a dit que les meilleures écoles, après celle de San-Paulo, étaient celles de Bahia et d'Olinda. Je ne les ai pas visitées; le temps me manquait pour cela; mais j'incline à croire que l'existence de Facultés professionnelles, dans ces deux villes, tend à rehausser le caractère des degrés inférieurs d'éducation. Les Facultés régulières n'embrassent que la médecine ou le droit. L'enseignement dans les unes et dans les autres est sérieux, quoique peut-être un peu restreint. Au moins je trouve que dans les premières, où mes propres études me permettent de juger, les branches accessoires qui sont, après tout, la base d'une éducation médicale

---

prit. On pourrait citer les noms d'hommes éminents, ayant joué plus tard un rôle considérable dans les affaires de leur pays, qui n'apprirent le latin qu'en cachette. A plus forte raison l'histoire, la philosophie, les sciences étaient-elles proscrites. Avant la venue de D. João VI, il n'y avait, je crois, qu'une seule imprimerie dans tout le Brésil. (N. du T.)

supérieure, sont négligées ou insuffisamment enseignées. On n'accorde pas, dans les Écoles de médecine, assez d'importance à la zoologie, à l'anatomie comparée, à la botanique, à la physique, à la chimie; l'enseignement s'y donne par les livres, au lieu de se donner par les faits. Au reste, tant que le préjugé contre le travail manuel existera au Brésil, l'enseignement pratique se fera mal; tant que ceux qui étudient la nature trouveront qu'il n'est pas séant à un *gentleman* de porter à la main ses spécimens ou son marteau de géologue, de faire lui-même ses propres préparations, ils ne seront que des amateurs en fait de recherches scientifiques; ils pourront connaître admirablement les faits rapportés par autrui, mais ils ne feront pas de recherches originales. C'est pour cette raison, c'est aussi à cause de leur indolence personnelle que les Brésiliens demeurent étrangers aux études sur le terrain. Entourés, comme ils le sont, d'une nature riche au delà de toute expression, leurs naturalistes font de la théorie et point de pratique; ils savent beaucoup plus de la bibliographie scientifique étrangère que de la flore et de la faune merveilleuses qui les environnent.

Je puis juger plus pertinemment des écoles et des colléges de Rio de Janeiro, que de celles dont j'ai parlé un peu plus haut.

Plusieurs de ces établissements sont excellents. L'École centrale mérite une note spéciale. Elle correspond à ce qu'on appelle chez nous *Scientific School*, et, nulle part au Brésil, je n'ai vu un établissement d'instruction où les méthodes perfectionnées soient aussi hautement appréciées, aussi généralement adoptées. Les cours de mathématiques, de chimie, de physique, de sciences naturelles sont étendus et sérieusement faits; mais, même dans cet établissement, j'ai été frappé de la mesquinerie des moyens de démonstration pratique et expérimentale; les professeurs ne me paraissent pas avoir suffisamment compris que les sciences physiques ne s'enseignent pas uniquement ou principalement avec des manuels. Les facilités accordées aux élèves, dans cette école, et plus encore peut-être à l'École militaire, sont fort grandes; l'enseignement est entièrement gratuit; et même, à l'École militaire, les étudiants sont non-seulement nourris, vêtus, etc., mais ils reçoivent encore une solde, étant considérés comme appartenant à l'armée du jour de leur admission.

Le collége D. Pedro II est la meilleure institution de cet ordre que j'aie vue au Brésil. C'est l'analogue de nos *High Schools* de la Nouvelle-Angleterre [1]. Il mérite pleinement la réputation dont il jouit.

J'ai peu vu les écoles élémentaires. Nécessairement, dans une contrée où la population est rare, disséminée sur une superficie immense, il est difficile, partout ailleurs que dans les grandes villes, de rassembler les enfants à l'école. Là où des établissements de ce genre ont pu être organisés, l'enseignement est gratuit; par malheur, les maîtres sont peu nombreux, l'éducation est limitée, et les moyens d'instruction sont bien faibles. Écriture, lecture et calcul, avec une teinture aussi légère que possible de géographie, voilà le programme de ces écoles. Les instituteurs ont de grandes difficultés à vaincre; ils ne sont pas assez puissamment soutenus par la communauté. Celle-ci n'apprécie pas assez l'importance de l'instruction, comme base nécessaire et fondamentale d'une civilisation supérieure. J'ai cependant remarqué, dans tout le Brésil, la disposition à donner une éducation pratique, un état à tous les enfants pauvres; il existe, dans ce but, des établissements spéciaux dans presque toutes les villes. C'est un bon signe; cela dénote qu'on attache au travail, au moins pour les classes peu aisées, la valeur qui lui appartient, et qu'on tient à former une population ouvrière. Dans ces écoles, noirs et blancs sont, pour ainsi dire, industriellement confondus; il est positif qu'il n'y a point, au Brésil, d'antipathie de race, soit chez les classes travailleuses, soit dans la haute société; j'ai toujours vu avec plaisir les élèves, sans distinction de race ou de couleur, mêlés dans les exercices.

Il est surprenant que dans un pays où la richesse minérale est si considérable, il n'y ait pas d'école spéciale des mines [2] et que tout ce qui se rapporte à l'exploitation des minéraux soit du ressort immédiat du ministre des travaux publics, sans qu'il

---

1. Et des lycées français. Le programme est absolument le même, seulement au Brésil on fait étudier sérieusement et longuement les langues vivantes. (N. du T.)

2. Cet enseignement est donné, incomplètement il est vrai, à l'École centrale, et il est question de fonder une école spéciale. (N. du T.)

soit assisté d'un comité spécial chargé de la surveillance de ces exploitations. Rien ne hâterait davantage la mise en valeur des terrains miniers de tout le pays qu'un relevé géologique régulier des provinces; c'est chose encore à faire.

La Bibliothèque publique de Rio de Janeiro ne doit pas être oubliée dans une énumération des établissements d'instruction. Elle possède d'excellents livres dans toutes les branches et est dirigée dans un esprit très-libéral, que n'entrave ni le préjugé religieux ni le préjugé politique. De fait, tolérance et bienveillance sont le caractère commun de toutes les institutions publiques ayant l'enseignement pour but. Le musée d'histoire naturelle de la capitale est une antiquaille. Quiconque sait ce que c'est qu'un muséum ayant la vie et le mouvement, reconnaîtra que les collections de celui-là sont depuis longues années restées sans amélioration et sans addition; les animaux montés, mammifères et oiseaux, sont passés, et les poissons, à l'exception de quelques magnifiques spécimens de l'Amazône, ne donnent pas une idée de la variété qu'on en rencontre dans les eaux du Brésil; on ferait une meilleure collection, en une seule matinée, au marché de la ville. Le même établissement contient aussi quelques beaux débris fossiles provenant de la vallée du San-Francisco ou de la province de Céará, mais on n'a pas encore essayé de les classer.

Plusieurs sociétés savantes méritent une mention. C'est d'abord l'Institut historique et géographique dont les mémoires, régulièrement publiés, forment déjà une série volumineuse remplie de documents précieux, spécialement relatifs à l'histoire de l'Amérique du Sud. Les séances ont lieu au Palais impérial de Rio de Janeiro et sont habituellement présidées par S. M. l'Empereur. L'Académie impériale de médecine est une société laborieuse composée d'hommes distingués et d'un vrai savoir; on y fait peut-être un peu trop large part à la discussion. Une autre association, la Société d'encouragement de l'agriculture et de l'industrie nationales a rendu et rend encore d'éminents services à son pays; elle constitue en fait une sorte de comité consultatif aux lumières duquel le gouvernement ne manque jamais de recourir dans les cas spéciaux[1].

---

1. J'ai rétabli, d'après les indications de l'auteur, ce paragraphe tel qu'il au-

Je ne puis terminer ce que j'ai à dire de l'instruction, au Brésil, sans ajouter que, dans un pays où une moitié seulement de la société reçoit l'instruction, le progrès intellectuel est nécessairement entravé. Là où la différence d'éducation rend presque impossible la sympathie intellectuelle entre l'homme et la femme, de telle sorte que leurs relations sont nécessairement renfermées dans le cercle des affections domestiques et ne s'élèvent jamais à une communauté de culture, il est inévitable que le développement de la masse demeure incomplet et partiel. Je crois, toutefois, que dans cette direction on peut s'attendre à une transformation rapide. J'ai entendu tous les Brésiliens intelligents déplorer que leurs écoles ne fussent pas en état de donner aux femmes une instruction convenable, et je ne doute pas que le niveau de l'éducation des filles ne doive rapidement s'élever. Pour peu qu'on tienne compte des antécédents des Brésiliens, de leurs traditions héréditaires sur la convenance de la séquestration et de la contrainte à imposer aux existences féminines, on ne se sent plus le droit, si fausses et si odieuses que puissent paraître ces idées, d'en rendre la génération actuelle responsable. Ce sont des opinions trop profondément enracinées pour pouvoir être changées en un jour.

En plusieurs occasions, j'ai parlé avec éloge des institutions nationales; il ne se peut rien de plus libéral que la constitution. Toutes les garanties y sont assurées à l'exercice le plus libre de tous les droits de l'homme. Il y a néanmoins dans les mœurs publiques, mœurs qui résultent probablement de l'ancienne condition sociale, certaines particularités qui mettent obstacle au progrès. On ne doit pas oublier que la population blanche descend presque exclusivement de Portugais; or, de toutes les nations de l'Europe, le Portugal est celle qui, à l'époque de la découverte et de la colonisation du Brésil, avait été le moins affectée par la civilisation moderne. Il est de fait que les grandes migrations qui ont bouleversé l'Europe au moyen âge, et la réforme qui a été la base principale du nouvel ordre social, atteignirent à peine le Portugal. Les traditions romaines, l'architecture romaine, un latin dégénéré y floris-

---

rait dû être publié dans l'édition originale, sans un accident arrivé lors de l'impression. (N. du T.)

Rue du *Príncipe*, à Rio.

saient encore quand ce royaume fonda ses colonies transatlantiques, et, dans toutes ces colonies, les conditions de la métropole ne furent que peu modifiées. Aussi ne faut-il pas s'étonner si les vieilles constructions de Rio de Janeiro rappellent encore d'une manière étonnante l'architecture de l'ancienne Rome, telle que nous l'ont révélée les fouilles d'Herculanum et de Pompéi, et si les conditions sociales au Brésil ont quelque chose des mœurs d'un peuple chez qui la femme joua un rôle si subordonné. Il me semble que, même encore aujourd'hui, l'administration des provinces est, au Brésil comme dans la civilisation romaine, plutôt organisée pour renforcer l'autorité que pour développer les ressources matérielles du pays. J'ai été surpris de trouver partout, presque invariablement, de jeunes avocats à la tête de l'administration des provinces. Ce qu'il faut pour imprimer le mouvement et l'activité à une nation jeune qui n'aspire qu'à grandir, ce sont des hommes pratiques, familiers avec les intérêts de l'agriculture et de l'industrie. L'importance exagérée partout accordée aux emplois du gouvernement est un malheur; cela rejette dans l'ombre toutes les autres occupations et surcharge l'État d'une masse d'employés salariés, qui, sans utilité, encombrent les services publics et épuisent le Trésor. Tout homme ayant reçu quelque éducation aspire à une carrière politique, comme un moyen aristocratique et facile de gagner sa vie. C'est seulement depuis peu que les jeunes gens de bonne famille ont commencé à entrer dans le commerce.

Bien que le caractère et les mœurs des Brésiliens ne soient pas ceux d'un peuple d'agriculteurs, le Brésil est, ce me semble, un pays essentiellement agricole, et quelques événements récents de son histoire économique me confirment dans cette opinion. Il possédait jadis une grande variété de produits agricoles, mais le nombre des plantes qu'on y cultive en grand, aujourd'hui, est assez limité. Les opérations de l'agriculture se concentrent sur le café, le coton, le sucre, le tabac, le manioc, quelques céréales, les *feijões* (haricots noirs) et le cacao. En raison du climat et de la situation géographique, les zones végétales n'y sont pas aussi marquées que celles d'autres contrées; il ne serait cependant pas impossible de diviser le territoire de l'empire, sous le rapport agricole, en trois grandes régions. La première s'étendant des frontières de la Guyane jusqu'à Bahia, le long des grands fleuves, est spécialement caractérisée par les produits sauvages de la forêt : caoutchouc, cacao, vanille, salsepareille et une variété infinie de gommes, de résines, d'écorces, de fibres textiles, encore inconnues au commerce des deux mondes, et auxquelles il serait très-facile d'ajouter les épices dont le monopole appartient aux îles de la Sonde. La seconde région, de Bahia à Santa-Catharina, est celle du café. La troisième, de Santa-Catharina à Rio Grande do Sul inclusivement, en y ajoutant les hauts plateaux de l'intérieur, est celle des céréales et, en connexion avec leur culture, de l'élevage du bétail. Le riz, qui vient facilement dans tout le Brésil, et le coton, qui partout donne de belles récoltes, relient ensemble ces trois zones; le sucre et le tabac comblent les lacunes et complètent l'enchaînement. Une chose importante au point de vue agricole, et à laquelle on n'a pas assez songé, c'est la mise en rapport des terrains de la chaîne des Orgues, de la Serra do Mar et de la Serra da Mantiqueira. Sur ces hautes terres pourraient venir tous les produits caractéristiques des contrées chaudes de la zone tempérée, et Rio de Janeiro pourrait recevoir chaque jour, des montagnes de son voisinage immédiat, tous les légumes et tous les fruits de jardin qu'il tire, en petite quantité et à grands frais, des provinces riveraines de la Plata. Les pentes de ces serras pourraient être aussi converties en plantations de *cascarillas* (arbre à quinquina), et, comme la production de la quinine diminuera infailliblement tôt ou tard par la dévastation des Cinchonées sur les bords des hauts affluents de l'Amazône, il serait très-important d'introduire cette culture sur une large échelle dans les hautes montagnes qui entourent Rio. Les tentatives de M. Glaziou dans cette direction méritent d'être encouragées.

La canne à sucre a été longtemps le principal objet de la culture et la production du sucre est encore considérable; mais depuis plusieurs années, les plantations de canne ont fait place, dans un grand nombre de districts, à celles de caféiers. J'ai voulu m'assurer des faits relatifs à la culture du café depuis cinquante ans. L'immense développement de cette branche d'industrie et la rapidité du mouvement, surtout dans un pays où les bras sont si rares, sont au nombre des phénomènes économiques de notre siècle les plus frappants. Grâce à leur persévérance et aux conditions favorables résultant de la constitution du sol, les Brésiliens ont obtenu une sorte de monopole du café. Plus de la moitié de ce qu'on en consomme dans le monde est de provenance brésilienne. Et cependant le café Brésil a peu de réputation, il est même coté à un prix inférieur. Pourquoi? Simplement parce qu'une grande partie des meilleures sortes produites dans les *fazendas* brésiliennes est vendue sous le nom de Java, de Moka, de Martinique ou de Bourbon. Or, la Martinique exporte par an six cents sacs de café; la Guadeloupe, dont le produit est connu dans le commerce sous le nom de l'île voisine, en récolte six mille, pas de quoi alimenter le marché de Rio de Janeiro pendant vingt-quatre heures; l'île Bourbon n'en fournit guère plus. Presque tout le café vendu sous ces dénominations, quelquefois même sous celle de Java, provient du Brésil, et le soi-disant moka n'est le plus souvent rien autre chose que les petits grains ronds des caféiers brésiliens, cueillis à l'extrémité des branches et soigneusement triés. Si les *fazendeiros*, comme les planteurs hollandais, vendaient leurs récoltes sous une marque spéciale, les grands négociants de l'étranger apprendraient vite à distinguer les qualités, et l'agriculture brésilienne y gagnerait. Mais il existe, entre le fazendeiro et l'exportateur, une classe intermédiaire de marchands, mi-banquiers, mi-courtiers, connus sous le nom de *commissarios*, qui, en mêlant les récoltes différentes, rabaisse le type, ôte au producteur toute responsabilité et enlève au produit ses véritables caractères.

Si les provinces voisines de Rio de Janeiro possèdent naturellement le sol le plus favorable à la culture du café, il ne faut pas oublier que le caféier peut être planté avec profit à l'ombre des forêts amazoniennes, où il donne jusqu'à deux récoltes par an pour peu qu'on en prenne soin. Dans la province de Ceará, où il est de qualité supérieure, on ne le plante ni dans les plaines, ni dans les terrains bas, ni à l'ombre des forêts, comme dans la vallée de l'Amazone, mais sur les pentes des mornes et les hauteurs des montagnes, à une élévation qui varie de quatre à six cents mètres et même davantage, au-dessus du niveau de la mer, dans les serras de Aratanha, de Baturité et dans la serra Grande. Les débouchés ouverts à ce produit ne peuvent manquer de s'accroître et de provoquer la fondation de nombreux établissements dans la vallée de l'Amazône.

L'accroissement de l'exportation du coton dans ces dernières années est un fait de l'histoire industrielle du Brésil plus remarquable encore que celui de la production du café. Quand vers la fin du siècle dernier, le coton commença à prendre en Angleterre une importance qui devait aller toujours croissant, le Brésil devint naturellement un des grands pourvoyeurs du marché anglais; mais il perdit bientôt cet avantage, nos États du Sud ayant acquis avec une rapidité extraordinaire un monopole de ce produit presque exclusif. Favorisé par des circonstances exceptionnelles, l'Amérique du Nord réussit, vers l'année 1846, à fournir le coton à si bas prix que toute compétition devint impossible; la culture de cette plante fut presque abandonnée dans tous les autres pays. Le Brésil persista. La production annuelle continua à y progresser d'un mouvement lent, mais soutenu, que la cessation même de la traite ne parvint pas à ralentir. Et, pour le dire en passant, il est très-remarquable que les statistiques brésiliennes ont continuellement accusé une augmentation annuelle de production depuis l'abolition de la traite. Quand la rébellion éclata dans nos États du Sud, le Brésil se trouva tout préparé à donner une impulsion considérable à la culture d'un produit recherché alors comme le pain en temps de famine; en dépit du manque de population qui est un obstacle à toutes les entreprises industrielles, on trouva des bras, et, ce qui est très-important, des bras libres, pour cet objet. Il semble qu'on se soit fait un point d'honneur de montrer ce qu'on pouvait. Des provinces comme celle de San-Paulo, où jamais on n'avait planté un pied de coton, d'autres comme Alagôas, Parahyba do Norte, Céará, où cette culture avait été abandonnée, produisirent des quantités extraordinaires, si bien que deux lignes de navigation à vapeur ont pu être établies entre Liverpool et ces provinces et prospérer grâce au fret payé par le coton. Il faut bien remarquer que, durant ce temps, le Brésil manquait de bras; qu'il n'a point reçu de capitaux du dehors pour cette entreprise; qu'il n'a importé ni coolies, ni Chinois; que, presque aussitôt après, la guerre avec le Paraguay éclata; et, cependant, la production cotonnière a quadruplé et quintuplé. Le fait a été jugé assez important au point de vue des intérêts industriels pour que, à l'Exposition universelle de Paris, un prix spécial fût décerné à l'empire qui, en approvisionnant largement le marché européen d'une matière première indispensable, a contribué à l'affranchir de l'ancien monopole des États-Unis. Il est vrai qu'égale récompense fut accordée à l'Algérie et à l'Égypte; mais les planteurs brésiliens n'avaient pas, comme les colons d'Afrique, le stimulant d'une large subvention gouvernementale; ils ne pouvaient pas, comme le vice-roi d'Égypte, saisir quatre-vingt mille hommes dans un seul district et les transporter sur leurs plantations; ils n'ont pas non plus, comme le fellah égyptien, abandonné tous les autres genres de culture pour se consacrer exclusivement au coton. En effet, toutes les branches de la production agricole ont continué à prospérer en même temps que celle-là se développait extraordinairement.

J'ai cru devoir insister sur ces faits; je les crois peu connus et ils me semblent témoigner d'une énergie et d'une vitalité très-supérieures à celles qu'on suppose habituellement aux forces productives du Brésil. Pour stimuler encore ce mouvement, le gouvernement a récemment pris l'initiative de la fondation d'une école d'agriculture au voisinage de Bahia[1]. Tous les perfectionnements suggérés par le progrès des sciences et des inventions y seront expérimentés dans leur application à la culture des produits naturels des tropiques.

L'importance du bassin de l'Amazône au point de vue industriel ne peut pas être exagérée. Ses bois seuls constituent une richesse inestimable. Nulle part au monde il n'y a de plus admirables essences soit pour la construction soit pour l'ébénisterie de luxe; cependant à peine s'en sert-on dans les constructions locales et l'exportation en est nulle. Il est étrange que le développement de cette branche d'industrie n'ait pas déjà commencé, car les rivières qui coulent dans ces forêts magnifiques semblent avoir été tracées exprès pour servir, d'abord, de force motrice aux scieries qu'on établirait sur leurs rives et,

---

[1]. Il existe, à Pernambuco, à Bahia, à Rio de Janeiro, trois instituts d'agriculture fondés en 1859 par D. Pedro II, lors de son voyage aux provinces du nord. (N. du T.)

ensuite, de moyen de transport pour les produits. Sans insister davantage sur les bois, que dirais-je des fruits, des résines, des huiles, des matières colorantes, des fibres textiles qu'on y peut facilement récolter? Quand je m'arrêtai à Pará, lors de mon retour aux États-Unis, on venait d'ouvrir une exposition des produits de l'Amazône comme préparation à la grande Exposition universelle de Paris. Malgré tout ce que j'avais admiré déjà, pendant mon voyage, de la richesse et de la variété des produits du sol, je fus stupéfait quand je les vis ainsi réunis les uns à côté des autres. Je remarquai, entre autres, une collection de cent dix-sept espèces différentes de bois précieux, coupée sur une superficie de moins d'un demi-mille carré (75 hectares); parmi ces échantillons, il y en avait un grand nombre de couleur foncée aux riches veinures, très-susceptibles d'un beau poli, aussi remarquables que le bois de rose ou l'ébène. Il y avait une grande variété d'huiles végétales, notables toutes par leur limpidité et leur pureté, quantité d'objets fabriqués avec les fibres du palmier et une infinie variété de fruits. Un empire pourrait se dire riche s'il possédait seulement une seule des sources d'industrie qui abondent dans cette vallée! Et cependant, la plus grande partie de ces richesses merveilleuses pourrit sur le sol, va former un peu de limon ou teint les eaux sur le bord desquelles ces produits sans nombre se perdent et se décomposent! Mais ce qui m'a le plus surpris, c'est de voir qu'une grande étendue de la région se prête parfaitement à l'élevage du bétail. De beaux moutons paissent dans les herbages des plaines ou sur les collines qui s'étendent entre Obydos et Almeyrim, et j'ai rarement mangé de meilleure viande de cette espèce qu'à Ereré, au milieu de ces serras. Avec cela, les habitants d'une région aussi fertile souffrent de la faim; l'insuffisance des denrées alimentaires est évidente, mais elle provient uniquement de l'incapacité des gens du pays à profiter eux-mêmes des productions naturelles du sol. Comme exemple, je citerai ce fait que, vivant sur les rives de fleuves qui abondent en poissons délicats, ils font grand usage de morue salée importée de l'étranger.

En parcourant le fleuve immense, je me suis demandé souvent quel plan serait le meilleur pour développer les ressources naturelles de cette région incomparable. Sans nul doute l'ouverture de l'Amazône au commerce de toutes les nations est un premier pas fait dans la bonne voie. Cette mesure suffit à montrer quels progrès extraordinaires le Brésil a déjà accomplis. Il n'y a guère en effet plus d'un demi-siècle que la politique étroite et jalouse du gouvernement portugais interdisait au plus grand voyageur des temps modernes l'entrée de la vallée amazonienne, tandis que, aujourd'hui, un naturaliste, voyageant comme lui dans un but scientifique, reçoit l'accueil le plus sympathique et toutes les faveurs possibles du gouvernement de la jeune nation devenue indépendante. Mais la libre compétition est le complément indispensable de la liberté accordée, et la compétition n'est pas possible là où il existe un monopole. Je regarde donc toutes les faveurs exceptionnelles attribuées par le gouvernement brésilien à des compagnies particulières comme préjudiciables à ses intérêts les plus sérieux. Il y a d'ailleurs au progrès un autre obstacle immédiat et qu'il importe de faire disparaître au plus tôt, d'autant que le changement nécessaire ne peut en aucune façon être à charge à l'empire. La délimitation actuelle des provinces du Pará et de l'Amazône est entièrement contre nature. La vallée tout entière est coupée en deux par le travers, si bien que la moitié inférieure est fatalement opposée au libre développement de la moitié supérieure ; Pará devient le centre de toutes choses et draine, pour ainsi dire, tout le pays sans vivifier l'intérieur ; le grand fleuve qui devrait être une grande route interprovinciale, est devenu un cours d'eau local, oserait-on dire. Supposons pour un instant que, au contraire, l'Amazône, comme le Mississipi, soit devenu la limite entre une succession de provinces autonomes situées sur ses deux rives ; supposons que sur le versant méridional on ait, de la frontière du Pérou au Madeira, la province de Teffé ; du Madeira au Xingú, la province de Santarem ; et que la province du Pará soit réduite au territoire compris entre celle de Xingú et la mer, en y ajoutant l'île de Marajó ; chacune de ces divisions étant à la fois limitée et traversée par de grands cours d'eau, on assurerait à toute la contrée une activité double par la concurrence et l'émulation née d'intérêts distincts. De la même façon, il faudrait que les territoires situés au nord fussent divisés en plusieurs provinces indépendantes, celle de Monte-Alegre, par exemple, allant de la mer au Rio Trombetas, celle de Manaós entre le Trombetas et le Rio Negro, et peut-être celle de Hyapurá comprenant tout le pays sauvage situé entre le Rio Negro et le Solimoens. On ne manquera pas d'objecter qu'un tel changement entraînerait la création d'un état-major administratif tout à fait disproportionné avec l'effectif de la population actuelle. Mais le gouvernement de ces provinces, si peu d'habitants qu'elles renfermassent, pourrait être organisé comme celui des territoires qui, chez nous, sont l'embryon des États; il stimulerait les énergies locales et développerait les ressources, sans gêner l'action du gouvernement central. D'ailleurs quiconque a bien étudié le fonctionnement du système actuel dans la vallée de l'Amazône, doit s'être convaincu que, loin de progresser, toutes les villes fondées depuis un siècle le long des rives du grand fleuve et de ses tributaires tombent en ruine et en décadence. C'est, sans contestation possible, le résultat de la centralisation, à Pará, de toute l'activité réelle de la contrée entière.

Tant que sa population ne sera pas plus dense, les efforts que fait le Brésil pour accroître sa prospérité ne donneront qu'un résultat lent à se produire et peu efficace. Il ne faut donc pas s'étonner si, immédiatement après la déclaration d'indépendance, D. Pedro I essaya d'attirer les émigrants allemands dans son nouvel empire. C'est de cette période de l'histoire brésilienne que date la colonie de San-Leopoldo, près de Porto-Alegre, dans la province de Rio Grande do Sul. Toutefois, ce ne fut que vers l'année 1850, après que la traite des nègres eut été réellement abolie et lorsqu'il fut devenu impossible d'importer des bras de l'Afrique, que les essais de colonisation furent entrepris sérieusement et avec une certaine énergie. Mais, par cette tentative, le gouvernement et les planteurs poursuivaient un objet très-différent. Le premier voulait, avec la plus entière bonne foi, créer une population de travailleurs et une classe de petits propriétaires. Les *fazendeiros*, au contraire, accoutumés à exploiter le travail servile et forcé, ne songeaient guère qu'à compléter leurs ateliers en substituant les Européens aux Africains. De terribles abus en résultèrent; sous prétexte d'avances faites pour payer leur passage, de pauvres émigrants, et principalement les Portugais ignorants des Açores, devenaient virtuellement la propriété des fazendeiros, en vertu d'un contrat qu'il leur était ensuite presque impossible de rompre. Ces abus jetèrent le discrédit sur les tentatives faites par le gouvernement pour coloniser l'intérieur; mais les iniquités pratiquées sous prétexte d'immigration ne peuvent plus désormais se produire. De fait, les colonies établies directement par l'État sur les terres du domaine public n'ont jamais été le théâtre de ces abus; au contraire, les colonies allemandes de Santa-Catharina, sur le Rio San-Francisco do Sul, et celle de la province de Rio Grande do Sul sont très-prospères. La meilleure preuve du progrès qui s'est opéré dans la condition des colons, et de l'esprit libéral qui prévaut aujourd'hui au Brésil, à leur égard, c'est la formation spontanée, à Rio de Janeiro, d'une société internationale d'immigration, indépendante de toute influence gouvernementale et composée de Brésiliens, de Portugais, d'Allemands, de Suisses, d'Américains, de Français, etc. L'objet principal de cette société, dont M. Tavares-Bastos est un des membres les plus influents, est, d'abord, de provoquer la réforme de la constitution dans tous les points où elle place l'étranger naturalisé dans une situation inférieure à celle des nationaux[1]; ensuite de poursuivre le redressement des torts soufferts par les émigrants; enfin de donner à ceux-ci toute l'assistance et tous les renseignements qui peuvent leur être nécessaires à leur arrivée dans le pays. Elle ne fonctionne que depuis deux ans, et elle a déjà rendu de grands services. Il y a tout lieu d'espérer que le gouvernement ne se départira point de son programme libéral et, par-dessus tout, mettra fin aux formalités qui empêchent l'émigrant d'entrer en possession immédiate du sol.

C'est chose très-importante dans la région de l'Amazône, où le nouveau venu ne trouve aucune des facilités qu'il aurait rencontrées en débarquant aux États-Unis. Je ne puis le répéter trop souvent, le monopole des transports dans l'Amazône doit être aboli le plus vite possible; aussitôt que les produits sauvages des bords du fleuve auront été soumis à une culture régulière, si imparfaite soit-elle d'ailleurs, et ne seront plus

---

[1]. L'étranger naturalisé est exclu de certaines fonctions politiques, celles de député et de ministre. (N. du T.)

recueillis à l'aventure ; aussitôt que le travail organisé, dirigé par une activité intelligente, se sera substitué à l'imprévoyance et à l'inconstance de l'Indien, la variété et la qualité de ces produits s'accroîtront au delà de toute attente. Dès maintenant la moindre prévoyance empêcherait la plupart des maux dont se plaignent les habitants de cette région, où la nourriture abonde et où le peuple meurt de faim. Accoutumés à vivre de poisson, les natifs ne font presque aucun usage ni du lait, ni de la viande, et d'admirables pâturages capables d'alimenter de nombreux troupeaux sont laissés à l'abandon ; insouciants des intempéries, quand vient le temps de la cueillette en forêt, ils ne prennent pas la peine de se bâtir un abri contre les pluies ; ils laissent leurs vêtements mouillés sécher sur leur corps et s'exposent constamment aux alternatives de froid et de chaud ; de plus, ils n'hésitent pas à boire les eaux stagnantes, pour peu qu'il faille faire quelques pas pour se procurer l'eau de source. Il n'en faut pas davantage pour rendre compte des fièvres et des endémies, sans les attribuer au climat qui est parfaitement salubre et d'une température beaucoup plus modérée qu'on ne le suppose généralement.

Les fausses notions universellement reçues, même au Brésil, sur le climat de l'Amazône auraient été depuis longtemps détruites, si les fonctionnaires publics des deux provinces septentrionales de l'empire n'eussent eu intérêt à entretenir l'erreur à cet égard. Les provinces amazoniennes sont, dans l'administration, des étapes sur la route des emplois supérieurs ; les jeunes candidats qui acceptent ces postes demandent la récompense du dévouement qu'ils ont montré en bravant la *malaria*, et invoquent la prétendue fatalité du climat pour obtenir leur changement après quelques mois de séjour. Les provinces du nord du Brésil ont besoin d'être administrées par des hommes moins désireux d'une mutation, plus appliqués à une étude patiente des intérêts locaux et prenant un intérêt plus sérieux à leur développement. Il n'est pas possible qu'un président qui, au bout de six mois de résidence, aspire uniquement à se retrouver au sein de la société et des plaisirs des grandes villes, puisse entreprendre et encore moins compléter des améliorations quelconques.

Comme tous les pays qui s'efforcent de faire partager au reste du monde la confiance qu'ils ont en eux-mêmes, le Brésil a à se défendre contre les récits préjudiciables d'une population flottante étrangère, indifférente à la prospérité de la nation dont elle est l'hôte temporaire et s'inspirant exclusivement, dans ses appréciations, de son intérêt et de ses passions. Il est tout à fait regrettable que le gouvernement brésilien ne prenne pas les mesures nécessaires pour corriger les fausses impressions qu'on propage à l'étranger sur son compte; il est fâcheux que ses agents diplomatiques s'occupent si peu de répandre la vérité et les informations authentiques sur les choses de leur pays. A ma connaissance, la récente Exposition universelle à Paris a été l'unique occasion où l'on ait tenté d'offrir au public un mémoire un peu étendu sur les ressources de l'empire. Les prix remportés par les Brésiliens dans ce grand concours témoignent du succès de cette tentative.

Si imparfaite que soit cette esquisse, je crois être parvenu à prouver ce dont j'ai le sentiment profond, c'est-à-dire qu'il y a au Brésil de puissants éléments de progrès ; que les institutions de ce pays dirigent le peuple vers un noble but, et que l'empire constitue une nationalité déjà active. Sa puissance s'affirme, en ce moment même, par la poursuite de la guerre la plus importante dont l'Amérique du Sud ait été le théâtre. En effet, la lutte que soutient le Brésil n'a aucun caractère égoïste; dans sa querelle avec le Paraguay le peuple brésilien doit être regardé comme le porte-drapeau de la civilisation. Tout ce que je sais de cette guerre m'a convaincu qu'elle a été entreprise par des motifs honorables et que, en laissant de côté les petites intrigues des individus, inévitable suite de ces grands mouvements, elle est conduite dans un esprit de désintéressement absolu. Le Brésil, dans cette lutte, mérite la sympathie du monde civilisé; ce qu'il attaque, c'est une organisation tyrannique demi-cléricale et demi-militaire qui, en prenant le titre de République, déshonore le beau nom qu'elle usurpe.

En lisant ce rapide aperçu, mes amis du Brésil diront-ils que j'ai parcimonieusement mesuré l'éloge à leurs institutions publiques et critiqué sans bienveillance leur état social? J'espère que non. J'aurais été contre mon but si je laissais au lecteur l'impression que je suis parti du Brésil avec d'autres sentiments que ceux d'une chaleureuse sympathie pour ce pays, d'une foi profonde dans son avenir et sa prospérité, et d'une gratitude personnelle très-sincère envers ses habitants. Je reconnais chez les Brésiliens l'impressionnalité aux mouvements élevés et aux émotions généreuses, l'amour théorique de la liberté, la générosité naturelle, l'aptitude à apprendre, l'éloquence facile. Si je n'ai pas trouvé chez eux quelque chose de l'énergie et de la ténacité des races du Nord, je n'oublie pas que c'est là une distinction aussi ancienne que celle de la zone tempérée et de la zone torride elles-mêmes.

FIN.

APPENDICE.

1. — LE GULF-STREAM.

L'étude systématique du Gulf-Stream, exécutée d'après les plans et sous la direction du docteur A. D. Bache par les aides habiles qui le secondaient, a fourni des résultats qui n'ont point encore été publiés sous une forme populaire, et dont il ne saurait être inopportun de donner une idée générale. Cette étude a embrassé, non-seulement les phénomènes de la surface, mais encore ceux de l'intérieur du grand courant ainsi que son mouvement. Chacun sait que le Gulf-Stream doit son origine à un courant équatorial qui, partant du golfe de Guinée, se dirige pendant quelque temps vers l'ouest, jusqu'à ce qu'il se soit rapproché du cap San-Roque. Le vaste promontoire de la côte orientale de l'Amérique du Sud interrompt son cours et l'oblige à se diviser en deux branches, dont l'une suit la côte du Brésil et descend vers le sud, tandis que l'autre continue sa marche vers le nord et gagne la mer des Caraïbes. Après s'être jeté dans ce vaste bassin, le courant tourne à l'est pour entrer de nouveau dans l'Atlantique, à la hauteur du cap de la Floride.

La température élevée du courant équatorial est due à ce qu'il prend naissance sous la zone torride, et sa direction vers l'ouest a pour cause la rotation de la terre et les vents alizés. En sortant du golfe du Mexique, il se trouve encaissé d'un côté par l'île de Cuba et les Bahamas, de l'autre par la côte de la Floride. Il rentre dans l'Atlantique à une latitude où les eaux de l'océan ont une température moins haute que sous les tropiques, tandis que lui-même a acquis un accroissement de chaleur en passant sur les bas-fonds du golfe. C'est la raison de la grande différence de température existant entre les eaux du Gulf-Stream et celles de l'océan situées à l'est. Au contraire la température beaucoup plus basse des eaux placées au delà de sa limite occidentale, entre lui et le continent, s'explique par l'existence du grand courant arctique qui, parti de la baie de Baffin, se jette sur la côte de l'Amérique du Nord et la longe jusqu'à la Floride pour aller se perdre sous le Gulf-Stream à la hauteur de cette presqu'île. Le but des recherches du docteur Bache a été de reconnaître les rapports mutuels de ces deux grands courants d'eau chaude et d'eau froide, qui coulent côte à c'le dans des directions opposées, et de découvrir les conditions qui règlent leurs mouvements et les maintiennent dans des limites définies.

Cette étude est encore loin d'être complète, quoiqu'on la poursuive depuis plusieurs années. Mais on s'est déjà assuré que l'océan acquiert plus ou moins rapidement une profondeur plus grande à mesure qu'on s'éloigne du rivage, et que son lit forme une dépression dans laquelle coule le Gulf-Stream. Cette dépression est limitée par une rangée de collines dont la direction est parallèle à celle du courant; puis, par delà, se trouve une dépression ou vallée nouvelle. Ainsi le fond de la mer présente une succession de dépressions et de collines parallèles qui courent, comme la côte elle-même, dans la direction du nord-est; dans la plus profonde de ces vallées sous-marines, se trouve la partie principale du Gulf-Stream. Les différences de température existent non-seulement à la surface, mais à des profondeurs diverses; elles ont été déterminées au moyen d'une suite d'observations thermométriques exécutées le long de plusieurs lignes perpendiculaires au courant, du littoral au bord oriental, à des intervalles d'environ 100 milles (160 kilom.). On a d'abord observé la surface, ensuite des profondeurs de plus en plus grandes, variant depuis 10 jusqu'à 20, 30, 100, 200, et même 300 et 400 brasses (18, 36, 44, 182, 365, 448 et 731 mètres). Cet examen a fait voir que le Gulf-Stream a une température supérieure à celle des eaux qui le bordent à l'est et à l'ouest, et qu'il est, à l'intérieur, tantôt plus froid, tantôt plus chaud, absolument comme s'il était constitué par une succession de couches distinctes, ayant chacune sa température propre. Ces alternances continuent à toutes les profondeurs où l'on ait observé, et se sont manifestées jusqu'au fond de la mer, là où le fond a été atteint. Ce qu'il y a de plus surprenant dans ces résultats, c'est le changement brusque qui s'opère le long des lignes où les deux courants sont en contact; la séparation est si nettement tranchée que la limite du courant arctique est désormais désignée par cette appellation technique : le « *Cold Wall* » ou la *paroi froide* du Gulf-Stream. Nécessairement, comme ce dernier court vers le nord et vers l'est, il s'élargit graduellement et sa température baisse; mais, même à un point aussi septentrional que la hauteur de Sandy-Hook, la différence entre le degré de chaleur de la surface et la température des eaux limitrophes est encore très-marquée.

Au niveau du cap Floride, la largeur du Gulf-Stream ne dépasse pas 40 milles (64 kilom.); au niveau de Charleston, elle est de 150 milles (241 kilom.), et à Sandy-Hook elle dépasse 300 milles (480 kilom.).

On peut se faire une idée des inégalités du fond par le résultat des sondes opérées au large de Charleston, depuis la plage jusqu'à une distance de 200 milles (320 kilom.). Voici les profondeurs qu'on a successivement trouvées :

10, 25, 100, 250, 300, 600, 350, 550, 450, 475, 450, 400 brasses[1].

---

1. 18, 45, 182, 450, 548, 1096, 640, 1045, 822, 868, 822 et 731 mètres.

Les tableaux suivants peuvent donner une idée de la température par rapport à la profondeur :

A la hauteur de Sandy-Hook, à ces distances successives de la côte [1] :

100   150   200   250   300   350   400 milles,

la température, depuis la surface jusqu'à 30 brasses (55 mètres) de profondeur, était en moyenne de [2] :

64°   65°   66°   64°   81°   80°   75° Fahrenheit,

et à une profondeur comprise entre 40 et 100 brasses (73 à 182 mètres) [3] :

50°   52°   50°   47°   72°   68°   65° Fahrenheit;

au-dessous de 300 brasses (548 mètres) [4] :

37°   39°   40°   37°   55°   57°   55° Fahrenheit.

La rapide élévation de la température après la quatrième colonne indique la situation de la paroi froide.

Pour plus de détails, voyez *United States Coast Survey Report* pour 1860 et les cartes qui l'accompagnent. On devrait les copier dans tous les atlas élémentaires.

II. — POISSONS-VOLANTS.

Les mouvements des animaux varient beaucoup par rapport au milieu dans lequel ils vivent. Dans l'état actuel de nos connaissances, il serait nécessaire d'apprécier ces différences aussi bien d'après la structure caractéristique des organes locomoteurs eux-mêmes, que d'après la résistance propre à l'élément dans lequel ils se meuvent. En parlant du *vol* des oiseaux, des insectes, des poissons, des chauves-souris, etc., et en désignant indistinctement leurs organes locomoteurs sous le nom d'ailes, c'est évidemment au caractère du mouvement et non à la structure spéciale de l'organe qu'on emprunte cette dénomination. On se détermine d'après le même motif, quand on appelle *nageoires* les organes de tous les animaux qui nagent dans l'eau, que ce soient des Cétacés, des Tortues, des Poissons, des Crustacés ou des Mollusques. Il suffit d'une connaissance superficielle des poissons-volants pour reconnaître que les organes du vol sont, chez eux, construits exactement sur le même type que les nageoires pectorales de la plupart des poissons, et diffèrent entièrement de l'aile des oiseaux et de celle des chauves-souris. Cette dernière est, par tous ses caractères essentiels, une véritable patte identique à la patte des quadrupèdes ordinaires, sauf la longueur des doigts et l'absence d'ongles à l'extrémité des plus longs d'entre eux. Il ne faut donc pas s'étonner si le vol des poissons-volants diffère complètement de celui des oiseaux et des chauves-souris.

1.	160	240	320	400	480	560	640 kilomètres.
2.	17°,7	18°,3	18°,8	17°,7	27°,2	26°,6	23°,8 centigrades.
3.	10°,0	11°,1	10°,0	8°,3	22°,2	20°,0	18°,3 —
4.	2°,7	3°,8	4°,4	2°,7	12°,7	13°,8	12°,7 —

J'ai eu des occasions fréquentes d'observer attentivement les poissons-volants. Je suis convaincu, non-seulement qu'ils changent la direction de leur vol, mais encore que le plan dans lequel ils se meuvent s'élève ou s'abaisse maintes fois avant qu'ils rentrent dans l'eau. J'évite à dessein le mot *tombent*, car tous les actes de ces animaux pendant le vol me semblent complétement volontaires. Ils s'élèvent au-dessus de la surface de l'eau par des coups de queue rapidement répétés, et plus d'une fois je les ai vus se rapprocher de l'océan pour y reproduire ce mouvement; ils renouvellent ainsi l'impulsion et se mettent à même de continuer pendant longtemps leur voyage dans l'air. Les changements de direction, soit à droite soit à gauche, en haut ou en bas, ne sont pas dus aux battements des ailes, c'est-à-dire des longues nageoires pectorales ; ils sont le résultat d'une inflexion de toute la surface dans un sens ou dans l'autre, en vertu de la contraction des muscles qui président aux mouvements des rayons de la nageoire. C'est la pression de l'air contre celle-ci qui détermine le mouvement. Le poisson-volant est, de fait, un volant animé, capable de diriger sa course en tendant sa large nageoire sous différents angles; il demeure probablement dans l'air jusqu'à ce que la nécessité de respirer l'oblige à retourner dans l'eau. Je crois que c'est la crainte qui le détermine à en sortir, car c'est toujours dans le voisinage immédiat du navire et en face de lui qu'on le voit prendre son essor, ou peut-être à une certaine distance, quand il est poursuivi par de gros poissons. Aujourd'hui, après avoir étudié les mouvements de ces animaux, je suis plus à même d'apprécier les particularités de leur structure et, spécialement, l'inégalité des deux lobes de la nageoire caudale. Il est très-clair que la longueur plus grande de l'inférieur a pour but de faciliter les mouvements par lesquels le corps est lancé hors de l'eau et projeté en l'air, tandis que la large dimension des pectorales ne fournit qu'un point d'appui, durant le passage à travers le milieu le moins dense. Un fait en particulier, et plus que tous les autres, prouve la liberté des mouvements de ces poissons. Quand la surface de la mer se gonfle en grosses houles, ils ne les franchissent pas d'une crête à l'autre, mais ils décrivent une courbe régulière, descendant et remontant la vague dont ils suivent les ondulations. Il ne semble pas non plus que ces animaux tombent dans leur élément naturel quand la force d'impulsion est épuisée; il paraîtrait bien plutôt qu'ils plongent volontairement sous la surface, parfois après un vol très-court, parfois après un vol plus long durant lequel ils changent de direction aussi bien que de hauteur.

Les poissons-volants les plus communs de l'Atlantique appartiennent au genre Exocet, et sont proches parents de nos poissons à bec (*Oryphies*). J. Müller a fait voir qu'ils diffèrent beaucoup des harengs auxquels on les avait jadis associés, et devaient former une famille distincte à laquelle il a donné le nom de *Scomberesoces*. Les autres poissons-volants font partie de la famille des Cottoïdes, dont notre Chaboisseau commun est le représentant principal.

III. — RÉSOLUTIONS ACCLAMÉES A BORD DU COLORADO.

Résolu qu'un remercîment cordial est adressé par les membres de cette réunion au professeur Agassiz, dont les intéressantes *causeries* quotidiennes, au cours de ce voyage, tout en ayant pour but spécial de préparer ses aides à l'accomplissement de leur mission, ont fourni à notre instruction à tous un si riche aliment.

Résolu que les vœux et les prières de tous leurs compagnons de voyage suivront le professeur et les personnes attachées à son expédition, afin que la santé et le succès leur soient accordés.

Résolu que, de cette mission scientifique accomplie par les citoyens d'une nation désolée par la guerre, dans un pays où la paix est troublée, de son but, de ses études, nous attendons une influence bienfaisante et humanitaire; que notre souhait le plus ardent est de voir le jour où les nations engagées en commun dans les voies de la science et du travail, unies par les liens du commerce, éclairées par le sentiment de leur intérêt et des devoirs chrétiens, soumettront toutes leurs querelles à un arbitrage pacifique plutôt qu'aux décisions de la violence et du sang.

Résolu que, dans les facilités accordées par le gouvernement des États-Unis à cette expédition scientifique; — dans la munificence avec laquelle un simple citoyen de Boston contribue à ses dépenses; — dans la générosité avec laquelle les propriétaires de ce bâtiment ont mis le luxe et le confort sans égal dont on jouit à son bord à la libre disposition du professeur Agassiz et de ses compagnons, cette assemblée voit la preuve de l'intérêt profond et croissant pris par notre pays tout entier au progrès des connaissances utiles et libérales.

Résolu que, en approchant des côtes du Brésil et avant de nous séparer de l'expédition, ce nous est un devoir d'exprimer notre admiration pour le caractère personnel et politique du chef de ce vaste empire, que l'on peut placer au-dessus de tous les souverains comme un modèle d'intelligence, de vertu et de dévouement au bien public.

Résolu que nous ne pouvons terminer cette partie de notre voyage sans offrir au capitaine Bradbury et à ses officiers nos remercîments formels, pour l'habileté avec laquelle ils gouvernent leur navire et pour leur dévouement constant au bien-être des passagers.

IV. — CHEMIN DE FER D. PEDRO II.

La part qu'ont prise les ingénieurs américains à cette grande entreprise me décide à en résumer ici l'histoire.

En 1852 fut promulgué le décret qui concédait à une ou plusieurs compagnies la construction partielle ou totale d'un chemin de fer partant du municipe de Rio de Janeiro, pour aboutir à tels points des provinces de Minas Geraes et de San-Paulo jugés le plus avantageux. Une société s'organisa au capital de 38 000 *contos de reis* (95 000 000 de fr.); son projet était de construire un tronçon d'une longueur d'environ

108 kilom. entre Rio de Janeiro et le fleuve Parahyba. Un contrat fut passé avec un ingénieur anglais, M. Edward Price, pour la construction de la première section, de Rio de Janeiro à Belem (62 kilom.). Pour la construction de la deuxième section, dans laquelle se trouvait la barrière de montagnes qui sépare du littoral la vallée de la Parahyba, et vu les grandes difficultés qu'on devait nécessairement rencontrer, le président de la compagnie, M. Christiano Ottoni, proposa d'employer des ingénieurs américains, et, autant que possible, de s'assurer les services d'hommes ayant déjà construit aux États-Unis des chemins de fer traversant des montagnes. En conséquence, le colonel C. F. M. Garnett fut engagé comme ingénieur en chef. Il arriva au Brésil en 1856, accompagné du major A. Ellison comme ingénieur adjoint. Le colonel Garnett ne resta guère que deux ans dans le pays; pendant ce temps, la portion de la route comprise entre Belem et la Parahyba fut tracée et l'exécution commencée. On fit aussi les études nécessaires pour les embranchements remontant ou descendant le cours de la rivière, qui constituent la troisième et la quatrième section. Au départ du colonel Garnett, le major Ellison devint ingénieur en chef et associa à ses travaux son frère M. Won. S. Ellison. En juillet 1862, la route était achevée jusqu'à la Barra do Pirahy, mais la compagnie se trouva dans l'impossibilité de lever les fonds nécessaires à la continuation des travaux; le gouvernement reprit l'affaire comme entreprise d'intérêt public, et le major Ellison, résignant ses fonctions, fut remplacé par M. Won. S. Ellison comme ingénieur en chef.

Les difficultés de la construction de cette deuxième section furent excessives; aussi était-on universellement convaincu de l'impraticabilité de l'œuvre. Même après que les travaux étaient déjà considérablement avancés, ils eussent probablement été abandonnés sans l'énergie du président de la compagnie qui, partageant la confiance des ingénieurs, fut presque le seul à soutenir l'entreprise contre l'incrédulité de ses amis et les objections de ses adversaires. La pente abrupte des contre-forts de la Serra, dans la plupart des cas, ne permettait pas de songer à les contourner; des tunnels étaient nécessaires, et on en creusa, en effet, quinze, dont la longueur varie depuis 100 jusqu'à 2200 mètres, et forme, au total, une ligne souterraine de cinq kilomètres. Trois de ces tunnels traversent des roches en un tel état de décomposition que, au fur et à mesure du percement, il était indispensable de faire un revêtement en maçonnerie; le reste, au contraire, a été creusé en très-grande partie dans la roche solide, mais çà et là la même précaution a dû être employée; la longueur totale de la maçonnerie est de 1738 mètres. Au cours des travaux, des dangers constants et des difficultés très-grandes se produisirent par suite de l'éboulement des roches; une fois même tout l'éperon de la Serra, à travers lequel avait été percé le tunnel, se détacha de la masse des montagnes et s'écroula, obstruant les travaux qu'il fallut recommencer à nouveau en luttant sans cesse contre la pression énorme des débris qui recouvraient la montagne. Il y aurait intérêt à reproduire dans tous ses détails, dans un ouvrage technique, l'histoire de cette entreprise; en particulier, celle des travaux se rattachant à la construction du grand tunnel et de la voie provisoire qui servait au trafic lors de ma première excursion sur cette ligne. Il me suffira de dire que toute cette seconde section est le triomphe de l'art de l'ingénieur et excite l'admiration de tous les juges compétents; elle fait le plus grand honneur aux hommes sous la direction desquels elle a été exécutée.

V. — PERMANENCE DES TRAITS CARACTÉRISTIQUES DANS LES DIFFÉRENTES ESPÈCES HUMAINES.

L'objet spécial de mes études dans l'Amazonie étant de vérifier le caractère et le mode de distribution des faunes fluviales, je n'ai pas pu entreprendre sur les races humaines ces observations très-soignées, basées sur des mesures minutieuses et répétées des milliers de fois, qui caractérisent les dernières recherches des anthropologistes. Une étude approfondie des différentes nations et des individus de sang mêlé qui habitent la vallée amazonienne exigerait des années d'examen et de patiente observation. J'ai été forcé de me contenter des données que j'ai pu recueillir à côté, pour ainsi dire, de mes autres travaux, et de me borner, dans l'étude des races, à ce que j'appellerai la méthode de l'histoire naturelle : c'est-à-dire la comparaison d'individus d'une catégorie avec ceux d'une autre, juste comme font les naturalistes qui confrontent des spécimens d'espèces différentes. C'était chose relativement facile dans un pays chaud, où la partie inculte de la population va demi-nue et quelquefois même ne porte pas de vêtements. Pendant un séjour prolongé à Manaós, M. Hunnewell a fait un grand nombre de photographies caractéristiques d'Indiens, de nègres et de métis issus soit de ces deux races, soit de l'une d'entre elles et de la blanche. Tous ces portraits représentent les individus choisis dans trois positions normales : de face, de dos et de profil. J'espère tôt ou tard avoir l'occasion de publier ces dessins ainsi que ceux de nègres de pur sang, faits pour moi à Rio par MM. Stahl et Wahnschaffe.

Ce qui m'a frappé au premier coup d'œil en voyant les Indiens et les nègres réunis, c'est la différence marquée qu'il y a dans les proportions relatives des différentes parties du corps. Comme les singes à longs bras, les nègres sont en général élancés; ils ont de longues jambes et le tronc comparativement court. Les Indiens ont au contraire les jambes et les bras courts, le corps long; leur conformation générale est plus ramassée. Poursuivant ma comparaison, je dirai que le port du nègre rappelle les Hylobates élancés et remuants, tandis que l'Indien a plutôt quelque chose de l'orang inactif, lent et massif. Il va sans dire qu'il y a des exceptions à cette règle, qu'on rencontre des nègres courts et trapus aussi bien que des Indiens longs et sveltes; mais autant que j'ai pu pousser l'observation, la différence essentielle entre la race indienne et la race nègre, c'est la longueur et la forme carrée du tronc, alliées à la brièveté des membres chez la première; la charpente amincie, le tronc court, les jambes haut fendues et les longs bras chez la seconde.

Un autre trait non moins frappant, quoiqu'il n'affecte pas autant la forme générale, c'est la brièveté du cou et la largeur des épaules de l'Indien ; cette particularité est presque aussi marquée chez la femme que chez l'homme, si bien que vue par derrière l'Indienne a tout à fait l'air masculin ; cette apparence s'étend même à la physionomie tout entière, car les traits du visage ont rarement la délicatesse féminine qu'on observe dans les races supérieures. Chez le nègre, au contraire, l'étroitesse de la poitrine et des épaules, caractéristique de la femme, est presque marquée au même degré dans l'homme. En sorte qu'on peut dire que la femme indienne est remarquable par ses formes masculines, tandis que l'homme nègre l'est également par son apparence féminine. Cependant la différence provenant de la diversité des sexes n'est pas marquée au même degré dans les deux races ; la femme indienne ressemble beaucoup plus à l'homme que la négresse au nègre ; les négresses ont généralement les traits plus délicats que les hommes de leur race.

Si l'on passe à l'examen des détails qui se rattachent à ces différences générales, on s'aperçoit qu'ils concordent d'une manière frappante avec elles. Entre l'Indienne et la négresse vues de face, la grande différence consiste dans l'écartement des seins chez la première et leur étroit rapprochement chez la seconde ; chez l'Indienne, la distance entre les mamelles est presque égale au diamètre de l'une d'elles, tandis que chez la négresse elles sont en contact presque immédiat. Ce n'est pas tout : la forme du sein est elle-même très-différente chez les deux femmes ; celui de l'Indienne est conique, ferme et bien porté, et la pointe en est tournée tellement en dehors que la mamelle semble remonter sous l'aisselle ; le mamelon est positivement projeté sur le bras quand la poitrine est vue bien de face. Le sein de la négresse est plus cylindrique, plus lâche, plus flasque, et le mamelon est dirigé en avant et en bas, de sorte que, vu de face, il est projeté sur la poitrine. Chez l'Indienne, la région inguinale est large et très-nettement indiquée par la saillie de l'abdomen ; chez la négresse, ce n'est qu'un pli. Quant aux jambes et aux bras, ils sont non-seulement beaucoup plus longs, à proportion, chez la négresse que chez l'Indienne, mais la forme n'en est pas la même et ils sont portés autrement. Les jambes des Indiens sont remarquablement droites ; les nègres sont cagneux, et chez eux la hanche aussi bien que les jarrets sont habituellement fléchis.

Des différences analogues dans les autres parties du corps s'aperçoivent, par derrière, sur l'Indien ; l'intervalle entre les deux épaules est beaucoup plus grand que dans l'autre race, les omoplates étant relativement courtes ; à cet égard la femme ne diffère pas de l'homme et participe du trait caractéristique de la race. Cette particularité est surtout visible quand on regarde l'individu de profil : l'épaule large et ronde dessine le contour supérieur du tronc et s'amincit peu à peu en un bras bien fait, généralement terminé par une main petite, dont l'auriculaire est remarquablement court. Chez le nègre, au contraire, les omoplates sont longues et placées plus près l'une de l'autre ; l'épaule est un peu grêle et étroite ; la main disproportionnément longue ; et les replis interdigitaux s'étendent plus loin que dans aucune autre race. Sous ce rapport il y a peu de différence entre l'homme et la femme ; la charpente du nègre porte des muscles plus volumineux, mais elle est à peine plus forte. Chez le nègre et la négresse, une vue de profil montre le sein et le dos faisant saillie, l'un en avant, l'autre en arrière du bras; l'abdomen et la croupe ont une obliquité inverse et très-prononcée. Les proportions entre la longueur et la largeur du tronc mesurées, dans un parallèle entre les deux races, de l'épaule à la base du tronc, diffèrent à peine chez l'Indien et chez le nègre; c'est ce qui rend la différence entre la longueur relative et la grosseur des membres si apparente.

Je n'ai pas besoin de signaler les différences de la chevelure. Tout le monde connaît les gros cheveux noirs et roides de l'Indien, et la chevelure laineuse et crépue du nègre. Il n'est pas non plus nécessaire que je rappelle les traits caractéristiques du blanc, et que j'indique le contraste qu'il y a entre lui et l'Indien ou le noir.

Quelques mots seulement suffiront à faire voir combien sont profondément enracinées les différences primordiales qui existent entre les races pures. Comme les espèces distinctes d'animaux, les différentes races d'hommes produisent des métis par le croisement, et les métis nés de races diverses présentent une grande différence. L'hybride entre le blanc et le nègre, appelé mulâtre, est trop connu pour que j'aie besoin de le décrire; il a les traits élégants et le teint clair; il est plein de confiance en lui-même, mais indolent. L'hybride entre l'Indien et le nègre, qu'on appelle *cafuzo*, est très-différent : ses traits n'ont rien de la délicatesse de ceux du mulâtre; son teint est foncé; ses cheveux sont longs, fins et bouclés; et son caractère présente une heureuse combinaison de l'humeur enjouée du noir et de l'énergique rusticité de l'Indien. L'hybride entre blanc et Indien, appelé Mammaluco au Brésil, est pâle et efféminé, faible, paresseux, tant soit peu obstiné. Il semble que l'influence de l'Indien ait eu juste assez de force pour anéantir les attributs élevés du blanc, sans rien communiquer au produit de sa propre énergie. Il est très-remarquable que, dans ces deux combinaisons de l'Indien, soit avec le blanc, soit avec le noir, le premier empreint son cachet sur le rejeton beaucoup plus profondément que le parent de l'autre race. Dans les croisements poussés plus loin, les caractères de l'Indien pur ressortent et ceux des autres races s'effacent avec une rapidité qu'il importe de noter; j'ai connu le fils de deux métis, l'un indo-nègre, l'autre indo-blanc, qui avait réassumé presque complétement les caractères de l'Indien pur.

VI. — ITINÉRAIRE DES EXPLORATIONS ISOLÉES ACCOMPLIES PAR DIVERS MEMBRES DE NOTRE EXPÉDITION.

Il m'est impossible de donner *in extenso* le récit des voyages effectués séparément par mes jeunes compagnons; et si j'entreprenais de le faire, leurs comptes rendus devraient être illustrés de cartes, de coupes géologiques, etc., qui seront beaucoup plus à leur place dans un mémoire spécial. J'espère trouver bientôt des ressources pour publier de la manière la plus convenable toutes leurs observations, mais je serais fâché, et pour moi et pour mes aides, d'être obligé d'attendre jusque-là pour faire connaître leurs travaux personnels. Je m'empresse donc d'ajouter à ce volume une courte note sur ce point; elle suffira pour faire voir avec quelle énergie, quelle persévérance, quelle intelligence ils ont suivi les instructions que je leur avais données.

Le lecteur se souvient que, pendant toute la durée de l'expédition, le même but ne cessa d'être poursuivi : c'est-à-dire la recherche du mode de distribution des poissons d'eau douce dans les grands fleuves du Brésil. Toutes les explorations isolées dont je vais donner ici une notice sommaire furent dirigées d'après cette pensée, en sorte que toutes les expéditions n'en ont jamais formé qu'une seule pour ce qui concerne le but et le plan. Sous ce rapport, l'exploration accomplie par moi et celles faites par mes aides forment un tout dont les parties se relient parfaitement.

Le détachement dont M. Orestes Saint-John prit la direction partit de Rio le 9 juin 1865. Il se composait de MM. Saint-John, Allen, Ward et Sceva. Les deux premiers devaient gagner la côte de l'Atlantique par la vallée du Rio San-Francisco et la vallée du Rio Paranahyba ; M. Sceva devait s'arrêter quelque temps dans les environs de Lagôa-Santa, riches en fossiles, pour y faire des collections. Jusqu'à Juiz de Fóra, ils suivirent la route décrite dans les premiers chapitres de ce livre; de là, ils traversèrent la Serra da Mantiqueira, gagnèrent Barbacena, passèrent la Lagôa-Dourada et Prados et franchirent le Rio Corandahy, se dirigeant vers le point où se fait le partage des premiers affluents du Rio Grande qui coule vers le sud, et de ceux du Paraopeba qui va vers le nord. Ils traversèrent le Paraopeba juste au-dessus des serras de Piedade et de Itatiaiassú; puis franchirent la première de ces deux chaînes dans la vallée montagneuse où se trouve situé le village de Morro Velho. Ils avaient ainsi passé successivement du bassin de la Parahyba do Sul dans celui de la Plata (Rio Paraná), et de ce dernier dans celui du San-Francisco : tous ces grands fleuves n'étant d'abord que des ruisseaux qui prennent leur source dans ce voisinage. Quittant les districts montagneux, ils continuèrent leur route à travers une longue suite de prairies et de forêts, qui se succèdent jusqu'à Gequitiba, en passant par Saburá, Santa-Luzia, Lagôa-Santa et Sete-Lagôas.

A Lagôa-Santa, comme cela avait été convenu, M. Sceva se sépara de ses amis dans le double but d'aller explorer les cavernes à fossiles et de faire des squelettes de mammifères. Il demeura quelque temps dans les environs, et en rapporta un certain nombre de spécimens; mais il ne fut pas heureux dans son exploration des cavernes, celles-ci ayant été presque complétement dépouillées de leur contenu par le docteur Lund, dont on connaît les recherches actives et persévérantes sur ce point. M. Sceva fit toutefois de précieuses collections d'un autre ordre, et je lui dois de nombreux spécimens, très-soigneusement préparés, des mammifères du Brésil; on les montera plus tard au muséum de Cambridge. En quittant Lagôa-Santa, M. Sceva retourna à Rio emportant avec lui ses collections; il y passa quelques jours et mit en ordre non-seulement les objets qu'il avait recueillis, mais encore tous ceux expédiés à Rio par d'autres membres de l'expédition; puis il alla à Cantagallo et employa son temps à réunir et à préparer des spécimens de cette localité; il me rejoignit enfin à Rio, lorsque, de retour dans la capitale, je me disposais à revenir aux États-Unis. La partie de nos collections qui lui est due est des plus précieuses, tant à cause des localités dont elle provient qu'à cause du soin avec lequel elle a été préparée.

M. Ward avait quitté ses compagnons à Barbacena, se dirigeant vers le Tocantins par Ouro-Preto et Diamantina. Afin de ne pas disjoindre le récit des aventures de la petite troupe qui quitta Rio de compagnie, je vais résumer rapidement l'histoire du voyage de M. Ward, avant d'indiquer la route suivie par MM. Allen et Saint-John. En sortant de la vallée de la Parahyba, et après avoir traversé la Serra da Mantiqueira, le détachement se trouva dans le bassin du Rio Grande, un des hauts tributaires du Paraná, fleuve qui se jette dans la Plata et atteint l'Océan au-dessous de Buenos-Ayres. A l'est de ce bassin, sur le revers oriental de la grande barrière qui ferme la vallée du San-Francisco, plusieurs grands fleuves prennent leur source : le Rio Doce, le Mucury, le Jequitinhonha (ou Belmonte), etc. J'avais un très-vif désir de me procurer les moyens de comparer les faunes de ces fleuves, soit entre elles soit avec celles des autres grands cours d'eau qui se dirigent vers le nord ou vers l'est. Ainsi qu'on le verra tout à l'heure, M. Hartt, assisté de M. Copeland, s'était chargé d'en explorer le cours inférieur; mais il n'était pas moins important d'obtenir les espèces des affluents supérieurs. Donc, pendant que M. Saint-John et son compagnon poursuivaient leur route à travers la région qu'arrosent les branches initiales du San-Francisco, M. Ward passa les montagnes et se rendit successivement d'un bassin dans un autre, de manière à explorer le plus grand nombre possible de hauts affluents du Doce et du Jequitinhonha; c'est à lui que je dois les matériaux nécessaires pour la comparaison des faunes de rivière dans ces bassins.

Le voyage fut pénible. Personne n'accompagnait l'explorateur; séparé de ses amis à Barbacena, il pénétra par Ouro-Preto et Santa-Barbara dans le bassin du Rio Doce, qu'il suivit jusqu'au confluent du Rio Antonio, à peu près. Il fut ainsi à même de faire des collections, non-seulement dans les sources du Rio Doce, mais encore dans les eaux d'un de ses principaux tributaires. Franchissant ensuite la Serra das Esmeraldas, M. Ward pénétra dans le bassin du Jequitinhonha, et, après avoir passé Diamantina, explora plusieurs branches de ce fleuve. Les collections qu'il rassembla sont d'un intérêt spécial, parce qu'on peut les rapprocher de celles recueillies par MM. Hartt et Copeland dans le cours inférieur des mêmes fleuves, et dans plusieurs cours d'eau qui se jettent dans l'Atlantique, le long de la côte, entre Rio de Janeiro et Bahia. Après avoir accompli cette partie de son itinéraire, M. Ward alla traverser le Rio San-Francisco à Januaria, fit plusieurs excursions aux environs de cette petite ville, puis, s'étant dirigé au nord-ouest, il passa les montagnes qui séparent la vallée du San-Francisco de celle du Tocantins, atteignit ce fleuve et le descendit jusqu'à son embouchure dans l'Amazone. Ce fut un audacieux et aventureux voyage, accompli sans autre compagnie que celle du *camarada* qui lui servait de guide, ou des Indiens qui ramaient son canot. Aussi fut-ce un jour de réjouissance pour nous tous, quand nous apprîmes, au mois de janvier 1866, son heureuse arrivée à Pará où il s'embarqua quelques semaines après pour les États-Unis.

De Lagôa-Santa, où M. Sceva les quitta, MM. Saint-John et Allen se rendirent ensemble à Januaria. Mais, arrivé là, M. Allen, dont la santé s'était altérée depuis le départ, se trouva incapable de continuer le voyage, et résolut de se rendre à Bahia en traversant le pays. Il prit avec lui les collections faites en commun jusque-là, et, après s'être reposé quelques jours à Januaria, il gagna Chique-Chique sur le San-Francisco; c'est à ce point que commence son journal spécial. Ce journal rend soigneusement compte de l'aspect physique de la région à travers laquelle passa le voyageur, du caractère du pays et de la distribution des plantes et des animaux; il contient beaucoup d'observations neuves sur les mœurs des oiseaux, et un itinéraire détaillé de la route, dont les grandes étapes sont Jacobina, Espelto et Caxoeira. Souffrant et rongé par la fièvre, M. Allen n'en rédigea pas moins un compte rendu de son exploration, qui témoigne à quel point l'intérêt qu'il prenait à l'œuvre commune l'emporta sur l'accablement de la maladie.

A Januaria, M. Saint-John s'embarqua sur le San-Francisco, qu'il descendit jusqu'à Villa da Barra, où il fit un court séjour. Là, il reprit le voyage par terre à travers la vallée du Rio Grande jusqu'à Villa de Santa-Rita, gagna ensuite Mocambó, et franchit le haut plateau qui sépare le bassin du Rio San-Francisco de celui de la Paranahyba. Il s'arrêta plusieurs jours à Paranaguá et fit aux environs de ce village une collection considérable. Il descendit après cela la vallée du Rio Gurugueia jusqu'à Manga, à 120 lieues (700 kilomètres) de Paranaguá. A Manga il s'embarqua sur une de ces singulières pirogues qu'on fait avec le pétiole d'une feuille de palmier buriti, et descendit la Paranahyba jusqu'à la ville de San-Gonçalo. Il y séjourna quelque temps pour faire des collections et réunit quantité de spécimens, principalement des reptiles, des oiseaux et des insectes. Sa station suivante fut à Therezina, chef-lieu de la province de Piauhy, où il fit, dans les eaux du Rio Poty, une des collections les plus précieuses de toute l'expédition. Le Poty est un affluent de la Paranahyba et se jette dans ce fleuve au-dessous de Therezina. En examinant cette collection, je fus particulièrement frappé de la ressemblance générale des poissons qu'elle contenait avec ceux de l'Amazône; c'est la même sorte de combinaison de genres et de familles, mais avec des espèces entièrement distinctes. Ainsi, au point de vue zoologique, le bassin de la Paranahyba, bien que séparé du bassin de l'Amazône par l'Océan, semble en faire partie comme il en fait incontestablement partie au point de vue géologique. Le caractère des dépôts de drift le long du Rio Gurugueia et du Rio Paranahyba prouve que cette surface a été continue avec le bassin dans lequel a été déposé le drift de l'Amazône. La similitude des traits zoologiques n'est qu'une preuve nouvelle, mais d'une autre source, des dénudations immenses qui ont isolé ces régions l'une de l'autre, en faisant disparaître les terrains, étendus bien au delà de l'embouchure actuelle de l'Amazône, qui les unissaient jadis.

En quittant Therezina, M. Saint-John alla à Caxias, et, s'étant enfin embarqué sur le Rio Itapicuru, il arriva à Maranham le 8 janvier 1866, après avoir accompli en sept mois un trajet de quatre mille deux cents kilomètres à travers des régions dont la plupart n'avaient jamais été étudiées au point de vue de la géologie et de la zoologie. Ses collections, bien que nécessairement limitées par la difficulté du transport et l'insuffisance de ses provisions d'alcool, étaient des plus précieuses ; elles arrivèrent à destination en très-bon état. J'ai déjà dit quelques mots des observations géologiques de mon jeune compagnon ; c'est de lui en effet que j'ai reçu les données qui m'ont permis de comparer le bassin du Piauhy avec celui de l'Amazône. Il a fait des relevés géologiques très-soignés partout où la chose était possible, et la façon dont sont présentés les résultats de ses observations prouve qu'il a toujours bien saisi les relations générales qui existent entre les traits saillants de la structure géologique du pays traversé par lui. A Maranham, la fièvre intermittente dont M. Saint-John avait été atteint dans la dernière partie de son voyage s'exacerba au point de devenir une maladie grave. Il se rétablit, grâce aux soins du docteur Braga qui le prit chez lui et ne lui permit d'en sortir que lorsque sa santé fut tout à fait bonne. De Maranham, M. Saint-John vint me rejoindre à Pará, et c'est là que j'eus l'occasion de comparer ses notes et les miennes.

Pendant les deux mois de son séjour à Rio de Janeiro, M. Hartt s'était principalement occupé, de concert avec M. Saint-John, à examiner les tranchées du chemin de fer Don Pedro II, dont il fit un relevé géologique très-soigné et très-clair, accompagné de nombreux dessins. Le 19 juin 1865, il quitta cette ville pour explorer les côtes entre le Rio Parahyba do Sul et Bahia. Il était accompagné par M. Edward Copeland, un de nos volontaires, qui l'aida, de la manière la plus efficace, à former des collections pendant tout le temps qu'ils restèrent ensemble. A Campos, sur le Rio Parahyba, ils firent une collection de poissons considérable, sans parler des autres spécimens. Ils partirent ensuite pour le Rio Muriahy, qu'ils remontèrent à une certaine distance ; puis, étant revenus à Campos, ils remontèrent en canot la Parahyba do Sul jusqu'à San-Fidelis, accrurent considérablement leur collection de poissons et de là traversèrent, à dos de mulet, les forêts dans la direction du nord jusqu'au village de Bom-Jesú, sur le Rio Itabapoana. Descendant alors ce fleuve, ils s'arrêtèrent à Porto da Limeira et à la Barra ; après quoi, ils suivirent la côte jusqu'à Victoria, leur intention étant d'aller vers le nord jusqu'au Rio Doce. Mais le manque de mulets et d'argent (leurs ressources étaient épuisées) ne leur permit pas d'aller plus loin que Nova-Almeida. Ils gagnèrent en conséquence Victoria, où ils s'embarquèrent pour Rio de Janeiro. Dans le cours de ce voyage, ils firent d'importantes collections dans les eaux de l'Itapemirim et du Guarapary. M. Hartt fit aussi, de la géologie de la côte, une étude soigneuse dont les résultats forment une partie très-intéressante de son rapport.

De retour à Rio, MM. Hartt et Copeland y furent retenus quelque temps dans l'attente d'un paquebot. Ils s'occupèrent à divers travaux utiles à l'expédition, firent des excursions dans le voisinage et des collections de poissons de la baie de Rio. Faute de bateau à vapeur, ils partirent à bord d'un petit navire à voiles, et firent une lente et ennuyeuse traversée jusqu'à San-Matheus, collectionnant partout où le bâtiment s'arrêtait. M. Hartt ne négligea pas non plus, en cette occasion, d'examiner la côte et d'étudier les phénomènes de soulèvement du littoral, dont il acquit des preuves incontestables. De San-Matheus, et après avoir fait d'amples collections, les deux voyageurs se firent transporter au Rio Doce et remontèrent ce fleuve jusqu'à cent cinquante kilomètres de son embouchure, ne s'arrêtant qu'à la première cascade, à Porto do Souza. Redescendant ensuite à Linhares, ils explorèrent la rivière et le lac de Juparaná, et revinrent à San-Matheus, après avoir fait d'importantes collections à Barra-Secca, à mi-chemin entre le Rio Doce et ce port. Ils gagnèrent alors le Rio Mucury, s'arrêtèrent quelques jours à son embouchure pour collectionner et le remontèrent ensuite jusqu'à Santa-Clara. Là, M. Copeland s'arrêta et fit une belle collection, tandis que M. Hartt traversait la rivière Peruhype, et se rendait à la colonie Leopoldina. Au retour, ce dernier tomba malade, se rétablit en peu de jours, et, en compagnie de M. Copeland et de M. Schieber[1], se rendit à Philadelphia, dans la province de Minas-Geraes. En route, on fit des collections dans le Rio Urucú, et le même travail eut lieu à Philadelphia. Le long de la côte et dans tout son voyage, M. Hartt continua ses observations géologiques et en fit avec beaucoup de soin un compte rendu.

De Philadelphia, son compagnon et lui gagnèrent par terre Calháo sur le Rio Arassuahy, en faisant un détour depuis Alahu jusqu'à Alto dos Bois, de façon à étudier le drift et la structure géologique des plateaux (*chapadas*). A Calháo, ces messieurs firent encore de belles collections ichthyologiques. Après une visite à Minas-Novas et une étude des mines d'or, M. Hartt repartit de Calháo et descendit le Rio Jequitinhonha jusqu'à la mer, sur une longueur de 580 kilomètres. M. Copeland l'avait précédé, afin de pouvoir faire une excursion à Caravellas; ils se retrouvèrent à Cannavieiras.

Dans cette localité, ils firent de riches collections, après quoi ils remontèrent le Rio Pardo jusqu'à sa première chute, pêchant et faisant des observations géologiques tout le long de leur route. Ils visitèrent aussi Belmonte, puis redescendirent vers le sud à Porto-Seguro, où ils firent un court séjour pour recueillir des coraux et des invertébrés marins. Là encore et sur plusieurs autres points du littoral, M. Hartt fit une étude attentive des récifs. Ses recherches sur ces murailles sous-marines, qui constituent un trait si remarquable du littoral brésilien de l'Atlantique, sont extrêmement intéressantes; je ne crois pas qu'aucun géologue en ait fait une étude aussi minutieuse et aussi bien enchaînée. Il pense qu'ils sont formés par la solidification des jetées de la plage; leur partie inférieure, cimentée par la chaux dissoute des coquilles qu'elle contenait, demeure intacte, tandis que la partie supérieure est emportée par les vagues pendant les tempêtes; il se forme ainsi une muraille solide qui court tout le long de la côte, présentant çà et là des brèches, et séparée de la plage par un étroit canal. M. Hartt a étudié les récifs côtiers à Santa-Cruz et à Porto-Seguro, et s'est assuré que leur extension se prolongeait au sud jusqu'aux Abrolhos.

1. M. Schieber, qui connaît admirablement toute cette contrée, combla d'attentions MM. Hartt et Copeland, et leur donna toutes les facilités qui dépendaient de lui pour poursuivre leurs investigations.

De Porto-Seguro, les deux amis allèrent à Bahia, plus au nord, en touchant différents points de la côte. Enfin, ils revinrent à Rio de Janeiro et nous repartîmes ensemble pour les États-Unis, au mois de juillet 1866.

VII. — POPULATION. — NAVIGATION. — COMMERCE DE L'AMAZONIE[1].

L'Amazône forme la voie de communication la plus naturelle et la plus directe pour une population d'environ 353 000 habitants, disséminés sur un territoire immense et qui se répartit, approximativement, de la manière suivante :

Brésil, la province du Pará		215 600
— — de l'Amazonas		40 800
Pérou, le département de Loreto		51 000
Bolivie, — Beni		30 000
Venezuela, le district de l'Amazonas		16 000

Mais la navigation de ce grand fleuve aujourd'hui ouvert, dans sa partie brésilienne, à la marine marchande de toutes les nations du globe, peut se relier à celle de diverses rivières navigables et intéresse en outre, par conséquent, au Pérou :

		Habitants.
Le département de Amazonas, par le Marañon		28 000
— Huancavellica, par l'Ucayali		75 000
— Ayacucho, par le dép. de Loreto		130 000
— Cuzco, par l'Urubamba		300 000
— Cajamarca, par le Marañon		120 000
— Libertad, par le Huallaga		80 000
— Ancahs,		190 000
— Junin, par le Huallaga et l'Ucayali		210 000
— Puno, par diverses rivières		245 000

En Bolivie : par le Mamoré et le Madeira, les provinces de Santa-Cruz et de Cochabamba dont la population est évaluée à 600 000 habitants.

Dans le Venezuela : les districts de Barinas et Apure et tout le bassin de l'Orénoque.

C'est au total une population de plus de trois millions d'hommes.

Navigation. Le mouvement des navires au long cours a été :

	Bâtiments.	Tonneaux.
Dans le port de Pará, en 1851-52 de	170	31 300
— en 1863-64 de	271	75 500
Dans le port de Manaos, en 1864-65 de	122	7 897

(Il n'est pas question ici du cabotage et de la navigation fluviale.)

---

1. D'après les conseils de l'auteur, j'ai cru devoir ajouter à l'appendice du *Voyage au Brésil* les renseignements qui suivent. Je les emprunte au livre de M. Tavares-Bastos : *O Valle do Amazonas*, Rio de Janeiro, 1867; Garnier, éditeur. (N. du T.)

C'est en 1852 que commença, sous les auspices d'une compagnie brésilienne, la navigation à vapeur entre Pará et Tabatinga. Aujourd'hui l'Amazone est régulièrement parcouru par des paquebots à vapeur, depuis son embouchure jusqu'à Yurimaguas, sur le Rio Huallaga, dans un trajet de 450 myriamètres. La plus grande partie de ce parcours est effectuée par les paquebots de la compagnie brésilienne qui possède une flottille de 8 bâtiments, disposant d'une force totale de 976 chevaux-vapeur et jaugeant 4200 tonneaux. Les bateaux brésiliens font le service des ports suivants, distants de Pará :

	Myriam.	A la montée.	A la descente.
Gurupa	46 6	27 h. 40 m.	21 h. 45 m.
Santarem	86 2	50 »	37 »
Obydos	99 0	57 45	41 32
Serpa	140 0	83 »	57 42
Manaós	159 4	95 45	65 42
Teffé	228 8	145 »	97 17
Tabatinga	318 4	220 »	140 »

Une compagnie péruvienne possédant quatre petits vapeurs dessert les localités suivantes, distantes de Tabatinga :

	Myriam.	
Loreto	5 9	4 h. » m.
Maucallacta	26 2	17 20
Pevas	32 8	24 50
Iquitos	53 5	35 50
Nauta	68 3	45 50
S. Rejes	72 7	50 5
Paranari	80 1	55 5
Urarinas	96 3	66 5
Laguna	108 8	74 35
Santa-Cruz	117 6	80 35
Yurimaguas (Huallaga)	128 9	88 15

Commerce. D'après les états de douane le mouvement des marchandises dans la ville de Pará peut être représenté par une valeur de :

| Importation | 19 708 000 francs (1864-65). |
| Exportation | 19 902 350 — |

Dans cette somme les nations suivantes prennent une part de :

	Importation.	Exportation.
Angleterre	5 378 970 francs.	4 824 287 francs.
États-Unis	2 157 955 —	4 082 942 —
France	1 127 805 —	3 414 122 —
Portugal	1 837 392 —	1 441 577 —
Allemagne	370 465 —	185 350 —

On peut se rendre compte de la marche du commerce dans cette ville par la comparaison du revenu douanier à trois périodes diverses; il en résulte que, en vingt ans, ce revenu a septuplé. Il a été :

En 1844 de   692 945 francs.
1854 (la navigation à vapeur date de 1852) 2 829 982 —
1864 de   4 900 302 —

Les produits principaux d'exportation sont le caoutchouc (valeur officielle en 1864 : 9 200 000 francs), le cacao (8 000 000 de francs), les noix de Pará, les cuirs, le coton, le riz, la colle de poisson, le copahu, la salsepareille, le rocou, la piassave.

Les exportations de la province de l'Amazône étaient évaluées officiellement (1864) à un peu plus de deux millions : poisson salé, caoutchouc, cacao, noix, guaraná, tabac, etc.

La province de Loreto, au Pérou, a exporté dans cette même année par la voie de Pará une valeur de 1 406 385 francs, dont 1 323 165 francs en chapeaux de paille (bombanassa). En 1855 il s'en fabriquait 20 000 dans le district de Moyabamba (Loreto); la fabrication s'élevait à 120 000 en 1864.

La Bolivie exporte par le Madeira une valeur de 300 000 francs qu'on croit susceptible de s'élever à cinq millions, si le fleuve était parcouru par un petit bateau à vapeur.

En 1865, les recettes de la compagnie brésilienne des paquebots de l'Amazône se sont élevées (fret et passagers) à plus d'un million de francs.

La navigation du Madeira, celle de l'Ucayali et du Huallagá qui ne présentent aucun obstacle insurmontable (économiquement parlant) mettraient l'intérieur du Pérou et de la Bolivie à trente jours d'Europe. On a vu que la navigation de l'Amazône est complètement libre, de son embouchure jusqu'à Tabatinga.

FIN DE L'APPENDICE.

TABLE DES GRAVURES.

Physalie.. Page	3
Lamantin..	25
Catimaron (jangada)..	32
Plage d'Itapuca...	39
Bôa-Viagem (baie de Rio)...................................	47
Négresse Mina..	52
Arbre enlacé par les lianes.................................	55
Chemin de fer D. Pedro II..................................	59
Pont de Paraiso...	63
Jardin botanique..	66
Allée de palmiers...	69
Cocoeiro..	77
La Piabanha et Pétropolis...................................	81
Fazenda de M. Lage...	89
Baie de Botafogo..	95
Négresse Mina..	97
Id...	98
Id...	99
Arbre chargé de plantes parasites..........................	105
Fazenda da Fortaleza de Santa-Anna........................	117
Cueillette du café..	129
Nègres faisant des paniers..................................	137
Palmier grimpant...	154
Femme indienne..	165
Palmier miriti..	173
Cupú-assú (espèce de cacaoyer)............................	181
La case d'Esperança..	185
Plage à Manaós...	199
Case indienne à Teffé......................................	209
Le port de Teffé..	219
Vérandah et salle à manger à Teffé.........................	229
Alexandrina (tête de fille cafuza)..........................	245
Manaós, plage et ville......................................	255
Case indienne sur le lac Hyanuary..........................	261
Indienne mammaluca.......................................	266

Femme mammaluca .... Page	280
Manaós	283
Jeune fille mammaluca	288
Mulâtresse	301
Rio Nauhés	307
Mundurucú	318
Femme mundurucú	319
Botó	320
Baccabá	337
Inajá	341
Victoria regia	358
Indien mammaluco	374
Place de la Constitution	453
Route de Thérézopolis, les Orgues	471
Environs de Thérézopolis	473
Les Orgues	474
Barreira	477
Le Garrafão ou le Doigt	481
Rue du *Principe*, à Rio	493

CARTES.

Carte du Gulf-Stream	6
Carte de l'Amazône	162
Cartes de l'Amérique du Nord et du Sud	404
Coupe théorique du drift amazonien	406

FIN DE LA TABLE DES GRAVURES.

TABLE DES MATIÈRES.

Dédicace .... Page v

Préface VII

I.   DE NEW-YORK A RIO DE JANEIRO. — Premier dimanche en mer. — Le Gulf-Stream. — Les algues du Golfe. — On propose des causeries scientifiques. — Premier entretien : « Sur le Gulf-Stream dans le Gulf-Stream. » — Un aquarium à bord. — Second entretien. — Grosse mer. — Teinte particulière de l'eau. — Troisième entretien : « Ce que l'expédition doit faire au Brésil; distribution des poissons dans les fleuves brésiliens; quelle lumière elle doit jeter sur l'origine des espèces; importance des collections d'embryons. » — Coucher de soleil sous le tropique. — Quatrième entretien : « Plan des recherches géologiques à faire au point de vue spécial des phénomènes glaciaires dans l'Amérique du Sud. » — Les poissons volants. — Cinquième entretien : « Encore les phénomènes glaciaires. » — Second dimanche. — Mauvaise mer. — Sixième entretien : « Les études embryologiques comme guide pour l'établissement d'une classification. » — Septième entretien. — Clair de lune. — Les vents alizés. — Huitième entretien : « Importance et nécessité de préciser bien l'origine locale des spécimens. » — La Croix du sud. — Neuvième entretien : « Les poissons d'eau douce au Brésil. » — Le dimanche de Pâques. — On aperçoit la côte de l'Amérique du Sud. — Olinda. — Pernambuco. — Les calimarons. — Dixième entretien ; « Manière de faire des collections. » — Onzième entretien : « La classification des poissons éclairée par l'embryologie. » — Préparatifs pour l'arrivée. — Douzième entretien : « La théorie des transformations de l'espèce; indépendance intellectuelle et politique. » — Résolutions et discours. — Singulières taches rouges à la surface de l'Océan   1

II.   RIO DE JANEIRO ET SES ENVIRONS. JUIZ DE FÓRA. — Arrivée. — Aspect de la baie et de la ville. — La douane. — Premier coup d'œil sur un intérieur brésilien. — Danse des nègres. — Conséquences de l'émancipation des noirs aux États-Unis. — La première impression en débarquant à Rio de Janeiro. — Groupes pittoresques de la rue. — Éclipse de soleil. — Notre intérieur à Rio. — Larangeiras. — Le « Passeio publico. » — Excursion sur le chemin de fer D. Pedro II. — Visite de l'Empereur au « Colorado. » — Sympathie cordiale témoignée par le gouvernement à l'expédition. — Le laboratoire. — Jardin botanique. — Allée de palmiers. — Promenade au Corcovado. — La route de Juiz de Fóra. — Pétropolis. — Végétation tropicale. — De Pétropolis à Juiz de Fóra. — Visite à M. Lage. — Promenade à la forêt de l'Impératrice. — Visite à M. Halfeld. — Retour à Rio. — Nouvelles des États-Unis ; les victoires du Nord et l'assassinat du Président........................... 45

III. SÉJOUR A RIO (SUITE). LA VIE DE FAZENDA. — Botafogo. — L'hospice des fous. — La Tijuca. — Le drift erratique. — Végétation. — Un anniversaire. — Dispositions prises pour les voyages à l'intérieur. — Conférences à Rio. — Procession de Saint-Georges. — Excursion à Fortaleza de Santa-Anna. — Localités où s'observe le drift erratique, entre Rio et Pétropolis. — Départ de Juiz de Fóra. — Arrivée à la Fazenda. — Promenade sous bois. — La Saint-Jean. — Les nids de Cupins. — Visite à la Fazenda supérieure. — Grande chasse. — Dîner sur l'herbe. — Une plantation de café. — Retour à Rio. — Effet de neige. — La chenille du café et son cocon. — Visite à la Fazenda du *Commendador* Breves. — Promenade botanique à la Tijuca. — Préparatifs de départ. — Le major Coutinho. — Le collège D. Pedro II.......................... 93

IV. DE RIO JANEIRO A PARÁ. — A bord du « Cruzeiro do Sul. » — Nos compagnons de voyage. — Arrivée à Bahia. — Une journée à la campagne. — Retour à bord. — Conversation sur l'esclavage au Brésil. — Un touriage de nègres. — Maceió. — Pernambuco. — Parahyba do Norte. — Excursion sur la côte. — Ceará. — Un débarquement difficile. — Les bains au Brésil. — Maranham. — Le palmier *Assahy*. — Visite à l'asile des orphelins. — Retenus dans le port. — Des méduses. — Arrivée d'une canonnière américaine. — Encore des méduses. — Dîner à terre. — Prévenance des habitants. — Arrivée à Pará. — Charmante réception. — Environs de Pará. — Végétation. — Les marchés. — Les canots des Indiens. — Climat. — Excursion dans la baie. — Curieux champignon. — Notre hôte et nos amis enrichissent la collection. — Les poissons des bois. — Témoignages publics de sympathie pour l'expédition. — Libéralité de la Compagnie des paquebots amazoniens. — Caractère géologique de la côte depuis Rio jusqu'à Pará. — Le drift erratique. — Lettre à l'Empereur.................................. 141

V. DE PARÁ A MANAÓS. — Premier dimanche sur l'Amazône. — Problème géographique. — Aménagement du paquebot. — Vastes dimensions du fleuve. — Aspect des rives. — Village de Breves. — Lettre sur les collections. — Végétation. — Variété des palmiers. — Établissement de Tajapurú. — Énorme dimension des feuilles du palmier Miriti. — Promenade sur la rive. — Maisons indiennes. — Courtoisie des Indiens. — En canot dans la forêt. — La ville de Gurupá. — Le Rio Xingú. — Couleur de l'eau. — Porto do Móz. — Collines d'Almeyrim aux sommets plats. — Coucher de soleil. — Monte-Alegre. — Caractères du paysage et du terrain. — Santarem. — Détachement envoyé au Tapajóz. — On continue à remonter l'Amazône. — Scènes pastorales sur les bords du fleuve. — Villa-Bella. — Voyage nocturne en canot au lac de José-Assú. — La chaumière d'Esperança. — Scène pittoresque le soir. — Succès des collectionneurs. — La vie des Indiens. — Fabrication de la *farinha*. — Danses. — Les singes hurleurs. — Impressions religieuses des Indiens. — La chaumière de Maia le pêcheur. — Son désir d'instruire ses enfants. — Retour au paquebot. — Résultats scientifiques de l'excursion... 163

VI. SÉJOUR A MANAÓS. — DE MANAÓS A TABATINGA. — Arrivée à Manaós. — Conflit des eaux du Solimoens et de celles du Rio Negro. — Notre intérieur. — Retour de l'expédition envoyée au Tapajóz. — Libéralité du gouvernement. — Promenades. — Les « Aguadeiros. » — Une école indienne. — Départ. — La vie à bord. — Barreira das Cudajás. — Le Coary. — Manière de faire du bois. — Aspect des rives. — Constitution géologique. — Encore la forêt. — Le Sumaumeira. — L'Arum. — Berges de drift rougeâtre. — Plages sablonneuses. — Huttes indiennes. — Chasse à la tortue. — — Le séchage du poisson. — Teffé. — Modifiera-t-on l'itinéraire primitif? — La question est tranchée par un personnage inattendu. — Fonte Bôa. — Caractère géologique des rives. — Lacs. — Bandes d'oiseaux aquatiques. — Tonantins. — Groupe pittoresque d'Indiens. — San-Paulo. — Éboulements. — Caractère du paysage. — Rareté de la population. — Les animaux du fleuve. — Tabatinga. — Aspect de l'établissement. — Moustiques. — Détachement laissé pour faire des collections — Nous redescendons le fleuve. — Expédition envoyée au Rio Içá. — Échoués dans l'Amazône. — Arrivée à Teffé.. 196

VII. SÉJOUR A TEFFÉ. — Aspect et situation de Teffé. — Notre intérieur. — Grande pêche. — Acará. — Le manque de bras. — Nos serviteurs : Bruno, Alexandrina. — Promenades. — Le four à manioc dans la forêt. — Campement d'Indiens. — Une sécherie de poisson sur le Solimoens. — Les plages de l'Amazône. — Nids de tortues ; adresse des Indiens à les découvrir. — Un *sitio*. — Les Indiens mangeurs de terre. — L'arbre à *Cutas*. — Chasse au poisson. — Un lac dans la forêt. — Oiseaux aquatiques. — Succès des collectionneurs. — Une scène du soir au sitio. — Alexandrina aide-naturaliste. — Curieuse trouvaille. — Les poissons au point de vue de l'embryologie. — Caractère des faunes marines et des faunes amazoniennes. — Acará. — Nouvelles des expéditions envoyées dans l'intérieur. — Retour de celle qui est allée au Putumayo. — Préparatifs de départ. — Résultats généraux du travail scientifique à Teffé. — En attendant le paquebot. — Portrait d'Alexandrina. — *Mocuins*. — Tempête. — *Repiquête*. — Observations géologiques. 218

VIII. RETOUR A MANAÓS. — UNE PARTIE DE CAMPAGNE DANS L'AMAZÔNE. — Arrivée à Manaós. — Nouvel emménagement. — *L'Ibicuhy*. — Nouvelles des États-Unis. — Visite à la cascade. — Les Thermes de la forêt. — Excursion au lac Hyanuary. — Caractère de la vallée amazonienne; son avenir. — Réception sur le lac. — Un *sitio*. — Succès à la pêche. — Les visiteurs Indiens. — Bal. — Caractère des danses. — Une nuit bruyante. — Promenade en canot. — Paysage. — Autre *sitio*. — Mœurs et coutumes. — Conversation avec les Indiennes. — La vie dans la forêt. — La vie des villes. — Un dîner dans le bois. — Toasts. — Promenade du soir sur le lac. — Scène de nuit. — Les femmes et le tabac. — Retour à Manaós... 263

IX. MANAÓS ET SES ENVIRONS. — Atelier de photographie. — Portraits d'Indiens. — Visite à la Grande-Cascade. — Formation géologique.

—Bains. — Plantes parasites.— Retour par l'igarapé. — Grand bal. — Rigueur du recrutement, ses effets. — Expéditions partielles.— Scènes de la vie indienne. — Fête champêtre à la « Casa dos Educandos. » — La prison de Manaós. — Régime des prisons dans l'Amazonie. — Extraits des rapports du président à ce sujet. — La prison de Teffé. — Caractère général des institutions brésiliennes. — La fête de l'Empereur. — Illuminations et réjouissances publiques. — Retour de nos collectionneurs. — Observations sur les races. — Départ pour Mauhés.. 279

X. EXCURSION A MAUHÉS ET AUX ENVIRONS. — Départ de Manaós. — A bord de l'Ibicuhy. — Navigation sur la rivière Ramos. — Aspect des rives. — Arrivée à Mauhés. — Situation de la ville. — Tupinambaranás. — Caractère de la population. — Aspect des villages mauhés. — Indiens de la Bolivie. — Le Guaraná. — Excursion à Mucajá-Tubá. — Indiens Mundurucús. — Leur village. — L'église. — Distribution des présents. — Générosité des Indiens. — Leur indifférence. — Visite à un autre établissement. — Retour à Mauhés. — Visite des Mundurucús. — Description des tatouages. — Collection. — Botó. — Superstitions indiennes. — Collection de palmiers. — Promenade dans la forêt. — Départ de Mauhés. — Indien Mundurucú et sa femme. — Mœurs et aspect. — Légende indienne. — Distinction de castes............................... 305

XI. RETOUR A MANAÓS. — EXCURSION AU RIO NEGRO. — DÉPART. — Fêtes de Noël à Manaós. — Cérémonies des Indiens. — Églises dans l'Amazonie. — Départ pour le Rio Negro. — Curieuse formation de la rivière. — Aspect de la rivière. — La végétation. — Rareté de la population. — Village de Tauá-Péassú. — Le curé du village. — Palmiers. — Village de Pedreira. — Campement d'Indiens. — Fabrication du chaume de palmier. — Maladie et disette à Pedreira. — Promenade en canot dans les bois. — Pluie tropicale. — Géologie de Pedreira. — Indiens recrutés. — Collection de palmiers. — Extraits des notes de M. Agassiz sur la végétation des bords du Rio Negro et des bords de l'Amazône. — Retour à Manaós. — Solitude des bords du Rio Negro. — Avenir de la région. — Prévisions de Humboldt. — Fleurs sauvages. — Distribution des poissons dans les eaux amazoniennes. — Jusqu'où s'étendent leurs migrations. — Système hydrographique. — Alternance entre la crue et la baisse des tributaires du sud et des affluents du nord... 326

XII. DESCENTE A PARÁ. — EXCURSIONS SUR LA CÔTE. — Visite d'adieu à la grande cascade des environs de Manaós. — Changements qu'elle a subis. — Arrivée à Villa-Bella. — Retour chez Maia le pêcheur. — Excursion au lac Maximo. — Les oiseaux du lac. — La Victoria regia. — Départ de Villa-Bella. — Obydos ; sa situation ; formations géologiques. — Santarem ; l'église ; souvenir de Martius. — En canot sur une prairie. — Monte-Alegre. — Paysage. — « Banheiras. » — Excursion dans le voisinage. — Départ de Monte-Alegre. — Mœurs indiennes. — Almeyrim. — Nouvelles observations géologiques. — Porto do Móz. — Collections. — Gurupá. — Tajapurú. — Arrivée à Pará. — Une procession. — Excursion à Narajó. — Souré. — Les missions des jésuites. — Géologie de Marajó. — Une forêt enterrée. — Vigia. — Igarapé. — Plantes et animaux. — Géologie. — Retour à Pará. — Photographie de plantes. — Note sur la végétation de l'Amazône. — La lèpre.............. 355

XIII. HISTOIRE PHYSIQUE DE L'AMAZÔNE. — Le drift des environs de Rio. —

Décomposition de la roche sous-jacente. — Aspect différent des phénomènes glaciaires dans les différents continents. — Fertilité du drift. — Observations géologiques de MM. Hartt et Saint-John. — Correspondance des dépôts du littoral avec ceux de Rio et ceux de la vallée de l'Amazône. — Formation primitive de la vallée. — Premier chapitre de son histoire. — Poissons fossiles de la craie. — Étendue qu'avait jadis la côte de l'Amérique du Sud. — Fossiles de la craie du Rio Purús. — Comparaison entre l'Amérique du Nord et l'Amérique du Sud. — Formation géologique le long des rives de l'Amazône. — Feuilles fossiles. — Argiles et grès. — Collines d'Almeyrim. — Monte-Alegre. — Situation et paysage. — Serra Ereré. — Comparaison avec le paysage de la Suisse. — Blocs d'Ereré. — Ancienne épaisseur des dépôts amazoniens. — Différence entre le drift de l'Amazône et celui de Rio. — Conclusions tirées de la condition actuelle des dépôts. — Immense étendue de la formation de grès. — Nature et origine de ces dépôts. — On les rapporte à la période glaciaire. — Absence des indices glaciaires. — Preuves d'une autre nature. — Changement dans la configuration des côtes de l'Amérique méridionale. — Souré. — Igarapé-Grande. — Vigia. — Baie de Bragance. — Prévisions....... 393

XIV. CEARÁ. — Départ de Pará. — Adieux à l'Amazône. — Facilité de voyager sur ce fleuve. — Mauvaise traversée. — Arrivée à Ceará. — Difficulté de débarquer. — Aspect de la ville. — Saison des pluies. — Maladies consécutives. — Notre but en relâchant à Ceará. — Les marins au dire du Dr Felix. — Préparatifs pour un voyage dans l'intérieur. — Difficultés et délais. — En route. — Nuit à Aranche. — Mauvais chemins. — Le palmier Carnaúba. — Arrivée à Mongubá. — Aimable réception de M. Franklim de Lima. — Géologie de la région. — Les plaisirs et les jeux du soir. — Pacatuba. — Indiens d'anciens jours. — Serra de Aratanha. Ascension de la Serra. — Hospitalité de M. da Costa. — Paysage. — Le Sertão. — La sécheresse et les pluies. — Épidémies. — Retour à Mongubá. — Arrêtés par les pluies. — Retour à Ceará. — Inondations sur la route. — Plus de gués. — Arrivée à la ville. — Libéralité du président de la province envers l'expédition........ 431

XV. RIO DE JANEIRO ET SES ÉTABLISSEMENTS PUBLICS. — LA CHAINE DES ORGUES. — De Ceará à Rio de Janeiro. — Inondations à Pernambuco. — Arrivée à Rio. — Collections. — Végétation des environs de Rio comparée à celle des bords de l'Amazône. — Hôpital de la Misericordia. — Institutions charitables. — L'aumône au Brésil. — Maison des fous. — École militaire. — La Monnaie. — Académie des beaux-arts. — Marchand d'un nègre. — Écoles primaires de jeunes filles. — L'éducation des femmes au Brésil. — L'asile des aveugles. — Conférences. — Physionomie de l'auditoire. — Les montagnes des Orgues. — Promenade dans la Serra. — Theresopolis. — La Fazenda de Saint-Louis. — Climat de Theresopolis. — En descendant la Serra. — Géologie. — Le dernier mot.......... 462

territoriales de la grande vallée. — Émigration. — Étrangers. — Guerre du Paraguay.. 485

APPENDICE. — I. Le Gulf-Stream. — II. Poissons volants. — III. Résolutions acclamées à bord du *Colorado*. — IV. Chemin de fer D. Pedro II. — V. Permanence des traits caractéristiques dans les différentes espèces humaines. — VI. Itinéraire des explorations isolées accomplies par divers membres de l'expédition. — VII. Population, navigation, commerce de l'Amazonie............................ 507

FIN DE LA TABLE DES MATIÈRES.

www.ingramcontent.com/pod-product-compliance
Lightning Source LLC
Chambersburg PA
CBHW070831230426
43667CB00011B/1758